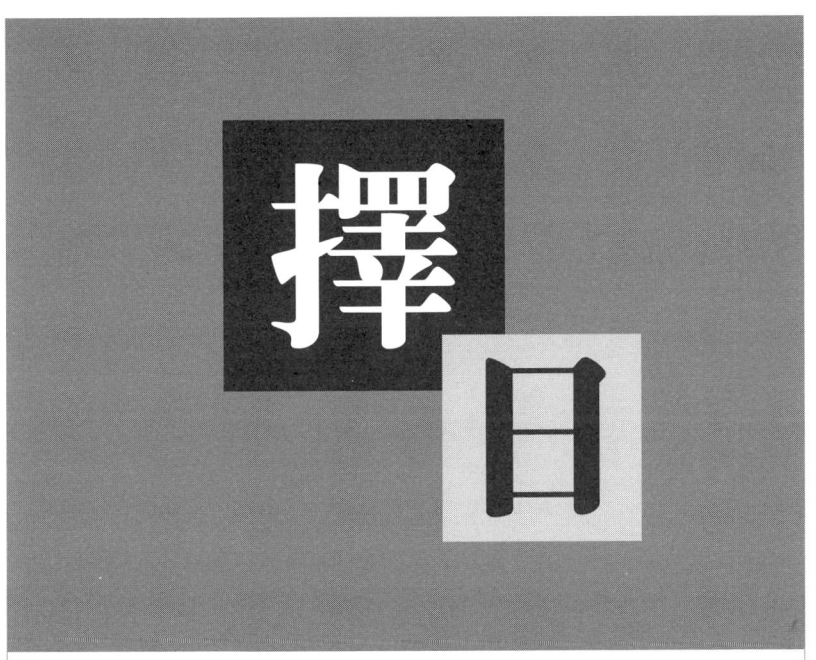

취산(翠山) 김동규 / 편저

擇日은 東洋哲學의 꽃이다

圖書出版 明文堂

택/일/은/동/양/철/학/의/꽃/이/다
翠山 김동규

머리말

택일은 조명(造命)이니 천시(天時)를 지리(地理)와 인사(人事)에 이용하여 인화(人和)를 이끌어낼 수 있으므로 동양철학의 꽃이라 할 수 있다. 그것은 자신의 출생 사주팔자는 조물주의 택일이니 어찌할 수 없으나, 내가 용사(用事)하는 택일은 내 쪽이 체(體)가 되므로 체를 강하게 하고, 부족한 것을 보완하여 원하는 것을 내 것으로 만들 수 있기 때문이다.

그러므로 택일은 분명 신(神)의 영역을 넘보는 학문인 것이다. 이를 고서에서는 「군자는 신의 공략으로부터도 벗어날 수 있고, 천명도 바꿀 수 있으니, 오로지 생기의 이치를 터득한다면 쇠약한 것도 왕성함으로 변화시킬 수 있고, 재앙이 있으면 물리쳐서 복이 되게 할 수 있으며, 따라서 명이 하늘에 있다면 고쳐서 내게로 오게 하고, 공이 신에게 있다면 빼앗아 내 것으로 만들 수 있다(君子奪神攻하고 改天命이니 全乘生氣之理로 衰變爲旺하고 易禍爲福하며 命在天이어든 改之自我하고 攻在神이어든 奪之自我라)」하였음이 그것이다.

우리 속담에 「새 집 짓고 3년 나기 어렵고, 새 사람 들어오고 3년 나기 어렵고, 묘 쓰고 3년 나기 어렵다」는 말을 들어 봤으리라 믿는다. 이는 택일이 잘못되면 3년 내 흉화를 당하기 쉽다는 말이라는 것에 우리는 놀라지 않을 수 없다.

개산택일·입향택일·수방택일 등을 비롯하여 결혼택일·이사택일·이장택일뿐만 아니라 개업택일·출행택일 등 체(體)가 변동하는 경우는 제반 일에 다 해당되며, 반드시 3년만이 아니고 그 이상 십수 년까지도 택일의 영향을 받는다.

동양철학의 특색을 살펴보면 크게 세 갈래로 나누어 말할 수 있으니, 첫째는 진리를 밝히고 자아를 완성하여 영구불사의 길을 찾자는 것이니, 대표적인 학문으로는 《노자》, 《장자》 등 종교서를 포함하여 유불선(儒佛仙) 등 수많은 경서에서 가르치는 바가 넓게는 다 포함된다. 이때의 특색으로는 수행자 한 사람의 구원으로 국한한다.

둘째는 자기 종족의 유지와 번식의 길을 모색하는 것이니, 자기의 자손을 영구 불멸케 함과 동시에 당대의 안녕과 평안함을 꾀하는 것이다. 이의 대표적인 학문으로는 「풍수지리」와 「택일법」이 있으며, 이때의 특색으로는 현재는 물론 미래의 운까지도 나의 주문대로 원하는 바를 유도해 보자는 데 있다.

셋째로는 현재를 지혜롭게 살기 위하여 길흉화복을 미리 알아보는 생활철학이니 사주관상(四柱觀相)을 포함하여 각종 점

법이 이에 해당된다. 이때의 특색은 자기의 모든 것(건강·성격·적성·유전요인 등등)을 정확히 분석한 다음 미래에 닥칠지도 모르는 흉운을 미리 알고 대처 방법을 모색하여 보자는 데 그 목적이 있다.

이에서 보는 바와 같이 풍수지리와 택일은 미래를 보장받자는 방법으로 쓰이는 데 공통점이 있다. 풍수지리는 포괄적으로 먼 훗날의 자손들의 운까지도 포함이 되는 데 비하여 택일은 주인공 당사자에 국한되며, 변화의 초기 운만을 주재하며 길게는 미치지 못하는 데 특징이 있다.

왜냐하면 풍수지리는 생기(生氣)를 이용하므로 체질은 개선하고 출생과 창조를 인도할 수 있으나, 택일은 육십갑자(六十甲子)에 의하여 만들어진 신살(神煞)만을 시기에 따라 선택적으로 사용하기 때문이다.

지구를 포함하여 태양계가 자전과 공전하는 과정에서 생기는 계절의 변화와 태양계 9행성의 위치에서 나타나는 방위(方位)와 생극(生剋)은 물론 기타 행성의 운행과 멀리 은하계(銀河系)의 사대원국(四大垣局 : 亥방의 자미원, 艮방의 천시원, 巽방의 태미원, 酉방의 소미원)과 하늘의 울타리인 28숙(宿) 등은 지구의 환경을 조성하는 주체들이며, 지구에서 사는 우리 인간의 삶에 영향을 미치는 것들이다. 여기에서 받는 영향이 해로운 것일 때는 살(煞)이라 하고, 이로울 때는 길신(吉神) 또는 길성(吉星)이라고 하는데, 이들을 합하여 신살이라고 한다.

그러나 이와 같이 철학이나 과학적으로도 근거를 댈 수 없고 이치를 추적할 수 없는 신살(神煞)을 사용하는 것이 있으니, 이른바 민속신살(民俗神煞)을 말한다. 민속신살 가운데는 처음부터 이치가 없는 것도 있지만, 처음에는 이치와 근거가 확실하였으나 오랜 세월 동안 사용하며 전해오는 동안 변형된 것도 많고 또 옛날에는 중요시했던 것이 요즈음에 와서는 중요하지 않기 때문에 버려도 될 것을 사용하고 있는 것도 너무나 많다.

이렇게 하여 현재 알려져 있는 신살은 길흉신을 합쳐서 대략 5백여 종이나 된다. 이렇게 많은 신살이 과연 다 필요한 것일 수는 없다. 대부분 버려져야 한다. 길신으로는 택일의 종류별로 다소 다르기는 하나 5대 길신을 포함하여 20여 종이면 족하고, 흉살(凶煞)로는 대모(大耗) 삼살(三煞)을 포함하여 30여 종 정도면 충분하다고 할 수 있다. 학자들은 필요에 따라 이용하되, 대살은 피하고 중살은 제압하며, 소살은 길신 한두 점만 사용하면 무시해도 되는 것이니 착오 없기 바란다.

　길신 가운데 가장 강력하고 위대한 것은 태양이다. 태양 앞에서는 모든 흉신이 제압된다고 한다. 태양은 생명을 탄생시키는 근원이며 광명을 주재하는 주재신이기 때문이다. 대부분의 흉살은 어두운 곳에서 강하고 약한 자에게 더욱 치열하여 해로움을 많이 준다. 그러므로 태양은 밝고 강한 길신이 되며 이들을 모두 물리칠 수 있는 것이다.

　흉살의 강한 것으로는 대모(大耗)살과 삼살(三煞), 오황살(五黃煞)이 있는데, 대모살은 일명 충파(衝破)라고도 한다. 십이지지(十二支地)의 충을 또한 대모라 하는데, 십이지지의 충파인 대모살은 뿌리를 친다 하여 강력하고 치열하여 태양길신으로도 막을 수 없다. 이들은 모두 7번째 만나는 것끼리 부딪쳐 깨진다 하여 칠살이라 하고 사람과 재산을 크게 소모시킨다 하여 대모살이라 하였다.

　삼살은 체에서 필요한 적절한 계절 시기를 잃었으므로 힘을 쓸 수 없으니 흉신이 된다. 가령 씨앗을 꽁꽁 얼어붙은 겨울에 뿌리면 시기를 잃었으므로 싹을 틔울 수 없는 것과 같다. 오황살은 하도(河圖)와 낙서(洛書)의 중앙 土살을 말하는데, 범하면 대흉하므로 흉공사와 양택에서 범하면 사람을 상하기도 한다. 이상 세 가지만 예로 들었으나 민속신살을 제외하고는 대부분의 길흉신을 살펴보면 대단히 과학적이고 철학적임을 알 수 있다.

택일을 포함하여 동양 이학문(理學問 : 철학)을 음(陰)학문이라 하고, 서양 수학문(數學問 : 과학)을 양(陽)학문이라 할 수 있다. 양은 동적(動的)이므로 노출을 좋아하고 자랑하기를 좋아하므로 사물의 이치를 추적할 때에 잣대를 사용하고 수(數)를 사용하므로 눈에 보이는 실험적인 답을 내주므로 설득력이 있다. 그러나 음학문은 정적(靜的)이므로 숨기고자 하고 자랑하기를 싫어하므로 진리를 밝히고 사물의 이치를 추적할 적에 추상적으로 답을 내야 하는 특수성 때문에 설득력이 부족하므로 쉽게 동화되지 않는 것이 특색이다.

이렇게 음양은 서로 반대쪽에서 맞서는 관계이기 때문에 서로 싸우고 충돌하고 반대 방향으로 가면서도 귀착점은 한 곳이므로 서로 그리워하고 보고 싶어 가까이 두고자 하니 상대가 있어야 자신을 인정받을 수 있고 발전할 수 있기 때문이다.

그러므로 음은 양을 내포하고 의지하며 양은 음에다 뿌리를 두고 음을 내포하기 때문에 음양이 공존하는 것이다. 보이지 않는다고 없다고 단정할 수 없으며, 들리지 않는다고 음이 없는 것도 아니며, 쉽게 이해가 가지 않는다고 미신화한다거나 도참화(圖讖化)한다면 학문의 발전을 기대할 수 없을 것이다.

따라서 상대적인 존재를 인정하고 비교할 때 서로가 발전할 수 있는 것이라고 보아 동양의 이학(理學 : 음학)과 서양의 수학(數學 : 양학)의 만남이 밀접할 때 인류문명에 공헌할 수 있는 길이 열릴 것이다. 이에 여러분은 택일의 비법을 연구하고 시험하여 보기 바란다.

그러므로 음은 양을 내포하고 의지하며 양은 음에다 뿌리를 두고 음을 내포하기 때문에 음양이 공존하는 것이다. 보이지 않는다고 없다고 단정할 수 없으며, 들리지 않는다고 음이 없는 것도 아니며, 쉽게 이해가 가지 않는다고 미신화한다거나 도참화(圖讖化)한다면 학문의 발전을 기대할 수 없을 것이다.

따라서 상대적인 존재를 인정하고 비교할 때 서로가 발전할 수 있는 것이라고 보아 동양의 이학(理學 : 음학)과 서양의 수학(數學 : 양학)의 만남이 밀접할 때 인류문명에 공헌할 수 있는 길이 열릴 것이다. 이에 여러분은 택일의 비법을 연구하고 시험하여 보기 바란다.

또한 이 책은 《협기변방서(協紀辨方書)》를 주축으로 최근 활용되는 많은 자료를 도표와 함께 증보하였으니, 모든 택일의 귀감이 되는 정법으로서 근본 자료가 되고자 하는 목적에 널리 활용되기 바란다.

갑신년 7월 취산(翠山) 김동규(金東奎)

차 례

제1부 천시택일(天時擇日)

제1장 이용법(利用法)(1)
1. 선택요론(選擇要論) / 18
2. 양균송(楊筠松)의 조명가(造命歌) / 26
3. 의룡경(疑龍經) / 39
4. 조장법을 논함(論造葬) / 43
5. 정오행으로 생왕을 취용함(論正五行生旺取用) / 44
6. 용을 보하는 법(論補龍) / 47
7. 보룡길과(補龍吉課) / 51
8. 논부산(論扶山) / 59
9. 입향(立向)을 논함 / 61
10. 주명(主命)을 논함 / 62
11. 개산입향(開山入向)과 수산수향(修山修向)이 다름을 논함 / 70
12. 수산(修山)을 논함 / 71
13. 수산(修山) 겸 산향(山向) 및 중궁(中宮)을 논함 / 73
14. 나경(羅經) 사용하는 법 / 74
15. 방우(方隅)를 정하는 법 / 77

제2장 이용법(2)
1. 연신총론(年神總論) / 80
2. 월길신(月吉神) 총론 / 86
3. 월흉신(月凶神) 총론 / 86
4. 여러 전문가(諸家)의 연월일 길흉신을 첨부함 / 87

제3장 제살에 중요한 법(制煞要法)

1. 제살(制煞) 총론 / 92
2. 태세(太歲)·세파(歲破) / 99
3. 삼살(三煞)·복병(伏兵)·대화(大禍) / 100
4. 연월극 산가(年月剋山家) / 106
5. 음부태세(陰府太歲) / 106
6. 구퇴(灸退) / 111
7. 대장군(大將軍)과 태음(太陰) / 113
8. 관부살(官符煞)과 백호대살(白虎大煞) / 114
9. 상문조객(喪門弔客) / 117
10. 황번(黃幡)·표미(豹尾) / 118
11. 순산라후(巡山羅睺)·병부(兵符)·사부(死符)·소모(小耗) / 119
12. 세형(歲刑)·육해(六害) / 121
13. 잠실(蠶室)·잠관(蠶官)·잠명(蠶命) / 122
14. 역사(力士)·비렴(飛廉) / 123
15. 화성(火星) / 125
16. 금신(金神) / 128
17. 부천공망(浮天空亡) / 130
18. 파패오귀(破敗五鬼) / 131
19. 월염(月厭)·오귀(五鬼) / 132
20. 월건(月建)·월파(月破) / 133
21. 대월건(大月建)·소월건(小月建) / 134
22. 사주법(四柱法) / 137
23. 용일법(用日法) / 140

24. 용시법(用時法) / 144
25. 귀인등천문시(貴人登天門時)를 찾는 법 / 148
26. 조장권법(造葬權法) / 150

제2부 실용 신살(實用神煞)

제1장 5대 길신(吉神)
1. 태양 과궁(太陽過宮) / 154
2. 태음 과궁표(太陰過宮表) / 155
3. 오토태양일(烏兎太陽日) 가리는 법 / 156
4. 삼원자백(三元紫白) / 163
5. 삼기제성연월(三奇帝星年月) / 177
6. 진귀인녹마법(眞貴人祿馬法) / 179

제2장 기타 제신(諸神) 〔부록〕
1. 존성 제성(尊星帝星) / 183
2. 사리삼원(四利三元) / 186
3. 주마육임(走馬六壬) / 187
4. 통천규(通天竅) / 187
5. 개산황도(蓋山黃道) / 188
6. 생기복덕(生氣福德) / 189
7. 이사방위(移徙方位) / 191
8. 흑황도법(黑黃道法) / 192
9. 양택성조운법(陽宅成造運法) / 193
10. 입관길시(入棺吉時) / 193

11. 염(殮)하는 시(時) / 194
12. 신(神)이 있다는 날 / 194
13. 상길 칠성일(上吉 七星日) / 195
14. 복단일(伏斷日) / 196
15. 중일·복일(重日復日) / 197
16. 토왕용사(土王用事) / 198
17. 제사불의(諸事不宜) / 198
18. 월기일(月忌日) / 198
19. 일식(日蝕) 월식(月蝕)일 / 199
20. 양공기일(楊公忌日) / 199
21. 절로공망(截路空亡) / 199
22. 24산(山)의 납갑간(納甲干)으로 장운(葬運) 정하는 법 / 200
23. 오합일(五合日)·오리일(五離日) / 202
24. 상삭일(上朔日) / 203
25. 천화일(天火日)과 지화일(地火日) / 203
26. 삼패일(三敗日) / 203
27. 인동일(人動日) / 204
28. 투수일(偸修日) / 204
29. 조장일(造葬日) / 204
30. 동총운(動塚運) / 204
31. 초상(初喪)에 쓰는 날 / 204
32. 개총흉시(開塚凶時) / 205
33. 정상기방(停喪忌方) / 205
34. 취토방(取土方) / 205

제3장 결혼 택일법
1. 가취월(嫁娶月) / 207
2. 육십갑자 결혼택일 조견표 / 209

제4장 연월일표(年月日表)
1. 연표(年表) / 271
2. 월표(月表) / 306
   일진(日辰)의 신살(神煞) 해설 : 길신 / 600
   일진(日辰)의 신살(神煞) 해설 : 흉신 / 611
3. 일표(日表) / 623
4. 연월일시 총신론(總神論) / 654

제5장 만년도(萬年圖) / 663

제1부 천시택일(天時擇日)

제1장 이용법(1)

　택일을 하는 법에는 체(體)와 용(用)이 달리 나뉘어져 있는데, 용산(龍山) 방향과 같이 한번 결정되어 바꿀 수 없는 것을 체라 하고, 연·월·일·시와 같이 고정되지 않아 바꿀 수 있는 것을 용(用)이라 한다. 용(龍)을 보조하고 좌산(坐山)을 생부(生扶)하며 흉함을 제거하고 길함을 돕는 것은, 고정되어 있지 않은 것으로 고정되어 있는 체에다가 배합시키는 것이니, 체에다 용을 배합시키는 것이라 한다.

　적체비궁(吊替飛宮)[1]하고 합국상주(合局相主)[2]하는 것은 고정되어 있지 않은 것을 고정됨이 없는 것에 배합시키는 것이니, 용을 용에다가(用之用) 배속시키는 것이다.

　착종참오(錯綜參伍)[3]하고 정의입신(精義入神)[4]하면 민(民)을 인도함에 여러 가지를 만족시킬 수 있을 것이니, 올바른 이용법이다.

1. 선택요론(選擇要論)

　선택종경(選擇宗鏡)에 양균송(楊筠松)이 이르기를 「연월이 중요하고 묘(妙:정미하고 확실함)하다는 것을 아는 사람이 적은데, 연

---

1) 구궁(九宮) 등에다가 해당되는 신살(神煞)을 찾아 배속시키는 일.
2) 주명(主命)의 길흉을 국중(局中)에다가 비궁시키는 일.
3) 여러 대열이 뒤섞여 엉클어져 있는 것을 추려내어 씀.
4) 작은 도리까지 모두 찾아 넣는 일.

월로 조명(造命:택일사주를 만듦)하는 것보다 더 좋은 방법은 없다」하였고, 오경난(吳景鸞)이 이르기를「선택(택일)하는 법으로는 조명(造命)5)으로 하는 것 만한 것이 없으니 체용의 묘함을 찾는다면 탈신공(奪神攻)6)이 가하리라」하였고, 곽경순(郭景純)이 이를 이르기를,「천광하림(天光下臨)하고, 지덕상재(地德上載)하고, 장신합삭(藏神合朔)하고, 신영귀피(神迎鬼避)라 하니 이 16자는 지극히 정미한 도리이고 지극히 미묘함이 있으니 곧 조명(造命)은 체용(體用)으로 나누어 택일하여야 함을 말하는 것이다.

장신(藏神)이라 함은 지중(地中)의 원신(元神)을 거두어 수장(收藏)시킴을 말한다. 그 법은 사주팔자를 먼저 선별하여 만들어 지지(地支)와 천간(天干)이 순수하게 격국(格局)을 만든 다음 반드시 용기(龍氣)를 생부보조(生扶補助)케 하여야 한다. 그러면 지맥이 왕성해져서 분택(墳宅)에로 상등(上騰 : 올라와 모임)하게 된다. 이것이 이른바 장신(藏神)이며, 지덕을 상재(地德上載)시키는 것이니 조명의 체가 된다.

합삭(合朔)이라 함은 초하룻날의 태양 태음을 취하여 함께 비춰주게 한다는 뜻이니 하나를 가지고 백 가지를 갖추는 일이다. 그 법은 삼기(三奇)·삼덕(三德)·금수(金水)·자백(紫白)·귀인·녹(祿)·마(馬) 등을 취하여 산(山 : 坐)이나 향(向)에 이르게 하면 자연히 길경(吉慶)이 올 것이니, 이른바 합삭(合朔)이며, 이른바 천광하림(天光下臨)이니, 이것이 조명의 용(用)인 것이다. 그러나 흉살(凶煞)을 범하여 충동하게 되는 것은 화앙(禍殃)이 수반하게 될 것이니 역시 이익이 없을 것이다.

---

5) 택일로 좋은 사주팔자(四柱八字)를 만들어냄.
6) 흉신의 공략을 막아 해로움에서 벗어남.

그러므로 반드시 먼저 연월(年月) 내에 산향(山向 : 坐와 向)으로 길신이 영접하도록 추구하여야 하며, 일체 세파(歲破)나 삼살(三煞)·음부(陰府) 등 대살은 조목별로 피할 것은 피하고 물리칠 것은 물리치고, 천간에서도 범하지 않는다면 모두 길할 것이니, 이것이 곧 신영귀피설(神迎鬼避說)이다. 이것 역시 체(體) 중에서도 가장 긴요한 것이며, 체와 용에서 함께 겸하여 쓰면 온전한 상길(上吉)이 될 것이다.

그렇게 되지 않을 때면 차라리 용을 버릴지언정 체는 취하여야 한다(翠山註 : 체용을 함께 길하게 하지 못할 때에는 용을 바꾸거나 택일을 포기할지언정 체에 살(煞)을 범하게 하여서는 안된다). 매년의 태세 중에는 길신(吉辰)[7]도 있고 흉신(凶神)도 있으며, 길성(吉星)과 흉성(凶星)도 있으니, 이 두 가지는 같지 않으므로 분별하지 않으면 안된다.

신(神)은 지(地)에 종속되어 있으므로 혹 길하고 혹 흉함이 모두 태세(年)가 지휘하는 바를 따를 뿐이다. 대개 태세는 군(君)이니 그 지위가 가장 존중되고 그 힘도 가장 크므로 24산(山)은 모두 태세와 더불어 서로 합하여 기쁠 수도 있고 흉할 수도 있다. 태세가 생하여 주면 생부(生扶)라 하여 곧 길신으로 친다. 그러므로 세덕(歲德), 세덕합(歲德合), 세록(歲祿), 세마(歲馬)와 개(開)·성(成)·평(平)·위(危) 자가 함께하면 길하고, 제(除)나 정(定) 자가 함께하는 것은 다음으로 길하다. 총지컨대 세군(歲君)과 함께 상득(相得) 되었을 때 길하다 하는 것이다. 그러나 그것들이 태세와 상관되어 상충된다거나 태세로부터 극(剋)된다면 제(制)라 하니 흉신이 되는

---

7) 진(辰)은 12지지(地支)에서는 「진」으로 읽으나 성신(星辰)을 말할 때는 「신」으로 읽는 경우도 있다.

것이다. 그러므로 세파(歲破)란 태세와 대충(對沖)이 된다 하여 파(破 : 깨지다)라 한다. 삼살(三煞)이란 태세의 살(煞)이 되는 세 방위를 말한다.

음부(陰府)는 태세의 화기(化氣)가 오행산의 화기오행을 극(剋)하는 것이다. 연극(年剋)은 태세의 납음오행(納音五行)이 좌산본묘(坐山本墓)의 납음오행을 극하는 것이다.

이들은 모두 태세로부터 극을 받는 것들이므로 범해서는 안되는 것들이다. 임관방(臨官方)은 천관부(天官府)이니 관송(官訟 : 관재구설)을 주관한다. 제왕방(帝旺方)은 타두화(打頭火)이니 화재(火災)를 주관한다. 이들 두 살은 태세의 유여(有餘)한 기운들이므로 삼합국(三合局)으로 극제하여야 한다. 사방(死方)은 육해(六害) 또는 구퇴(灸退)라 하기도 하는데 퇴패(退敗)를 주관한다. 이는 태세의 부족지기(不足之氣)이므로 마땅히 삼합국으로 보지(補之)해야 한다. 또 세간(歲干)으로 오호둔기(五虎遁起 : 다섯 번째에 숨어 있는 글자를 찾는 일)하여 무기(戊己) 방에 이르면 무기로 살이 되는 것이고, 경신(庚辛)방이면 천금신(天金神)이라 하고, 병정방(丙丁方)이 되면 독화(獨火)살이라 한다.

이상의 신살(神煞)은 모두 세군을 따라 들어오는 살들이다. 그 밖에 나머지 분분한 신살들은 태세를 쫓아와 일으키는 것들이 아닌데 모두 후세 사람들이 첨부하여 놓은 것들이다.

그 중에서도 세파(歲破)가 가장 흉한 예이니 제(制)하는 법이 없으며 삼살(三煞) 역시 대흉한 살이니 경솔하게 범하지 말 것이다. 그 밖의 나머지 흉살들은 그 살이 휴수되는 달을 기다렸다가 조명 사주(四柱)로 제화하면 쓸 수 있으나, 만약 제화시키는 법을 모르면 차라리 피하는 것이 좋다.

이상이 신영귀피설의 대략이다. 성운어천(星運於天 : 星은 하늘에서 운행함)이니 칠정(七政 : 일·월·화·수·목·금·토) 가운데서 일·월·금·수를 취하는데, 이 사여(四餘) 중에서 자기월패(紫氣月孛 : 태양과 태음의 崇氣)를 취하는데 팔절삼기(八節三奇)와 자백(紫白) 규마(竅馬)도 다 길성이다. 그 중에서 태양(日)이 가장 존중되고 월(月)과 삼기(三奇), 규마 자백은 다음이 된다. 그러나 옥황(玉皇)이나 난가(鸞駕) 등은 날조되어 근거를 찾을 수 없는 것들이다.

월령(月令)은 권력의 핵심이 되는 곳의 관부(官府)이다. 그것(月令)이 충하는 것을 월파(月破)라 하고, 그것이 극하는 것을 월음부(月陰府)라 하고, 월령이 산을 충극한다거나 태세를 충극하는 것을 세파(歲破)라 하니 음부, 연극과 같은 것들이다.

이에다 오직 대월건(大月建)도 또한 흉살이니 이상은 월가(月家)에서 진흉신(眞凶神)들이다. 본월(本月)의 왕방(往訪)을 금궤성(金櫃星)이라 하고, 임관(臨官)과 제왕(帝旺)의 사이를 월덕(月德)이라 하고, 상합(相合)되는 방을 월덕합이라 하니 정월은 정(丁)이요, 2월은 곤(坤)이 되는 유(類)가 그것이다. 천덕(天德)과 상합되는 방위를 천덕합이라 하니 이들은 월가(月家)의 진길신들이다. (606~609쪽 참조)

천성(天星)은 가히 지요(地曜 : 땅 위의 오성)를 항복시킬 수 있다고 한다. 그러나 천성의 기는 청하나 지살(地煞)의 힘은 맹독하므로 만약 삼살(三煞)과 음부(陰府) 및 월가의 대월건과 소아살(小兒煞)을 범하는 것은 태양이 이른다 해도 역시 제압할 수 없는데, 항차 다른 것으로야 말할 수 있겠는가? 그러므로 「대살은 피해야(大殺避之) 하고, 중살은 제압(中煞制之)하여 쓸 수 있고, 소살은 반드시 논하지 않아도 되지만(小煞不必論)」 다만 조명 여덟 글자에서 길성이 조임(照臨)하도록 하면 자연히 정길(貞吉)하게 되는 것이다. 만약 날조된 가살이라면 쓸어 없애버려야 할 것이다.

흉맹한 살을 다스려 복이 되게 하는 것은 길한 것을 다스렸을 때 편안함만은 못한 것이다. 이에서 길함을 다스린다는 것은 태세방, 삼덕방(三德方), 본명(本名)의 귀록방(貴祿方), 식록방(食祿方) 등을 다스린다는 것과 같으니 반드시 길한 방을 취하여 그곳이 왕상한 달을 선택하여 사주로서 부보(扶補)하여야 길한 것이 더욱 길하게 된다.

흉함을 다스린다는 것은 가령 삼살방(三煞方)·관부방(官符方)·금신방(金神方)과 같은 것들을 말하니 반드시 그 흉방이 휴수되는 날을 기다렸다가 사주팔자로서 다시 극제한다면 흉방이 되어도 역시 길할 수 있다. 길함을 다스리는 방법으로는 생부득왕(生扶得旺)케 하는 것이 중요하고, 흉함을 제압하는 방법으로는 중요한 것이 제압하여 득복(得伏)8)케 하는 것이다. 가령 본명의 녹·마·귀인이 산향(山向 : 坐나 向)으로 비도(飛到)케 한다면 가장 길하니 역시 중 하등 살들은 모두 항복하게 된다.

24산방(山方)에는 본시 길흉이 없으나 조사하여 보건대 태세의 길흉을 좇아서 나타나는 것일 뿐이다. 만약 태세의 길흉을 좇지 아니하고 일으키는 흉살은 모두 가짜로 조작된 것이다. 가령 가짜 길신으로는 옥황(玉皇)·자미(紫微)·난가(鑾駕) 등의 유(類)이며, 가짜 흉신으로는 가령 천명(天命)살과 비천화성(飛天火星)과 각양각색의 화성(火星)과 관부혈인(官符血刃) 등의 유이니 한 가지도 법이 될 만한 가치가 없으며, 만들어진 예도 재고의 가치가 없었으니 그러하다면 어그러져서 틀린 것임이 확연하다.

---

8) 제압시켜 꼼짝 못하게 함.

60일에는 역시 길흉이 없으나, 조사하여 보면 월령(月令)의 길흉을 좇아 따를 뿐이었다. 일(日 : 날짜)은 월령이 거느리는 것이니 월에서 생합(生合)한다거나 월령과 함께 왕한 것들은 이른바 진길(眞吉)이 될 수 있다.

가령 왕일(旺日)·상일(相日)·월덕일 등의 유가 그것이다. 날의 간지(干支)가 월령에 상충당한다거나, 극을 받는다거나, 월령에서 휴수되어 월령에 합당하지 못한다면 이른바 진흉일(眞凶日)이라 할 수 있다. 가령 파일(破日 : 12건성으로 충함)이나 사폐일(四廢日) 등의 유가 그것이다.

그것들 중에는 월령을 좇아서 일으키지 않는 것도 있는데, 모두 가짜로서 날조된 것들이다. 가령 가짜 길일(吉日)로는 만덕길경(滿德吉慶) 등의 유가 이것이며, 가짜 흉일로는 사별멸문(死別滅門) 등의 유가 그것이다. 그 기례(起例)를 세밀하게 연구하여 보면 진짜인지 가짜인지를 요연하게 밝힐 수 있다.

양균송이《의룡경(疑龍經)》에다 이미 조명체용(造命体用)법을 만족하게 밝힌 바 있고, 천금가(千金歌)에도 마디마다 이치 있는 말로 더욱 익숙하고 자상하게 말해 놓았으니, 참으로 천고에 일가(日家 : 택일하는 사람)의 이정표가 되는 것이다. 이를 이어서 증문천(曾文邅), 진희이(陳希夷), 오경란(吳景鸞), 요금정(廖金精) 등 현인들을 비롯하여 뒤로 오는 이름 있는 술가들도「일체의 장과(葬課)는 모두 용(龍)을 생부하고 주명을 왕상하게 하는 것을 종지로 삼았고(一切葬課 皆以扶龍相主爲宗)」그 길방(吉方)을 다스리는 요령도 남김없이 상세하게 부길법(扶吉法)을 설명하였으며, 그 흉방을 다스리는 것도 빠짐없이 소상하게 제흉법(制凶法)을 취한 연후에 완비하도록 하였으니 선명하고 명쾌하지 아니함이 없다. 착(鑿 : 선명함)에는 이치가 있으나 통서(通書)9에서는 이에 미치지 못한다.
 조명하는 법(造命之法)에는 첫째로 볼 것이 내룡(來龍)을 보고 무슨 국이니 어떻게 보(補)할 것인가?
 둘째로 좌향(山向)에는 어떤 살이 있으며 어떤 살은 피하고 어떤 살은 제압이 가능하니 어떤 법으로 제살할 것이며, 어떤 길성(吉星)을 취하여 비치게 할 것인가?
 셋째로는 주인(主人)의 본명은 무엇이니 어떤 방법으로 생부할 것인가이다. 이 세 가지를 모두 얻은 연후에 거사하여야 길함만 있고 불리함은 없다.
 길방(吉方)을 다스리는 방법으로는 먼저 어느 방이 길한지를 가려놓고 그 방위의 왕상한 달로 생부하는 것이며, 또한 길신류(類)로서 배식(培植)하는 것이다.
 흉방(凶方)을 다스리는 법으로는 어느 방이 흉한 방위인지를 가린 다음 그 방이 휴수되는 날이 되기를 기다렸다가 극제(剋制)시키면 도적 무리들을 항복시킬 수 있다. 이는 내 쪽이 반드시 강하고 저쪽은 약하게 하였으니 나의 쓰임이 되는 것이다.
 이상과 같이 팔자를 선정하는 법을 불문하고 용산주명(龍山主命)으로만 선택한다면 껍데기만 대강 잡는 가조명이 되고 말 것이니, 고법(古法)과는 천연의 차가 난다. 학자들은 마땅히 그 시비를 분별하여 정하고 잘못된 뭇 서적에 속지 말 것이다.
 보충하여 살펴보건대, 이 아래로 12편과 주는 모두《선택종경(選擇宗鏡)》에서 나왔으니 그 용산과 세명(歲命)을 처리하는 이치가 정교하고 세밀하므로 함께 기록하는 바이다. 그 중에서 착오가 있어

---

9) 시중에 통용되는 책을 말하나, 여기서는 출처와 저자가 명확치 않고 논리적으로도 이치가 없는 무책임한 책들을 말한다.

박잡된 것은 그 의의만을 취하였고, 산역(刪易 : 깎아 내리고 바꿈)해야 할 것은 그 말씀이 별본에 있는 것을 취하여 함께 발명(發明)하여 뒤끝에다 부록으로 처리하였다. 오직 무기(戊己)와 제위성개(除危成開) 등 방위 및 존제(尊帝)성 등은 모두 지금 통서에서는 사용하지 않는 것들이다. 그러나 일가(一家)를 이루어낸 말씀이므로 존재하는 것이니 그 변론은 뒤에 함께 볼 수 있도록 하였고, 부록에 또 잘못된 것도 변론하였다.

2. 양균송(楊筠松)의 조명가(造命歌 : 千金歌라고도 함)

天機妙訣値千金(천기묘결치천금) : 천기 묘결의 가치는 천금이로다.
不用行年與姓音(불용행년여성음) : 행년과 납음으로 성씨를 정하는 것은 쓰지 말 것이다.
但看山頭倂命位(단간산두병명위) : 단지 산두(입수와 좌산)와 명위를 함께 볼 것이니,
五行生旺好推尋(오행생왕호추심) : 오행을 생왕케 하는 것으로 추심하는 것이 좋은 것이다.

【원주】 이는 조명법의 강령이다. 행년은 가령 오성음(五姓音)으로 하여 몇 십 년이나 몇 해를 갈 것이라는 유(類)를 말하는 것이고, 성음(姓音)은 즉 오성(五星)으로 수택(修宅)함을 말하는 것이다. 세속에서는 이 두 가지로 길흉을 분류하는데, 심히 잘못된 것이므로 쓸 수 없음을 말한 것이다.

산두(山頭)란 내용(來龍)에서 입수(入首) 1절과 좌산을 말하는 것이다. 명위(命位)란 즉 본산의 명(命)이니 오호둔득(五虎遁得)한

납음이 그것이다. 산명(山名)이 소속한 오행으로 연월일시에 배합시키는 것이니, 중요한 것은 모두 생왕(生旺)케 하여야 한다는 것이다. 가령 자산명(子山命)이라면 신자진년월일시(申子辰年月日時)를 선택하면 유기하여 쓸 수 있다. 아울러 천간을 취하는 것도 그 격국에 합국시켜야 대길하다.

一要陰陽不混雜(일요음양불혼잡) : 첫째 중요한 것은 음양이 혼잡되지 않아야 하고,
二要坐向逢三合(이요좌향봉삼합) : 둘째 중요한 것은 좌향에서 삼합을 만나야 하고,
三要明星入向來(삼요명성입향래) : 셋째 중요한 것은 명성이 향으로 들어와야 하고,
四要帝星當六甲(사요제성당육갑) : 넷째 중요한 것은 제성이 육갑으로 마땅한 바가 되어야 하니,
四中失一還無妨(사중실일환무방) : 넷 중에서 하나를 잃는 것은 도리어 무방하다 하겠으나,
若是平分更非法(약시평분갱비법) : 만약 이것이 반반이라면 법을 쓴 것이라 할 수 없다.

【원주】 첫번째는 정음정양(淨陰淨陽)을 말하는 것이니 여기서 용(龍)이란 단지 결혈처(結穴處)로 입수(入首)하는 한 절의 맥만을 말하는 것이지 좌산(坐山)을 말하는 것이 아니다. 건갑(乾甲) 곤을(坤乙) 감계신진(坎癸申辰) 이임인술(離壬寅戌) 등 12개 용은 속양이니 양향(陽向)을 세워야 마땅하고 신자진(申子辰)과 인오술(寅午戌) 등 연월일시를 사용하여야 하며 간병 손신 진경해미 태정사축(艮丙 巽辛 震庚亥未 兌丁巳丑) 등 12래룡(來龍)은 음에 속하니 마땅

히 음향을 하여야 하며, 택일도 사유축(巳酉丑)이나 해묘미(亥卯未) 등 음 날짜를 사용하여야 한다. 이것이 반대가 되면 혼잡이 되어 불길하다고 한다. 그러나 옛사람들은 이에 모두 구애받지는 아니하였으니, 가령 간룡(艮龍)이나 해룡(亥龍)에서 신자진(申子辰)을 사용하여 삼합으로 보룡하는 법을 썼기 때문이다.

 두 번째의 삼합을 만나야 한다는 것은 삼합으로 보룡하는 것이니 유력하게 보할 수 있기 때문이다. 보룡이라 말하지 아니하고 좌향이라 말한 것은 보룡을 좌향으로 빌려 쓴 것에 불과하다. 가령 손룡(巽龍)에서 사좌해향(巳坐亥向)으로 작한다면 묘미(卯未)국을 사용하여 손목(巽木)룡을 보해야 하며, 해(亥)는 향이기 때문에 참으로 보할 수 없기 때문이다. 발복하는 원리는 오로지 용상(龍上)에 있으며 좌산에는 역시 다음일 뿐이니 항차 향상까지는 말하여 무엇하겠는가? 이 모두 함께 정오행(正五行)으로 논하되 사주로 조명하여 향과 삼합이 되는 것은 유력하다.

 산(坐)을 충파하는 것은 절대로 불가하니 반드시 향에 해당하는 자 하나는 빼야 한다. 가령 해룡(亥龍)에서 해좌사향(亥坐巳向)이라면 축유(丑酉)만을 사용하여 금국(金局)을 만들어 해룡을 생부하는 것이 가하다. 만약 사(巳)자까지 넣어 쓰면 해산(亥山)을 충파하기 때문이다. 나머지도 모두 이와 같다.

 셋째의 명성은 칠정(七政) 가운데 해와 달이 향으로 이르게 하는 것이다. 명성이란 즉 일(日)과 월(月)을 말한다. 대개 향으로 온다는 것은 좌산을 비쳐주기 때문이다. 진희이가 이르기를「태양도산(太陽到山)은 오직 국가의 궁전이나 공청을 다스리는 데 마땅하고 사서인(士庶人)은 감당할 수 없다」하였다. 그러므로 양공이 누차 말한 바 있는 삼합이나 대궁으로 미치는 것이 복록이 두텁다 하는 것과 같은 것이다. 만약 태음(달)과 금수(金水)성이라면 좌에 오든 향에 오든 모두 가하나, 혹 태양은 향으로 오고 달은 좌산으로 온다면 전후에서 함께 비춰주니 더욱 아름답다.

넷째로 존성제성이 좌향에 이르게 함에서 육갑이란 여섯 개의 갑자(甲子)를 말한다. 대개 존제성(尊帝星)은 갑자를 좇아서 건(乾)에서 일으켰으면 다음으로 감방 쪽으로 가기 때문이다. (183~185쪽 참조)

이상의 네 가지가 조명(造名)법의 중추가 되는 것이니 모두를 득하면 최선의 택일이 되고, 만약 한 가지를 잃었을 때는 쓸 수 있다 하겠으나 두 가지를 놓쳤을 때는 두 가지만을 얻은 것이니 조명법이라 할 수 없는데 하물며 모두를 맞추지 못하였다면 일러 무엇하겠는가?

　　煞仕山頭更若何(살재산두갱약하) : 살이 산두에 있으면 이를
　　　　　　　　　　　　　　　　　　어찌하리오?
　　貴人祿馬喜相過(귀인녹마희상과) : 귀인과 녹마로 경영하여도
　　　　　　　　　　　　　　　　　　기쁘게 할 수 있지만,
　　三奇諸德能降煞(삼기제덕능항살) : 삼기와 제덕으로도 능히 살
　　　　　　　　　　　　　　　　　　을 항복시킬 수 있으며,
　　吉制凶神發福多(길제흉신발복다) : 길신으로 흉신을 제압하여
　　　　　　　　　　　　　　　　　　도 많은 발복이 있으리라.

【원주】 산두(山頭)란 좌산을 말한다. 살(煞)이란 연월에서 여러 가지 악요(惡曜)가 좌산을 범점하는 것을 말한다. 반드시 연명(年命)으로 진록마귀인을 구하여 좌산이나 그 방위에 함께 이르게 하고 아울러 산가(山家)의 녹마귀인도 같이 이르게 한다면 아름다운 것이

다. 가령 정묘(丁卯)년에서 충살이 유(酉)이나, 정(丁)의 귀인도 역시 유(酉)이니 유(酉)일과 시(時)를 사용하여 다스리는 경우가 많으니 귀인이 제살하여 준다는 것이다. 또 가령 병오(丙午)생인 사람이 정해(丁亥)년 신해(辛亥)월 을해(乙亥)일 정해(丁亥)시를 사용하여 해(亥)향을 작한다면 천을 귀인 일기(一氣)로 태세를 압제(壓制)하는 것이다.

삼기(三奇)는 기문(奇門)의 을병정(乙丙丁)을 말한다. 혹 팔절삼기(八節三奇)를 취하는 것도 역시 증험이 많다.

제덕(諸德)이란 세덕(歲德)과 천월이덕(天月二德)을 말한다. 가령 그 해의 그 방위에 연월의 여러 가지 흉살이 있다면 만약 덕과 삼기를 사용하여 제압시키면 살을 화하여 권병을 잡을 수 있으니 도리어 능히 복을 부를 수 있다.

二位尊星宜値日(이위존성의치일) : 좌향 두 자리에 존성이 오는 날이어야 마땅하다.

一氣堆干爲第一(일기퇴간위제일) : 일기로 천간을 모으는 것이 제일이다.

拱祿供貴喜到山(공록공귀희도산) : 녹이나 귀인이 좌산에 이르러 공부(拱扶)하는 것이 기쁘고,

飛馬臨方爲愈吉(비마임방위유길) : 비궁시켜서 천마가 그 방에 임하는 것도 더욱 길하고,

三元合格最爲上(삼원합격최위상) : 삼원(자백)을 합격시켜도 가장 상택일이 됨이라.

四柱喜見財官旺(사주희견재관왕) : 사주에 재관이 왕성하게 만드는 것이 기쁜 것이며,

用支不可有損傷(용지불가유손상) : 지지를 사용함에는 손상되는 것이 불가하다.

取干最宜逢健旺(취간최의봉건왕) : 천간을 취함에 가장 마땅한 바는 건왕케 하는 것이며,

生旺得合喜相逢(생왕득합희상봉) : 생왕케 합득하여 상봉시킴이 기쁜 것이다.

須避剋破與刑衝(수피극파여형충) : 모름지기 피하여야 할 것은 극파와 형충됨이니,

吉星有氣小成大(길성유기소성대) : 길성이 유기한 것은 적은 것을 크게 이루는 것이고,

惡曜休囚不作凶(악요휴수부작흉) : 악요는 휴수되게 하여야 흉함을 작하지 못한다.

 * 존제(尊帝) 두 성진은 연월에서 이르러야 기쁘고, 일시에서 이르는 것도 취하는데 능히 길함을 돕는다.

일기퇴간이란 네 천간이 모두 한 가지일 때를 말한다. 그러나 반드시 산향과 명주의 간지가 서로 상합되어야 하고, 형이나 극이 없어야 길하다.

공록(供祿)이란 가령 갑명(甲命)이라면 녹이 인(寅)이니 사주에 축(丑)이 두 자이고 묘(卯)가 두 자를 사용하여야 인록을 공출(供出)하게 되는 것이다. 공(拱)록은 충을 두려워하며 진실되어야 한다. 역시 중요한 것은 산두(山頭)와 연관되어야 길하며, 공귀격도 이와 같다. 희도산(喜到山)이란 사주의 녹마귀인이 좌산에 이르는 것이다. 수방(修方)이란 도방(到方)됨이 마땅하다는 것이며, 수향(修向)이란 향에 이르는 것이 마땅하다는 것이다. 산이라 이를 때는

방위와 향이 모두 포함되는 말이다. 비마(飛馬)란 또 녹마귀인도 그 안에 있음을 포함하는 말이니, 즉 활록(活祿), 활마, 활귀인이라고 말한다. 본명의 것을 찾을 때는 태세를 중궁에 놓고 비궁시키고 본년(本年)의 것을 찾을 때는 월건을 중궁에 넣고 비궁시켜서 찾는데, 혹 비궁시켜서 좌산(坐山)에 이르고 혹 향으로 이르고 혹 그 방위에 이른다면 모두 길한 것이 된다.

팔자의 천간은 천원(天元)이 되고 지지를 지원(支援)이라 하며, 납음(納音)을 인원(人元)이라 한다. 가령 퇴간(堆干), 퇴지(堆支), 양간양지(兩干兩支), 삼합국, 사납음(四納音)으로 조명하였다면 무두가 순수하여 혼잡되지 아니한 것이며, 이것이 또 보룡상주(補龍相主)한다면 바야흐로 합격이라 할 수 있다.

재관(財官)은 주명(主命)으로 논하고 좌산으로 논하는 것이 아니다. 가령 갑(甲)생인이라면 3,4개의 기(己)자가 있으면 합재라 하고 기(己)생인이라면 3,4점의 갑(甲)자를 합관이라 하니 합(合) 자체가 묘한 것이고 불합이면 아름답지 못하다. 양씨와 증씨의 일과(日課)를 조사하여 보면 재관 격을 사용하였을 때는 모두 십간(十干)으로 합기(合氣)시켰으며, 이때 사주지지가 혹 서로 충형(衝刑)되는 것은 피차가 함께 손상되어 대흉하다는 것이다. 그러므로 손상되는 것은 불가하다.

사주 중에서는 일간이 심히 중요하니 가장 마땅한 바는 왕상하고 월령을 득하는 것이고, 일간이 휴수되는 것은 가난하지 않으면 단명하기 때문이다. 혹 3간 4간이 일기가 되게 한다거나 그렇지 못할 때는 월령을 정당하게 득하도록 하는 것이다. 가령 비견도 적은데 또 월령을 얻지 못하였으면 반드시 연월 상에 인수가 있어야 생부될 것이고, 다시 시에서 녹이 되도록 사용하면 역시 왕성할 수 있어서 유력한 것이다.

  그렇더라도 지간이 함께 유력하여야 진실로 좋은 것이고, 또 반드시 좌산과 주명이 상합(서로 협조함)되어야 하고 보룡(補龍), 부산(扶山), 보명(補命)한다면 뭇 힘이 합쳐져서 붙잡아 줄 것이니 어떠한 길함이라도 이에서 나올 것이다. 그러나 만약 극룡(剋龍), 극산(剋山), 극주명한다거나 형룡(刑龍), 형산, 형주명한다거나, 충룡(衝龍), 충산, 충주명한다면 이는 뭇 흉이 함께 합하여 박격(搏擊)하는 것이니 그 흉함을 가히 짐작할 수 있으리라.

  따라서 이르기를, 「생왕함을 득하고 희신을 만나게 하며 모름지기 극파함과 형충됨을 피하라(生旺得 合喜相逢 須避剋破與刑衝)」하니 조명법이 이쯤에 이르렀다면 유온(遺蘊)이 없으리라. 만약 팔자 내에서 형이나 충이 되었다면 그 지지를 사용함에는 손상이 되는 것이다. 옛날에 조명한 팔지를 보면 역시 스스로 상충되었는데도 시용한 것이 있는데 충은 즉 파인 것을 알아야 한다. 가령 진술(辰戌)국이나 축미국을 사용하여 토산을 보하는 유가 그것이었는데, 4묘(四의 墓)산은 충하지 않으면 열리지 않기 때문이라는 것이다. 그러나 사묘라고 만약 주명을 충하는 것은 단(斷)이니 단절은 불가한 것이다.

  제살수방(制煞修方)에 있어서는 길신으로서 흉살을 항복시키는 것이니 오로지 월령을 전적으로 사용하여서 반드시 흉방은 휴수되는 달로 하고 제압하는 길신은 왕상한 달로 하여야 길하다. 가령 일백수(一白水)로 남방 타두화(打頭火)를 제압할 수 있으니 반드시 신자진(申子辰)으로 수(水)는 왕하고 화(火)는 쇠약한 달을 사용하여야 가하다. 따라서 이르기를, 「길성은 유기하고 악요는 휴수되어야 한다(吉星有氣惡曜休囚)」하였다. 이는 어떤 흉한 방위를 지정하여 다스릴 때만을 말한 것이고, 만약 좌산을 휴수되게 한다면 불길하니 주의할 것이다.

山家造命旣合局(산가조명기합국) : 산가조명에서 기왕 합국시
켰으면

更有金水來相逐(갱유금수래상축) : 다시 금수가 와서 서로를
쫓고 따르고 있어야 한다.

太陽照處自光輝(태양조처자광휘) : 태양이 비치는 곳에는 스스
로 광휘가 있으니

周天度數看躔伏(주천도수간전복) : 주천도수로 어느 곳에 잠복
하였는가를 보아라.

六箇太陽三箇緊(육개태양삼개긴) : 여섯 개 태양 중 세 개는 긴
요함이 있으니

中間歷數第一親(중간역수제일친) : 운행하는 역수가 중간인 것
이 가장 친절하다.

前後照臨扶山脈(전후조임부산맥) : 앞뒤에 임하여 비춰주면 산
맥을 생부하니

不可坐下支干缺(불가좌하지간결) : 좌하에서 지간이 결손되는
것은 불가하니라.

更得玉兎照坐處(갱득옥토조좌처) : 다시 옥토를 얻어 좌처를
비춰주면

能使生人沾福澤(능사생인점복택) : 능히 생인에게 복택을 적셔
주리라.

旣解天機字字金(기해천기자자금) : 이미 천기를 해부하여 글자
마다 천금으로 하고

精微選擇可追尋(정미선택가추심) : 정미하게 택일하여 추심이

가하리라.

不然背理庸士術(불연배리용사술) : 그렇지 못하면 이치를 등진 용렬한 술사일 것이니,

執著浮文枉用心(집저부문왕용심) : 헛된 글만 지어 잡고 용심까지도 굽을 것이다.

字字如金眞可誇(자자여금진가과) : 글자마다 황금이 되어 참을 자랑할 수 있고,

會使天機錦上花(회사천기금상화) : 천기를 모아 사용할 줄 알면 금상첨화이니,

不得眞龍得年月日(부득진룡득년월일) : 진룡을 얻지 못하였어도 연월을 얻었으면

也應富貴旺人家(야응부귀왕인가) : 이에 부귀로 응이 있고 사람도 왕성한 가문이 되리라.

【원주】 위의 시문은 조명하는 법이니 오로지 보룡을 위주로 한 글이다. 용과 좌산이 어느 오행에 속하는지를 보고서 사주를 만들어 보(補 : 생부)한다면 가히 탈신공(奪神攻)하고 개천명(改天命)할 수 있다. 이것이 이른바 산가(山家)[10]들의 조명법인 것이다.

대개 산맥에서 부귀를 짓는 것이지 사주만 좋게 만든다고 좋아지는 것은 아니다. 그렇다면 조명팔자는 이미 격국에서 짜여져 있다고 할 수 있는데 이것으로 조명법의 체를 삼는 것이다. 체가 있고 난 연후에 용(쓰임)이 나오는 것이니 여러 가지 길성을 구하여 좌산과 향에서 비춰주게 하고 금수(金水) 두 성진을 사용하여 또 좌산이나 향에 이르게 한다면 역시 기쁜 것이다.

---

10) 풍수지리가.

대개 하늘에서는 오성(五星)으로 경(經)을 삼지만 해와 달보다도 더 존중될 것은 없다. 그러나 화성(火星)은 흉렬(凶烈)하고 토성(土星)과 목성(木星)은 또 해와 달의 빛을 가릴 수 있으므로 산향(山向 : 좌와 향)의 밝음도 가릴 수 있다 하여 사용하지 아니하고, 금(金)은 맑고 수(水)는 빼어났으므로(金淸水秀)이 두 성진만이 길하다 한다. 만약 해와 달이 함께 좌향에 이르렀을 때는 이른바 금수 두 성진이 일월을 도우니 대길한 징조가 된다.

이는 오직 천문대에서 발표하는 역(歷)으로 사용하여야 옳은 것이다. 이밖에 승원금수(昇元金水), 주선금수(周仙金水)가 있어서 태세가 지나가도 어느 한 방위를 지켜주며 운행하지 않는다 하나 믿기는 어렵다. 태양이 조임하는 것은 길성 중에서도 으뜸이니 반드시 천문대의 역법을 따라서 일전궁도(日躔宮度)로써 헤아려야 만들 수 있다.

이밖에는 승원태양(昇元太陽)·도찬태양(塗竄太陽)·오토태양(烏免太陽)·사리태양(四利太陽) 등이 있으나 모두 믿을 수 없는 것들이다. 하늘에는 두 개의 태양이 있을 수 없는데 태양 하나는 동쪽에 있고 하나는 서쪽에 있어서 태세가 지나갔는데도 움직이지 않고 있다는 말에 어찌 이치가 있다 할 것인가? 반드시 진태양(眞太陽)만을 쓸 일이다.

진태음을 함께 좌향에서 임하게 되면 복택이 더더욱 두텁다. 그러나 이 일·월·금·수(日月金水) 외에도 삼기(三奇)·천월덕(天月月德)·녹마귀인(祿馬貴人) 등도 다 조복(助福)하는 성진들이지, 근본적으로 발복을 시키지는 못한다. 복(福)의 근본은 오로지 좌하산맥(坐下山脈)에 있는 것이니, 산맥이 왕상하면 발복하고 산맥이 휴수되면 발복할 수 없으며, 이는 또 오로지 길과(吉課 : 길한 造命)

에서 생부(生扶)하는 데 있음을 알아야 한다.

　천간과 지지를 순전하게 하고 결함됨이 없으면 가하나 만약 지간에서 결함이 생기면 보맥(補脈)하여도 일어날 수 없으니 비록 제 길성이 함께 임한다 해도 역시 큰 복은 기대할 수 없으니 할 일도 없고 쓰일 곳도 없는 사람이 탄생하므로 비록 귀인을 만나 도우려 해도 무능하여 모자라는 사람은 끝끝내 발복을 하지 못한다. 그러므로 재삼 다시 충고하건대,

　불가좌하 지간결(不可坐下 支干缺)이라 하니 대개 명체(明體)가 중요하지만 용(用)보다는 가볍다는 것이다. 학자들은 이 뜻을 깨닫고 옛사람들이 선택한 것을 추종하여 비교하는 것이 아름다운 일이다. 그렇지 아니하고 용렬한 술사로 하여금 조명법의 바른 이치를 등지고 연월일룡을 생하는지 극하는지도 불문하고 단지 모산이니 (좌) 모년이 마땅하다고 하며, 또 이르기를, 모일에 대조(大造)하여 모일 대장(大葬)하리라 하기도 하며, 용과 좌산이 극을 받기도 하고 주명이 휴수되기도 하니 무엇으로 유익함이 있을 것인가?

　끝에 4구절은 다시 깊이 있게 이 노래로써 찬미하니 사람들을 계몽시킴에 유의할 것이다.

　　方方位位煞神臨(방방위위살신임) : 방위마다 살신이 임하였으니,
　　避得山過向又侵(피득산과향우침) : 좌산에는 지나침을 득하여 피하였으나 향에서 침범한다.
　　只有山家自旺處(지유산가자왕처) : 단지 산가에서는 스스로 왕성한 곳에 있는 것이니,
　　天機妙訣好留心(천기묘결호유심) : 천기의 묘결에 마음을 두는

게 좋으리라.
支如不合干中取(지여불합간중취) : 지지가 합할 수 없으면 천간 중에서 취하는 것이니,
迎福消凶旺處尋(영복소흉왕처심) : 복을 맞고 흉살을 소제하는 것은 왕한 곳에서 찾을 것이다
任是羅喉陰府煞(임시나후음부살) : 이에서 나후와 음부살은 너에게 맡기니
也須藏伏九泉陰(야수장복구천음) : 모름지기 구천의 음지에다가 장복시킬 것이다.

【주】24방위에서 신살이 가장 많이 범점(犯占)하는데, 이 중에서도 꼭 피해야 할 것은 연살(年煞 : 태세에서 오는 살)이라 하여 이를 피하고 나면 또 월살(月煞 : 월에서 따라오는 살)이 있고, 월살을 피하고 나면 또 일살(日煞)이 있으며, 또 좌산에서 이로우면 향에서 불리하기도 하고, 향에는 이로우나 좌산에서 불리하므로 전길(全吉)함을 얻기가 참으로 어렵다. 이 때 단지 본산(本山)의 내맥(來脈)을 취하여 자왕(自旺)한 것으로 득령유기(得令有氣)하게 하고 다시 사주의 간지로도 왕상하게 때를 맞춰야 한다.

가령 좌산으로 천간을 얻는 것은 천간이 일기가 되게 한다거나 혹 퇴록퇴간(堆祿堆干 : 녹을 모으고 천간을 모음)하는 것이다. 또 좌산으로 지지를 모으는 것은 지지가 일기가 되게 한다거나 혹 삼합으로 연월일시를 모은다면 산가의 자왕처(自旺處)가 안되는 법이 없으니 그 조화를 헤아려 참작하면 왕성하게 하는 것뿐이다. 이쪽이 왕하면 저쪽은 쇠약할 것이고, 흉살은 스스로 잠복할 것이니 이것이 천기(天機)의 묘결인 것이다.

3. 의룡경(疑龍經)

大凡修造與葬埋(대범수조여장매) : 대체로 수조(양택)와 장매(음택)는

須將年月星辰排(수장연월성진배) : 모름지기 장차의 연월과 성진을 배속시키는 것이다.

地吉葬凶禍先發(지길장흉화선발) : 땅이 길하여도 장법이 흉하면 재앙이 선발하니

名曰棄屍福不來(명왈기시복불래) : 이름하여 시신을 버리는 것이니 복은 오지 않는다.

此是前賢景純說(차시전현경순설) : 이는 전현인 곽경순의 논설인데,

景純雖說無年月(경순수설무연월) : 곽경순의 설에는 연월의 사용법이 없으므로

後來年月數十家(후래연월수십가) : 뒤에 오는 수십 명의 지리가로부터 연월이 없는 것을 가리켜

一半有頭無尾結(일반유두무미결) : 절반으로 머리만 있고 꼬리가 없는 결록이라 지탄받았다.

大抵此文無十全(대저차문무십전) : 대저 이 글은 열 가지가 모두 온전하지는 못하니

一半都是俗人傳(일반도시속인전) : 절반은 도시 속인들이 전한 것으로 생각된다.

不是靑囊起鬼卦(불시청낭기귀괘) : 이는 청낭경의 관귀괘에서 일으킨 것이 아니고,

便是三元遁甲銓(편시삼원둔갑전) : 이는 바로 삼원 둔갑에서 사람들이 가려 놓은 것이다.

祿馬雲勝兼氣耀(녹마운승겸기요) : 녹마는 구름 위까지 오르고 기는 빛나게 한 것이며,

六壬局與通天竅(육임국여통천규) : 육임국에다가 통천규를 아울렀으며,

裝成圖局號飛天(장성도국호비천) : 구궁도를 펼쳐놓고 장식을 이룬 것은 이름하여 비천이라 한다.

飛天名出何人造(비천명출하인조) : 비천이란 말은 또 어느 사람이 지어서 나온 것인가?

云是組師口訣傳(운시조사구결전) : 이는 조사로부터 운하는 것을 구결로 전해진 것이다.

金盤圖是左仙錄(금반도시좌선록) : 금반도는 이에서 좌선이 기록한 것이고,

雷霆九劫號昇元(뇌정구겁호승원) : 뇌정 구겁은 이름하여 승원이라.

坤鑑黃羅幷武曲(곤감황라병무곡) : 황라에 무곡을 아우른 것은 곤을 거울삼은 것이니,

催官使者大單于(최관사자대단우) : 관을 재촉하고 싶은 자에게는 아주 간단한 것으로

鼓角喧傳爲第一(고각훤전위제일) : 북과 피리보다(군에서 돌격명령으로 쓰임) 뭇사람의 입으로 퍼지게 하는 것이 제일이라.

通例一百二拾家(통례일백이십가) : 120 전문가의 예를 통합하여 보아도

九十六家年月要(구십육가연월요) : 96인의 전문가는 연월이 주요하다 한다.

問之一一皆通曉(문지일일개통효) : 일일이 물어 보아도 모두가
　　　　　　　　　　　　　　밝게 통하였으니
飛度星辰說元妙(비도성진설원묘) : 성진을 구궁 내에 비도시켜
　　　　　　　　　　　　　　원묘함을 설하고,
試令選擇作宅墳(시령선택작택분) : 선택에 월령으로 시험하여
　　　　　　　　　　　　　　택이나 분묘를 작하라.
福來到時禍先到(복래도시화선도) : 복이 이르지 아니하였을 때
　　　　　　　　　　　　　　화가 먼저 이르는 것은
不知年月有元機(불지연월유원기) : 연월에 원기가 있음을 알지
　　　　　　　　　　　　　　못하는 것이다.
年月要妙人小知(연월요묘인소지) : 연월이 중요하고 묘함을 아
　　　　　　　　　　　　　　는 사람이 적으니
年月無如造命法(연월무여조명법) : 조명법에서는 연월과 같은
　　　　　　　　　　　　　　것이 없느니라.
裝成好命恣人爲(장성호명자인위) : 국중에 장식시키고 좋은 명
　　　　　　　　　　　　　　조를 만드는 것은 방자하게도 사람이 하고,
吉人生時得好命(길인생시득호명) : 길한 사람은 생시에서도 좋
　　　　　　　　　　　　　　은 명조를 득하고,
一生享福兼富盛(일생향복겸부성) : 일생을 형복하고 겸하여 부
　　　　　　　　　　　　　　까지 왕성하리라.
不獨己身富貴高(부독기신부귀고) : 자기 일신만 홀로 부귀가
　　　　　　　　　　　　　　높을 수 없으니
変世雲仍沾餘慶(변세운잉첨여경) : 여러 세대를 7,8대까지 그
　　　　　　　　　　　　　　여경을 적셔주리라.
我因歷數考諸天(아인력수고제천) : 나는 천문대의 역수로 여러

가지 천기를 상고하노니,

元象幽微萬萬千(원상유미만만천) : 원상이 그윽하고 원미하여 만만천을 아울렀도다.

星到曉時次第沒(성도효시차제몰) : 성원은 밝게 이르렀다가도 때가 되면 차차로 몰락하니,

只有陽烏萬古全(지유양오만고전) : 다만 태양 오토경이 있는데 만고에 온전하고,

太陰因日有盈缺(태음인일유영결) : 태음은 태양으로 인하여 차고 기움이 있으니,

不比太陽常麗天(불비태양상려천) : 태양이 하늘에서 항상 밝은 것과는 비교가 안된다.

諸君專用太陽照(제군전용태양조) : 군에게 부탁하는 것은 태양을 비추도록 사용하라.

三合對宮福祿堅(삼합대궁복록견) : 태양이 삼합이나 대궁이 되는 것도 복록이 견고하고,

更看素曜在何處(갱간소요재하처) : 다시 볼 것은 소요(달이 있는 곳)가 어느 곳에 있는지를 볼 것이다.

福力却與太陽兼(복력각여태양겸) : 복력은 문득 태양과 더불어 견줄 만한 것이니,

金水二星幷紫氣(금수이성병자기) : 금수 두 성진과 자기를 아울러야 하며,

月孛同用又無嫌(월패동용우무혐) : 월패와 함께 사용한다면 혐의될 게 없으리라.

周天本是十一曜(주천본시십일요) : 하늘에는 본시 11요가 있는데,

只嫌逆伏災炎炎(지혐역복재염염) : 단지 혐의가 되는 것은 장
                              복함을 거스르면 재앙이 왕성하게 나온다.

【원주】이상 경문들의 자상한 말씀들은 뭇 학자들을 황홀케 하였으니, 조명법의 묘함을 말한다면 이보다 더 좋은 방법은 없다. 용(龍)과 좌산과 주명을 인용하여 사주팔자를 만드는 데 격을 이루고 국을 이루도록 해야 한다. 부룡 상주(扶龍相主)란 이른바 그 격국에 맞는 좋은 사주가 되도록 꾸민다는 것이다.

팔자가 좋게 만들어졌다 함은 길성을 취하여 비추어 주고 임하게 하는 것인데, 태양이 향에 이르도록 하는 것이 가장 마땅하다. 대궁(對宮)이란 즉향으로 이르게 한다는 말이다. 삼합(三合)으로도 역시 길하니 혹 좌산과 삼합이 되게 한다거나 혹 향으로 삼합이 되게 하여도 길하다.

달(太陰)은 또 그 다음의 실성이며 오성 중에서는 금수(金水) 누성진만이 길하고 토목 두 성진은 광명을 엄폐시킨다 하여 쓰지 아니하고 화성(火星)은 조열하므로 흉성이 된다. 나머지 사여(四餘)는 오직 자기(紫氣)만이 가장 길하고 월패(月孛)와 유성(柔星)은 길성을 만나면 길한 것이니 함께 사용하여도 무방하다.

대개 일월과 금수 성진만을 함께 사용한다. 화라(火羅)와 토계(土階)는 모두 흉성이다. 이렇게 칠정(七政)과 사여(四餘)를 합하여 11요(曜)인데, 만약 역복(逆伏)됨을 만나면 흉함에서는 더더욱 흉하고 길한 것에서도 역시 흉하다.

4. 조장법을 논함(論造葬)

조(造)와 장(葬) 두 가지는 택일 선택에 있어서 대단한 부분들이

니 신중하지 않으면 안된다. 「그러면 어떻게 신중할 것인가?」
  답하기를,
  「조명함에 체용(體用)을 가려 쓴다는 말이다」 그러나 수조(竪造)와 장지(葬地)는 역시 다소 다른 바가 있다. 「장사는 보룡(補龍)을 위주로 하고 좌향과 망명(亡命)은 다음으로 하며, 수조는 좌향과 주명(主命)을 위주로 하고 보룡은 다음으로 하는 것이 다르다」
  대개 장사는 생기를 타는 것(葬乘生氣)이라 하였으니, 생기가 왕성하면 체도 자난(自煖 : 저절로 따뜻하여 힘이 생김)하므로 비록 좌향과 망명에 온전한 이로움이 깊지 아니하더라도 역시 무방하다. 그러나 수조라면 땅을 파 진동시키고 도끼로 찍어내고 또한 오랜 세월을 의지하고 살아야 하니 아무래도 좌향이 공망(空亡)되지 않아야 주명(主命)도 극을 받지 않을 것이고, 감히 망령된 생각을 꾀하지도 않고 집안을 흥하게 이룰 것이니, 항차 팔택(八宅)11의 화복(禍福)은 모두 좌산(坐山)으로 논하지 아니할 수 없다.

5. 정오행으로 생왕을 취용함(論正五行生旺取用)

  오행의 생왕은 각각 그 시기가 있다. 그러나 토만은 3등으로 나누어 논하는 것이니 음양과 반음 반양이 그것이다. 그러므로 원경에 이르기를 「삼등수생(三等殊生)12」이라 함이 그것이다. 간토(艮土)는 양(陽)이요, 곤토(坤土)는 음이며, 진술축미(辰戌丑未)는 중

---

11) 동사택(東四宅)인 감진손리(坎震巽離)궁과
    서사택(西四宅)인 간곤태건(艮坤兌乾)궁을 말하는데
    동사택에는 동사명(東四命)에게 길하고 서사택에는 서사명인(西四命人)에게 길하다
12) 토(土)를 음토, 양토, 반음(半陰), 반양(半陽) 등 4등급으로 나누어 생왕함을 가려야 한다는 말.

궁(中宮)에 예속되어 있으므로 진술(辰戌)은 반양이고 축미는 반음(半陰)이라 한다. 그러므로 간토(艮土)가 왕한 곳은 입춘에서 먼저 오니 하지까지이고, 곤토가 왕성한 곳은 입추의 뒤쪽으로 동지의 앞이 되고, 사묘(四墓)는 사계(四季)월의 아래에서 각각 18일간을 왕하게 되는 것이니 이것은 토의 묘지이기 때문이다.

목(木)산은 봄에 왕하다. 토왕한 날 18일을 빼고 나면 72일이 된다. 또 동지 후에는 일양(一陽)이 생하니 그 곳에서부터 서로의 관계를 논하여 보면 다음과 같다.

동지로부터 입춘까지는 목의 진기(進氣)가 되니 향령(向令)이라 하고,

입춘부터 춘분까지는 목의 정기(正氣)이니 득령(得令)이라 하고,

춘분부터 청명까지는 목의 왕기(旺氣)가 되니 화령(化令)이라 한다.

화(火)산은 여름에 왕하다.

입춘으로부터 경칩까지는 火의 진기(進氣)가 되니 향령(向令)이라 하고,

경칩으로부터 입하까지는 火의 정기(正氣)가 되니 득령(得令)이라 하며,

소만으로부터 하지까지는 火의 왕기(旺氣)가 되니 화령이라 한다.

하지 후에는 화조금류(火燥金流)하고, 만물은 극하면(物極) 반(反 : 死絶地)으로 운행하여 배반한다는 뜻이므로 사용하지 않는다.

금(金)산은 가을에 왕하다.

망종으로부터 하지까지는 金의 진기(進氣)가 되니 향령이라 하고,

하지로부터 입추까지는 金의 정기(正氣)가 되니 득령이라 하고,

처서로부터 추분까지는 金의 왕기(旺氣)이니 화령이라 한다.

수(水)산은 겨울에 왕하다.

입추로부터 백로까지는 水의 진기(進氣)가 되니 향령(向令)이라 하고,

추분으로부터 상강까지는 水의 정기(正氣)가 되니 득령(得令)이라 하고

입동으로부터 동지까지는 水의 왕기(旺氣)가 되니 화령(化令)이라 한다.

【翠山註】 이곳의 진기를 향령이라 하고, 정기를 득령이라 하고 왕기를 화령이라 한 것은 대단한 이치가 있으나, 그 절기 배치를 보면 많이 흐트러져 있음을 알 수 있으니 독자들의 연구가 있기를 바란다. 대개 봄 석 달이란 1회귀년 365.24일로는 91일 3시간 10분 정도이며, 이 중에서 토왕한 날 18일 2시간 7분을 빼면 목이 왕한 날이 73일 1시간 15분정도가 되기 때문에 木火金水 4계절을 분류할 수 있으리라.

【본문의 주】 무릇 화령(化令)이란 타산의 진기가 되는 때를 말하니 극택(剋擇)하는 법을 잘 숙지한다면 재(財)나 녹(綠)으로도 뿌리를 배양하고 중화도 시킬 수 있다. 만약 관성이 왕하도록 가중시켜 태왕하게 한다면 도리어 위태롭게 될 것이니 주의해야 한다.

날을 가려 쓰는 법은(用日法) 향령(向令)에서는 그 생기(生氣)를 취하고, 득령에서는 그 태양(胎養)기를 사용하고, 화령에서는 그 재원(財源)을 취하면 이 또한 묘리(妙理)가 되는 것이다.

가령 봄의 청명 전후에서 인(寅)산을 작한다면 화령에 속하니 갑(甲)일을 사용하면 인(寅)이 녹이 된다. 재가 되게 하는 것은 사묘(四墓)와 납음(納音)으로 토(土)를 사용한다.

또 가령 득령과 화령이 같지 아니하고, 진기와 화령도 같지 아니하니, 가령 봄에 진(震)산을 갑을로 보(輔)한다면 갑은 동지에서 향령이니 생왕할 수 있고, 진(震)산은 춘분으로 향할 때 정왕하며, 을(乙)은 청명으로 향할 때 화령으로 왕성하게 된다. 극택하는 법(尅擇法)은 장차 화령이 되는 것을 취하여 재록으로 보조한다면 정왕(正旺)하여 근원을 배식하게 된다. 향왕(向旺)이란 태식(胎息)으로서 유익하게 하는 것이니 손익의 중을 얻는다면 이른바 티 없이 길하게 할 수 있으리라.

6. 용을 보하는 법〔論補龍 : 造(양택)와 葬(음택)에 함께 해당〕

구평보가 이르기를,

先觀風水定其蹤(선관풍수정기종) : 먼저 볼 것은 풍수의 종적을 정하여야 하고,

次看年月要相同(차간연월요상동) : 다음으로 볼 것은 연월이 서로 같게 하는 것이 중요하다.

吉凶合理參元妙(길흉합리삼원묘) : 길흉은 이치에 맞도록 참고하는 것이 가장 아름다우니,

好向山家覓旺龍(호향산가멱왕룡) : 산가에서 좋은 것은 왕룡을 찾는 것이다.

【원주】 이 말은 먼저 길지를 찾고 다음으로 연월일시로 용을 보하는 것이 길하다는 것은 천고에 바뀔 수 없는 논리라는 것이다.

무릇 그 향촌에서 가장 특이하고 빼어난 성봉을 찾는 것이다. 용신(龍神)이 수발(秀拔)하다면 부귀는 의심하지 않는다 그러나 그 향촌에 들어설 때 첫눈에 보이는 산강(山岡)이 산란하고 난잡하거나 낮고 미약하다면 빈천함을 의심하지 않을 수 없다. 화복(禍福)의 근본은 모두 용(龍)에 매여 있고(禍福之本 總屬之龍), 택일만으로는 용을 온전하게 보충할 수 없다.

그러면 왜 하필 택일을 강조하는가? 보룡의 설을 알고 나서야 이에서 도(道:法)의 원추(元樞: 으뜸이 되는 중요한 부분)를 득할 수 있기 때문이다.

무릇 용의 먼 곳은 논하지 아니하고 혈에 이르는 하나의 작은 맥을 위주로 하여(到穴之小脈 爲主) 정오행으로 생극만을 논하는데, 일시 사주가 생부하면 길하고 극설하면 흉하다.

양택이건 음지이건 불문하고 결혈처에 이르러서는 반드시 한선의 소맥이 있을 것이니(必有一線小脈)13 세밀하게 관찰하여 결정해야 한다. 나경으로 격정하여 목(木)룡이면 해묘미(亥卯未)국을 사용하고 수토룡(水土龍)이면 신자진(申子辰)국을 사용하고, 화룡이면 인오술(寅午戌)국을 사용하고, 금룡이면 사유축(巳酉丑)국을 사용하거나 혹 인수(印綬)국으로 생부하는 것도 가하며 용이 웅장하고 살기를 대동하였으면 재(財)국을 사용하여도 가하다.

산곡의 음지가 솟아 일어난 곳(實處)에 와혈(窩穴)을 열었을 때는

---

13) 도두봉(到頭峰)에서 혈처(穴處)인 태극원운(太極圓暈)으로 연결되는 보일 듯 말 듯한 선(線)을 말하는데, 얼핏 보면 보이고 자세히 보려고 하면 흩어져서 잘 보이지 않기도 한다 하였으니, 이것이 바로 투지선(透地線)이다. 자세한 것은 김동규 저 《이정표 경반도해(經盤圖解)》 참조.

혈 근처가 원구(圓毬 : 호떡 모양의 원훈)를 만드는 것으로 그치기도 하는데, 소맥이 없다거나 만약 원구가 넓고 성글어서 맥을 만들지 못하기도 한다. 이러한 때는 마땅히 산의 뒤쪽으로 가면 봉요(蜂腰 : 벌의 허리)처가 있을 것이니 그 곳을 격정하여 보한다.

  무릇 대도시나 부현(크고 작은 도시)에서는 오(午)향이 아니면 병정(丙丁)향으로 집을 짓게 되는데, 그 곳이 오(午)향을 할 수 있는 경우는 반드시 임자계(壬子癸)룡일 때이고, 병정(丙丁)향을 놓는 경우는 반드시 해(亥)나 간(艮)룡이어야 한다. 이 모두에서 마땅한 바는 신자진(申子辰)국을 만들어 보하는 것이니 정맥이 이미 아서(衙署)를 결성하였기 때문이다. 이 곳의 민거(民居)는 혹 동향을 하기도 하고 서향을 하기도 하지만 모두 원맥에서 가지가 분리되어 횡으로 나갔으니 어떤 오행을 써야 할지 모르는 경우인데, 이 때는 단지 좌산(좌향)만을 위주로 보하는 것이다. 이러한 경우를 제외하고는 모두 보맥하는 것이 원칙이며 음지일 경우는 더욱 긴요하다. 대개 장법은 한선으로 생기를 타기 때문이다(葬乘一線之生氣).〔*《풍수지리 이정표》(김동규 저) 참조〕

  용기의 쇠왕(衰旺)은 오로지 월령으로 결정되는 것이므로 보룡할 때는 반드시 월령으로 삼합을 만들어야 한다. 혹 임관월(臨官月)이나 묘월(墓月)로도 왕월처럼 작할 수 있으나 쇠(衰), 병사(病死)의 월로는 안된다. 대개 축궁(丑宮)에는 신금(辛金)이 있고, 미궁(未宮)에는 을목(乙木)이 있으며, 진(辰)궁에는 계수(癸水)가 있고, 술(戌)궁에는 정화(丁火)가 있으므로 사묘(四墓)로도 확실하게 왕성함을 만들 수 있다는 것을 알 수 있고 쇠약이라 할 수는 없다.

  무릇 보룡 능력은 오로지 사주의 지지에 있다. 대개 천간의 기는 경(輕)하고 지지의 힘은 중(重)하기 때문이다. 그러므로 지지가 일기(一氣)가 되게 하여 보룡하는 것이다. 가령 묘(卯)룡에서 지지 사묘(四卯)를 사용하는 유(類)인데 지극히 묘함이 있다.

그러나 사실 사묘(四卯)를 만나는 것은 지극히 어려우니 10여 년 만에 한 번씩 만나는 정도이다. 또 혹 월가(月家), 일가(日家), 좌향에서 공망이 되지 아니할 때 비로소 강하다 할 수 있기 때문이다. 그렇지 않으면 삼합국을 쓰면 활동적이어서 취하기가 쉽다. 삼합국은 삼합이 되는 월이라면 생월이건 왕월이건 묘월이건 모두 가하다. 그러나 삼합월 가운데 흉신이 그 방을 점하는 경우는 임관월을 사용하여도 역시 강하니 이름하여 삼합 겸 임관국이라 한다. 지지일기국(地支一氣局)은 혹 사생(四生)이나 사왕(四旺)국으로 하고 사묘(四墓)는 사용치 않으며, 삼합자를 반드시 모두 갖추어야 하는 것은 아니고 두 자만으로도 가하다.

12정음룡(淨陰龍)은 마땅히 음과(陰課 : 정음으로 조명함)를 사용하고 12정양룡(淨陽龍)은 마땅히 양과(陽課 : 정양만 사용한 조명)하여야 하니 양균송이 이르기를, 「첫째로 중요함이 음양이 혼잡되지 않아야 한다」함이 이를 말한 것이다. 다만 오행으로 용에는 각각 양용 음용이 있으니 해묘미(亥卯未) 목(木)국이나 사유축금(巳酉丑金)국을 쓰면 모두 음이 되고 인오술화(寅午戌火)국과 신자진수(申子辰水)국을 쓰면 모두 양이 된다. 그렇지만 구과(舊課) 역시 이 음양설에 꼭 구애받지는 않았다.

옛사람들의 조장 팔자를 보면 지지로 보룡한 것이 많았고 천간으로는 주명(主命)을 보하였으며, 혹 주명과 함께 비견으로 일기가 되게 하기도 하였고, 혹 합관(合官), 합재(合財), 합록마귀인(合祿馬貴人)하기도 하였으며, 또는 천간이 주명과 합이 되고 녹마귀인은 좌나향에 이르게 하면서 지지는 또 용맥을 보한다면 이러한 조명 팔자는 상중의 상이 되는 국일 것이다.

　당(唐)나라의 일행선사(一行禪師)와 송(宋)나라의 탁장노는 조명 택일에 사주의 납음을 모두 사용하였다. 본년의 납음 오행으로 보룡하였는데도 역시 응험(應驗)이 컸으나, 다만 지지의 역량에는 미치지 못했다. 또 납음으로 조명하는 법을 보면 본룡의 납음은 논하지 않고 용의 묘(墓)상에 서서 납음을 일으켜 생극을 논한다.

　가령 경인(庚寅)년에 술좌술룡(戌坐戌龍)을 작한다면 정오행으로는 토(土)이다. 수토(水土)의 묘지가 진(辰)이므로 오호로 둔득(五虎遁得)하면 경진(庚辰)은 금(金)음 팔자룡이 된다. 토(土)음이나 금(金)음으로 보하는 것이 길하나 화(火)음은 극룡하고 묘지가 되니 흉하다. 이는 본시 홍범(洪範)의 변운(變運)에서 나와 논하게 된 것으로, 일행선사와 탁장노의 가르침이 서로 다른 바가 있으니, 역시 참고로만 볼 것이다.

　무릇 삼합 수(水)국으로 수(水)룡을 보하고 목(木)국으로는 목(木)룡을 보하는 것이 왕국이 되니 상길하고, 금(金)국으로 수룡을 생하고 수국으로 목룡을 생하는 것은 상국(相局) 또는 인수국이라 하니 차길하며, 수룡에서 화(火)국을 쓰는 것은 재국(財局)이 되니 용이 웅장하고 살기를 대동하였다면 다시 보룡할 필요가 없으므로 재국을 써도 무방하다. 그러나 보하지 않더라도 설기시키는 것은 안된다.

7. 보룡길과(補龍吉課 : 이 모두 정오행으로 논한다)

　① 해임자계(亥壬子癸) 사룡(四龍)은 수(水)룡이니 신(申)에서 생하고, 자(子)에서 왕하고, 진(辰)이 묘(墓)가 되니 신자진(申子辰)은 삼합 왕국으로 상길한 택일이요, 해(亥)는 임관이니 길하고,

사유축금(巳酉丑金)국은 인수국이니 역시 길하며, 인오술(寅午戌)은 재국이니 차길(次吉)하다. 해묘미(亥卯未)는 목(木)국이 설기하니 흉하고, 진술축미(辰戌丑未)는 귀살(鬼煞)국이 되어 더욱 흉하다. 천간이 임계(壬癸)나 경신(庚辛)이 되면 더욱 묘하지만 그러나 모두를 구애(拘碍)하기는 어렵다.

한 해룡(亥龍)에서 건좌손향(乾坐巽向)인데 증문천(曾文辿)은 임인(壬寅)년 임인월 임인일 임인시로 택일하였는데, 후에 8명의 아들이 조정에 들어갔다. 이는 정해(丁亥) 망명(亡命)이 사임(四壬)과 정(丁)이 합관하였고, 또 사임이 해(亥)에 녹이 되었으며, 사인(四寅)은 해명과 해룡을 합하였으니 묘하기가 극심하고, 사임수(四壬水)는 해룡(亥龍)을 보(補)하니 상 중의 상이 되는 길과(吉課)이다. 또 하나는 계해(癸亥)년 갑자월 갑신일 을해시로 하였는데 후에 갑과에 장원하는 귀가 나왔으니, 이는 신자(申子) 수(水)국으로 해룡(亥龍)을 보하였고 두 해(亥)에 임관이 되기 때문이다.

한 해룡에서 임좌병향(壬坐丙向)인데 양균송(楊均松)은 신해년 경자월 병신일 병신시로 택일하였는데 후에 승상(承相)이 나왔다. 이는 신자수(申子水)국으로 해룡을 보하였으니 삼합 겸 임관국이기 때문이었다.

한 임룡(壬龍)에서 자좌오향(子坐午向)인데 양균송은 사계해(四癸亥)로 택일하여 후에 귀현이 많았다. 대개 사해(四亥)는 임(壬)룡의 녹지이며 사계(四癸)는 자좌(子坐)에 녹이 되니 이름이 임관 격이고 또는 취록격(取祿格)이고 또한 지간 일기격이라 하니 묘하기가 극심하다. 주명이 무(戊)생이 아니면 계(癸)생이거나 혹 자(子)생이라면 더욱 아름답다.

자(子)룡에서 간좌곤향(艮坐坤向)인데 증문천은 계사년 정사월 계유일 계축시로 택일하였는데 후대에 귀현하였다. 이는 간좌곤향은 모두 토(土)이니 자수(子水)룡을 극하므로 신자진(申子辰)국은 사용하지 않고 사유축(巳酉丑) 금(金)국을 써서 토(土)기를 설기하여 자수룡을 생수하게 한 것이다. 또 3점의 계(癸)는 자(子)에 녹이 되므로 용을 중요시하고 좌향은 중요치 않다는 것을 알 수 있다. 주명(主命)이 계(癸)나 무(戊)생이거나 무자(戊子)생이면 더욱 아름다울 것이다.

임(壬)룡에서 자좌오향(子坐午向)인데 양균송은 임신년 무신월 임신일 무신시를 사용하였는데 후에 대귀하였다. 이는 임룡의 四장생인 신(申)을 취한 것이다. 또 두 천간이 혼잡되지 아니하고 지지가 일기(一氣)이며 정사(丁巳) 망명인데 정(丁)임이 합되니 합관격이기도 하다. 또 사신(巳申)이 합이니 더욱 아름다우나 만약 인(寅)생인이었다면 사신(巳申)의 충으로 요절하였을 것이다.

② 간곤진술축미(艮坤辰戌丑未) 6룡은 토(土)이니 역시 신(申)에서 생하고, 자(子)에서 왕(旺)이 되고, 진(辰)에서 묘지가 되며, 해(亥)에서 임관이니 신자진(申子辰)은 왕국(旺局)이면서 토극수(土剋水)하니 재국(財局)이기도 하여 상길(上吉)이 된다. 인오술은 인수국이니 역시 길하나 금(金)국은 토(土)의 기를 누설시키고, 목(木)국은 토를 극하므로 모두 흉하다. 천간도 병정무기(丙丁戊己)면 더 기쁘지만 모두를 구애(拘碍)하기는 어렵다.

한 간(艮)룡에서 임좌병향(壬坐丙向)인데 양균송은 신해년 경자월 병신일 병신시로 택일하여 뒤에 대귀하였다. 요금정은 경신년 무자월 경신일 경진시로 삼합국을 사용하였다.

간(艮)룡에서 갑좌경향(甲坐庚向)인데 양균송은 병진년 병신월 병신일 병신시를 사용하고 후에 발귀함이 길게 이어졌다. 이는 신자진국은 아닐지라도 사병화(四丙火)가 간(艮)룡을 생하고, 또 간(艮)궁은 병을 납(納丙)하니 만약 주명이 병(丙)생이거나 신(辛)생이거나 혹 신사(辛巳)생이라면 사병(四丙)의 녹이 사(巳)에 닿(氵)고 삼신(三申)과 합하니 더욱 묘하다.

한 간(艮)룡에서 계좌정향(癸坐丁向)인데, 양균송은 사병신(四丙申)을 취하였는데 500일 만에 급제자가 나왔다. 지간일기격(支干一氣格)으로 간토(艮土)는 신(申)에서 생하므로 사장생(四長生)격이 되었으며, 또 사병화(四丙火)는 간룡을 생하고 간궁은 병(丙)을 납(納)하므로 사노(四孥 : 처자 노)가 되어 묘하기가 극심하다.

③ 인묘갑을손(寅卯甲乙巽) 5룡은 목(木)이니 해(亥)가 생이 되고 묘(卯)에서 왕(旺)이 되고 미(未)가 묘고이니 해묘미(亥卯未)가 왕국이니 상길이요, 인(寅)은 임관이고 신자진(申子辰)은 인수국이니 역시 길하다. 사유축(巳酉丑)은 금국이니 살(煞)국이며, 인오술(寅午戌)은 설기국이니 둘 다 흉하다. 천간이 임계갑을(壬癸甲乙)이 되면 더 좋으나 모두를 구애하기는 어렵다.

한 묘(卯)룡에서 갑좌경향(甲坐庚向)인데 양균송은 을묘(乙卯)년 기묘(己卯)월 병인(丙寅)일 신묘(辛卯)시를 취했으니 이는 단지 임관과 제왕(帝旺)만 사용한 것이다. 이름은 관왕국(官旺局)이라 한다.

묘(卯)룡에서 해좌사향(亥坐巳向)인데 옛사람은 사신묘(四辛卯)를 취하였는데 망명은 신사(辛巳)생이었다. 사신(四辛)은 신(辛)명을 돕고 사묘(四卯)는 묘룡맥을 보하고 또 해(亥)좌에도 합하며 또 신명(辛命)의 녹인 유(酉)를 충동한다. 묘룡을 신년에서 오호(五虎)로 숨은 것을 찾아보면 신묘목(辛卯木)이 되고 또 납음(納音)으로 납음을 보한다.

　　【翠山註】 이는 사묘(四卯)가 신명(辛命)의 녹인 유(酉)를 암충하여 끌어내므로 길하다는 것인데 필자가 보건대 좌산과 주명이 사해(巳亥) 상충하므로 전길(全吉)이 될 수 없으므로 권장할 수 있는 택일은 아니다.

　묘(卯)룡에서 을좌신향(乙坐辛向)인데 증문천은 경인년 정해월 신묘(辛卯)일 신묘시를 사용하였으니 삼합 겸 임관격이다. 뇌포의(賴布衣)는 갑인년 정묘월 신묘(辛卯)일 신묘(辛卯)시로 택일하였으니 이도 삼합 겸 임관격이었다. 손(巽)룡에서 을좌신향(乙坐辛向)인데 주자(朱子)는 경인(庚寅)년 무인(戊寅)월 계묘(癸卯)일 갑인(甲寅)시를 써서 임관겸제왕국으로 택일하였다.

　④ 사병오정(巳丙午丁) 4룡은 화(火)이니 인(寅)에서 생(生)하고 오(午)에서 왕(旺)하고 술(戌)에서 묘(墓)가 되고 사(巳)에서 임관(臨官)이 된다. 인오술(寅午戌) 삼합 왕국(旺局)으로 상길(上吉)이요 해묘미(亥卯未)는 인국(印局)으로 길하고 사유축(巳酉丑) 재국(財局)으로 차길(次吉)하다. 신자진(申子辰) 수국(水局)은 살(煞)이므로 흉하고, 진술축미(辰戌丑未) 토국(土局)은 설기(洩氣)하니 역시 흉하다. 천간이 병정갑을(丙丁甲乙)이 되면 더욱 좋으나 이에 너무 구애되지 말 것이다.

　일병룡(一丙龍)에서 사좌해향(巳坐亥向)인데 양공(楊公)은 기사(己巳)년 기사월 임오일 임인시를 취하여 삼합 겸 임관국을 하였다. 또 병룡(丙龍)은 사(巳)에 녹(祿)이 됨이 아름답다. 일병룡에서 곤좌간향(坤坐艮向)인데 뇌포의(賴布衣)는 계사년 정사월 경오일 무인시를 취용(取用)하였다.

　이상은 다 삼합 겸 임관국이다. 대개 삼합(三合)으로 연분(年分), 월분하여 산향(山向)이 공망(空亡)되지 아니하여야 하니 곧 임관 연월을 사용할 것이다.

　⑤ 신경유신건(申庚酉辛乾) 5룡은 금(金)이니 사(巳)에서 생(生)하고, 유(酉)에서 왕(旺)하며, 축(丑)에서 묘(墓)가 되며, 신(申)에서 임관이 된다. 사유축(巳酉丑)은 삼합금국(三合金局)이니 상길(上吉)이고, 진술축미(辰戌丑未)는 토(土)이니 인국(印局)이 된다. 그러나 상충(相衝)은 불길하다. 해묘미(亥卯未)는 재국(財局)이니 차길(次吉)하다. 신자진(申子辰)은 설국(洩局)이니 흉하고, 인오술(寅午戌)은 살국(煞局)이니 더욱 흉하다. 천간이 경신무기(庚辛戊己)가 되면 기쁘나 너무 구애받지는 말 것이다.

　일유룡(一酉龍)에서 유좌묘향(酉坐卯向)인데 양균송은 갑신년 계유(癸酉)월 정유(丁酉)일 기유(己酉)시를 취하여 관왕국(官旺局)으로 하였고, 뇌포의(賴布衣)는 신유년 신축월 신축일 계사시를 취하여 삼합국으로 하였다. 이는 삼점(三點) 신록(辛祿)이 유룡(酉龍)과 유산(酉山)에 이르렀다.

　일신룡(一辛龍)에서 건좌손향(乾坐巽向)인데 증문천(曾文辿)은 정유(丁酉)년 기유(己酉)월 갑신일 기사시를 취하였고, 또 기유년 계유월 임신일 을사시를 취하였으니 삼합 겸 임관국으로 길하다. 비록 이는 음부금국(陰府金局)이나 제지(制之)하면 무방하다.

　일신룡(一辛龍)에서 임산병향(壬山丙向)인데 뇌포의는 신유년 신축월 신유일 계사시를 취하여 삼합국으로 하였다. 또 3신(辛)이 신룡(辛龍)을 보(補)한다.

길과(吉課)가 이 밖에도 심히 많으나 모두 기록할 수는 없고 이상으로 법식을 삼고자 한다. 혹 삼합국으로 하고 혹 삼합 중에서 두 자만을 쓰기도 하고, 혹 삼합 겸 임관국으로 하고, 혹 단순히 임관이나 제왕(帝旺)을 두 자씩 쓰기도 하며, 혹 천간일기(天干一氣)로 하고, 혹 지지일기(地支一氣)로 하기도 하니, 총론컨대 모두 보룡(補龍)이었다.

　보룡으로 위주하되 좌산(坐山)과 주명(主命)을 충극(衝剋)하지 않아야 하고, 또 좌산에 길신은 있으나 흉살은 없어야 하고, 주명과 혹 비견이 되고 합재하고 합관하고, 사주(四柱)의 녹마귀인(祿馬貴人)과 회합하여야 한다. 혹 사주의 녹마귀인이 산(山)이나 향(向)에 이른다면 상상길과(上上吉課)가 된다. 지지일기격은 사지(四支)가 모두 같은 자이니, 혹 본룡(本龍)의 사장생자(四長生字)이거나 사임관자(四臨官字) 또는 사제왕자(四帝旺字)가 된다면 다 가하다. 만약 사묘자(四墓字)가 되는 것은 흉하다. 묘(墓)는 삼합을 결국(結局)하지 아니하기 때문에 쓰지 않는다.

　【원문 직역】 또 납음(納音)으로 보룡(補龍)하는 것이 있으니 일행선사(一行禪師)가 지극히 숭상했던 것이다. 탁장로(託長老)는 풍성완강황씨(豊城宛岡黃氏)의 장묘(葬墓)를 술룡(戌龍)에 신좌을향(辛坐乙向)으로 작(作)할 때 갑술화룡(甲戌火龍)으로 입혈(入穴)한 것은 목음(木音)은 생(生)이고 화음(火音)은 비조(比助)이니 정립하절(正立夏節)에 왕(旺)을 한다. 그러므로 경인년 목음 임오월 목음 무오일 화음 기미시 화음으로 하장(下葬)하였다. 또 조장팔자(造葬八字)를 모두 납음으로 취용함에 털끝만큼의 차이도 없어야 복응(福應)이 있다는 것이다.

그러나 이 법을 참작해 보건대, 역시 상합(相合)되었음을 알 수 있다. 술룡(戌龍)은 토(土)이니 납음법이 아니더라도 목생화(木生火)하니 능히 갑술화룡(甲戌火龍)을 보조할 수 있었다. 그러므로 보룡함에는 반드시 전문에서 말한 대로 삼합국으로 하거나, 혹 일기국(一氣局)으로 위주한 다음에 납음설(納音說)도 참작하는 것이 옳다.

탁씨(託氏)도 신산(辛山)을 보(補)하지 않고 술룡의 납음을 보한 것은 옛사람들도 용(龍)이 중요하고 좌산(坐山)은 다음이라는 것을 알았기 때문인데, 지금 사람들은 용을 따지지도 않고 단순히 좌산을 따라 납음을 쓴다면 어찌 그릇되지 아니하리오?

또 한 가지 법이 있으니 일방(一方)의 수기(秀氣)를 점탈(占奪)하는 것인데 이 법도 심히 길한 것이다. 가령 본룡(木龍)이라면 사주를 인묘진(寅卯辰) 동방삼자(東方三字)를 사용한다면 이른바 동방수기를 모두 점령한 것이다. 화룡(火龍)이라면 사오미(巳午未)를 모두 사용하여야 남방수기를 모두 점령한 것이다. 금룡이라면 신유술(申酉戌) 세 자를 모두 사용하면 서방수기를 모두 점령한 것이다. 수토룡(水土龍)이라면 해자축(亥子丑) 세 자를 모두 사용하여 북방수기를 점령하는 것이니 이것은 관왕국(官旺局)과 같은데, 다만 한 자만 많은 것뿐이다.

사주를 만들 때 세 자를 쓰고, 이로운 것 한 자를 더 써서 만든다. 점방삼자(占方三字) 외에 별자(別字)를 쓰는 것은 불가하니 엉뚱한 한자가 첨가되면 난격(亂格)이 되기 때문이다. 양균송은 어느 사람의 수방(修方)에 임인년 갑진월 갑진일 정묘시를 사용하였으니 이는 반드시 인갑묘을룡(寅甲卯乙龍)이었을 것이며, 또 좌산(坐產)도 인묘산방(寅卯山方)이었을 것이다. 인묘진(寅卯辰)을 모두 갖추어 동방수기를 점령하는 것이다.

8. 논부산(論扶山 : 좌산을 생부하는 법)

좌산은 보할 필요가 없다. 다만 부기(扶起)함이 마땅하고 극도(剋倒)함을 마땅치 않으니 극도하면 흉하다. 어떤 것을 부기라 하는가. 좌산에 길성이 있어서 비춰주고 큰 흉살이 점(占)하지 아니하고 또 팔자가 상합(相合)하고 충(衝)이나 극함이 없으면 부기가 됨이다. 가령 좌산이 용(龍)과 동기(同氣)가 되면 보룡(補龍)이 즉 보산(補山)이 될 것이다. 가령 임계룡(壬癸龍)에서 자좌오향(子坐午向)이라면 용과 산이 모두 수에 속하니 신자진(申子辰) 수국(水局)을 사용할 수 있으나, 만약 용과 산의 기가 같지 않을 때는 용을 위주로 보(補)하고, 좌산은 길성(吉星)이 있고 흉살(凶煞)만 없으면 묘(妙)하다.

어떤 것을 극도(剋倒)라 하는가? 태세(太歲)가 산을 충한다면 도(倒)이다. 월일시(月日時)가 충산(衝山)한도 꺼리는데, 세충(歲衝)이면 더욱 꺼린다. 또 삼살(三煞) 음부(陰府) 연극(年剋) 및 복병(伏兵) 대화(大禍)가 좌산(坐山)에 오면 도(到)이다. 이들은 개산(開山)의 긴요한 흉신들이니 수조(修造)건 장사(葬事)에서건 범(犯)치 않는 것이 가하다. 년가(年家)의 천지관부(天地官符)가 좌산에 오면 그 살이 비출(飛出)할 때까지 기다렸다가 별괘(別卦)의 월(月)에 길성이 비치게 하여 쓴다. 혹 태양, 혹 자백, 혹 삼기 가운데 한두 점의 길성이 이르면 도리어 능히 발복한다.

대개 천관(天官)은 임관방(臨官方)을 말하고 또 다른 명칭으로 세덕길방(歲德吉方)이라고도 하며, 지관(地官)은 현성방(顯星方)을 말하고, 또한 태세와 합방(合方)이기도 하니 모두 길함도 되고 흉함도 되어 대흉살은 아니다. 다만 중요한 것은 길성이 도임(到臨)케 할 것이다. 천지관부는 환궁(還宮)하거나, 본월(本月)이 되거나, 왕월(旺月)이 되는 것을 꺼리며, 향(向)함도 꺼리고 그 외 나머지 신살(神煞)은 가치 있게 논할 것이 없다.

　무릇 태세가 좌산이 될 때는 무기(戊己)나 음부, 연극, 타두화(打頭火)가 중첩되면 대흉하다. 금신(金神)이 중첩되는 것은 다음으로 흉이다. 만약 위의 살(煞)들이 중첩되지 아니하고 팔자(八字)로 비교하여 비화되거나 혹 삼합이 되거나, 또 팔절(八節)의 삼기(三奇)가 동도(同到)한다면 상길이니 복록이 오래 간다.

　무릇 일월금수와 자백(紫白), 삼기(三奇), 규마(竅馬) 가운데 한두 점이 좌산에 이르면 대길하다.

　무릇 팔자 사주에서 녹마귀인이 좌산이나 향에 이르는 것도 대길하다. 가령 인산(寅山)에 갑자(甲字)를 많이 쓰거나 갑산(甲山)에 인(寅)자를 많이 쓰는 것 등이니 퇴록격(堆祿格)이라 한다. 나머지도 이와 같이 추리한다.

　무릇 주명(主命)의 진록마(眞祿馬), 진귀인(眞貴人)은 태세를 중궁(中宮)에 넣고 비궁(飛宮)하여 산이나 향에 이르면 되는데 상길이다.

　무릇 세귀(歲貴)・세록(歲祿)・세마(歲馬)는 월건(月建)을 중궁에 놓고 비궁하여 산이나 향에 이르면 되는데 차길이다.

　무릇 팔자는 마땅히 부산(扶山)・합산(合山)하여야 하고, 혹 산과 비견일기(比肩一氣)가 되거나 인수(印綬)가 되어 좌산을 생하거나, 혹 녹귀가 도산(到山)하면 다 길하다. 일체 꺼리는 것은 지지(地支)가 충산(衝山)함이며, 다음으로 꺼리는 것은 천간이 극산(剋山)함이다. 오직 진술축미산(辰戌丑未山)은 충산이라도 해가 심하지는 않다. 그러나 세충(歲衝)은 역시 흉하고 월일시(月日時)에서 한 자의 충은 무방하다. 사고(四庫)라도 충이 많은 것은 역시 파(破)이니 흉하다.

무릇 사주 중의 납음이 극산하는데, 만약 연극(年剋) 월극(月剋)이 되면 일체 수조(修造)를 꺼리는데 이때는 제압하는 방법이 없다. 장(葬)에서는 월일의 납음으로 제압할 수 있으나 제압하는 자는 당령(當令)하고 제극당하는 자는 휴수(休囚)되어야 한다.

무릇 양거(陽居)에서 원래 옥(屋)이 있는데 수산(修山)하는 것은 방론(方論)을 겸해야 한다. 대장군(大將軍)·대월건(大月建)·소아살(小兒煞)·파패오귀(破敗五鬼) 및 금신살(金神煞) 등을 꺼리는데, 이 5살(煞) 중에 금신만을 제압할 수 있으나, 가을이라면 금신도 제압할 수 없고, 대장군은 별괘(別卦)로 비출(飛出)하면 무방하고 환궁(還宮)하면 흉하다. 그러나 길신이 많으면 별다른 해가 없다. 이는 모두 수방(修方)·수산(修山)에 꺼리고 장사(葬事)에는 꺼리지 않는다.

년가(年家) 타두화나 월가(月家)로 비궁하여 나온 타두화는 병정화(丙丁火)가 점산점향(占山占向)한 것이니 수조에는 꺼리고 장사(葬事)에는 꺼리지 않는다. 월가의 천지관부가 산이나 향을 점령하더라도 중궁(中宮)에 월가의 자백(紫白)이 함께 이르거나 또 유기(有氣)하면 꺼리지 않는다. 대도시에 거(居)할 때는 용이 멀어서 측량하기가 어려우니 이러한 때는 좌산(坐山)만을 보할 것이고, 방법은 보룡법(補龍法)과 같다. 양거(陽居)에 좌산(坐山)이 파중(頗重)되는 것은 음지(陰地)에서와는 같지 않다.

9. 입향(立向)을 논함

향은 보(補)할 필요가 없으니 다만 길성이 있고 흉살이 없으면 가하다. 어떤 것을 흉살이라 하는가? 태세살(太歲煞)·무기살(戊己煞)·지지삼살(地支三煞)·부천공망(浮天空亡) 등을 말한다. 이들은 수조(修造)나 장사(葬事)에서 함께 꺼린다. 이 중에서 안으로 오직 태세와 무기는 더욱 흉하다. 대개 태세는 좌는 가하나 향은 불가하고 무기는 재향(在鄕)이면 재산(在山)에서보다 맹렬하다.

　삼살은 제압이 가능하니 마땅히 사정을 잘 헤아리고 참작하여 휴수(休囚)되는 달은 기다렸다가 삼합으로 극하고 길성으로 조지(照之)하라. 그러므로 장(葬)에는 역시 가하다 할 수 있으나 조(造)에서는 험(險)이 된다. 대개 장(葬)에서는 잠깐이나 조(造)에서는 오래 가기 때문이다.

　부천공망은 다소 경하니 주(主)는 퇴재(退財)하는 정도다. 복병, 대화가 점향함은 차흉이다. 그러나 수조에는 역시 꺼리고 장(葬)에는 꺼리지 않는다. 순산라후(巡山羅睺)가 점향하는 것도 일백(一白)이 이르게 하면 꺼리지 않는다. 고인(古人)이 향을 보(補)하는 경우도 있었는데 그것도 역시 보룡(補龍), 부산(扶山)을 구하는 바이고 그렇지 않은 것은 좌산의 재국(財局)으로 하는 것이었다.

　가령 간룡(艮龍)에 병정향(丙丁向)을 작(作)한다면 혹 사병(四丙)을 사용하고, 혹 인오술(寅午戌) 화국(火局)을 사용하였으니 간토(艮土)를 생하는 것이었다. 또 가령 자산오향(子山午向)이면 인오술(寅午戌) 화국(火局)을 사용한 것은 자산(子山)이 극화(剋火)하니 재(財)가 됨이다. 이에서 인술(寅戌) 두 자만을 쓰는데 그쳤고 오(午)자를 쓰는 것은 일체 꺼리니 자산(子山)을 충하기 때문이다. 나머지도 이를 본받는다.

10. 주명(主命)을 논함

　상주(相主)란 어떤 것인가? 사주팔자로 주인의 명(命)을 보(補)하는 것을 말한다. 예부터 내려오는 법으로는 생년(生年)만을 논하

제1장 이용법(1) 63

였고 생일(生日)은 논하지 않았다. 생일을 논하는 것은 고법(古法)이 아니다. 수조(修造)는 택장(宅長) 한 사람의 명(命)을 위주로 하고, 장법(葬法)은 망명(亡命)을 위주로 하며, 제주(祭主)는 충압(沖壓)만을 가리는 데 그친다. 그 밖에는 구애되지 않는다.

고인(古人)은 모두 생년의 천간으로 논하였으니, 혹 합관(合官)·합재(合財)·비견(比肩), 혹 인수, 혹 사장생(四長生), 혹 녹마귀인을 취했으며, 충명(衝命)·극명(剋命)은 안되게 하면서 보룡(補龍)·부산(扶山)이 함께 된다면 상상길과(上上吉課)로 하였다.

① 합관격은 양균송이 유씨(兪氏)의 양택을 수조하였다. 유씨는 을해생이었는데, 경인년 경진월 경인일 경진시를 취용하였다. 이는 을(乙)이 사경(四庚)과 합하니 합관격이 되었고, 을의 녹이 묘(卯)인데 인(寅)과 진(辰)이 공인(拱引)하므로 공록격(拱祿格)이 되었으며, 천간일기격(天干一氣格)이라고도 하는데, 양지(兩支)가 혼잡되지 않으니 상상길격(上上吉格)이 되었다. 과(課)에 이르기를, 「행년(行年) 76세」라 써주었는데 을해로부터 경인년까지 정확히 76세가 된다. 이것은 생년을 논하는 것이지 생일을 논하는 것은 아니라는 증거다.

또 하나의 예는 무오년 생인데 병자(丙子)에 조장(造葬)하였으나 시비(是非)가 그치지 아니하였으니 이는 생년을 충하였기 때문이다. 이것도 생년이 중요하다는 것을 알 수 있다.

② 합재, 합록격은 가령 증문천의 임오생의 수주(修主)택일과 양공(楊公)의 임오생(亡命), 장사택일에 사정미(四丁未)를 취용하였다. 이는 정임(丁壬)합이니 합재격이며, 오미(午未)가 합하니 천지합격(天地合格)이 되었다. 사점정화(四點丁火)의 녹이 오명(午命)에 이르니 취록격(聚祿格)이기로 하다. 과(課)에 이르기를, 「간지

합명 유위기(支干合命 愈爲奇)」라 하니 상상격(上上格)이 되었다. 지금 사람들은 「간지합명(支干合命)」을 회기살(晦氣煞)이라 하는 이도 있는데 어찌 그다지도 그릇될 수 있단 말인가?

　옛날 양균송은 을사(乙巳) 주명(主命)의 간산곤향(艮山坤向)의 옥(屋)을 수조(修造)할 적에 정축년 경술월 경신일 경진시를 취용하였으니 을경합(乙庚合)하여 합관격이 되었고, 또 경록신(庚祿申)하고 곤(坤)향의 역마가 간인산(艮寅山)에 이른다. 그러므로 과(課)에 「삼합마진산(三合馬進山)하고 삼록향상반(三綠向上頒)」이라 하였고 또 삼경(三庚)을 삼태격(三台格)이라 하기도 하였다.

　③ 인수격은 정인이 마땅하고 효인(梟印 : 偏印편인)은 꺼린다. 가령 갑명(甲命)은 사계(四癸)가 마땅하고 을명(乙命)은 사임(四壬)이 마땅한 것을 말한다. 효인도 역시 나를 생하여 주기는 하나 많으면 해롭고 한두 개까지는 쓸 수 있다. 만약 상관(傷官), 식신(食神)도 나를 설기하니 많으면 해롭다.

　④ 비견격은 가령 기사(己巳) 망명(亡命)에 양공은 사기사(四己巳)를 취용하였으니 비견격이 되었다. 지금 사람은 본명(本命)이라 하여 꺼리는데 왜 해롭겠는가? 비견이 상길이라 하니 가령 기명(己命)이 삼사점기자(三四點己字)를 만나는 것이다. 그러나 겁재격은 흉하다. 가령 기명이 무자(戊字)를 많이 만나는 것이니 이는 해롭다.

　⑤ 장생격은 가령 임생인(壬生人)이라면 사신(四申)을 취용한다거나 병생인(丙生人)이라면 사인(四寅)을 취용하는 것을 말한다. 관(官)과는 상합(相合)하지 않으면 마땅치 못하므로 쓰지 않는다. 관이 많은 것은 극신(剋身)이니 한두 점 이내가 가하다. 그러나 합관일 때는 오히려 묘하다.

　⑥ 칠살은 크게 극명(剋命)하므로 쓰지 않는다. 혹 연월이 이롭다

하더라도 천간이 칠살이 되면 마땅치 아니하나 일점 정도라면 가한 데 사주 중에서 식신이 있어서 제압하여 줌이 좋다. 만약 칠살이 두점 이상이면 반드시 흉하다. 옛날 을묘생인이 조옥(造屋)함에 신축년 신묘월을 취하였는데 뒤에 대흉하였다. 을(乙)과 신(辛)은 칠살이기 때문이었다. 만약 경자(庚字)였다면 합관이니 대길하였으리라. 합관격은 귀격이며 합재격은 부(富)격으로 한다. 불합(不合)이면 무정(無情)이니 재와 관은 한두 점 이하가 마땅하다.

⑦ 녹마귀인은 사주의 활동을 취한 것이니 마땅하다. 가령 갑(甲)은 인(寅)이 녹이니 인(寅)자를 중첩시키는 것은 자가(自家)의 재록을 나타내는 것이다. 인생인(寅生人)이 갑자(甲字)를 많이 만나는 것도 재록이니 밖으로부터 오는 재물이 된다. 이 모두가 취록격(聚祿格)으로 길하다. 귀인과 마(馬)도 마찬가지다. 명록(命祿)과 명귀인(命貴人)이 가장 길하고 마(馬)는 다음이다. 마(馬)는 병지(病地)이기 때문이다. 마(馬)를 절대로 쓸 수 없는 경우가 있는데, 가령 인생인은 신(申)이 마(馬)이나 사주에서 만약 신(申)자를 만나면 충파되기 때문에 흉하다.

고인(古人)의 조장과(造葬課)에서 말하는 바를 살펴보면 녹마귀인은 다 사주 중에서 현연(顯然)하게 나타내는 것이 가하다 하니 위의 수과(數課)가 그것이다. 그러나 그렇게 만나기가 어렵고 힘들다. 그렇게 성격성국(成格成局)되기가 어렵다는 것이다. 그러므로 본명(本命)으로 비록(飛祿), 비귀(飛貴), 비마(飛馬)를 조장(造葬)하는 연(年)으로 취하여 좌산이나 향에 비도(飛到)하고 중궁에 이르는 것이 모두 대길하다. 이는 바꿔가며 취할 수 있다.

⑧ 본명의 지지는 사주의 지지와 충하는 것은 일체 꺼리며 또 천간이 명간(命干)을 극하는 것도 천극지충(天剋地衝)으로 가장 흉하다.

또 태세가 충명(衝命)하는 것도 가장 흉하고 월충(月衝)은 다음이며 일충(日衝)은 또 그 다음으로 흉하고 시충(時衝)은 가볍다. 가령 진술축미명(辰戌丑米命)도 충을 만나는 것은 불길하나 약간은 가벼우니 토충토(土衝土)는 붕충(朋衝)이기 때문이다. 그러나 태세를 충하는 것은 역시 흉하다.

「동충 서부동(東衝 西不動)하고 남충 북불이(南衝 北不移)이다」라는 것은 이른바 목(木)은 금(金)을 상(傷)할 수 없고, 화(火)는 수(水)를 극할 수 없음을 말하니 가볍다는 것이다. 가령 신유명(申酉命)이 인묘(寅卯)의 충을 만나고 해자명(亥子命)이 사오(巳午)의 충을 만나는 것이 이것이다. 주(主)는 시비(是非) 정도에 그친다는 것이다. 그러나 만약 그 반대로 북충남명(北衝南命)하고 서충동명(西衝東命)하는 것은 지극히 흉하다. 그러나 역시 태세(太歲)가 더 크고 월(月)은 다음이 된다. 대개 태세는 군(君)이니 역대(力大)하고 월(月)은 이의 사령(司令) 신(神)이기 때문이다.

⑨ 본명양인(本命羊刃)은 사주에서 많이 만나는 것을 절대로 꺼리니 가령 갑명(甲命)은 묘(卯)자를 꺼리는 것 등이다. 본명살(本命煞)로는 오직 천강사살(天罡四煞)이 가장 흉하며 조장(造葬)에 모두 꺼린다. 천강사살은 즉 세살(歲煞)이니 수(修)하면 택장(宅長)에 꺼리고 장(葬)에는 화명(化命)에 꺼리는 것은 물론 제주(祭主)에도 불길하다. 이 살은 능히 제살(制煞)할 수 있다.

인오술생인(寅午戌生人)은 화(火)이니 축년월일시(丑年月日時)가 꺼리는데 축(丑)을 범(犯)하고 갑을경신(甲乙庚辛) 사향(四向)을 작(作)할 때는 흉하다. 이 사향(四向)이 아니면 축(丑)자를 범하여도 꺼리지 않고 축자를 범하지 않으면 위 4향이라도 역시 꺼리지 않는다. 두 가지를 함께 범할 때 흉한 것이며, 위 4향이 되면 축자를 한 개만 범해도 흉하다.

　신자진년생인(申子辰年生人)은 수(水)이니 사주 연월일시 내에 미(未)자를 범하는 것을 꺼리는데, 미자를 범하고 갑을경신(甲乙庚辛) 4향이 되면 흉하다. 사유축년생인(巳酉丑年生人)은 사주 내에 진(辰) 연월일시를 범하는 것은 꺼리는데, 진(辰)을 범하고 병정임계향(丙丁壬癸向)을 작한다면 흉하다. 해묘미(亥卯未)년 생인은 사주 내에 술(戌) 연월일시를 범하는 것은 꺼리는데, 술(戌)자를 범하고 병정임계향(丙丁壬癸向)을 작하는 것은 흉하다.

　⑩ 본명(本命)의 식록(食祿)은 가장 길하여 능히 관록(官祿)을 재촉한다. 본명으로 식신의 녹이기 때문이다. 팔자에서 3,4점(點)을 사용하면 길하다. 혹 식록방(食祿方)을 수(修)하는 것도 역시 묘하다. 가령 갑명(甲命)은 병(丙)이 식신이니 병록(丙祿)은 사(巳)이므로 사주에서 사(巳)자를 많이 사용함을 말한다. 혹 사방(巳方)을 수(修)하는 것도 역시 길하다.

　⑪ 무릇 삼합의 힘이 육합의 힘보다 강하다. 그러나 주명(主命)으로 팔자육합이 기쁠 때는 삼합보다 앞선다. 오직 삼합을 사용하여 살을 항복시킬 때는 주명과 더불어 팔자가 함께 삼합을 이루면 묘하다. 좌향이 또 팔자삼합과 더불어 기쁠 때는 육합은 경(輕)하다.

　⑫ 무릇 좌산(坐山)과 내용(來龍)을 명간명지(命干命支)와 더불어 추리할 것이다. 다만 24산향(山向)에 무기(戊己) 자가 적어야 하니 건곤간손(乾坤艮巽) 네 자를 많이 사용할 것이다. 녹마귀인을 사용하는 것은 건해(乾亥)가 동궁(同宮)이고 곤신(坤申)이 동궁이며 간인(艮寅)이 동궁이며 손사(巽巳)가 동궁으로 할 것이다. 가령 사주에 임(壬)자를 사용한다면 건해(乾亥)에 녹이고 병정(丙丁)을 사용한다면 귀인이 건해에 이르며 사(巳)를 사용하면 마(馬)가 건해

에 이르게 된다. 곤간손(坤艮巽)도 이와 같이 추리할 것이다.

⑬ 가령 건곤간손산(乾坤艮巽山)에서 장생인수(長生印綬)를 사용하는 것은 건금(乾金)은 경금(庚金)과 같고 곤토(坤土)와 무토(戊土)가 동궁이며 간토(艮土)와 기토(己土)가 같고 손목(巽木)은 을목(乙木)과 동궁으로 한다.

⑭ 마(馬)가 있어서 충산(衝山)할 때는 향(向)에 이르도록 취하라. 가령 인산(寅山)에는 마(馬)가 신(申)이나 신(申)이 인산을 충하니 사주에는 인(寅)자를 많이 사용하고 또 인산을 돕는 자로 취용하고 또 마(馬)는 신(申)이니 향(向)으로 이르도록 한다. 그러면 녹(祿)과 귀(貴)가 향에 이르러 함께 길할 것이니 마땅한 활법을 취하고 한 가지 고집에 빠지지 말 것이다.

⑮ 또 본명(本命)으로 비둔(飛遁)하여 진록(眞祿)·진귀(眞貴)·진마(眞馬)를 찾을 때는 지간(支干)을 함께 완전하게 하여야 한다. 태세를 중궁에 넣고 비궁하여 산향(山向)에 이르게 하는 것인데, 중궁에 드는 것도 조장(造葬)과 안상입택(安床入宅)에도 함께 대길하다. 수방(修方)하는 것도 마땅히 방(方)에 이르게 한다.

【원주 직역】 가령 갑자년 생인이면 인(寅)이 녹(祿)과 마(馬)가 되고 축미(丑未)가 귀인이다. 갑년생(甲年生)을 월건법으로 찾아보면 인(寅)은 병인(丙寅)이 되고, 축(丑)은 정축(丁丑)이 되며, 미(未)는 신미(辛未)가 되는 것을 찾을 수 있다. 을축년에 수작(修作)한다면 태세(太歲) 을축을 중궁에 넣고 순서대로 비궁하면 병인이 건육(乾六)에 이르므로 건궁(乾宮)이 녹마(祿馬)이고, 신미는 곤궁(坤宮)에 이르니 곤궁이 양귀인(陽貴人)이며 정축은 간팔궁(艮八宮)에 이르니 간궁(艮宮)이 음귀인이다. 그러므로 건곤간(乾坤艮)

3방이 대길하다.

통서(通書)를 살펴보건대, 본명일(本命日)은 용사(用事)가 마땅치 않다 하였다. 여러 가지 역서(歷書)를 봐도 명쾌하게 밝혀 놓은 것이 없다. 그러나 오직 《도장경(道藏經)》을 보면 요즈음의 선택가들이 다 함께 꺼리는 것이 천극(天剋)·지충(地衝)이었다. 연월일시가 가령 갑자라면 경오를 꺼리는 것 등을 말한다. 기례(起例)에 또 장일(葬日)의 납음이 화명(化命 : 亡命) 납음을 극하는데 지지가 상충(相沖)까지 한다면 흉이니 무오(戊午)가 병자일을 꺼리는 것들과 모두 함께 불리하다. 납음표를 뒤에 갖추었으니 천극지충(天剋地衝)과 천비지충(天比地衝)을 쉽고 밝게 볼 수 있으리라.

화명이 꺼리는 장일의 납음표(化命:亡命)

甲子　戊午 　金忌　火 乙丑　　己未	丙寅　甲申 　火忌　水 丁卯　　乙酉	戊辰　庚戌 　木忌　金 己巳　　辛亥	庚午　壬子 　土忌　木 辛未　　癸丑	壬申　丙寅 　金忌　火 癸酉　　丁卯
甲戌　壬辰 　火忌　水 乙亥　　癸巳	丙子　庚午 　水忌　土 丁丑　　辛未	戊寅　庚申 　土忌　木 己卯　　辛酉	庚辰　甲戌 　金忌　火 辛巳　　乙亥	壬午　甲子 　木忌　金 癸未　　乙丑
甲申　戊寅 　水忌　土 乙酉　　己卯	丙戌　戊辰 　土忌　木 丁亥　　己巳	戊子　丙午 　火忌　水 己丑　　丁未	庚寅　壬申 　木忌　金 辛卯　　癸酉	壬辰　丙戌 　水忌　土 癸巳　　丁亥
甲午　戊子 　金忌　火 乙未　　己丑	丙申　甲寅 　火忌　水 丁酉　　乙卯	戊戌　庚辰 　木忌　金 己亥　　辛巳	庚子　壬午 　土忌　木 辛丑　　癸未	壬寅　丙申 　金忌　火 癸卯　　丁酉
甲辰　壬戌 　火忌　水 乙巳　　癸亥	丙午　庚子 　水忌　土 丁未　　辛丑	戊申　庚寅 　土忌　木 己酉　　辛卯	庚戌　甲辰 　金忌　火 辛亥　　乙巳	壬子　甲午 　木忌　金 癸丑　　乙未
甲寅　戊申 　水忌　土 乙卯　　己酉	丙辰　戊戌 　土忌　木 丁巳　　己亥	戊午　丙子 　火忌　水 己未　　丁丑	庚申　壬寅 　木忌　金 辛酉　　癸卯	壬戌　丙辰 　水忌　土 癸亥　　丁巳

11. 개산입향과 수산수향이 다름을 논함

무릇 정신개거(鼎新開居)와 도당수조(倒堂竪造)는 다 개산입향(開山立向)14이니 단지 개산입향의 길흉신만을 논하고 연과 월의 수방(修方) 흉신은 논하지 않는다. 수주(修主)란15 원래부터 주옥(住屋)이 있는 것이니 옥후(屋後)에 수조(修造)하고자 하는 것은 이른바 수산(修山)16이라 하고 개산이라 하지 않는데, 이때도 개산흉신과 수방흉신을 함께 꺼린다.

향상(向上) 흉신으로는 태세살과 삼살 두 가지를 제외하고는 논할 필요가 없다. 주옥전(住屋前) 수조(修造)는 이른바 수향(修向)17이라 하고 입향(立向)이라 부르지 않지만 입향흉신과 수방흉신을 함께 꺼린다.

좌산(坐山) 흉신으로는 세파(歲破)와 삼살 두 가지를 제외하고 나머지는 꺼리지 않는다. 만약 수(修)하고자 하는 곳의 전과 후에 옥(屋)이 있을 때는 중궁(中宮) 흉신을 함께 논해야 한다.

수산·수향·수방함에 봐야 할 것은 수작하고자 함이 대주의 명과 거주하는 방에 이로운지 아닌지를 보하는 것이다. 만약 주방(住房)에 불리한데도 급히 수(修)하여야 할 경우라면 마땅히 택(宅)을 피하여 별거(別居)하며 공사가 완공되기를 기다렸다가 완공된 후에 신택(新宅)으로 들어가는 것이 가하다. 이미 피택(避宅)하여 나간 다음에는 단지 산향(山向)과 공리(空利)18만을 논하고 방도(方道)와

---

14) 개산입향 : 집터를 새로 닦고 새집을 짓거나 헌 집을 허물고 다시 신축하는 것.
15) 수주 : 원래의 주옥(住屋)이 있어서 대주가 거처하는 주건물을 다스림.
16) 수산 : 주옥이 이미 있는 것을 수리하거나 개보수하는 것이니 좌향이나 방위가 있다.
17) 수향 : 거주하는 가옥이 없을 때 좌향을 결정하고 그 길흉을 따지는 것.
18) 공리 : 심한 흉살도 없고 길신도 없어 비어 있는 곳.

중궁(中宮) 신살은 구애받지 않아도 된다.

　수방신살(修方神煞)로는 년가(年家)의 삼살과 세파(歲破)가 가장 우선이고 타두화(打頭火)와 천지관부(天地官符)는 그 다음이다. 월가(月家)에서는 대월건(大月建)과 소아살(小兒煞)이 가장 우선이고 비궁(飛宮)으로 찾아지는 관부(官符)와 독화(獨火)는 다음이다.

　무릇 수산(修山)·수향(修向)함에는 반드시 방살(方煞)을 겸하여 피함이 중요하고 오직 새로이 개산입향할 때는 방살은 논할 필요가 없다. 수산(修山)함에 삼살이 향(向)에 있는 것을 꺼린다. 삼살은 향에 이르더라도 역시 흉하기 때문에 반드시 휴수(休囚)되는 달을 기다렸다가 수산함이 가하다. 또 수향에는 삼살과 세파가 재산(在山)함을 꺼리는데, 대개 산(山)이 이미 크게 불리하면 향(向) 역시 이로울 수가 없다.

12. 수산(修山)을 논함

　무릇 수방(修方)에는 먼저 중궁(中宮)을 정해야 중궁에다 나경(羅經)을 놓고 수(修)19하고자 하는 방(方)이 어느 방인지를 결정할 수 있다. 그리고 그 방위는 어느 해에 수하여야 할 것인지를 결정하며 연(年)이 결정되었으면 월은 어느 달이 좋겠는지를 결정한 연후에 길일을 선택하여 그 방을 생하거나 합이 되면 길하다.

　절대로 수작(修作)할 수 없는 방위가 있으니, 이는 본년(本年)의 무기방(戊己方)20이며, 세파방(歲破方)이며, 태세가 이르는 방이며, 무기(戊己)나 타두화나 금신(金神)을 대동하는 방위이다. 월가

---

19) 수(修) : 손을 댄다는 뜻이니 고치거나 짓거나 부수는 것 등을 모두 포함한 말.
20) 무기방(戊己方) : 본년의 구궁 자백으로 오황방(五黃方)임.

로는 대월건, 소아살이니 이들은 절대로 범할 수 없는 살들이다. 월가의 병정화(丙丁火)와 비궁으로 나온 타두화와 천지관부는 다음으로 꺼리는 살들이니 제압함이 있어야만 가히 수할 수 있다.

수작(修作)할 수 있는 방위가 삼종(三種)이 있으니, 첫째는 공리방(空利方)이니 본년(本年)으로 심대(甚大)한 흉살이 점방(占方)함이 없고 역시 심한 길신도 도방(到方)함이 없는 것을 말한다. 이때는 길(吉) 월일시(月日時)만을 선택하여 수하면 역시 스스로 평온하다.

둘째는 길신방(吉神方)을 수하는 것이다. 길신방이란 혹 태세방으로 길을 대(帶)하고 흉은 대동하지 않아야 한다. 태세방으로 대길(帶吉)이란 팔절(八節)의 삼기(三奇)를 반드시 대동해야 함이다. 혹 삼덕방(三德方)이 되어도 가하다. 가령 갑(甲)년의 6월이라면 세덕(歲德)·천덕(天德)·월덕(月德)이 갑방(甲方)으로 모임이 그것이다. 천희방(天喜方)도 가하다.

연(年) 천희(天喜)21)란 자년유(子年酉), 축년신(丑年申), 인년미(寅年未), 묘년오(卯年午), 진년사(辰年巳), 사년진(巳年辰), 오년묘(午年卯), 미년인(未年寅), 신년축(申年丑), 유년자(酉年子), 술년해(戌年亥), 해년술(亥年戌)이 그것이다.

다음으로 연월의 삼태토곡방(三台土曲方)(平字)이 되어도 가하다. 청룡관국방(青龍官國方)(開字)도 가하다. 극부곡장방(極富谷將方)(危字)도 가하다. 괴강현성방(魁罡顯星方)(定字)도 가하다. 月家의 금궤방(金匱方)도 가하며 본년의 규마방(竅馬方)도 가하다.

---

21) 천희(天喜) : 이 책 《협기변방서》와 다른 통서에서 말하는 천희는 寅=戌, 卯=亥, 辰=子, 巳=丑, 午=寅, 未=卯, 申=辰, 酉=巳, 戌=午, 亥=未, 子=申, 丑=酉이며 이곳의 연천희(年天喜)와는 다른데, 아무래도 이곳의 착오인 듯하다.

이상은 모두 연월의 길방들이다.

  또 본명의 녹마귀인방도 가하며 본명의 식록방도 가하며 본명의 귀인, 녹마가 비도(飛到)하는 방도 가하다. 이상 3종(種)은 본명으로 길한 방들이다. 이와 같이 반드시 연월의 길방으로 하고 또 본명의 길방과 합해져야 하니 길일을 택하여 수한다면 길하지 아니함이 없을 것이다.

  길일을 가리는 법은 어떠한가? 길방은 마땅히 부(扶)하고 극(剋)해서는 안된다. 부하면 복이 크고 극하면 무복(無福)이다. 년가(年家)로 결정된 방과는 혹 삼합국이 되게 하거나, 혹 일기(一氣)가 되게 하고 반드시 이 방위에 왕상(旺相)한 월을 가린다면 모든 길이 당권(當權)하기 때문에 수하면 자연히 발복한다. 그러나 길방을 수함에 긴요한 살은 중첩되지 않아야 한다. 대개 길은 극하지 않아야 하고 살은 극함이 좋으나, 두 가지를 병행할 수는 없다. 만약 긴요하지 않은 살은 논할 필요도 없으니 방이 길하고 명(命)이 길하면 자연히 항복하기 때문이다.

  셋째로는 흉살방을 제압하고 수하는 법이다. 무기살, 세파 및 태세가 흉을 대(帶)한 것을 제외하고는 나머지 다른 것들은 가히 같이 제압하고서 수할 수 있다. 그 제압하는 법은 뒤에 자세히 나온다.

13. 수산(修山) 겸 산향(山向) 및 중궁(中宮)을 논함

  ① 수방(修方)에도 역시 분별이 있으니 정향(正向) 횡향(橫向)을 불문하고 다만 뒤쪽에 있는 주방(住房)을 작하지 않고 서실(書室)이나 아랫방만을 작하는 경우는 수방길흉신만을(수방길흉론) 하는 데 그치고 개산입향의 길흉은 논하지 않는다. 만약 뒤쪽에 있는 주방을 작하고자 한다면 개산입향론(開山立向論)을 위주로 하고 수방론(修

方論)도 겸하여야 하고 반드시 좌향의 이로운 방으로 할 것이며, 향이 또한 이로우면 수(修)가 가하다. 이 이론은 심히 확실함이다.

② 대저 수방(修方)하고자 하는 곳이 정침(正寢)을 작하고자 한다면 그 택옥(宅屋)의 주(主)가 되는 곳을 보수하는 것이니, 즉 개산론(開山論)과 같은 것이다. 금인(今人)의 수방(修方)에 후면(後面)은 논하지 않고 이것이 주옥(住屋)이냐 한옥(閑屋)이냐를 논하지도 않고 대강 하나로 묶어서 방위만을 논하고 산향(山向)은 논하지도 않으니 옛사람의 가르침을 크게 잃은 것이다.

③ 사위(四圍)에 옥(屋)이 있으면 중간의 옥으로 중궁이라 한다. 태세가 재향(在向)하고 무기살, 삼살이 점산(占山), 점향(占向)한 것은 중궁에 끝끝내 불길한 것이니 수해서는 안된다. 월가(月家)의 대월건, 소아살, 타두화가 중궁을 점(占)하는 것도 역시 수함이 불가하다.

④ 월령으로 비궁하여 천지관부가 중궁에 들면 불가하나 만약 연월의 자백이나 삼기가 중궁에 붙거나, 혹 본명의 녹마귀인이 중궁에 비입(飛入)하면 수할 수 있다.

⑤ 무릇 중궁을 수함에 무기일(戊己日)을 꺼린다. 대개 중궁은 본시 토(土)인데 또 무기일을 사용한다면 토살(土煞)을 일으켜서 도와주니 불길하다. 만약 진술축미(辰戌丑未)월이라면 무기일이 더욱 꺼린다.

14. 나경(羅經) 사용하는 법

통서(通書)에 말하기를, 나경을 쓰는 법은 한(漢)나라 초기에는 단지 십이지방위만을 썼으나 당(唐) 이래로부터 비로소 사유팔간(四維八干)을 첨가하여 24방위가 되었다. 고가(古歌)에「봉침법

(縫針法)은 임자(壬子)의 중간이 정침(正針)으로 자(子)의 중(中)이 된다」라고 읊었고, 또 호순신(胡舜申) 음양비용(陰陽備用)에「여러 전배(前輩)들의 말을 들으면 나경의 사용은 마땅히 병오(丙午)와 임자(壬子)의 중(中)을 정(正)이라」한다 하였고, 고수경(孤首經)에 이르기를「양(陽)은 자(子)에서 생하고 음(陰)은 오(午)에서 생하니 자(子)로부터 병(丙)에 이르는 동남은 양(陽)이 사령(司令)하고 오(午)로부터 임(壬)에 이르는 서북은 음이 사령한다. 병오 임자의 사이가 천지의 중(中)이 되며 남북의 정(正)이라 하니 그 설(設)이 상합(相合)한다. 따라서 단연코 병오 임자의 중으로 하여야 하는 침법(針法)이 이것이다.

【원주 직역】 통서(通書)를 살펴보니 임자(壬子)의 중(中)으로 봉침(縫針)이라 하니 지금의 중침(中針)이다. <u>대개 중침의 자위(子位)는 마땅히 정침으로 임자의 중이니 이내 자(子)의 조(初)이다.</u>22) 자(子)로부터 계(癸)까지가 다 자위(子位)이다. 지리가(地理家)는 격룡(格龍)함에 이같이 사용한다. 만약 방향을 정하고자 하면 정침으로 사용하고, 소사납수(消砂納水)는 봉침으로 사용하니 본원(本原)과 뒤의 그림을 자세히 보라.

나경도(羅經圖) 해설

나경의 체제는 여러 종류로 하나같이 않아서 36층까지 이르고 있다. 그러나 그 쓰임새에는 어느 것을 막론하고 삼침〔三針 : 천반봉침(天盤縫針), 지반정침(地盤正針), 인반중침(人盤中針)〕을 벗어나지 않는다. 이곳은 가장 많이 쓰이는 12층만을 가려서 도면과 함께 설명을 붙인다. 안으로부터

---

22) 밑줄 친 부분은 문맥의 오류가 있으므로 다시 정리한다.「봉침으로 임자(壬子)의 중(中)이 정침으로 자중(子中)이며 중침의 말이다. 그러므로 중침의 자중은 마땅히 정침으로 임자의 중이며 자(子)의 시초이다」

1층은 천지(天池)이니 자침이 남북을 가리키는 곳이요, 2층은 8괘로 정방우(正方隅)를 결정하였고, 3층은 24산(山)이니 1괘는 3산(山)을 관장하며, 4층은 좌산(坐山)의 구성변괘(九星變卦)이다. 5층은 정음정양(淨陰淨陽)을 용향(龍向)에 배속시킨 것이고, 6층은 천산(穿山) 72룡으로 정침에다 분금(分金)해 놓은 것이고, 7층은 중침 24산이고, 8층은 24천성(天星)이며, 9층은 60룡을 중침으로 격룡(格龍)하게 하였고, 10층은 봉침 24산이며, 11층은 봉침 60룡이고, 12층은 120분금이다. 이 모두 봉침으로 소사납수(消砂納水)하며, 그 밖의 배괘배숙은 다 이와 같이 표준으로 삼는다. 아래 그림과는 층수가 다르므로 이곳과는 다를 수 있다.(저자 주)

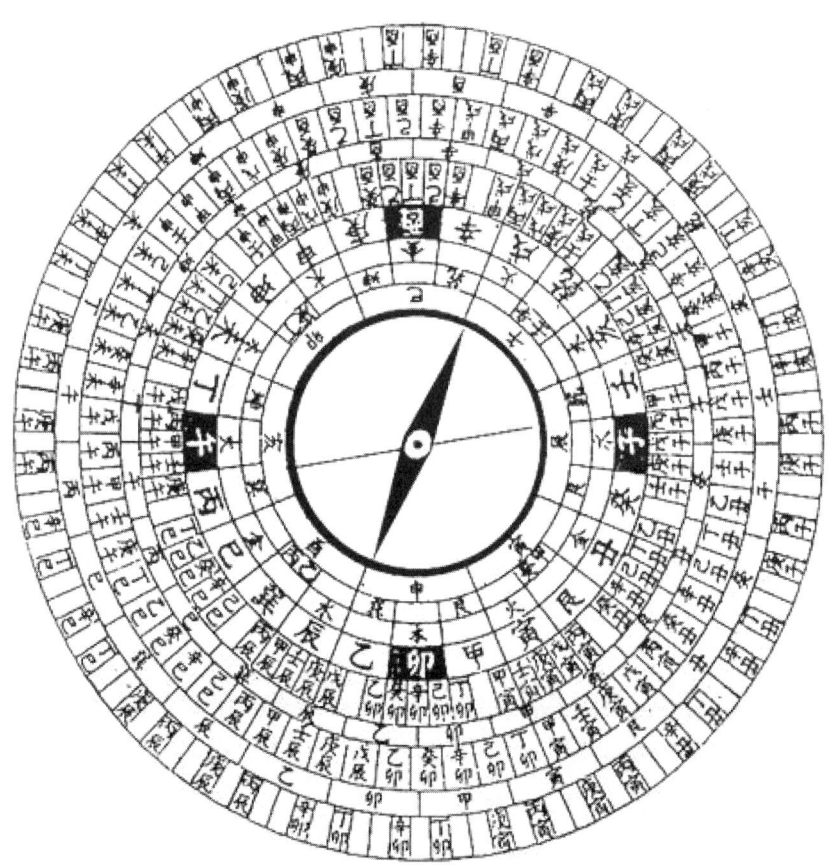

13. 방우(方隅)를 정하는 법

《선택종경(選擇宗鏡)》에서 말하기를, 중궁에 나경을 놓아야 한다. 중궁이 정하여진 후에는 방우를 정할 수 있다. 가령 곧바로 여러 층이 있을 때는 반드시 산 아래 제1층의 뒤 처마의 물이 떨어지는 곳에서 시작하여 대문 앞의 처마물이 떨어지는 곳까지 헤아려 모두 몇 장(丈)인지를 헤아려 그 절반되는 곳을 중궁으로 한다. 이곳에 나경을 놓고 24방이 정해지면 방우도 비로소 확정할 수가 있다.

통서(通書)에서 말하는 층수라 함은 단지 1층만 있을 때는 가운데 기둥의 중(中)으로 중궁을 삼고 만약에 별채가 있어서 앞은 깊고 뒤는 얕아 분명치 못하거든 처마물이 떨어지는 곳을 중궁으로 삼는다. 만약 앞에도 곁채가 있고 뒤에도 큰 건물이 있어서 전후가 상등할 때면 곧 동주(棟柱)로써 중궁을 삼는다. 만약 2층으로 되어 있으면 전(前)층이 뒤며, 후(後)층의 앞인 중간의 천정(天井)[23]을 중궁으로 한다. 가령 3층이 있으면 가운데층으로 중궁을 삼는다. 4층이 있으면 2층 후의 천정을 중궁으로 삼으니 2층이 있을 때와 같다. 5층이 있을 때는 제3층으로 중궁을 삼는 것이니 앞의 3층에서와 같다.

이상과 같은 설은 그럴 듯하면서도 그렇지 않다. 대개 동수(棟數)에도 천심(淺深)이 있는데 나경 24방위에 신축(伸縮)함이 없다. 근시(近時)에 조당(祖堂 : 어른이나 대주가 거처하는 방, 또는 靈室)으로 중궁을 삼는 경우가 있는데 이것도 역시 아니다. 예부터 이러한 설은 없었다. 나경의 24字는 일정한 24방위이니 가령 한 가옥의 주위가 24장(丈)이라면 한 자가 1장을 관리한다. 12장이라면 한 자가 5척(尺)을 관리한다. 이것이 정리(正理)이다.

---

23) 천정(天井) : 가장 낮아 물이 모이는 곳.

가령 자산오향(子山午向)이라면 묘유(卯酉)는 허리가 된다. 이때 만약 조당(祖堂)으로 중궁을 삼아야 한다고 고집한다면 조당(祖堂)이 산 아래에 있을 때는 묘유가 허리이니 앞은 길고 뒤는 짧은 것이고 또 조당 가까이 대문일 때는 묘유 허리에서 앞은 짧고 뒤는 길 것이니 어찌 이에 이치가 있다 하겠는가?

  수방(修方)에서 꺼리는 것은 조당에도 불리한 것이니 합가(合家)하여도 불리하다. 그러나 서로 떨어져서 멀 때는 무방하다. 만약 조당에는 이로우나 수주(修主)하고자 하는 주옥(住屋)이 불리하면 수주에 불리하므로 합가라도 역시 복을 받을 수 없다. 대저 수주의 주옥이 만약 조당과 일동(一棟)에 함께 있으면 길흉도 함께 논하고, 만약 동(棟)이 다르면 반드시 함께 이롭도록 하여 논함이 가하다. 요즈음 사람이 조당의 이부(利否)만을 단순히 논하는 것은 옛사람의 가르침이 아니다. 옛사람이 이르기를 「조당에 불리한, 즉 길방으로 향화(香火)를 옮기라」하니 가령 대주가 거주하는 곳을 다스리는 데 불리하면 반드시 주방(住房)을 길방으로 옮긴 다음 수작(修作)함이 가하다. 이는 그 의(義)가 심히 명쾌하다. 무릇 이주하고 수하였을 때는 반드시 수가 완전히 끝날 때까지 기다렸다가 길일을 택하여 입택(入宅)함이 중요하다. 혹 태세가 바뀐다 하여도 역시 괜찮다. 가령 주명(主命)의 본년으로 태방(兌方)을 작함이 이롭고 진방(震方)은 불리하다면 마땅히 동(東)으로 옮겨 거주하다가 수하는 방이 옛날에는 진방(震方)이었는데 지금 보면 태방(兌方)이 될 것이다. 이것이 활변(活變)하는 묘법(妙法)이다.

  【원주 직역】 중궁을 정하는 법을 살펴보면 층수로 논하는 것은 진실로 정미롭지 않고 장척(丈尺)으로 논하는 것도 심히 불확실함이

있다. 대개 방위는 눈으로 보이는 대로 정하는 것이니, 가령 대문을 볼 때는 청사(廳事)로 중궁을 삼음이 가하고 또 청사의 뒤를 보수한다면 정침(正寢)으로 중궁을 삼는 것이 가하다. 가령 분영(墳塋)이라면 조혈(祖穴)로 중궁을 삼음이 가하다.

이보환형(移步換形)24은 오직 적실함을 찾아 변화함이 가한데 중요한 것은 그 형세를 상(相)보는 데 있으니 그 존중되는 곳을 위주로 하되 사방의 형편을 보고 원하는 바에 따라 임하는 바를 정이롭게 이치를 얻어야 할 것이다.

---

24. 왔다 갔다 하며 형체와 모양에 따라 옮기고 바꿀 수 있음을 말함.

제2장 이용법(2)

1. 연신총론(年神總論)

【원문 직역】《선택종경(選擇宗鏡)》에서 말하기를, 년가(年家)의 길흉신을 일으키는 예가 8개가 있으니, 1은 본년천간(本年天干)이요, 2는 삼합오행이요, 3은 본년 십이건성(十二建星)이요, 4는 본년의 오호둔기(五虎遁起)요, 5는 본년납음(本年納音)이요, 6은 사방(四方)이요, 7은 납괘(納卦)이며, 8은 양인(羊刃)이다. 무릇 길흉신은 이상 여덟 가지를 따라 일으키는 것이 바른 길이며, 진흉 가운데서도 경중(輕重)을 구분하여 큰 살은 피하고 중살은 제압하고 소살은 길성을 비춰주는 것으로 충분하다.

세덕(歲德)·세덕합(歲德合)·세록(歲祿)·마(馬)·귀인(貴人)이 산방(山方)에 닿게 하면 길하며 여러 흉살을 능히 제압한다.

세간화기(歲干化氣)가 좌산화기(坐山火氣)를 극하면 정음부(正陰府)가 되니 흉하고, 대괘자(帶卦者)는 방음부(府)이니 역시 흉하다. 속술(俗術)에 병신수(丙辛水)가 음부(陰府)가 되면 갑기토(甲己土)로 제압하라 하고, 을경금(乙庚金)이 음부가 되면 무계이간(戊癸二干)의 화(火)로 제압하라 하였다. 그러나 이는 도무지 믿을 수가 없는 말이다.

방음부는 길성이 있으면 제압할 수 있으며, 혹 연월이 길하면 해롭지 않다. 양균송은 건산(乾山)을 개(開)함에 임신년 임자월 임진일 임인시를 취용하였고, 또 하나는 임자년 임자월 임자일 경자시를 써서 천지일기격(天地一氣格)에 합(合)하였고, 또 임록(壬祿)이 건해(乾亥)에 있으니 길하였다. 이를 보더라도 장사에나 수조(修造)함에 정방음부(正府)가 함께 크게 꺼리지 않음을 알 수 있다. 이상은 세간(歲干)을 좇아서 일으킨 예이다.

　삼살(三煞)은 대흉하고 복병(伏兵), 대화(大禍)도 삼살을 끼고 있으므로 역시 흉하다. 삼살은 단수(單修)할 때만 꺼리는 데 그치니 먼저 길방을 좇아서 손을 대어 연달아 수하게 되면 해롭지 않다. 삼살 가운데서도 오직 세살(歲煞)은 범해서는 안되고, 복병은 역시 흉하고 대화(大禍)는 길성과 모이면 해롭지 않으나 흉살과 모이면 흉하다.

　임관(臨官)이 천관부(天官符)가 되는데 단수(單修)에는 꺼리나 만약 길방(吉方)을 좇아서 착공한 다음 연달아 수하면 해롭지 않다. 월가(月家)의 비궁으로 동도(同到)하는 것은 소흉(小凶)하다.

　지관부(地官符)도 길방에서 착공하여 연달아 수하면 무해하다. 단수(單修)에만 흉한 살이다. 혹 태양, 자백이나 주명(主命)의 귀록마로 제압하면 길하다.

　제왕(帝王)은 금궤성(金匱星)이니 길성이다. 또 흉성으로는 타두화가 되기도 하는데 화재를 주재하니 흉하다. 만약 태세살과 중첩되면 더욱 흉하다.

　타두화는 크게 꺼리니 범해서는 안된다. 혹 연독화(年獨火)와 월유화(月遊火), 월가의 병정화(丙丁火) 중에서 1화(火)만 함께 있어도 회합(會合)이니 그 화는 즉발(卽發)한다. 가령 월일에서 일백수성(一白水星)을 득하여 도방(到方)한다거나 임계수성(壬癸水星)이 이르면 능히 압제되어 해롭지 않다.

삼살이 가장 흉한 살이고 복병, 대화가 다음으로 흉하며, 천관부와 타두화는 또 그 다음으로 해롭다. 이상은 삼합을 좇아서 일으킨 예이다.

십이건성을 일으키는 법은 자(子)년은 자에다 건(建)을 붙여서 축(丑)년은 제(除)가 되며, 축년에는 축상(丑上)에서 건을 일으켜서 인(寅)년에는 제(除)로 순행하며 붙여지는 것이 이것이다. 건을 세군(歲君)으로 하니 원신(元神)으로 하며 길흉에 있어서는 뭇 신살을 주재하므로 좌(坐)는 가하나 향(向)은 불가하다.

산(山)이건 방(方)이건 간에 길성이 중첩되었을 때는 건성(建星)은 대길성이 되고 흉성이 중첩되었을 때는 대흉하다. 재방(在方)이면 오황살(五黃煞)을 퇴(堆)한 것이니 역시 길이 중첩되면 길하고 흉이 쌓이면 흉하다.

- 제성(除星)은 사리태양(四利太陽)이니 소길하다.
- 만성(滿星)은 토온(土瘟)이니 사리상문(四利喪門)으로 흉하고 또 천부(天富)가 되기도 하는데 이는 소길하다.
- 평성(平星)은 삼태(三台)이며 또 토곡(土曲)이며 사리태음(四利太陰)이니 대길성이다.
- 정성(定星)은 세삼합(歲三合)이며 현성(顯星)이니 길하다. 또 지관부이며 축관(畜官)이기도 한데 차흉(次凶)하다.
- 집성(執星)은 사리사부(四利死符)이며 또 소모(小耗)이니 흉하다.
- 파성(破星)은 세파(歲破)이니 대모(大耗)가 되어 대흉하다.
- 위성(危星)은 극부성(極富星)이며 곡장성(谷將星)이며 사리용덕(四利龍德)이니 길하다.

- 성성(成星)은 삼합이며 천희길성이며 또 비겸(飛兼)이며 또 사리백호(四利白虎)이니 소흉하다.
- 수성(收星)은 사리복덕(四利福德)이니 길성이다.
- 개성(開星)은 청룡태음(靑龍太陰)이며 생기화개(生氣華盖)이며, 또 관국성(官國星)이니 상길이다. 또 사리조객(四利弔客)이 되어서는 소흉하다.
- 폐성(閉星)은 병부(病符)이니 흉하다.

이상에서 평성개위(平成開危)는 최고로 길하고 정제(定除)는 차길(次吉)하며 파(破)는 대흉하고 건성(建星)은 길할 때도 있고 흉할 때도 있다. 이상이 십이건성을 좇아서 일으키는 예이다.

【翠山註】 윗글에서 건성(建星)을 자(子)년에는 자(子)에서 건(建)을 일으켜서 순행한다고 되어 있는데 이는 잘못된 것이다. 십이건성은 절기를 따라 월지(月支)로 기준하여 일으키는 것이다. 가령 정월이라면 인(寅)월이니 날짜도 인일에다가 건성을 붙여 12성(星)을 순행한다. 그러나 절기를 따르는 것이니 정월 초하루가 지났더라도 입춘이 아직 안되었으면 인(寅)일에다 건성을 붙이지 않는다. 이를 맞추기 위하여 절기가 교체될 때 종시(終始) 2일은 동일한 성(星)이 붙게 되는 수도 있다.

【원문 직역】 오호둔간(五虎遁干)하여 무기(戊己)를 도천(都天)이라 하고 병정(丙丁)을 독화(獨火)라 하며, 경신(庚辛)을 천금신(天金神)이라 한다. 천금신을 일명 유천암요(遊天暗曜)라 하기도 하는데 이를 범하면 안질(眼疾)의 우환이 있다. 이는 병정화(丙丁火)나 구자화성(九紫火星)으로 제압하면 해가 없다. 이상은 오호둔으로 일으킨 예이다.

본년의 납음이 좌산을 극하거나 묘상납음(墓上納音)을 극하는 것을 연극(年剋)이라 하는데 산가(山家)에서는 흉한 것이다. 이것이 금(金)에 속하면 지금신(地金神)이라 하며 차흉(次凶)하다. 이상은 납음을 좇아서 일으킨 예이다.

주서박사(奏書博士)는 길하고 잠실력사(蠶室力士)는 소흉하니 길성이 있으면 사용할 수 있다. 대장군은 길성이 있으면 제압되는 것인데 연월이 이로우면 길(吉)을 주장하고 연월이 불리하면 흉을 주장한다. 또 태음과 함께 모이면 더욱 흉하다. 이상은 사방(四方, 四節)을 좇아서 일으키는 예이다.

태세의 천간이 어느 괘에 납(納)하는지를 보고 그 대괘(對卦)를 충파로 보는 것이니, 이른바 파패오귀(破敗五鬼)이다. 수방(修方)에 꺼리는 것이나 길이 많을 때는 꺼리지 않는다. 이상은 납괘(納卦)를 좇아서 일으킨 예이다.

본년의 녹전일위(祿前一位)가 되는 자(字)를 양인이라 하고 그 대충(對衝)하는 자를 비인(飛刃)이라 하는데, 이른바 이광전(李廣箭)이니 흉하다. 그러나 오직 팔간산(八干山)에만 있는 것이므로 좌산(坐山)에는 꺼리나 방과 향에는 꺼리지 않는다. 건곤간손산(乾坤艮巽山)은 녹이 없으니 인(刃)도 없다. 옛사람의 장과(葬課)를 보면 음부(陰府)와 연극(年剋)을 범한 예가 심히 많았으나 팔간산의 이광전을 범한 일은 전혀 없었다. 혹 전(箭)을 범했다면 모두 사유산(四維山)이었으니 사유(四維)에는 원래부터 전이 없기 때문이다. 이상은 양인을 좇아서 일으킨 예이다.

【원주 직역】《종경(宗鏡)》의 연신총론(年神總論)을 살펴보니 한 사람으로부터 나온 것으로 대체로 순정(醇正)하다. 그래서 소개

하기로 한다. 그러나 태세(太歲) 세파(歲破)는 범해서는 절대로 안 되고, 삼살은 오히려 제화(制化)하여 쓸 수 있으니, 그 밖에 다른 것은 말할 필요가 있겠는가?

음부(陰府)는 납갑으로 정괘(正卦)를 삼고 방(傍)이라 하니 통서 (通書)와 더불어 합하지 않으나 일단의 이치는 있다고 할 수 있다. 그러나 그 뜻이 요원하므로 산가(山家)의 연극보다는 가볍게 취급된 다. 의례본편(義例本篇)을 보라. 십이건성은 신빙(信憑)하기가 부 족하니 마땅히 여러 신(神)을 함께 참고하기 바란다. 이는 의례사리 (義例四利)의 삼원조(三元條)를 보라. 천간의 임관(臨官)을 녹(祿) 이라 하고 제왕(帝王)을 양인(羊刃)이라 하는데, 양인은 진실로 녹 의 길함만은 따르지 못한다. 그러나 그 흉함은 대살의 흉함에는 미치 지 않는다.

대저 대살양인(大煞羊刃) 그 자체는 다 흉한 것으로 하지는 않는 데 흉성이 중첩되면 흉하다. 태세, 월건이 중첩되게 하는 것이 더 좋다. 양인은 이미 연간을 좇아 일으킨 것이니, 건곤간손(乾坤艮巽) 4산(山)에는 양인이 없으므로 연(年)은 반드시 산(山)과 같게 할 것이다. 가령 갑산(甲山)에서 묘(卯)월일을 사용한다면 정확하게 부산(扶山)하는데 어찌 흉함이 있을 것인가. 따라서 지금은 대관(臺官)을 쓰지 않는다. 그러나 본조내(本條內)에 이르기를 「옛사람의 장과(葬課)에 음부 연극을 범함이 아주 많은 것은 곧 해도 없고 공도 없기 때문이다」하였다. 그 중에 이르는 바에 의하면 「이 신살은 신 택(新宅)에는 꺼리지 않으나 구택(舊宅)에는 꺼린다」하였고, 또 「연극산가(年尅山家)는 조부(祖父)를 상(傷)한다」하니 조부가 없을 때는 꺼릴 것이 없을 것이다. 이상 종류별로 대강을 말하고 지엽적 인 것은 생략하였다.

2. 월길신(月吉神) 총론

【원문 직역】

- 천덕방(天德方)은 즉 천도방(天道方)이라 하기도 하고, 월덕방(月德方)은 즉 삼합월(參合月)로 관왕지간(官旺之間)이니 대길이다. 천덕합과 월덕합은 차길(次吉)하다. 이상 사덕(四德)이 이르는 것은 흉살이 능히 제압된다. 또 세덕(歲德)과 세덕합(歲德合)이 있어서 모두 육덕(六德)이 되는데 모두 천간으로 이르는 길신이므로 지지로 오는 방살(方煞)은 제압시키지 못한다.

- 월금궤방(月金匱方)은 길한데 삼합월로 분(分)하여 왕방(旺方)이 된다. 수(修)하면 발정(發丁)한다. 수년금궤(修年金匱)는 월금궤를 다스리는 것만은 못하다. 이는 월덕후일보(月德後一步)로 길하고 월덕과 동일하다.

- 월천사방(月天赦方)도 길한데 봄에는 무인일(戊寅日), 여름에는 갑오일(甲午日), 가을에는 무신일(戊申日), 겨울에는 갑자일(甲子日)이 천사(天赦)이다. 그러나 원래부터 정해진 것이 없으므로 월건(月建)을 중궁에 넣고 둔지(遁之)하여 천사가 어느 방에 들어 있는지를 찾아내고 그 방위부터 수조(修造)하면 관부(官符) 등 살을 제압할 수 있다. 천월덕은 삼합으로 회전시켜 얻어진 것이니 이미 비궁한 것과 같은 뜻이 있으므로 다시 비궁시킬 필요는 없으나 천사는 반드시 비궁으로만 얻어지는 것이 좋다.

3. 월흉신 총론(月凶神 總論)

【원문 직역】 산방(山方)이 월파되는 것은 흉한데 좌산(坐山)은 더욱 흉하며 조장(造葬)에서도 범해서는 안되는 대살이다.

- 월음부(月陰府)는 개산조영(開山造營)에 흉하다. 월천간이 좌산(坐山)의 납갑을 극하는 것을 정음부(正陰府)라 하고, 괘(卦)를 대(帶)한 것으로 방음부(傍陰府)라 한다.
- 월극산가(月剋山家)는 흉하다. 즉 월의 납음이 산묘의 납음을 극한다. 이는 연이나 일의 납음으로 제압한다.
- 대월건(大月建)은 월가(月家)의 토살(土煞)이니 좌나 향, 방위, 중궁에 오면 모두 흉하고 동토(動土)는 더욱 흉하다. 이 살은 길신으로서도 제압하지 못한다.
- 소월건(小月建)도 점방(占方)이면 흉하고 점산(占山)이나 점향(占向)에도 역시 흉하다. 수(修)에는 꺼리나 장사(葬事)에는 꺼리지 않는다.
- 월가(月家)의 타두화(打頭火)는 소흉하다. 이 살이 병정화(丙丁火)와 중첩되면 수조(修造)할 수 없다. 일백수(一白水)나 임계수(壬癸水)를 사용하면 제압된다. 월유화(月遊火)는 가벼운 살이니 문제될 것이 없다.
- 비궁(飛宮)한 천지관부(天地官符)는 소흉한데 길성이 많으면 제압된다.

4. 여러 전문가(諸家)의 연월일 길흉신을 첨부함

증문천이 말하기를 태세가 좌산(坐山)이 되는 것은 복덕에 머무는 것이고 이에 다시 연월까지가 임하면 모름지기 사주에서 충극함이 없어야 하며 천하가 공전25하면 복이 더욱 깊으리라.

양균송은 말하기를 「태세는 가좌(家座)나 불가향(不可向)이라. 또

---

25) 천하공전(天河共轉) : 존성(尊星)·제성(帝星)·옥인(玉印)·옥청(玉淸)이 구궁(九宮) 내에서 번갈아 자리바꿈을 하는 것.

길함에 태세를 다스리는 것보다 더 길한 것은 없고 흉에도 태세에서 범하는 것보다 더 흉한 것은 없다. 또 태세로 길성을 중첩시키는 것은 복을 가져다가 바치는 것이고, 흉성이 중첩되는 것은 재앙이 내려오는 것이다」하였으니 모두 좌태세(坐太歲)의 법을 말한 것이다.

조장(造葬)함에는 좌태세가 됨이 극길하고 향태세(向太歲)가 되는 것은 극흉이 된다고 하였다. 그러나 이는 좌혈(坐穴)의 여러 가지 수단이 있어서 다소 다르다. 첫째는 태세에 무기(戊己), 음부(陰府), 연극(年剋), 타두화(打頭火) 등 살이 중첩되지 않아야 좌(坐)를 놓을 수가 있으며, 둘째는 팔절삼기(八節三奇)가 비치게 하고, 셋째는 월일시가 혹 태세와 일기(一氣)가 되거나, 혹 태세와 삼합이어야 길할 수 있는데, 만약 지충(支冲)이 있거나 천간이 극하는 것은 세군(歲君)을 범하는 것이니 대흉하다. 넷째는 태양, 자백(紫白)이 여러 길(吉)과 함께 이르면 더욱 묘(妙)한 것이니 복이 크기도 하지만 오래도 가니 다른 길(吉)로써 비교되지 않는다.

태세의 녹마귀인(祿馬貴人)은 일체의 흉성을 능히 제압시키는데 귀인이 상이요, 녹마가 다음이 된다. 중요한 것은 조주(造主)의 본명(本命)으로도 녹마가 동행하면 능히 치복한다. 명(命)으로 녹마귀를 사용하였으나 태세의 귀록마가 이르지 못한 것은 명주(命主)가 관리할 수 없고, 태세의 귀록마는 사용하였으나 명(命)의 귀록마를 함께 쓰지 못한 것은 세군(歲君)이 의지하고 돌아가지 못하므로 세명(歲命)이 서로 만나더라도 바야흐로 모두 아름답지는 못하다. 그러므로 택일에 힘써 당령유기하게 할 것이며 때를 득하게 하여야 한다.

가령 목(木)이 봄에 생함과 금(金)이 가을에 왕(旺)함을 만나는 것 등을 말한다. 비궁(飛宮)하여 육합시키는 법이 있으니 귀에 합하는 것이 상이 되고 녹에 합하는 것은 다음이 된다. 가령 갑록(甲祿)

이 인(寅)에 있으니 12월에 간(艮)을 작한다면 월건(月建) 축(丑)을 중궁에 넣고, 비궁하면 인자(寅字)가 건(乾)에 이르므로 건 중에 해(亥)가 있고, 간(艮) 중에 인(寅)이 있으니 녹과 작방(作方)이 합이 된다. 나머지도 이를 본받을 것이다.

구평보(邱平甫)가 말하기를,「제가(諸家)들의 연월을 다스림에 차질이 많으나 오직 자백(紫白)만은 신빙성이 있다」하였고, 증문천은「녹이 산두(山頭)에 이르면 주(主)는 진재(進財)하니 밖으로부터 다른 재물이 들어오고 마(馬)가 산두에 이르면 관직에 나가니 중요한 것은 삼원백(三元白)과 합하게 할 것이며, 귀인과 자백(紫白)이 함께 왕상하면 귀자(貴子)가 조당(朝堂)에 들어간다. 육백(六白)은 금(金)에 속하므로 추월(秋月)에 왕하고, 자화(紫火)는 춘하(春夏)에 왕하며, 일육수토(一六水土)는 삼동(三冬)에 왕하니 높고 큰 복록이 즉시 나타나리라」하니 이상의 말들은 자백의 보배로움과 귀인녹마를 함께 이르게 함이 마땅함을 말한 것이다. 또 자백도 왕상함을 기뻐하니 힘이 있어야 좋다는 것은 재론이 있을 수 없다.

일행선사(一行禪師)가 말하기를,「자백이 이르는 방위는 태세(太歲), 장군(將軍), 관부(官符) 등 여러 흉을 피하지 않아도 된다. 그러나 오직 대월건(大月建)만은 제압하지 못하고, 또 택장(宅長)에게 오는 일체의 연흉(年凶)도 해롭게 하지는 못하므로 피할 필요가 없으나 오직 천강사왕살(天罡四旺煞)만은 제압하지 못한다」하였음은 자백의 길함을 잘 설명한 글이다.

예부터 혹 전하여지는 통서(通書)에 비궁으로 이르게 하는 법이 합법하지 않음이 있으므로 자백도 믿고 이용하기가 어렵다 함은 대단히 잘못된 망설이다.

무릇 월가(月家)의 길성은 번갈아 비궁하여 충복(冲伏)하지 않으면 아름답다 하는 것이다. 가령 일백수(一白水)가 이궁(離宮)에 앉는다거나 팔백토수(八白土水)가 곤궁(坤宮)에 앉는다면 성(星)이 궁(宮)을 극하는 것이니 그 길함이 감소된다.

【원주 직역】위에 논한 세 편 역시 《선택종경(選擇宗鏡)》에서 나온 것이다. 그 중 비천사(飛天赦)는 지금은 잘 사용하지 않는 것이나 이치에 배반되지 않으므로 기록하여 한 의(義)로 삼고자 한다. 금궤성(金匱星)도 역시 지금은 사용하지 않는 것이다. 대저 금궤(金匱)란 대살이나 「왕하면 길하다 하고, 또 왕한 것을 흉으로 한다」하니 이에 자상모순을 면치 못하고 있다. 금궤대살은 본시 길흉이 없는 것으로 길성이 쌓이면 길하고 흉성이 모이면 흉하다. 그러므로 태세, 월건이 중첩되는 것이 좋다.

그에 말하기를, 「육덕(六德)으로 지살(支煞)을 제(制)할 수 없다」하였는데 이는 잘못된 것이다. 대개 지지의 흉한 것도 정당하게 천간으로도 능히 제압할 수 있음이니, 바야흐로 제화(制化)의 이치를 나타낼 수 있다. 가령 을유(乙酉)년에서 세살(歲煞)이 진(辰)에 있는데 경진(庚辰)월 경진일 경진시를 사용하여 천간일기격(天干一氣格)으로 하였고, 유(酉)와 진(辰)이 6합이 되어 다시 금(金)이 되었고 을경(乙庚)이 합하여 또다시 금이 되고 을에서 경은 세덕(歲德)도 되었으니 진을 살(煞)로 논하지 않는다. 그러므로 정교한 조명법(造命法)은 건제(建除)와 산방(山方)이 만날 때 제이의(第二義)에 속하는 천광하림(天光下臨)이라 할 수 있음도 알아야 한다. 그러니 어찌하여 지지는 중(重)하고 천간은 경(輕)하다 하겠는가?

그에 말하기를, 대월건(大月建)은 길(吉)로 제압할 수 없다 하였는데 이것 역시 잘못된 것이다. 대저 월건(月建)이란 토살(土煞)을 말하는 것인데 자기가 대강 태세는 경(輕)하다 하였고 또 항차 「정위(定位)를 논하지도 않으면서 비궁은 논하였으며, 산방중궁론(山方中宮論)을 끊어 없애고서 옛날에는 꺼리지 않는 이치가 없었다」 하였다.

그 논법(論法)에 좌태세법(坐太歲法)을 신중하고 자상하게 두루 살펴서 체용을 겸비하라 하였는데, 이는 술자(術者：택일가)의 묘용(妙用)은 아니며 실로 군자의 존심(存心)에 달려 있음이다. 속술(俗術)로는 이를 논할 수 없다. 만왈(漫曰), 「태세가좌(太歲可坐)라」 함에 어찌하여 맹랑함이 있으리오.

그 가운데 태세는 무기(戊己)가 중첩되지 않아야 가히 좌(坐)를 할 수 있다고 한 말은 가히 무기살(戊己煞)의 잘못을 밝힌 것이고 겸하여 대소월건(大小月建)의 거짓된 것을 파(破)하고 진실된 것만을 증거를 대며 논한 것이다.

기론(其論)에 녹마귀인은 태세와 주명(主命)과 동도(同到)하여야 길과(吉課)에 정합(正合)된다는 어의(語義)를 더욱 갖춘 것이다.

기왈(其曰), 갑명(甲命)이 축(丑)월에서 인록(寅祿)이 건궁(乾宮)에 이른다고 한 것은 역시 지지(地支) 한 자만을 쓸 때에 그치는 말이니 진록을 참고하여 보는 게 가하다.

각 신살(神煞)의 제화(制化)하는 여러 설(說)이 같지 않으니 뒤를 자세히 볼 것이다.

제3장 제살에 중요한 법(制煞要法)

1. 제살(制煞) 총론

선택종경에서 말하기를 「좌삼살과 향태세는 제압시키는 법이 없으니 범해서는 안된다」하였고 「삼살이 방위에 오거나 향으로 오는 것과 음부살이 좌산에 오는 것도 가히 제압시킬 수 있다」라고 하였으나 제압이 그리 쉽지는 않으니 가볍게 볼 일은 아니다. 그 밖의 분분한 신살(神煞)들은 중살일 때는 제압하고 소살일 때는 반드시 제압시키려 하지 않아도 길성이 함께 이르는 것으로 능히 제압되어 잠복시킬 수 있기 때문이다.

태세가 좌산이나 그 방위에 있으므로 합(合)이 마땅한 것을 제외하고는 충파되는 것이 마땅치 못하며 구퇴(灸退)가 좌산이나 그 방위에 있는 것은 보(補)함이 마땅하고 극하는 것은 마땅치 못하다. 이상의 방법 말고는 4법이 있으니 첫째는 천간에서 범한 살은 천간으로 제압된다. 가령 음부살과 천금신(天金神)과 같은 것은 다 천간에서 범한 것이니 천간으로 제압된다.

둘째 지지에서 범한 살은 지지로 제압한다. 가령 지관부(地官符) 같은 것인데, 그 살이 사(死)하는 달이나 날을 가려 수(修)하면 가하다.

셋째 삼합으로 범한 것은 삼합으로 제압한다. 가령 삼살(三煞)과 타두화(打頭火), 천관부(天官符) 등인데 이들은 모두 삼합국(三合局)으로 극제하여야 하는 것들이다.

넷째 납음으로 범한 살은 납음으로 제압한다. 가령 연극(年剋)과 지금신(地金神) 같은 것들인데 납음으로 제압이 가하다. 요즘 통서에 납음을 사용해 삼살을 제압한다고 하는데, 납음의 힘이 가벼움을 모르는 말이니 반드시 지지 삼합을 겸하여야 함을 모르기 때문이다.

천금에서 말하기를 「살재산두 갱약하 귀인록마 희상과 삼기제덕 능항살 길제흉신 발복다(煞在山頭 更若何 貴人祿馬 喜相過 三奇諸德 能降煞 吉制凶神 發福多)」(29쪽 시와 해설 참조)라 한 것은 좌산의 중소 살만을 말한 것이니 극제함을 사용하지 않고 여러 가지 길성만을 비치게 하는 데 그친 말이다. 대개 극제할 때 좌산도 함께 극제되기 때문이다. 또 산운이 휴수되는 달이 되는 것도 역시 불길하다.

또한 말하기를, 길성이 유기(有氣)하면 작은 것으로도 크게 이룰 수 있고 악요(惡曜)도 휴수되면 재앙을 내리지 못할 것이니 이는 곧 극제 수방(修方)하는 법이니, 한 예만 보고 작지 말 것이며 극제가 요구될 때는 극제하는 법을 터득한 다음 그 법을 위주로 극제하여야 하고 길성을 사용하는 것은 소살(小煞)이므로 제극이 필요치 않기 때문이니 길성을 만나면 스스로 자복하기 때문이다.

태양과 삼기(三奇)는 능히 여러 살들을 항복시키고 자백(紫白)과 규마(簸馬)는 지관부와 대장군을 포함하여 여러 살을 능히 제압시킬 수 있으며 녹(祿)으로는 공망(空亡)을 제압할 수 있고 귀인으로도 뭇 살을 능히 항복시킬 수 있는데, 본명으로 구궁에다 비도(飛到)한 것을 상(上)으로 치고, 태세를 비도한 것은 다음이 되며, 이 두 가지가 함께 비도되었다면 가장 길한 것이니 더 바랄 것이 없다.

제살(制煞)하는 법은 사주를 사용하여 제극하는 것은 좋으나 충극시키는 것은 안된다. 대개 극하는 것은 복(伏)하나 충(衝)하면 일어나기 때문에 반대로 화를 당할 수 있다. 태세와 음부살이 좌산에 있는 것을 제하고 그 밖의 뭇 살들은 극함이 마땅치 못하다. 가령 삼살·관부·대장군·복병·대화 등 살들은 좌산에 들면 중하므로 제압이 어렵고 향이나 방위로 오는 것은 가볍기 때문에 항복시킬 수 있다.

　방위상(方位上)에 있는 살을 제압할 수 있다는 말은 먼저 길방에서 착수하여서 연달아서 그 방위까지 수작(修作)할 수 있기 때문이며, 또 길방에서 끝내고 손을 떼면 역시 아름답다.

　흉방은 태세가 중첩됨을 두려워하고 태세가 반대쪽에서 충하는 것도 꺼리며, 태세가 그 흉방과 삼합(三合)이 되는 것도 꺼리니 이 모두 대흉하다. 다음으로는 월건이 상첩(相疊)·상충(相衝)·상합(相合)됨도 꺼리니 역시 화를 부른다. 그렇지 않은 것은 화가 깊지 않다.

　대개 세군과 월건의 힘은 극대하므로 길성(吉星)이 그 힘을 빌려 쓰면 복을 크게 작할 것이고, 흉성이 그 힘을 얻으면 큰 화를 작하게 된다. 또 길방은 발동하는 것이 마땅하나 움직이고 다스리지 않을 때는 복도 나타나지 않고, 흉방은 마땅히 안정됨이 좋으니 수동(修動)함이 없다면 역시 재앙도 일으키지 않는다. 오직 연(年)의 납음이 극(剋)하는 방은 비록 흉하다 하여도 역시 별 해가 되지 않으니 이미 태세가 제압하였기 때문이다.

　세군이나 월건이 길방을 충파하는 것은 역시 불길하니 힘을 잃게 되기 때문이다. 만약 흉방을 충파하는 것은 역시 흉한 것이니, 대개 살(煞)은 범과 같고 불과도 같아서 합하여도 고기(固起)26)하고 충극하여도 역시 일어나기 때문이다. 오직 부천공망(浮天空亡)이 향을 점령하는 것은 사주팔자로서 충(衝)하여야 한다.

　태세가 좌가 되는 것은 가하지만 향이 되는 것은 불가하다.

　삼살(三煞)은 향은 가하지만 좌가 되는 것은 불가하니 바뀔 수 없다. 무릇 여러 신살은 모두 먼저 월령에서 때를 잃어 무기력해야 하고,

---

26) 고기(固起) : 반드시 발동함.

다시 사절지에 붙잡히고 휴폐되는 곳으로 운행하여야 한다. 녹마귀인은 마땅히 왕성하고 월령을 잡은 다음에 그곳을 다스린다면 화살(化煞)되어 내가 주도권을 잡게 되니 극제(剋制)하는 것과 비교하면 더욱 안전하다. 흉살을 제압하는데 극복이 태과한 것은 두려운 것이며, 혹 충합함을 만나면 도리어 화가 발생할 수도 있기 때문이다.

서(書)에 말하기를 「만약 귀를 원하거든 태세를 다스리고, 발복을 중요시한다면 삼살을 다스려야 하고, 크게 일어나야 한다면 화성(火星)을 다스려야 하고, 적게 발하고자 한다면 금신(金神)을 다스려야 하고, 부(富)를 하고 싶으면 관부(官符)를 다스리고 냉퇴(冷退)를 구원하라」하였고, 「구퇴(灸退)를 다스려야 한다」고 하였다.

또 말하기를 「수방(修方)에 제살(制煞)하여도 도리어 길복을 획책할 수 있다」고 하였는데, 이 말은 장사(葬事)에서 해당되는 말은 아니고 수산(修山)에도 해당이 되지 않는 말이며, 다만 수방(修方)에서만을 이른 것이다. 대개 흉살이란 필수적으로 극제하여야 하고 좌산(坐山)은 마땅히 보(補)하여야 하나 극(剋)한즉 산도 상하고 보한즉 살도 왕하게 된다. 따라서 한 마디로 말하면 제살수방(制煞修方)에서 방(方)에서는 극제가 쉽고 가능한 것이다. 오직 태세가 혹 산에 있거나 혹 방위에 있더라도 모두 다스림이 가하다는 것이다. 대개 태세를 다스리는 데는 합(合)은 가하지만 극하는 것은 불가하니 극이 없으면 산(좌산)도 상하지 않기 때문이다.

음부(陰府)가 좌산에 있는 것을 두 가지로 나눌 수 있으니 음부살만을 극하고 다스리는 것은 가하지만 좌산이 극제되는 것은 안된다. 그 밖의 뭇 살들은 모두 산(山)과 방(方)에 합되어 하나가 되므로 이 방위를 극하면, 즉 이곳의 살도 함께 극제되는 것이다. 오직 방(方)은 극하는 것이 두렵지 않은 것이다. 그러므로 수방(修方)이라고 가리켜 말한 것이다. 이는 모두 연가(年家)로 좌궁에 오는 살을 다스릴 때를 말한 것이고, 월가(月家)에서 비궁시켜서 오는 살을 다스리는 법은 아니다.

태세는 반드시 길성을 중첩시키고 흉성은 중첩되지 않게 한 후에 다스려야 현명한 군주에 선량한 신하이니 길하다 하여 대부대귀라 하였다.

삼살이 한 방위를 점하였을 때는 그 힘이 극대해진다. 그러나 제살하는 법을 득하여도 자연스럽게 발복시킬 수 있다. 그러나 이 살이 가장 흉한 것이니 제살할 때 그에 맞는 법을 득하지 못하면 반드시 흉화가 이르게 된다. 수주(修主)에는 잔약(매우 약함)하므로 역시 마음먹은 대로 부려지지 않으니 경솔하게 시험하려 하지 말 것이다.

화성(火星)은 즉 삼합의 왕방이니 곧 타두화(打頭火)이기도 하다. 제극하고서 다스린다면 왕기가 발월(發越)하여 인정(人丁)27)이 대발한다. 그러므로 말하기를 대흥(大興)이라 하였다.

금신(金神)은 화(火)로 극하면 재성이 되는 것이니 병정(丙丁), 삼기(三奇)로써 제압하면 전산(田産)이 왕성하다. 그러므로 말하기를, 소흥(小興)이라 하였다.

지관부(地官符)는 태세와 삼합이 되는 것이니 법을 득한 다음에 다스린다면 역시 주는 왕재하므로 말하기를 발부(發富)라 하였다.

구퇴(灸退)는 삼합의 사지(死方)이니 월과 일에서 왕상하게 보조(補助)한다면 무기(無氣)지만 유기할 수 있으므로 말하자면 냉퇴(冷退)에서 구원하는 것이다.

제살(制煞)하는 법은 예부터 운하기를 「천간에서 범한 것은 천간으로 제살하고, 지지에서 범한 것은 지지로 제살하고, 삼합에서 범한

---

27) 인정 : 남자, 남아 또는 일꾼.

것은 삼합으로 제살하고, 납음에서 범한 것은 납음으로 제살하라」 하였으니 이것이 확실한 논리이다. 또 「화기(化氣)로 범한 것도 있으니 화기로 제살하고, 좌궁(坐宮)에서 범한 것은 좌궁으로 제살하고 비궁(飛宮)으로 범한 살은 비궁하여 제살하라」하였다.

가령 음부살이 갑기토(甲己土)에 속하였다면 정임목(丁壬木)으로 제살하고 을경금(乙庚金)에서 범하였으면 무계화(戊癸火)로 제살하는 것이니, 이것이 화기에서 온 것을 화기로 제살하는 것이다. 또 가령 병부(病符)·소모(小耗)·연가(年家) 등과 같이 비궁이 안 되는 것은 연월일의 길신이 비춰주게 하는 것이니 이것이 좌궁에서 범한 것을 좌궁으로 제살하는 것이다.

가령 월가로 타두화(打頭火)라면 월가(月家)의 일백수성(一白水星)이나, 혹 임계수(壬癸水) 덕(德)으로 제살한다는 것이니 이는 비궁을 비궁으로 제살하는 것이다. 또 음부가 갑을목(甲乙木)이거나, 무기토(戊己土)이거나, 삼살·타두화·관부 등 유(類)의 살이 인묘진(寅卯辰)에 있을 수 있는데, 이는 목살(木煞)이라 하고 사오미(巳午未)라면 화살(火煞)이라 하니 본살의 오행을 각자 분류하여 극제(剋制)하는 것도 역시 이들과 같다. 쇠왕(衰旺)을 분변하여 제살하는 것도 역시 이와 같이 본받는다.

제살(制煞)에는 오로지 월령을 보아야 하니 반드시 그 살이 쇠약한 달을 찾고 제신(制神)은 왕성한 달로 하면 가하다. 오직 태세와 구퇴만은 달리 논한다. 만약 뭇 살이 취회(聚會)하였다거나 혹 태세와 동궁이라면 제살이 불가하니 범하지 않는 것이 가하다.

통서에서 말하기를, 태세 아래에서는 흉살이 심히 많아서 모두를 피한다는 것은 어려우니 그 각 신의 소임지가 다르기 때문이다. 오직 주서(奏書) 박사(博士)는 향에서 마땅하고 나머지는 각각 꺼리는 바가 따로 있으므로 모름지기 생왕휴수를 분별하여 제화(制化)에 마땅한 바를 득할 것이다. 가령 파괴할 것이 있는데 꼭 수영(修營)할 경우는 천덕(天德)·세덕(歲德)·월덕(月德)·천덕합(天德合)·세덕합(世德合)·월덕합(月德合)·천은(天恩)·천사(天赦)·모창(母倉) 등이 모여 있는 일진을 사용할 것이며, 혹 각 신이 출유(出遊)하는 날을 아울러서 공수(工修)하면 해가 없다.

무릇 흉신을 제살하는 법은 그 경중을 짐작하여서 그 살이 생왕케 하는 것은 불가하다. 가령 살이 목(木)이라면 봄으로 택일하는 것을 꺼리고 아울러 해묘미(亥卯未)의 일시를 꺼린다. 가령 오(午)자를 사용한다면 목(木)살이 사하고 신(申)자를 쓰면 목살이 절지가 되는 것을 사용하라는 것이다. 나머지도 이와 같이 유추하라.

【원주 직역】 종경에 실려 있는 제살법은 심히 자상하여 순전함은 많고 흠잡을 데는 별로 없었다. 그러므로 그 구절구절을 취하여 기록한 것이다. 그에 말하기를 「길방은 부동이면 복을 만들지 못하고, 흉방은 부동이면 재앙을 만들지 못한다」 한 것은 즉, 홍범구주(洪範龜疇)에서 말하는 정길작흉(靜吉作凶)28이라 한 것과 같으니 함께 이치를 위반한 것이다. 원문에서는 「무기(戊己)살만은 부동이라도 역시 흉하다」 하였으니 그 패류(悖謬)29가 이다지도 심하단 말인가?

음부(陰府)살을 제살하는 법도 그럴 듯하지만 잘못 되었으니 뒤에 나오는 통서 2를 보고 분변하기 바라면서 그친다. 시헌서(時憲書)30의 연신 아래에 실려 있는 '제살대요'라 한 것이 그것인데 이곳에서도 조목조목 상세하게 아래에다 갖춰 놓았다.

---

28) 정길작흉 : 안정하고 있는 길신은 흉함을 작할 뿐이다.
29) 패류 : 거스르고 어긋남.
30) 시헌서 : 중국의 일력(日曆).

2. 태세(太歲)·세파(歲破)

【취산도표】

살\년	子	丑	寅	卯	辰	巳	午	未	申	酉	戌	亥
태세	子	丑	寅	卯	辰	巳	午	未	申	酉	戌	亥
세파	午	未	申	酉	戌	亥	子	丑	寅	卯	辰	巳

세파는 일명 대모살(大耗煞)이라고도 하는데 대흉신이다. 주로 손재(損財) 및 모든 일에 흉하다.

【원문 직역】 종경에서 말하기를, 세군(歲君)이니 좌가 될 때는 길하고 향이 될 때는 흉하니 좌산을 충파하기 때문이다. 사주팔자와 합(合)이면 길하고, 충이거나 극이 되면 흉하니 신(臣)이 군(君)을 범하는 것과 같기 때문이다. 자백(紫白)·삼기(三奇)·녹마귀인 등 실성이 보이게 하면 극히 실하다. 이는 임금의 행도에서 따사롭고 배부른 백성의 생활을 볼 수 있는 것과 같다.

그러나 무기(戊己)살이나 연극살, 음부살 등 흉한 대살이 중첩되는 것은 극흉에 이르니 흉악한 무리들이 그들의 세력을 믿고 난동하기 때문이다. 그러므로 태세가 혹 좌산이나 그 방위에 올 때는 길성이 중첩되게 하여야 하고 흉성은 중첩되지 않도록 조심하면 택일 사주는 합격이다. 혹 천원일기나 지지일기가 되게 하고 혹 삼합국이 되게 하면 조장이나 이주에서는 그 복이 크기도 하고 오래도록 가니 뭇 길성과도 비교할 수 없다. 이에다가 또 필요한 길성을 가임시키는 경우는 팔절삼기(八節三奇)나 태양, 자백 등이 함께 이르거나 본명으로 녹마귀인이 함께 이른다면 더욱 묘할 것이다.

증문천이 말하기를,「길함에는 태세를 다스리는 것보다 더한 것은 없고 흉함에는 태세에서 범하는 것보다 더한 흉은 없다」하니 태세의 소재로서 조(造)하고 장(葬)하고 이사(移舍)도 하여야 하니 마땅히 보(補)한 다음에 다스리고 수리해야 할 것이다. 만약 태세를 범하고서는 헐거나 파거나 일체의 격동함이 불가하니 구멍을 뚫거나 연못을 파는 것까지도 안된다.

【원주 직역】 태세는 세군이니 태세의 길성이 좌산에 모이게 하고 왕성하게 하면 참으로 길하다. 그러나 부득이하게 수작(修作)하고 장사하여야 하는 경우는 어찌할 수 없으나, 만약 흥조(興造)하기를 바라는 것은 본시 천천히 보완해가며 진행하는 것이 좋다. 위태한 일을 하면서 요행이나 바라고 한다면 절대로 득복할 수 없으니 흉은 범하지 않는 것만은 못하기 때문이다. 통서에는 월일의 납음오행을 사용하여 태세의 납음오행을 극하면 된다는 설이 있는데 속설이므로 이치가 없다.

좌는 가하나 향은 불가하다는 것은 바뀔 수 없는 정론이니 대개 향으로 태세가 되면 좌산을 충하니 이른바 세파가 될 것이기 때문이다. 비록 길성이 올지라도 막을 수 없다. 또 좌산과 태세가 같은 것은 참으로 길하다 함도 역시 모두가 같을 수는 없다. 가령 자오묘유(子午卯酉)년에는 태세와 대살이 동위(同位)가 되고 삼살과 세파도 동방(同方)이 되기 때문에 좌산에도 역시 불길하게 된다. 종경에 보면 비궁하여 나온 대살 가운데 타두화살이 있는데 태세를 따라왔더라도 중첩이 되면 흉한 것이다. 그에 이치를 잃었으므로 지금 고쳐 놓는 바이다.

3. 삼살(三煞), 복병(伏兵), 대화(大禍)

【취산도표】

년 살	子	丑	寅	卯	辰	巳	午	未	申	酉	戌	亥
겁살	巳	寅	亥	申	巳	寅	亥	申	巳	寅	亥	申
재살	午	卯	子	酉	午	卯	子	酉	午	卯	子	酉
세살	未	辰	丑	戌	未	辰	丑	戌	未	辰	丑	戌
복병	丙	甲	壬	庚	丙	甲	壬	庚	丙	甲	壬	庚
대화	丁	乙	癸	辛	丁	乙	癸	辛	丁	乙	癸	辛

- 겁살(劫煞) : 태세의 음기이므로 흥조시에는 꺼리고 도적과 살상 등을 주재한다.
- 재살(災煞) : 오행(五行)의 음기이며 포태법으로 태(胎)지가 된다. 재앙과 질병을 주재한다.
- 세살(歲煞) : 맹독한 음기이므로 파고 뚫고 자르고 수영(修營)하고 이사 등에 해로우며 범하면 자손을 상하게 된다.
- 복병(伏兵), 대화(大禍) : 삼살의 천간인데 양간은 복병, 음간은 대화이다. 수조(修造)에 꺼리며 범하면 관재와 형살이 따른다.

【원문 직역】통서에서 말하기를, 삼살은 수방(修方)에 꺼리는 데 그치니 먼저 길방에서부터 착공하여 연달아 삼살방까지 이르면 해가 없다. 가령 자(子)년이라면 삼살이 사오미(巳午未)가 되는데, 만약 손(巽)이나 곤방(坤方)에 길성이 있다면 손방(巽方)에서부터 기공하여 사오미방을 경유하며 수리하고 곤(坤)방에까지 가서 끝낸다면 삼살방을 공사하였어도 해가 없다. 그러나 사오미방만을 단순히 수리하는 것은 크게 꺼린다.

종경에서 말하기를,「삼살은 극히 흉맹한 살이고 복병이나 대화는 다음으로 꺼리니 반드시 제복(制伏)하는 법을 득하는 것이 중요하다.

좌산이나 조장(造葬)에서 모두 꺼리는 것이나 오직 방위에 오는 것은 가히 제복시킬 수 있으니 제살하였다면 다스려도 가하다」하였다.

제살법에 세 가지가 있으니,

첫째는 삼합국으로 제살(制煞 : 勝之)함이 중요하고,

둘째는 삼합이 월령을 득한 다음 삼살은 휴수가 되게 하는 것이고,

셋째는 본명으로 귀인·녹·마나 팔절삼기(八節三奇)가 되게 한다.

혹 태양과 태음이 비치게 하고 조금만 다스리는 경우는 월이나 일진의 납음으로 삼살방의 납음을 극하게 하고 한두 개의 길성이 그 방위에 이르게 하면 가하다. 가령 삼살이 사오미(巳午未)에 있다면 화(火)가 살이니 신자진(申子辰) 월일시를 사용하고 살이 동방 인묘진(寅卯辰)에 있으면 목(木)살이니 사유축(巳酉丑) 월일시를 사용하고, 살이 북방 해자축(亥子丑)에 있으면 수(水)살이니 토(土)로써 제살해야 하니 진술축미(辰戌丑未) 월일시를 사용하고, 살이 서방 신유술(申酉戌)에 있으면 금(金)살이니 인오술(寅午戌) 월일시를 사용해야 하는데 상충이 되는 것만은 피하여야 한다.

증문천은 임신(壬申)생 사람의 주택을 사오미(巳午未) 삼살방위에 수주할 때에 갑진년 무진월 임자일 경자시를 사용하여 수주하였으니 임신생과 신자진(申子辰) 수(水)국을 이루었고, 화(火)살을 제극하니 하나의 길함이 되고, 갑무경(甲戊庚) 천간은 삼기(三奇)가 되었고, 진자(辰子) 양지(兩支)만을 사용하였으므로 혼잡되지 않으니 두 번째로 길함이 되고, 또 곡우 전이므로 태양이 술(戌)방에 이르니 오방(午方)과 삼합이 되었고, 갑무경(甲戊庚)의 천을귀인이 미(未)가 되니 세 번째의 길함인 것이다.

갑(甲)년의 오미(午未)방은 경오(庚午), 신미(辛未)가 되므로 납음이 토(土)이며 무진(戊辰)월 임자일은 납음이 목(木)이니 목극토

(木剋土)하여 네 번째의 길함이 되며 주명의 천마가 임인(壬寅)이고 세록과 세마는 병인(丙寅)인데 모두 이(離)궁에 이르니 다섯 번째 길함이고, 팔백(八白)이 감(坎)궁에서 이(離)궁을 비춰주고 구자(九紫)가 미곤(未坤)에 이르니 여섯 번째의 길함이다. 옛사람들은 묘용(妙用)이 이러하였다.

【원주 직역】 삼살은 태세의 삼합을 충하는 자리이니 향은 가하나 좌는 불가하다. 그러므로 삼살이 좌산에 붙으면 조와 장(造葬)에 모두 꺼리고 한 방위에 붙는 것은 제살하는 방법을 사용하여 수리할 수 있다. 그러나 해마다 다 그러한 것은 아니고 인신사해(寅申巳亥)년은 삼살이 나를 생하여 주는 곳이 되고 12건성으로는 수개폐(收開閉)의 자리가 되고 휴수에 해당되며, 진술축미(辰戌丑未)년에는 삼살을 내가 생하여 주게 되고 제만평(除滿平)의 위치가 되며 상기(相氣)에 해당하므로 제화시키는 방법에 비록 경중은 다를 수 있으나 제화시킬 수 있으며 흉을 변화시켜 길이 되게 할 수 있다.

만약 자오묘유(子午卯酉)년은 삼살이 세파와 함께 작용하고 태세의 대방(對方)일 때에도 큰 살과 동위가 되는 것이니 비록 제복시키는 방법이 있다 하더라도 역시 길함으로 논할 수는 없다. 그러므로 자오묘유(子午卯酉)년은 재살이 가장 흉하고 겁살과 세살은 다음이 된다. 진술축미(辰戌丑未)년은 대략 자오묘유년과 비등하지만, 만약 인신(寅申)년의 겁살과 묘유(卯酉)년의 세살은 태세와 육합(六合)이니 그 흉함이 더욱 감소된다고 할 수 있다.

가령 임인(壬寅)년 임인월 임인일 임인시를 사용하여 해(亥)방을 다스린다면 해(亥)에 4록(四祿)이 모였으며, 또 을유(乙酉)년 경진(庚辰)월 경진일 경진시를 사용하여 진(辰)방을 다스린다면 모두 합

(合)으로 일기(一氣)가 되니 세살이라 논하지 않는다.

또 인오술(寅午戌)과 해묘미(亥卯未)년은 삼살이 태세를 극하고 사유축(巳酉丑)년과 신자진(申子辰)년은 태세가 삼살을 극하는데 삼살이 태세를 극할 때에는 그 살이 휴수되는 월령이 되기를 기다렸다가 사용하고 태세가 살을 극할 때에는 자오묘유(子午卯酉)인 4개의 왕한 달만을 꺼리고 나머지 다른 월령은 다 사용할 수 있으니 반드시 길신이 그 방위에 이르게 하여 팔자로 격국을 만들면 된다.

또 화살(化煞)함에서는 극(剋)이 변하여 생(生)함이 되면 이미 제살이 된 것과 같다. 다른 살에 있어서는 태세를 극할 때에는 그 살의 자손인 식신이나 상관을 사용하여 통관시키는 것이 좋다. 가령 금(金)살이 목(木)태세를 극할 때는 수(水)국이 되는 연월일시를 사용하면 금(金)살을 설기시켜 목(木)태세를 생부할 것이니 치열하지는 않을 것이다.

태세가 살을 극할 때는 그 살의 재성을 사용할 것이니, 가령 수(水)태세가 화(火)살을 극한다면 금(金)국이 되는 연월일시를 사용하면 화살기(火煞氣)는 설기되고 수(水)태세를 생부한다. 이들은 자손을 이용하여 살기를 휴수되게 하고 재국을 이용하여 살기를 휴수되게 하는 것이니 묘용의 한 방법이 될 것이다. 이에서 목(木)살에는 토(土)국이 없으므로 사용할 수 없으니 이때만은 제살하는 방법을 쓸 것이다. 수(水)살에서도 토(土)국이 없으므로 제살할 수 없으니 화살(化煞)시키는 방법을 사용하는 것이 가하다.

이 경우 증문천이 취용한 것을 보면 심히 정밀하고 세밀함을 알 수 있다. 이상은 한쪽 끝자락만을 잡고 말한 정도이니 인용하여 널리 그 종류별로 장점을 따라 활용하면 택일선택은 완전함에 접근하게 될 것이다. 월의 삼살도 이를 본받을 것이다.

4. 연월극 산가(年月剋山家)

【취산도표】〈연월극표〉

오행 \ 년		甲己年	乙庚年	丙辛年	丁壬年	戊癸年
金山	兌丁乾亥	乙丑金運	丁丑水運	己丑火運	辛丑土運	癸丑木運
木山	震艮巳	辛未土運	癸未木運	乙未金運	丁未水運	己未火運
火山	離壬丙乙	甲戌火運	丙戌土運	戊戌木運	庚戌金運	壬戌水運
水土山	甲寅辰巽坎戌 辛申癸丑坤庚未	戊辰木運	庚辰金運	壬辰水運	甲辰火運	丙辰土運

이는 천기대요(天機大要)에 오산년운(五山年運)과 같은 것이다.

【원문 직역】 통서에서 말하기를, 「산가(山家)에서는 기운을 득하여야 묘한 것이다」라고 하였다. 가령 산운(山運)의 생왕(生旺)이나 비화(比和)는 월령을 기준으로 하여 사용하는 것이 마땅하나. 월령으로 분류하여 쇠병(衰病)이 되는 것도 역시 사용이 가하나 오직 꺼리는 것은 연월일시가 산운을 극하는 것이다.

그러나 이는 개산(開山)할 때만 꺼리는 데 그친다.

무릇 새로 세울 주택이나 수조(修造)할 때나 동토(動土)를 할 때에 달을 넘기면 안장(安葬)으로 함께 논하고 10일 이내에 끝내는 일이라면 꺼리지 않는다. 또 조영(祖塋)31) 근처에 붙여 장사하거나 집을 허물어 내고 새로 세울 수조 때에도, 혹 현재 이루어진 기지(基址)를 그대로 사용하면서 파거나 동토하여서 기지를 변형시키지 않을 때에는 역시 꺼리지 않는다.

또 본일이 산가(山家)를 극하는 것은 가령 갑자년에 수토 산가를 작한다면 납음오행이 금이니 산가의 무진 목운을 극한다. 이때 마땅

---

31) 조영 : 조상들의 무덤.

히 화 월일시를 취하여 생왕케 하여야 하고 주명이 화명일 때에도 작할 수 있으며 아울러 녹과 귀인으로도 제압할 수 있으며 길한 월일로 극하는 것도 역시 그러하다.

　【원주 직역】홍범오행을 보면 산운만을 전론하도록 되어 있으며 이는 한 사람의 설에 불과하다. 연극산가는 세속에서 피하는 살로 인식되어 있으므로 오직 삼가야 한다는 것이다. 비록 월이나 일진의 납음으로 극하면 괜찮다는 설이 있으나 활용하는 사람은 별로 없다. 또 열흘 이내에서는 꺼리지 않는다 함은 세속에서 많이 사용하고 있으므로 깊고도 편하기 때문인 것 같다.

　대개 장사의 길흉은 날짜의 멀고 가까우움에 달려있는 것이 아닌데 열흘 정도의 날짜로 허물이 안된다면 달을 넘긴다고 하여 어찌 상함이 있겠는가? 그러나 오행(五行)의 생극(生剋) 이치로 논할 때「월일로 태세의 납음을 극하는 것보다는 태세의 납음을 월일이 생하는 것만 못하다」화(化)와 극(剋)은 이치에 맞는 것이니 순리라 할 수 있기 때문이다. 그리고 다시 정오행(正五行)을 사용하여 보룡부산(補龍扶山)한다면 길함이 스스로 응하지 않을 수 없을 것이다.

　그러므로 월로써 극하는 것은 생과 비교할 때 가벼운 것이며 일시는 더욱 가벼울 것이다. 따라서 팔자를 성국(成局)할 때에는 납음오행을 논하지 않는다.

　또 속설에는「연극은 택장(宅長)에 해롭고 월극은 택모(宅母)에 해롭고 일극은 자손에 해롭다」하는데 역시 정법의 길이 아니므로 생각해 볼 가치도 없다.

5. 음부태세(陰府太歲)

　【취산도표】

년 음부	甲	乙	丙	丁	戊	己	庚	辛	壬	癸
정음부正陰府	艮巽	兌乾	坎坤	乾離	坤震	巽艮	兌乾	坎坤	乾離	坤震
방음부傍陰府	丙辛	丁壬	癸戊	甲己	乙庚	辛丙	丁壬	癸戊	甲己	乙庚

년 음부	甲	乙	丙	丁	戊	己	庚	辛	壬	癸
坐山	艮	兌	坎	乾	坤	巽	兌	坎	乾	坤
	丙	丁	癸	甲	乙	辛	丁	癸	甲	乙
	巽	乾	坤	離	震	艮	乾	坤	離	震
	辛	壬	戊	己	庚	丙	壬	戊	己	庚

【원문 직역】 통서에서 말하기를, 「이 살은 오직 산두(山頭)에만 꺼리고 향을 작하거나 어느 한 방을 다스리는 데는 꺼리지 않는다」 하였고 또, 「정음부(正陰府)는 양택을 다스리는 데 꺼리고 안장(安葬)에는 꺼리지 아니하며 방음부(傍陰府)는 좌산에서는 꺼리고 수조에는 해롭지 않다」 하였고, 또 「천월덕을 사용하거나 태양이 이르게 되면 제압된다」 하였다.

《종경(宗鏡)》에는 구설을 인용하여 「음부살이 좌산(坐山)을 단점(單占)할 경우는 정오행으로 음부살의 칠살(七煞)을 만들어 극하고 또 반드시 음부살은 쇠약하고 칠살은 왕한 달을 가려 쓰라」 하였다. 가령 갑을(甲乙)이 음부살이라면 목(木)이니 경신금(庚辛金)으로 극목(剋木)하는 것을 말한다. 그러나 반드시 7, 8월의 금왕(金旺)한 절기라야 목(木)은 쇠절지가 되니 극제된다.

또 음부살이 좌산을 생(生)하는 것은 제압이 가하고 좌산이 음부살을 극하는 것도 제압할 수 있으나, 만약 좌산과 음부살이 같은 오행(五行)일 때는 제압이 불가하니 음부살을 제압하려면 좌산도 함께 극도(剋倒)되기 때문이다. 가령 진목(震木), 경금(庚金)의 좌산에는 무계(戊癸)년이 음부살이 되는데 계수(癸水)는 진목(震木)을 생하고 무토(戊土)는 진목(震木)에서 극을 받으니 제압하기가 쉬워 다스릴 수(可修) 있다.

또 만약 태금(兌金)이나 갑목(甲木) 좌산이라면 을경(乙庚)년이 음부살이 되는데, 을목(乙木)은 제극이 가하나 경금(庚金)은 제극이 불가하니 병화(丙火)로 경(庚)을 제극하려면 태금 좌산도 함께 상하기 때문이다. 이상은 모두 수산(修山)할 때만을 가리킨 말이나 장지(葬地)함에서도 결단코 범해서는 안된다.

또, 음부살을 극한다 함은 곧 세군(歲君)을 극하는 것과 같은데 태세(太歲), 세군(歲君)은 극제함이 불가하기 때문이다.

【원주 직역】 음부살의 옳은 이치는 우원(紆遠)32하지만 그 전례의 뜻은 심히 명쾌하다고 술자들은 말하는데, 사실 그 이치를 알고 있는 이는 없다. 또 잘못 전달되었어도 구태의 인습에 젖어 있기도 하고 억설이 많아서 해득할 수도 없기 때문이다. 가령 갑(甲)좌산에는 정임(丁壬)년이 음부살인데 정임목(丁壬木)으로 갑기토(甲己土) 좌산을 극하는 것과 병신수(丙辛水) 좌산은 갑기토(甲己土)년이 음부살이 되는데 갑기토가 병신수 좌산을 극하기 때문이다.

종경에서 구설을 인용한 것을 보면 갑(甲)의 음부살이 목(木)에 있으므로 마땅히 경금(庚金)으로 극제하라고 하였는데, 장차 정임(丁壬)년이 되어 경금을 쓸 경우 갑좌산도 함께 극을 받게 되는데, 갑산은 이미 태세의 화기오행으로부터 극을 받고 있는데 또다시 경금(庚金)의 극제를 어찌 감당할 것이며, 또 월일에서 받는 정오행

---

32) 우원 : 멀고 희미하게 만들어졌음.

(正五行)의 극제는 어찌 받을 것인가?

장차 병신수(丙辛水) 좌산에서는 경금을 사용하여 갑년의 살을 극한다면 태세의 천간을 극한 것이니 마땅치 못함은 당연한데, 마땅치 않다고 논한 것이 없다고 하여 극이 되지 않는다 하겠는가? 대저 갑년에서 병신수(丙辛水) 좌산을 극하는 것은 토(土)이지 목(木)이 아닌데 금(金)으로 극한다니 참으로 이해가 되지 않는다. 만약 그 좌산과 오행으로 동류가 될 때는 극제할 수 없다는 설도 오로지 태세를 극할 때만을 가리키는 말이니 오행에서는 역시 적합하지 않다.

가령 태(兌) 좌산에서는 을경년이 음부살이다. 태 좌산은 목이니 (兌丁에서 丁壬木이다) 이른바 병화(丙火)로 경금(庚金) 음부살을 제극한다면 태(兌)산의 목(木)도 함께 상한다 하였는데 좌산 태(兌)도 금(金)일진대 목(木)만 상한다 함은 어떻게 설명하겠는가? 대저 오행은 끼리끼리 모여야 함이 자연스런 이치가 아니던가? 비록 제가(諸家)들이 취하여 쓰는 이치가 같지는 않으나 반드시 하나의 설로써 정(正)을 터득한 다음 때로는 목(木)으로 하고 때로는 금(金)으로 하는 애매한 버릇들은 끊어 없애야 할 것이다. 그러나 음부살을 극하는 것은 곧 태세를 극하는 것이므로 음부살의 바른 의리(義理)는 연(年)에 있는 것이지 좌산에 있는 것이 아님을 깨달아야 할 것이다.

만약 제가들의 통서를 보면 연(年)으로 일으키는 예가 있는데, 음부살의 반열이 좌산에 있는 것이라면 음부살을 극제하는 것이 곧 좌산을 극제하는 것이 되고 만다. 이것은 세군(歲君)을 극제하는 법을 알고 있지 않기 때문이다.

이른바 정음부(正陰府)다 방음부다 하는 것에 이르러서도 여러 사람의 설들이 통일이 되지 않았는데, 대저 천간(天干)은 자못 가까우나 괘의(卦義)는 다소 멀다. 그러나 대관(臺官)에서 전하는 것들도 많은 오류를 되풀이하고 있다. 그러므로 괘(卦)에 매여 있는 것처럼 오해가 된 것이다. 정문(正文)의 의례본절(義例本節)을 자세하게 보고 오행(五行)의 원리를 연구하면 마땅히 정오행(正五行)으로서 근본을 삼아야 하고, 그 화기(化氣)를 취할 때에는 반드시 확실한 합화(合化)의 올바른 의리를 확인한 후에 취하여야 할 것이다. 이러함에서 정(正)을 버리고 화(化)를 취할 수 있겠는가?

또 태세(年)로 변통하여 만들어지지 않는 것은 오행 운행의 바른 의리와는 합법되지 않으므로 양법(良法)이라고 중요함을 주장하는 것은 불가하다. 세상 사람들은 이를 연구 관찰하여 보지도 않고 그 이름만 가지고 태세이니 범해서는 안된다고 하고 이름만 듣고 음부살이니 안장(安葬)에 흉하다고 하며 또 확실한 제화(制化)법도 해설하지 않았으니 꺼리고 의심나는 것에 잘못을 많이 범하고 있다.

《종경(宗鏡)》의 보룡편에 실려 있는 증문천이 건산(乾山)을 개척할 때에 사용한 택일이 정유년 기유(己酉)월 갑신일 기사(己巳)시였으며, 또 한 가지는 기유년 계유월 임신일 정사시를 사용하여 음부살을 금(金)으로 제극하였으니 심히 정당하였다. 대개 건(乾)에는 갑(甲)이 납갑되므로 갑기토(甲己土)이니 정임목(丁壬木)이 음부살이 된 것이다. 유신사(酉申巳) 연월일시를 사용하여 금(金)으로 일기(一氣)가 되어 정임(丁壬)이 목(木)으로 화(化)할 수 없으니 비단 제(制)란 말을 꼭 쓰지 않아도 될 것이다.

또 어찌 금(金)국으로 건산(乾山)을 부(扶)하지 않았다고 하겠는가? 이것이 만약 갑산(甲山)의 음부살이었다면 금국을 사용하여 제극할 수 없었을 것이다. 대개 갑이 토로 화하는 것부터가 이치를 벗어난 것이며 갑을 목으로 함이 도리이기 때문이다. 진실로 금으로 정임(丁壬)을 극한다 해도 정임은 극을 받지 않고 갑목이 먼저 손상이 되지 않겠는가?

차라리 정(丁)년은 화(火)국을 사용하고 임(壬)년은 수(水)국을 사용한다고 말하지 말고, 수(水)를 사용하여 갑(甲)을 생부한다고 하는 것이 올바르며, 화(火)를 사용하여 갑(甲)의 화기를 생부한다고 할 것이며, 정임(丁壬)은 각자 자기의 왕을 좇아서 말하여야 옳다. 스스로는 목(木)으로 화하지도 못하는 것으로 토(土)를 극하고 득지하였다 하니 이와 같이 유추한다면 제극한다 함도 가할 것이고 화한다 함도 역시 가할 것이니,

각각 그 유(類)를 따라 처리할 것이며 나를 극하지 않는다면 역시 가하지 않음이 없을 것이다.

바꾸어 말하건대 보룡(補龍)과 부산(扶山)을 위주로 하고 태세를 제외하고는 각각 그 바른 의리를 따라 화(化)를 판결한다면 속설과 곡설의 의혹에서 벗어날 수 있을 것이다.

6. 구퇴(灸退)

【취산도표】

년\살	子	丑	寅	卯	辰	巳	午	未	申	酉	戌	亥
구퇴	卯	子	酉	午	卯	子	酉	午	卯	子	酉	午

삼합의 사방(死方)을 육해(六害)이며 구퇴라고도 한다.

【원문 직역】 통서에 이르기를, 「구퇴(灸退)는 삼합국으로 사지(死地)가 되는 곳이니 향(向)은 할 수 있으나 좌산(坐山)이 되는 것은 불가하다」하였고, 「천도·천덕·월덕·세록·천을귀인으로 제압된다」하였다.

《종경》에 이르기를 「무릇 살(煞)이란 다 강하고 굳세어 남는 힘

을 갖고 있으므로 극제함이 마땅하다」하였고, 「구퇴는 휴수되게 하여 힘이 부족하게 만드는 살(煞)이므로 부보(扶補)함이 마땅하다」하였다.

대개 24방위의 기는 다 태세를 따라서 전달하는 것이니 구퇴살도 역시 태세로 보아서 사지(死地)가 되는 곳이다. 구퇴가 되는 산(山)과 방(方)은 기력이 없어서 냉담휴수(冷淡休囚)되었으므로 택일할 때는 마땅히 왕상한 달을 가려야 한다. 혹 월일시로 일기가 되게 만든다거나 삼합(三合)국을 만들어 부보한다면 퇴(退)함이 없고 도리어 왕성하게 될 것이다. 만약 그렇지 않고 다시 극제가 가중된다면 휴수됨이 더욱 깊을 것이니 크게 퇴패하게 될 것이다.

가령 신자진(申子辰)년은 수(水)이니 수(水)는 묘(卯)에서 사지가 되므로 묘(卯)가 구퇴살이 되는 것이다. 증문천은 이 택일을 병신년 신묘월 을묘일 기묘시를 사용하여 묘(卯)방을 수리하였으니 3묘가 일기인 것이다. 이를 혹 해묘미(亥卯未) 삼합국으로 택일하여도 역시 가하다. 나머지도 이와 같이 유추하기 바란다.

이에다 다시 주명의 녹(祿)이거나 태세의 녹이 함께 이르게 한다거나 혹 천간의 녹으로 쌓아 택일한다면 더욱 아름답다. 가령 묘방을 다스리고자 하는데 구퇴살이 된다면 을(乙)자 세 개를 사용하면 묘방으로 녹이 되니 아름다울 것이다. 그러나 일기로 된 국이나 삼합국을 위주로 할 때는 녹에 너무나 구애되지 말 것이다. 통서에는 육합(六合)을 사용하는 법이 있고 또 단순히 녹만을 쌓아 택일하는 법이 있다고 하였는데 이것은 아니다.

이상의 부보하는 법은 비록 방을 다스릴 때만이 아니고 좌산을 다스릴 때에도 마찬가지다.

【원주 직역】 구퇴살을 보충 설명한다면 《종경》에서도 통서에

서 말하는 것처럼 덕(德)·녹(祿)·귀인(貴人)을 사용하는 것도 오차는 가볍다고 하였다.

7. 대장군(大將軍)과 태음(太陰)

【취산도표】

태 세	子	丑	寅	卯	辰	巳	午	未	申	酉	戌	亥
대장군	酉	酉	子	子	子	卯	卯	卯	午	午	午	酉
태 음	戌	亥	子	丑	寅	卯	辰	巳	午	未	申	酉

대장군은 태세(太歲)의 길신이며 자오묘유(子午卯酉) 사정위(四正位)에만 붙는다. 태음은 조객(弔客)과 군추(群醜)와 동류이다.

【원문 직역】 통서에서 말하기를, 「대장군은 방백(方伯)의 신살이므로 그 방위로는 흥조사 등을 꺼린다」하니 만약 다른 흉살 등과 작당하지 아니하면 진태양(眞太陽)으로 제압하여 길할 수 있다. 대장군은 태음조객과 같은 방에서 세후까지가 되는데 그 방위로는 흥조(興造)하고자 하는 일을 꺼린다. 마땅히 태양이나 세덕의 삼합 등으로 제압된다.

《종경》에서 말하기를, 「대장군이 되는 방위는 수(修)할 수 없다」하였다. 그러나 경중이 있는 것이니 가령 사오미(巳午未)년에는 대장군이 묘(卯)방에 있고 갑기(甲己)년이라면 묘방이 정묘(丁卯)가 된다. 이 정묘가 어느 방으로 배치되는지를 찾는 것인데, 월건을 중궁에 넣고 비궁시킨다.

만약 을해(乙亥)월에 동쪽을 다스리고자 한다면 을해를 중궁에 놓고 비궁시키면 진(震)방에 정묘가 되니 이곳이 이른바 장군답위(將軍遝位)라 하여 대흉방이 되었으니 수조(修造)나 일체의 충격 등이 불가하다. 을해월 말고 다른 달은 정묘가 다른 방위로 옮겨갔으니 태세나 월령의 자백을 득한다거나 태양·삼기(三奇) 등을 득한 다음에는 동방을 다스리는 것도 해가 없다.

【원주 직역】 봉영서(蓬瀛書)에서 말하기를, 「태세가 사맹(四孟)년이면 태음과 대장군은 사중(四仲 : 子午卯酉)과 같은 자리가 되므로 이름이 군추(群醜)라 한다. 반드시 태양이 이 방위에 이르렀을 때만 제압된다. 가령 신(申)년의 태음살과 대장군은 오(午)인데 반드시 6월로 택일하면 태양도 오(午)궁에 이른다. 이때 또 오(午)시를 사용하여 착공한다면 이른바 진태양이 그 방위에 이른 것이니 손을 댄다 해도 대길이다. 만약 인(寅)월이라면 태음과 대장군이 자(子)가 되는데, 자시는 태양에 빛이 없으므로 병정(丙丁) 삼기를 겸하여 사용하거나 구자(九紫)가 그 방위에 이른다면 태양을 대신하는 불빛이 되어 길할 수 있다. 만약 태음이 모이지 않고 흉살이 중첩되지 않고 한두 개의 길성이 있다면 다스린다 해도 아무런 해가 없다.

8. 관부살(官符煞)과 백호대살(白虎大煞)

【취산도표】

년 살	子	丑	寅	卯	辰	巳	午	未	申	酉	戌	亥
관 부	辰	巳	午	未	申	酉	戌	亥	子	丑	寅	卯
백 호	申	酉	戌	亥	子	丑	寅	卯	辰	巳	午	未
천관부	亥	申	巳	寅	亥	申	巳	寅	亥	申	巳	寅

관부(官符)는 일명 축관(畜官)이라고도 하며 흥공(興工), 동토(動土)를 꺼리며, 범하면 사송(詞訟), 옥(獄)이 있다.

백호(白虎)는 상복(喪服)과 재사(災事)가 있다.

제3장 제살에 중요한 법 115

  【원문 직역】 통서에서 말하기를, 「관부살(官符煞)을 천관부(天官符)가 있고 지관부살(地官符煞)이 있는데, 이는 연월일시의 납음(納音)오행으로 제극할 수 있다」 하였다. 가령 갑자년이라면 해(亥)가 천관부이니 갑년에서 둔득(遁得)하면 을해가 되며, 납음오행은 화(火)이니 수(水) 납음오행으로 제압할 수 있다. 또 일백수성(一白水星)을 사용하여 수덕(水德)으로 제압하기도 한다. 다른 관부살도 이와 같이 제극할 수 있다.

  또, 관부살은 1년에 한 자씩 붙는데, 삼기(三奇)나 자백(紫白), 녹마귀인(祿馬貴人) 등에서 한 가지 길성이 그 방위에 이르렀을 때는 길한 방위에서 착공하여 관부살 방위까지 연달아 나가도 길할 수 있다.

  《종경》에서 말하기를, 「관부살은 본시 대흉살이 아니므로 규마(竅馬)만 만나도 길하다」 하였고, 「혹 태양이 이르거나, 혹 자백이 이르거나, 그 살이 사(死)하는 달이면 천사(天赦)일로도 해지할 수 있다」 하였으며, 「주명의 귀인녹마가 임하면 길(吉)로 반전한다」 하였다.

  증문천이 말하기를, 「분분한 신살들은 반드시 구원하려고 하지 않아도 단지 극함만 만나더라도 쉽게 다스릴 수 있으며, 길성이 만약 관부살 방위에 비추어 준다면 관직의 자리가 황주에서 나타나리라」 하였으니, 이 말들은 관부살은 중살이므로 다스릴 수 있음을 말한 것이다.

  지관부(地官符)는 규마(竅馬)를 만나면 길하고 자백을 만나는 것도 역시 길하다. 복잡하게 극할 필요도 없는 것이다.

  양균송이 어떤 사람의 송사(관재구설)를 풀어주기 위하여 주명의 천을귀인으로 관부살을 다스렸다. 즉 계해년은 관부살이 묘(卯)인데 주명은 을해생 사람이었다. 을(乙)의 음귀인이 무자(戊子)이니 태세 계해(癸亥)를 중궁에 넣고 비궁시키면 무자(戊子)가 묘방(震宮)에 이른다.

오(午)월을 사용하면 묘목(卯木)은 사지(死地)가 되고 갑오일을 다시 쓰니 천사일(天赦日)이었다. 이를 소송을 푸는 송과(訟果)라 하였으며, 이른바 지지(地支)에서 범한 살을 지지로써 제압시킨 예이다.

천지 관부살은 삼합이 되기도 하니 중살(中煞)에 해당한다. 혹 위의 삼살(三煞)을 제하는 방법을 예로 하여 삼합국으로 제압할 수 있는 것이다. 그러나 삼살과 비교하기에는 너무나도 가벼운 살이다. 연월의 납음오행으로 극제하면 역시 다스릴 수 있다. 가령 기미년은 천관부가 인(寅)이며 11월에 인좌신향(寅坐申向)으로 장사(葬事)한다면 소설 절기의 뒤이니 태양이 그 좌산에 이르러 편안하고 확실하게 길할 것이다.

월가(月家)의 비궁으로 나온 관부살은 더욱 해로울 것이 없는데 절대로 범해서는 안된다고 한 것은 잘못되었다. 또 말하기를, 천관부는 연월의 납음오행으로 극할 수 있고, 또 일진의 납음으로도 제극이 가하다. 다시 태양이 조임하거나 삼기, 자백 등을 득한다면 더욱 아름다우며, 삼합국으로 극하는 것도 제복이 된다.

다만 그 달이 환궁(還宮)하는 것은 기쁠 수 없다.

【원주 직역】 관부와 백호대살(白虎大煞)은 태세와 삼합국이 되니 만약 흉살이 중첩된다면 태세가 이르러 돕는 것이 되니 그 흉함이 힘을 얻게 되므로 꺼린다. 그러나 만약 길성이 중첩되면 역시 길함이 된다. 그러므로 길성으로 비치게 하고 임하게 하여야 하며,

이것이 취용하는 법이다. 납음오행을 써서 극제하는 것은 다음의 방법이다.

또 말하기를, 「삼합국으로 제압하면 더욱 잠복하게 된다」 한 것은 지나친 말 같다. 월가(月家)로 비궁하여 본위에로 다시 임하는 것을 이른바 환궁(還宮)이라 하니 비궁과 잠복이 함께 이르므로 살이 왕함은 혐오가 되므로 삼합국으로 극제하는 것이 옳은 방법이다. 천관부는 태세로 임관(臨官)방이므로 대충 보더라도 지관부와 같은 뜻을 가질 것이니 큰 살이 태세와 중첩되면 흉하게 된다. 아래의 화성조(火星條)를 참고하기 바란다.

9. 상문 조객(喪門弔客)

【취산도표】

년＼살	子	丑	寅	卯	辰	巳	午	未	申	酉	戌	亥
상문	寅	卯	辰	巳	午	未	申	酉	戌	亥	子	丑
조객	戌	亥	子	丑	寅	卯	辰	巳	午	未	申	酉

상문(喪門)은 곡읍(哭泣)이 되므로 흥거(興擧)하는 일은 안된다. 조객(弔客)은 일명 태음(太陰)이며 건축이나 수리가 불리하다.

【원문 직역】 기세력(紀歲歷)에서 말하기를, 「상문살은 소리지지(所理之地)이니 흥하고자 하는 일에는 불가하고, 조객살도 소리지지이니 흥조사와 문병할 일, 의사를 찾아야 할 일 등에는 불가하니 조문사나 상사(喪事)가 발생하기 때문이라」 하였다.

【원주 직역】 상문살과 조객살은 세파와 삼합이 되는 자리이며 소살(小煞)에 해당한다. 세 삼합국을 충파하면 흉하나 파(破)하는 자

의 삼합이 충파되는 것은 흉하지 않다. 가령 상문과 조객 두 방위를 동시에 수(修)하는 경우라면 세파와 합국하여 세군을 함께 극하므로 대흉하다. 만약 한 방위만을 단수하는 경우는 길성을 취하여 비치게 하는 것으로도 가하다. 이때에는 대개 태세와 삼합이 되는 월일을 사용하기 때문이다. 오직 꺼리는 것은 태세를 충파하는 자와 삼합이 되는 월일을 사용하는 것이다.

가령 자(子)년은 상문살이 인(寅)이고 조객살은 술(戌)인데 인(寅)방을 수(修)한다면 자진(子辰) 월일시를 사용하여 세파와 합국시키는 것은 절대로 안된다. 이때, 신(申)자는 인(寅)방을 충파시키므로 쓰지 않는다.

문병을 하거나 병원에 가서 진료하거나 수술 등은 조효송상(弔孝送喪)의 응(應)함은 있으나 크게 꺼리지는 않는다. 이는 가령 태세가 남방살에 있을 때 수명의 종년(終年)을 맞이하였다면 남쪽을 향하지 않고 행할 수 있겠는가?

10. 황번(黃幡) 표미(豹尾)

【취산도표】

년 살	子	丑	寅	卯	辰	巳	午	未	申	酉	戌	亥
황번	辰	丑	戌	未	辰	丑	戌	未	辰	丑	戌	未
표미	戌	未	辰	丑	戌	未	辰	丑	戌	未	辰	丑

황번은 명리에서 화개로도 보는데 동토(動土)·납재(納財)·개시(開市)에 흉하며,

표미는 혼인과 가취·진인구(進人口)에 나쁘며 범하면 손망 손재한다.

【원문 직역】 건곤보전에(乾坤寶典)에 이르기를, 황번은 소리지지(所理之地)이니 취토개문에 불가하고 표미는 소재지방이니 가취(嫁娶)와 홍조사에 마땅치 못하다.

【주】 자오묘유(子午卯酉)년은 황번이 관부에(官府)에 있고 표미는 곧 조객이 되며 인신사해(寅申巳亥)년에는 황번이 곧 백호살이며 표미는 곧 상문이 되고 진술축미(辰戌丑未)년에는 황번이 곧 태세가 되고 표미는 곧 세파가 된다. 마땅히 각 신의 성정을 좇아서 제화시킬 것이다.

황번은 세삼합의 묘지가 되며 취토 개문에 꺼린다. 이에는 역시 이치가 있음이다. 가령 부득이 사용하여야 할 경우에는 천도(天道) · 천덕(天德) · 월덕(月德) 등이 그 방위에 이르게 할 것이다. 표미는 더욱 경미한 살이므로 그 방위에 이르더라도 꺼리지 않는다. 오직 승선 승차 가마 등을 타는 일에는 꺼린다. 무릇 흉살이 다 그러하지만 표미는 문득 꺼리는 정도가 부족하다.

11. 순산라후(巡山羅睺) · 병부(病符) · 사부(死符) · 소모(小耗)
【취산도표】

년\살	子	丑	寅	卯	辰	巳	午	未	申	酉	戌	亥
순산라후甲	癸	艮	甲	乙	巽	丙	丁	坤	庚	申	乾	壬
순산라후乙	乙	壬	艮	甲	巽	丙	丁	坤	申	乾	癸	庚
병 부	亥	子	丑	寅	卯	辰	巳	午	未	申	酉	戌
사 부	巳	午	未	申	酉	戌	亥	子	丑	寅	卯	辰
소 모	巳	午	未	申	酉	戌	亥	子	丑	寅	卯	辰

순산라후는 갑표(甲表)와 을표가 있는데 을표는 청대(淸代)에 비교하여 가한 것이다. 공히 개산입향(開山立向)에 꺼린다.

병부(病符)는 재병(災病)을 주재한다.

사부는 일명 소모살이라고도 하는데 때로는 대살(大煞)이라 할 수도 있다. 분묘·천착(穿鑿)·사상(死喪)·조작(造作) 등에 모두 흉하고 범하면 사망에까지도 이른다.

【원문 직역】《종경》에 이르기를, 「순산라후는 입향에는 꺼리나 개산과 수방에는 해롭지 않다」고 하였고, 통서에는 「일백수성(一白水星)으로 제압된다」 하였다. 명원(明原)에는 「병부는 주로 재병(災病)이 발생한다」 하였고, 「사부와 소모는 같은 방위이니 묘지를 건드리는 일, 새로 묘를 쓰는 일, 영실을 만드는 일, 굴을 파는 일, 짓고 충격하는 일 등에 모두 꺼린다」고 되어 있다.

【원주 직역】 순산라후는 태세의 바로 앞자리이니 태세에 근접되었다 하여 입향을 꺼린다. 인(寅)년에 갑, 사(巳)년에 병, 신(申)년에 경(庚), 해(亥)년에 임(壬)이 된 것은 비록 가깝다고는 하지만 동궁은 아니며 대궁의 쌍산이 되는 달이다. 길성이 있어서 이곳에 이르거나 향에 이르거나 좌산에 이르고, 왕기를 타면 오히려 길을 선택함이 되어 취용할 수 있다.

만약 자년의 계(癸), 축년의 간(艮), 묘년의 을(乙), 진년의 손(巽), 오년의 정(丁), 미년의 곤(坤), 유년의 신(辛), 술년의 건(乾)에서는 태세와 동궁이 되므로 이 살을 범하는 것이 불가하다. 통서에서 일백수성(一白水星)으로 제압하라 한 것은 네 가지 나후에는 잘못된 것이니 아마도 화살(火煞)에 속하는 것으로 잘못 본 것으로 생각된다.

병부는 옛날의 태세를 말하는 것이므로 입향에는 역시 꺼린다. 사부는 옛날의 세파이니 역시 개산은 할 수 없다. 그러나 이 모두 소살이다.

자오묘유(子午卯酉)년에는 오히려 태세와 세파가 동행하고 나머지 해에는 성정에 따라 피할 것과 아닌 것을 분별하여야 하니 각각 산향의 삼합이 되는 달을 취한 다음 길성으로 조임케 할 것이다. 그렇게 하면 쉽게 쓸 수 있다. 다만 일시에서 본년의 태세 세파와 천간을 범하지 말 것이다.

12. 세형(歲刑)과 육해(六害) 〔월형(月刑)과 월해(月害)는 부록〕

【취산도표】

년 살	子	丑	寅	卯	辰	巳	午	未	申	酉	戌	亥
세형	卯	戌	巳	子	辰	申	午	丑	寅	酉	未	亥
육해	未	午	巳	辰	卯	寅	丑	子	亥	戌	酉	申

세형(歲刑)은 오행이 지나치게 강한 곳이니 동토(動土)나 공사(工事) 등에 꺼린다.

【원문 직역】 통서에서 말하기를「세형은 수방(修方)에 꺼리고 육해는 개산(開山)에 꺼리며 월형과 월해는 수방(修方)에 꺼리는 데 그친다」하였고,「마땅히 태양・삼기・자백과 녹마귀인으로 제압할 수 있다」하였다.

【원주 직역】 진오유해(辰午酉亥)년에는 세형이 즉 태세가 되고 미신(未申)년에는 세형이 세파가 되는데, 개산・입향・수방에 모두 꺼린다. 이는 길신으로도 제압시킬 수 없다. 나머지 자축인묘사술

(子丑寅卯巳戌)년은 단지 수방에만 꺼리는데 태양이나 육덕(六德)으로 화제(化制)시킬 수 있다.

월형 역시 그러한데 육해(六害)는 육합을 충파하는 자이므로 개산에도 꺼린다. 그러나 오직 진술(辰戌)년은 구퇴와 겹치고, 사해(巳亥)년은 겁살과 겹치고 자오(子午)년은 세살과 중첩되므로 아주 무서우니 반드시 보(補)하는 법을 겸하여 제압법을 사용한 다음 태양이나 육덕으로 함께 순화(化之)시켜야 한다.

나머지 해에서는 길성이 있어서 좌산에 이르게 한다든지 삼합월과 육덕일과 육합일을 사용하면 길하다. 오직 육합월(六合月)만은 사용하지 않는 것이니 태세의 육합월은 육해나 월파가 되기 때문이다. 육해의 육합월은 곧 월이나 태세의 충파가 되므로 이 모두 불길한 것이다.

만약 월해의 대방은 즉 이것이 태양이니 단지 길일만을 선택하여 다스리면 가하다. 오직 형충은 꺼리는 것이다.

13. 잠실(蠶室)・잠관(蠶官)・잠명(蠶命)

【취산도표】

살＼년	子	丑	寅	卯	辰	巳	午	未	申	酉	戌	亥
잠실	坤	坤	乾	乾	乾	艮	艮	艮	巽	巽	巽	坤
잠관	未	未	戌	戌	戌	丑	丑	丑	辰	辰	辰	未
잠명 甲	申	申	亥	亥	亥	寅	寅	寅	巳	巳	巳	申
잠명 乙	未	午	亥	戌	巳	丑	寅	申	卯	辰	巳	酉

태세에 가장 가까이 있는 연신(年神)으로 낙서(洛書) 팔괘에서 나온 것이다. 네 귀퉁이를 잠실・주서・박사・역사가 점하고 있다.

모두 흉신인데 수동(修動), 영건(營建)에 꺼린다. 잠명은 백사에 꺼리는데 두 가지 종류가 있다. 갑표가 전통적인 것으로 믿을 수 있는 것이고, 을표는 청대(淸代)에 나온 것으로 사장생(四長生) 위치에 붙여진 것이 특징이다.

【원문 직역】 감여경(堪輿經)에서 말하기를, 「잠실(蠶室)은 소리지방(所理之方)이니 수동(修動)에는 불가하다」하였고, 역례에서는 「잠관(蠶官)은 소리지지(所理之地)이니 영구(營構)와 궁실(宮室)에 꺼리고 잠명(蠶命)은 소리지지이니 거동(擧動)과 백사에 모두 꺼리며 만약 범하였을 때는 누에의 고치를 거두지 못한다」라고 되어 있다.

【원주 직역】 잠실·잠관·잠명은 태세와 방위에서 장생이 되는 궁이므로 원래는 흉함이 없다. 감여경의 역례를 보면, 「누에고치를 거두고자 할 때 점하면 생기를 상할까 두려운 정도」라 하였으니 큰 흉살은 아니다. 그에 응험을 말한다면 그 방위를 수작(修作)할 때만을 꺼린다.

잠실은 만약 범했을 때 누에를 치면 응험이 있을 것이니 길방이라 할 수 있다. 나머지도 마땅히 꺼리지 않는다.

14. 역사(力士)·비렴(飛廉)·박사(博士)·주서(奏書)

【취산도표】

년 살	子	丑	寅	卯	辰	巳	午	未	申	酉	戌	亥
역사	艮	艮	巽	巽	巽	坤	坤	坤	乾	乾	乾	艮
비렴	申	酉	戌	巳	午	未	寅	卯	辰	亥	子	丑

역사(力士)는 흉신(凶神)이다. 주(主)는 형위(形威)이며 그 방(方)에 저향(抵向)은 마땅하지 못하다. 비렴(飛廉)은 동토(動土)·천이(遷移)·혼가(婚嫁)에 꺼리고 범하면 구설(口舌)·질병(疾病)이다.

【원문 직역】 감여경에서 말하기를, 「역사가 거하는 방위에는 저촉(抵觸)33, 입향이 꺼린다」 하였고 신추경(神樞經)에서 말하기를 「비렴은 소리지방(所理之方)이니 흥공이나 동토는 불가하다」 하였다.

【원주 직역】 역사는 항상 태세 앞의 유방(維方)34에 거하게 되며 진술축미년은 순산라후와 동위가 되며 태세와도 동궁이 된다. 충력하거나 향을 세우는 일이나 수조에 마땅치 않으니 범해서는 안된다. 그 외 나머지 해에서는 개의치 않는다.

박사(博士)는 국가에 유익한 태세(太歲)의 선신(善神)이다. 정치지신(政治之神)으로 문서나 서찰에 관한 것을 의론하는 일을 주장한다. 이 방위는 흥수(興修)가 가능하다. 박사(博士)의 방위는 항상 주서(奏書)와 대충(對沖) 방위이며 화신(火神)이다. 언제나 유방(維方)으로만 다니므로 자전신(自專神)은 아니다.

주서(奏書)는 태세의 귀신(貴神)이다. 주기(奏記)를 장악하고 보살피고 시중드는 것을 주장한다. 항상 태세(太歲) 후의 유방(維方)에 거(居)하며 보좌한다. 태세가 동방이면 주서(奏書)는 간방(艮方)이다. 국사에 유익하다.

---

33) 저촉(抵觸) : 부딪치거나 충격하는 일.
34) 유방(維方) : 네 귀퉁이.

15. 화성(火星)

【취산도표】

년\살	子	丑	寅	卯	辰	巳	午	未	申	酉	戌	亥
독화	艮	震	震	坎	巽	巽	兌	離	離	坤	乾	乾
타두화	子	酉	午	卯	子	酉	午	卯	子	酉	午	卯

독화(獨火)는 일명 비화(飛火)라고도 하며 수영(修營), 동토(動土)를 꺼리며 화재 등 재앙이 있다. 매장에는 꺼리지 않는다. 타두화(打頭火)는 대살(大煞)을 말한다.

월유화(月遊火)

년\월	正	二	三	四	五	六	七	八	九	十	11	12
子丑	艮	離	坎	坤	震	巽	中	乾	兌	艮	離	坎
寅	震	巽	中	乾	兌	艮	離	坎	坤	震	巽	中
卯辰	巽	中	乾	兌	艮	離	坎	坤	震	巽	中	乾
巳	離	坎	坤	震	巽	中	乾	兌	艮	離	坎	坤
午未	坤	震	巽	中	乾	兌	艮	離	坎	坤	震	巽
申	兌	艮	離	坎	坤	震	巽	中	乾	兌	艮	離
酉戌	乾	兌	艮	離	坎	坤	震	巽	中	乾	兌	艮
亥	坎	坤	震	巽	中	乾	兌	艮	離	坎	坤	震

월유화는 수방(修方)을 꺼린다.

월가병정독화(月家丙丁獨火)

병정독화(丙丁獨火)는 수방(修方)에 꺼린다. 월건(月建)을 중궁에 넣고 비궁하여 병정(丙丁)을 찾아낸다. 병정이 이르는 방은 수작(修作)이나 동토(動土)를 하면 흉하다.

月家丙丁獨火		正	二	三	四	五	六	七	八	九	十	十一	十二
	甲己年	中	中	中	震	震	坎	坎	艮	兌	乾	中	中
		乾		巽	巽	坤	坤	離	離	艮	兌	乾	
	乙庚年	巽	震	坤	坎	離	艮	兌	乾	中	中	巽	震
		中	巽	震	坤	坎	離	艮	兌	乾		中	巽
	丙辛年	坤	坎	離	艮	兌	乾	中	中	巽	巽	震	坎
		震	坤	坎	離	艮	兌	乾		中	震	坤	坤
	丁壬年	離	艮	兌	乾	中	中	巽	震	坤	坎	離	艮
		坎	離	艮	兌	乾		中	巽	震	坤	坎	離
	戊癸年	兌	乾	乾	中	巽	震	坤	坎	離	艮	兌	乾
		艮	兌	中		中	巽	震	坤	坎	離	艮	兌

【원문 직역】 통서에서 말하기를, 「독화·타두화·월유화는 수조(修造)에는 꺼리나 안장(安葬)에는 꺼리지 않는다」 하였다. 이는 반드시 태세에서 월건법으로 순비하여 병정(丙丁)을 찾는 것이다. 혹, 월가의 병정 독화와 회합하는 것은 그 방위에서는 꺼리는데 회동하지 않을 때는 개의치 않는다.

병정 독화는 다른 화살(火煞)들과 회합하는 것이 무서우며 회합하지 않을 때는 역시 꺼리지 않는다. 제살은 일백수성(一白水星)을 사용하여 수덕(水德)으로 제압시킬 수 있다. 또 본서에서 말하기를, 「병정(丙丁)은 인오술(寅午戌) 월일시를 사용한다면 크게 꺼린다. 또한 삼기(三奇)의 병정과 남방의 구자(九紫)와 화기(火氣)끼리 만나는 것도 꺼린다」 하였다.

종경에서 말하기를, 「타두화는 곧 대살(大煞)이니 태세 삼합으로 왕방이기 때문이며 또 금궤성(金匱星)이기도 하다」 하였다. 또 서(書)에서 말하기를, 「사람 사는 집이 쇠약하면 금궤성(金匱星)을 다스려야 하니 독화와 장성과 함께 근원이 동위이다」 하였음이 이것을 말한다.

　대개 대왕함은 항(亢)이며 항은 화(火)에 속한다. 그러나 제화하는 법을 사용하였을 때는 마땅한 바가 되는데 동왕(動旺) 방을 다스리면 인정(人丁)이 그 집에 왕발하기 때문이다. 오직 자오묘유(子午卯酉)년에는 태세(歲君)와 중첩되므로 범해서는 안된다. 그 밖에 나머지 해에서는 위의 세 가지 살(三煞)의 제압법을 참고하기 바란다. 삼합국으로도 제압이 가능한데 통서에서 말하는 바와 같이, 「인오술(寅午戌) 화(火)국을 사용해서는 안된다」는 것과는 다르다. 만약 사유축(巳酉丑)년이라면 타두화가 유(酉)인데 인오술 화(火)국을 사용하지 않으면 무엇으로 왕성한 금(金)기운을 제압하겠는가?

　이 살은 천관부(天官符)와 함께할 때는 가할 때도 있고 불가할 때도 있으나 삼살(三煞)무리와는 비교될 수 없다. 삼합국으로 제복시킬 것이다. 다시 연월의 일백수성(一白水星)을 득하고, 혹 연월에 임계수(壬癸水)로 수덕(水德)을 만들고 본명의 귀나 녹이 되면 더욱 아름답다.

　사주(四柱) 조명을 병정(丙丁)을 사용하는 것은 꺼리나 팔절의 삼기로 병정이 되는 것은 길함은 있으나 꺼릴 것은 없다. 태세(年)의 금궤성은 공망이 아니라면 해가 없다. 금궤성은 다스리기가 더욱 쉬우며 월의 금궤는 굳이 극제할 필요가 없고, 다만 여러 길성과 함께하면 길하다.

　인오술(寅午戌)월은 오(午), 사유축(巳酉丑)월은 유(酉), 신자진(申子辰)월은 자(子), 해묘미(亥卯未)월은 묘(卯)에 금궤성이 있으니 길을 택하여 다스리면 인정(人丁)이 왕발함을 주재한다. 역시 중요한 것은 별로 긴박한 살이라고 볼 수 없으므로 취사선택함이 중요하다.

【원주 직역】 화성(火星)은 제압시키는 법도 제설이 다 같다. 임계수(壬癸水)를 수덕(水德)으로 함이다. 연가(年家)에서는 연간으로 오호둔기(五虎遁起)하고 월령에서는 월건을 중궁에 넣고 순행하여 임계수(壬癸水)가 이르는 곳을 찾는 것이다.

사주에는 병정화를 사용하면 꺼리고 인오술을 사용하는 것은 개의치 않을 수도 있다.

종경에서는 「삼기의 병정(丙丁)과 삼원자백과 구자(九紫)는 비록 꺼리지 않는다」라고 되어 있으나 역시 취하지 않는 것이 좋다. 월가에서 금궤방은 지금의 통서에는 기록되지 않았으나 역시 이치는 있는 것이다.

사중월(四仲月)이 월건과 회국하는 것은 역시 꺼리는 것이니 반드시 피하여야 하며 태세도 이와 같다.

16. 금신(金神)

【취산도표】

金神	甲	乙	丙	丁	戊	己	庚	辛	壬	癸
	午未	辰	子丑	戌亥	子丑	午未	辰	子丑	寅卯	子丑
	申酉	巳	午未	寅卯	申酉	申酉	巳	午未	戌亥	申酉
				寅卯				寅卯		

금신은 금음(金音)의 생극(生剋)을 취한 것이다. 비유컨대 병신(丙辛)년이라면 경인신묘(庚寅辛卯)와 갑오을미(甲午乙未)의 금음(金音)과 경자신축(庚子辛丑)이니 천간(天干)으로 둔득(遁得)하여 인묘(寅卯), 오미(午未), 자축(子丑)이 금신이 된다. 즉 천간으로

경신(庚辛)이 되는 것과 납음(納音)으로 금음이 되는 것이다.

【원문 직역】 통서에서 말하기를, 「금신은 천간으로 경신(庚辛)을 만나는 것이니 마땅히 천간의 병정(丙丁)을 사용하여 제압한다」하였고, 또 「납음오행으로 금음(金音)이 되는 것을 만나는 경우에는 마땅히 지지에서 사오미(巳午未)를 사용하여 제압한다」고 하였고, 다시 「삼기의 병정과 태양・라성・구자 및 인오술(寅午戌) 화(火)국을 사용하여 제압한다」라고 되어 있다.

종경에서 말하기를 「금신(金神)은 수방(修方)과 동토(動土)에 꺼리며 범하였을 경우 목질(目疾 : 안질)이 된다」하였는데, 대개 눈은 간(肝)에 속하며 간은 목(木)이니 금이 목을 능히 극하기 때문이다. 단, 장사(葬事)에서는 금신을 꺼리지 않는다.

금신을 제압하는 법은 화(火)로써 극하는 것이다. 경신(庚辛)이 천간이니 천금신(天金神)이라 하며 병정화(丙丁火)인 천간으로 제압하고 납음오행(納音五行)으로 온 것은 지금신(地金神)이라 하니 납음오행이 화(火)인 것으로 제압한다.

또, 팔절의 삼기인 병정(丙丁)과 혹 년가의 구자(九紫)로도 유기하면 능히 다 제압할 수 있으므로 수하거나 조작하여도 해가 없다.

금신은 심히 급박한 살은 아니다. 사(巳)월의 금은 신(申)을 생하고 유(酉)월의 금은 왕성하니 범하지 않는 것이 좋다.

금신이 신유(申酉)방에 있으면 이른바 득지되어 생왕하니 반드시 화(火)가 왕한 달이나 인오술(寅午戌) 삼합으로 제압하여야 한다. 만약 로미(午未)방에 금신이 있으면 화(火)지이니 스스로 제극되어 따로 제압하지 않아도 능히 수(修)할 수 있다.

17. 부천공망(浮天空亡)

【취산도표】

천간 살	甲	乙	丙	丁	戊	己	庚	辛	壬	癸
부천공망	離 壬	坎 癸	巽 辛	震 庚	坤 乙	乾 甲	兌 丁	艮 丙	乾 甲	坤 乙

변괘(變卦)에서 나온 것인데 납갑(納甲)의 절명(絶命), 파군(破軍) 위가 된다.

【원문 직역】 통서(通書)에서 말하기를, 「부천공망은 연간의 납괘(納卦)35)로 절명과 파군의 자리가 되는 곳인데, 천덕과 월덕을 사용하여 비치게 하거나 본명(本命)으로 귀인녹마가 되면 제압된다」하였다.

【원주 직역】 부천공망은 연간으로 납갑의 괘를 취한 것이다. 이는 괘를 변화시키면 절명의 위치가 된다. 겸하여 납입하는 천간을 취한 것인데, 음부태세와 비교하면 의리(義理)를 취함이 너무나 멀고 희미한데도 통서에서는 함께 사용하고 있는 것이다. 그러나 이는 년가(年家)의 소살일 따름이다.

마땅히 육덕(六德)으로 비치면 제살되니 반드시 천덕이나 월덕이 아니라도 가하다.

절명, 파군은 구요(九曜)36)에서 금(金)에 속하니 팔절삼기나 구

---

35) 납괘・납갑 : 건납갑(乾納甲), 진납경해미(震納庚亥未), 감납계신진(坎納癸申辰), 간납병(艮納丙), 곤납을(坤納乙), 태납정사축(兌納丁巳丑), 이납임인술(離納壬寅戌), 손납신(巽納辛).

36) 구요 : 양구빈의 재천구성(在天九星)을 말하니, 즉 탐랑목(貪狼木), 거문토(巨門土), 녹존목금(祿存木金), 문곡수(文曲水), 염정화(廉貞火), 무곡금수(武曲金水), 파

자(九紫)를 사용하여 그 방에 이르게 하고 귀인, 녹마로도 제압된다는 것이 간절한 통례이다.

일설에는 월일로 형충시키라고도 되어 있으나 크게 잘못된 것이다. 대저 월이 형충한다는 것은 그 방위에는 월령과 월파로 부서져 버리고 일진이 충하면 일파에 붙잡혀 버리는데 모두 선택택일에서는 꺼리는 것들이 아닌가? 흉을 제압하려다가 흉을 부르는 꼴이라 할 수 있다.

18. 파패오귀(破敗五鬼)

【취산도표】

천간 살	甲	乙	丙	丁	戊	己	庚	辛	壬	癸
파패오귀	巽	艮	坤	震	離	坎	兌	乾	巽	艮

이는 청대(淸代) 이후로는 이(理)가 부족하다 하여 사용하지 않는 살이다.

【원문 직역】 통서에서 말하기를, 「파패오귀는 수조에서 범하면 주는 허모에 이른다」 하였고, 「마땅히 태양과 팔절삼기와 세덕·월덕·세덕합·월덕합·본명의 귀인녹마로 제안된다」 하였다.

【원주 직역】 파패오귀는 연간으로 납괘지의 충(衝)이 되는 곳이니 부천공망과 비교하여서도 더 경미한 소살이다. 세덕·월덕·세덕합·월덕합으로 제압하면 진실로 친절하다. 그러나 태양·삼기·자백 중에서 한 가지 길성만 그 방에 이르더라도 역시 수조(修造)할 수 있음이다.

군금(破軍金), 좌보토(左補土), 우필토(右弼土)에서 나온 것임.

19. 월염(月厭)·오귀(五鬼)

【취산도표】

년 살	子	丑	寅	卯	辰	巳	午	未	申	酉	戌	亥
월염	子	亥	戌	酉	申	未	午	巳	辰	卯	寅	丑
오귀	辰	卯	寅	丑	子	亥	戌	酉	申	未	午	巳

【원문 직역】「월염은 감여(堪輿)에서 종지가 된다」고 한 동중서(董仲舒)의 말이 지극히 자상하다. 지금은 시헌력에 천덕과 천도와 아울러 월(月)의 아래에 실려 있다. 천도(天道)·천덕(天德)은 일(날짜)로써 사용하는 것이지만 어느 한 방위에 겸용하여야 하는 경우가 있으니 마땅히 그 방위에서도 월염을 함께 논하여야 한다.

자오묘유(子午卯酉)월은 월건과 파가 동방이니 절대로 범해서는 안되고 사해(巳亥)월은 다음으로 범치 말아야 할 곳이며, 인신진술(寅申辰戌)월은 월삼합이 되며 축미(丑未)월은 생기가 되므로 태양이나 병정화(丙丁火)가 비춰주는 것으로도 가용한다.

또, 옛날의 세염설(歲厭設)은 자(子)년은 자(子)에서 일으켜서 역행하는 것인데 월염에서와 같은 뜻을 갖는다.

오귀살은 자년에는 진(辰)에서 일으켜 역행한다. 항상 세염(歲厭)의 삼합전방에 거하는 성진인데 지금의 방위로 상고해 보면 오귀가 바로 월염의 백호가 된다. 염(厭)은 이른바 앞이 되고 세(歲)는 이른바 뒷자리라는 뜻이니, 염(厭)은 월의 뒤를 따라오므로 음 중의 음을 쫓는다 하여 오귀살(五鬼煞)이라 하였다. 그러나 역시 소살에 불과하니 태양이나 삼기·자백·녹마귀인 등이 비춰주면 모두 사용할 수 있다.

20. 월건(月建)・월파(月破)

【취산도표】

년 살	子	丑	寅	卯	辰	巳	午	未	申	酉	戌	亥
월건	子	丑	寅	卯	辰	巳	午	未	申	酉	戌	亥
월파	午	未	申	酉	戌	亥	子	丑	寅	卯	辰	巳

【원문 직역】 천보력에서 말하기를, 「월건은 소리지방(所理之方)이니 전투와 공격, 정벌의 뜻을 갖고 있으니 마땅히 멀리하여야 하고 충격하거나 건드리는 일은 불가하다」 하였다. 태백경에서 말하기를 「오제(五帝)가 소재하는 곳으로 출군하거나 향하는 것은 불가하다」 하였다.

【원주 직역】 「월건은 좌는 가능하나 향은 불가하고 월파는 향은 가능하나 좌는 불가하다」 이들은 태세, 세파와 같은 이치이다. 태세는 존경하고 월령은 친해야 하는 것이다.

그러나 통서에는 건파(建破)를 일(日)로는 논하였으나 방(方)으로는 논하지 않았고, 대소월건(大小月建)으로 비궁시키는 것은 논하였으나 안정된 자리로는 논하지 않았으니 달리 그 종지를 잃은 것이다.

세속에서 「봄에는 동쪽문을 트지 않고 여름에는 남쪽으로 문을 내지 아니하며 가을에는 서쪽문을 트지 아니하며 겨울에는 북쪽으로 문을 내지 않는다.」 한 것은 곧 태백경(太白經)의 오제지의(五帝之義)에서 나온 것이다.

21. 대월건(大月建), 소월건(小月建)

【취산도표】〈대월건표〉

년\월	正	二	三	四	五	六	七	八	九	十	十一	十二
子午卯酉	丑	庚	戌		辰	甲	未	壬	丙	丑	庚	戌
	艮	兌	乾	中	巽	震	坤	坎	離	艮	兌	乾
	寅	辛	亥		巳	乙	申	癸	丁	寅	辛	亥
辰戌丑未		辰	甲	未	壬	丙	丑	庚	戌		辰	甲
	中	巽	震	坤	坎	離	艮	兌	乾	中	巽	辰
		巳	乙	申	癸	丁	寅	辛	亥		巳	乙
寅申巳亥	未	壬	丙	丑	庚	戌		辰	甲	未	壬	丙
	坤	坎	離	艮	兌	乾	中	巽	震	坤	坎	離
	申	癸	乙	寅	辛	亥		巳	乙	申	癸	丁

대월건은 일명 월가(月家)의 토살(土煞)이며, 일명 오황살(五黃煞)이니, 수방(修方)과 동토(動土)에 다 꺼린다.

〈소월건표〉

	正	二	三	四	五	六	七	八	九	十	十一	十二
陽年		戌	庚	丑	丙	壬	未	甲	辰		戌	庚
	中	乾	兌	艮	離	坎	坤	震	巽	中	乾	兌
		亥	辛	寅	丁	癸	申	乙	巳		亥	辛
陰年	丙	壬	未	甲	辰		戌	庚	丑	丙	壬	未
	離	坎	坤	震	巽	中	乾	兌	艮	離	坎	坤
	丁	癸	申	乙	巳		亥	辛	寅	丁	癸	申

소월건은 일명 소아살(小兒煞)이며 수방(修方)에 꺼린다. 양년은 인(寅)을, 음년은 술(戌)을 중궁(中宮)에 놓고 비궁하여 자기 월건이 닿는 곳이다.

【원문 직역】 통서에서 말하기를, 「대월건은 수방(修方)과 동토(動土)에 꺼리고, 소월건은 즉 소아살(小兒煞)이니 단지 수방에만 꺼린다. 녹마·태양·삼백(三白)37)·구자(九紫)로 제압된다」하였다. 종경에는 「월가로 토살(土煞)은 대월건과 소아살을 말하며, 년가의 무기살(戊己煞)과 같은 것이다」하였다.

소월건은 수방에는 꺼리나 안장(安葬)에는 꺼리지 않는다. 수방·점산(占山)·점향(占向)·점중궁(占中宮)이면 모두 흉하다.

대월건은 더욱 흉하니 제압될 수 없는 살이다. 조와 장(造葬)에 모두 꺼린다. 통서에는 이장(移葬)에 꺼린다는 말이 없는데 이것은 잘못되었기 때문이다.

【원주 직역】 소월건은 양년에는 정월의 월건 인(寅)을 중궁에 넣고 음년에는 정월의 월염이 술(戌)이니 술을 중궁에 넣고 모두 순수(順數)하여 본월건에까지 이르는 것인데, 소월건은 즉 월지를 비궁한 것에 불과하다. 대월건은 자(子)년은 정월을 간(艮)에서 일으켜 구궁을 역순한다. 3년 만에 한 바퀴를 일주하게 되며 15년 만에 삼원(三元)38)을 한바퀴 돌고 다시 시작한다. 그러므로 대월건은 즉 월의 간지를 비궁시킨 것으로, 그 달을 중궁에 넣고 순비한 것이니 일성(一星)의 본궁일 뿐이다.

의례(義例)를 자세히 보면 이치에 맞도록 설명하였고, 월건의 정위(定位)를 비교할 때는 가벼운 것이다. 그런데 통서에서는, 「종경(宗鏡)의 설명은 속술에 근거한 망설이다」라고 하였으며, 또 이르기를, 「대월건은 주로 택장을 상하게 하고 소월건은 주로 소아를 상하게 한다」라고 하였고, 또 「점산(占山)·점향(占向)·점방(占

---

37) 삼백 : 一白 坎宮, 六白 乾宮, 八白 艮宮.
38) 삼원 : 정월 초하룻날이 세 번 지나감. 연월일, 삼조(三朝), 삼시(三始)를 말함.

方)·점중궁(占中宮)에 모두 꺼린다」라고 하였다. 또 통서에서는 「안장(安葬)에는 꺼리지 않는다」라고 한 것을 종경에서는 「그렇지 않다」라고 하였는데, 이것을 또 반대로 꾸짖고 있으니 실로 지나친 바가 있다. 통서는 또 「태세의 삼살 역시 좌산에서만 꺼리는데 그치고, 혹 향에서만 꺼리며, 혹 한 방위에서만 꺼리는 데 그친다」라고 하였는데, 어찌하여 좌산이나 한 방위에나 중궁 등 한 곳에만 해당되겠는가? 단지 한 곳에만 점하고 있고 태왕함이 없다는 이유로 꺼리지 않는다고 하겠는가?

그에 말하기를, 「월가의 토살(土煞)이 곧 이것이다」라고 하였다. 그러나 역시 오직 자오묘유(子午卯酉)년의 정월이나 7월과 진술축미(辰戌丑未)년의 8월, 9월과 인신사해(寅申巳亥)년의 11월은 대월건과 본월이 동궁이니, 이른바 이것을 환위(還位)라 하였고, 또 무기(戊己)와 오황살(五黃煞)이 겹쳤으므로 혹 중궁에 들면 이 살을 범하였으므로 절대로 안된다고 하였고, 나머지 달은 귀인이나 녹마, 육덕이 그 방위에 이르면 묘함이 있어서 수(修)하여도 가하다 하였다.

가령 「태세에 길성이 겹치면 길하다」하였는데, 대저 술사들의 말이 자상모순(自相矛盾)[39]이 되므로 도저히 통하지 않는다. 또 이르기를, 「월건은 뭇 길흉신(吉凶神)들의 주(主)가 되므로 길성이 많이 겹치면 길하고 흉성이 많이 겹치면 흉하다」라고 해놓고, 또 「대월건은 흉하므로 제압할 수가 없다」라고 하였으니 어떤 것을 따라

---

39) 자상모순(自相矛盾) : 말의 앞뒤가 맞지 않음을 비유한 말. 한비자 난편에 초나라사람이 창과 방패를 팔고 있었는데 「이 방패는 어찌나 견고한지 이 세상 어느 것으로도 뚫을 수가 없다」라고 하고, 또 「이 창은 어찌나 예리한지 이 세상 어느 방패라도 뚫어 낸다」라고 하였다. 이 말을 듣고 있던 손님이 「그 창으로 그 방패를 뚫으면 어찌 되느냐?」라고 하니 자상모순이 되어 대답을 못했다는 고사에서 나온 말이다..

야 할지 종잡을 수가 없다.

　이상의 각 조항들은 각각 그 의(義)를 따라 제화하는 법이 있으니 그것을 따를 것이다. 만약 살이 많으면 대흉하므로 범하는 것이 불가하다. 만약 두세 개 정도의 소살이라면 상호 참고하여 그 의(義)를 달리 따르는 것이 옳을 것이다.

22. 사주법(四柱法)

　【원문 직역】 사주는 연주를 군(君)으로 하고 월주를 상(相)으로 하며, 일주를 유사(有司)로 하고 시주를 서리(胥吏)로 하여 사주의 천간과 지지가 순수하게 성격하고 성국한 것을 귀함으로 하였다.
　부룡(扶龍)과 상주(相主)는 가령 임금과 신하는 덕으로 합하고 관리는 바른 법을 만든다면 인민은 실제로의 복을 받게 될 것이다. 연을 군(君)으로 하니 조명사주에서 태세를 충동하는 것 등은 일체 안 되며 월을 상(相)으로 하니 한 시절의 왕성함을 만나야 마땅하다. 용(龍)과 좌산을 생부(生扶)하고 주명(主命)을 상부(相扶)하려면 반드시 용산과 주명이 왕상한 달을 가려야 제살할 수 있고 수방(修方)도 할 수 있으며, 또 반드시 살신은 휴수되는 달이어야 한다.
　일(日)은 유사(有司)라 하였으니 임금과 재상의 덕정에 힘입어 이를 베풀어야 하니 일진의 길흉은 연월과 비교할 때 더욱 간절한 것이다. 일진을 가리는 법은 일간을 다시 군(君)으로 하고 일지를 신(臣)으로 비유할 수 있는 것이니, 천간이 중요하고 지지는 가벼운 것이다. 그러므로 일간은 반드시 왕상하여야 하고 절대로 휴수되게 하여서는 안된다. 왕상함을 보는 요령은 전체적으로 월령을 보고 쇠왕을 분변하여야 한다.
　가령, 인묘(寅卯)월이라면 갑을(甲乙)일을 만나야 왕하고 병정

(丙丁)일은 상(相)이 되니 모두 길하다. 달리 또 경신(庚辛)일은 휴폐(休廢)되고 임계(壬癸)일은 설기되며 무기(戊己)일은 극을 받게 되니 이상은 모두 불길한 날들이다. 이 세 종류는 일간이 당령할 수 없기 때문이다.

사주(四柱)를 사간(四干)이나 삼간(三干)이 일기(一氣)가 되게 한다면 비화되어 신강하도록 도울 것이다. 가령 2월에 사신묘(四辛卯)를 사용한다면 이는 대팔자(大八字)라 할 수 있는데, 만들기도 어렵고 만나기도 어렵다. 그러니 소팔자(小八字)만 취하여도 가하다.

가령 5월의 갑(甲)일은 휴수됨인데, 양균송씨는 해(亥)년에 묘(卯)방을 수(修)하려는데 지관부살이었다(地官符는 태세의 三合이니 유여지기이다). 계해(癸亥)년 무오월 갑인일 병인시로 하였다. 갑일은 해(亥)에서 생이 되고 인(寅)은 녹이 되며 연간의 계수(癸水)도 해(亥) 중 임수(壬水)에 뿌리를 튼튼히 하고 생하여 준다. 이는 옛사람들이 일간을 생부하는 법을 보여준 것인데, 소팔자 택일이라 할 수 있으며 사주의 간지가 순수하다. 취용함에 참고할 것이다.

양균송이 말하기를,「간(干)을 취하는데 가장 중요한 것은 건왕(健旺)함을 만나게 할 것이니 일간(日干)을 말한다」하였고, 조명서(造命書)에도「일간이 휴수되면 가난하지 않으면 요절한다」하였음은 다 명언들이다. 만약 일간이 휴수되고 인수나 비견도 없으면 발 돌릴 사이도 없이 퇴패한다는 것이다.

시를 사용하는 법은 두 가지가 있는데, 하나는 본일과 지간(支干)이 한 종류가 되게 하는 것이고, 둘째는 일의 녹시(祿時)가 되게 하는 것이다. 특히 시진(時辰)에서는 길흉신(吉凶神)의 구애를 받지 않는다. 조명사주에서 가장 꺼리는 것은 지지(地支)끼리 상충하는 것이니 대흉하기 때문이다. 용을 충한다거나 좌산을 충하거나 주명

(主命)을 충하는 것도 대흉하다. 또 천간이 용이나 좌산을 극하는 것도 흉하다. 그러나 진술축미(辰戌丑未)는 사고지(四庫地)이니 자충(自衝)은 가하고 좌산을 충하는 것도 가벼우나 주명을 충하는 것만은 흉하다.

무릇 조명사주는 천간일기로 하거나 지지일기로 하거나 양간양지가 잡되지 않게 조명하고, 혹 삼태(三台)나 팔절삼기나 삼덕(三德) 등으로 조명하면 이른바 성격(成格)된 것이고 삼합국으로 조명한 것은 성국(成局)되었다 하여 모두 길한 격이요 국이 된다. 그러나 반드시 보룡부산(補龍扶山)되고 합국상주(合局相主)되었을 때만을 길한 조명이라 할 수 있다.

이상과 같이 체(體)와 용(用)이 세워졌으면 다시 일월(日月)이 비치게 하고 삼기와 자백이 좌산이나 향에 이르게 하는 것이다. 또한 조명사주의 귀인녹마가 좌산과 주명(主命)에 이르게 하는 것이다. 또한 조명사주의 귀인녹마가 좌산과 주명에 이르게 하는 것도 요령 있는 용법이다. 체(體)와 용(用)이 함께 건전해야 상택일이 되는 것이니 먼저 체를 결정한 후에 다음으로 그 체에 맞는 용법이 구하여질 것이다. 이때 가장 주의해야 할 것은 용(用)을 집착하다가 체(體)를 잃는 경우가 없도록 할 것이다.

【원주 직역】 종경의 사주법은 대팔자를 상으로 쳤고, 소팔자는 다음으로 하였는데, 조(造)와 장(葬)에서 모두 그러하다. 시를 쓰는 법이 두 가지만 있는 것으로 하고 그쳤는데 이는 미비하다. 삼합·육합(六合)·귀인 등도 모두 함께 길한데 녹만을 들고 말하였기 때문이다. 가령 신(申) 연월에서 갑일이라면 녹을 쓸 경우 인신(寅申)이 상충되어 흉하므로 연월에서 합이 되게 하는 것이 중요하다. 소수

(小修)에는 길일, 길시만을 사용하여 산방(山方 : 좌산과 방위)과 연명(年命 : 태세와 주명)에 생합(生合)되게 하여도 길하다.

대개 택일이란 민(民 : 백성)에게 이롭고 편리하여야 함이니, 지나치게 구애되어 일을 그르치게 하여서는 안된다. 이 책 안에서도 이른 바와 같이 상팔자(上八字)로 택일하기란 만나기도 어렵고 찾기도 어렵기 때문이다.

23. 용일법(用日法)

【원문 직역】날(日)의 귀한 것으로는 왕상득령한 것이고 휴수되어 무기함은 가장 꺼리며 일간(日刊)을 더욱 중요시한다. 일자의 길흉은 오로지 쇠왕으로 따져보는 것이고, 일(日)의 쇠왕은 오로지 월령으로 보는 것이니 극을 받으면 죽은 날(死)이라 하고 내가 월령을 극하면 수(囚 : 갇힘)라 하니 이 모두 흉한 것들이다. 또 일이 월을 생하는 것을 휴(休)라 하여 역시 불길하다. 그러므로 모창(母倉)이 되면 상길한 택일이 될 수 없다. 가령,

  인묘(寅卯)월에서 갑을인묘(甲乙寅卯)일은 왕(旺)이 되고 병정사오(丙丁巳午)일은 상(相)이 되며,
  사오(巳午)월에서 병정사오(丙丁巳午)일은 왕(旺)이 되고 무기진술축미(戊己辰戌丑未)일은 상(相)이 되며,
  신유(申酉)월에서 경신신유(庚辛申酉)일은 왕(旺)이 되고 임계해자(壬癸亥子)일은 상(相)이 되며,
  해자(亥子)월에서 임계해자(壬癸亥子)일은 왕(旺)이 되고 갑을인묘(甲乙寅卯)일은 상(相)이 되며,
  진술축미(辰戌丑未)월에서 무기(戊己)일은 왕(旺)이 되고 경

신신유(庚辛申酉)일은 상(相)이 된다.

이 중에서 무기(戊己)일은 동토(動土)함을 꺼리고 중궁(中宮)을 수(修)하는 것도 꺼린다. 또, 천간이 왕상한 것은 길하고 지지가 왕한 것은 살로 변환할까 의심된다. 2월의 묘(卯), 5월의 午(오), 8월의 유(酉), 11월의 자(子)는 이른바 살로 전환하는 것들이다. 그러나 옛사람들의 장과(葬課)를 보면, 사묘(四卯)·사오(四午)·사유(四酉)·사자(四子)가 많이 있었으니 장사에서는 꺼리지 않는다. 양구빈은 오(午)월 오(午)일을 취하여 관부살이 되는 방위를 다스렸으니 이들은 조(造)에도 꺼리지 않는 것 같다. 옛사람은 사신묘(四辛卯)를 사용하였으나 역시 천간에서는 사폐(四廢)가 되지만 사신(四辛)이 서로 상부하여 꺼리지 않은 것 같다.

일간이 휴수되고 사주 내에 비견이나 인수가 없으면 빈천하지 않으면 요절하니 일체 사용하지 말 것이다.

인(寅)월의 갑(甲)일, 묘(卯)월의 을(乙)일, 사(巳)월의 병(丙)일, 오(午)월의 정(丁)일, 신(申)월의 경(庚)일, 유(酉)월의 신(辛)일, 해(亥)월의 임(壬)일, 자(子)월의 계(癸)일 등은 이미 득령이기도 하지만 녹이 되어 길 중에서도 더욱 길하다. 또 진술(辰戌)월의 무(戊)일, 축미(丑未)월의 기(己)일은 비록 녹은 아닐지라도 실세의 득령이므로 중길(中吉) 정도라 할 수 있다.

일간을 군(君)으로 하고 지(支)를 신(臣)으로 하여 월령과 더불어 동기(同氣)가 되게 한다거나, 혹 월과 삼합이나, 혹 월건과 상생이 되게 한 다음에 또 천덕·세덕·월덕이 된다면 상길한 택일이고 삼덕(三德)의 합일이나 천은(天恩)일이나 천사(天赦)일 등이 되는 것은 차길하다.

통서에서는「천리(天吏)일은 연의 구퇴(灸退)와 같은 자이므로 꺼린다」하였으니 인오술(寅午戌)월은 유(酉)일을 꺼리고 해묘미(亥卯未)월은 오(午)일을 꺼리고 신자진(申子辰)월은 묘(卯)일을 꺼리고 사유축(巳酉丑)월은 자(子)일을 꺼린다는 것인데, 즉 삼합의 사지(死地)이기 때문이다. 깊은 이치가 이에는 있음이니, 역시 주의 퇴기가 아니런가? 그러나 사람을 상할 정도는 아니다.

파(破)일은 대흉하다. 월과 일이 상충하는 것은 물론 일과 연이 충하는 것도 역시 대흉하다.

정사폐일(正四廢日)도 대흉하다. 이른바 지간(支干)이 무기력하기 때문이다. 방사폐일(方四廢日)도 역시 흉한데, 혹 지(支), 혹 간(干)이 무기력하기 때문이다. 그러나 서(書)에서 말하기를「방사폐일은 길함도 많아서 가용이라」하였다. 황무일(荒蕪日)은 차흉한데 사폐일과 대동소이하다. 역시 실령하여 휴수되는 날이니 봄에는 사유축(巳酉丑)이요, 여름에는 신자진이요, 가을에는 해묘미요, 겨울에는 인오술이 그것이다. 그러나 정월은 사(巳)일만을 꺼리고, 2월에는 유(酉)일만을 꺼리고, 3월은 축(丑)일만을 꺼린다. 여름·가을·겨울도 이를 기준하기 바란다. 황무일은 백사에 다 해롭다 한 것은 잘못된 것이다. 사폐와 황무가 서로 만나는 날은 더욱 흉하니 봄에는 유(酉)일이요, 여름에는 자(子)일이요, 가을에는 묘(卯)일이요, 겨울에는 오(午)일이 그것이다.

건파평수(建破平收)를 속세에서는 모두 꺼린다고 하나, 파(破)일은 충파이니 가장 흉하여 범해서는 안되고 건(建)일은 길신이 많을 때는 쓸 수 있으며, 평(平)일은 심히 길한 날인데 잘못 전해지고 있으며, 수(收)일은 길함이 많을 때는 무방하다. 서(書)에서는「그 날(收日)은 황도나 천월덕과 함께 사용하면 가용하다」라고 하였다.

무릇 진술축미(辰戌丑未)월에 중궁을 수작(修作)할 때는 결단코 무기(戊己)일을 쓰지 말 것이다. 대개 중궁은 사계월(四季月)과 함께 토(土)이므로 토일을 다시 만나면 결단코 불길하기 때문이다.

【원주 직역】 종경의 날을 사용하는 법을 보면 「오로지 왕상일을 취하라」하였는데, 한 사람의 말이지만 동의할 수 있으며 건제(建除), 총진(叢辰)도 여러 전문가들의 설과 서로 어긋나지 않으니 심히 취할 만하다. 그러나 그 논(論)에도 「무기(戊己)일은 곧 진술축미(辰戌丑未)월일에 중궁을 다스리는 데 꺼린다」하였고, 이어 「동토(動土)에 가장 꺼린다」하였는데 꼭 그렇지만은 않다.

또, 사폐일을 논한 것은 「정사폐일에 흉한 것이 있고 방사폐일이 흉하다」한 것도 역시 잘못된 말이다.

황무일(荒蕪日)은 즉, 오허일(五虛日)인 바 백사를 모두 꺼린다 한 것은 잘못되었다. 또한 달에 한 자(一字)씩만 꺼리는 자가 있다 한 것도 잘못된 것이다. 대개 옛사람들의 조장사주(造葬四柱)를 보면 전국(全局)을 모두 취하여 춘(春)월에는 사유축(사유축)을 모두 꺼렸고, 아울러 경신신유(庚辛申酉) 연월일시 모두를 꺼린 것이지 묘(卯)월이니 유(酉)일이 충하므로 더욱 꺼린다 한 것은 아니다. 왜냐하면 유(酉)자 하나만 보고 황무살이 되는 것은 아니기 때문이다.

또, 비견(比肩)으로 상부(相扶)하는 법을 말하였을 때 황무살이 되면 흉하다고 하였는데 이 역시 아니다.

또, 자오묘유(子午卯酉)는 살로 전환한다고 하여 놓고 「옛사람들은 꺼리지 아니한다고 하였다」하니 이것 역시 경쾌하게 밝혀야 할 문제이다. 가령 인(寅)월의 갑(甲)일이나 묘(卯)월의 을(乙)일은 녹이 득령하였으므로 참으로 전국이 되었으니 복(復)일같이 의리가 멀어서 따질 수 없는 것보다 낫지 않겠는가?

　총론컨대 「일신(日神)의 길흉은 다 생왕함을 위주로 하여야 하니 4계절로 활변할 때 마땅히 의기(宜忌)를 참고하고 경중에 따라 취사 선택한다면 심히 옳은 것이다」

　연시(年時)를 팔자에다 합성시키는 요령에 있어서도 의기(宜忌)를 능히 다 알 수 없는 것이니 그 신통(神通)함을 밝혀 쓰는 일은 그 사람의 역량과 공부에 달려있는 것이다.

24. 용시법(用時法)

　【원문 직역】 시(時)는 일(日)에서 사용하는 쓰임새인 것이므로 오로지 일진을 방부(幇扶)40하여야 한다. 혹 일(日)의 지간(支干)과 비화되게 한다거나, 혹 일지와 삼합이나 육합이 되게 한다면 다 길하다. 이때 시가(時家)에서의 길흉신에 대해서는 다 구애받을 필요는 없으나, 오직 귀인녹마가 되면 더욱 길하다. 가령 갑무경(甲戊庚)일이라면 축(丑)이나 미(未)시가 귀인이며 인(寅)시는 녹이며 자진(子辰)일 때는 인(寅)이라서 마가 되는 것 등이 그것이다.

　시(時)가 월령이나 세군을 충하는 것은 모두 흉하다. 큰일을 할 때는 범하지 말고 소사라면 구애받지 않아도 된다.

　시(時)에서 파(破)하는 것도 대흉하다. 일시가 충되는 것을 말한다. 가령 자(子)일에서 오(午)시라면 그것이다.

　시(時)에서 형(刑)이 되는 것도 차흉하다. 일지와 시지가 형이 됨을 말하니 가령 자(子)일에 묘시(卯時)류가 그것이다.

　오불우시(五不遇時)가 되는 것은 차흉하다. 시간(時干)이 일간(日干)을 극하는 것을 말하는데, 가령 갑일인데 경오(庚午)시가 되

---

40) 방부 : 인수로 생하거나 비견겁재로 도움.

는 유가 그것이다. 삼원가(三元歌)에 이르기를, 「비록 삼기와 삼문(三門)을 득하였을지라도 오불우시가 되면 광명을 손상하여 그 흉함을 가히 알 수 있음이니 일체 꺼린다」하였다.

순중공망(旬中空亡)과 절로공망(截路空亡)은 다 함께 출행에 꺼리고 장사(葬事)에는 개의치 않는다.

건(建)시가 되는 것은 길한데 일(日)과 비화가 되기 때문이다. 무릇 오불우시를 만나는 것이 두렵다 하여 옛부터 건(建)시를 많이 사용하여 왔다. 결코 파가 되는 시를 사용한 사람은 없었고, 오불우시(五不遇時)를 사용한 사람도 소수에 불과하였다. 양균송이 정사(丁巳) 망명을 자좌오향(子坐午向)으로 장사할 때 임신년 무신월 임신일 무신시를 사용하였으니 건(建)시도 되지만 오불우시였다. 그러나 양간이 잡(雜)되지 않고 지지에 일기(一氣)를 취하였으며, 또 무(戊)의 녹이 사(巳)이며 신(申)과 사(巳)는 육합이 되며, 또 임(壬)과 무(戊)는 함께 신(申)에서 장생이 되는 때문에 오불우시라도 혐의가 되지 않는다.

무릇 시(時)를 잡을 때에 소수(小修)에 그치는 일이라면 단지 일주를 방부(幇扶)하는 것으로 가하지만, 크게 수(修)하는 일이거나 매장하는 택시(擇時)에서는 반드시 사주를 방부하여야 하고, 아울러서 사주가 순수하게 조명되어야 하며, 용과 좌산을 보(補)해야 하고, 주명도 상부(相扶)해야 함이 천고(千古)에 바꾸지 못할 정법이다.

사대길시(四大吉時)는 맹(孟)월은 갑경병임(甲庚丙壬)시요, 중(仲)월은 건곤간손(乾坤艮巽)시요, 계(季)월에서는 을신정계(乙辛丁癸)시가 그것인데 이 시를 신장살몰(神藏煞沒)시라고도 한다. 다만 학자들이 밝히지 못하고 귀원입국(歸垣入局)의 이치만으로 길시라고 취한 것이다. 신장살몰이란 정월의 우수(雨水) 후에 해월장(亥

月將)으로 사용할 때는 자(子)시의 상사각(上四刻)을 사용하여 임자(壬子)산이나 향을 작한다면, 곧 신장살몰시가 된다. 기타의 갑경병(甲庚丙) 산향도 이를 본받을 것이다. 이를 추리하여 보면 하루에 한 시만이 귀원입국시가 있는 셈이다.

  가령 태양이 자(子)에 있으면 임자(壬子)시가 길하고, 태양이 오(午)에 있으면 병오(丙午)시가 길하다. 이것이 귀원입국의 묘(妙)함이니 길함이 이보다 더 클 수는 없다. 원경(元經)에서 말하기를, 「時를 선용(善用)하면 주작(朱雀)도 살우(金殺羽)하고, 구진(句陳)도 등계(登階)41)하고, 백호(白虎)도 소신(燒身)하고, 현무(玄武)도 절족(折足)하고, 등사(螣蛇)도 낙수(落水)하고, 천공(天空)도 투궤(投匭)한다」 하니 이른바 육신(六神)을 다 제복시킬 수 있는 것이다. 그러나 육신을 다 제복시키는 법을 득하지 못하였을지라도 길한 시가 있는 것이니 길시를 찾아 쓰면 길하다.

  일간(日干)이 왕성하지 못하더라도 녹시(祿時)를 사용하면 왕할 수 있다. 가령 갑일에 인시라든가 을일에 묘시 등을 말하니 길할 수 있는 것이다. 이는 시도 능히 일간(日干)을 도울 수 있음을 말한 것이다. 아울러 사주(四柱) 전체도 도울 수 있으니 참길신(眞吉神)이라 할 수 있다. 시가(時家)에도 역시 삼기와 자백이 있으니 월의 예를 참고하고 모방할 것이다.

  둔갑기문(遁甲奇門)시는 병력을 출군(行兵)할 때에 사용하는 것이니 조장(造葬)에서는 사용하지 않는다. 그러나 조장(造葬)·수방(修方)·가취(嫁娶)·상관(上官)·출행(出行) 등에서 사용하면 길할 따름으로 나쁠 것은 없다.

  무릇 기문법으로 시(時)를 선택하는 요령은 먼저 초접(超接)을 정

---

41) 등계 : 벼슬계단을 오름.

하고 다음으로 녹마귀인이 어느 궁에 이르러 삼기와 상합하는지를 찾는 것이니 이것이 상길하다. 이는 일체의 흉살을 능히 해산시키고 길을 불러 복에 이르게 하는 것이다. 가령 삼기는 이르렀으나 녹이 이르지 못하였으면 독각기(獨脚奇)라 하고 녹은 이르렀으나 삼기가 이르지 못하였으면 공망록(空亡祿)이라 하여 살을 제압할 수 없으므로 사용할 수 없다.

【원주 직역】 종경의 용시(用時)법을 보면 심히 적절하고 정당하다. 오직 사대길시(四大吉時) 한 가지만은 사살몰시(四煞沒時)를 신장살몰(神藏煞沒)이라 한 것은 잘못된 것이니 원경(元經)의 옳은 예를 보면「육신(六神)을 다 제복한다」라고 하였는데, 이것이 신장살몰의 정의(正義)이기 때문이다. 이에 말하기를「태양이 자(子)에 있으면 임자(壬子)시가 길하고 태양이 오(午)에 있으면 병오(丙午)시가 길하다」라고 한 것은 오로지 태양만을 취할 때는 일리가 있겠으며, 그 임(壬)시를 자시상(子時上)의 상사각(上四刻)으로 한 것에서는 그 뜻이 더욱 정교하다. 귀인등천문조의 아래의 의례를 보면 말하기를,「임(壬)시에 임자산향(壬子山向)을 작하는 것은 바로 진태양의 산향에 이르는 법을 취한 것이다」다만 시각은 하늘에 상존하고 있는 적도 상에 매여 있는 것이고 산향(山向)은 지평(地平) 방위의 분도에 매여 있는 것이다. 이는 오직 북극 아래에서의 적도는 지평과 합하므로 십이지(十二支)가 점하는 시(時) 중에서 사각(四刻)은 팔간사유(八干四維)의 시가 전후에 각각 2각(刻)씩 점하고 있으므로 이를 합하여 4각(刻)이 된 것이다. 가령 사정이각(巳正二刻)으로부터 오시초(午時初) 2각까지는 병방(丙方)에 속하고 오시초 2각에서부터 오시 정2각까지는 오방(午方)에 속하는 등의 유를

말한다. 이로부터 남쪽으로는 북극이 점점 낮아지므로 편도각(偏度角)은 점점 많아진다. 또 하지일에 북극대륙을 간다면 지평의 거리가 더 멀어지는데 이는 편도각이 많기 때문이다. 또 동지일에는 남극대륙을 간다면 지평(地平)의 거리가 가깝게 되는데 이는 편도각이 작아지기 때문이다.

술가들이 천문학에 밝지 못하여 24방위를 24시간으로 착각하는데 이는 이미 육임법(六壬法)과 합하지 않고, 또 산백(山白)과도 상응하지 않는 것이다. 지금 경사(京師)에서 북극이 지평선을 나오는 것(北極出地)은 각절기를 따라 태양이 도방(到方)하는 시각을 뒤에 그려 놓았으니 참고하기 바란다.

장서(葬書)에 「연(年)이 길하여도 월의 길함만 못하고 월의 귀한 것이라도 일의 귀함만 못하고 일의 귀함이 시의 귀함만 못하다」하였다. 시는 택일사주의 결과이기 때문인데 시 하나가 좋으면 사주 네 기둥이 모두 좋은 것이니 만사를 이룰 수 있고 시 하나가 좋으면 천지의 재앙을 능히 소멸시킬 수 있기 때문이다.

시(時)를 정하는 법에는 여러 가지가 있으나 그 중에서도 오토태양시(烏兎太陽時)와 귀인등천문시(貴人登天門時)가 가장 정미하고 흉살을 제거하는 힘이 강하므로 많이 쓰이고 있다. 그러나 이들의 시는 반드시 주체(主體)를 도와야 함은 재론의 여지가 없으며 이를 위반하여서는 아무리 길시라도 쓸 수 없음이니 유의하기 바란다.

25. 귀인등천문시(貴人登天門時)를 찾는 법

① 먼저 태양전차가 어느 궁에 있는지를 알아 놓고,
② 다시 그 날의 천을귀인이 무엇인가를 찾아 놓은 다음,
③ 다시 태양전차에다가 천을귀인을 넣고 음양 불문하고 해(亥)궁

까지 순행하여 그 해(亥)궁에 배치되는 글자가 귀인천문시가 되는 것이다.

예를 들면 소만후에 갑일(甲日)을 사용한다면 소만후는 태양전차가 신(申)궁에 있다. 갑(甲)의 천을귀인은 축미(丑未)이니 축미에다 신(申)을 넣고 해(亥)궁까지 순행하여 보면 축(丑)은 오(午)에서 끝나고 미(未)는 자(子)에서 끝난다. 따라서 소만 후 갑일(甲日)의 귀인등천문시는 오시와 자시가 됨을 알 수 있다. 다른 것도 이와 같이 찾기 바란다. 귀인등천문시는 매일 두 개의 시가 나오는데 그 시의 초시를 사용하는 것이다.

【취산도표】〈귀인등천문시(貴人登天門時) 정하는 법〉

절기	太陽在 ○○ 之次	躔(月符)	甲日(時)	乙日(時)	丙日(時)	丁日(時)	戊日(時)	己日(時)	庚日(時)	辛日(時)	壬日(時)	癸日(時)
우수후	娵訾	亥宮	酉卯	戌寅	亥丑	丑亥	卯酉	寅戌	卯酉	辰申	巳未	未巳
춘분후	降婁	戌宮	申寅	酉丑	戌子	子戌	寅申	丑酉	寅申	卯未	辰午	午辰
곡우후	大梁	酉宮	未丑	申子	酉亥	亥酉	丑未	子申	丑未	寅午	卯巳	巳卯
소만후	實沈	申宮	午子	未亥	申戌	戌申	子午	亥未	子午	丑巳	寅辰	辰寅
하지후	鶉首	未宮	巳亥	午戌	未酉	酉未	亥巳	戌午	亥巳	子辰	丑卯	卯丑
대서후	鶉火	午宮	辰戌	巳酉	午申	申午	戌辰	酉巳	戌辰	亥卯	子寅	寅子
처서후	鶉尾	巳宮	卯酉	辰申	巳未	未巳	酉卯	申辰	酉卯	戌寅	亥丑	丑亥
추분후	壽星	辰宮	寅申	卯未	辰午	午辰	申寅	未卯	申寅	酉丑	戌子	子戌
상강후	大火	卯宮	丑未	寅午	卯巳	巳卯	未丑	寅午	未丑	申子	酉亥	亥酉
소설후	析木	寅宮	子午	丑巳	寅辰	辰寅	午子	巳丑	午子	未亥	申戌	戌申
동지후	星紀	丑宮	亥巳	子辰	丑卯	卯丑	巳亥	辰子	巳亥	午戌	未酉	酉未
대한후	玄枵	子宮	辰戌	亥卯	子寅	寅子	辰子	卯亥	辰戌	巳酉	午申	申午

낮에는 양귀(陽貴)를 사용하고 밤에는 음시(陰詩)를 사용하는 것이 좋으며, 초 중 말 가운데 초시(初時)가 길하나 부득이할 때는 구

애받지 않아도 다른 시보다는 길하다.

26. 조장권법(造葬權法)

【원문 직역】 통서에 운하기를, 「무릇 수조(修造)에는 반드시 신명(身命)·연월·방향이 모두 이롭게 조명택일을 한 다음 수작(修作)하여야 길하다」 하였다. 가령 혹 불리하여 수작할 수 없을 때에는 마땅히 옮겨 살다가 그곳에서 볼 때 작하고자 하는 방이 길하면 가하다. 가령 연(年)과 명(命)이 태(兌)방을 작함은 길하나 진(震)방이 불리하다면 동쪽으로 이사를 하였다가 살면서 작하고자 하는 방을 보면 옛날에는 동쪽이었던 곳이 지금은 서쪽일 것이니 이를 작하는 데 아무런 문제가 없는 것이다.

① 작방(作方)을 논하면, 작하고자 하는 방(方)이 여러 궁을 걸쳐 앉았더라도 시작하는 곳과 끝나는 곳은 한 궁뿐이므로 선택하기가 매우 쉬울 것이다. 가령 여러 궁을 작하고자 할 때 그 중에는 흉한 궁도 있고 길한 궁도 있을 것이니, 반드시 길한 궁에서부터 기공하여 연달아서 불리한 궁까지 계속 이어나가면 해가 없다. 만약 흥조(興造)하고자 하는 월일은 길한데 그날에 착공할 형편이 안될 때에는 그 길한 날에 간단히 착수만 하였다가 일할 능력이 생겼을 때 이로부터 연접하여서 수작하면 진실로 가하지 않음이 없다. 아울러 공사를 마치는 방위가 복덕이 되면 더욱 길하다.

② 취토(取土)방의 도리를 논하면 태세살·삼살·관부살·대소월건 등이 되면 취토는 꺼리므로 약 100보 이상 멀리 떨어진 곳에 가서 취토하면 방도(方道)를 물을 필요가 없다.

③ 청명(淸明) 전후에 묘지를 보수하는 법에 대하여는 이미 장묘는 끝난 상태이니 가토를 한다거나, 나무를 심는다거나, 섬돌을 놓는

다거나, 제석상을 놓는다거나, 파괴된 곳을 보수한다거나 하는 등의 일들을 청명, 한식으로 모아 두었다가 공사를 하면 좌향이나 연월일시를 논하지 않아도 가하다. 형초기에서 말하기를, 「한식은 동지 후로 100일째 되는 날이다」라 하고 고력(古曆)의 평기로 계산하면 「청명이 동지 후 106일이다」라고 하였으니 한식의 반은 청명 전 2일이 된다. 위나라 때는 한식을 3일간으로 한 적이 있다.

④ 수조택사(堅造宅舍)를 논하면, 대한 5일 후로 택일하여 기옥기수(圻屋起手)하고 입춘이 되기 전에 수조, 완공하면 개산입향(開山立向)의 연월일이 좌산을 극하는 것과 태세나 월가에서 오는 뭇 흉신을 꺼리지 않는 것이다. 이는 태세를 관리하는 제신이 교승하는 시기이기 때문이다. 그러나 입춘이 이미 지났으면 새해의 연월의 흉신방위가 이미 결정되었으니 수작(手作)이 불가하다. 가령 그 방위에는 흉신이 없는 것이라면 수작하여도 방해가 되지 않는다

⑤ 안장(安葬)을 논하면, 대한 5일 후부터 입춘 전까지 택일하여 파토하고, 또 택일하여 장사를 끝내면 개산입향 연월일시가 좌산을 극하거나 태세나 월에서 오는 제흉신들이라도 꺼리지 않는다. 중요한 것은 입춘 전에는 일시를 맞춰서 하관(下棺)만 정확히 하였다가 내년 청명, 한식에 절토나 가토를 하여 완성하면 문제가 없다. 입춘 전에는 땅이 얼어서 흙일을 할 수 없기 때문이다.

⑥ 흉장법(凶葬法)을 논하면, 사람이 죽었을 때 초상(初喪)이 흉장이니 비록 흉신이 있어서 택일을 할 수는 없으나 해로움이 있는 것은 아니다. 지금은 무조건 3일장이나 5일장, 또는 10일 이내로 장사하기도 하는데, 개산입향의 연월일을 물을 필요가 없이 다만 그 기간 내에서 길한 일시만을 찾아 파토(破土)하고 당일 내에 성분(成墳)하였다가 흉신이 지나가면 가토하고 수선하면 한다.

이상 전법은 세속에서 많이 사용하는 법들이니, 비록 변통법에 속하기는 하나 역시 이치가 있는 것이니 이용의 도리에 어긋남이 없게 하라.

제2부 실용 신살(實用神煞)

제1장 5대 길신

1. 태양 과궁(太陽過宮)

태양은 여러 길성(吉星) 중에서 으뜸이다. 향(向)에 이르는 것이 으뜸이고 삼합방(三合方)도 길하며 좌산에 이르는 것은 서인(庶人)은 감당치 못한다 해서 쓰지 않는다. 세파·삼살(三煞)·오황(五黃)을 제하고는 모든 흉신이 제압된다.

*태양은 역으로 24방을 하루에 1도가 조금 약하게 진행한다. 한 달에 2궁(宮), 1년에 일주(一週)한다.

【방도(方圖) 1. 태양 과궁표】

월	정월	2월	3월	4월	5월	6월	7월	8월	9월	10월	11월	12월
二十四山	壬亥	乾戌	辛酉	庚申	坤未	丁午	丙巳	巽辰	乙卯	甲寅	艮丑	癸子
절기	입춘 우수	경칩 춘분	청명 곡우	입하 소만	망종 하지	소서 대서	입추 처서	백로 추분	한로 상강	입동 소설	대설 동지	소한 대한
太陽到山	태양입춘도임	태양우수도해	태양경칩도건	태양춘분도술	태양청명도신	태양곡우도유	태양입하도경	태양소만도신	태양망종도곤	태양하지도미	태양소서도정	태양대서도오
월장	子神后	亥登明	戌河魁	酉從魁	申傳送	未小吉	午勝光	巳太乙	辰天罡	卯太冲	寅功曹	丑大吉

【원도(圓圖) 2】

안쪽 제1선은 등명(登明) 월장(月將) 12장(將)이며 태양 운행을 12월로 나눈 것이다. 태양은 춘분 시간에 술궁(戌宮)에 이르러 1일 약 1도가 조금 약하게 역으로 운행한다. 한 달에 2방위를 진행하며 한 바퀴 돌아 제 자리로 올 때는 1년이 걸린다.

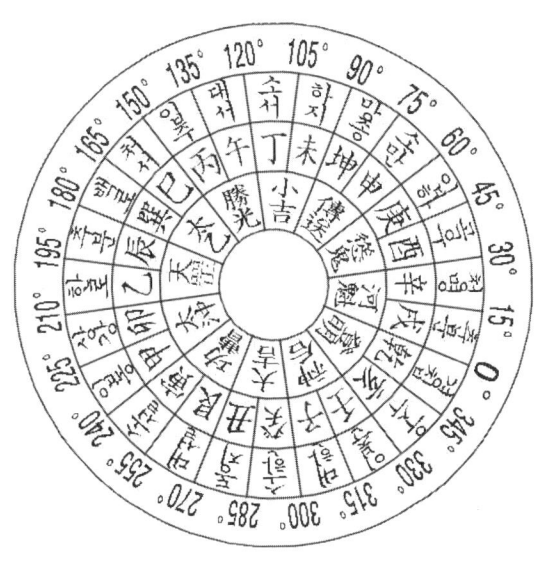

태양과궁 원도

2. 태음 과궁표(太陰 過宮表)

월	정월	2월	3월	4월	5월	6월	7월	8월	9월	10월	11월	12월
二四山	艮寅	甲卯	乙辰	巽巳	丙午	丁未	坤申	庚酉	辛戌	乾亥	壬子	癸丑
절기	입춘	경칩	청명	입하	망종	소서	입추	백로	한로	입동	대설	소한
	우수	춘분	곡우	소만	하지	대서	처서	추분	상강	소설	동지	대한
太陰到山	태음입춘도艮산	태음우수도寅산	태음경칩도甲산	태음춘분도卯산	태음청명도乙산	태음곡우도辰산	태음입하도巽산	태음소만도巳산	태음망종도丙산	태음하지도午산	태음소서도丁산	태음대서도未산	태음입추도坤산	태음처서도申산	태음백로도庚산	태음추분도酉산	태음한로도辛산	태음상강도戌산	태음입동도乾산	태음소설도亥산	태음대설도壬산	태음동지도子산	태음소한도癸산	태음대한도丑산

3. 오토태양일(烏兎太陽日) 가리는 법

이 오토경(烏兎經)은 양균송의 비법으로, 음양택(陰陽宅)을 막론하고 택일시 일과 시(日時)만을 결정하는 데 쓰는 것이다. 비록 오토경이 양법(良法)이기는 하지만 양택(陽宅)에서 주명(主命) 위주와 음택에서 보룡부산(補龍扶山)의 원칙을 어긋나서는 안되며, 반드시 연월(年月)을 보조하여야 함에는 변함없다.

① 절법시(截法時)

甲己丁壬 戊癸陽(갑기정임과 무계는 양이요)
乙庚丙辛 陰干位(을경병신은 음간위이다)
朔前卯日 子上起(초하루 전의 묘일을 찾아 자에서 일으키고)
陽順陰逆 尋朔日(양은 순행하고 음은 역행하여 초하룻날을 찾는다)

㉠ 수리나 조장(造葬)을 하고자 하는 달의 초하루의 일진(日辰)이 어느 궁에 있는지를 찾는 법이다.

㉡ 초하룻날 즉 삭전(朔前)으로 묘일(卯日)을 찾아 묘일간(卯日干)이 양(陽)이면 절법도의 자상(子上)에서 일어나 순행하고 음간이면 절법도의 자상에서 일어나 역행하여

㉢ 초하룻날 일진이 어느 궁에 들어가는지를 찾는 것이다.

㉣ 초하룻날이 들어가는 궁이 찾아졌으면 배산도(排山圖)에 의하여 양간이면 역행하여 태양일이나 태음일을 찾을 수 있다.

巽 四 辰巳	離 九 午	坤 二 未申
辰 三 卯	截 法 圖	兌 七 酉
艮 八 寅丑	坎 一 子	乾 六 亥戌

② 배산법(排山法)

가령 계유년 7월에 조장(造葬)이나 수조(修造)하고자 한다면 7월 초하룻날이 신미(辛未)임을 알아놓고 7월 초하룻날 전으로 묘일(卯日)을 찾는다. 6월 27일이 정묘일(丁卯日)이다. 일간(日干) 정(丁)이 양이니 절법도의 자상에서 정묘를 일으켜 구궁도(九宮圖)를 순행하여 신미일이 어느 궁에 들어가는지를 찾는다.

찾아본 결과 신미일은 손궁(巽宮)의 진위(辰位)에 있음을 알았다. 이번에는 신미를 배산도의 손사궁(巽四宮)에 넣고 신(辛)이 음일이니 구궁도를 반대방향으로 역행한다.

간팔(艮八) 태양궁에 병자, 을유, 갑오가 들어가고 곤이(坤二) 태음궁에 계유, 임오, 신묘가 들어가니 그 가운데 연월을 보조하는 날을 하나 선택하여 쓰는 것이다.

計都星 巽四凶	土星 中五凶	羅喉 乾六凶
木星 震三길	배산도	金星 兌七길
太陰 坤二길		太陽 艮八길
水星 坎一길		火星 離九凶

③ 오토태양시 가리는 법

• 기시결(起詩訣)

甲己起坎 丁壬離 갑기기감 정임리 : 갑기일은 坎에서 子時를 일으키고 丁壬일은 離에서 일으킨다.

戊癸中宮 起子時 무계중궁 기자시 : 戊癸일은 中宮에서 子時를 일으킨다.

丙辛起震 乙庚兌 병신기진 을경태 : 丙申일은 震宮에서 일으키고 乙庚일은 兌에서 일으킨다.

陽干順行 陰干逆 양간순행 음간역 : 양간이면 순행하고 음간이면 역

행한다.

오토태양시는 앞에서 오토로 일(日)을 가렸을 때만 사용한다. 보통으로 가린 날에는 사용하지 않는다.

일간의 해당되는 궁에서 자시(子時)를 기하여 양일은 순행, 음일은 역행하는데 한 시가 한 궁씩 진행한다.

태양시가 가장 길하고 태음시는 다음으로 길하며 금수목(金水木) 3시는 또 그 다음으로 길하나 기타 시는 흉하여 쓰지 않는다.

巽四 計都	午中土陽星 起戊癸日順行	乾六 羅喉		巽四 卯時	中五 寅時 亥時	乾六 丑時 戌時
震三木星 起丙辛日逆行 陰干	배산도	兌七金星 起乙庚日逆行 陰干		震三 辰時		兌七宮 子時 乙庚日逆行 陰干
坤二 太陰		艮八 太陽		坤二 巳時		艮八 申時
坎一水星 起甲己日順行 陽干		離九火星 起丁壬日順行 陽干		坎一 午時		離日 未時

가령 을유일이라면 태궁(兌宮)에서 자시를 기하여 을은 음간이므로 구궁도를 역행한다.

태궁 자시 유시, 건궁 축술시, 중궁인 해시, 손궁 묘시, 진궁진시 곤궁사시, 감궁 오시, 이궁미시, 간궁신시가 들어가며,

신시가 태양시이고, 사시가 태음시이니 사용할 수 있다.

④ 오토태양 도산결(到山訣)

시(詩) 1.

冬至坎宮 起甲子. 立春艮上 震春分.
동지감궁　기갑자　입춘간상　진춘분

立夏巽四 順甲子. 離宮夏至 定逆輪.
입하손사　순갑자　이궁하지　정역륜

立秋坤上 秋分兌. 立冬日在 乾上遁.
입추곤상　추분태　입동일재　건상둔

挨到用日 止何位. 更從本位 起星名.
애도용일　지하위　갱종본위　기성명

土金氣羅 挨日月. 計水九星 依次行.
토금기라　애일월　계수구성　의차행

如遇日月 金木吉. 土氣羅字 計凶神.
여우일월　금목길　토기라패　계흉신

시(詩) 2.

冬至起坎 立春艮 : 동지절은 감궁에서 갑자를 일으키고 입춘절은
동지기감　입춘간　　간궁(艮宮)에서 갑자를 일으킨다.

春分震上 甲子遊 : 춘분절은 진궁에서 갑자를 일으킨다.
춘분진상　갑자유

立夏巽宮 從順走 : 입하절은 손궁에서 갑자를 일으켜 순행한다.
입하손궁　종순주

이상 동지 후로부터 하지 전까지는 순행한다.

이하 하지 후로부터 동지 전까지는 역행한다.

夏至離宮 定逆流 : 하지절에는 이궁에서 갑자를 일으켜 역행한다.
하지이궁　정역류

立秋坤上 秋分兌 : 입추절에는 곤궁에서 갑자를 일으켜 역행한다.
입추곤상　추분태

추분절에는 태궁에서 갑자를 일으켜 역행한다.

立冬乾上 走無休 : 입동절에는 건궁에서 갑자를 일으켜 역행한다.
입동건상   주무휴

【오토태양 도방(到方) 구궁도(九宮圖)】

1. 동지 입춘 춘분 입하는 갑자를 일으킨 후 순행한다.
2. 하지 입추 추분 입동은 갑자를 일으켜 역행한다.
3. ① 토성(土星) 凶 ② 금성(金星) 吉 ③ 기성(炁星) 凶 ④ 나후(羅睺) 凶 ⑤ 패성(孛星) 凶 ⑥ 태양(太陽) 吉 ⑦ 태음(太陰) 吉 ⑧ 계도(計都) 凶 ⑨ 목성(木星) 吉 의 순으로 절기 따라 도궁 위에서부터 순행 또는 역행한다.

가령 계유년 7월 15일 을유일에 조장(造葬)이나 수조(修造)한다면 7월 15일 을유일은 입추 후 추분 전이므로 곤궁에서부터 갑자를 일으켜 역으로 을유일이 나올 때까지 배포하면 간팔궁(艮八宮)에 을유가 배속된다.

간궁에서 역으로 구성(九星)을 배포하면 간궁토성(艮宮土星), 태궁금성(兌宮金星), 건궁기성(乾宮炁星), 중궁라후(中宮羅睺), 손궁패성(巽宮孛星), 진궁태양, 곤궁태음, 감궁계도(坎宮計都), 이궁목성(離宮木星)이 된다. 길방은 태(兌)·진(震)·곤리(坤離) 방위의 수조라면 길하다. 나머지도 이와 같이 추리할 것이다.

立巽夏四順	中五	立乾冬六逆
春震分三順	구	秋兌分七逆
立坤秋二逆	궁	立艮春八順
冬坎至一順	도	夏離至九逆

⑤ 오토 선택에 대한 참고사항

천원(天元) 오토경으로 택일할 경우 태세살(太歲煞)·삼살(三

煞)·음부살(陰府煞)·공망(空亡)·퇴기(退氣)·금신(金神)·연극(年尅)·압명(壓命) 및 일체의 중소 살이 두렵지 않다.

오황(五黃)이 역사(力士)와 만나거나 겁살(劫煞)과 만날 경우는 오토를 사용할 수 없다.

일식(日蝕)이나 월식을 만날 경우 7일 이내에는 절대로 사용할 수 없다.

오토태양일시로 택일하였는데 도방도향(到方到向)도 태양에 함께 임하면 가장 길하다.

태양일을 용(用)함이 상(上)이고 태음은 다음으로 길하다.

태양일을 취하였으면 시(時)도 태양시로 용하여야 하고, 태음일을 취용하였으면 시도 태음시로 해야 한다.

⑥ 각성(各星) 길흉가(吉凶歌)

태양성 第一太陽星 最善 時日逢之 長房起 제일태양성 최선 시일봉지 장방기
　　　　二男三子 次第成 富貴榮華 履福祉 이남삼자 차제성 부귀영화 이복지
태음성 太陰吉星 亦堪取 時日相逢 事事宜 태음길성 역감취 시일상봉 사사의
　　　　人發財興 眞可羨 文章瀟灑 姓名馳 인발재흥 진가선 문장소쇄 성명치
목　성 第二催官 名木星 時日値此 産英雄 제이최관 명목성 시일치차 산영웅
　　　　衆房長幼 俱多福 代代兒孫 拜帝京 중방장유 구다복 대대아손 배제경
금　성 好個金星 最特奇 時日逢之 事事宜 호개금성 최특기 시일봉지 사사의
　　　　田園廣置 人英傑 巳酉丑年 姓名馳 전원광치 인영걸 사유축년 성명치
수　성 水星用着 不爲災 福祿盈門 日日來 수성용착 불위재 복록영문 일일래
　　　　子孫能文 科第續 田園廣置 發丁財 자손능문 과제속 전원광치 발정재
토　성 土星原來 是惡星 生災作禍 太無情 토성원래 시악성 생재작화 태무정
　　　　水火刀兵 一齊至 時日逢之 惡事生 수화도병 일제지 시일봉지 악사생

화 성 火星最惡 起瘟疸 八載須防 五口亡 화성최악 기온달 팔재수방 오구망
　　　 官訟火災 田地盡 家門不睦 定分張 관송화재 전지진 가문불목 정분장
나 후 羅喉惡毒 不堪言 靑春年少 哭皇天 나후악독 불감언 청춘년소 곡황천
　　　 犯着刀槍 幷水火 官非鼎鑊 禍連連 범착도창 병수화 관비정확 화연련
계 도 計都惡曜 禍無邊 財敗人亡 橫事連 계도악요 화무변 재패인망 횡사련
　　　 巳酉丑年 辰巽歲 産亡祿絶 旅沈船 사유축년 진손세 산망녹절 여침선

　제일 태양성이 가장 길하고 시일에서 만나면 장자(長子)가 발복하고,
　둘째 셋째 자식을 차례로 이루니 부귀영화와 복지(福祉)를 밟으리라.
　태음은 길성이니 역시 감여에서는 취하는데 시일에서 만나면 일일이 마땅하리라.
　사람이 분발하고 재물도 일어나니 참으로 아름답도다. 문장이 산뜻하고 우수하여 이름을 날린다.
　제2는 관록을 재촉하는 이름은 목성이니 일시에서 이것이 되면 영웅이 나오리라.
　모든 아들이 모두 함께 다복하고 대대로 아손이 서울에서 임금을 배알한다.
　한 개의 금성으로도 가장 특이하고 기묘하여 시(時)와 일(日)에서 만나면 일일이 마땅하리라.
　전원이 넓고 많으며 사람은 영웅호걸이니 사유축년에 이름을 크게 낸다.
　수성을 사용함이 되면 재앙이 없을 것이고 복록이 문안에 가득히 나날이 들어오리라.

자손은 능히 문과급제가 지속되고 전원은 넓고 많으며 사람과 재물에 발달이 있다.

토성은 원래 악성이므로 재앙을 생하고 화패를 작하는 크게 무정한 성진이다.

수화의 칼을 든 병사가 일제히 이르니 시나 일에서 만나면 악사흉사가 발생한다.

화성은 가장 악살이니 염병과 황달을 일으키고 팔자 중 모름지기 다섯 식구가 망하는 것을 방어해야 한다.

관재 구설과 화재는 물론 전답까지도 다 소진시키고 가문은 화목하지 못하고 결정코 분리되리라.

나후는 악독하여 견디기 어려움을 말로 다 할 수 없고 청춘소년의 상사로 곡소리가 나리라.

창칼에 희생되고 수재 화재도 아울렀고 관송이 아니면 솥단지를 엎는 화가 연달으리라.

계도는 악요살이니 재앙의 변두리가 아니며 재물과 사람들 모두 패망하고 횡액이 연달아 일어난다.

사유축년과 용해와 사해에 산망으로 혹은 대가 끊어지고 여행에는 배가 침몰하리라.

4. 삼원자백(三元紫白)

삼원(三元) 자백(紫白)은 태양 다음으로 강력한 길신이다. 자백은 크고 작은 여러 살(煞)을 능히 제압하며 귀인녹마와 함께 이르게 되면 자손이 조당(朝堂)에 들어간다. 그러나 자백도 이용이 잘못되면 해로우니 신중할 것이다.

다음(164~173쪽) 翠山의 도표를 참고할 것이다.

【翠山註】 8방을 나로 할 때(이미 결정된 팔방에 길신이 오게 할 때)
일백(一白) 입중시
길흉 변화도

乾宮 : 성(星)이 궁(宮)은 생(生)하니 생기(生氣)로 길(吉).
坎宮 : 성이 생궁(生宮)하니 생기로 길할 것 같으나 암건살(暗建煞)로 반흉(半凶).
艮宮 : 성이 궁을 극(剋)하니 살기(煞氣)로 흉하다.
震宮 : 궁이 성을 극하니 사기(死氣)로 가용(加用).
巽宮 : 궁이 성을 생하니 설기(洩氣)로 불길.
離宮 : 중관(中關)이니 대기(大忌)＝오황살(五黃煞)이며 동토(動土)를 하지 못하고 수조(修造)하는 것은 불기(不忌).
坤宮 : 궁이 성을 생하니 설기로 불길.
兌宮 : 궁이 성을 극하니 사기로 대기(大忌＝진태대충震兌對沖).
　　　나머지도 이와 같이 추리하라.
　*충관은 오황살을 말하며 장매(葬埋)는 동토가 아니니 불기한다.

제1장 5대 길신 165

팔방을 나로 할 때
이흑(二黑) 입중시
길흉 변화도

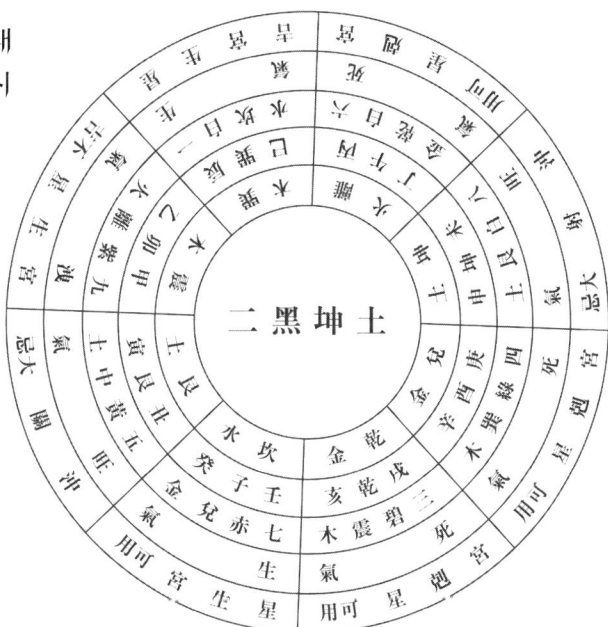

팔방을 나로 할 때
삼벽(三碧) 입중시
길흉 변화도

166 제2부 실용 신살

팔방을 나로 할 때
사록(四綠) 입중시
길흉 변화도

팔방을 나로 할 때
오황(五黃) 입중시
길흉 변화도

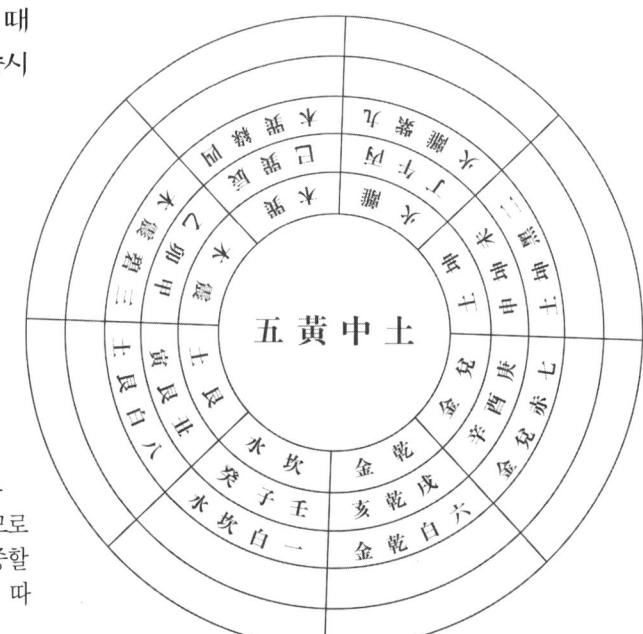

*이는 각 방 모두
복위(伏位)가 되므로
월령(月令)을 입중할
때의 생극길흉을 따
른다.

제1장 5대 길신 167

팔방을 나로 할 때
육백(六白) 입중시
길흉 변화도

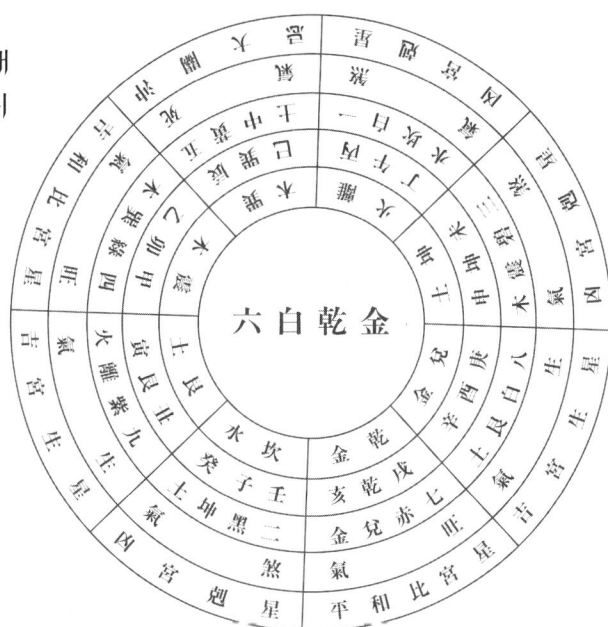

팔방을 나로 할 때
칠적(七赤) 입중시
길흉 변화도

168 제2부 실용 신살

팔방을 나로 할 때
팔백(八白) 입중시
길흉 변화도

팔방을 나로 할 때
구자(九紫) 입중시
길흉 변화도

중궁(中宮)을 나로 할 때, 일백(一白) 입중시 길흉 변화도

一白坎水

중궁을 나(我)로 하고 팔궁비성(八宮飛星)을 남(他)로 하여
생극(生剋)을 논하는 것이다.
중궁이 살기를 만나면 퇴기(退氣)이니 수(修)할 수 없으며
팔궁 내에서 생기방(生氣方)이 되면 왕기(旺氣)를 받으니 가장 길하다.
팔궁 내의 사기방(死氣方)도 역가용(亦可用)이나
살기퇴기(煞氣退氣)방과 충관(冲關)은 흉하다.
감궁(坎宮)은 암건살(暗建煞)이니 흉하다.
나머지도 이와 같이 추리한다.

중궁을 나로 할 때
이흑(二黑) 입중시
길흉 변화도

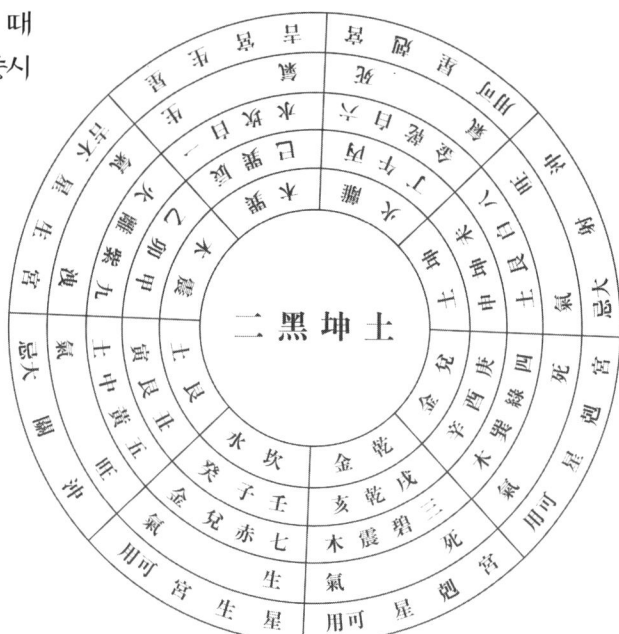

중궁을 나로 할 때
삼벽(三碧) 입중시
길흉 변화도

제1장 5대 길신 171

중궁을 나로 할 때
사록(四綠) 입중시
길흉 변화도

중궁을 나로 할 때
오황(五黃) 입중시
길흉 변화도

172 제2부 실용 신살

중궁을 나로 할 때
육백(六白) 입중시
길흉 변화도

중궁을 나로 할 때
칠적(七赤) 입중시
길흉 변화도

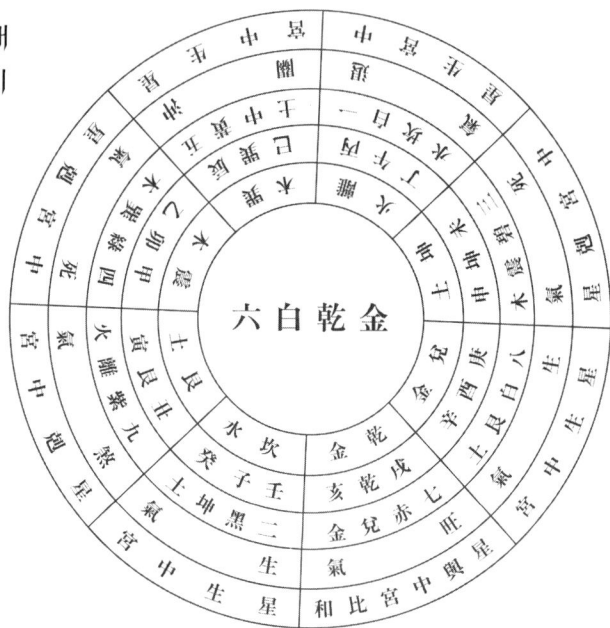

제1장 5대 길신 173

중궁을 나로 할 때
팔백(八白) 입중시
길흉 변화도

중궁을 나로 할 때
구자(九紫) 입중시
길흉 변화도

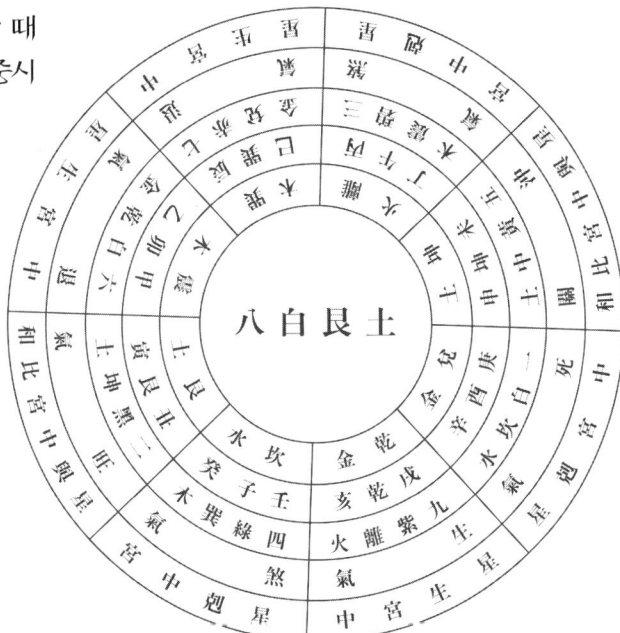

자백(紫白)의 배속은 구궁도에다 감궁일백(坎宮一白) 곤궁이흑(坤宮二黑) 진궁삼벽(震宮三碧) 손궁사록(巽宮四綠) 중궁이 오황(五黃) 건궁육백(乾宮六白) 태궁칠적(兌宮七赤) 간궁팔백(艮宮八白) 이궁구자(離宮九紫)의 순으로 부쳐지나 상원(上元) 중원 하원과 음둔(陰遁) 양둔이 다르게 부쳐지니 다음 도표를 참고하라.

구궁도(九宮圖)

四綠 凶	九紫 吉	二黑 凶
三碧 凶	五黃 凶	七赤 凶
八白 吉	一白 吉	六白 吉

이는 자백(紫白)의 기본 배치도이다. 일백(一白) 육백(六白) 팔백(八白) 구자(九紫)는 길하고 그 밖에는 흉하다고 되어 있으나, 이보다 더욱 중요한 것은 궁(宮)에 와서 배치되는 성(星)과의 상생상극(相生相剋)이다.

(1) 연가삼원자백표(年家三元紫白表)

① 상원(上元) : 1864년 갑자(甲子)부터 계해(癸亥)까지 60년간

上元						一白	二黑	三碧	四綠	五黃	六白	七赤	八白	九紫
甲子	癸酉	壬午	辛卯	庚子	己酉	戊午	中	乾	兌	艮	離	坎	坤	震	巽
乙丑	甲戌	癸未	壬辰	辛丑	庚戌	己未	乾	兌	艮	離	坎	坤	震	巽	中
丙寅	乙亥	甲申	癸巳	壬寅	辛亥	庚申	兌	艮	離	坎	坤	震	巽	中	乾
丁卯	丙子	乙酉	甲午	癸卯	壬子	辛酉	艮	離	坎	坤	震	巽	中	乾	兌
戊辰	丁丑	丙戌	乙未	甲辰	癸丑	壬戌	離	坎	坤	震	巽	中	乾	兌	艮
己巳	戊寅	丁亥	丙申	乙巳	甲寅	癸亥	坎	坤	震	巽	中	乾	兌	艮	離
庚午	己卯	戊子	丁酉	丙午	乙卯		坤	震	巽	中	乾	兌	艮	離	坎
辛未	庚辰	己丑	戊戌	丁未	丙辰		震	巽	中	乾	兌	艮	離	坎	坤
壬申	辛巳	庚寅	己亥	戊申	丁巳		巽	中	乾	兌	艮	離	坎	坤	震

② 중원(中元) : 1924년 갑자(甲子)부터 계해까지 60년간

中元						四綠	五黃	六白	七赤	八白	九紫	一白	二黑	三碧
甲子	癸酉	壬午	辛卯	庚子	己酉	戊午	中	乾	兌	艮	離	坎	坤	震	巽
乙丑	甲戌	癸未	壬辰	辛丑	庚戌	己未	乾	兌	艮	離	坎	坤	震	巽	中
丙寅	乙亥	甲申	癸巳	壬寅	辛亥	庚申	兌	艮	離	坎	坤	震	巽	中	乾
丁卯	丙子	乙酉	甲午	癸卯	壬子	辛酉	艮	離	坎	坤	震	巽	中	乾	兌
戊辰	丁丑	丙戌	乙未	甲辰	癸丑	壬戌	離	坎	坤	震	巽	中	乾	兌	艮
己巳	戊寅	丁亥	丙申	乙巳	甲寅	癸亥	坎	坤	震	巽	中	乾	兌	艮	離
庚午	己卯	戊子	丁酉	丙午	乙卯		坤	震	巽	中	乾	兌	艮	離	坎
辛未	庚辰	己丑	戊戌	丁未	丙辰		震	巽	中	乾	兌	艮	離	坎	坤
壬申	辛巳	庚寅	己亥	戊申	丁巳		巽	中	乾	兌	艮	離	坎	坤	震

③ 하원(下元) : 1984년 갑자부터 계해까지 60년간

下元						七赤	八白	九紫	一白	二黑	三碧	四綠	五黃	六白
甲子	癸酉	壬午	辛卯	庚子	己酉	戊午	中	乾	兌	艮	離	坎	坤	震	巽
乙丑	甲戌	癸未	壬辰	辛丑	庚戌	己未	乾	兌	艮	離	坎	坤	震	巽	中
丙寅	乙亥	甲申	癸巳	壬寅	辛亥	庚申	兌	艮	離	坎	坤	震	巽	中	乾
丁卯	丙子	乙酉	甲午	癸卯	壬子	辛酉	艮	離	坎	坤	震	巽	中	乾	兌
戊辰	丁丑	丙戌	乙未	甲辰	癸丑	壬戌	離	坎	坤	震	巽	中	乾	兌	艮
己巳	戊寅	丁亥	丙申	乙巳	甲寅	癸亥	坎	坤	震	巽	中	乾	兌	艮	離
庚午	己卯	戊子	丁酉	丙午	乙卯		坤	震	巽	中	乾	兌	艮	離	坎
辛未	庚辰	己丑	戊戌	丁未	丙辰		震	巽	中	乾	兌	艮	離	坎	坤
壬申	辛巳	庚寅	己亥	戊申	丁巳		巽	中	乾	兌	艮	離	坎	坤	震

(2) 월가삼원자백표(月家三元紫白表)

① 상원 : 자오묘유년(子午卯酉年)

上元月	八白	九紫	一白	二黑	三碧	四綠	五黃	六白	七赤
正	中	乾	兌	艮	離	坎	坤	震	巽
二	乾	兌	艮	離	坎	坤	震	巽	中
三	兌	艮	離	坎	坤	震	巽	中	乾
四	艮	離	坎	坤	震	巽	中	乾	兌
五	離	坎	坤	震	巽	中	乾	兌	艮
六	坎	坤	震	巽	中	乾	兌	艮	離
七	坤	震	巽	中	乾	兌	艮	離	坎
八	震	巽	中	乾	兌	艮	離	坎	坤
九	巽	中	乾	兌	艮	離	坎	坤	震
十	中	乾	兌	艮	離	坎	坤	震	巽
十一	乾	兌	艮	離	坎	坤	震	巽	中
十二	兌	艮	離	坎	坤	震	巽	中	乾

② 중원(中元) : 진술축미년(辰戌丑未年)

中元月	五黃	六白	七赤	八白	九紫	一白	二黑	三碧	四綠
正	中	乾	兌	艮	離	坎	坤	震	巽
二	乾	兌	艮	離	坎	坤	震	巽	中
三	兌	艮	離	坎	坤	震	巽	中	乾
四	艮	離	坎	坤	震	巽	中	乾	兌
五	離	坎	坤	震	巽	中	乾	兌	艮
六	坎	坤	震	巽	中	乾	兌	艮	離
七	坤	震	巽	中	乾	兌	艮	離	坎
八	震	巽	中	乾	兌	艮	離	坎	坤
九	巽	中	乾	兌	艮	離	坎	坤	震
十	中	乾	兌	艮	離	坎	坤	震	巽
十一	乾	兌	艮	離	坎	坤	震	巽	中
十二	兌	艮	離	坎	坤	震	巽	中	乾

③ 하원(下元) : 인신사해년(寅申巳亥年)

月＼下元	二黑	三碧	四綠	五黃	六白	七赤	八白	九紫	一白
正	中	乾	兌	艮	離	坎	坤	震	巽
二	乾	兌	艮	離	坎	坤	震	巽	中
三	兌	艮	離	坎	坤	震	巽	中	乾
四	艮	離	坎	坤	震	巽	中	乾	兌
五	離	坎	坤	震	巽	中	乾	兌	艮
六	坎	坤	震	巽	中	乾	兌	艮	離
七	坤	震	巽	中	乾	兌	艮	離	坎
八	震	巽	中	乾	兌	艮	離	坎	坤
九	巽	中	乾	兌	艮	離	坎	坤	震
十	中	乾	兌	艮	離	坎	坤	震	巽
十一	乾	兌	艮	離	坎	坤	震	巽	中
十二	兌	艮	離	坎	坤	震	巽	中	乾

일(日)의 자백법(紫白法)은 동지 전에서 가까운 갑자일에다 일백(一白) 다음날 이흑(二黑)……로 징한다. 20회를 반복하면 180일이니 양둔(陽遁)이 끝나고 하지 전에서 가까운 갑자일에다 구자(九紫)를 붙이고 다음날은 팔백(八白)……등으로 반복된다. 이때 1년 365일을 계산하면 1년에 5일씩 남게 되는데, 이것이 누적되면 음둔 양둔의 개시일이 동지 하지에 가까운 갑자일을 잃게 되므로 이 오차를 없애기 위해 11년에 1회꼴로 음둔 양둔의 윤(閏) 구간을 두어 240일로도 조정하고 있다.

5. 삼기제성연월(三奇帝星年月)

천기대요(天機大要)에 「삼기(三奇)는 을병정(乙丙丁)을 말한다. 이는 상계(上界)의 진재(眞宰)이므로 능히 하토(下土 : 地上)의 악살(惡煞)을 제압하여 길함이 극중(極重)에 응하고 사용하기에도 가장 편하다」고 하였다. 삼기는 천상삼기(天上三奇)는 갑무경(甲戊

庚)이요, 지하삼기(地下三奇)는 을병정이며, 인중삼기(人中三奇)는 임계신(壬癸辛)이다. 그러나 지금은 을병정만을 사용한다.

시결(詩訣) 冬至坎上 起甲子 立春艮山 好向離
　　　　　동지감상　기갑자　입춘간산　호향리
　　　　春分震上 從巽去 立夏乘風 入中隨
　　　　　춘분진상　종손거　입하승풍　입중수
　　　　夏至離宮 宜逆遁 立秋臨坤 坎向移
　　　　　하지이궁　의역둔　입추임곤　감향이
　　　　秋分自喜 求小女 立冬從天 向中推
　　　　　추분자희　구소녀　입동종천　향중추

이는 8절을 따라 갑자를 일으키는데 동지 후에는 양둔(陽遁)이니 순행하고 하지 후는 음둔(陰遁)이니 역행하는데, 그 해 태세(太歲)까지 진행하고 태세가 닿는 궁에서부터는 월건법(月建法)으로 진행하여 을병정이 닿는 궁을 찾는 것이다.

경오(庚午)년 동지 후의 예(순행)　　　신미(辛未)년 하지 후의 예(역행)

巽四 丁卯 甲申	中五 戊辰	乾六 己巳 乙酉		巽四 己巳 丁酉	中五 戊辰 丙申	乾六 丁卯 乙未
震三 丙寅 癸未		兌七 庚午年 正月建 戊寅 丁亥		震三 庚午		兌七 丙寅 甲午
坤二 乙丑 壬午		艮八 己卯		坤二 辛未年 正月建 庚寅		艮八 乙丑 癸巳
坎一 甲子 辛巳		離九 庚辰		坎一 辛卯		離九 甲子 壬辰

제1장 5대 길신 179

순행
동지 후=감(坎)에서 갑자를 일으켜 순행하니 곤이 을축이 된다.
입춘 후=간(艮)에서 갑자를 일으켜 순행한다.
춘분 후=진(震)에서 갑자를 일으켜 순행한다.
입하 후=손(巽)에서 갑자를 일으켜 중궁으로 순행한다.

역행
하지 후=이(離)에서 갑자를 일으켜 역행한다.
입추 후=곤(坤)에서 갑자를 일으켜 역행한다.
추분 후=태(兌)에서 갑자를 일으켜 역행한다.
입동 후=건(乾)에서 갑자를 일으켜 역행한다.

 가령 경오년 동지 후라면 감에서 갑자를 일으켜 순행한다. 을축이 곤(坤) 병인이 진(震)의 순으로 진행하면 경오태세(庚午太歲)가 태궁(兌宮)에서 닿는다. 태궁에서는 월건(月建)을 일으키는 것이니, 을경(乙庚)년 정월은 무인(戊寅)이므로 순행하면 간궁(艮宮)이 기묘 이궁(己卯離宮)이 경진 등으로 진행되어 중궁(中宮)에 을유 건궁에 병술 태궁에 정해(丁亥)가 된다. 따라서 을병정(乙丙丁)은 중건태방(中乾兌方)이 된다.

 또 신미년 하지 후는 이궁(離宮)에서 갑자를 일으켜 역행하므로 간(艮)이 을축 등의 순으로 진행하면 태세 신미는 곤궁(坤宮)에 닿는다. 신미 곤궁에서는 월건법(月建法)으로 역행하므로 경인이 곤궁, 신묘가 감궁, 임진이 이궁(離宮)으로 역행하면 을미는 건궁, 병신은 중궁(中宮), 정유는 손궁(巽宮)이 되니 을병정은 건중손방(乾中巽方)에 이른다.

6. 진녹마귀인법(眞祿馬貴人法)

 양균송의 조명가(造命歌)에 「공록공귀 희도산(拱祿拱貴 喜到

山)하고 비마임방 위유길(飛馬臨方 爲愈吉)이라」 함은 활록(活祿)·활귀인(活貴人)·활마(活馬)를 말하는 것이다. **명(命)의 귀인 녹마(祿馬)는 태세를 중궁에 넣고 찾는 것이고, 태세의 귀인 녹마는 월건을 중궁에 넣고 찾는 것이다.** 혹 산(山)에 비도(飛到)한다거나 혹 향(向)에 이르면 모두 길하다. 이는 능히 중하등의 흉살을 제압할 수 있으나 세파(歲破)·월파(月破)·삼살(三煞) 등은 억제할 수 없다.

① 진녹마귀인표(眞祿馬貴人表)

太歲	眞祿	眞陽貴	眞陰貴	眞馬	眞馬
甲	丙寅	辛未	丁丑	丙寅(申子辰年)	壬申(寅午戌年)
乙	己卯	甲申	戊子	丁亥(巳酉丑年)	辛巳(亥卯未年)
丙	癸巳	丁酉	己亥	庚寅(申子辰年)	丙申(寅午戌年)
丁	丙午	辛亥	己酉	辛亥(巳酉丑年)	乙巳(亥卯未年)
戊	丁巳	乙丑	己未	甲寅(申子辰年)	庚申(寅午戌年)
己	庚午	丙子	壬申	乙亥(巳酉丑年)	己巳(亥卯未年)
庚	甲申	己丑	癸未	戊寅(申子辰年)	甲申(寅午戌年)
辛	丁酉	庚寅	甲午	己亥(巳酉丑年)	癸巳(亥卯未年)
壬	辛亥	癸卯	己巳	壬寅(申子辰年)	戊申(寅午戌年)
癸	甲子	丁巳	乙卯	癸亥(巳酉丑年)	丁巳(亥卯未年)

위와 같이 진녹마귀인(眞祿馬貴人)이어야 바야흐로 내 것이 된다. 이는 1년 중 진녹마귀가 어느 궁에 드는지를 보는 법이기도 하다. 가령 병인생 명(命)의 진록(眞祿)은 계사(癸巳)이고 진양귀(眞陽貴)는 정유(丁酉)이고 진음귀는 기해(己亥)이며 진마(眞馬)는 병신(丙申)이다. 〔월건법으로 찾는다〕

辛庚己戊	丁丙乙甲	己戊丁丙
巳寅**亥**申	丑戌未辰	卯子**酉**午
庚己戊丁	癸壬辛庚	乙甲癸壬
辰丑戌未	酉午卯子	亥申巳寅
丙乙甲癸	戊丁**丙**乙	甲癸壬辛
子酉午卯	寅亥**申**巳	戌未辰丑

계유년에 조장(造葬)한다면 곤이궁(坤二宮)에 양귀(陽貴)가 이르고 손사궁(巽四宮)에 음귀가 이르니 이곳을 조수(造修)할 경우 대길하고 감궁은 다음으로 길하다.

태세의 녹마귀인도 왼쪽과 같은 방법으로 활용하는 것이다.

마(馬)가 도산(到山)함은 부귀하고 녹이 도산함은 자손이 왕(旺)하고 귀인이 도산하면 가장 길하다.

② 활귀인법(活貴人法)

이는 납갑(納甲)의 합(合)되는 자(字)로 활귀인으로 사용하는 법인데, 제살(制煞)이 강력하고 그 방(方)의 신조(新造)나 수조(修造)는 대실하다. 사용법은 아래 표를 참고하고 널리 활용하기 바란다.

納甲	干合	양귀인	음귀인
乾納甲	甲己合	己未	己丑
坤納乙	乙庚合	庚申	庚子
震納庚	庚合乙	乙丑	乙未
巽納辛	辛合丙	丙寅	丙午
坎納癸	癸合戊	癸巳	癸卯
離納壬	壬合丁	丁卯	丁巳
艮納丙	丙合辛	辛酉	辛亥
兌納丁		丁亥	丁酉

예 ① 사유산(四維山)의 경우 귀인 도산법(到山法)

가령 건산(乾山)이라면 건납갑(乾納甲)이니 갑의 귀인을 찾으면 축미(丑未)이다. 갑은 기(己)와 합하므로 활기인은 기미(己未) 기

182 제2부 실용 신살

축(己丑)이 된다. 옆 그림과 같이 무자월(戊子月)을 사용할 경우 기축귀인(己丑貴人)이 건산(乾山)에 이른다. 또 무오월을 사용한다면 기미귀인(己未貴人)이 건궁에 이르니 그 방이 대길하다.

예 ② 천간산의 경우 귀인 도산법

가령 갑산(甲山)이라면 갑의 귀인은 축미(丑未)에 있다. 갑은 기(己)와 합하니 활귀인은 기미 기축이 된다. 임오월을 사용한다면 진궁(震宮)의 갑산에 기축이 이른다. 또 임자월을 사용할 경우 기미 활귀인이 진궁 갑산에 이른다.

예 ③ 지지산 활귀인 도산법

가령 유산(酉山)이라면 태(兌)이니 태는 정(丁)을 납(納)한다. 정의 귀인이 해유(亥酉)이니 활귀인은 정해정유가 된다. 을유월을 사용할 경우 을유월을 중궁에 넣고 돌려보면 정해(丁亥) 활귀인이 태궁에 닿는다. 만약 을미월을 사용한다면 정유(丁酉) 활귀인이 태궁에 이른다.

제2장 기타 제신(諸神)(부록)

1. 존성 제성(尊星帝星)

 존성(尊星)이란 천을(天乙)을 말하고, 제성(帝星)이란 태을(太乙)을 말한다. 천하(天河)가 운전함에 사길성(四吉星)이 있으니 존성·옥인(玉印)·제성·옥청(玉淸)의 순으로 8방을 돌며 한 바위를 건너뛰고 배치된다. 이 4성이 좌향(坐向)에 이르면 중소 살(煞)을 제압해 주어 대길하다. 일으키는 법은 상원(上元)과 하원갑자(下元甲子)는 존성을 건(乾)에서 일으키고 중원갑자(中元甲子)는 존성을 감에서 일으키는데, 구궁(九宮) 순으로 태세까지 짚어 나가되 중궁은 건너뛴다. 태세가 닿는 궁에다가 존성을 붙이고 다시 시계방향으로 한 칸씩 건너뛰어 옥인·제성·옥청을 붙인다.

 4성(星) 기본 배치도

존성재건도(尊星在乾圖)

帝星	離	玉淸
震		兌
玉印	坎	尊星

상하원의 갑자년의 예이고 을축년이라면 태궁에 존성이 붙고 병인년은 간궁(艮宮)으로 간다

존성재감도(尊星在坎圖)

巽	帝星	坤
玉印		玉淸
艮	尊星	乾

중원의 갑자년은 존성이 감궁에 붙고, 을축년은 존성이 곤궁에 붙고, 병인년은 진궁에 붙고 정묘년은 손궁에 붙고 무진년은 중궁을 건너뛰고 건궁에 존성이 붙는다. 이하도 이와 같이 추리할 것이다.

연가존제(年家尊帝) 조견표

육갑년별	상원	중원	하원
甲子 壬申 庚辰 戊子 丙申 甲辰 壬子 庚申	尊星乾	尊星坎	尊星在乾
乙丑 癸酉 辛巳 己丑 丁酉 乙巳 癸丑 辛酉	尊星兌	尊星坤	尊星在兌
丙寅 甲戌 壬午 庚寅 戊戌 丙午 甲寅 壬戌	尊星艮	尊星震	尊星在艮
丁卯 乙亥 癸未 辛卯 己亥 丁未 乙卯 癸亥	尊星離	尊星巽	尊星在離
戊辰 丙子 甲申 壬辰 庚子 戊申 丙辰	尊星坎	尊星乾	尊星在坎
己巳 丁丑 乙酉 癸巳 辛丑 己酉 丁巳	尊星坤	尊星兌	尊星在坤
庚午 戊寅 丙戌 甲午 壬寅 庚戌 戊午	尊星震	尊星艮	尊星在震
辛未 己卯 丁亥 乙未 癸卯 辛亥 乙未	尊星巽	尊星離	尊星在巽

월가존제성기법(月家尊帝星起法)

년＼월	正	二	三	四	五	六	七	八	九	十	十一	十二
辛癸年	巽	乾	兌	艮	離	坎	坤	震	巽	乾	兌	艮
乙丁己年	震	巽	乾	兌	艮	離	坎	坤	震	巽	乾	兌
甲丙戊庚壬年	艮	離	坎	坤	震	巽	乾	兌	艮	離	坎	坤

가령 갑병무경임(甲丙戊庚壬)년이라면 정월은 간궁(艮宮)에서 존성을 일으켜 손궁(巽宮)은 옥인(玉印)이 되고 곤궁(坤宮)은 제성이 되고 건궁(乾宮)은 옥청(玉淸)이 된다. 나머지도 이와 같은 방법으로 배치된다.

일가존제성(日家尊帝星) 기예(起例)

동지 후	하지 후	日 辰							
尊星在乾	尊星在坎	甲子	壬申	庚辰	戊子	丙申	甲辰	壬子	庚申
〃 兌	〃 坤	乙丑	癸酉	辛巳	己丑	丁酉	乙巳	癸丑	辛酉
〃 艮	〃 震	丙寅	甲戌	壬午	庚寅	戊戌	丙午	甲寅	壬戌
〃 離	〃 巽	丁卯	乙亥	癸未	辛卯	己亥	丁未	乙卯	癸亥
〃 坎	〃 乾	戊辰	丙子	甲申	壬辰	庚子	戊申	丙辰	
〃 坤	〃 兌	乙巳	丁丑	乙酉	癸巳	辛丑	己酉	丁巳	
〃 震	〃 艮	庚午	戊寅	丙戌	甲午	壬寅	庚戌	戊午	
〃 巽	〃 離	辛未	己卯	丁亥	乙未	癸卯	辛亥	己未	

시가존제성(時家尊帝星) 기법(起法)

日干 / 時	甲日 己日		乙日 庚日		丙日 辛日		丁日 壬日		戊日 癸日	
子 時	乾	坎	坎	乾	乾	坎	坎	乾	乾	坎
丑 時	兌	坤	坤	兌	兌	坤	坤	兌	兌	坤
寅 時	艮	震	震	艮	艮	震	震	艮	艮	震
卯 時	離	巽	巽	離	離	巽	巽	離	離	巽
辰 時	坎	乾	乾	坎	坎	乾	乾	坎	坎	乾
巳 時	坤	兌	兌	坤	坤	兌	兌	坤	坤	兌
午 時	震	艮	艮	震	震	艮	艮	震	震	艮
末 時	巽	離	離	巽	巽	離	離	巽	巽	離
辛 時	乾	坎	坎	乾	乾	坎	坎	乾	乾	坎
酉 時	兌	坤	坤	兌	兌	坤	坤	兌	兌	坤
戌 時	艮	震	震	艮	艮	震	震	艮	艮	震
亥 時	離	巽	巽	離	離	巽	巽	離	離	巽

이상 존제성은 연월일시를 모두 갖췄을 때 그 힘이 강력하다.

2. 사리삼원(四利三元) (翠山증보)

四利＼年月日時	子	丑	寅	卯	辰	巳	午	未	申	酉	戌	亥
太陽	丑	寅	卯	辰	巳	午	未	申	酉	戌	亥	子
太陰	卯	辰	巳	午	未	申	酉	戌	亥	子	丑	寅
龍德	未	申	酉	戌	亥	子	丑	寅	卯	辰	巳	午
福德	酉	戌	亥	子	丑	寅	卯	辰	巳	午	未	申

가령 자년(子年)에 이장(移葬)하고자 한다면 축묘미유(丑卯未酉)월 가운데서 하나를 선택한다.

묘월(卯月)로 결정하였다면 진오술자일(辰午戌子日) 가운데서 하루를 가린다.

만약 술일(戌日)로 결정하였다면 해축사미(亥丑巳未)시 가운데서 한 시를 사용한다. 시는 반드시 당년(當年) 태세와 동일한 자(字)를 하여야 한다.

【주해】 사리삼원(四利三元)과 주마육임(走馬六壬)·통천규(通天竅)·개산황도(蓋山黃道) 등은 《협기변방서(恊紀辨方書)》에 있는 것이기 때문에 실었다.

이들이 혹 이치에 맞는 것도 있으나 혹 이치에 맞지 않는 것도 많으므로 반드시 다른 길성(吉星)과 함께 써야 한다. 가령 태양태음 용덕복덕은 길하고 나머지는 흉하다고 하는데, 진술축미(辰戌丑未)년의 태양은 겁살(劫煞)이 되므로 길할 수 없으며 인신사해(寅申巳亥)년의 복덕은 겁살이며 태음은 천관부(天官符)가 되고, 자오묘유(子午卯酉)년의 용덕(龍德)은 세살(歲煞)이 되는데 어떻게 길할 수 있단 말인가?

3. 주마육임(走馬六壬) (翠山증보)

四利＼年月日時	子	丑	寅	卯	辰	巳	午	未	申	酉	戌	亥
신 후	子	亥	戌	酉	申	未	午	巳	辰	卯	寅	丑
공 조	寅	丑	子	亥	戌	酉	申	未	午	巳	辰	卯
천 강	辰	卯	寅	丑	子	亥	戌	酉	申	未	午	巳
승 광	午	巳	辰	卯	寅	丑	子	亥	戌	酉	申	未
전 송	申	未	午	巳	辰	卯	寅	丑	子	亥	戌	酉
하 괴	戌	酉	申	未	午	巳	辰	卯	寅	丑	子	亥

주마육임은 야양사(陽山)에는 양연월일시를 사용하고 음산(陰山)에는 음연월일시를 사용하여야 한다. 천강(天罡)·전송(傳送) 하괴(河魁)·신후(神后)·공조(工曹) 등 6성은 길하고, 태을(太乙)·소길(小吉)·종괴(從魁)·등명(燈明)·대길(大吉)·태충(太冲) 등은 흉성(凶星)으로 한다.

양＝임자간인을진병오곤신신술(壬子艮寅乙辰丙午坤申辛戌)
음＝계축갑묘손사정미경유건해(癸丑甲卯巽巳丁未庚酉乾亥)

【주해】 흑도황도(黑道黃道)와 같은 것이다. 깊은 뜻은 없으나 전해오는 지 오래된 것이므로 기록한다. 이는 방위에 길신이 많이 모이면 길하고 길신(吉神)이 없으면 길할 수 없다는 것이다.

4. 통천규(通天竅) (翠山증보)

구분＼연월일시	子	丑	寅	卯	辰	巳	午	未	申	酉	戌	亥
대 길	艮寅	乾亥	坤申	巽巳	艮寅	乾亥	坤申	巽巳	艮寅	乾亥	坤申	巽巳
진 전	甲卯	壬子	庚酉	丙午	甲卯	壬子	庚酉	丙午	甲卯	壬子	庚酉	丙午
청 룡	乙辰	癸丑	辛戌	丁未	乙辰	癸丑	辛戌	丁未	乙辰	癸丑	辛戌	丁未

영재	坤申	巽巳	艮寅	乾亥	坤申	巽巳	艮寅	乾亥	坤申	巽巳	艮寅	乾亥
진보	庚酉	丙午	甲卯	壬子	庚酉	丙午	甲卯	壬子	庚酉	丙午	甲卯	壬子
고주	辛戌	丁未	乙辰	癸丑	辛戌	丁未	乙辰	癸丑	辛戌	丁未	乙辰	癸丑

가령 갑묘좌(甲卯坐) 조장길년(造葬吉年)은 자인진(子寅辰) 오신술년(午申戌年)이 길성과 부합되므로 자인진 오신술년 월일시를 사용해야 한다는 것이다. 이때 지원일기(地元一氣)로 4자(字)가 모두 같게 하면 더욱 좋다고 한다.

【주해】 이는 주마육임과 표리(表裏)가 되는 것이며, 역시 큰 이치는 없으나 민속으로 사용한 지 오래이므로 실었다. 소현(小懸)·소중(小重)·대길(大吉)·진전(進田)·청룡·소화(小火)·대화(大火)·대중(大重)·영재(迎財)·진보(進寶)·고주(庫珠)·대주(大州) 가운데서 대길·진전·청룡·영재·진보·고주만이 길하다.

5. 개산황도(蓋山黃道) (翠山증보)

연월일시 구분	子	丑	寅	卯	辰	巳	午	未	申	酉	戌	亥
탐랑	震庚亥未	艮丙	艮丙	乾甲	兌丁巳丑	兌丁巳丑	巽辛	坤乙	坤乙	離壬寅戌	坎癸申辰	坎癸申辰
거문	兌丁巳丑	巽辛	巽辛	離壬寅戌	震庚亥未	震庚亥未	艮丙	坎癸申辰	坎癸申辰	乾甲	坤乙	坤乙
무곡	巽辛	兌丁巳丑	兌丁巳丑	坤乙	艮丙	艮丙	震庚亥未	乾甲	乾甲	坎癸申辰	離壬寅戌	離壬寅戌
문곡	坤乙	離壬寅戌	離壬寅戌	巽辛	坎癸申辰	坎癸申辰	乾甲	震庚亥未	震庚亥未	艮丙	兌丁巳丑	兌丁巳丑

가령 자년(子年) 월일시에는 탐랑(貪狼)이 진경해미좌(震庚亥未

坐)에 닿고 축년일시에는 간내좌(艮內坐)에 닿는다. 이는 선천납갑(先天納甲)의 변괘(變卦)이며 파군(破軍)은 부천공망(浮天空亡)이고 염정(廉貞)은 독화(獨火)이므로 피하고 위 4길성만을 사용한다. 천기대요(天機大要)에서는 탐랑을 황라(黃羅)로 하고 거문(巨門)을 천황(天皇)으로 하고, 문곡(文曲)을 자단(紫檀)이라 하며, 무곡(武曲)을 지황(地皇)이라 하였는데, 효과는 같다.

【주해】 개산황도도 부분적인 이치는 인정되나 깊지 않으므로 사용에 참고하기 바란다.

6. 생기복덕(生氣福德) (翠山증보)

성별	一二三四五六七八 上中下中上中下中 生天絶遊禍福絶歸 氣醫體魂害德命魂		생기 生氣 吉	천의 天醫 吉	절체 絶體 平	유혼 遊魂 平	화해 禍害 凶	복덕 福德 吉	절명 絶命 凶	귀혼 歸魂 平
남	八八七六五四四三二十 九一三五七九一三五七	九	丑寅	辰巳	戌亥	午	卯	酉	子	未申
여	八七六五五四三二拾十 三五七九一三五七九一	四								
남	八八七六五四四三二十 八一二四六八一二四六	八一	卯	酉	子	未申	丑寅	辰巳	戌亥	午
여	八七六五五四三二二十 四六八十二四六八十二	五								
남	八七七六五四三三二十 七九一三五七九一三五	七	子	未申	卯	酉	戌亥	午	丑寅	辰巳
여	八七六六五四三二二十 五七九一三五七九一三	六								

남	八七七六五四三二十 六八十二四六八十二四	六	午	戌亥	辰巳	丑寅	未申	子	酉	卯
여	八七七六五四三二二十 六八十二四六八十二四	七								
남	八七六六五四三二二十 五七九一三五七九一三	五	未申	子	酉	卯	午	戌亥	辰巳	丑寅
여	八七七六五四三三二十 七九一三五七九一三五									
남	八七六六五四三二二十 四六八十二四六八十二	四	辰巳	丑寅	午	戌亥	酉	卯	未申	子
여	八八七六五四三二十 八十二四六八十二四六	八一								
남	八七六五五四三二十十 三五七九一三五七九一	三	酉	卯	未申	子	辰巳	丑寅	午	戌亥
여	八八七六五四三三二十 九一三五七九一三五七	九二								
남	八七六五五四三二十 二四六八十二四六八	十二	戌亥	午	丑寅	辰巳	子	未申	卯	酉
여	九八七六五五四三二十 十二四六八十二四六八	十三								

   남자는 시계방향으로 이궁(離宮)에서 1세를 일으켜 곤궁(坤宮)을 건너뛰고 태(兌)가 2세가 된다. 이때 처음만 건너뛰고 2세 이후에는 건너뛰지 않는다.
   여자는 감(坎)에서 1세를 일으켜 시계 반대방향으로 진행하는데 간궁(艮宮)을 건너뛰고 그 이상은 건너뛰지 않는다.

7. 이사방위(移徙方位)(翠山증보)

	연　령		天祿	眠損	食神	徵破	五鬼	合食	進鬼	官印	退食
남	七六五四三二十 三四五六七八九	十一	東	東南	中	西北	西	東北	南	北	西南
여	七六五四三二二十 四五六七八九〇 一	二									
남	七六五四三二二十 四五六七八九十一	二	西南	東	東南	中	西北	西	東北	南	北
여	七六五四三二二十 五六七八九十一二	三									
남	七六五四三二二十 五六七八九十一二	三	北	西南	東	東南	中	西北	西	東北	南
여	七六五四三二二十 六七八九十一二三	四									
남	七六五四三二二十 六七八九十一二三	四	南	北	西南	東	東南	中	西北	西	東北
여	七六五五四三二十 七八九十一二三四	五									
남	七六五五四三二十 七八九十一二三四	五	東北	南	北	西南	東	東南	中	西北	西
여	七六六五四三二十 八九十一二三四五	六									
남	七六六五四三二十 八九十一二三四五	六	西	東北	南	北	西南	東	東南	中	西北
여	七七六五四三二十 九十一二三四五六	七									
남	七七六五四三二十 九十一二三四五六	七	西北	西	東北	南	北	西南	東	東南	中
여	八七六五四三二十 十一二三四五六七	八									
남	八七六五四三二十 十一二三四五六七	八	中	西北	西	東北	南	北	西南	東	東南
여	八七六五四三二十 一二三四五六七八	九									
남	八七六五四三二十 一二三四五六七八	九	東南	中	西北	西	東北	南	北	西南	東
여	八七六五四三二十 二三四五六七八九	十一									

　남자는 1세를 진궁(震宮)에서 일으켜 구궁(九宮) 순으로 진행하니 2세가 손궁(巽宮)이 된다. 여자는 곤궁(坤宮)에서 1세를 일으켜 구궁 순으로 진행하니 2세는 진궁이 된다.

8. 흑황도법(黑黃道法) (翠山증보)

月로는 日辰을	日辰으론 時를 봄	青龍黃道	明堂黃道	玉堂黃道	金匱黃道	司命黃道	天德黃道	白虎黑道	天刑黑道	天獄黑道	朱雀黑道	玄武黑道	勾陳黑道
十一月	子	申	酉	卯	子	午	丑	寅	戌	辰	亥	巳	未
十二月	丑	戌	亥	巳	寅	申	卯	辰	子	午	丑	未	酉
正月	寅	子	丑	未	辰	戌	巳	午	寅	申	卯	酉	亥
二月	卯	寅	卯	酉	午	子	未	申	辰	戌	巳	亥	丑
三月	辰	辰	巳	亥	申	寅	酉	戌	午	子	未	丑	卯
四月	巳	午	未	丑	戌	辰	亥	子	申	寅	酉	卯	巳
五月	午	申	酉	卯	子	午	丑	寅	戌	辰	亥	巳	未
六月	未	戌	亥	巳	寅	申	卯	辰	子	午	丑	未	酉
七月	申	子	丑	未	辰	戌	巳	午	寅	申	卯	酉	亥
八月	酉	寅	卯	酉	午	子	未	申	辰	戌	巳	亥	丑
九月	戌	辰	巳	亥	申	寅	酉	戌	午	子	未	丑	卯
十月	亥	午	未	丑	戌	辰	亥	子	申	寅	酉	卯	巳

이 황도(黃道)는 능히 흉살(凶殺)을 화하는 길신이다. 결혼, 이사는 물론 기조(起造)·안장(安葬) 등 제사(諸事)에 대길하다. 이 황도법은 월에서 일진(日辰)을 찾고, 일진으로는 시(時)를 보는 것인데, 모든 행사에 길한 시간을 잡으려면 황도시(黃道時)를 씀이 좋다.

9. 양택성조운법(陽宅成造運法)(翠山증보)

巽 牛馬四角 8, 17, 26, 34, 43, 53, 62, 71, 80	離 大吉 9, 18, 27, 36, 44, 63, 72, 54, 81	坤 妻四角 1, 10, 19, 28, 37, 46, 56, 64, 73
震 大吉 7, 16, 24, 33, 42, 52, 61, 70, 79	中 蠶四角 5, 45, 75, 15, 50, 25, 55, 35 65, 35	兌 大吉 2, 11, 20, 29, 38, 47, 57, 66, 74
艮 自四角 6, 14, 23, 32, 41, 51, 60, 69, 78	坎 大吉 4, 13, 22, 31, 40, 49, 59, 68, 77	乾 父母四角 3, 12, 21, 30, 39, 48, 58, 67, 76

집을 짓고자 하는 나이가 어디에 해당하는지를 보는 것이다. 대길은 길하고 잠사각(蠶四角)과 자사각(自四角)은 대흉하고, 처사각(妻四角)은 처에 해롭고, 부모사각(父母四角)은 부모에 해로우니 해당인이 없으면 무방하고, 우마사각(牛馬四角)에는 축사를 고치거나 하는 일은 하지 않는다.

이는 금루사각법(金樓四角法)과 성조사각법(成造四角法)이 있는데 금루사각법은 쓰지 않는다.

10. 입관길시(入棺吉時)(翠山증보)

자일(子日)=갑경시(甲庚時)	축일(丑日)=을신시(乙辛時)
인일(寅日)=을계시(乙癸時)	묘일(卯日)=병임시(丙壬時)
진일(辰日)=정갑시(丁甲時)	사일(巳日)=을경시(乙庚時)
오일(午日)=정계시(丁癸時)	미일(未日)=을신시(乙辛時)
신일(申日)=갑계시(甲癸時)	유일(酉日)=정임시(丁壬時)
술일(戌日)=경임시(庚壬時)	해일(亥日)=을신시(乙辛時)

11. 염(殮)하는 시(時) (翠山증보)

甲子日=申酉時.	乙丑日=日出時.	丙寅日=亥子時.	丁卯日=寅卯午.
戊辰日=巳申時.	己巳日=巳午申時.	庚午日=辰巳時.	辛未日=巳午丑未.
壬申日=未申亥時.	癸酉日=辰申時.	甲戌日=日入時.	乙亥日=酉亥時.
丙子日=日出時.	丁丑日=寅卯時.	戊寅日=辰巳時.	己卯日=巳申時.
庚辰日=巳申時.	辛巳日=巳未丑.	壬午日=巳未時.	癸未日=丑未時.
甲申日=酉亥時.	乙酉日=申酉時.	丙戌日=戌亥時.	丁亥日=巳未時.
戊子日=寅申時.	己丑日=丑未時.	庚寅日=丑申時.	辛卯日=丑未時.
壬辰日=日入時.	癸巳日=丑未時.	甲午日=巳未時.	乙未日=日入時.
丙申日=日出時.	丁酉日=寅卯辰.	戊戌日=巳申時.	己亥日=巳申時.
庚子日=戌亥時.	辛丑日=丑寅時.	壬寅日=亥子時.	癸卯日=丑未時.
甲辰日=寅甲時.	乙巳日=亥子時.	丙午日=寅卯時.	丁未日=亥子時.
戊申日=寅申時.	己酉日=巳申時.	庚戌日=巳申時.	辛亥日=巳未時.
壬子日=辰戌時.	癸丑日=丑未時.	甲寅日=寅申酉.	乙卯日=申酉時.
丙辰日=巳亥時.	丁巳日=亥子時.	戊午日=巳申時.	己未日=午申時.
庚申日=辰巳時.	辛酉日=寅申時.	壬戌日=丑寅時.	癸亥日=巳申時.

12. 신(神)이 있다는 날 (기도하는 날) (翠山증보)

甲子	乙丑	丁卯	戊辰	辛未	壬申	癸酉	甲戌	丁丑	己卯	庚辰	壬午
甲申	乙酉	丙戌	丁亥	己丑	辛卯	甲午	乙未	丙申	丁酉	己巳	丙午
丁未	戊申	己酉	庚戌	乙卯	丙辰	丁巳	戊午	己未	辛酉	癸亥	

이상 35일은 신(神)이 날짜에 있으므로 제축(祭祝)을 지내면 효과

가 크다고 한다. 이를 선택종경(選擇宗鏡)에서는 「신(神)은 있지 아니하는 곳이 없는데, 하필 이 35일에만 있고 다른 달에는 없는가?」하고 꾸짖었으나, 지금까지 모두가 사용하고 있으므로 부록에 소개하는 것이다. 이 날의 출처는 옥갑기(玉甲記)이며 원래는 31일 이었는데, 전해오면서 4일이 늘었다. 옥갑기에는 「31일에는 제신(諸神)이 인간에 있으며, 지부(地府)에 제축하면 수복(受福)하며 다른 날은 제신이 재천(在天)하므로 복을 구하려다 반대로 화를 부른다」하였다. 이를 아래 칠군하림일(七君下臨日)과 합하면 길하다.

칠군하림일(七君下臨日)

```
정월=3, 7, 15, 22, 26, 27일
2 월=3, 7, 8, 15, 22, 26, 27일
3 월=3, 7, 8, 15, 22, 26, 27일
4 월=3, 7, 8, 15, 22, 26, 27일
5 월=3, 7, 8, 15, 22, 26, 27일
6 월=3, 7, 8, 15, 22, 26, 27일
7 월=3, 7, 8, 15, 22, 27일
8 월=3, 7, 8, 11, 15, 19, 22, 27일
9 월=3, 7, 8, 15, 19, 22, 27일
10월=3, 7, 8, 15, 22, 27, 28일
11월=3, 7, 8, 15, 25, 27일
12월=3, 7, 8, 15, 26, 27일
```

13. 상길 칠성일(上吉 七聖日)(翠山증보)

辛未 壬申 癸酉 己卯 壬午 甲申 壬寅 甲辰 丙午 己酉 庚戌 丙辰

己未 庚申 辛酉 이상 15일은 통서(通書)의 대명 상길일(大明上吉日)이고, 이순풍(李淳風)은,

丙寅 丁卯 戊辰 己巳 壬申 癸酉 甲戌 乙亥 丙子 丁丑 庚辰 辛巳 申申 乙酉 戊子 乙丑 庚寅 辛卯 甲午 乙未 戊戌 己亥 壬寅 癸卯 甲辰 乙巳 戊申 己酉 庚戌 壬子 癸丑 甲寅 乙卯 戊午 己未 庚申 辛酉 등 37일로 하였다.

칠성(七聖)이란 황제(黃帝)·원녀(元女)·문왕(文王)·주공(周公)·공자(孔子)·천로(天老)·동중서(董仲舒)를 말한다. 이 날은 백사(百事)에 모두 길하다 한다. 천로인(天老人)은 황제 때 사람이라 하며 원여인(元女人)이란 사람이 아닌데, 사람인 것처럼 잘못 전해진 것 같다. 원(元)이란 천(天)의 색(色)을 일컫는 말이고, 여(女)란 모(母)를 말하니 만물의 어머니를 말한다.

14. 복단일(伏斷日) (翠山증보)

화장실을 짓고, 둑을 쌓고, 구멍을 막고, 길을 폐쇄하는 데 길하고, 장사(葬事)에는 불기(不忌)한다. 결혼·여행·집수리·부임 등 흥사(興事)에는 꺼린다. 복단일(伏斷日)은 밀일(密日) 재의일(裁衣日)과 함께 28숙(宿)에서 나온 것이며, 서역복단(西域伏斷)으로부터 온 것이다. 28숙을 십이지일(十二支日)에다 배속하여 두 바퀴를

복단일 성립도

돌리고도 4위(位)의 차(差)가 난 데서 나온 것이니, 순공(旬空)과 노공(路空)과 같은 뜻이 있다. 또 복단시는 항금우금(亢金牛金) 누금(婁金) 귀금(鬼金) 사금숙시(四金宿時)를 말하는데, 그 법은 칠원갑자(七元甲子)에서 일으킨 것이다. 이 칠원설(七元說)은 그 의(義)가 실(實)에 통하지 않는데도 사용되고 있다. 대개 이(理)는 자연수(自然數)에 통하고 이(理)에 합하여야 되는 것인데, 민속신살(民俗神煞)은 이(理)의 뿌리를 댈 수가 없을 때도 있다. 일주(一周)는 28숙을 세 번 돌리면 84일이 되는데, 일으키는 법은 자일(子日)에다 허(虛)를 일으키고 축일(丑日)은 두(斗), 인실(寅室), 묘녀(卯女), 진기(辰箕), 사방(巳房), 우각(牛角), 미장(未張), 신귀(申鬼), 유자(酉紫), 술위(戌胃), 해벽(亥壁)으로 가는데, 12지는 28숙과 두 번 만나고도 4위가 남으니 4위마다 12지를 붙여서 복단일이 된다.

15. 중일(重日)·복일(復日)

이 날은 범하면 거듭 상(喪)을 당한다는 세속의 풍속이 지금까지 지켜지고 있다. 그러나 학문적인 의의는 없다. 대개 중일(重日)은 사해일(巳亥日)을 말하고, 복상일(復喪日)은 정월 갑일, 2월 乙日 등을 말한다. 사해일은 음양이 끝나고(하지 동지) 변하는 날이므로 파토(破土), 안장(安葬)을 꺼린다 하고 복일(復日)은 맹중월(孟仲月)에서는 건록(建祿)이 되므로 길함이 더할 수 없는데 어찌 꺼린다 하겠는가? 독자들은 정법을 따라야 할 것이다.

	정월	2월	3월	4월	5월	6월	7월	8월	9월	10월	11월	12월
복일	甲寅	乙卯	戊辰	丙午	丁巳	己未	庚申	辛酉	戊戌	壬子	癸亥	己丑

위 중상일(重喪日)은 초상(初喪)에는 불길하나 이장(移葬)에는

무방한 것으로 되어 있다. 옛 고현(古賢)들도 그러하였다.

① 중상(重喪) 막이법 : 사자부(四字符)＝正, 3, 6, 9, 12월은 육경천형(六庚天刑). 2월은 육신천정(六辛天庭). 4월은 육임천뢰(六壬天牢). 5월은 육계천옥(六癸天獄). 7월은 육갑천복(六甲天福). 8월은 육을천덕(六乙天德). 10월은 육병천위(六丙天威). 11월은 육정천을(六丁天乙).

② 중상(重喪) 막이법 : 천지무정처 일월재허공 본래무남북 하허유동서 차신유하죄 토입위성수(天地無定處 日月在虛空 本來無南北 何虛有東西 此身有何罪 土入爲城守)

이상과 같은 글을 경면주사를 갈아써서 관 위에 놓고 장사지낸다.

16. 토왕용사(土王用事)

토왕용사는 수조(修造)·동토(動土)·파토(破土) 등 일을 꺼린다 한다. 이는 토부(土府)와 뜻이 같은 것인데, 다만 토부는 하루로 끝나는 데 비하여 토왕용사는 입전(立前 : 四季의 끝) 18일간을 꺼린다 함이 다르다 이 역시 민속신살(民俗神煞)이다.

17. 제사불의(諸事不宜)

큰달은 30일 작은달은 29일인데, 월회(月晦)가 되기 때문에 나쁘다는 것이다.

18. 월기일(月忌日)

월기일(月忌日)은 매월 초 5일, 14일, 23일 등 3일이니 하도(河圖)의 중궁(中宮)을 말한다. 중궁은 5이며 5는 군상(君象)이니 서민은 감히 범할 수 없다는 것이다. 이 살(煞)은 태세(太歲)의 퇴황살

(堆黃煞)이므로 가취(嫁娶)나 조장(造葬)에서는 피하여야 한다고 한다. 협기(協紀)에서는 중궁 오황살을 이치가 있으므로 반드시 피하라고 하였다 그러나 역시《제동야어(齊東野語)》에 실려 있는 민속신살임에는 틀림없다.

① 태세로 퇴황살이니 비(卑)가 존(尊)을 범하여 흉하다는 것인데, 월기일과는 다른 것이다.

② 이 날은 국가에서도 불용(不用)하니 국사(國事)도 신민(臣民)을 위하는 정책이기 때문이다.

19. 일식 월식일(日食 月食日)

일식과 월식일로부터 전후 7일간은 조장(造葬)할 수 없다고 한다. 그러나 이것도 이(理)가 없는 것이다. 일식이나 월식은 지구나 달의 그림자일 뿐 태양계가 운행을 중지하는 것은 아니기 때문이다.

20. 양공기일(楊公忌日)

세속에서 이 날은 출행(出行), 이사, 입택(入宅), 분거(分居) 등에 꺼린다 하고 거사(擧事)에도 불리하다고 한다. 이것은 황당한 민속신살이니 구애되지 말 것이다. 이는 일으키는 법은 월(月)의 대소를 불문하고 28일을 1주기로 하여 정월 13일 시작하여 매 월마다 퇴(退) 2일 한다. 즉 2월 11일, 3월 9일, 4월 7일, 5월 5일, 6월 3일, 7월 1일, 8월 27일, 9월 25일, 10월 23일, 11월 21일, 12월 19일로 끝난다.

21. 절로공망(截路空亡) (부록)

절로공망(截路空亡)은 시(時)의 천간(天干)이 임계(壬癸)가 되는 것을 말한다. 천간으로 임계는 끝 두 자이니 더 나갈 길이 없다고 하여 절노공망이 된다 함이 그 하나이고, 또 하나는 기문(奇門)에서 을병정(乙丙丁)을 중요시하는데, 임계는 병정(丙丁)을 극(剋)한다 하여 그렇게 한 것이다. 대개 일간으로 시를 찾아서 갑을시는 무길무흉시(無吉無凶時)라 하고 병정(丙丁)시는 희신(喜神)이라 하고 무기시(戊己時)는 오귀시(五鬼時)라 하고 경신신(庚辛時)는 금신시(金神時)라 하고 임계시(壬癸時)는 절로공망이라 한 것이다.

시(詩)에

甲己辛酉 最爲愁 乙庚午未 不須求　갑기신유 최위수 을경오미 불수구
丙辛辰巳 何勞問 丁壬寅卯 一場空　병신진사 하로문 정임인묘 일장공
戊癸二日 四時空 子丑戌亥 四時夏　성규이일 사시공 자축술해 사시하

이 밖에도 **천구(天狗)**는 제사(祭祀)를 꺼린다 하고 **사불상일(四不祥日)**은 상관부임(上官赴任)을 꺼린다 하며, **태백살(太白煞)**을 포함하여 **오합오리일(五合五離日)**·**백기일(百忌日)**·**상올하올(上兀下兀)** 등 세속신살이 4,5백 종도 넘게 전해지고 있다(그 중에는 지금까지도 중요시하고 있는 것도 있다). 그러나 이들은 대개 의리(義理)가 깊지 않으므로 믿고 사용하기에는 부족하다. 학자들은 정리(正理)를 따라 대도(大道)를 걸을 것이나 민속신살을 연구하고자 하면 《협기변방(協紀辨方)》의 부록조를 보기 바란다.

22. 24산(山)의 납갑간으로 장운(葬運) 정하는 법(翠山증보)

24산의 장운(葬運)은 결정할 때 납갑간(納甲干)으로 하여 귀인(貴人)·녹(祿)·삼합(三合)·인수(印綬) 등으로 당왕(當旺)함을 취하는 것도 좋은 방법이다. 이에다가 삼살(三煞), 형(刑), 충(冲), 파(破), 해(害)와 그 밖에 대살(大煞)을 피해서 결정한다.

(1) 사유산(四維山)

간지 \ 사유산	간산(艮山)	손산(巽山)	곤산(坤山)	건산(乾山)
소속 五行	무토(戊土)	을목(乙木)	기토(己土)	경금(庚金)
납갑(納甲)	丙	辛	乙癸	壬甲
녹(祿)	丙祿巳 戊祿巳	(八煞) 辛祿酉 乙祿卯	(八煞) 乙祿卯 癸祿子	壬祿亥 甲祿寅
귀인(貴人)	丙貴酉亥 戊貴丑未	辛貴午寅 乙貴子申	乙己貴子申 癸貴巳卯	壬貴卯巳 甲貴丑未
합(合)	丙合辛 戊合癸	辛合丙 乙合庚	乙合庚 癸合戊	壬合丁 甲合己
인(印)	丁午	壬亥	丙巳	己丑未
왕(旺)	辰戌丑未	寅卯	辰戌丑未	辛酉

(2) 팔간산(八干山)

간지 \ 팔간산	壬山	癸山	甲山	乙山	丙山	丁山	庚山	辛山
納甲	離	坎	乾	坤	艮	兌(酉)	震(卯)	巽
祿	亥	子	寅	卯(八煞)	巳	午	申(八煞)	酉(八煞)
貴人	卯巳	卯巳	未丑	申子	酉亥	亥酉	丑未	午寅
合	丁	戊	己	庚	辛	壬	乙	丙
印	辛酉	庚申	子癸	壬亥	乙卯	甲寅	己丑未	戊辰戌
比旺	亥子	子亥	寅卯	寅卯	巳午	巳午	辛酉	辛酉

(3) 12지산(十二支山)

십이지산 \ 간지	子山	丑山	寅山	卯山	辰山	巳山	午山	未山	申山	酉山	戌山	亥山
所屬五行	癸水	己土	甲木	乙木	戊土	丙火	丁火	己土	庚金	辛金	戊土	壬水
納甲	戊癸	丁	己壬	庚	戊癸	丁	己壬	庚	戊癸	丁	壬己	庚
祿	戊祿巳 癸祿子	己祿午 (丑午害) 丁祿午	己祿午 (丑午害) 丁祿午	庚祿申	戊祿巳 癸祿子	丁祿午	壬祿亥 (八煞大忌)	庚祿申 己祿午	戊祿巳 癸祿子	丁祿午	壬祿亥 (八煞大忌) 己祿午	庚祿申 (申亥害)
貴人	戊貴丑未 (子未害) 癸貴巳卯 (子卯刑)	己貴子申 丁貴亥酉	甲貴丑未 己貴子申 壬貴卯巳 (寅巳害)	庚貴丑未 乙貴申	戊貴丑未 癸貴卯巳	丁貴在酉	壬貴卯巳 丁貴在酉 己貴申	庚貴未 己貴申	戊貴丑未 癸貴卯巳	丁貴亥酉 辛貴午申	壬貴卯巳 戊貴丑未 己貴子申 (三刑忌)	庚貴丑未 壬貴卯
合	(墓車不取) 丑申辰	子巳酉	亥午	(墓車不取) 戌亥未	酉申子	(墓車不取) 申酉丑	(墓車不取) 未寅戌	午卯亥	(墓車不取) 巳子辰	(墓車不取) 辰巳丑 (巳爲八煞大)	卯寅午	寅卯未 (未忌)
印	庚申	丙巳	癸子	壬亥	丁午	乙卯	甲寅	丙己	己丑未	戊辰 (酉戌害)	丁午	辛酉
旺	亥子	辰	寅卯	寅卯	丑未	巳午	巳午	辰未	辛酉	辛酉	戌	亥子

23. 오합일(五合日) · 오리일(五離日)

이는 통서에 기록되어 있으나 근거가 불충분하다. 그러나 술가들이 많이 사용하므로 기술하기로 한다.

甲寅乙卯=천지합(天地合)이니 기복에 길하고,

甲申乙酉=日月離이니 불리하다.

丙寅丁卯=일월합(日月合)이니 개광(開光)에 길하고,

丙申丁酉=음양리(陰陽離)이니 흉하다.

戊寅己卯=인민합(人民合)이니 혼인에 길하고,

戊申己酉=인민리(人民離)이니 불리하다.

庚寅辛卯=금석합(金石合)이니 주기(鑄器)에 길하고,

庚申辛酉=금석리(金石離)이니 불리하다.
壬寅癸卯=강하합(江河合)이니 행선에 길하고,
壬申癸酉=강하리(江河離)이니 불리하다.

24. 상삭일(上朔日)

가취(嫁娶)와 조장(造葬)에 모두 꺼린다. 이는 월의 회일(晦日)과도 같은 것인데, 달의 황경(黃經)에서 태양의 황경을 뺀 값을 달의 이각(離角)이라 하는데, 달의 위상은 이 이각이 0°일 때를 삭(朔)이라 하고, 90°가 될 때를 상현(上弦)이라 하고, 180°가 될 때를 망(望)이라 하고, 270°가 될 때를 하현(下弦)이라 한다.

25. 천화일(天火日)과 지화일(地火日)

천화일은 간장, 된장, 고추장을 담그지 못하고, 상량(上梁), 씨앗뿌림, 옷 맞춤 등을 하지 못한다고 되어 있다.
천화일=寅午戌→子, 亥卯未→卯, 巳酉丑→酉, 申子辰→午.
지화일은 상량, 담장, 교량수리, 간장, 고추장 담그는 일, 장사 개업 등에 꺼린다.
지화일=正月巳午일, 三月未申일, 五月酉戌일, 七月亥子일, 九月丑寅일, 十一月卯辰일.

26. 삼패일(三敗日)

결혼과 개업에 불리하다. 첫발을 내디든 개시 등은 꺼리는데, 혼인에서 어기면 처망(妻亡)한다.
戌亥未生=정월 2월 3월. 辰巳子生=4월, 5월, 6월.
申酉丑生=7월, 8월, 9월. 寅卯午生=10월, 11월, 12월.

27. 인동일(人動日)

셋방 놓는 데 흉하고 점원이나 사원을 들이는 데 흉하다고 한다.
매월 초 1일, 초 8일, 13일, 18일, 23일, 24일, 28일.

28. 투수일(偸修日)

수리, 개축, 교량을 보수하면 복이 온다고 한다.
壬子, 癸丑, 丙辰, 丁巳, 戊午, 己未, 庚申, 辛酉일.

29. 조장일(造醬日)

간장, 된장, 고추장을 담그면 좋다고 한다.
丁卯, 丙寅, 丙午, 午日 등.

30. 동총운(動塚運)

이장(移葬), 사초, 입석(立石)에 꺼리는데 구묘의 좌로서 본다.

壬子癸丑 丙午丁未 坐	辰戌丑未년 대리(大利)	子午卯酉년 소리(小利)	寅申巳亥년 중상(重喪)
乙辰巽巳 辛戌乾亥 坐	寅申巳亥년 대리(大利)	辰戌丑未년 소리(小利)	子午卯酉년 중상(重喪)
艮寅甲卯 坤申庚酉 坐	子午卯酉년 대리(大利)	寅申巳亥년 소리(小利)	辰戌丑未년 중상(重喪)

31. 초상(初喪)에 쓰는 날

명폐일(鳴吠日)—초빈을 열거나 관을 건드리거나 묘를 쓰는 데
    길하다(庚午, 壬申, 癸酉, 壬午, 甲申, 己酉, 庚申, 辛酉, 乙
    酉, 庚寅, 丙申, 丁酉, 壬寅, 丙午일 등).
명폐대일(鳴吠對日)—초상 때 10일 안은 명폐대일이나 지호불식

일(地虎不食日)을 쓰는데 년운을 불문한다(壬申, 癸酉, 壬午, 甲申, 乙酉, 壬辰, 丁酉, 丙午, 己酉, 丙辰, 己未, 庚申, 辛酉 등).

32. 개총흉시(開塚凶時)

이장할 때나 합장(合葬)할 때에는 구묘를 파헤쳐야 하는데, 이를 꺼리는 일시이다.

辛戌乾亥坐＝辛酉시를 꺼린다
坤申庚酉坐＝丑午申戌시를 꺼린다.
辰戌酉坐＝辰戌酉시를 꺼린다.
艮寅甲卯坐＝丑辰巳시를 꺼린다.
乙辰巽巳坐＝甲乙일, 丙丁일, 戊己일, 庚辛일, 壬癸일. 丑未시를 꺼린다.

33. 정상기방(停喪忌方)

①

연월일	子	丑	寅	卯	辰	巳	午	未	申	酉	戌	亥
꺼리는 방	巽	艮	乾	坤	巽	艮	乾	坤	巽	艮	乾	坤

② 태세와 망명으로 삼살방(三煞方)은 잠시라도 흉하다.

34. 취토방(取土方)

	正	二	三	四	五	六	七	八	九	十	十一	十二
生土方	子	巳	卯辰	午	申	戌	午	未	酉	午	申	戌
死土方	午	亥	戌亥	午	寅	辰	子	丑	卯	子	寅	辰

안장(安葬)시 하관(下官)하고 상제가 관을 덮을 때 첫 삽으로 흙을 파 덮는 방위이다.

제3장 결혼(嫁娶) 택일법

1. 가취월(嫁娶月)

천기대요(天機大要)에 혼인에 총기일(總忌日)은 월염(月厭)·염대(厭對)·남녀(男女)·본명일(本命日)·화해(禍害)·절명(絶命)·해일(亥日)·홍사살일(紅紗殺日)이며, 천적(天賊)·수사(受死)·월살(月煞)·월파(月破)·십악일(十惡日)·피마(披麻)·복단(伏斷)·동지·하지·단오·사월초입일 등도 꺼린다.

① 혼인 대리월(大利月) 소리월(小利月)

구분＼女子의生年	子午생	丑未生	寅申生	卯酉生	辰戌生	巳亥甥	비 고
大利日	6월,12월	5월,11월	2월,8월	정월,7월	4월,10월	3월,9월	대 길
妨媒月	정월,7월	4월,10월	3월,9월	6월,12월	5월,11월	2월,8월	평길하다.
妨翁姑月	2월,8월	3월,9월	4월,10월	5월,11월	6월,12월	1월,7월	시부모가 없어야 가하다.
妨父母月	3월,9월	2월,8월	5월,11월	4월,10월	1월,7월	6월,12월	여자의 부모가 없어야 사용할 수 있다.
妨夫主月	4월,10월	1월,7월	6월,12월	3월,9월	2월,8월	5월,11월	신랑에 해롭다.
妨女身月	5월,11월	6월,12월	1월,7월	2월,8월	3월,9월	4월,10월	신부에 해롭다.

혼인 대리월설(大利月說)은 이치가 없어서 황당한 것이나, 술가(術家)들이 즐겨 사용하고 있으므로 기재하였으니, 취사선택은 독자들에게 맡긴다.

② 혼인·이주·13살(煞)

이 살은 주로 민속적으로 전해지는 것이 대부분이나 《천기대요》에 실려 있으므로 지금까지도 널리 쓰이고 있다.

혼인과 이주(移住)에 주로 사용한다.

월 살	正	二	三	四	五	六	七	八	九	十	十一	十二
月厭 (同天煞)	戌	酉	申	未	午	巳	辰	卯	寅	丑	子	亥
厭對	辰	卯	寅	丑	子	亥	戌	酉	申	未	午	巳
披麻	子	酉	午	卯	子	酉	午	卯	子	酉	午	卯
紅紗	辛酉	辰巳	子丑	辛酉	辰巳	子丑	辛酉	辰巳	子丑	辛酉	辰巳	子丑
受死	戌	辰	亥	巳	子	午	丑	未	寅	申	卯	酉
十惡	卯	寅	丑	子	辰	子	丑	寅	卯	辰	巳	辰
月煞	丑	戌	未	辰	丑	戌	未	辰	丑	戌	未	辰
往亡	寅	巳	申	亥	卯	午	酉	子	辰	未	戌	丑
網羅	子	申	巳	辰	戌	亥	丑	申	未	子	巳	申
枯焦	辰	丑	戌	未	卯	子	酉	午	寅	亥	申	巳
歸忌	丑	寅	子	丑	寅	子	丑	寅	子	丑	寅	子
黃砂	午	寅	子	午	寅	子	午	寅	子	午	寅	子
天賊	辰	酉	寅	未	子	巳	戌	卯	申	丑	午	亥

③ **남혼법**(**男婚法** : 남자의 연지로 본다)

男年	子	丑	寅	卯	辰	巳	午	未	申	酉	戌	亥
凶年	未	申	酉	戌	亥	子	丑	寅	卯	辰	巳	午

2. 육십갑자 결혼택일 조견표

〈범례〉

주당살(周堂煞) : 혼인주당으로는 고(姑)주당과 옹(翁)주당이 대표적인데, 해당되는 사람은 신랑이 문으로 들어설 때 잠시 피하면 된다.

충부성(冲夫星) : 부성을 충하는 것은 중살(中煞)인데 천간(天干)과 지지(地支)를 모두 충하는 것은 정충(正冲)이라 하여 흉하니 피함이 가하고 나머지는 사용할 수 있다.

천사충(天嗣冲) : 천사를 충하는 것은 대살(大煞)이니 사용할 수 없다.

태원충(胎元冲) : 태원을 충하는 것은 간지(干支)를 모두 충하는 것은 정충(正冲)이라 하고 천간은 같은 자이며 지지만을 충하는 것을 진충(眞冲)이라 하여 이 두 충은 대흉하니 반드시 피하여야 하고 나머지는 사용할 수 있다.

천구살(天狗煞) : 천구살은 제(制)하는 방법이 있다고 하나 대살(大煞)이므로 피함이 가하다.

멸자태(滅子胎) : 멸자태도 대흉살이므로 사용 불가하다.

모복충(母腹冲) : 여명지(女命支)를 충하는 것이니 대흉하다.

삼 살(三殺) : 삼살은 대흉살이니 피하는 것이 가하다. 부득이한 사정이라면 삼살이 휴수되는 달에 천을귀인(天乙貴人)을 사용하면 가하다고 하나 불용함이 가하다.

해 일(亥日) : 해일은 팽조(彭祖)가 기(忌)한 날이라 하여 혼인에는 사용하지 않는다.

부궁충(夫宮冲) : 부궁을 충하는 것을 중살이니 삼합(三合)이나 육합(六合)을 사용하고 천을귀인으로 해제(解制)하면 꺼리지 않는다.

명궁충(命宮冲) : 명궁을 충하는 것도 삼합이나 육합으로 화해(化解)하면 사용할 수 있다.

도화살(桃花煞) : 도화살은 소살(小煞)이니 정관(正官)이나 정인(正印)이 있으면 제압된다.

역마살(驛馬煞) : 역마는 길신이나 혼인에는 불용이다. 정관이나 정인이 있으면 사용할 수 있다.

유하살(流霞煞) : 유하살은 소살이나 사주(四柱) 중에 양인(羊刃)을 함께 만나면 불가하다.

삼형살(三刑煞) : 삼형살은 중살이나 삼합과 육합이나 천을귀인으로 화해하면 무방하다.

홍난살(紅鸞煞) : 홍난살은 소살이니 납음오행(納音五行)으로 제화하면 해가 없다.

회두공살(回頭貢煞) : 진술축미(辰戌丑未)생 여자에게만 있는 살이다.

대흉
- 진생(辰生)=사유축(巳酉丑)이 모두 있을 때.
- 술생(戌生)=해묘미(亥卯未)가 모두 있을 때.
- 축생(丑生)=인오술(寅午戌)이 모두 있을 때.
- 미생(未生)=신자진(申子辰)이 모두 있을 때.

육십갑자 결혼택일 조견표
▶▶▶▶▶

제3장 결혼(嫁娶) 택일법

여명(女命) 갑자생(甲子生)

월의길흉	• 대리월=6월, 12월 • 소리월=1월, 7월 • 시부모에 해로운 달=2월, 8월 • 친정부모에 해로운 달=3월, 9월	六親凶星 육친흉성	칠살=庚 편인=壬 상관=丁	세 개 모두 있으면 제압 불능이니 흉.	子日	平	충태원(沖胎元)
		孤寡 고과	寅戌 진숙	모두 있으면 대흉불용	丑日	平	충부성(沖夫星) 노인주당
		箭刃 전인	卯酉	두 개 모두 있으면 대흉불용	寅日	平	역마 충부처중
三尊星성	남편성=辛未 자식성=丙寅 태원성=丙午	男厄 남액	未	천을귀인으로 화해하면 길	卯日	平	삼형(三刑) 홍염
		女産 여산	卯	천을귀인으로 화해하면 길			
三宮星성	명 궁=寅 남녀궁=戌 부처궁=申	回頭貢殺 회두공살	戊	세 개 모두 있으면 대흉불용	辰日	凶	멸자대
					巳日	청길	대길
天狗星성	辰年=寅 子年=戌 戌年=申	反目殺 반목살	辰	두 개 모두 있으면 대흉불용			
		白虎吞胎 백호탄태	戌	다른 흉성과 겹치거나 두 개 이상은 흉.	午日	凶	충모복
三白虎虎성	午年=寅 寅年=戌 子年=申	天狗吞胎 천구탄태	申	다른 흉성과 겹치거나 두 개 이상은 흉.	未日	凶	삼살(三煞)
年白백	上元=一白 中元=四綠 下元=七赤	死墓絶 남편성 사묘절	卯辰巳	남편성의 사묘절(死墓絶)이 모두 있으면 대흉불용	申日	平	충천사(沖天嗣)
眞祿馬貴人	진록=丙寅 진마=丙寅 진귀=丁丑 진귀=辛未	死墓絶 자식성	卯辰巳	자식성의 사묘절이 모두 있으면 대흉불용	酉日	平	도화 유하(流霞)
		埋兒煞 매아살	丑	이는 時로 사용함	戌日	凶	범천구(犯天狗)
絶房月 절방월	丑월	吉神이 많으면 무방함	紅艶염	午	이는 時로 사용됨	亥日	凶	팽조(彭祖)가 기(忌)한 날

여명(女命) 을축생(乙丑生)							
월의길흉	• 대리월=5월, 11월 • 소리월=4월, 10월 • 시부모에 해로운 달=3월, 9월 • 친정부모에 해로운 달=2월, 8월	六親凶星	육친흉성	칠살=辛 편인=癸 상관=丙	세 개 모두 있으면 제압 불능이니 흉.	子日	청길	
		고과진숙	寅戌	모두 있으면 대흉불용			丑日	청길	
		箭刃	전인	辰戌	두 개 모두 있으면 대흉불용	寅日	평	노인주당 홍염살
三尊星	남편성=庚辰 자식성=丁亥 태원성=丁卯	男厄	남액	申年	천을귀인으로 화해하면 길			
		女産	여산	寅年	천을귀인으로 화해하면 길	卯日	평	충부성(冲夫星) 태원살(胎元殺)
三宮星	명 궁=卯 남녀궁=亥 부처궁=酉	回頭貢殺	회두공살	寅午戌	세 개가 모두 있으면 대흉불용	辰日	흉	삼살(三煞)
天狗星	巳年=卯 丑年=亥 亥年=酉	反目殺	반목살	辰戌	두 개 모두 있으면 대흉불용	巳日	흉	멸자태(滅子胎)
		白虎吞胎	백호탄태	未	다른 흉성과 겹치거나 두 개 이상은 흉.	午日	평	도화살(桃花煞)
三白虎星	未年=卯 卯年=亥 丑年=酉	天狗吞胎	천구탄태	巳	다른 흉성과 겹치거나 두 개 이상은 흉.	未日	흉	충모복(冲母腹)
年白	上元=九紫 中元=三碧 下元=六白	死墓絶性	사묘절성 남편성	子丑寅	남편성의 死墓絶이 모두 있으면 대흉불용	申日	평	시어머니 주당
		死墓絶性	사묘절성 자식성	寅丑子	자식성의 사묘절이 모두 있으면 대흉불용	酉日	평	충명관(冲名官) 충태원(冲胎元)
眞祿馬貴人	진록=丁卯 진마=丁亥 진귀=甲申 진귀=戊子	埋兒煞	매아살	卯	이는 時로 사용함	戌日	평	삼형(三刑), 충부성 유하(流霞)
絶房月	절방월	卯月	吉神이 많으면 무방함	紅艶	홍염	申	이는 時로 사용됨	亥日	흉	팽조(彭祖)가 기(忌)한 날

여명(女命) 병인생(丙寅生)

월의 길흉		六親凶星 (육친흉성)	칠살=壬 편인=甲 상관=己	세 개 모두 있으면 제압 불능이니 흉.	子日	凶	천구(天狗)이니 흉하여 쓸 수 없다.
	• 대리월=2월, 8월 • 소리월=3월, 9월 • 시부모에 해로운 달=4월, 10월 • 친정부모에 해로운 달=5월, 11월	孤鸞 (고과진숙)	巳丑	모두 있으면 대흉불용	丑日	凶	삼살이므로 흉하다. 혹 삼살은 휴수(休囚)되고 천을귀인이 있으면 쓰는 수도 있다.
		箭刃 (전인)	午子	두 개 모두 있으면 대흉불용	寅日	吉	청길하다
三尊星 (삼존성)	남편성=癸巳 자식성=戊戌 태원성=戊子	男厄 (남액)	酉年	천을귀인으로 화해하면 길	卯日	平	도화살은 정관이나 정인으로 제화하면 가용. 옹주당(翁周堂)은 신랑이 들어설 때 잠시 피하면 가용.
		女産 (여산)	丑年	천을귀인으로 화해하면 길			
三宮星 (삼궁성)	명궁=巳 남녀궁=丑 부처궁=亥	回頭貢殺 (회두공살)	戊	세 개 모두 있으면 대흉불용	辰日	凶	천사(天嗣)를 충하니 대흉하며 불용.
天狗星 (천구성)	未年=巳 卯年=丑 丑年=亥	反目殺 (반목살)	巳丑	두 개 모두 있으면 대흉불용	巳日	平	삼형이며 오직 辛巳일만은 귀인으로 해제하면 무방. 부관을 충하니 삼합 육합이 길.
三白虎 (삼백호성)	酉年=巳 巳年=丑 卯年=亥	白虎吞胎 (백호탄태)	辰年	다른 흉성과 겹치거나 두 개 이상은 흉.	午日	平	태원(胎元)을 충하다. 戊午일은 眞冲 대흉 壬午일은 正冲
		天狗吞胎 (천구탄태)	寅年	다른 흉성과 겹치거나 두 개 이상은 흉.	未日	凶	멸자태(滅子胎)이니 대흉하여 쓸 수 없다.
年白 (연백)	上元=八白 中元=二黑 下元=五黃	死墓絶 (사묘절남편성)	申未午	남편성의 死墓絶이 모두 있으면 대흉불용	申日	凶	모복(母服)을 충하니 대흉하여 쓸 수 없다.
眞祿馬貴人 (진록마귀인)	진록=癸巳 진마=丙申 진귀=丁酉 진귀=己亥	死墓絶 (사묘절자식성)	酉戌亥	자식성의 사묘절이 모두 있으면 대흉불용	酉日	平	주당이 고(姑)에 붙으면 신랑이 들어설 때 잠시 피할 것.
絶房月 (절방월)	申月	吉神이 많으면 무방함	埋兒煞 (매아살)	申	이는 時로 사용함	戌日	吉	청길하다
			紅艶 (홍염)	寅	이는 時로 사용됨	亥日	凶	팽조(彭祖)가 기(忌)이니 불용.

여명(女命) 정묘생(丁卯生)

월의 길흉	• 대리월=1월, 7월 • 소리월=6월, 12월 • 시부모에 해로운 달=5월, 11월 • 친정부모에 해로운 달=4월, 10월	六親凶星 육친흉성	칠살=癸 편인=乙 상관=戊	세 개 모두 있으면 제압 불능이니 흉.	子日	平	도화는 정관이나 정인으로 제화. 삼형은 삼합, 육합, 귀인으로 제화. 명궁충(命宮冲)도 삼합, 육합으로 제화.
		孤寡 고과 진숙	巳 丑	모두 있으면 대흉불용	丑日	凶	천구(天狗)이니 불용
		箭刃 전인	巳 丑	두 개 모두 있으면 대흉불용	寅日	吉	대길
三尊星 삼존성	남편성=壬寅 자식성=己酉 태원성=己酉	男厄 남액	戌年	천을귀인으로 화해하면 길			
		女産 여산	子年	천을귀인으로 화해하면 길	卯日	凶	태원(胎元)과 천사(天嗣)를 충하므로 불용.
三宮星 삼궁성	명 궁=午 남녀궁=寅 부처궁=子	回頭貢殺 회두공살	戊	세 개 모두 있으면 대흉불용	辰日	平	주당(周堂)이 옹(翁)에 있으니 신랑에 들어설 때 잠시 피할 것.
天狗星 천구성	申年=午 辰年=寅 寅年=子	反目殺 반목살	子 丑	두 개 모두 있으면 대흉불용	巳日	平	역마(驛馬)이니 정관(正官)이나 정인(正印)을 사용하면 무방.
三白虎 삼백호	戌年=子 午年=寅 辰年=子	白虎吞胎 백호탄태	丑年	다른 흉성과 겹치거나 두 개 이상은 흉.	午日	平	부궁(夫宮)을 충하나 삼합(三合), 육합(六合)이면 가용.
		天狗吞胎 천구탄태	亥年	다른 흉성과 겹치거나 두 개 이상은 흉.	未日	吉	대길(大吉)
年白 연백	上元=七赤 中元=一白 下元=四綠	死墓絶 사남 묘편 절성	卯 辰 巳	남편성의 死墓絶이 모두 있으면 대흉불용	申日	凶	멸자태(滅子胎)이니 대흉하여 쓸 수 없다.
眞祿馬貴人 진록마귀인	진록=丙午 진마=乙巳 진귀=辛亥 진귀=己酉	死墓絶 사자 묘식 절성	寅 丑 子	자식성의 사묘절이 모두 있으면 대흉불용	酉日	凶	모복(母腹)을 충하므로 대흉
		埋兒煞 매아살	丑	이는 時로 사용함	戌日	凶	삼살(三煞)이니 살이 휴수(休囚)되는 달로 하고 천을귀인으로 제화하면 혹 用.
絶房月 절방월	丑月	吉神이 많으면 무방함					
		紅艶 홍염	未	이는 時로 사용됨	亥日	凶	결혼에는 쓰지 않는 팽조기(彭祖忌).

제3장 결혼(嫁娶) 택일법 215

여명(女命) 무진생(戊辰生)							
월의 길흉	• 대리월=4월, 10월 • 소리월=5월, 11월 • 시부모에 해로운 달=6월, 12월 • 친정부모에 해로운 달=1월, 7월		六親凶星 육친흉성	칠살=甲 편인=丙 상관=辛	세 개 모두 있으면 제압 불능이니 흉.	子日	平	태원을 충하니 불용. 壬子일을 제외하고는 혹 쓸 수 있다.
^^^	^^^		孤寡 진숙	巳丑	모두 있으면 대흉불용	丑日	吉	대길
^^^	^^^		箭刃 전인	午子	두 개 모두 있으면 대흉불용	寅日	凶	천구(天狗)일이니 불용
三尊星 삼존성	남편성=乙卯 자식성=庚申 태원성=庚午 || 男厄 남액	亥年	천을귀인으로 화해하면 길	^^^			
^^^	^^^		女産 여산	亥年	천을귀인으로 화해하면 길	卯日	吉	대길
三宮星 삼궁성	명궁=巳 남녀궁=丑 부처궁=亥		回頭貢殺 회두공살	巳酉丑	세 개 모두 있으면 대흉불용	辰日	平	삼형(三刑)이니 귀인이나 삼합 육합으로 해지하면 가용.
天狗星 천구성	未年=巳 卯年=丑 丑年=亥		反目殺 반목살	丑未	두 개 모두 있으면 대흉불용	巳日	平	부궁(夫宮)을 충하므로 삼합(三合)이나 육합(六合)으로 해제할 것.
三白虎星 삼백호성	酉年=巳 巳年=丑 卯年=亥		白虎吞胎 백호탄태	戌年	다른 흉성과 겹치거나 두 개 이상은 흉.	午日	平	태원일이니 쓸 수 있으나 庚午일만은 불용.
^^^	^^^		天狗吞胎 천구탄태	申年	다른 흉성과 겹치거나 두 개 이상은 흉.	未日	凶	멸자태(滅子胎)이니 대흉.
年白 연백	上元=六白 中元=九紫 下元=三碧		死墓편絶성 사묘절성 남편성의	亥戌酉	남편성의 死墓絶이 모두 있으면 대흉불용	申日	吉	대길
^^^	^^^					酉日	平	충부성(冲夫星)이니 辛酉만을 쓸 수 없고 나머지는 가용. 도화는 정관이면 가용
眞祿馬貴人 진록마귀인	진록=丁巳 진마=甲寅 진귀=乙丑 진귀=己未 || 死墓絶성 사묘절성 자식성의	子丑寅	자식성의 사묘절이 모두 있으면 대흉불용	^^^			
^^^	^^^		埋兒煞 매아살	卯	이는 時로 사용함	戌日	凶	충모복(冲母腹) 불용.
絶房月 절방월	卯月	吉神이 많으면 무방함	紅艷 홍염	辰	이는 時로 사용됨	亥日	凶	팽조기(彭祖忌)한 날이니 불용..

여명(女命) 기사생(己巳生)

월의길흉	• 대리월=3월, 9월 • 소리월=2월, 8월 • 시부모에 해로운 달=1월, 7월 • 친정부모에 해로운 달=6월, 12월	六육親친凶흉星성	칠살=乙 편인=丁 상관=庚	세 개 모두 있으면 제압 불능이니 흉.	子日	平	충명궁(沖命宮)은 삼합 육합으로 제압하고 고(姑)주당은 신랑 입문에 잠시 피할 것.
		고과진숙	申辰	모두 있으면 대흉불용	丑日	凶	천사(天嗣)를 충하니 대흉불용.
		箭전刃인	丑未	두 개 모두 있으면 대흉불용	寅日	平	삼형(三刑)은 귀인으로 제압하면 가용.
三삼尊존星성	남편성=甲戌 자식성=辛未 태원성=辛卯	男남厄액	子年	천을귀인으로 화해하면 길			
		女여産산	戌年	천을귀인으로 화해하면 길	卯日	凶	천구살이니 불용.
三삼宮궁星성	명궁=午 남녀궁=寅 부처궁=子	回회頭두貢공殺살	戊	세 개 모두 있으면 대흉불용	辰日	凶	삼살이니 불용이나 살이 휴수되고 귀인이 있으면 혹 쓸 수 있다.
天천狗구星성	申年=午 辰年=寅 寅年=子	反반目목殺살	寅申	두 개 모두 있으면 대흉불용	巳日	吉	대길
三백白호虎성	戌年=午 午年=寅 辰年=子	白백虎호呑탄胎태	未年	다른 흉성과 겹치거나 두 개 이상은 흉.	午日	平	도화(桃花)이니 정관이나 정인(正印)으로 풀면 가용
		天천狗구呑탄胎태	巳年	다른 흉성과 겹치거나 두 개 이상은 흉.	未日	吉	대길
年연白백	上元=五黃 中元=八白 下元=二黑	死남墓편絶성	午未申	남편성의 死墓絶이 모두 있으면 대흉불용	申日	凶	멸자태(滅子胎)이니 불용.
眞진祿록馬마貴귀人인	진록=庚午 진마=乙亥 진귀=丙子 진귀=壬申	死자墓식絶성	子丑寅	자식성의 사묘절이 모두 있으면 대흉불용	酉日	平	태원을 충하니 辛酉일과 丁酉일만은 불용이고 나머지는 쓸 수 있다.
		埋매兒아煞살	申	이는 時로 사용함	戌日	平	홍염살이나 납음오행(納音五行)으로 풀고 쓴다.
絶절房방月월	申月	吉神이 많으면 무방함					
		紅홍艶염	辰	이는 時로 사용됨	亥日	凶	팽조(彭祖)가 기(忌)한 날이니 불용.

제3장 결혼(嫁娶) 택일법 217

여명(女命) 경오생(庚午生)

월의 길흉	• 대리월=6월, 12월 • 소리월=1월, 7월 • 시부모에 해로운 달=2월, 8월 • 친정부모에 해로운 달=3월, 9월	六親凶星 육친흉성	칠살=丙 편인=戊 상관=癸	세 개 모두 있으면 제압 불능이니 흉.	子日	凶	모복(母腹)을 충하니 대흉
		孤寡辰宿 고과진숙	申辰	모두 있으면 대흉불용	丑日	凶	삼살(三煞)이니 피함이 가하다.
		箭刃 전인	卯酉	두 개 모두 있으면 대흉불용	寅日	平	명궁충(命宮冲)이니 삼합이나 육합으로 해지면 가용.
三尊星 삼존성	남편성=丁亥 자식성=壬午 태원성=壬子	男厄 남액	丑年	천을귀인으로 화해하면 길	卯日	平	도화살(桃花煞)이니 정관(正官)이나 정인으로 제하면 가용.
		女産 여산	酉年	천을귀인으로 화해하면 길			
三宮星 삼궁성	명　궁=申 남녀궁=辰 부처궁=寅	回頭貢殺 회두공살	戊	세 개 모두 있으면 대흉불용	辰日	凶	천구(天狗)이니 피함이 가하다.
天狗星 천구성	戌年=申 午年=辰 辰年=寅	反目殺 반목살	卯酉	두 개 모두 있으면 대흉불용	巳日	平	부성(夫星)을 충하니 癸巳일만은 피하고 나머지는 길힘이 많으면 사용될 수 있다.
三白虎星 삼백호성	子年=申 申年=辰 午年=寅	白虎呑胎 백호탄태	辰年	다른 흉성과 겹치거나 두 개 이상은 흉.	午日	凶	삼형은 삼합이나 육합으로 해제하고 귀인이 있으면 가용이나 태원을 충하는 것은 흉하다.
年白 연백	上元=四綠 中元=七赤 下元=一白	天狗呑胎 천구탄태	寅年	다른 흉성과 겹치거나 두 개 이상은 흉.	未日	平	주당이 옹(翁)에 있으니 신랑이 들어올 때 잠시 피할 것.
		死墓絶男편성 사묘절남편성	寅丑子	남편성의 死墓絶이 모두 있으면 대흉불용	申日	平	부궁(夫宮)을 충하니 삼합이나 육합으로 제하면 가용.
眞祿馬貴人 진녹마귀인	진록=甲申 진마=甲申 진귀=己丑 진귀=癸未	死墓絶자식성 사묘절자식성	卯辰巳	자식성의 사묘절이 모두 있으면 대흉불용	酉日	平	홍염살(紅艶煞)이니 납음오행으로 제하면 길.
		埋兒煞 매아살	丑	이는 時로 사용함	戌日	凶	멸자태이니 대흉불용.
絶房月 절방월	丑月	吉神이 많으면 무방함	紅艶 홍염	戌	이는 時로 사용됨	亥日	凶	팽조(彭祖)가 기(忌)한 날이니 불용.

여명(女命) 신미생(辛未生)

월의길흉		六親凶星 육친흉성	칠살=丁 편인=己 상관=壬	세 개 모두 있으면 제압 불능이니 흉.	子日	平	도화(桃花)이니 정관(正官)이나 정인으로 제하고 사용하면 길.
	• 대리월=5월, 11월 • 소리월=4월, 10월 • 시부모에 해로운 달=3월, 9월 • 친정부모에 해로운 달=2월, 8월	고과진숙	申辰	모두 있으면 대흉불용	丑日	凶	모복(母腹)을 충하니 대흉.
		箭刃전인	戌辰	두 개 모두 있으면 대흉불용	寅日	平	부성(夫星)을 충하니 壬寅일은 대흉. 고주당(姑周堂).
三尊星 삼존성	남편성=丙申 자식성=癸巳 태원성=癸酉	男厄男額 남액	寅年	천을귀인으로 화해하면 길	卯日	平	충태원(冲胎元)이니 己卯일과 癸卯일은 불용.
		女産여산	申年	천을귀인으로 화해하면 길			
三宮星 삼궁성	명 궁=酉 남녀궁=巳 부처궁=卯	回頭貢殺 회두공살	무	세 개 모두 있으면 대흉불용	辰日	吉	대길
天狗星 천구성	亥年=酉 未年=巳 巳年=卯	反目殺 반목살	辰戌	두 개 모두 있으면 대흉불용	巳日	凶	천구살(天狗煞)이니 피함이 가하다.
三白虎星 삼백호성	丑年=酉 酉年=巳 巳年=卯	白虎吞胎 백호탄태	丑年	다른 흉성과 겹치거나 두 개 이상은 흉.	午日	吉	대길
		天狗吞胎 천구탄태	亥年	다른 흉성과 겹치거나 두 개 이상은 흉.	未日	吉	대길
年白 연백	上元=三碧 中元=六白 下元=九紫	死墓絶성 남편성	酉戌亥	남편성의 死墓絶이 모두 있으면 대흉불용	申日	平	옹(翁)에 주당(周堂) 홍염살은 납음(납음으로 제압하면 가용.
眞祿馬貴人 진록마귀인	진록=丁酉 진마=癸巳 진귀=甲午 진귀=庚寅	死墓絶성 자식성	申未午	자식성의 사묘절이 모두 있으면 대흉불용	酉日	平	癸酉일은 진태원이니 피하고 부궁충이니 삼합이나 육합으로 제하고 귀인으로 화살(化煞)이면 가용
絶房月 절방월	卯月	吉神이 많으면 무방함	埋兒煞 매아살	卯	이는 時로 사용함	戌日	凶	삼살이니 불용
			紅艷 홍염	酉	이는 時로 사용됨	亥日	凶	팽조(彭祖) 기(忌)이니 불용.

제3장 결혼(嫁娶) 택일법 219

여명(女命) 임신생(壬申生)

월의 길흉	• 대리월=2월, 8월 • 소리월=3월, 9월 • 시부모에 해로운 달=4월, 10월 • 친정부모에 해로운 달=5월, 11월	六親凶星 육친흉성	칠살=戊 편인=庚 상관=乙	세 개 모두 있으면 제압 불능이니 흉.	子日	平	태원이니 甲子일 庚子일은 대흉불용.
		孤寡 고과 진숙	亥 未	모두 있으면 대흉불용	丑日	凶	멸자태(滅子胎)이니 대흉.
		箭刃 전인	子 午	두 개 모두 있으면 대흉불용	寅日	凶	모복(母腹)이 충하니 불용.
三尊星성 삼존성성	남편성=己酉 자식성=甲辰 태원성=甲午	男厄 남액	卯年	천을귀인으로 화해하면 길	卯日	平	乙卯는 부성(夫星)을 충하니 불용. 주당고(周堂姑)
		女産 여산	未年	천을귀인으로 화해하면 길			
三宮星성 삼궁성성	명 궁=亥 남녀궁=未 부처궁=巳	回頭貢殺 회두공살	戊	세 개 모두 있으면 대흉불용	辰日	吉	대길
天狗星성 천구성성	丑年=亥 酉年=未 未年=巳	反目殺 반목살	巳 亥	두 개 모두 있으면 대흉불용	巳日	平	삼형은 삼합 육합과 귀인으로 화해면 가용. 명궁(命宮)을 충하니 삼합육합용.
三白虎성 삼백호성	卯年=亥 亥年=未 酉年=巳	白虎吞胎 백호탄태	戌年	다른 흉성과 겹치거나 두 개 이상은 흉.	午日	凶	천구(天狗)이니 물용(勿用).
		天狗吞胎 천구탄태	申年	다른 흉성과 겹치거나 두 개 이상은 흉.	未日	凶	삼살(三煞)이니 물용(勿用).
年백 연백	上元=二黑 中元=五黃 下元=八白	死墓絶 남편성 사묘절성	寅 丑 子	남편성의 死墓絶이 모두 있으면 대흉불용	申日	吉	대길
眞祿馬貴人 진록마귀인	진록=辛亥 진마=壬寅 진귀=乙巳 진귀=癸卯	死墓絶 자식성 사묘절성	午 未 申	자식성의 사묘절이 모두 있으면 대흉불용	酉日	平	도화(桃花)는 정관 정인을 用. 주당(周堂)이 옹(翁)에 닿는다.
		埋兒煞 매아살	申	이는 時로 사용함	戌日	凶	천사(天嗣)를 충하니 대흉.
絶房月 절방월	申月	吉神이 많으면 무방함	紅艶 홍염	子	이는 時로 사용됨	亥日	凶	팽조(彭祖)가 기(忌)한 날이니 가취(嫁娶)는 불용.

여명(女命) 계유생(癸酉生)

월의길흉	• 대리월=1월, 7월 • 소리월=6월, 12월 • 시부모에 해로운 달=5월, 11월 • 친정부모에 해로운 달=4월, 10월	六親凶星 육친흉성	칠살=己 편인=辛 상관=申	세 개 모두 있으면 제압 불능이니 흉.	子日	平	부성을 충하니 甲子일 불용. 부궁을 충하니 삼합이나 육합으로 사용하면 가용.
		고과진숙	亥未	모두 있으면 대흉불용	丑日	平	대길
		箭刃 전인	丑未	두 개 모두 있으면 대흉불용	寅日	凶	멸자태 대흉.
三尊星 삼존성	남편성=戊午 자식성=乙卯 태원성=乙卯	男厄 남액	辰年	천을귀인으로 화해하면 길	卯日	凶	충모복 대흉
		女産 여산	午年	천을귀인으로 화해하면 길			
三宮星 삼궁성	명 궁=子 남녀궁=申 부처궁=午	回頭貢殺 회두공살	戊	세 개 모두 있으면 대흉불용	辰日	凶	삼살이니 물용(勿用)
					巳日	吉	대길
天狗星 천구성	寅年=子 戌年=申 申年=午	反目殺 반목살	子午	두 개 모두 있으면 대흉불용			
		白虎呑胎 백호탄태	未年	다른 흉성과 겹치거나 두 개 이상은 흉.	午日	平	도화는 정관이나 정인으로 제하면 가용. 홍염(紅艷)은 덕(德)이나 납음으로 해제.
三白虎星 삼백호성	辰年=子 子年=申 戌年=午	天狗呑胎 천구탄태	巳年	다른 흉성과 겹치거나 두 개 이상은 흉.	未日	凶	천구(天狗)이니 대흉물용(大凶勿用).
年白 연백	上元=一白 中元=四綠 下元=七赤	死墓絶男偏星 사묘절남편성	酉戌亥	남편성의 死墓絶이 모두 있으면 대흉불용	申日	平	대길
眞祿馬貴人 진록마귀인	진록=甲子 진마=癸亥 진귀=丁巳 진귀=乙卯	死墓絶子息星 사묘절자식성	亥戌酉	자식성의 사묘절이 모두 있으면 대흉불용	酉日	平	천사(天嗣)를 충하니 대흉.
					戌日	平	옹(翁)에 주당(周堂).
		埋兒煞 매아살	丑	이는 時로 사용함			
絶房月 절방월	丑月	吉神이 많으면 무방함			亥日	凶	팽조(彭祖)가 기(忌)한 날이니 결혼에는 불용.
		紅艷 홍염	申	이는 時로 사용됨			

제3장 결혼(嫁娶) 택일법

여명(女命) 갑술생(甲戌生)

월의 길흉	• 대리월=4월, 10월 • 소리월=5월, 11월 • 시부모에 해로운 달=6월, 12월 • 친정부모에 해로운 달=1월, 7월	六親凶星	칠살=庚 편인=壬 상관=丁		세 개 모두 있으면 제압 불능이니 흉.	子日	平	丙子일은 진태원이니 흉.
		고과진숙	亥未		모두 있으면 대흉불용	丑日	凶	삼살이니 물용
		箭刃 전인	卯酉		두 개 모두 있으면 대흉불용	寅日	平	충부궁 삼합이나 육합으로 해지
三尊星 삼존성	남편성=辛未 자식성=丙寅 태원성=丙子	男厄 남액	巳年		천을귀인으로 화해하면 길	卯日	平	도화살이니 정관이나 정인이 있으면 가용.
		女産 여산	巳年		천을귀인으로 화해하면 길			
三宮星 삼궁성	명 궁=寅 남녀궁=戌 부처궁=申	回頭貢殺 회두공살	亥卯未		세 개 모두 있으면 대흉불용	辰日	凶	모복을 충하니 흉하여 불용.
		反目殺 반목살	丑未		두 개 모두 있으면 대흉불용	巳日	平	고(姑)에 주당(周堂). 홍염살은 납음으로 제화.
天狗星 천구성	辰年=寅 子年=戌 戌年=申	白虎呑胎 백호탄태	辰年		다른 흉성과 겹치거나 두 개 이상은 흉.	午日	平	태원을 충한다. 丙子 壬午일은 불용이나 나머지는 가용.
三白虎星 삼백호성	午年=寅 寅年=戌 子年=申	天狗呑胎 천구탄태	寅年		다른 흉성과 겹치거나 두 개 이상은 흉.	未日	平	삼형은 삼합이나 육합 또는 귀인으로 해제
年白 연백	上元=九紫 中元=三碧 下元=六白	死墓絶星 사묘절성 남편	巳辰卯		남편성의 死墓絶이 모두 있으면 대흉불용	申日	凶	천구(天狗)이니 대흉
眞祿馬貴人 진록마귀인	진록=丙寅 진마=壬申 진귀=丁丑 진귀=辛未	死墓絶星 사묘절성 자식	酉戌亥		자식성의 사묘절이 모두 있으면 대흉불용	酉日	平	유하(流霞)이니 사주중묘(四柱中卯) 양인이 없으면 가용.
						戌日	吉	대길
絶房月 절방월	卯月	吉神이 많으면 무방함	埋兒煞 매아살	卯	이는 時로 사용함	亥日	凶	팽조(彭祖) 기(忌)이니 혼인에는 불용.
			紅艶 홍염	午	이는 時로 사용됨			

여명(女命) 을해생(乙亥生)

월의길흉	• 대리월=3월, 9월 • 소리월=2월, 8월 • 시부모에 해로운 달=1월, 7월 • 친정부모에 해로운 달=6월, 12월		六親凶星 육친흉성	칠살=辛 편인=癸 상관=丙	세 개 모두 있으면 제압 불능이니 흉.	子日	平	도화살이니 정관이나 정인으로 해제하면 가용. 옹(翁)에 주당(周堂).
			고과진숙	寅戌	모두 있으면 대흉불용	丑日	吉	대길
			箭刃 전인	辰戌	두 개 모두 있으면 대흉불용	寅日	吉	대길
三尊星 삼존성	남편성=庚辰 자식성=丁亥 태원성=丁酉		男厄 남액	午年	천을귀인으로 화해하면 길	卯日	平	태원을 충하니 丁卯 癸卯는 대흉. 부관(夫官)을 충하니 삼합 육합이면 가용.
			女産 여산	辰年	천을귀인으로 화해하면 길			
三宮星 삼궁성	명 궁=卯 남녀궁=亥 부처궁=酉		回頭貢殺 회두공살	戊	세 개 모두 있으면 대흉불용	辰日	平	홍염살이니 납음으로 해제하고 길다(吉多)면 가용.
						巳日	凶	모복(母腹)을 충하니 대흉.
天狗星 천구성	巳年=卯 丑年=亥 亥年=酉		反目殺 반목살	寅申	두 개 모두 있으면 대흉불용			
			白虎呑胎 백호탄태	丑年	다른 흉성과 겹치거나 두 개 이상은 흉.	午日	平	고(姑)에 주당(周堂).
三白虎星 삼백호성	未年=卯 卯年=亥 丑年=酉		天狗呑胎 천구탄태	亥年	다른 흉성과 겹치거나 두 개 이상은 흉.	未日	吉	대길
年白 연백	上元=八白 中元=二黑 下元=五黃		死墓編絶性 사묘편절성	子丑寅	남편성의 死墓絶이 모두 있으면 대흉불용	申日	吉	대길
眞祿馬貴人 진록마귀인	진록=己卯 진마=辛巳 진귀=戊子 진귀=甲申		死墓絶性 사묘절성	寅丑子	자식성의 사묘절이 모두 있으면 대흉불용	酉日	凶	천구(天狗)이니 물용.
						戌日	凶	삼살이니 물용.
			埋兒煞 매아살	申	이는 時로 사용함			
絶房月 절방월	申月	吉神이 많으면 무방함	紅艷 홍염	申	이는 時로 사용됨	亥日	凶	팽조(彭祖) 기(忌)함이니 불용.

여명(女命) 병자생(丙子生)

월의 길흉	三삼尊존星성	三삼宮궁星성	天천狗구星성	三삼白백虎호星성	年연白백	眞진祿녹馬마貴귀人인	絶절房방月월	六육親친凶흉星성				
• 대리월=6월, 12월 • 소리월=1월, 7월 • 시부모에 해로운 달=2월, 8월 • 친정부모에 해로운 달=3월, 9월	남편성=癸巳 자식성=戊戌 태원성=戊午	명 궁=巳 남녀궁=丑 부처궁=亥	未年=巳 卯年=丑 丑年=亥	酉年=巳 巳年=丑 卯年=亥	上元=七赤 中元=一白 下元=四綠	진록=癸巳 진마=庚寅 진귀=丁酉 진귀=己亥	丑 吉神이 많으면 무방함	칠살=壬 편인=甲 상관=己	세 개 모두 있으면 제압 불능이니 흉.	子日	平	태원을 충한다. 무자진(戊子眞) 충갑자정충흉(沖甲子正沖凶).
								고과진숙	寅戌	모두 있으면 대흉불용	丑日	平	옹에 주당
								箭전刃인	午子	두 개 모두 있으면 대흉불용	寅日	平	역마(驛馬)이니 정관이나 정인으로 해제면 가용.
								男남厄액	未年	천을귀인으로 화해하면 길	卯日	平	삼형은 귀인으로 화해(化解) 가(可). 홍염살은 납음으로 제화 길.
								女여産산	卯年	천을귀인으로 화해하면 길			
								回회頭두貢공殺살	무	세 개 모두 있으면 대흉불용	辰日	凶	천사를 충하여 흉하니 불용.
								反반目목殺살	卯酉	두 개 모두 있으면 대흉불용	巳日	平	부궁을 충하니 삼합 육합으로 화해 가.
								白백虎호呑탄胎태	戌年	다른 흉성과 겹치거나 두 개 이상은 흉.	午日	凶	모복(母腹)을 충하니 대흉불용.
								天천狗구呑탄胎태	申年	다른 흉성과 겹치거나 두 개 이상은 흉.	未日	凶	멸자태이니 대흉물용.
								死사墓묘絶절 남편	申未午	남편성의 死墓絶이 모두 있으면 대흉불용	申日	吉	대길
								死사墓묘絶절 자식	酉戌亥	자식성의 사묘절이 모두 있으면 대흉불용	酉日	平	도화이니 정관으로 제화 가용.
								埋매兒아煞살	丑	이는 時로 사용함	戌日	凶	천구이니 대흉물용.
								紅홍艶염	寅	이는 時로 사용됨	亥日	凶	팽조(彭祖)가 기(忌)함이니 혼인에는 불용.

224 제2부 실용 신살

여명(女命) 정축생(丁丑生)							
월의 길흉	• 대리월=5월, 11월 • 소리월=4월, 10월 • 시부모에 해로운 달=3월, 9월 • 친정부모에 해로운 달=2월, 8월	六親凶星 육친흉성	칠살=癸 편인=乙 상관=戊	세 개 모두 있으면 제압 불능이니 흉.	子日	平	명궁(命宮)을 충하니 삼합이나 육합으로 제화(制化). 길.
		고과진숙	寅戌	모두 있으면 대흉불용	丑日	吉	대길
		箭刃 전인	未丑	두 개 모두 있으면 대흉불용	寅日	平	옹(翁)에 주당(周堂).
三尊星 삼존성	남편성=壬寅 자식성=己酉 태원성=己卯	男厄 남액	申年	천을귀인으로 화해하면 길	卯日	凶	천사(天嗣)를 충하니 대흉하여 불용.
		女産 여산	寅年	천을귀인으로 화해하면 길			
三宮星 삼궁성	명궁=午 남녀궁=寅 부처궁=子	回頭貢殺 회두공살	寅午戌	세 개 모두 있으면 대흉불용	辰日	凶	삼살이니 불용.
					巳日	吉	대길
天狗星 천구성	申年=午 辰年=寅 寅年=子	反目殺 반목살	辰戌	두 개 모두 있으면 대흉불용			
		白虎呑胎 백호탄태	未年	다른 흉성과 겹치거나 두 개 이상은 흉.	午日	平	도화(桃花)는 정관(正官) 정인(正印)이면 길. 부궁충(夫宮冲)은 삼합 육합으로 가제(可制).
三白虎星 삼백호성	戌年=午 午年=寅 辰年=子	天狗呑胎 천구탄태	巳年	다른 흉성과 겹치거나 두 개 이상은 흉.	未日	凶	모복을 충하니 대흉불용.
年白 연백	上元=六白 中元=九紫 下元=三碧	死墓編絶星 사묘편절성	卯辰巳	남편성의 死墓絶이 모두 있으면 대흉불용	申日	凶	멸자태이니 대흉불용.
					酉日	平	태원을 충하니 己酉일 乙酉일은 기(忌)함.
眞祿馬貴人 진록마귀인	진록=丙午 진마=辛亥 진귀=辛亥 진귀=己酉	死墓食絶星 사묘식절성	寅丑子	자식성의 사묘절이 모두 있으면 대흉불용	戌日	平	삼형(三刑)을 범하였으니 삼합 육합이나 귀인으로 가제(可制).
		埋兒煞 매아살	卯	이는 時로 사용함			
絶房月 절방월	卯월 吉神이 많으면 무방함	紅艶 홍염	未	이는 時로 사용됨	亥日	凶	팽조(彭祖)가 기(忌)한 날이니 혼인에는 불용.

제3장 결혼(嫁娶) 택일법 225

여명(女命) 무인생(戊寅生)

월의 길흉	• 대리월=2월, 8월 • 소리월=3월, 9월 • 시부모에 해로운 달=4월, 10월 • 친정부모에 해로운 달=5월, 11월		六육親친凶흉星성	칠살=甲 편인=丙 상관=辛	세 개 모두 있으면 제압 불능이니 흉.	子日	凶	천구를 범하였으니 대흉물용.
			고과진숙	巳丑	모두 있으면 대흉불용	丑日	平	삼살이니 제하면 가용.
			箭전刃인	午子	두 개 모두 있으면 대흉불용	寅日	凶	천사(天嗣)를 충하니 대흉불용.
三삼尊존星성	남편성=乙卯 자식성=庚申 태원성=庚子		男남厄액	酉年	천을귀인으로 화해하면 길	卯日	平	도화(桃花)이니 정관(正官) 정인(正印)이으로 가제(可制).
			女여産산	丑年	천을귀인으로 화해하면 길			
三삼宮궁星성	명 궁=巳 남녀궁=丑 부처궁=亥		回회頭두貢공殺살	戊	세 개 모두 있으면 대흉불용	辰日	吉	대길
大천狗구星성	未年=巳 卯年=丑 丑年=亥		反반目목殺살	巳亥	두 개 모두 있으면 대흉불용	巳日	平	삼형과 부궁을 범하였으니 삼합 육합으로 가제. 유하(流霞)는 주중오인(柱中午刃)이 없으면 가용.
			白백虎호呑탄胎태	辰年	다른 흉성과 겹치거나 두 개 이상은 흉.	午日	平	태원을 충하니 庚午일 丙午일은 기용(忌用).
三백白호虎성	酉年=巳 巳年=丑 卯年=亥		天천狗구呑탄胎태	寅年	다른 흉성과 겹치거나 두 개 이상은 흉.	未日	凶	멸자태이니 대흉불용.
年연白백	上元=五黃 中元=八白 下元=二黑		死남墓편絶성	亥戌酉	남편성의 死墓絶이 모두 있으면 대흉불용	申日	凶	모복을 충하니 대흉불용.
眞진祿록馬마貴귀人인	진록=丁巳 진마=庚申 진귀=乙丑 진귀=己未		死자墓식絶성	子丑寅	자식성의 사묘절이 모두 있으면 대흉불용	酉日	平	辛酉일 부궁(夫宮)을 충하니 불용.
			埋매兒아煞살	申	이는 時로 사용함	戌日	吉	대길
絶절房방月월	申月	吉神이 많으면 무방함	紅홍艷염	辰	이는 時로 사용됨	亥日	凶	팽조(彭祖)가 기(忌)한 날이니 불용.

여명(女命) 기묘생(己卯生)

월의 길흉		六親凶星 육친흉성	칠살=乙 편인=丁 상관=庚	세 개 모두 있으면 제압 불능이니 흉.	子日	平	도화(桃花)는 정인(正印)이나 정관(正官)으로 가제(可制). 명궁충(命宮冲)은 삼합 육합으로 가제(可制).
• 대리월=1월, 7월 • 소리월=6월, 12월 • 시부모에 해로운 달=5월, 11월 • 친정부모에 해로운 달=4월, 10월		고과진숙	巳丑	모두 있으면 대흉불용	丑日	凶	천구이니 대흉불용.
		箭刃 전인	未丑	두 개 모두 있으면 대흉불용	寅日	吉	대길
三尊星 삼존성	남편성=甲戌 자식성=辛未 태원성=辛酉	男厄 남액	戌年	천을귀인으로 화해하면 길	卯日	平	태원을 충하니 辛卯, 丁卯 불용.
		女産 여산	子年	천을귀인으로 화해하면 길			
三宮星 삼궁성	명궁=午 남녀궁=寅 부처궁=子	回頭貢殺 회두공살	戊	세 개 모두 있으면 대흉불용	辰日	平	庚辰일은 부성을 충하니 불용. 옹주당.
天狗星 천구성	申年=午 辰年=寅 寅年=子	反目殺 반목살	子午	두 개 모두 있으면 대흉불용	巳日	平	역마이니 정관이나 정인으로 가제.
三白虎星 삼백호성	戌年=午 午年=寅 辰年=子	白虎吞胎 백호탄태	丑年	다른 흉성과 겹치거나 두 개 이상은 흉.	午日	平	부궁을 충하니 삼합이나 육합 귀인으로 가제.
		天狗吞胎 천구탄태	亥年	다른 흉성과 겹치거나 두 개 이상은 흉.	未日	吉	대길
年白 연백	上元=四綠 中元=七赤 下元=一白	死墓絶 사남묘편절성	午未申	남편성의 死墓絶이 모두 있으면 대흉불용	申日	凶	멸자태이니 대흉불용.
眞祿馬貴人 진록마귀인	진록=庚午 진마=己巳 진귀=丙子 진귀=壬申	死墓絶 사자묘식절성	巳辰卯	자식성의 사묘절이 모두 있으면 대흉불용	酉日	凶	모복을 충하니 대흉불용.
		埋兒煞 매아살	丑	이는 時로 사용함	戌日	凶	삼살이니 불용.
絶房月 절방월	丑月	吉神이 많으면 무방함					
		紅艷 홍염	辰	이는 時로 사용됨	亥日	凶	팽조(彭祖)가 기(忌)한 날이니 불용.

제3장 결혼(嫁娶) 택일법

여명(女命) **경진생(庚辰生)**					
월의길흉	• 대리월=4월, 10월 • 소리월=5월, 11월 • 시부모에 해로운 달=6월, 12월 • 친정부모에 해로운 달=1월, 7월		六親凶星 육친흉성	칠살=丙 편인=戊 상관=癸	세 개 모두 있으면 제압 불능이니 흉.	子日	凶	태원(胎元)과 천사(天嗣)를 충하니 불용.
^^	^^		고과진숙	巳 丑	모두 있으면 대흉불용	丑日	吉	대길
^^	^^		箭刃 전인	酉 卯	두 개 모두 있으면 대흉불용	寅日	凶	천구이니 대흉불용.
三尊星 삼존성	남편성=丁亥 자식성=壬午 태원성=壬午		男厄 남액	亥年	천을귀인으로 화해하면 길	卯日	吉	대길
^^	^^		女産 여산	亥年	천을귀인으로 화해하면 길	^^	^^	^^
三宮星 삼궁성	명궁=申 남녀궁=辰 부처궁=寅		回頭貢殺 회두공살	巳酉丑	세 개 모두 있으면 대흉불용	辰日	凶	삼형은 삼합 육합 귀인으로 가제. 유하(流霞)는 酉양인을 기(忌).
天狗星 천구성	戌年=申 午年=辰 辰年=寅		反目殺 반목살	丑未	두 개 모두 있으면 대흉불용	巳日	平	癸巳는 부성(夫星)을 충하니 기(忌). 주당 옹.
^^	^^		白虎吞胎 백호탄태	戌年	다른 흉성과 겹치거나 두 개 이상은 흉.	午日	平	壬午일은 진태원(眞胎元)이니 꺼린다.
三白虎星 삼백호성	子年=申 申年=辰 午年=寅		天狗吞胎 천구탄태	申年	다른 흉성과 겹치거나 두 개 이상은 흉.	未日	凶	삼살이니 물용.
年白 연백	上元=三碧 中元=六白 下元=九紫		死墓絶 남편성 사묘절	寅丑子	남편성의 死墓絶이 모두 있으면 대흉불용	申日	平	부궁을 충하니 삼합 육합 귀인으로 가제.
眞祿馬貴人 진록마귀인	진록=甲申 진마=戊寅 진귀=己丑 진귀=癸未		死墓絶 자식성 사묘절	卯辰巳	자식성의 사묘절이 모두 있으면 대흉불용	酉日	平	도화이니 정관 정인으로 가제.
^^	^^		埋兒煞 매아살	卯	이는 時로 사용함	戌日	凶	모복을 충하니 대흉불용.
絶房月 절방월	卯月	吉神이 많으면 무방함	紅艶 홍염	戌	이는 時로 사용됨	亥日	凶	팽조(彭祖)가 기(忌)한 날이니 혼인 불용.

여명(女命) 신사생(辛巳生)

월의 길흉		六親 六親 凶星	칠살=丁 편인=己 상관=壬	세 개 모두 있으면 제압 불능이니 흉.	子日	平	주당(周堂)이 고(姑)에 든다.
	• 대리월=3월, 9월 • 소리월=2월, 8월 • 시부모에 해로운 달=1월, 7월 • 친정부모에 해로운 달=6월, 12월	고과 진숙	申 辰	모두 있으면 대흉불용	丑日	吉	대길
		箭刃	戌 辰	두 개 모두 있으면 대흉불용	寅日	平	壬寅일은 부성(夫星)을 충하니 기(忌)하고 삼형(三刑)은 삼합 육합 귀인으로 가제.
三尊星	남편성=丙申 자식성=癸巳 태원성=癸卯	男男厄	子年	천을귀인으로 화해하면 길	卯日	凶	천구(天狗)이니 대흉불용.
		女女產山	戌年	천을귀인으로 화해하면 길			
三宮星	명 궁=酉 남녀궁=巳 부처궁=卯	回回頭貢殺	戊	세 개 모두 있으면 대흉불용	辰日	凶	삼살(三煞)이니 대흉.
天狗星	亥年=酉 未年=巳 巳年=卯	反反目殺	寅申	두 개 모두 있으면 대흉불용	巳日	吉	대길
		白白虎吞胎	未年	다른 흉성과 겹치거나 두 개 이상은 흉.	午日	平	도화(桃花)는 정관 정인으로 가제. 주당(周堂)이 옹(翁)에 든다.
三白虎星	丑年=酉 酉年=巳 未年=卯	天天狗吞胎	巳年	다른 흉성과 겹치거나 두 개 이상은 흉.	未日	吉	대길
年白	上元=二黑 中元=五黃 下元=八白	死男墓編絶星	酉戌亥	남편성의 死墓絶이 모두 있으면 대흉불용	申日	平	삼형(三刑)은 삼합(三合) 육합(六合) 귀인(貴人)으로 가제.
眞祿馬貴人	진록=丁酉 진마=己亥 진귀=甲午 진귀=庚寅	死子墓食絶星	申未午	자식성의 사묘절이 모두 있으면 대흉불용	酉日	平	癸酉 己酉는 태원(胎元)을 충하니 기(忌)하고, 부궁충(夫宮冲)은 삼합 육합으로 가제.
		埋兒煞	申	이는 時로 사용함	戌日	平	홍염살이나 납음으로 가제.
絶房月	申月	吉神이 많으면 무방함					
		紅艷	酉	이는 時로 사용됨	亥日	凶	팽조(彭祖)가 기(忌)한 날이니 혼인에 기(忌)함.

제3장 결혼(嫁娶) 택일법 229

여명(女命) **임오생(壬午生)**					
월의 길흉	• 대리월=6월, 12월 • 소리월=1월, 7월 • 시부모에 해로운 달=2월, 8월 • 친정부모에 해로운 달=3월, 9월	六육 親친 凶흉 星성	칠살=戌 편인=庚 상관=乙	세 개 모두 있으면 제압 불능이니 흉.	子日	凶 모복충(母腹沖)
^	^	고과 진숙	申 辰	모두 있으면 대흉불용	丑日	凶 멸자태(滅子胎)
^	^	箭전 刃인	子 午	두 개 모두 있으면 대흉불용	寅日	吉 청길(淸吉)
三삼 尊존 星성	남편성=己酉 자식성=甲辰 태원성=甲子	男남 厄액	丑年	천을귀인으로 화해하면 길		
^	^	女여 産산	酉年	천을귀인으로 화해하면 길	卯日	平 도화살(桃花煞) 충부성(冲夫星)
三삼 宮궁 星성	명 궁=亥 남녀궁=未 부처궁=巳	回회 頭두 貢공 殺살	戊	세 개 모두 있으면 대흉불용	辰日	凶 천구살(天狗煞)
天천 狗구 星성	卯年=亥 酉年=未 未年=巳	反반 目목 殺살	卯 酉	두 개 모두 있으면 대흉불용	巳日	平 충명궁(冲命宮)
^	^	白백 虎호 呑탄 胎태	辰年	다른 흉성과 겹치거나 두 개 이상은 흉.	午日	平 삼형살(三刑煞)
三삼 白백 虎호 星성	卯年=亥 亥年=未 酉年=巳	天천 狗구 呑탄 胎태	寅年	다른 흉성과 겹치거나 두 개 이상은 흉.	未日	平 옹주당(翁周堂)
年연 白백	上元=一白 中元=四綠 下元=七赤	死남 墓편 絶성	寅 丑 子	남편성의 死墓絶이 모두 있으면 대흉불용	申日	平 역마(驛馬)
眞진 祿녹 馬마 貴귀 人인	진록=辛亥 진마=戊申 진귀=乙巳 진귀=癸卯	死자 墓식 絶성	午 未 申	자식성의 사묘절이 모두 있으면 대흉불용	酉日	平 홍란(紅鸞)
^	^	埋매 兒아 煞살	丑	이는 時로 사용함	戌日	平 충천사(冲天嗣)
絶절 房방 月월	丑月 吉神이 많으면 무방함	紅홍 艷염	子	이는 時로 사용됨	亥日	凶 팽조기(彭祖忌)

여명(女命) 계미생(癸未生)

월의길흉	•대리월=5월, 11월 •소리월=4월, 10월 •시부모에 해로운 달=3월, 9월 •친정부모에 해로운 달=2월, 8월		六親凶星 육친흉성	칠살=己 편인=辛 상관=甲	세 개 모두 있으면 제압 불능이니 흉.	子日	平	도화살, 충부성 충부궁(冲夫宮)
			고과진숙	申辰	모두 있으면 대흉불용	丑日	凶	충모복(冲母腹)
			箭刃 전인	丑未	두 개 모두 있으면 대흉불용	寅日	凶	멸자태
三尊星성	남편성=戊午 자식성=乙卯 태원성=乙酉		男厄 남액	寅年	천을귀인으로 화해하면 길			
			女産 여산	申年	천을귀인으로 화해하면 길	卯日	平	충태원
三宮星성	명궁=子 남녀궁=申 부처궁=午		回頭貢殺 회두공살	申子辰	세 개 모두 있으면 대흉불용	辰日	吉	청길
天狗星성	寅年=子 戌年=申 申年=午		反目殺 반목살	辰戌	두 개 모두 있으면 대흉불용	巳日	凶	범천구(犯天狗)
			白虎吞胎 백호탄태	丑年	다른 흉성과 겹치거나 두 개 이상은 흉.	午日	平	충명궁
三白虎성	辰年=子 子年=申 戌年=午		天狗吞胎 천구탄태	亥年	다른 흉성과 겹치거나 두 개 이상은 흉.	未日	吉	청길
年白 연백	上元=九紫 中元=三碧 下元=六白		死墓絶 사묘절 남편성	酉戌亥	남편성의 死墓絶이 모두 있으면 대흉불용	申日	平	옹주당(翁周堂)
眞祿馬貴人 진녹마귀인	진록=甲子 진마=丁巳 진귀=乙卯 진귀=丁巳		死墓絶 사묘절 자식성	亥戌酉	자식성의 사묘절이 모두 있으면 대흉불용	酉日	凶	태원살(胎元煞) 충천사(冲天嗣)
			埋兒煞 매아살	卯	이는 時로 사용함	戌日	凶	삼살
絶房月 절방월	卯月	吉神이 많으면 무방함	紅艷염	甲	이는 時로 사용됨	亥日	凶	팽조기(彭祖忌)

제3장 결혼(嫁娶) 택일법 231

여명(女命) 갑신생(甲申生)							
월의길흉	• 대리월=2월, 8월 • 소리월=3월, 9월 • 시부모에 해로운 달=4월, 10월 • 친정부모에 해로운 달=5월, 11월		六육親친凶흉星성	칠살=庚 편인=壬 상관=丁	세 개 모두 있으면 제압 불능이니 흉.	子日	平	충태원(冲胎元)
:::	:::	고과진숙	亥未	모두 있으면 대흉불용	丑日	平	충부성(冲夫星)
:::	:::	箭전刃인	卯酉	두 개 모두 있으면 대흉불용	寅日	凶	충모복(冲母腹)
三삼尊존星성	남편성=辛未 자식성=丙寅 태원성=丙午		男남厄액	卯年	천을귀인으로 화해하면 길	:::	:::	:::
:::	:::	女여産산	未年	천을귀인으로 화해하면 길	卯日	平	고주당(姑周堂)
三삼宮궁星성	명 궁=寅 남녀궁=戌 부처궁=申		回회頭두貢공殺살	戊	세 개 모두 있으면 대흉불용	辰日	凶	멸자태(滅子胎)
:::	:::	反반目목殺살	巳亥	두 개 모두 있으면 대흉불용	巳日	平	십형(三刑)
大대狗구星성	辰年=寅 子年=戌 戌年=申		白백虎호呑탄胎태	戌年	다른 흉성과 겹치거나 두 개 이상은 흉.	午日	凶	천구(天狗)
三삼白백虎호星성	午年=寅 寅年=戌 子年=申		天천狗구呑탄胎태	申年	다른 흉성과 겹치거나 두 개 이상은 흉.	未日	凶	삼살(三煞)
年연白백	上元=八白 中元=二黑 下元=五黃		死남墓편絶성	巳辰卯	남편성의 死墓絶이 모두 있으면 대흉불용	申日	凶	충천사(冲天嗣)
:::	:::	死자墓식絶성	酉戌亥	자식성의 사묘절이 모두 있으면 대흉불용	酉日	平	도화(桃花) 유하(流霞)
眞진祿녹馬마貴귀人인	진록=丙寅 진마=丙寅 진귀=丁丑 진귀=辛未		埋매兒아煞살	申	이는 時로 사용함	戌日	吉	청길
絶절房방月월	申月	吉神이 많으면 무방함	紅홍艶염	午	이는 時로 사용됨	亥日	凶	팽조기(彭祖忌)

여명(女命) 을유생(乙酉生)

월의길흉	• 대리월=1월, 7월 • 소리월=6월, 12월 • 시부모에 해로운 달=5월, 11월 • 친정부모에 해로운 달=4월, 10월		六육親친凶흉星성	칠살=辛 편인=癸 상관=丙	세 개 모두 있으면 제압 불능이니 흉.	子日	吉	청길(淸吉)
			고과진숙	亥未	모두 있으면 대흉불용	丑日	吉	청길
			箭전刃인	辰戌	두 개 모두 있으면 대흉불용	寅日	吉	청길
三삼尊존星성	남편성=庚辰 자식성=丁亥 태원성=丁卯		男남厄액	辰年	천을귀인으로 화해하면 길			
			女여産산	午年	천을귀인으로 화해하면 길	卯日	凶	충모복(冲母腹)
三삼宮궁星성	명 궁=卯 남녀궁=亥 부처궁=酉		回회頭두貢공殺살	戊	세 개 모두 있으면 대흉불용	辰日	凶	삼살
天천狗구星성	巳年=卯 丑年=亥 亥年=酉		反반目목殺살	子午	두 개 모두 있으면 대흉불용	巳日	凶	멸자태(滅子胎)
			白백虎호呑탄胎태	未年	다른 흉성과 겹치거나 두 개 이상은 흉.	午日	平	도화
三백白호虎성	未年=卯 卯年=亥 丑年=酉		天천狗구呑탄胎태	巳年	다른 흉성과 겹치거나 두 개 이상은 흉.	未日	凶	천구(天狗)
年연白백	上元=七赤 中元=一白 下元=四綠		死남墓편絶성	子丑寅	남편성의 死墓絶이 모두 있으면 대흉불용	申日	吉	청길
眞진祿녹馬마貴귀人인	진록=己卯 진마=丁亥 진귀=戊子 진귀=甲申		死자墓식絶성	寅丑子	자식성의 사묘절이 모두 있으면 대흉불용	酉日	平	충태원(冲胎元) 삼형
			埋매兒아煞살	丑	이는 時로 사용함	戌日	平	충부성(冲夫星) 유하(流霞)
絶절房방月월	丑月	吉神이 많으면 무방함	紅홍艶염	申	이는 時로 사용됨	亥日	凶	팽조기(彭祖忌)

제3장 결혼(嫁娶) 택일법 233

여명(女命) 병술생(丙戌生)							
월의 길흉	• 대리월=4월, 10월 • 소리월=5월, 11월 • 시부모에 해로운 달=6월, 12월 • 친정부모에 해로운 달=1월, 7월	六육親친凶흉星성	칠살=壬 편인=甲 상관=己	세 개 모두 있으면 제압 불능이니 흉.	子日	平	태원(胎元)
^	^	고과진숙	亥未	모두 있으면 대흉불용	丑日	凶	삼살(三煞)
^	^	箭전刃인	午子	두 개 모두 있으면 대흉불용	寅日	吉	청길(淸吉)
三삼尊존星성	남편성=癸巳 자식성=戊戌 태원성=戊子	男남厄액	巳年	천을귀인으로 화해하면 길	^	^	^
^	^	女여産산	巳年	천을귀인으로 화해하면 길	卯日	平	도화(桃花)
三삼宮궁星성	명 궁=巳 남녀궁=丑 부처궁=亥	回회頭두貢공殺살	亥卯未	세 개 모두 있으면 대흉불용	辰日	凶	충모복(冲母腹)
天천狗구星성	未年=巳 卯年=丑 丑年=亥	反반目목殺살	丑未	두 개 모두 있으면 대흉불용	巳日	平	충부궁(冲夫宮) 살고(殺姑)
^	^	白백虎호呑탄胎태	辰年	다른 흉성과 겹치거나 두 개 이상은 흉.	午日	平	충태원(冲胎元)
三백白호虎성	酉年=巳 巳年=丑 卯年=亥	天천狗구呑탄胎태	寅年	다른 흉성과 겹치거나 두 개 이상은 흉.	未日	凶	멸자태(滅子胎)
年연白백	上元=六白 中元=九紫 下元=三碧	死남墓편絶성	申未午	남편성의 死墓絶이 모두 있으면 대흉불용	申日	凶	천구(天狗)
^	^	^	^	^	酉日	吉	청길
眞진祿녹馬마貴귀人인	진록=癸巳 진마=丙申 진귀=己亥 진귀=丁酉	死자墓식絶성	酉戌亥	자식성의 사묘절이 모두 있으면 대흉불용	^	^	^
^	^	埋매兒아煞살	卯	이는 時로 사용함	戌日	吉	청길
絶절房방月월	卯月	吉神이 많으면 무방함	紅홍艷염	寅	이는 時로 사용됨	亥日	凶	팽조기(彭祖忌)

여명(女命) 정해생(丁亥生)

월의 길흉	• 대리월=3월, 9월 • 소리월=2월, 8월 • 시부모에 해로운 달=1월, 7월 • 친정부모에 해로운 달=6월, 12월		六親친凶흉星성	칠살=癸 편인=乙 상관=戊	세 개 모두 있으면 제압 불능이니 흉.	子日	平	도화 살옹(殺翁)
			고과진숙	寅戌	모두 있으면 대흉불용	丑日	吉	청길
			箭전刃인	未丑	두 개 모두 있으면 대흉불용	寅日	吉	청길
三삼尊존星성	남편성=壬寅 자식성=己酉 태원성=己酉		男남厄액	午年	천을귀인으로 화해하면 길			
			女여産산	辰年	천을귀인으로 화해하면 길	卯日	凶	충천사(冲天嗣)
三삼宮궁星성	명 궁=午 남녀궁=寅 부처궁=子		回회頭두貢공殺살	戊	세 개 모두 있으면 대흉불용	辰日	吉	청길
天천狗구星성	申年=午 辰年=寅 寅年=子		反반目목殺살	寅申	두 개 모두 있으면 대흉불용	巳日	凶	충모복(冲母腹)
			白백虎호吞탄胎태	丑年	다른 흉성과 겹치거나 두 개 이상은 흉.	午日	平	충부궁(冲夫宮) 살고(殺姑)
三백白호虎성	戌年=午 午年=寅 辰年=子		天천狗구吞탄胎태	亥年	다른 흉성과 겹치거나 두 개 이상은 흉.	未日	吉	청길
年연白백	上元=五黃 中元=八白 下元=二黑		死남墓편絶성	卯辰巳	남편성의 死墓絶이 모두 있으면 대흉불용	申日	凶	멸자태(滅子胎)
眞진祿녹馬마貴귀人인	진록=丙午 진마=乙巳 진귀=辛亥 진귀=己酉		死자墓식絶성	寅丑子	자식성의 사묘절이 모두 있으면 대흉불용	酉日	凶	천구(天狗)
						戌日	凶	삼살(三煞)
絶절房방月월	申月	吉神이 많으면 무방함	埋매兒아煞살	申	이는 時로 사용함			
			紅홍艷염	未	이는 時로 사용됨	亥日	凶	팽조기(彭祖忌)

제3장 결혼(嫁娶) 택일법 235

여명(女命) 무자생(戊子生)

월의길흉	• 대리월=6월, 12월 • 소리월=1월, 7월 • 시부모에 해로운 달=2월, 8월 • 친정부모에 해로운 달=3월, 9월		六육親친凶흉星성	칠살=甲 편인=丙 상관=辛	세 개 모두 있으면 제압 불능이니 흉.	子日	平	충태원(冲胎元)
			고과진숙	寅戌	모두 있으면 대흉불용	丑日	吉	청길
			箭전刃인	午子	두 개 모두 있으면 대흉불용	寅日	平	충천사(冲天嗣) 충역마(冲驛馬)
三삼尊존星성	남편성=乙卯 자식성=庚申 태원성=庚午		男남厄액	未年	천을귀인으로 화해하면 길			
			女여産산	卯年	천을귀인으로 화해하면 길	卯日	平	삼형(三刑)
三삼宮궁星성	명 궁=巳 남녀궁=丑 부처궁=亥		回회頭두貢공殺살	戊	세 개 모두 있으면 대흉불용	辰日	吉	청길
						巳日	平	충부궁(冲夫宮) 유하(流霞)
天천狗구星성	未年=巳 卯年=丑 丑年=亥		反반目목殺살	卯酉	두 개 모두 있으면 대흉불용			
			白백虎호呑탄胎태	戌	다른 흉성과 겹치거나 두 개 이상은 흉.	午日	凶	충모복(冲母腹)
三백白호虎성	酉年=巳 巳年=丑 卯年=亥		天천狗구呑탄胎태	申	다른 흉성과 겹치거나 두 개 이상은 흉.	未日	凶	멸자태(滅子胎)
年연白백	上元=四綠 中元=七赤 下元=一白		死남墓편絶성	亥戌酉	남편성의 死墓絶이 모두 있으면 대흉불용	申日	吉	청길
						酉日	平	구도화(狗桃花) 충부성(冲夫星)
眞진祿녹馬마貴귀人인	진록=丁巳 진마=甲寅 진귀=乙丑 진귀=乙未		死자墓식絶성	子丑寅	자식성의 사묘절이 모두 있으면 대흉불용			
			埋매兒아煞살	丑	이는 時로 사용함	戌日	凶	천구(天狗)
絶절房방月월	丑	吉神이 많은 월이면 무방함	紅홍艶염	辰	이는 時로 사용됨	亥日	凶	팽조기(彭祖忌)

여명(女命) 기축생(己丑生)					
월의 길흉	• 대리월=5월, 11월 • 소리월=4월, 10월 • 시부모에 해로운 달=3월, 9월 • 친정부모에 해로운 달=2월, 8월	六육親친凶흉星성	칠살=乙 편인=丁 상관=庚	세 개 모두 있으면 제압 불능이니 흉.	子日	平 충명궁(冲命宮)
		고과진숙	寅戌	모두 있으면 대흉불용	丑日	凶 천사(天嗣)
		箭전刃인	未丑	두 개 모두 있으면 대흉불용	寅日	平 살옹(殺翁)
三삼尊존星성	남편성=甲戌 자식성=辛未 태원성=辛卯	男남厄액	申年	천을귀인으로 화해하면 길		
		女여産산	寅年	천을귀인으로 화해하면 길	卯日	平 태원(胎元)
三삼宮궁星성	명 궁=午 남녀궁=寅 부처궁=子	回회頭두貢공殺살	寅午戌	세 개 모두 있으면 대흉불용	辰日	凶 삼살(三煞)
		反반目목殺살	辰戌	두 개 모두 있으면 대흉불용	巳日	吉 청길
天천狗구星성	申年=午 辰年=寅 寅年=子					
		白백虎호呑탄胎태	未年	다른 흉성과 겹치거나 두 개 이상은 흉.	午日	平 도화(桃花), 유하(流霞) 충부궁(冲夫宮)
三백白호虎성	戌年=午 午年=寅 辰年=子	天천狗구呑탄胎태	巳年	다른 흉성과 겹치거나 두 개 이상은 흉.	未日	凶 충모복(冲母腹)
年연白백	上元=三碧 中元=六白 下元=九紫	死사墓묘絶절 남편성	午未申	남편성의 死墓絶이 모두 있으면 대흉불용	申日	凶 멸자태(滅子胎)
眞진祿록馬마貴귀人인	진록=庚午 진마=乙亥 진귀=丙子 진귀=壬申	死사墓묘絶절 자식	卯辰巳	자식성의 사묘절이 모두 있으면 대흉불용	酉日	平 충태원(冲胎元)
		埋매兒아煞살	卯	이는 時로 사용함	戌日	平 삼형(三刑)
絶절房방月월	卯月	吉神이 많으면 무방함				
		紅홍艶염	辰	이는 時로 사용됨	亥日	凶 팽조기(彭祖忌)

제3장 결혼(嫁娶) 택일법 237

여명(女命) 경인생(庚寅生)

월의 길흉		六親凶星 육친흉성	칠살=丙 편인=戊 상관=癸	세 개 모두 있으면 제압 불능이니 흉.	子日	凶	천구(天狗)
• 대리월=2월, 8월 • 소리월=3월, 9월 • 시부모에 해로운 달=4월, 10월 • 친정부모에 해로운 달=5월, 11월		고과진숙	巳丑	모두 있으면 대흉불용	丑日	凶	삼살(三煞)
		箭刃 전인	酉卯	두 개 모두 있으면 대흉불용	寅日	平	충명궁(冲命宮)
三尊星성 삼존성	남편성=丁亥 자식성=壬午 태원성=壬子	男男 남남 厄액	酉年	천을귀인으로 화해하면 길	卯日	平	도화(桃花) 살옹(殺翁)
		女女 여여 産산	丑年	천을귀인으로 화해하면 길			
三宮星성 삼궁성	명 궁=申 남녀궁=辰 부처궁=寅	回頭貢殺 회두공살	戊	세 개 모두 있으면 대흉불용	辰日	平	유하(流霞)
天狗星성 천구성	戌年=申 午年=辰 辰年=寅	反目殺 반목살	巳亥	두 개 모두 있으면 대흉불용	巳日	平	삼형(三刑) 충부성(冲夫星)
		白虎呑胎 백호탄태	辰年	다른 흉성과 겹치거나 두 개 이상은 흉.	午日	平	충태원(冲胎元)
三白虎星성 삼백호성	子年=申 申年=辰 午年=寅	天狗呑胎 천구탄태	寅年	다른 흉성과 겹치거나 두 개 이상은 흉.	未日	吉	청길
年백 연백	上元=二黑 中元=五黃 下元=八白	死墓絶星 사묘절성 남편성	寅丑子	남편성의 사묘절이 모두 있으면 대흉불용	申日	凶	충모복(冲母腹)
眞祿馬貴人 진록마귀인	진록=甲申 진마=甲申 진귀=己丑 진귀=癸未	死墓絶星 사묘절성 자식성	卯辰巳	자식성의 사묘절이 모두 있으면 대흉불용	酉日	平	살고(殺姑)
		埋兒煞 매아살	申	이는 時로 사용함	戌日	凶	멸자태(滅子胎)
絶房月 절방월	申月	吉神이 많으면 무방함					
		紅艶 홍염	戌	이는 時로 사용됨	亥日	凶	팽조기(彭祖忌)

여명(女命) 신묘생(辛卯生)

월의 길흉		六육親친凶흉星성	칠살=丁 편인=己 상관=壬	세 개 모두 있 으면 제압 불능 이니 흉.	子日	平	삼형(三刑)
• 대리월=1월, 7월 • 소리월=6월, 12월 • 시부모에 해로운 달=5월, 11월 • 친정부모에 해로운 달=4월, 10월		고과진숙	巳丑	모두 있으면 대흉불용	丑日	凶	도화(桃花)
		箭전刃인	戌辰	두 개 모두 있으면 대흉불용	寅日	平	천구(天狗)
三삼尊존星성	남편성=丙申 자식성=癸巳 태원성=癸酉	男남厄액	戌年	천을귀인으로 화해하면 길			
		女여産산	子年	천을귀인으로 화해하면 길	卯日	平	충부성(沖夫星)
三삼宮궁星성	명 궁=酉 남녀궁=巳 부처궁=卯	回회頭두貢공殺살	戊	세 개 모두 있으면 대흉불용	辰日	平	살옹(殺翁)
天천狗구星성	亥年=酉 未年=巳 巳年=卯	反반目목殺살	子午	두 개 모두 있으면 대흉불용	巳日	平	역마(驛馬)
三삼白백虎호星성	丑年=酉 酉年=巳 未年=卯	白백虎호呑탄胎태	丑年	다른 흉성과 겹치거 나 두 개 이상은 흉.	午日	吉	청길
		天천狗구呑탄胎태	亥年	다른 흉성과 겹치거 나 두 개 이상은 흉.	未日	吉	청길
年연白백	上元=一白 中元=四綠 下元=七赤	死사墓묘絶절성	酉戌亥	남편성의 死墓絶이 모두 있으면 대흉불용	申日	吉	청길
眞진祿록馬마貴귀人인	진록=丁酉 진마=癸巳 진귀=甲午 진귀=庚寅	死사墓묘絶절성	午未申	자식성의 사묘절이 모두 있으면 대흉불용	酉日	凶	충모복(沖母腹)
		埋매兒아煞살	丑	이는 時로 사용함	戌日	凶	삼살(三煞)
絶절房방月월	丑月	吉神이 많으 면 무방함					
		紅홍艶염	酉	이는 時로 사용됨	亥日	凶	팽조기(彭祖忌)

여명(女命) 임진생(壬辰生)

월의길흉	• 대리월=4월, 10월 • 소리월=5월, 11월 • 시부모에 해로운 달=6월, 12월 • 친정부모에 해로운 달=1월, 7월		六육親친 凶흉星성	칠살=戊 편인=庚 상관=乙	세 개 모두 있으면 제압 불능이니 흉.	子日	平	충태(冲胎)
			고과진숙	巳丑	모두 있으면 대흉불용	丑日	凶	멸자태(滅子胎)
			箭전刃인	子午	두 개 모두 있으면 대흉불용	寅日	凶	천구(天狗)
三삼尊존星성	남편성=己酉 자식성=甲辰 태원성=甲午		男남厄액	亥年	천을귀인으로 화해하면 길			
			女여産산	亥年	천을귀인으로 화해하면 길	卯日	平	충부성(冲夫星)
三삼宮궁星성	명 궁=亥 남녀궁=未 부처궁=巳		回회頭두貢공殺살	巳酉丑	세 개 모두 있으면 대흉불용	辰日	凶	삼형(三刑)
			反반目목殺살	丑未	두 개 모두 있으면 대흉불용	巳日	平	충명궁(冲命宮) 살옹(殺翁)
天천狗구星성	丑年=亥 酉年=未 未年=巳		白백虎호呑탄胎태	戌年	다른 흉성과 겹치거나 두 개 이상은 흉.	午日	平	태원(胎元)
三삼白백虎호星성	卯年=亥 亥年=未 酉年=巳		天천狗구呑탄胎태	申年	다른 흉성과 겹치거나 두 개 이상은 흉.	未日	凶	삼살(三煞)
年연白백	上元=九紫 中元=三碧 下元=六白		死남墓편絶성	寅丑子	남편성의 死墓絶이 모두 있으면 대흉불용	申日	吉	청길
眞진祿녹馬마貴귀人인	진록=辛亥 진마=壬寅 진귀=乙巳 진귀=癸卯		死자墓식絶성	午未申	자식성의 사묘절이 모두 있으면 대흉불용	酉日	平	도화(桃花)
						戌日	凶	충모복(冲母腹)
絶절房방月월	卯月	吉神이 많으면 무방함	埋매兒아煞살	卯	이는 時로 사용함			
			紅홍艶염	子	이는 時로 사용됨	亥日	凶	팽조기(彭祖忌)

여명(女命) 계사생(癸巳生)							
월의 길흉	• 대리월=3월, 9월 • 소리월=2월, 8월 • 시부모에 해로운 달=1월, 7월 • 친정부모에 해로운 달=6월, 12월		六親凶星 육친흉성	칠살=己 편인=辛 상관=甲	세 개 모두 있으면 제압 불능이니 흉.	子日	平	충부성(冲夫星) 충부궁(冲夫宮)
			고과진숙 箇	申辰	모두 있으면 대흉불용	丑日	吉	청길
			전인 箭刃	丑未	두 개 모두 있으면 대흉불용	寅日	凶	멸자태(滅子胎)
三尊星성 삼존	남편성=戊午 자식성=乙卯 태원성=乙卯		男남厄액	子年	천을귀인으로 화해하면 길			
			女여産산	戌年	천을귀인으로 화해하면 길	卯日	凶	천구살(天狗煞)
三宮星성 삼궁	명궁=子 남녀궁=申 부처궁=午		回頭貢殺 회두공살	戊	세 개 모두 있으면 대흉불용	辰日	凶	삼살(三煞)
						巳日	吉	청길
天狗星성 천구	寅年=子 戌年=申 申年=午		反目殺 반목살	寅申	두 개 모두 있으면 대흉불용			
			白虎呑胎 백호탄태	未年	다른 흉성과 겹치거나 두 개 이상은 흉.	午日	平	충명궁(冲命宮) 도화살(桃花煞)
三白虎성 삼백호	辰年=子 子年=申 戌年=午		天狗呑胎 천구탄태	巳年	다른 흉성과 겹치거나 두 개 이상은 흉.	未日	吉	청길
年白 연백	上元=八白 中元=二黑 下元=五黃		死墓絶 사남묘절성	酉戌亥	남편성의 死墓絶이 모두 있으면 대흉불용	申日	平	삼형(三刑)
眞祿馬貴人 진녹마귀인	진록=甲子 진마=癸亥 진귀=丁巳 진귀=乙卯		死墓絶 사자묘절성	酉戌亥	자식성의 사묘절이 모두 있으면 대흉불용	酉日	凶	천사(天嗣)
			埋兒煞 매아살	申	이는 時로 사용함	戌日	平	홍란(紅鸞)
絶房月 절방월	申월	吉神이 많으면 무방함	紅艶 홍염	申	이는 時로 사용됨	亥日	凶	팽조기(彭祖忌)

여명(女命) 갑오생(甲午生)

월의 길흉	• 대리월=6월, 12월 • 소리월=1월, 7월 • 시부모에 해로운 달=2월, 8월 • 친정부모에 해로운 달=3월, 9월		六육親친凶흉星성	칠살=庚 편인=壬 상관=丁	세 개 모두 있으면 제압 불능이니 흉.	子日	凶	충모복(沖母腹)
			고과진숙	申辰	모두 있으면 대흉불용	丑日	凶	삼살(三煞)
			箭전刃인	卯酉	두 개 모두 있으면 대흉불용	寅日	平	충부궁(沖夫宮)
三삼尊존星성	남편성=辛未 자식성=丙寅 태원성=丙子		男남厄액	丑年	천을귀인으로 화해하면 길			
			女여産산	酉年	천을귀인으로 화해하면 길	卯日	平	도화(桃花)
三삼宮궁星성	명 궁=寅 남녀궁=戌 부처궁=申		回회頭두貢공殺살	戊	세 개 모두 있으면 대흉불용	辰日	凶	멸자태(滅子胎)
						巳日	吉	칭길
天천狗구星성	辰年=寅 子年=戌 戌年=申		反반目목殺살	卯酉	두 개 모두 있으면 대흉불용			
			白백虎호呑탄胎태	辰年	다른 흉성과 겹치거나 두 개 이상은 흉.	午日	凶	삼형(三刑)
三삼白백虎호성	午年=寅 寅年=戌 子年=申		天천狗구呑탄胎태	寅年	다른 흉성과 겹치거나 두 개 이상은 흉.	未日	平	살옹(殺翁)
年연白백	上元=七赤 中元=一白 下元=四綠		死사墓묘編편絶절성	卯辰巳	남편성의 死墓絶이 모두 있으면 대흉불용	申日	凶	충천사(沖天嗣)
眞진祿녹馬마貴귀人인	진록=丙寅 진마=壬申 진귀=丁丑 진귀=辛未		死사墓묘食식絶절성	酉戌亥	자식성의 사묘절이 모두 있으면 대흉불용	酉日	平	유하(流霞)
			埋매兒아煞살	丑	이는 時로 사용함	戌日	吉	칭길
絶절房방月월	丑월	吉神이 많으면 무방함	紅홍艷염	午	이는 時로 사용됨	亥日	凶	팽조기(彭祖忌)

여명(女命) 을미생(乙未生)

월의길흉	• 대리월=5월, 11월 • 소리월=4월, 10월 • 시부모에 해로운 달=3월, 9월 • 친정부모에 해로운 달=2월, 8월	六親凶星 육친흉성	칠살=辛 편인=癸 상관=丙	세 개 모두 있으면 제압 불능이니 흉.	子日	平	도화(桃花)
		고과진숙	申辰	모두 있으면 대흉불용	丑日	凶	충모복(冲母腹)
		箭刃 전인	辰戌	두 개 모두 있으면 대흉불용	寅日	平	살고(殺姑)
三尊星 삼존성	남편성=庚辰 자식성=丁亥 태원성=丁酉	男厄 남액	寅年	천을귀인으로 화해하면 길			
		女産 여산	酉年	천을귀인으로 화해하면 길	卯日	平	충태원(冲胎元) 충부궁(冲夫宮)
三宮星 삼궁성	명 궁=卯 남녀궁=亥 부처궁=酉	回頭貢殺 회두공살	申子辰	세 개 모두 있으면 대흉불용	辰日	吉	청길
天狗星 천구성	巳年=卯 丑年=亥 亥年=酉	反目殺 반목살	辰戌	두 개 모두 있으면 대흉불용	巳日	凶	멸자태(滅子胎)
		白虎呑胎 백호탄태	丑年	다른 흉성과 겹치거나 두 개 이상은 흉.	午日	吉	청길
三白虎 삼백호	未年=卯 卯年=亥 丑年=酉	天狗呑胎 천구탄태	亥年	다른 흉성과 겹치거나 두 개 이상은 흉.	未日	吉	청길
年白 연백	上元=六白 中元=九紫 下元=三碧	死墓絶男편성 사묘절남편성	子丑寅	남편성의 사묘절이 모두 있으면 대흉불용	申日	平	살옹(殺翁)
眞祿馬貴人 진록마귀인	진록=己卯 진마=辛巳 진귀=戊子 진귀=甲申	死墓絶자식성 사묘절자식성	寅丑子	자식성의 사묘절이 모두 있으면 대흉불용	酉日	平	태원(胎元) 충명궁(冲命宮)
		埋兒煞 매아살	卯	이는 時로 사용함	戌日	凶	삼살(三煞)
絶房月 절방월	卯月	吉神이 많으면 무방함	紅艷 홍염	申	이는 時로 사용됨	亥日	凶	팽조기(彭祖忌)

여명(女命) 병신생(丙申生)

월의 길흉		六親凶星	육친흉성	칠살=壬 편인=甲 상관=己	세 개 모두 있으면 제압 불능이니 흉.	子日	平	충태원(沖胎元)
• 대리월=2월, 8월 • 소리월=3월, 9월 • 시부모에 해로운 달=4월, 10월 • 친정부모에 해로운 달=5월, 11월		孤寡	고과	亥	모두 있으면 대흉불용	丑日	吉	청길
		辰宿	진숙	未				
		箭刃	전인	午 子	두 개 모두 있으면 대흉불용	寅日	凶	충모복(沖母腹)
三尊星 삼존성	남편성=癸巳 자식성=戊戌 태원성=戊午	男女厄	남녀액	卯年	천을귀인으로 화해하면 길			
		女産	여산	未年	천을귀인으로 화해하면 길	卯日	平	살고(殺姑)
三宮星 삼궁성	명궁=巳 남녀궁=丑 부처궁=亥	回頭貢殺	회두공살	戊	세 개 모두 있으면 대흉불용	辰日	凶	충천사(沖天嗣)
天狗星 천구성	未年=巳 卯年=丑 丑年=亥	反目殺	반목살	巳 亥	두 개 모두 있으면 대흉불용	巳日	平	충부성(沖夫星)
		白虎吞胎	백호탄태	戌年	다른 흉성과 겹치거나 두 개 이상은 흉.	午日	凶	천구(天狗)
三白虎星 삼백호성	酉年=巳 巳年=丑 卯年=亥	天狗吞胎	천구탄태	申年	다른 흉성과 겹치거나 두 개 이상은 흉.	未日	凶	멸자태(滅子胎)
年白 연백	上元=五黃 中元=八白 下元=二黑	死墓絶南편성	사묘절 남편성	申 未 午	남편성의 死墓絶이 모두 있으면 대흉불용	申日	吉	청길
眞祿馬貴人 진녹마귀인	진록=癸巳 진마=庚寅 진귀=己亥 진귀=丁酉	死墓絶子식성	사묘절 자식성	酉 戌 亥	자식성의 사묘절이 모두 있으면 대흉불용	酉日	半	도화(桃花)
						戌日	平	청길
		埋兒煞	매아살	申	이는 時로 사용함			
絶房月 절방월	申月	吉神이 많으면 무방함	紅艶	홍염	寅	이는 時로 사용됨	亥日	凶	팽조기(彭祖忌)

여명(女命) 정유생(丁酉生)

월의 길흉	• 대리월=1월, 7월 • 소리월=6월, 12월 • 시부모에 해로운 달=5월, 11월 • 친정부모에 해로운 달=4월, 10월		六親凶星 육친흉성	칠살=癸 편인=乙 상관=戊	세 개 모두 있으면 제압 불능이니 흉.	子日	平	충명궁(冲命宮)
			고과진숙	亥未	모두 있으면 대흉불용	丑日	吉	청길
			箭刃 전인	未丑	두 개 모두 있으면 대흉불용	寅日	吉	청길
三尊星 삼존성	남편성=壬寅 자식성=己酉 태원성=己卯		男厄 남액	辰年	천을귀인으로 화해하면 길			
			女産 여산	午年	천을귀인으로 화해하면 길	卯日	凶	충모복(冲母腹)
三宮星 삼궁성	명 궁=午 남녀궁=寅 부처궁=子		回頭貢殺 회두공살	戊	세 개 모두 있으면 대흉불용	辰日	凶	삼살
			反目殺 반목살	子午	두 개 모두 있으면 대흉불용	巳日	吉	청길
天狗星 천구성	申年=午 辰年=寅 寅年=子		白虎吞胎 백호탄태	未年	다른 흉성과 겹치거나 두 개 이상은 흉.	午日	平	충부궁(冲夫宮) 도화(桃花)
三白虎星 삼백호성	戌年=午 午年=寅 辰年=子		天狗吞胎 천구탄태	巳年	다른 흉성과 겹치거나 두 개 이상은 흉.	未日	凶	천구(天狗)
年白 연백	上元=四綠 中元=七赤 下元=一白		死墓絶 남편성 사묘절성	卯 辰 巳	남편성의 死墓絶이 모두 있으면 대흉불용	申日	凶	멸자태(滅子胎)
眞祿馬貴人 진녹마귀인	진록=丙午 진마=辛亥 진귀=辛亥 진귀=己酉		死墓絶 자식성 사묘절성	寅 丑 子	자식성의 사묘절이 모두 있으면 대흉불용	酉日	平	삼형(三刑) 태원(胎元)
絶房月 절방월	丑月	吉神이 많으면 무방함	埋兒煞 매아살	丑	이는 時로 사용함	戌日	平	살옹(殺翁)
			紅艶 홍염	未	이는 時로 사용됨	亥日	凶	팽조기(彭祖忌)

여명(女命) 무술생(戊戌生)

월의 길흉	• 대리월=4월, 10월 • 소리월=5월, 11월 • 시부모에 해로운 달=6월, 12월 • 친정부모에 해로운 달=1월, 7월		六親凶星	칠살=甲 편인=丙 상관=辛	세 개 모두 있으면 제압 불능이니 흉.	子日	平	태원(胎元)
			고과진숙	亥未	모두 있으면 대흉불용	丑日	凶	삼살
			箭刃	午子	두 개 모두 있으면 대흉불용	寅日	凶	충천사(沖天嗣)
三尊星성	남편성=乙卯 자식성=庚申 태원성=庚子		男男厄액	巳年	천을귀인으로 화해하면 길			
			女産	巳年	천을귀인으로 화해하면 길	卯日	平	도화(桃花)
三宮星성	명 궁=巳 남녀궁=丑 부처궁=亥		回頭貢殺	亥卯未	세 개 모두 있으면 대흉불용	辰日	凶	충모복(沖母腹)
			反目殺	丑未	두 개 모두 있으면 대흉불용	巳日	平	유하(流霞) 충부궁(沖夫宮)
天狗星성	未年=巳 卯年=丑 丑年=亥		白虎吞胎	辰年	다른 흉성과 겹치거나 두 개 이상은 흉.	午日	平	충태원(沖胎元)이니 庚午일과 丙午일은 진충(眞沖)과 정충(正沖)이니 대흉하고 그 외는 가용임.
三白虎성	酉年=巳 巳年=丑 卯年=亥		天狗吞胎	寅年	다른 흉성과 겹치거나 두 개 이상은 흉.	未日	凶	멸자태(滅子胎)
年白	上元=三碧 中元=六白 下元=九紫		死墓絶편성	亥戌酉	남편성의 死墓絶이 모두 있으면 대흉불용	申日	凶	천구(天狗)
眞祿馬貴人	진록=丁巳 진마=庚申 진귀=乙丑 진귀=己未		死墓絶자식	子丑寅	자식성의 사묘절이 모두 있으면 대흉불용	酉日	平	충부성(沖夫星)
絶房月	卯月	吉神이 많으면 무방함	埋兒煞	卯	이는 時로 사용함	戌日	吉	청길
			紅艶	辰	이는 時로 사용됨	亥日	凶	팽조기(彭祖忌)

여명(女命) 기해생(己亥生)

월의 길흉	• 대리월=3월, 9월 • 소리월=2월, 8월 • 시부모에 해로운 달=1월, 7월 • 친정부모에 해로운 달=6월, 12월	육친흉성	칠살=乙 편인=丁 상관=庚	세 개 모두 있으면 제압 불능이니 흉.	子日	平	도화(桃花) 충명궁(冲命宮)
		고과 진숙	寅 戌	모두 있으면 대흉불용	丑日	凶	충천사(冲天嗣)
		전 인	未 丑	두 개 모두 있으면 대흉불용	寅日	吉	청길
삼존성	남편성=甲戌 자식성=辛未 태원성=辛酉	남 액	午年	천을귀인으로 화해하면 길			
					卯日	平	충태원(冲胎元)
		여 산	辰年	천을귀인으로 화해하면 길			
삼궁성	명궁=午 남녀궁=寅 부처궁=子	회두공살	戊	세 개 모두 있으면 대흉불용	辰日	平	충부성(冲夫星)
		반목살	寅 申	두 개 모두 있으면 대흉불용	巳日	凶	충모복(冲母腹)
천구성	甲年=午 辰年=寅 寅年=子						
		백호탄태	丑年	다른 흉성과 겹치거나 두 개 이상은 흉.	午日	平	유하(流霞) 충부궁(冲夫宮)
삼백호성	戌年=午 午年=寅 辰年=子	천구탄태	亥年	다른 흉성과 겹치거나 두 개 이상은 흉.	未日	吉	청길
연백	上元=二黑 中元=五黃 下元=八白	死墓絶 남편성	午 未 申	남편성의 死墓絶이 모두 있으면 대흉불용	申日	凶	멸자태(滅子胎)
		死墓絶 자식성	巳 辰 卯	자식성의 사묘절이 모두 있으면 대흉불용	酉日	凶	천구(天狗)
진록마귀인	진록=庚午 진마=己巳 진귀=丙子 진귀=壬申				戌日	凶	삼살
		매아살	申	이는 時로 사용함			
절방월	申월	吉神이 많으면 무방함	홍염	辰	이는 時로 사용됨	亥日	凶	팽조기(彭祖忌)

제3장 결혼(嫁娶) 택일법 247

여명(女命) **경자생(庚子生)**							
월의길흉	• 대리월=6월, 12월 • 소리월=1월, 7월 • 시부모에 해로운 달=2월, 8월 • 친정부모에 해로운 달=3월, 9월	六六親凶星	칠살=丙 편인=戊 상관=癸	세 개 모두 있으면 제압 불능이니 흉.	子日	凶	충천사
		고과진숙	寅戌	모두 있으면 대흉불용	丑日	平	살옹(殺翁)
		箭전刃인	酉卯	두 개 모두 있으면 대흉불용	寅日	平	역마 충명궁
三삼尊존星성	남편성=丁亥 자식성=壬午 태원성=壬午	男남厄액	未年	천을귀인으로 화해하면 길	卯日	平	삼형
		女여産산	卯年	천을귀인으로 화해하면 길			
三삼宮궁星성	명 궁=申 남녀궁=辰 부처궁=寅	回회頭두貢공殺살	戊	세 개 모두 있으면 대흉불용	辰日	平	유하
		反반目목殺살	卯酉	두 개 모두 있으면 대흉불용	巳日	平	충부성
天천狗구星성	戌年=申 午年=辰 辰年=寅						
		白백虎호呑탄胎태	戌年	다른 흉성과 겹치거나 두 개 이상은 흉.	午日	凶	충모복(沖母腹)
三백白호虎성	子年=申 申年=辰 午年=寅	天천狗구呑탄胎태	申年	다른 흉성과 겹치거나 두 개 이상은 흉.	未日	凶	삼살
年연白백	上元=一白 中元=四綠 下元=七赤	死남墓편絶성	寅丑子	남편성의 死墓絶이 모두 있으면 대흉불용	申日	平	충삼살(沖三煞)
		死자墓식絶성	卯辰巳	자식성의 사묘설이 모두 있으면 대흉불용	酉日	平	도화
眞진祿녹馬마貴귀人인	진록=甲申 진마=戊寅 진귀=己丑 진귀=癸未				戌日	凶	멸자태
		埋매兒아煞살	丑	이는 時로 사용함			
絶절房방月월	丑월	吉神이 많으면 무방함			亥日	凶	팽조기(彭祖忌)
		紅홍艷염	戌	이는 時로 사용됨			

여명(女命) 신축생(辛丑生)

월의길흉	• 대리월=5월, 11월 • 소리월=4월, 10월 • 시부모에 해로운 달=3월, 9월 • 친정부모에 해로운 달=2월, 8월	육친흉성	칠살=丁 편인=己 상관=壬	세 개 모두 있으면 제압 불능이니 흉.	子日	吉	청길
		고과진숙	寅戌	모두 있으면 대흉불용	丑日	吉	청길
		전인	戌辰	두 개 모두 있으면 대흉불용	寅日	平	충부성(冲夫星) 살옹(殺翁)
삼존성	남편성=丙申 자식성=癸巳 태원성=癸卯	남액	申年	천을귀인으로 화해하면 길	卯日	平	태원(胎元) 유하(流霞)
		여산	寅年	천을귀인으로 화해하면 길			
삼궁성	명 궁=酉 남녀궁=巳 부처궁=卯	회두공살	寅午戌	세 개 모두 있으면 대흉불용	辰日	凶	삼살(三煞)
		반목살	辰戌	두 개 모두 있으면 대흉불용	巳日	吉	청길
천구성	亥年=酉 未年=巳 巳年=卯	백호탄태	未年	다른 흉성과 겹치거나 두 개 이상은 흉.	午日	平	도화(桃花)
삼백호성	丑年=酉 酉年=巳 未年=卯	천구탄태	巳年	다른 흉성과 겹치거나 두 개 이상은 흉.	未日	凶	충모복(冲母腹)
연백	上元=九紫 中元=三碧 下元=六白	남편묘절성	酉戌亥	남편성의 死墓絶이 모두 있으면 대흉불용	申日	平	살고(殺姑)
진녹마귀인	진록=丁酉 진마=己亥 진귀=甲午 진귀=庚寅	자식묘절성	申未午	자식성의 사묘절이 모두 있으면 대흉불용	酉日	平	충태원
		매아살	卯	이는 時로 사용함	戌日	平	삼형
절방월	卯月	吉神이 많으면 무방함					
		홍염	酉	이는 時로 사용됨	亥日	凶	팽조기(彭祖忌)

제3장 결혼(嫁娶) 택일법 249

여명(女命) **임인생(壬寅生)**							
월의길흉	• 대리월=2월, 8월 • 소리월=3월, 9월 • 시부모에 해로운 달=4월, 10월 • 친정부모에 해로운 달=5월, 11월	六親凶星 육친흉성	칠살=戊 편인=庚 상관=乙	세 개 모두 있으면 제압 불능이니 흉.	子日	凶	천구
		孤寡 고과 진숙	巳 丑	모두 있으면 대흉불용	丑日	凶	삼살
		箭刃 전인	子 午	두 개 모두 있으면 대흉불용	寅日	吉	청길
三尊星 삼존성	남편성=己酉 자식성=甲辰 태원성=甲子	男厄 남액	酉年	천을귀인으로 화해하면 길	卯日	平	충부성(沖夫星) 도화 살옹(殺翁)
		女産 여산	丑年	천을귀인으로 화해하면 길			
三宮星 삼궁성	명 궁=亥 남녀궁=未 부처궁=巳	回頭貢殺 회두공살	戊	세 개 모두 있으면 대흉불용	辰日	平	청길
天狗星 천구성	丑年=亥 酉年=未 未年=巳	反目殺 반목살	巳 亥	두 개 모두 있으면 대흉불용	巳日	平	충명궁 삼형
		白虎吞胎 백호탄태	辰年	다른 흉성과 겹치거나 두 개 이상은 흉.	午日	平	충태원
三白虎星 삼백호성	卯年=亥 亥年=未 酉年=巳	天狗吞胎 천구탄태	寅年	다른 흉성과 겹치거나 두 개 이상은 흉.	未日	吉	청길
年白 연백	上元=八白 中元=二黑 下元=五黃	死墓絶 남편성 사묘절성	寅 丑 子	남편성의 死墓絶이 모두 있으면 대흉불용	申日	凶	충모복(沖母腹)
					酉日	平	고주당(姑周堂)
眞祿馬貴人 진록마귀인	진록=辛亥 진마=戊申 진귀=乙巳 진귀=癸卯	死墓絶 자식성 사묘절성	午 未 申	사식성의 사묘절이 모두 있으면 대흉불용	戌日	凶	충천사
絶房月 절방월	申月	吉神이 많으면 무방함	埋兒煞 매아살	申	이는 時로 사용함	亥日	凶	팽조기(彭祖忌)
			紅艷 홍염	子	이는 時로 사용됨			

여명(女命) 계묘생(癸卯生)							
월의 길흉	• 대리월=1월, 7월 • 소리월=6월, 12월 • 시부모에 해로운 달=5월, 11월 • 친정부모에 해로운 달=4월, 11월 || 六親凶星 육친흉성	칠살=己 편인=辛 상관=甲	세 개 모두 있으면 제압 불능이니 흉.	子日	平	충명궁, 도화
	|| 고과진숙	巳丑	모두 있으면 대흉불용	丑日	凶	천구
	|| 箭刃 전인	丑未	두 개 모두 있으면 대흉불용	寅日	凶	멸자태
三尊星 삼존성	남편성=戊午 자식성=乙卯 태원성=乙酉 || 男厄 남액	戌年	천을귀인으로 화해하면 길			
	|| 女產 여산	子年	천을귀인으로 화해하면 길	卯日	平	충태원
三宮星 삼궁성	명 궁=子 남녀궁=申 부처궁=午 || 回頭貢殺 회두공살	戊	세 개 모두 있으면 대흉불용	辰日	平	살옹
天狗星 천구성	寅年=子 戌年=申 申年=午 || 反目殺 반목살	子午	두 개 모두 있으면 대흉불용	巳日	平	역마
	|| 白虎呑胎 백호탄태	丑年	다른 흉성과 겹치거나 두 개 이상은 흉.	午日	平	충명궁
三白虎星 삼백호성	辰=子 子年=申 戌年=午 || 天狗呑胎 천구탄태	亥年	다른 흉성과 겹치거나 두 개 이상은 흉.	未日	吉	청길
年白 연백	上元=七赤 中元=一白 下元=四綠 || 死墓絶 사묘절 남편	酉戌亥	남편성의 死墓絶이 모두 있으면 대흉불용	申日	吉	청길
	|| 死墓絶 사묘절 자식	亥戌酉	자식성의 사묘절이 모두 있으면 대흉불용	酉日	凶	충모복(沖母腹)
眞祿馬貴人 진록마귀인	진록=甲子 진마=丁巳 진귀=丁巳 진귀=乙卯 || 埋兒煞 매아살	丑	이는 時로 사용함	戌日	凶	삼살
絶房月 절방월	丑월 吉神이 많으면 무방함 || 紅艶 홍염	申	이는 時로 사용됨	亥日	凶	팽조기(彭祖忌)

여명(女命) 갑진생(甲辰生)

월의 길흉	•대리월=4월, 10월 •소리월=5월, 11월 •시부모에 해로운 달=6월, 12월 •친정부모에 해로운 달=1월, 7월		六육親친凶흉星성	칠살=庚 편인=壬 상관=丁	세 개 모두 있으면 제압 불능이니 흉.	子日	平	충태원
			고과 진숙	巳丑	모두 있으면 대흉불용	丑日	平	충부성
			箭전刃인	卯酉	두 개 모두 있으면 대흉불용	寅日	凶	천구 충부궁
三삼尊존星성	남편성=辛未 자식성=丙寅 태원성=丙午		男남厄액	亥年	천을귀인으로 화해하면 길			
			女여産산	亥年	천을귀인으로 화해하면 길	卯日	吉	청길
三삼宮궁星성	명 궁=寅 남녀궁=戌 부처궁=申		回회頭두貢공殺살	巳酉丑	세 개 모두 있으면 대흉불용	辰日	凶	멸자태
			反반目목殺살	丑未	두 개 모두 있으면 대흉불용	巳日	平	살옹
大대狗구星성	辰年=寅 子年=戌 戌年=申		白백虎호呑탄胎태	戌	다른 흉성과 겹치거나 두 개 이상은 흉.	午日	平	태원
三삼白백虎호星성	午年=寅 寅年=戌 子年=申		天천狗구呑탄胎태	申年	다른 흉성과 겹치거나 두 개 이상은 흉.	未日	凶	삼살
年연白백	上元=六白 中元=九紫 下元=三碧		死남墓편絶성	巳辰卯	남편성의 死墓絶이 모두 있으면 대흉불용	申日	平	충천사 충명궁
眞진祿녹馬마貴귀人인	진록=丙寅 진마=丙寅 진귀=丁丑 진귀=辛未		死자墓식絶성	酉戌亥	자식성의 사묘절이 모두 있으면 대흉불용	酉日	平	도화 유하
絶절房방月월	卯月	吉神이 많으면 무방함	埋매兒아煞살	卯	이는 時로 사용함	戌日	凶	충모복
			紅홍艷염	午	이는 時로 사용됨	亥日	凶	팽조기(彭祖忌)

여명(女命) 을사생(乙巳生)

월의 길흉	• 대리월=3월, 9월 • 소리월=2월, 8월 • 시부모에 해로운 달=1월, 7월 • 친정부모에 해로운 달=6월, 12월		六육親친凶흉星성	칠살=辛 편인=癸 상관=丙	세 개 모두 있으면 제압 불능이니 흉.	子日	平	살고(殺姑)
			고과 진숙	申 辰	모두 있으면 대흉불용	丑日	吉	청길
			箭전 刃인	辰 戌	두 개 모두 있으면 대흉불용	寅日	平	삼형(三刑)
三삼尊존星성	남편성=庚辰 자식성=丁亥 태원성=丁卯		男남 厄액	子年	천을귀인으로 화해하면 길	卯日	凶	천구(天狗)
			女여 産산	戌年	천을귀인으로 화해하면 길			
三삼宮궁星성	명 궁=卯 남녀궁=亥 부처궁=酉		回회頭두貢공殺살	戊	세 개 모두 있으면 대흉불용	辰日	凶	삼살(三煞)
天천狗구星성	巳年=卯 丑年=亥 亥年=酉		反반目목殺살	寅申	두 개 모두 있으면 대흉불용	巳日	凶	멸자태(滅子胎)
三백白호虎성	未年=卯 卯年=亥 丑年=酉		白백虎호呑탄胎태	未年	다른 흉성과 겹치거나 두 개 이상은 흉.	午日	平	도화(桃花) 살옹(殺翁)
			天천狗구呑탄胎태	巳年	다른 흉성과 겹치거나 두 개 이상은 흉.	未日	吉	청길
年연白백	上元=五黃 中元=八白 下元=二黑		死남 墓편 絶성	子 丑 寅	남편성의 死墓絶이 모두 있으면 대흉불용	申日	平	삼형(三刑)
			死자 墓식 絶성	寅 丑 子	자식성의 사묘절이 모두 있으면 대흉불용	酉日	平	충태원
眞진祿녹馬마貴귀人인	진록=己卯 진마=丁亥 진귀=戊子 진귀=甲申					戌日	平	충부성(冲夫星) 유하(流霞)
			埋매兒아煞살	申	이는 時로 사용함			
絶절房방月월	申	吉神이 많으면 무방함	紅홍艷염	申	이는 時로 사용됨	亥日	凶	팽조기(彭祖忌)

여명(女命) 병오생(丙午生)

월의 길흉	• 대리월=6월, 12월 • 소리월=1월, 7월 • 시부모에 해로운 달=2월, 8월 • 친정부모에 해로운 달=3월, 9월	六육 親친 凶흉 星성	칠살=壬 편인=甲 상관=己	세 개 모두 있으면 제압 불능이니 흉.	子日	凶	충모복
		고과 진숙	申辰	모두 있으면 대흉불용	丑日	凶	삼살
		箭전 刃인	午子	두 개 모두 있으면 대흉불용	寅日	吉	청길
三삼 尊존 星성	남편성=癸巳 자식성=戊戌 태원성=戊子	男남 厄액	丑年	천을귀인으로 화해하면 길			
		女여 産산	酉年	천을귀인으로 화해하면 길	卯日	平	도화
三삼 宮궁 星성	명 궁=巳 남녀궁=丑 부처궁=亥	回회 頭두 貢공 殺살	戊	세 개 모두 있으면 대흉불용	辰日	凶	천구
		反반 目목 殺살	卯酉	두 개 모두 있으면 대흉불용	巳日	平	춤부궁
天천 狗구 星성	未年=巳 卯年=丑 丑年=亥	白백 虎호 呑탄 胎태	辰年	다른 흉성과 겹치거나 두 개 이상은 흉.	午日	平	삼형
三삼 白백 虎호 星성	酉年=巳 巳年=丑 卯年=亥	天천 狗구 呑탄 胎태	寅年	다른 흉성과 겹치거나 두 개 이상은 흉.	未日	凶	멸자태
年연 白백	上元=四綠 中元=七赤 下元=一白	死사 墓묘 絶절 남편성	申未午	남편성의 死墓絶이 모두 있으면 대흉불용	申日	平	역마
眞진 祿녹 馬마 貴귀 人인	진록=癸巳 진마=丙申 진귀=己亥 진귀=丁酉	死사 墓묘 絶절 자식성	酉戌亥	자식성의 사묘절이 모두 있으면 대흉불용	酉日	平	홍란(紅鸞) 납음으로 제화됨.
絶절 房방 月월	丑月	吉神이 많으면 무방함	埋매 兒아 煞살	丑	이는 時로 사용함	戌日	吉	청길
			紅홍 艷염	寅	이는 時로 사용됨	亥日	凶	팽조기(彭祖忌)

여명(女命) 정미생(丁未生)

월의길흉	• 대리월=5월, 11월 • 소리월=4월, 10월 • 시부모에 해로운 달=3월, 9월 • 친정부모에 해로운 달=2월, 8월	六육親친凶흉星성	칠살=癸 편인=乙 상관=戊	세 개 모두 있으면 제압 불능이니 흉.	子日	平	도화 충명궁
		고과진숙	申辰	모두 있으면 대흉불용	丑日	凶	충모복
		箭전刃인	丑未	두 개 모두 있으면 대흉불용	寅日	平	살고(殺姑)
三삼尊존星성	남편성=壬寅 자식성=己酉 태원성=己酉 ???	男남厄액	寅年	천을귀인으로 화해하면 길			
		女여産산	申年	천을귀인으로 화해하면 길	卯日	凶	충천사(冲天嗣)
三삼宮궁星성	명 궁=午 남녀궁=寅 부처궁=子	回회頭두貢공殺살	申子辰	세 개 모두 있으면 대흉불용	辰日	吉	청길
天천狗구星성	申年=午 辰年=寅 寅年=子	反반目목殺살	辰戌	두 개 모두 있으면 대흉불용	巳日	凶	천구
三백白호虎성	戌年=午 午年=寅 辰年=子	白백虎호呑탄胎태	丑年	다른 흉성과 겹치거나 두 개 이상은 흉.	午日	平	충명궁
		天천狗구呑탄胎태	亥年	다른 흉성과 겹치거나 두 개 이상은 흉.	未日	吉	청길
年연白백	上元=三碧 中元=六白 下元=九紫	死남墓편絶절	卯辰巳	남편성의 死墓絶이 모두 있으면 대흉불용	申日	凶	멸자태
眞진祿록馬마貴귀人인	진록=丙午 진마=乙巳 진귀=辛亥 진귀=乙酉	死자墓식絶성	寅丑子	자식성의 사묘절이 모두 있으면 대흉불용	酉日	平	태원
		埋매兒아煞살	卯	이는 時로 사용함	戌日	凶	삼살
絶절房방月월	卯	吉神이 많으면 무방함					
		紅홍艶염	未	이는 時로 사용됨	亥日	凶	팽조기(彭祖忌)

여명(女命) 무신생(戊申生)

월의 길흉	• 대리월=2월, 8월 • 소리월=3월, 9월 • 시부모에 해로운 달=4월, 10월 • 친정부모에 해로운 달=5월, 11월		六육 親친 凶흉 星성	칠살=甲 편인=丙 상관=辛	세 개 모두 있으면 제압 불능이니 흉.	子日	平	충태원
			고과 진숙	亥 未	모두 있으면 대흉불용	丑日	吉	청길
			箭전 刃인	午 子	두 개 모두 있으면 대흉불용	寅日	凶	충모복
三삼 尊존 星성	남편성=乙卯 자식성=庚申 태원성=庚午		男남 厄액	卯年	천을귀인으로 화해하면 길	卯日	平	살고(殺姑) 신란이 문에 들어설 때 잠시 피하면 가용.
			女여 産산	未年	천을귀인으로 화해하면 길			
三삼 宮궁 星성	명 궁=巳 남녀궁=丑 부처궁=亥		回회 頭두 貢공 殺살	戊	세 개 모두 있으면 대흉불용	辰日	吉	청길
			反반 目목 殺살	巳 亥	두 개 모두 있으면 대흉불용	巳日	平	유하, 충명궁, 삼형 오양이 없어야 하고 삼합이나 육합, 천을귀인으로 화해되니 가용.
天천 狗구 星성	未年=巳 卯年=丑 丑年=亥		白백 虎호 呑탄 胎태	戌年	다른 흉성과 겹치거나 두 개 이상은 흉.	午日	凶	천구
三백 白호 虎성	酉年=巳 巳年=丑 卯年=亥		天천 狗구 呑탄 胎태	申年	다른 흉성과 겹치거나 두 개 이상은 흉.	未日	凶	멸자태(滅子胎)
年연 白백	上元=二黑 中元=五黃 下元=八白		死남 墓편 絶성	亥 戌 酉	남편성의 死墓絶이 모두 있으면 대흉불용	申日	吉	청길
眞진 祿녹 馬마 貴귀 人인	진록=丁巳 진마=甲寅 진귀=乙丑 진귀=己未		死자 墓식 絶성	子 丑 寅	자식성의 사묘절이 모두 있으면 대흉불용	酉日	平	충부성 도화
						戌日	吉	청길
絶절 房방 月월	申月	吉神이 많으면 무방함	埋매 兒아 煞살	申	이는 時로 사용함			
			紅홍 艶염	辰	이는 時로 사용됨	亥日	凶	팽조기(彭祖忌)

여명(女命) 기유생(己酉生)

월의 길흉	• 대리월=1월, 7월 • 소리월=6월, 12월 • 시부모에 해로운 달=5월, 11월 • 친정부모에 해로운 달=4월, 10월	六六親凶星 육친흉성	칠살=乙 편인=丁 상관=庚	세 개 모두 있으면 제압 불능이니 흉.	子日	平	충명궁
		고과진숙	亥未	모두 있으면 대흉불용	丑日	凶	충천사
		箭刃 전인	未丑	두 개 모두 있으면 대흉불용	寅日	吉	청길)
三尊星 삼존성	남편성=甲戌 자식성=辛未 태원성=辛卯	男厄 남액	辰年	천을귀인으로 화해하면 길	卯日	凶	충모복
		女産 여산	午年	천을귀인으로 화해하면 길			
三宮星 삼궁성	명 궁=午 남녀궁=寅 부처궁=子	回頭貢殺 회두공살	戊	세 개 모두 있으면 대흉불용	辰日	凶	삼살
		反目殺 반목살	子午	두 개 모두 있으면 대흉불용	巳日	吉	청길
天狗星 천구성	戌年=午 辰年=寅 寅年=子	白虎吞胎 백호탄태	未年	다른 흉성과 겹치거나 두 개 이상은 흉.	午日	平	도화유하
三白虎 삼백호	戌年=午 午年=寅 辰年=子	天狗吞胎 천구탄태	巳年	다른 흉성과 겹치거나 두 개 이상은 흉.	未日	凶	천구
年白 연백	上元=一白 中元=四綠 下元=七赤	死墓絶 남편성 사묘절	午未申	남편성의 死墓絶이 모두 있으면 대흉불용	申日	凶	멸자태
眞祿馬貴人 진록마귀인	진록=庚午 진마=乙亥 진귀=丙子 진귀=壬申	死墓絶 자식성 사묘절	巳辰卯	자식성의 사묘절이 모두 있으면 대흉불용	酉日	平	삼형 충태원
		埋兒煞 매아살	丑	이는 時로 사용함	戌日	平	살옹
絶房月 절방월	丑月 吉神이 많으면 무방함	紅艶 홍염	辰	이는 時로 사용됨	亥日	凶	팽조기(彭祖忌)

제3장 결혼(嫁娶) 택일법

여명(女命) 경술생(庚戌生)							
월의길흉	• 대리월=4월, 10월 • 소리월=5월, 11월 • 시부모에 해로운 달=6월, 12월 • 친정부모에 해로운 달=1월, 7월	六육親친凶흉星성	칠살=丙 편인=戊 상관=癸	세 개 모두 있으면 제압 불능이니 흉.	子日	凶	충천사
:::	:::	고과진숙	亥 未	모두 있으면 대흉불용	丑日	凶	삼살
:::	:::	箭전刃인	酉 卯	두 개 모두 있으면 대흉불용	寅日	平	충명궁
三삼尊존星성	남편성=丁亥 자식성=壬午 태원성=壬子	男남厄액	巳年	천을귀인으로 화해하면 길			
:::	:::	女여産산	巳年	천을귀인으로 화해하면 길	卯日	平	도화
三삼宮궁星성	명 궁=申 남녀궁=辰 부처궁=寅	回회頭두貢공殺살	亥 卯 未	세 개 모두 있으면 대흉불용	辰日	凶	충모복
天천狗구星성	戌年=申 午年=辰 辰年=寅	反반目목殺살	丑 未	두 개 모두 있으면 대흉불용	巳日	平	충모성(冲母星) 살고(殺姑)
三백白호虎호星성	子年=申 申年=辰 午年=寅	白백虎호呑탄胎태	寅年	다른 흉성과 겹치거나 두 개 이상은 흉.	午日	平	충태원
:::	:::	天천狗구呑탄胎태	辰年	다른 흉성과 겹치거나 두 개 이상은 흉.	未日	平	삼형
年연白백	上元=九紫 中元=三碧 下元=六白	死남墓편絶성	寅 丑 子	남편성의 死墓絶이 모두 있으면 대흉불용	申日	凶	천구
:::	:::	死자墓식絶성	卯 辰 巳	자식성의 사묘절이 모두 있으면 대흉불용	酉日	吉	청길
眞진祿록馬마貴귀人인	진록=甲申 진마=甲申 진귀=己丑 진귀=癸未	埋매兒아煞살	卯	이는 時로 사용함	戌日	凶	멸자태
絶절房방月월	卯月	吉神이 많으면 무방함					
:::	:::	紅홍艶염	戌	이는 時로 사용됨	亥	凶	팽조기(彭祖忌)

여명(女命) 신해생(辛亥生)

월의길흉		육친흉성					
월의 길흉	• 대리월=3월, 9월 • 소리월=2월, 8월 • 시부모에 해로운 달=1월, 7월 • 친정부모에 해로운 달=6월, 12월	六親凶星	칠살=丁 편인=己 상관=壬	세 개 모두 있으면 제압 불능이니 흉.	子日	平	도화 살옹
		고과진숙	寅戌	모두 있으면 대흉불용	丑日	吉	청길
		箭刃 전인	戌辰	두 개 모두 있으면 대흉불용	寅日	平	충부성
三尊星성	남편성=丙申 자식성=癸巳 태원성=癸酉	男厄 남액	午年	천을귀인으로 화해하면 길			
		女産 여산	辰年	천을귀인으로 화해하면 길	卯日	平	태원 유하
三宮星성	명궁=酉 남녀궁=巳 부처궁=卯	回頭貢殺 회두공살	無	세 개 모두 있으면 대흉불용	辰日	平	홍란(紅鸞)
		反目殺 반목살	寅申	두 개 모두 있으면 대흉불용	巳日	凶	충모복
天狗星성	亥年=酉 未年=巳 丑年=卯	白虎呑胎 백호탄태	丑年	다른 흉성과 겹치거나 두 개 이상은 흉.	午日	平	살고
三白虎성	丑年=酉 酉年=巳 未年=卯	天狗呑胎 천구탄태	亥年	다른 흉성과 겹치거나 두 개 이상은 흉.	未日	吉	청길
年백 연백	上元=八白 中元=二黑 下元=五黃	死墓絶 남편성 사묘절	酉戌亥	남편성의 死墓絶이 모두 있으면 대흉불용	申日	吉	청길
眞祿馬貴人 진록마귀인	진록=丁酉 진마=癸巳 진귀=甲午 진귀=庚寅	死墓絶 자식성 사묘절	申未午	자식성의 사묘절이 모두 있으면 대흉불용	酉日	凶	천구
		埋兒煞 매아살	申	이는 時로 사용함	戌日	凶	삼살
絶房月 절방월	申月	吉神이 많으면 무방함					
		紅艶 홍염	酉	이는 時로 사용됨	亥日	凶	팽조기(彭祖忌)

여명(女命) 임자생(壬子生)

월의길흉	• 대리월=6월, 12월 • 소리월=1월, 7월 • 시부모에 해로운 달=2월, 8월 • 친정부모에 해로운 달=3월, 9월	六육親친凶흉星성	칠살=戊 편인=庚 상관=乙	세 개 모두 있으면 제압 불능이니 흉.	子日	平	충태원
		고과진숙	寅戌	모두 있으면 대흉불용	丑日	凶	세자태
		箭전刃인	子午	두 개 모두 있으면 대흉불용	寅日	平	역마
三삼尊존星성	남편성=己酉 자식성=甲辰 태원성=甲午	男남厄액	未年	천을귀인으로 화해하면 길	卯日	平	충부성
		女여産산	卯年	천을귀인으로 화해하면 길			
三삼宮궁星성	명 궁=亥 남녀궁=未 부처궁=巳	回회頭두貢공殺살	무	세 개 모두 있으면 대흉불용	辰日	吉	청길
					巳日	平	충녕궁
天천狗구星성	丑年=亥 酉年=未 未年=巳	反반目목殺살	卯酉	두 개 모두 있으면 대흉불용			
		白백虎호呑탄胎태	戌年	다른 흉성과 겹치거나 두 개 이상은 흉.	午日	凶	충모복
三백白호虎성	卯年=亥 亥年=未 酉年=巳	天천狗구呑탄胎태	申年	다른 흉성과 겹치거나 두 개 이상은 흉.	未日	凶	삼살
年연白백	上元=七赤 中元=一白 下元=四綠	死남墓편絶성	寅丑子	남편성의 死墓絶이 모두 있으면 대흉불용	申日	吉	청길
					酉日	平	도화
眞진祿녹馬마貴귀人인	진록=辛亥 진마=壬寅 진귀=乙巳 진귀=癸卯	死자墓식絶성	午未申	자식성의 사묘절이 모두 있으면 대흉불용			
					戌日	凶	천구
		埋매兒아煞살	丑	이는 時로 사용함			
絶절房방月월	丑月	吉神이 많으면 무방함	紅홍艶염	子	이는 時로 사용됨	亥日	凶	팽조기(彭祖忌)

여명(女命) 계축생(癸丑生)

월의 길흉	• 대리월=5월, 11월 • 소리월=4월, 10월 • 시부모에 해로운 달=3월, 9월 • 친정부모에 해로운 달=2월, 8월		六육親친凶흉星성	칠살=己 편인=辛 상관=甲	세 개 모두 있으면 제압 불능이니 흉.	子日	平	충부성 충부궁
			고과진숙	寅戌	모두 있으면 대흉불용	丑日	吉	청길
			箭전刃인	丑未	두 개 모두 있으면 대흉불용	寅日	凶	멸자태
三삼尊존星성	남편성=戊午 자식성=乙卯 태원성=乙卯		男남厄액	申年	천을귀인으로 화해하면 길			
			女여産산	寅年	천을귀인으로 화해하면 길	卯日	平	태원
三삼宮궁星성	명 궁=子 남녀궁=申 부처궁=午		回회頭두貢공殺살	寅午戌	세 개 모두 있으면 대흉불용	辰日	凶	삼살
天천狗구星성	寅年=子 戌年=申 申年=午		反반目목殺살	辰戌	두 개 모두 있으면 대흉불용	巳日	吉	청길
			白백虎호呑탄胎태	未年	다른 흉성과 겹치거나 두 개 이상은 흉.	午日	平	도화
三삼白백虎호星성	辰年=子 子年=申 戌年=午		天천狗구呑탄胎태	巳年	다른 흉성과 겹치거나 두 개 이상은 흉.	未日	凶	충모복
年연白백	上元=六白 中元=九紫 下元=三碧		死사墓묘絶절男남편성	酉戌亥	남편성의 死墓絶이 모두 있으면 대흉불용	申日	平	살고
眞진祿녹馬마貴귀人인	진록=甲子 진마=癸亥 진귀=丁巳 진귀=乙卯		死사墓묘絶절자식성	酉戌亥	자식성의 사묘절이 모두 있으면 대흉불용	酉日	凶	충천사
			埋매兒아煞살	卯	이는 時로 사용함	戌日	平	삼형
絶절房방月월	卯月	吉神이 많으면 무방함	紅홍艷염	甲	이는 時로 사용됨	亥日	凶	팽조기(彭祖忌)

제3장 결혼(嫁娶) 택일법

여명(女命) 갑인생(甲寅生)

월의길흉		六육親친凶흉星성	칠살=庚 편인=壬 상관=丁	세 개 모두 있으면 제압 불능이니 흉.	子日	凶	천구
• 대리월=2월, 8월 • 소리월=3월, 9월 • 시부모에 해로운 달=4월, 10월 • 친정부모에 해로운 달=5월, 11월		고과진숙	巳丑	모두 있으면 대흉불용	丑日	凶	삼살
		箭전刃인	卯酉	두 개 모두 있으면 대흉불용	寅日	平	충부궁
三삼尊존星성	남편성=辛未 자식성=丙寅 태원성=丙子	男남厄액	戌年	천을귀인으로 화해하면 길	卯日	平	도화살옹
		女여産산	子年	천을귀인으로 화해하면 길			
三삼宮궁星성	명 궁=寅 남녀궁=戌 부처궁=申	回회頭두貢공殺살	戊	세 개 모두 있으면 대흉불용	辰日	凶	멸자태
天천狗구星성	辰年=寅 子年=戌 戌年=申	反반目목殺살	巳亥	두 개 모두 있으면 내용불용	巳日	平	산영
三백白호虎성	午年=寅 寅年=戌 子年=申	白백虎호呑탄胎태	辰年	다른 흉성과 겹치거나 두 개 이상은 흉.	午日	平	충태원
		天천狗구呑탄胎태	寅年	다른 흉성과 겹치거나 두 개 이상은 흉.	未日	吉	청길
年연白백	上元=五黃 中元=八白 下元=二黑	死남墓편絶성	巳辰卯	남편성의 死墓絶이 모두 있으면 대흉불용	申日	凶	충모복
眞진祿녹馬마貴귀人인	진록=丙寅 진마=壬申 진귀=丁丑 진귀=辛未	死자墓식絶성	酉戌亥	자식성의 사묘절이 모두 있으면 대흉불용	酉日	平	유하살고
		埋매兒아煞살	申	이는 時로 사용함	戌日	吉	청길
絶절房방月월	申吉神이 많으면 무방함	紅홍艶염	午	이는 時로 사용됨	亥日	凶	팽조기

여명(女命) 을묘생(乙卯生)

월의길흉	• 대리월=1월, 7월 • 소리월=6월, 12월 • 시부모에 해로운 달=5월, 11월 • 친정부모에 해로운 달=4월, 10월		육친흉성	칠살=辛 편인=癸 상관=丙	세 개 모두 있으면 제압 불능이니 흉.	子日	平	도화(桃花) 홍란(紅鸞)
			고과진숙	巳丑	모두 있으면 대흉불용	丑日	凶	천구(天狗)
			전인	辰戌	두 개 모두 있으면 대흉불용	寅日	吉	청길(清吉)
三尊星	남편성=庚辰 자식성=丁亥 태원성=丁酉		男男厄	戌年	천을귀인으로 화해하면 길	卯日	平	충태원(冲胎元) 충부궁(冲夫宮)
			女女産	子年	천을귀인으로 화해하면 길			
三宮星	명 궁=卯 남녀궁=亥 부처궁=酉		回頭貢殺	戊	세 개 모두 있으면 대흉불용	辰日	平	살옹(殺翁)
天狗星	巳年=卯 丑年=亥 亥年=酉		反目殺	子午	두 개 모두 있으면 대흉불용	巳日	凶	세자태(歲子胎) ???
			白虎吞胎	丑年	다른 흉성과 겹치거나 두 개 이상은 흉.	午日	吉	청길
三白虎星	未年=卯 卯年=亥 丑年=酉		天狗吞胎	亥年	다른 흉성과 겹치거나 두 개 이상은 흉.	未日	吉	청길
年白	上元=四綠 中元=七赤 下元=一白		死墓絶男편성	子丑寅	남편성의 死墓絶이 모두 있으면 대흉불용	申日	吉	청길
眞祿馬貴人	진록=己卯 진마=辛巳 진귀=戊子 진귀=甲申		死墓絶자식성	寅丑子	자식성의 사묘절이 모두 있으면 대흉불용	酉日	凶	충모복(冲母腹)
			埋兒煞	丑	이는 時로 사용함	戌日	凶	삼살(三煞)
絶房月	丑月	吉神이 많으면 무방함	紅艶	申	이는 時로 사용됨	亥日	凶	팽조기(彭祖忌)

제3장 결혼(嫁娶) 택일법 263

여명(女命) 병진생(丙辰生)

월의 길흉							
월의 길흉	• 대리월=4월, 10월 • 소리월=5월, 11월 • 시부모에 해로운 달=6월, 12월 • 친정부모에 해로운 달=1월, 7월		六육親친凶흉星성	칠살=壬 편인=甲 상관=己	세 개 모두 있으면 제압 불능이니 흉.	子日	平	충태원(冲胎元)
			고과진숙	巳丑	모두 있으면 대흉불용	丑日	吉	청길(淸吉)
			箭전刃인	子午	두 개 모두 있으면 대흉불용	寅日	凶	천구(天狗)
三삼尊존星성	남편성=癸巳 자식성=戊戌 태원성=戊午		男남厄액	亥年	천을귀인으로 화해하면 길			
			女여産산	亥年	천을귀인으로 화해하면 길	卯日	吉	청길
三삼宮궁星성	명궁=巳 남녀궁=丑 부처궁=亥		回회頭두貢공殺살	巳酉丑	세 개 모두 있으면 대흉불용	辰日	凶	충천사 삼형
天천狗구星성	未年=巳 卯年=丑 丑年=亥		反반目목殺살	丑未	두 개 모두 있으면 대흉불용	巳日	平	충부궁(冲夫宮) 살옹(殺翁)
			白백虎호呑탄胎태	戌年	다른 흉성과 겹치거나 두 개 이상은 흉.	午日	平	태원일(胎元日)
三백白호虎성	酉年=巳 巳年=丑 卯年=亥		天천狗구呑탄胎태	申年	다른 흉성과 겹치거나 두 개 이상은 흉.	未日	凶	멸자태 삼살
年연白백	上元=三碧 中元=六白 下元=九紫		死남墓편絶성	申未午	남편성의 死墓絶이 모두 있으면 대흉불용	申日	吉	청길
眞진祿녹馬마貴귀人인	진록=癸巳 진마=庚寅 진귀=己亥 진귀=丁酉		死자墓식絶성	酉戌亥	자식성의 사묘절이 모두 있으면 대흉불용	酉日	平	도화
			埋매兒아煞살	卯	이는 時로 사용함	戌日	凶	충모복
絶절房방月월	卯월	吉神이 많으면 무방함	紅홍艷염	寅	이는 時로 사용됨	亥日	凶	팽조기(彭祖忌)

여명(女命) 정사생(丁巳生)

월의 길흉		六육親친凶흉星성	칠살=癸 편인=乙 상관=戊	세 개 모두 있으면 제압 불능이니 흉.	子日	平	충명궁살고
	• 대리월=3월, 9월 • 소리월=2월, 8월 • 시부모에 해로운 달=1월, 7월 • 친정부모에 해로운 달=6월, 12월	고과진숙	申辰	모두 있으면 대흉불용	丑日	吉	청길(淸吉)
		箭전刃인	未丑	두 개 모두 있으면 대흉불용	寅日	平	삼형
三삼尊존星성	남편성=壬寅 자식성=己酉 태원성=己卯	男남厄액	子年	천을귀인으로 화해하면 길			
		女여産산	戌年	천을귀인으로 화해하면 길	卯日	凶	천구
三삼宮궁星성	명궁=午 남녀궁=寅 부처궁=子	回회頭두貢공殺살	戊	세 개 모두 있으면 대흉불용	辰日	凶	삼살
天천狗구星성	申年=午 辰年=寅 寅年=子	反반目목殺살	寅申	두 개 모두 있으면 대흉불용	巳日	吉	청길
三백白호虎성	戌年=午 午年=寅 辰年=子	白백虎호呑탄胎태	未年	다른 흉성과 겹치거나 두 개 이상은 흉.	午日	平	도화살용
		天천狗구呑탄胎태	巳年	다른 흉성과 겹치거나 두 개 이상은 흉.	未日	吉	청길
年연白백	上元=二黑 中元=五黃 下元=八白	死男墓편絶성	卯辰巳	남편성의 死墓絶이 모두 있으면 대흉불용	申日	凶	멸자태
眞진祿녹馬마貴귀人인	진록=丙午 진마=辛亥 진귀=辛亥 진귀=己酉	死자墓식絶성	寅丑子	자식성의 사묘절이 모두 있으면 대흉불용	酉日	平	충태원
		埋매兒아煞살	申	이는 時로 사용함	戌日	平	홍란
絶절房방月월	申月 吉神이 많으면 무방함	紅홍艷염	未	이는 時로 사용됨	亥日	凶	팽조기

여명(女命) 무오생(戊午生)

월의길흉	• 대리월=6월, 12월 • 소리월=1월, 7월 • 시부모에 해로운 달=2월, 8월 • 친정부모에 해로운 달=3월, 9월	六육親친凶흉星성	칠살=甲 편인=丙 상관=辛	세 개 모두 있으면 제압 불능이니 흉.	子日	平	충모복
		고과진숙	申辰	모두 있으면 대흉불용	丑日	凶	삼살
		箭전刃인	子午	두 개 모두 있으면 대흉불용	寅日	平	충천사
三삼尊존星성	남편성=乙卯 자식성=庚申 태원성=庚子	男남厄액	丑年	천을귀인으로 화해하면 길	卯日	平	도화
		女여産산	酉年	천을귀인으로 화해하면 길			
三삼宮궁星성	명 궁=巳 남녀궁=丑 부처궁=亥	回회頭두貢공殺살	戊	세 개 모두 있으면 대흉불용	辰日	凶	천구
天천狗구星성	未년=巳 卯年=丑 丑年=亥	反반目목殺살	卯酉	두 개 모두 있으면 대흉불용	巳日	平	유하(流霞) 충부강
三백白호虎성	酉年=巳 巳年=丑 卯年=亥	白백虎호吞탄胎태	辰年	다른 흉성과 겹치거나 두 개 이상은 흉.	午日	凶	삼형
		天천狗구吞탄胎태	寅年	다른 흉성과 겹치거나 두 개 이상은 흉.	未日	凶	멸자태
年연白백	上元=一白 中元=四綠 下元=七赤	死사墓묘絶절편성	亥戌酉	남편성의 死墓絶이 모두 있으면 대흉불용	申日	平	역마
眞진祿녹馬마貴귀人인	진록=丁巳 진마=庚申 진귀=乙丑 진귀=己未	死사墓묘絶절자식성	子丑寅	자식성의 사묘절이 모두 있으면 대흉불용	酉日	平	충부성
		埋매兒아煞살	丑	이는 時로 사용함	戌日	吉	청길
絶절房방月월	丑월 吉神이 많으면 무방함	紅홍艶염	辰	이는 時로 사용됨	亥日	凶	팽조기

여명(女命) 기미생(己未生)

월의길흉	• 대리월=5월, 11월 • 소리월=4월, 10월 • 시부모에 해로운 달=3월, 9월 • 친정부모에 해로운 달=2월, 8월	육친흉성	칠살=乙 편인=丁 상관=庚	세 개 모두 있으면 제압 불능이니 흉.	子日	平	도화 충명궁
		고과진숙	申辰	모두 있으면 대흉불용	丑日	凶	충모복
		전인	未丑	두 개 모두 있으면 대흉불용	寅日	平	살고(殺姑)
三尊星性	남편성=甲戌 자식성=辛未 태원성=辛酉	男厄	寅年	천을귀인으로 화해하면 길			
		女産	申年	천을귀인으로 화해하면 길	卯日	平	충태원
三宮星性	명 궁=午 남녀궁=寅 부처궁=子	回頭貢殺	申子辰	세 개 모두 있으면 대흉불용	辰日	平	충부성
		反目殺	辰戌	두 개 모두 있으면 대흉불용	巳日	凶	천구
天狗星性	申年=午 辰年=寅 寅年=子	白虎呑胎	丑年	다른 흉성과 겹치거나 두 개 이상은 흉.	午日	平	충부궁 유하
三白虎星	戌年=午 午年=寅 辰年=子	天狗呑胎	亥年	다른 흉성과 겹치거나 두 개 이상은 흉.	未日	吉	청길
年白	上元=九紫 中元=三碧 下元=六白	死墓絶성남편	午未申	남편성의 死墓絶이 모두 있으면 대흉불용	申日	凶	멸자태
眞祿馬貴人	진록=庚午 진마=己巳 진귀=丙子 진귀=壬申	死墓絶자식성	巳辰卯	자식성의 사묘절이 모두 있으면 대흉불용	酉日	平	태원(胎元)
		埋兒煞	卯	이는 時로 사용함	戌日	凶	삼살
絶房月	卯月	吉神이 많으면 무방함					
		紅艶	辰	이는 時로 사용됨	亥日	凶	팽조기

제3장 결혼(嫁娶) 택일법 267

여명(女命) 경신생(庚申生)							
월의길흉	• 대리월=2월, 8월 • 소리월=3월, 9월 • 시부모에 해로운 달=4월, 10월 • 친정부모에 해로운 달=5월, 11월	六육親친凶흉星성	칠살=丙 편인=戊 상관=癸	세 개 모두 있으면 제압 불능이니 흉.	子日	凶	충천사
		고과진숙	亥未	모두 있으면 대흉불용	丑日	吉	청길
		箭전刃인	酉卯	두 개 모두 있으면 대흉불용	寅日	凶	충모복
三삼尊존星성	남편성=丁亥 자식성=壬午 태원성=壬子	男남厄액	卯年	천을귀인으로 화해하면 길	卯日	平	살고
		女여産산	未年	천을귀인으로 화해하면 길			
三삼宮궁星성	명 궁=申 남녀궁=辰 부처궁=寅	回회頭두貢공殺살	戊	세 개 모두 있으면 대흉불용	辰日	平	유하
天천狗구星성	戌年=申 午年=辰 辰年=寅	反반目목殺살	巳亥	두 개 모두 있으면 대흉불용	巳日	平	충부성 산명
三백白호虎성	子年=申 申年=辰 午年=寅	白백虎호呑탄胎태	戌年	다른 흉성과 겹치거나 두 개 이상은 흉.	午日	凶	천구
		天천狗구呑탄胎태	申年	다른 흉성과 겹치거나 두 개 이상은 흉.	未日	凶	삼살
年연白백	上元=八白 中元=二黑 下元=五黃	死남墓편絶성	寅丑子	남편성의 死墓絶이 모두 있으면 대흉불용	申日	平	충부궁
眞진祿녹馬마貴귀人인	진록=甲申 진마=戊寅 진귀=己丑 진귀=癸未	死자墓식絶성	卯辰巳	자식성의 사묘절이 모두 있으면 대흉불용	酉日	平	도화 살옹
		埋매兒아煞살	申	이는 時로 사용함	戌日	凶	멸자태
絶절房방月월	申月	吉神이 많으면 무방함	紅홍艷염	戌	이는 時로 사용됨	亥日	凶	팽조기(彭祖忌)

여명(女命) 신유생(辛酉生)

월의길흉	• 대리월=1월, 7월 • 소리월=6월, 12월 • 시부모에 해로운 달=5월, 11월 • 친정부모에 해로운 달=4월, 10월	六親凶星 육친흉성	칠살=丁 편인=己 상관=壬	세 개 모두 있으면 제압 불능이니 흉.	子日	吉	청길
		고과진숙	亥戌	모두 있으면 대흉불용	丑日	吉	청길
		箭刃 전인	戌辰	두 개 모두 있으면 대흉불용	寅日	平	충부성
三尊星性 삼존성성	남편성=丙申 자식성=癸巳 태원성=癸卯	男厄 남액	辰年	천을귀인으로 화해하면 길			
		女産 여산	午年	천을귀인으로 화해하면 길	卯日	凶	충모복
三宮星性 삼궁성성	명 궁=酉 남녀궁=巳 부처궁=卯	回頭貢殺 회두공살	戊	세 개 모두 있으면 대흉불용	辰日	凶	삼살
					巳日	吉	청길
天狗星性 천구성성	亥年=酉 未年=巳 巳年=卯	反目殺 반목살	子午	두 개 모두 있으면 대흉불용			
		白虎吞胎 백호탄태	未年	다른 흉성과 겹치거나 두 개 이상은 흉.	午日	平	도화
三白虎性 삼백호성	丑年=酉 酉年=巳 未年=卯	天狗吞胎 천구탄태	巳年	다른 흉성과 겹치거나 두 개 이상은 흉.	未日	凶	천구
年白 연백	上元=七赤 中元=一白 下元=四綠	死墓絶 남편성 사묘절성	酉戌亥	남편성의 死墓絶이 모두 있으면 대흉불용	申日	吉	청길
					酉日	平	충태원, 충부궁 삼형
眞祿馬貴人 진록마귀인	진록=丁酉 진마=己亥 진귀=甲午 진귀=庚寅	死墓絶 자식성 사묘절	申未午	자식성의 사묘절이 모두 있으면 대흉불용			
					戌日	平	살옹
		埋兒煞 매아살	丑	이는 時로 사용함			
絶房月 절방월	丑月 吉神이 많으면 무방함	紅艶 홍염	酉	이는 時로 사용됨	亥日	凶	팽조기

여명(女命) 임술생(壬戌生)

월의길흉	• 대리월=4월, 10월 • 소리월=5월, 11월 • 시부모에 해로운 달=6월, 12월 • 친정부모에 해로운 달=1월, 7월		六親凶星 육친흉성	칠살=戊 편인=庚 상관=乙	세 개 모두 있으면 제압 불능이니 흉.	子日	平	태원
			孤寡辰宿 고과진숙	亥未	모두 있으면 대흉불용	丑日	凶	멸자태
			箭刃 전인	子午	두 개 모두 있으면 대흉불용	寅日	吉	청길
三尊星 삼존성	남편성=己酉 자식성=甲辰 태원성=甲子		男厄 남액	巳年	천을귀인으로 화해하면 길	卯日	平	충부성 도화
			女産 여산	巳年	천을귀인으로 화해하면 길			
三宮星 삼궁성	명 궁=亥 남녀궁=未 부처궁=巳		回頭貢殺 회두공살	亥卯未	세 개 모두 있으면 대흉불용	辰日	凶	충모복
天狗星 천구성	丑年=亥 酉年=未 未年=巳		反目殺 반목살	丑未	두 개 모두 있으면 대흉불용	巳日	平	살고
			白虎呑胎 백호탄태	辰年	다른 흉성과 겹치거나 두 개 이상은 흉.	午日	平	충태원
三白虎星 삼백호성	卯年=亥 亥年=未 酉年=巳		天狗呑胎 천구탄태	寅年	다른 흉성과 겹치거나 두 개 이상은 흉.	未日	平	삼형
年白 연백	上元=六白 中元=九紫 下元=三碧		死墓絶 남편성 사묘절	寅丑子	남편성의 死墓絶이 모두 있으면 대흉불용	申日	凶	천구
眞祿馬貴人 진록마귀인	진록=辛亥 진마=壬寅 진귀=乙巳 진귀=癸卯		死墓絶 자식성 사묘절	午未申	자식성의 사묘절이 모두 있으면 대흉불용	酉日	吉	청길
						戌日	凶	충천사
			埋兒煞 매아살	卯	이는 時로 사용함			
絶房月 절방월	卯月	吉神이 많으면 무방함	紅艶 홍염	子	이는 時로 사용됨	亥日	凶	팽조기

여명(女命) 계해생(癸亥生)

월의 길흉	• 대리월=3월, 9월 • 소리월=2월, 8월 • 시부모에 해로운 달=1월, 7월 • 친정부모에 해로운 달=6월, 12월		六親凶星 육친흉성	칠살=己 편인=辛 상관=甲	세 개 모두 있으면 제압 불능이니 흉.	子日	平	충부성 도화
			孤寡辰宿 고과진숙	寅戌	모두 있으면 대흉불용	丑日	吉	청길
			箭刃 전인	丑未	두 개 모두 있으면 대흉불용	寅日	凶	멸자태
三尊星 삼존성	남편성=戊午 자식성=乙卯 태원성=乙酉		男厄 남남액	午年	천을귀인으로 화해하면 길			
			女產 여여산	辰年	천을귀인으로 화해하면 길	卯日	平	충태원
三宮星 삼궁성	명 궁=子 남녀궁=申 부처궁=午		回頭貢殺 회두공살	戊	세 개 모두 있으면 대흉불용	辰日	平	홍란(紅鸞)
天狗星 천구성	寅年=子 戌年=申 申年=午		反目殺 반목살	寅甲	두 개 모두 있으면 대흉불용	巳日	凶	충모복
			白虎吞胎 백호탄태	丑年	다른 흉성과 겹치거나 두 개 이상은 흉.	午日	平	충명궁 살고
三白虎星 삼백호성	辰年=子 子年=申 戌年=午		天狗吞胎 천구탄태	亥年	다른 흉성과 겹치거나 두 개 이상은 흉.	未日	吉	청길
年白 연백	上元=五黃 中元=八白 下元=二黑		死墓絶 남편성 사묘절	酉戌亥	남편성의 死墓絶이 모두 있으면 대흉불용	申日	吉	청길
眞祿馬貴人 진록마귀인	진록=甲子 진마=丁巳 진귀=丁巳 진귀=乙卯		死墓絶 자식 사묘절	酉戌亥	자식성의 사묘절이 모두 있으면 대흉불용	酉日	凶	천구
			埋兒煞 매아살	申	이는 時로 사용함	戌日	凶	삼살
絶房月 절방월	申月	吉神이 많으면 무방함	紅艶 홍염	申	이는 時로 사용됨	亥日	凶	팽조기

제4장 연월일표

1. 연표(年表)

　조장운(造葬運)을 결정할 때 먼저 연간(年干)의 길흉신살(吉凶神煞)을 살피고, 다음으로 연지(年支)의 길흉신살을 조사하여 길방(吉方)을 사용하고 흉방(凶方)을 피하는 것이다. 다음으로 연월일시표를 보고 사과(四課)의 배속을 살펴야 한다. 조장(造葬)함에는 용(龍)·산(山)·방(方)·향(向)이 따로 취급되므로 연월과 함께 일시도 중요하기 때문이다.

　시일에 매여 있는 살(煞)은 단지 시일만을 관리하고 월에 매여 있는 신살은 한 달을 관리하며, 연(年)에 매여 있는 신살은 1년 내내 관리하므로 연을 가장 중요시하고 다음으로 월이며 일시는 비교적 가볍다는 것은 앞에서 이미 말한 바 있다.

　또 신살에는 대소(大小)가 있는 것이니 대살(大煞)은 절대로 범해서는 안되며, 중살은 휴수(休囚)되기를 기다렸다가 길신으로 제압한 다음 사용할 것이다. 소살(小煞)은 길성(吉星) 한두 가지 정도 있는 것은 문제가 되지 않는다.

　세속(世俗)에,

　「묘 쓰고 3년 나기 어렵고, 새 집 짓고 3년 나기 어렵고, 새사람 들어오고 3년 나기 어렵다」고들 한다.

　사실 이는 대단히 중요한 말인데, 모두 택일이 잘못 되었을 때 그러하다는 것을 알았다면 여러분은 놀랄 것이다.

272 제2부 실용 신살

★ 갑년(甲年) ① 개산입향수방길신(開山立向修方吉神)＝세덕(歲德) 甲. 세덕합(歲德合) 己. 양귀인(陽貴人) 未. 음귀인 丑. 세록(歲祿) 寅.

月 吉神	1월	2월	3월	4월	5월	6월	7월	8월	9월	10월	11월	12월
비양귀飛陽貴	坎	離	艮	兌	乾	中	坎	離	艮	兌	乾	中
비음귀飛陰貴	兌	乾	中	巽	震	坤	坎	離	艮	兌	乾	中
비천록飛天祿	中	坎	離	艮	兌	乾	中	巽	震	坤	坎	離
천도天道	南	西南	北	西	西北	東	北	東北	南	東	東南	西
천덕天德	丁	坤	壬	辛	乾	甲	癸	艮	丙	乙	巽	庚
천덕합天德合	壬		丁	丙		己	戊		辛	庚		乙
월덕月德	丙	甲	壬	庚	丙	甲	壬	庚	丙	甲	壬	庚
월덕합月德合	辛	己	丁	乙	辛	己	丁	乙	辛	己	丁	乙
월공月空	壬	庚	丙	甲	壬	庚	丙	甲	壬	庚	丙	甲

② 개산입향수방흉신(開山立向修方凶神) 월살은 세살(歲煞)과 동위임.

月 凶神	1월	2월	3월	4월	5월	6월	7월	8월	9월	10월	11월	12월
월파月破	申	酉	戌	亥	子	丑	寅	卯	辰	巳	午	未
월건月建	寅	卯	辰	巳	午	未	申	酉	戌	亥	子	丑
겁살劫煞	亥	申	巳	寅	亥	申	巳	寅	亥	申	巳	寅
재살災煞	子	酉	午	卯	子	酉	午	卯	子	酉	午	卯
월살月煞	丑	戌	未	辰	丑	戌	未	辰	丑	戌	未	辰

③ 수방흉신(修方凶神)

月 凶神	1월	2월	3월	4월	5월	6월	7월	8월	9월	10월	11월	12월
丙丁獨火	中乾	中	巽中	震巽	坤震	坎坤	離坎	艮離	兌艮	乾兌	中乾	中
월형月刑	巳	子	辰	申	午	丑	寅	酉	未	亥	卯	戌
월해月害	巳	辰	卯	寅	丑	子	亥	戌	酉	申	未	午
월염月厭	戌	酉	申	未	午	巳	辰	卯	寅	丑	子	亥

★ **을년(乙年)** ① 개산입향수방길신＝세덕 庚. 세덕합 乙. 양귀인 申. 음귀인 子. 세록 卯.

月 吉神	1월	2월	3월	4월	5월	6월	7월	8월	9월	10월	11월	12월
비양귀飛陽貴	坤	坎	離	艮	兌	乾	中	坎	離	艮	兌	坤
비음귀飛陰貴	乾	中	巽	震	坤	坎	離	艮	兌	乾	中	坎
비천록飛天祿	乾	中	坎	離	艮	兌	乾	中	巽	震	坤	坎
천도天道	南	西南	北	西	西北	東	北	東北	南	東	東南	西
천덕天德	丁	坤	壬	辛	乾	甲	癸	艮	丙	乙	巽	庚
천덕합天德合	壬		丁	丙		己	戊		辛	庚		乙
월덕月德	丙	甲	壬	庚	丙	甲	壬	庚	丙	甲	壬	庚
월덕합月德合	辛	己	丁	乙	辛	己	丁	乙	辛	己	丁	乙
월공月空	壬	庚	丙	甲	壬	庚	丙	甲	壬	庚	丙	甲

② 개산입향수방흉신

月 凶神	1월	2월	3월	4월	5월	6월	7월	8월	9월	10월	11월	12월
월파月破	申	酉	戌	亥	子	丑	寅	卯	辰	巳	午	未
월건月建	寅	卯	辰	巳	午	未	申	酉	戌	亥	子	丑
겁살劫煞	亥	申	巳	寅	亥	申	巳	寅	亥	申	巳	寅
재살災煞	子	酉	午	卯	子	酉	午	卯	子	酉	午	卯
월살月煞	丑	戌	未	辰	丑	戌	未	辰	丑	戌	未	辰

③ 수방흉신＝금신(金神) 辰巳. 파패오귀(破敗五鬼) 艮.

月 凶神	1월	2월	3월	4월	5월	6월	7월	8월	9월	10월	11월	12월
병정독화	巽中	震巽	坤震	坎坤	離坎	艮離	兌艮	乾兌	中乾	中	巽中	震巽
월형月刑	巳	子	辰	申	午	丑	寅	酉	未	亥	卯	戌
월해月害	巳	辰	卯	寅	丑	子	亥	戌	酉	申	未	午
월염月厭	戌	酉	申	未	午	巳	辰	卯	寅	丑	子	亥

★ **병년(丙年)** ① 개산입향수방길신＝세덕 丙. 세덕합 辛. 양귀인 酉. 음귀인 亥. 세록 巳.

月 吉神	1월	2월	3월	4월	5월	6월	7월	8월	9월	10월	11월	12월
비양귀飛陽貴	震	坤	坎	離	艮	兌	乾	中	坎	離	艮	兌
비음귀飛陰貴	中	巽	震	坤	坎	離	艮	兌	乾	中	坎	離
비천록飛天祿	艮	兌	乾	中	坎	離	艮	兌	乾	中	巽	震
천도天道	南	西南	北	西	西北	東	北	東北	南	東	東南	西
천덕天德	丁	坤	壬	辛	乾	甲	癸	艮	丙	乙	巽	庚
천덕합天德合	壬		丁	丙		己	戊		辛	庚		乙
월덕月德	丙	甲	壬	庚	丙	甲	壬	庚	丙	甲	壬	庚
월덕합月德合	辛	己	丁	乙	辛	己	丁	乙	辛	己	丁	乙
월공月空	壬	庚	丙	甲	壬	庚	丙	甲	壬	庚	丙	甲

② 개산입향수방흉신

月 凶神	1월	2월	3월	4월	5월	6월	7월	8월	9월	10월	11월	12월
월파月破	申	酉	戌	亥	子	丑	寅	卯	辰	巳	午	未
월건月建	寅	卯	辰	巳	午	未	申	酉	戌	亥	子	丑
겁살劫煞	亥	申	巳	寅	亥	申	巳	寅	亥	申	巳	寅
재살災煞	子	酉	午	卯	子	酉	午	卯	子	酉	午	卯
월살月煞	丑	戌	未	辰	丑	戌	未	辰	丑	戌	未	辰

③ 수방흉신＝금신(金神) 寅卯午未子丑. 파패오귀 坤.

月 凶神	1월	2월	3월	4월	5월	6월	7월	8월	9월	10월	1월1	12월
병정독화	坤震	坎坤	離坎	艮離	兌艮	乾兌	中乾	中	巽中	震巽	震坤	坎坤
월형月刑	巳	子	辰	申	午	丑	寅	酉	未	亥	卯	戌
월해月害	巳	辰	卯	寅	丑	子	亥	戌	酉	申	未	午
월염月厭	戌	酉	申	未	午	巳	辰	卯	寅	丑	子	亥

★ **정년(丁年)** ① 개산입향수방길신＝세덕 壬. 세덕합 丁. 양귀인 亥. 음귀인 酉. 세록 午.

吉神＼月	1월	2월	3월	4월	5월	6월	7월	8월	9월	10월	11월	12월
비양귀 飛陽貴	中	巽	震	坤	坎	離	艮	兌	乾	中	坎	離
비음귀 飛陰貴	震	坤	坎	離	艮	兌	乾	中	坎	離	艮	兌
비천록 飛天祿	離	艮	兌	乾	中	坎	離	艮	兌	乾	中	巽
천도 天道	南	西南	北	西	西北	東	北	東北	南	東	東南	西
천덕 天德	丁	坤	壬	辛	乾	甲	癸	艮	丙	乙	巽	庚
천덕합 天德合	壬		丁	丙		己	戊		辛	庚		乙
월덕 月德	丙	甲	壬	庚	丙	甲	壬	庚	丙	甲	壬	庚
월덕합 月德合	辛	己	丁	乙	辛	己	丁	乙	辛	己	丁	乙
월공 月空	壬	庚	丙	甲	壬	庚	丙	甲	壬	庚	丙	甲

② 개산입향수방흉신

凶神＼月	1월	2월	3월	4월	5월	6월	7월	8월	9월	10월	11월	12월
월파 月破	申	酉	戌	亥	子	丑	寅	卯	辰	巳	午	未
월건 月建	寅	卯	辰	巳	午	未	申	酉	戌	亥	子	丑
겁살 劫煞	亥	申	巳	寅	亥	申	巳	寅	亥	申	巳	寅
재살 災煞	子	酉	午	卯	子	酉	午	卯	子	酉	午	卯
월살 月煞	丑	戌	未	辰	丑	戌	未	辰	丑	戌	未	辰

③ 수방흉신＝금신(金神) 寅卯戌亥. 파패오귀 震.

凶神＼月	1월	2월	3월	4월	5월	6월	7월	8월	9월	10월	11월	12월
병정독화	離坎	艮離	兌艮	乾兌	中乾	中	巽中	震巽	坤震	坎坤	離坎	艮離
월형 月刑	巳	子	辰	申	午	丑	寅	酉	未	亥	卯	戌
월해 月害	巳	辰	卯	寅	丑	子	亥	戌	酉	申	未	午
월염 月厭	戌	酉	申	未	午	巳	辰	卯	寅	丑	子	亥

★ 무년(戊年) ① 개산입향수방길신＝세덕 戊. 세덕합 癸. 양귀인 丑. 음귀인 未. 세록 巳.

月 吉神	1월	2월	3월	4월	5월	6월	7월	8월	9월	10월	11월	12월
비양귀 飛陽貴	兌	坤	中	巽	震	坤	坎	離	艮	兌	乾	中
비음귀 飛陰貴	坎	離	艮	兌	乾	中	坎	離	艮	兌	乾	中
비천록 飛天祿	艮	兌	乾	中	坎	離	艮	兌	乾	中	巽	震
천도 天道	南	西南	北	西	西北	東	北	東北	南	東	東南	西
천덕 天德	丁	坤	壬	辛	乾	甲	癸	艮	丙	乙	巽	庚
천덕합 天德合	壬		丁	丙		己	戊		辛	庚		乙
월덕 月德	丙	甲	壬	庚	丙	甲	壬	庚	丙	甲	壬	庚
월덕합 月德合	辛	己	丁	乙	辛	己	丁	乙	辛	己	丁	乙
월공 月空	壬	庚	丙	甲	壬	庚	丙	甲	壬	庚	丙	甲

② 개산입향수방흉신

月 凶神	1월	2월	3월	4월	5월	6월	7월	8월	9월	10월	11월	12월
월파月破	申	酉	戌	亥	子	丑	寅	卯	辰	巳	午	未
월건月建	寅	卯	辰	巳	午	未	申	酉	戌	亥	子	丑
겁살劫煞	亥	申	巳	寅	亥	申	巳	寅	亥	申	巳	寅
재살災煞	子	酉	午	卯	子	酉	午	卯	子	酉	午	卯
월살月煞	丑	戌	未	辰	丑	戌	未	辰	丑	戌	未	辰

③ 수방흉신＝금신(金神) 申酉子丑. 파패오귀 離.

月 凶神	1월	2월	3월	4월	5월	6월	7월	8월	9월	10월	11월	12월
병정독화	兌艮	乾兌	中乾	中	巽中	震巽	坤震	坎坤	離坎	艮離	兌艮	乾兌
월형月刑	巳	子	辰	申	午	丑	寅	酉	未	亥	卯	戌
월해月害	巳	辰	卯	寅	丑	子	亥	戌	酉	申	未	午
월염月厭	戌	酉	申	未	午	巳	辰	卯	寅	丑	子	亥

★ **기년(己年)** ① 개산입향수방길신＝세덕 甲. 세덕합 己. 양귀인 子. 음귀인 申. 세록 午.

月 吉神	1월	2월	3월	4월	5월	6월	7월	8월	9월	10월	11월	12월
비양귀飛陽貴	乾	中	巽	震	坤	坎	離	艮	兌	乾	中	坎
비음귀飛陰貴	坤	坎	離	艮	兌	乾	中	坎	離	艮	兌	乾
비천록飛天祿	離	艮	兌	乾	中	坎	離	艮	兌	乾	中	巽
천도天道	南	西南	北	西	西北	東	北	東北	南	東	東南	西
천덕天德	丁	坤	壬	辛	乾	甲	癸	艮	丙	乙	巽	庚
천덕합天德合	壬		丁	丙		己	戊		辛	庚		乙
월덕月德	丙	甲	壬	庚	丙	甲	壬	庚	丙	甲	壬	庚
월덕합月德合	辛	己	丁	乙	辛	己	丁	乙	辛	己	丁	乙
월공月空	壬	庚	丙	甲	壬	庚	丙	甲	壬	庚	丙	甲

② 개산입향수방흉신

月 凶神	1월	2월	3월	4월	5월	6월	7월	8월	9월	10월	11월	12월
월파月破	申	酉	戌	亥	子	丑	寅	卯	辰	巳	午	未
월건月建	寅	卯	辰	巳	午	未	申	酉	戌	亥	子	丑
겁살劫煞	亥	申	巳	寅	亥	申	巳	寅	亥	申	巳	寅
재살災煞	子	酉	午	卯	子	酉	午	卯	子	酉	午	卯
월살月煞	丑	戌	未	辰	丑	戌	未	辰	丑	戌	未	辰

③ 수방흉신＝금신(金神) 午未申酉. 파패오귀 坎.

月 凶神	1월	2월	3월	4월	5월	6월	7월	8월	9월	10월	11월	12월
병정독화	中乾	中	巽中	震巽	坤震	坎坤	離坎	艮離	兌艮	乾兌	中乾	中
월형月刑	巳	子	辰	申	午	丑	寅	酉	未	亥	卯	戌
월해月害	巳	辰	卯	寅	丑	子	亥	戌	酉	申	未	午
월염月厭	戌	酉	申	未	午	巳	辰	卯	寅	丑	子	亥

278 제2부 실용 신살

★ **경년(庚年)** ① 개산입향수방길신=세덕 庚. 세덕합 乙. 양귀인 丑. 음귀인 未. 세록 申.

月 吉神	1월	2월	3월	4월	5월	6월	7월	8월	9월	10월	11월	12월
비양귀飛陽貴	兌	乾	中	巽	震	坤	坎	離	艮	兌	乾	中
비음귀飛陰貴	坎	離	艮	兌	乾	中	坎	離	艮	兌	乾	中
비천록飛天祿	坤	坎	離	艮	兌	乾	中	坎	離	艮	兌	乾
천도天道	南	西南	北	西	西北	東	北	東北	南	東	東南	西
천덕天德	丁	坤	壬	辛	乾	甲	癸	艮	丙	乙	巽	庚
천덕합天德合	壬		丁	丙		己	戊		辛	庚		乙
월덕月德	丙	甲	壬	庚	丙	甲	壬	庚	丙	甲	壬	庚
월덕합月德合	辛	己	丁	乙	辛	己	丁	乙	辛	己	丁	乙
월공月空	壬	庚	丙	甲	壬	庚	丙	甲	壬	庚	丙	甲

② 개산입향수방흉신

月 凶神	1월	2월	3월	4월	5월	6월	7월	8월	9월	10월	11월	12월
월파月破	申	酉	戌	亥	子	丑	寅	卯	辰	巳	午	未
월건月建	寅	卯	辰	巳	午	未	申	酉	戌	亥	子	丑
겁살劫煞	亥	申	巳	寅	亥	申	巳	寅	亥	申	巳	寅
재살災煞	子	酉	午	卯	子	酉	午	卯	子	酉	午	卯
월살月煞	丑	戌	未	辰	丑	戌	未	辰	丑	戌	未	辰

③ 수방흉신=금신(金神) 辰巳. 파패오귀 兌.

月 凶神	1월	2월	3월	4월	5월	6월	7월	8월	9월	10월	11월	12월
병정독화	巽中	震巽	坤震	坎坤	離坎	艮離	兌艮	乾兌	中乾	中	巽中	震巽
월형月刑	巳	子	辰	申	午	丑	寅	酉	未	亥	卯	戌
월해月害	巳	辰	卯	寅	丑	子	亥	戌	酉	申	未	午
월염月厭	戌	酉	申	未	午	巳	辰	卯	寅	丑	子	亥

★ **신년(辛年)** ① 개산입향수방길신＝세덕 丙. 세덕합 辛. 양귀인 寅. 음귀인 午. 세록 酉.

吉神＼月	1월	2월	3월	4월	5월	6월	7월	8월	9월	10월	11월	12월
비양귀 飛陽貴	中	坎	離	艮	兌	乾	中	巽	震	坤	坎	離
비음귀 飛陰貴	離	艮	兌	乾	中	坎	離	艮	兌	乾	中	巽
비천록 飛天祿	震	坤	坎	離	艮	兌	乾	中	坎	離	艮	兌
천도 天道	南	西南	北	西	西北	東	北	東北	南	東	東南	西
천덕 天德	丁	坤	壬	辛	乾	甲	癸	艮	丙	乙	巽	庚
천덕합 天德合	壬		丁	丙		己	戊		辛	庚		乙
월덕 月德	丙	甲	壬	庚	丙	甲	壬	庚	丙	甲	壬	庚
월덕합 月德合	辛	己	丁	乙	辛	己	丁	乙	辛	己	丁	乙
월공 月空	壬	庚	丙	甲	壬	庚	丙	甲	壬	庚	丙	甲

② 개산입향수방흉신

凶神＼月	1월	2월	3월	4월	5월	6월	7월	8월	9월	10월	11월	12월
월파 月破	申	酉	戌	亥	子	丑	寅	卯	辰	巳	午	未
월건 月建	寅	卯	辰	巳	午	未	申	酉	戌	亥	子	丑
겁살 劫煞	亥	申	巳	寅	亥	申	巳	寅	亥	申	巳	寅
재살 災煞	子	酉	午	卯	子	酉	午	卯	子	酉	午	卯
월살 月煞	丑	戌	未	辰	丑	戌	未	辰	丑	戌	未	辰

③ 수방흉신＝금신(金神) 寅 卯 午 未 子 丑. 파패오귀 乾.

凶神＼月	1월	2월	3월	4월	5월	6월	7월	8월	9월	10월	11월	12월
병정독화	坤震	坎坤	離坎	艮離	兌艮	乾兌	中乾	中	巽中	震巽	坤震	坎坤
월형 月刑	巳	子	辰	申	午	丑	寅	酉	未	亥	卯	戌
월해 月害	巳	辰	卯	寅	丑	子	亥	戌	酉	申	未	午
월염 月厭	戌	酉	申	未	午	巳	辰	卯	寅	丑	子	亥

★ **임년(壬年)** ① 개산입향수방길신＝세덕 壬. 세덕합 丁. 양귀인 卯. 음귀인 巳. 세록 亥.

吉神＼月	1월	2월	3월	4월	5월	6월	7월	8월	9월	10월	11월	12월
비양귀 飛陽貴	乾	中	坎	離	艮	兌	乾	中	巽	震	坤	坎
비음귀 飛陰貴	艮	兌	乾	中	坎	離	艮	兌	乾	中	巽	震
비천록 飛天祿	中	巽	震	坤	坎	離	艮	兌	乾	中	坎	離
천도 天道	南	西南	北	西	西北	東	北	東北	南	東	東南	西
천덕 天德	丁	坤	壬	辛	乾	甲	癸	艮	丙	乙	巽	庚
천덕합 天德合	壬		丁	丙		己	戊		辛	庚		乙
월덕 月德	丙	甲	壬	庚	丙	甲	壬	庚	丙	甲	壬	庚
월덕합 月德合	辛	己	丁	乙	辛	己	丁	乙	辛	己	丁	乙
월공 月空	壬	庚	丙	甲	壬	庚	丙	甲	壬	庚	丙	甲

② 개산입향수방흉신

凶神＼月	1월	2월	3월	4월	5월	6월	7월	8월	9월	10월	11월	12월
월파 月破	申	酉	戌	亥	子	丑	寅	卯	辰	巳	午	未
월건 月建	寅	卯	辰	巳	午	未	申	酉	戌	亥	子	丑
겁살 劫煞	亥	申	巳	寅	亥	申	巳	寅	亥	申	巳	寅
재살 災煞	子	酉	午	卯	子	酉	午	卯	子	酉	午	卯
월살 月煞	丑	戌	未	辰	丑	戌	未	辰	丑	戌	未	辰

③ 수방흉신＝금신(金神) 寅 卯 戌 亥. 파패오귀 巽.

凶神＼月	1월	2월	3월	4월	5월	6월	7월	8월	9월	10월	11월	12월
병정독화	離坎	艮離	兌艮	乾兌	中乾	中	巽中	震巽	坤震	坎坤	離坎	艮離
월형 月刑	巳	子	辰	申	午	丑	寅	酉	未	亥	卯	戌
월해 月害	巳	辰	卯	寅	丑	子	亥	戌	酉	申	未	午
월염 月厭	戌	酉	申	未	午	巳	辰	卯	寅	丑	子	亥

★ **계년(癸年)** ① 개산입향수방신＝세덕 戊. 세덕합 癸. 양귀인 巳. 음귀인 卯. 세록 子.

吉神＼月	1월	2월	3월	4월	5월	6월	7월	8월	9월	10월	11월	12월
비양귀 飛陽貴	艮	兌	乾	中	坎	離	艮	兌	乾	中	巽	震
비음귀 飛陰貴	乾	中	坎	離	艮	兌	乾	中	巽	震	坤	坎
비천록 飛天祿	乾	中	巽	震	坤	坎	離	艮	兌	乾	中	坎
천도 天道	南	西南	北	西	西北	東	北	東北	南	東	東南	西
천덕 天德	丁	坤	壬	辛	乾	甲	癸	艮	丙	乙	巽	庚
천덕합 天德合	壬		丁	丙		己	戊		辛	庚		乙
월덕 月德	丙	甲	壬	庚	丙	甲	壬	庚	丙	甲	壬	庚
월덕합 月德合	辛	己	丁	乙	辛	己	丁	乙	辛	己	丁	乙
월공 月空	壬	庚	丙	甲	壬	庚	丙	甲	壬	庚	丙	甲

② 개산입향수방흉신

凶神＼月	1월	2월	3월	4월	5월	6월	7월	8월	9월	10월	11월	12월
월파 月破	申	酉	戌	亥	子	丑	寅	卯	辰	巳	午	未
월건 月建	寅	卯	辰	巳	午	未	申	酉	戌	亥	子	丑
겁살 劫煞	亥	申	巳	寅	亥	申	巳	寅	亥	申	巳	寅
재살 災煞	子	酉	午	卯	子	酉	午	卯	子	酉	午	卯
월살 月煞	丑	戌	未	辰	丑	戌	未	辰	丑	戌	未	辰

③ 수방흉신＝금신(金神) 申酉子丑. 파패오귀 艮.

凶神＼月	1월	2월	3월	4월	5월	6월	7월	8월	9월	10월	11월	12월
병정독화	兌艮	乾兌	中乾	中	巽中	震巽	坤震	坎坤	離坎	艮離	兌艮	乾兌
월형 月刑	巳	子	辰	申	午	丑	寅	酉	未	亥	卯	戌
월해 月害	巳	辰	卯	寅	丑	子	亥	戌	酉	申	未	午
월염 月厭	戌	酉	申	未	午	巳	辰	卯	寅	丑	子	亥

★ **자년(子年)** ① 개산입향수방길신=주서(奏書) 乾. 박사(博士) 巽. 세마(歲馬) 寅. 지덕(枝德) 巳.

연자백(年紫白)		甲子年	庚子年	丙子年	壬子年	戊子年
상원 (上元)	일백(一白)	中		艮		坤
	육백(六白)	坎		巽		兌
	팔백(八白)	震		乾		離
	구자(九紫)	巽		兌		坎
중원 (中元)	일 백	坤		中		艮
	육 백	兌		坎		巽
	팔 백	離		震		乾
	구 자	坎		巽		兌
하원 (下元)	일 백	艮		坤		中
	육 백	巽		兌		坎
	팔 백	乾		離		震
	구 자	兌		坎		巽

月紫白	1월	2월	3월	4월	5월	6월	7월	8월	9월	10월	11월	12월
一白	兌	艮	離	坎	坤	震	巽	中	乾	兌	艮	離
六白	震	巽	中	乾	兌	艮	離	坎	坤	震	巽	中
八白	中	乾	兌	艮	離	坎	坤	震	巽	中	乾	兌
九紫	乾	兌	艮	離	坎	坤	震	巽	中	乾	兌	艮
飛天馬	中	坎	離	艮	兌	乾	中	巽	震	坤	艮	離

삼기팔절 (三奇八節)	甲子年 乙丙丁	丙子年 乙丙丁	戊子年 乙丙丁	庚子年 乙丙丁	壬子年 乙丙丁
입 춘	兌艮離	兌艮離	乾兌艮	乾兌艮	中乾兌
춘 분	坤震巽	坤震巽	坎坤震	坎坤震	離坎坤
입 하	震巽中	震巽中	坤震巽	坤震巽	坎坤震
하 지	坎離艮	坎離艮	坤坎離	坤坎離	震坤離
입 추	震坤坎	震坤坎	巽震坤	巽震坤	中巽震
추 분	艮兌乾	艮兌乾	離艮兌	離艮兌	坎離艮
입 동	兌乾中	兌乾中	艮兌乾	艮兌乾	離艮兌
동 지	離坎坤	離坎坤	艮離坎	艮離坎	兌艮離

② 개산입향수방흉신=태세(太歲) 子. 세파(歲破) 午. 겁살(劫煞) 巳. 재살(災煞) 午. 세살(歲煞) 未. 복병(伏兵) 丙. 대화(大禍) 丁. 향살(向煞) 壬 癸.

③ 개산흉신(開山凶神)=육해(六害) 未. 사부(死符) 巳. 구퇴(灸退) 卯.

• 연극산가(年剋山家)

갑자년	甲 寅 辰 巽 戌 坎 辛 申 = 八水山 丑 癸 坤 庚 未 = 五土山
무자년	冬 至 後 剋 乾 亥 兌 丁 = 四金山
임자년 병자년 경자년	乾 亥 兌 丁 = 金山

④ 입향흉신(立向凶神)=순산나후(巡山羅喉) 癸. 병부(病符) 亥.

⑤ 수방흉신(修方凶神)=천관부(天官符) 亥. 지관부(地官符) 辰. 대살(大煞) 子. 역사(力士) 艮. 세형(歲刑) 卯. 황번(黃幡) 辰. 표미(豹尾) 戌. 비렴(飛廉) 申. 상문(喪門) 寅. 조객(弔客)・태음(太陰) 戌. 백호(白虎) 申. 오귀(五鬼) 辰. 대장군(大將軍) 酉.

月 煞	1월	2월	3월	4월	5월	6월	7월	8월	9월	10월	11월	12월
飛天官符	中	巽	震	坤	坎	離	艮	兌	乾	中	兌	乾
飛地官符	兌	乾	中	兌	乾	中	巽	震	坤	坎	離	艮
飛大煞	乾	中	巽	震	坤	坎	離	艮	兌	乾	中	兌
飛小月建	中	乾	兌	艮	離	坎	坤	震	巽	中	乾	兌
飛大月建	艮	兌	乾	中	巽	震	坤	坎	離	艮	兌	乾
月遊火	艮	離	坎	坤	震	巽	中	乾	兌	艮	離	坎

★ 축년(丑年) ① 개산입향수방길신＝주서(奏書) 乾. 박사(博士) 巽. 세마(歲馬) 亥. 지덕(枝德) 午.

연자백(年紫白)		乙丑年	辛丑年	丁丑年	癸丑年	己丑年
상원 (上元)	일백(一白)	乾		離		震
	육백(六白)	坤		中		艮
	팔백(八白)	巽		兌		坎
	구자(九紫)	中		艮		坤
중원 (中元)	일 백	震		乾		離
	육 백	艮		坤		中
	팔 백	坎		巽		兌
	구 자	坤		中		艮
하원 (下元)	일 백	離		震		乾
	육 백	中		艮		坤
	팔 백	兌		坎		巽
	구 자	艮		坤		中

月紫白	1월	2월	3월	4월	5월	6월	7월	8월	9월	10월	11월	12월
一 白	坎	坤	震	巽	中	乾	兌	艮	離	坎	坤	震
六 白	乾	兌	艮	離	坎	坤	震	巽	中	乾	兌	艮
八 白	艮	離	坎	坤	震	巽	中	乾	兌	艮	離	坎
九 紫	離	坎	坤	震	巽	中	乾	兌	艮	離	坎	坤
飛天馬	中	巽	震	坤	坎	離	艮	兌	乾	中	坎	離

삼기팔절 (三奇八節)	乙丑年 乙丙丁	丁丑年 乙丙丁	己丑年 乙丙丁	辛丑年 乙丙丁	癸丑年 乙丙丁
입 춘	兌艮離	乾兌艮	乾乾兌	中乾兌	巽中乾
춘 분	坤震巽	坎坤震	坎坎坤	離坎坤	艮離坎
입 하	震巽中	坤震巽	坤坤震	坎坤震	離坎坤
하 지	坎離艮	坤坎離	坤坤坎	震坤坎	巽震坤
입 추	震坤坎	巽震坤	巽巽震	中巽震	乾中巽
추 분	艮兌乾	離艮兌	離離艮	坎離艮	坤坎離
입 동	兌乾中	艮兌乾	艮艮兌	離艮兌	坎離艮
동 지	離坎坤	艮離坎	艮艮離	兌艮離	乾兌艮

② 개산입향수방흉신=태세(太歲) 丑. 세파(歲破) 未. 겁살(劫煞) 寅. 재살(災煞) 卯. 세살(歲煞) 辰. 복병(伏兵) 甲. 대화(大禍) 乙. 좌살(坐煞) 甲 乙. 향살(向煞) 庚 辛.

③ 개산흉신(開山凶神)=육해(六害) 午. 사부(死符) 午. 구퇴(灸退) 子.

• 연극산가(年剋山家)

을축년	震 艮 巳 = 三木山
기축년	乾 亥 兌 丁 = 四金山
정축년 신축년 신축년	甲 寅 辰 巽 戌 坎 辛 申 = 八水山 丑 癸 坤 庚 未 = 五土山

④ 입향흉신(立向凶神)=순산나후(巡山羅喉) 艮. 병부(病符) 子.

⑤ 수방흉신(修方凶神)=천관부(天官符) 申. 지관부(地官符) 巳. 대살(大煞) 酉. 역사(力士) 艮. 세형(歲刑) 戌. 황번(黃幡) 丑. 표미(豹尾) 未. 비렴(飛廉) 酉. 상문(喪門) 卯. 조객(弔客)・태음(太陰) 亥. 백호(白虎) 酉. 오귀(五鬼) 卯. 대장군(大將軍) 酉.

살\월	1월	2월	3월	4월	5월	6월	7월	8월	9월	10월	11월	12월
飛天官符	坤	坎	離	艮	兌	乾	中	兌	乾	中	巽	震
飛地官符	艮	兌	乾	中	兌	乾	中	巽	震	坤	坎	離
飛大煞	震	坤	坎	離	艮	兌	乾	中	兌	乾	中	巽
飛小月建	離	坎	坤	震	巽	中	乾	兌	艮	離	坎	坤
飛大月建	中	巽	震	坤	坎	離	艮	兌	乾	中	巽	震
月遊火	艮	離	坎	坤	震	巽	中	乾	兌	艮	離	坎

★ **인년(寅年)** ① 개산입향수방길신＝주서(奏書) 艮. 박사(博士) 坤. 세마(歲馬) 申. 지덕(枝德) 未.

연자백(年紫白)		丙寅年	壬寅年	戊寅年	甲寅年	庚寅年
상원 (上元)	일백(一白)		兌		坎	巽
	육백(六白)		震		乾	離
	팔백(八白)		中		艮	坤
	구자(九紫)		乾		離	震
중원 (中元)	일 백		巽		兌	坎
	육 백		離		震	乾
	팔 백		坤		中	艮
	구 자		震		乾	離
하원 (下元)	일 백		坎		巽	兌
	육 백		乾		離	震
	팔 백		艮		坤	中
	구 자		離		震	乾

月紫白	1월	2월	3월	4월	5월	6월	7월	8월	9월	10월	11월	12월
一白	巽	中	乾	兌	艮	離	坎	坤	震	巽	中	乾
六白	離	坎	坤	震	巽	中	乾	兌	艮	離	坎	坤
八白	坤	震	巽	中	乾	兌	艮	離	坎	坤	震	巽
九紫	震	巽	中	乾	兌	艮	離	坎	坤	震	巽	中
飛天馬	坤	坎	離	艮	兌	乾	中	坎	離	艮	兌	乾

삼기팔절 (三奇八節)	甲寅年 乙丙丁	丙寅年 乙丙丁	戊寅年 乙丙丁	庚寅年 乙丙丁	壬寅年 乙丙丁
입 춘	巽巽中	乾兌艮	中乾兌	中乾兌	巽中乾
춘 분	艮艮離	坎坤震	離坎坤	離坎坤	艮離震
입 하	離離坎	坤震巽	坎坤震	坎坤震	離坎坤
하 지	巽巽震	坤坎離	震坤坎	震坤坎	巽震坤
입 추	乾乾中	巽震坤	中巽震	中巽震	乾中巽
추 분	坤坤坎	離艮兌	坎離艮	坎離艮	坤坎離
입 동	坎坎離	艮兌乾	離艮兌	離艮兌	坎離艮
동 지	乾乾兌	艮離坎	兌艮離	兌艮離	乾兌艮

② 개산입향수방흉신＝태세(太歲) 寅. 세파(歲破) 申. 겁살(劫煞) 亥. 재살(災煞) 子. 세살(歲煞) 丑. 복병(伏兵) 壬. 대화(大禍) 癸. 좌살(坐煞) 壬 癸. 향살(向煞) 丙 丁.

③ 개산흉신(開山凶神)＝육해(六害) 巳. 사부(死符) 未. 구퇴(灸退) 酉.

• 연극산가(年剋山家)

갑인년 무인년 경인년	離 壬 丙 乙 ＝ 四火山
병인년	震 艮 巳 ＝ 三木山
임인년	冬至 後 剋 乾 亥 兌 丁 ＝ 四金山

④ 입향흉신(立向凶神)＝순산나후(巡山羅睺) 甲. 병부(病符) 丑.

⑤ 수방흉신(修方凶神)＝천관부(天官符) 巳. 지관부(地官符) 午. 대살(大煞) 午. 역사(力士) 巽. 세형(歲刑) 巳. 황번(黃幡) 戌. 표미(豹尾) 震. 비렴(飛廉) 戌. 상문(喪門) 辰. 조객(弔客)·태음(太陰) 子. 백호(白虎) 戌. 오귀(五鬼) 寅. 대장군(大將軍) 子.

煞＼月	1월	2월	3월	4월	5월	6월	7월	8월	9월	10월	11월	12월
飛天官符	艮	兌	乾	中	兌	乾	中	巽	震	坤	坎	離
飛地官符	離	艮	兌	乾	中	兌	乾	中	巽	震	坤	坎
飛大煞	離	艮	兌	乾	中	兌	乾	中	巽	震	坤	坎
飛小月建	中	乾	兌	艮	離	坎	坤	震	巽	中	乾	兌
飛大月建	坤	坎	離	艮	兌	乾	中	巽	震	坤	坎	離
月遊火	震	巽	中	乾	兌	艮	離	坎	坤	震	巽	中

★ **묘년(卯年)** ① 개산입향수방길신＝주서(奏書) 艮. 박사(博士) 坤. 세마(歲馬) 巳. 지덕(枝德) 申.

연자백(年紫白)		丁卯年	癸卯年	己卯年	乙卯年	辛卯年
상원 (上元)	일백(一白)	艮		坤		中
	육백(六白)	巽		兌		坎
	팔백(八白)	乾		離		震
	구자(九紫)	兌		坎		巽
중원 (中元)	일백	中		艮		坤
	육백	坎		巽		兌
	팔백	震		乾		離
	구자	巽		兌		坎
하원 (下元)	일백	坤		中		艮
	육백	兌		坎		巽
	팔백	離		震		乾
	구자	坎		巽		兌

月紫白	1월	2월	3월	4월	5월	6월	7월	8월	9월	10월	11월	12월
一白	兌	艮	離	坎	坤	震	巽	中	乾	兌	艮	離
六白	震	巽	中	乾	兌	艮	離	坎	坤	震	巽	中
八白	中	乾	兌	艮	離	坎	坤	震	巽	中	乾	兌
九紫	乾	兌	艮	離	坎	坤	震	巽	中	乾	兌	艮
飛天馬	艮	兌	乾	中	坎	離	艮	兌	乾	中	巽	震

삼기팔절 (三奇八節)	丁卯年	己卯年	辛卯年	癸卯年	乙卯年
	乙丙丁	乙丙丁	乙丙丁	乙丙丁	乙丙丁
입 춘	中乾兌	中中乾	巽中乾	震巽中	震巽中
춘 분	離坎坤	離離坎	艮離坎	兌艮離	兌艮離
입 하	坎坤震	坎坎坤	離坎坤	艮離坎	艮離坎
하 지	震坤坎	震震坤	巽震坤	中巽震	中巽震
입 추	中巽震	中中巽	乾中巽	兌乾中	兌乾中
추 분	坎離艮	坎坎離	坤坎離	震坤坎	震坤坎
입 동	離艮兌	離離艮	坎離坤	坤坎離	坤坎離
동 지	兌艮離	兌兌艮	乾兌艮	中乾兌	中乾兌

② 개산입향수방흉신＝태세(太歲) 卯. 세파(歲破) 酉. 겁살(劫煞) 申. 재살(災煞) 酉. 세살(歲煞) 戌. 복병(伏兵) 庚. 대화(大禍) 辛. 좌살(坐煞) 庚 辛. 향살(向煞) 甲 乙.

③ 개산흉신(開山凶神)＝육해(六害) 辰. 사부(死符) 申. 구퇴(灸退) 午.

• 연극산가(年剋山家)

정묘년	離 壬 丙 乙 ＝ 四火山
계묘년	乾 亥 兌 丁 ＝ 四金山
을묘년 기묘년 신묘년	冬至 후 剋 乾 亥 兌 丁 ＝ 四金山

④ 입향흉신(立向凶神)＝순산나후(巡山羅喉) 乙. 병부(病符) 寅.

⑤ 수방흉신(修方凶神)＝천관부(天官符) 寅. 지관부(地官符) 未. 대살(大煞) 卯. 역사(力士) 巽. 세형(歲刑) 子. 황번(黃幡) 未. 표미(豹尾) 丑. 비렴(飛廉) 巳. 상문(喪門) 巳. 조객(弔客)・태음(太陰) 丑. 백호(白虎) 亥. 오귀(五鬼) 丑. 대장군(大將軍) 子.

月 煞	1월	2월	3월	4월	5월	6월	7월	8월	9월	10월	11월	12월
飛天官符	中	兌	乾	中	巽	震	坤	坎	離	艮	兌	乾
飛地官符	坎	離	艮	兌	乾	中	兌	乾	中	巽	震	坤
飛大煞	乾	中	兌	乾	中	巽	震	坤	坎	離	艮	兌
飛小月建	離	坎	坤	震	巽	中	乾	兌	艮	離	坎	坤
飛大月建	艮	兌	乾	中	巽	震	坤	坎	離	艮	兌	乾
月遊火	巽	中	乾	兌	艮	離	坎	坤	震	巽	中	乾

★ 진년(辰年) ① 개산입향수방길신=주서(奏書) 艮. 박사(博士) 坤. 세마(歲馬) 寅. 지덕(枝德) 酉.

연자백(年紫白)		戊辰年	甲辰年	庚辰年	丙辰年	壬辰年
상원 (上元)	일백(一白)	離		震		乾
	육백(六白)	中		艮		坤
	팔백(八白)	兌		坎		巽
	구자(九紫)	艮		坤		中
중원 (中元)	일 백	乾		離		震
	육 백	坤		中		艮
	팔 백	巽		兌		坎
	구 자	中		艮		坤
하원 (下元)	일 백	震		乾		離
	육 백	艮		坤		中
	팔 백	坎		巽		兌
	구 자	坤		中		艮

月紫白	1월	2월	3월	4월	5월	6월	7월	8월	9월	10월	11월	12월
一 白	坎	坤	震	巽	中	乾	兌	艮	離	坎	坤	震
六 白	乾	兌	艮	離	坎	坤	震	巽	中	乾	兌	艮
八 白	艮	離	坎	坤	震	巽	中	乾	兌	艮	離	坎
九 紫	離	坎	坤	震	巽	中	乾	兌	艮	離	坎	坤
飛天馬	中	坎	離	艮	兌	乾	中	巽	震	坤	坎	離

삼기팔절 (三奇八節)	戊辰年	庚辰年	壬辰年	甲辰年	丙辰年
	乙丙丁	乙丙丁	乙丙丁	乙丙丁	乙丙丁
입 춘	巽中乾	巽中乾	震巽中	震震巽	坤震巽
춘 분	艮離坎	艮離坎	兌艮離	兌兌艮	乾兌艮
입 하	離坎坤	離坎坤	艮離坎	艮艮離	兌艮離
하 지	巽震坤	巽震坤	中巽震	中中巽	乾中巽
입 추	乾中巽	乾中巽	兌乾中	兌兌乾	艮兌乾
추 분	坤坎離	坤坎離	震坤坎	震震坤	巽震坤
입 동	坎離艮	坎離艮	坤坎離	坤坤坎	震坤坎
동 지	乾兌艮	乾兌艮	中乾兌	中中乾	巽中乾

② 개산입향수방흉신＝태세(太歲) 辰. 세파(歲破) 戌. 겁살(劫煞) 巳. 재살(災煞) 午. 세살(歲煞) 未. 복병(伏兵) 丙. 대화(大禍) 丁. 좌살(坐煞) 丙 丁. 향살(向煞) 壬 癸.

③ 개산흉신(開山凶神)＝육해(六害) 卯. 사부(死符) 酉. 구퇴(灸退) 卯.

• 연극산가(年尅山家)

갑진년	乾 亥 兌 丁
경진년	震 艮 巳
병진년 무진년 임진년	甲 寅 辰 巽 戌 坎 辛 申 丑 癸 坤 庚 未

④ 입향흉신(立向凶神)＝순산나후(巡山羅喉) 巽. 병부(病符) 卯.

⑤ 수방흉신(修方凶神)＝천관부(天官符) 亥. 지관부(地官符) 申. 대살(大煞) 子. 역사(力士) 巽. 세형(歲刑) 辰. 황번(黃幡) 辰. 표미(豹尾) 戌. 비렴(飛廉) 午. 상문(喪門) 午. 조객(弔客)・태음(太陰) 寅. 백호(白虎) 子. 오귀(五鬼) 子. 대장군(大將軍) 子.

煞＼月	1월	2월	3월	4월	5월	6월	7월	8월	9월	10월	11월	12월
飛天官符	中	巽	震	坤	坎	離	艮	兌	乾	中	兌	乾
飛地官符	坤	坎	離	艮	兌	乾	中	兌	乾	中	巽	震
飛大煞	乾	中	巽	震	坤	坎	離	艮	兌	乾	中	兌
飛小月建	中	乾	兌	艮	離	坎	坤	震	巽	中	乾	兌
飛大月建	中	巽	震	坤	坎	離	艮	兌	乾	中	巽	震
月遊火	巽	中	乾	兌	艮	離	坎	坤	震	巽	中	乾

★ **사년(巳年)** ① 개산입향수방길신=주서(奏書) 巽. 박사(博士) 乾. 세마(歲馬) 亥. 지덕(枝德) 戌.

연자백(年紫白)		己巳年	乙巳年	辛巳年	丁巳年	癸巳年
상원 (上元)	일백(一白)	坎		巽		兌
	육백(六白)	乾		離		震
	팔백(八白)	艮		坤		中
	구자(九紫)	離		震		乾
중원 (中元)	일 백	兌		坎		巽
	육 백	震		乾		離
	팔 백	中		艮		坤
	구 자	乾		離		震
하원 (下元)	일 백	巽		兌		坎
	육 백	離		震		乾
	팔 백	坤		中		艮
	구 자	震		乾		離

月紫白	1월	2월	3월	4월	5월	6월	7월	8월	9월	10월	11월	12월
一 白	巽	中	乾	兌	艮	離	坎	坤	震	巽	中	乾
六 白	離	坎	坤	震	巽	中	乾	兌	艮	離	坎	坤
八 白	坤	震	巽	中	乾	兌	艮	離	坎	坤	震	巽
九 紫	震	巽	中	乾	兌	艮	離	坎	坤	震	巽	中
飛天馬	中	巽	震	坤	坎	離	艮	兌	乾	中	坎	離

삼기팔절 (三奇八節)	己巳年 乙丙丁	辛巳年 乙丙丁	癸巳年 乙丙丁	乙巳年 乙丙丁	丁巳年 乙丙丁
입 춘	巽巽中	震巽中	坤震巽	坤震巽	坎坤震
춘 분	艮艮離	兌艮離	乾兌艮	乾兌艮	中乾兌
입 하	離離坎	艮離坎	兌艮離	兌艮離	乾兌艮
하 지	巽巽震	中巽震	乾中巽	乾中巽	兌乾中
입 추	乾乾中	兌乾中	艮兌乾	艮兌乾	離艮兌
추 분	坤坤坎	震坤坎	巽震坤	巽震坤	中巽震
입 동	坎坎離	坤坎離	震坤坎	震坤坎	巽震坤
동 지	乾乾兌	中乾兌	巽中乾	巽中乾	震巽中

② 개산입향수방흉신=태세(太歲) 巳. 세파(歲破) 亥. 겁살(劫煞) 寅. 재살(災煞) 卯. 세살(歲煞) 辰. 복병(伏兵) 甲. 대화(大禍) 乙. 좌살(坐煞) 甲乙. 향살(向煞) 庚辛.

③ 개산흉신(開山凶神)=육해(六害) 寅. 사부(死符) 戌. 구퇴(灸退) 子.

• 연극산가(年剋山家)

을사년	甲 寅 辰 巽 戌 坎 辛 申 丑 癸 坤 庚 未
신사년	離 壬 丙 乙
정사년 기사년 계사년	震 艮 巳

④ 입향흉신(立向凶神)=순산나후(巡山羅喉) 丙. 병부(病符) 辰

⑤ 수방흉(修方凶)=천관부(天官符) 申. 지관부(地官符) 酉. 대살(大煞) 酉. 역사(力士) 坤. 세형(歲刑) 申. 황번(黃幡) 丑. 표미(豹尾) 未. 비렴(飛廉) 未. 상문(喪門) 未. 조객(弔客)·태음(太陰) 卯. 백호(白虎) 丑. 오귀(五鬼) 亥. 대장군(大將軍) 卯.

月 煞	1월	2월	3월	4월	5월	6월	7월	8월	9월	10월	11월	12월
飛天官符	坤	坎	離	艮	兌	乾	中	兌	乾	中	巽	震
飛地官符	震	坤	坎	離	艮	兌	乾	中	兌	乾	中	巽
飛大煞	震	坤	坎	離	艮	兌	乾	中	兌	乾	中	巽
飛小月建	離	坎	坤	震	巽	中	乾	兌	艮	離	坎	坤
飛大月建	坤	坎	離	艮	兌	乾	中	巽	震	坤	坎	離
月遊火	離	坎	坤	震	巽	中	乾	兌	艮	離	坎	坤

★ **오년(午年)** ① 개산입향수방길신＝주서(奏書) 巽. 박사(博士) 乾. 세마(歲馬) 申. 지덕(枝德) 亥.

연자백(年紫白)		庚午年	丙午年	壬午年	戊午年	甲午年
상원 (上元)	일백(一白)	坤		中		艮
	육백(六白)	兌		坎		巽
	팔백(八白)	離		震		乾
	구자(九紫)	坎		巽		兌
중원 (中元)	일백	艮		坤		中
	육백	巽		兌		坎
	팔백	乾		離		震
	구자	兌		坎		巽
하원 (下元)	일백	中		艮		坤
	육백	坎		巽		兌
	팔백	震		乾		離
	구자	巽		兌		坎

月紫白	1월	2월	3월	4월	5월	6월	7월	8월	9월	10월	11월	12월
一白	兌	艮	離	坎	坤	震	巽	中	乾	兌	艮	離
六白	震	巽	中	乾	兌	艮	離	坎	坤	震	巽	中
八白	中	乾	兌	艮	離	坎	坤	震	巽	中	乾	兌
九紫	乾	兌	艮	離	坎	坤	震	巽	中	乾	兌	艮
飛天馬	坤	坎	離	艮	兌	乾	中	坎	離	艮	兌	乾

삼기팔절 (三奇八節)	庚午年 乙丙丁	壬午年 乙丙丁	甲午年 乙丙丁	丙午年 乙丙丁	戊午年 乙丙丁
입 춘	震巽中	坤震巽	坤坤震	坎坤震	離坎坤
춘 분	兌艮離	乾兌艮	乾乾兌	中乾兌	巽中乾
입 하	艮離坎	兌艮離	兌兌艮	乾兌艮	中乾兌
하 지	中巽震	乾中巽	乾乾中	兌乾中	艮兌乾
입 추	兌乾中	艮兌乾	艮艮兌	離艮兌	坎離艮
추 분	震坤坎	巽震坤	巽巽震	中巽震	乾中巽
입 동	坤坎離	震坤坎	震震坤	巽震坤	中巽震
동 지	中乾兌	巽中乾	巽巽中	震巽中	坤震巽

② 개산입향수방흉신＝태세(太歲) 午. 세파(歲破) 子. 겁살(劫煞) 亥. 재살(災煞) 子. 세살(歲煞) 丑. 복병(伏兵) 壬. 대화(大禍) 癸. 좌살(坐煞) 壬 癸. 향살(向煞) 丙 丁.

③ 개산흉신(開山凶神)＝육해(六害) 丑. 사부(死符) 亥. 구퇴(灸退) 酉.

• 연극산가(年剋山家)

갑오년	甲 寅 辰 巽 戌 坎 辛 申 丑 癸 坤 庚 未
무오년	동지 후 剋 乾 亥 兌 丁
병오년 경오년 임오년	乾 亥 兌 丁

④ 입향흉신(立向凶神)＝순산나후(巡山羅喉) 丁. 병부(病符) 巳.

⑤ 수방흉신(修方凶神)＝천관부(天官符) 巳. 지관부(地官符) 戌. 대살(大煞) 午. 역사(力士) 坤. 세형(歲刑) 午. 황번(黃幡) 戌. 표미(豹尾) 辰. 비렴(飛廉) 寅. 상문(喪門) 申. 조객(弔客)·태음(太陰) 辰. 백호(白虎) 寅. 오귀(五鬼) 戌. 대장군(大將軍) 卯.

煞＼月	1월	2월	3월	4월	5월	6월	7월	8월	9월	10월	11월	12월
飛天官符	艮	兌	乾	中	兌	乾	中	巽	震	坤	坎	離
飛地官符	巽	震	坤	坎	離	艮	兌	乾	中	兌	乾	中
飛大煞	離	艮	兌	乾	中	兌	乾	中	巽	震	坤	坎
飛小月建	中	乾	兌	艮	離	坎	坤	震	巽	中	乾	兌
飛大月建	艮	兌	乾	中	巽	震	坤	坎	離	艮	兌	乾
月遊火	坤	震	巽	中	乾	兌	艮	離	坎	坤	震	巽

★ **미년(未年)** ① 개산입향수방길신=주서(奏書) 巽. 박사(博士) 乾. 세마(歲馬) 巳. 지덕(枝德) 子.

연자백(年紫白)		辛未年	丁未年	癸未年	己未年	乙未年
상원 (上元)	일백(一白)	震		乾		離
	육백(六白)	艮		坤		中
	팔백(八白)	坎		巽		兌
	구자(九紫)	坤		中		艮
중원 (中元)	일백	離		震		乾
	육백	中		艮		坤
	팔백	兌		坎		巽
	구자	艮		坤		中
하원 (下元)	일백	乾		離		震
	육백	坤		中		艮
	팔백	巽		兌		坎
	구자	中		艮		坤

月紫白	1월	2월	3월	4월	5월	6월	7월	8월	9월	10월	11월	12월
一白	坎	坤	震	巽	中	乾	兌	艮	離	坎	坤	震
六白	乾	兌	艮	離	坎	坤	震	巽	中	乾	兌	艮
八白	艮	離	坎	坤	震	巽	中	乾	兌	艮	離	坎
九紫	離	坎	坤	震	巽	中	乾	兌	艮	離	坎	坤
飛天馬	艮	兌	乾	中	坎	離	艮	兌	乾	中	巽	震

삼기팔절 (三奇八節)	辛未年 乙丙丁	癸未年 乙丙丁	乙未年 乙丙丁	丁未年 乙丙丁	己未年 乙丙丁
입 춘	坤震巽	坎坤震	坎坤震	離坎坤	離離坎
춘 분	乾兌艮	中乾兌	中乾兌	巽中乾	巽巽中
입 하	兌艮離	乾兌艮	乾兌艮	中乾兌	中中乾
하 지	乾中巽	兌乾中	兌乾中	艮兌乾	艮艮兌
입 추	艮兌乾	離艮兌	離艮兌	坎離艮	坎坎離
추 분	巽震坤	中巽震	中巽震	乾中巽	乾乾中
입 동	震坤坎	巽震坤	巽震坤	中巽震	中中巽
동 지	巽中乾	震巽中	震巽中	坤震巽	坤坤震

② 개산입향수방흉신＝태세(太歲) 未. 세파(歲破) 丑. 겁살(劫煞) 申. 재살(災煞) 酉. 세살(歲煞) 戌. 복병(伏兵) 庚. 대화(大禍) 辛. 좌살(坐煞) 庚 辛. 향살(向煞) 甲 乙.

③ 개산흉신(開山凶神)＝육해(六害) 子. 사부(死符) 子. 구퇴(灸退) 午.

• 연극산가(年剋山家)

을미년	震 艮 巳
기미년	乾 亥 兌 丁
정미년 신미년 계미년	甲 寅 辰 巽 戌 坎 辛 申 丑 癸 坤 庚 未

④ 입향흉신(立向凶神)＝순산나후(巡山羅喉) 坤. 병부(病符) 午.

⑤ 수방흉신(修方凶神)＝천관부(天官符) 寅. 지관부(地官符) 亥. 대살(大煞) 卯. 역사(力士) 坤. 세형(歲刑) 丑. 황번(黃幡) 未. 표미(豹尾) 丑. 비렴(飛廉) 卯. 상문(喪門) 酉. 조객(弔客)・태음(太陰) 巳. 백호(白虎) 卯. 오귀(五鬼) 酉. 대장군(大將軍) 卯.

煞＼月	1월	2월	3월	4월	5월	6월	7월	8월	9월	10월	11월	12월
飛天官符	中	兌	乾	中	巽	震	坤	坎	離	艮	兌	乾
飛地官符	中	巽	震	坤	坎	離	艮	兌	乾	中	兌	乾
飛大煞	乾	中	兌	乾	中	巽	震	坤	坎	離	艮	兌
飛小月建	離	坎	坤	震	巽	中	乾	兌	艮	離	坎	坤
飛大月建	中	巽	震	坤	坎	離	艮	兌	乾	中	巽	震
月遊火	坤	震	巽	中	乾	兌	艮	離	坎	坤	震	巽

★ **신년(申年)** ① 개산입향수방길신＝주서(奏書) 坤. 박사(博士) 艮. 세마(歲馬) 寅. 지덕(枝德) 丑.

연자백(年紫白)		壬申年	戊申年	甲申年	庚申年	丙申年
상원 (上元)	일백(一白)	巽		兌		坎
	육백(六白)	離		震		乾
	팔백(八白)	坤		中		艮
	구자(九紫)	震		乾		離
중원 (中元)	일 백	坎		巽		兌
	육 백	乾		離		震
	팔 백	艮		坤		中
	구 자	離		震		乾
하원 (下元)	일 백	兌		坎		巽
	육 백	震		乾		離
	팔 백	中		艮		坤
	구 자	乾		離		震

月紫白	1월	2월	3월	4월	5월	6월	7월	8월	9월	10월	11월	12월
一白	巽	中	乾	兌	艮	離	坎	坤	震	巽	中	乾
六白	離	坎	坤	震	巽	中	乾	兌	艮	離	坎	坤
八白	坤	震	巽	中	乾	兌	艮	離	坎	坤	震	巽
九紫	震	巽	中	乾	兌	艮	離	坎	坤	震	巽	中
飛天馬	中	坎	離	艮	兌	乾	中	巽	震	坤	坎	離

삼기팔절 (三奇八節)	壬申年 乙丙丁	甲申年 乙丙丁	丙申年 乙丙丁	庚申年 乙丙丁	戊申年 乙丙丁
입 춘	坎坤震	坎坎坤	離坎坤	艮離坎	艮離坎
춘 분	中乾兌	中中乾	巽中乾	震巽中	震巽中
입 하	乾兌艮	乾乾兌	中乾兌	巽中乾	巽中乾
하 지	兌乾中	兌兌乾	艮兌乾	離艮兌	離艮兌
입 추	離艮兌	離離艮	坎離艮	坤坎離	坤坎離
추 분	中巽震	中中巽	乾中巽	兌乾中	兌乾中
입 동	巽震坤	巽巽震	中巽震	乾中巽	乾中巽
동 지	震巽中	震震巽	坤震巽	坎坤震	坎坤震

② 개산입향수방흉신＝태세(太歲) 申. 세파(歲破) 寅. 겁살(劫煞) 巳. 재살(災煞) 午. 세살(歲煞) 未. 복병(伏兵) 丙. 대화(大禍) 丁. 좌살(坐煞) 丙 丁. 향살(向煞) 壬 癸.

③ 개산흉신(開山凶神)＝육해(六害) 亥. 사부(死符) 丑. 구퇴(灸退) 卯.

• **연극산가(年剋山家)**

병신년	震 艮 巳
임신년	동지 후 剋 乾 亥 兌 丁
갑신년 무신년 경신년	離 壬 丙 乙

④ 입향흉신(立向凶神)＝순산나후(巡山羅喉) 庚. 병부(病符) 未.

⑤ 수방흉신(修方凶神)＝천관부(天官符) 亥. 지관부(地官符) 子. 대살(大煞) 子. 역사(力士) 乾. 세형(歲刑) 寅. 황번(黃幡) 辰. 표미(豹尾) 戌. 비렴(飛廉) 辰. 상문(喪門) 戌. 조객(弔客)・태음(太陰) 午. 백호(白虎) 辰. 오귀(五鬼) 申. 대장군(大將軍) 午.

煞＼月	1월	2월	3월	4월	5월	6월	7월	8월	9월	10월	11월	12월
飛天官符	中	巽	震	坤	坎	離	艮	兌	乾	中	兌	乾
飛地官符	乾	中	巽	震	坤	坎	離	艮	兌	乾	中	兌
飛大煞	乾	中	巽	震	坤	坎	離	艮	兌	乾	中	兌
飛小月建	中	乾	兌	艮	離	坎	坤	震	巽	中	乾	兌
飛大月建	坤	坎	離	艮	兌	乾	中	巽	震	坤	坎	離
月遊火	兌	艮	離	坎	坤	震	巽	中	乾	兌	艮	離

★ 유년(酉年) ① 개산입향수방길신=주서(奏書) 坤. 박사(博士) 艮. 세마(歲馬) 亥. 지덕(枝德) 寅.

연자백(年紫白)		癸酉年	己酉年	乙酉年	辛酉年	丁酉年
상원 (上元)	일백(一白)	中		艮		坤
	육백(六白)	坎		巽		兌
	팔백(八白)	震		乾		離
	구자(九紫)	巽		兌		坎
중원 (中元)	일 백	坤		中		艮
	육 백	兌		坎		巽
	팔 백	離		震		乾
	구 자	坎		巽		兌
하원 (下元)	일 백	艮		坤		中
	육 백	巽		兌		坎
	팔 백	乾		離		震
	구 자	兌		坎		巽

月紫白	1월	2월	3월	4월	5월	6월	7월	8월	9월	10월	11월	12월
一白	兌	艮	離	坎	坤	震	巽	中	乾	兌	艮	離
六白	震	巽	中	乾	兌	艮	離	坎	坤	震	巽	中
八白	中	乾	兌	艮	離	坎	坤	震	巽	中	乾	兌
九紫	乾	兌	艮	離	坎	坤	震	巽	中	乾	兌	艮
飛天馬	中	巽	震	坤	坎	離	艮	兌	乾	中	坎	離

삼기팔절 (三奇八節)	癸酉年 乙丙丁	乙酉年 乙丙丁	丁酉年 乙丙丁	己酉年 乙丙丁	辛酉年 乙丙丁
입 춘	離坎坤	離坎坤	艮離坎	艮艮離	兌艮離
춘 분	巽中乾	巽中乾	震巽中	震震巽	坤震巽
입 하	中乾兌	中乾兌	巽中乾	巽巽中	震巽中
하 지	艮兌乾	艮兌乾	離艮兌	離離艮	坎離艮
입 추	坎離艮	坎離艮	坤坎離	坤坤坎	震坤坎
추 분	乾中巽	乾中巽	兌乾中	兌兌乾	艮兌乾
입 동	中巽震	中巽震	乾中巽	乾乾中	兌乾中
동 지	坤震巽	坤震巽	坎坤震	坎坎坤	離坎坤

② 개산입향수방흉신＝태세(太歲) 酉. 세파(歲破) 卯. 겁살(劫煞) 寅. 재살(災煞) 卯. 세살(歲煞) 辰. 복병(伏兵) 甲. 대화(大禍) 乙. 좌살(坐煞) 甲 乙. 향살(向煞) 庚 辛.

③ 개산흉신(開山凶神)＝육해(六害) 戌. 사부(死符) 寅. 구퇴(灸退) 子.

• 연극산가(年剋山家)

정유년	離 壬 丙 乙
계유년	乾 亥 兌 丁
을유년 기유년 신유년	동지 후 剋 乾 亥 兌 丁

④ 입향흉신(立向凶神)＝순산나후(巡山羅喉) 辛. 병부(病符) 申.

⑤ 수방흉신(修方凶神)＝천관부(天官符) 申. 지관부(地官符) 丑. 대살(大煞) 酉. 역사(力士) 乾. 세형(歲刑) 酉. 황번(黃幡) 丑. 표미(豹尾) 未. 비렴(飛廉) 亥. 상문(喪門) 亥. 조객(弔客)·태음(太陰) 未. 백호(白虎) 巳. 오귀(五鬼) 未. 대장군(大將軍) 午.

煞＼月	1월	2월	3월	4월	5월	6월	7월	8월	9월	10월	11월	12월
飛天官符	坤	坎	離	艮	兌	乾	中	兌	乾	中	巽	震
飛地官符	兌	乾	中	巽	震	坤	坎	離	艮	兌	乾	中
飛大煞	震	坤	坎	離	艮	兌	乾	中	兌	乾	中	巽
飛小月建	離	坎	坤	震	巽	中	乾	兌	艮	離	坎	坤
飛大月建	艮	兌	乾	中	巽	震	坤	坎	離	艮	兌	乾
月遊火	乾	兌	艮	離	坎	坤	震	巽	中	乾	兌	艮

★ 술년(戌年) ① 개산입향수방길신＝주서(奏書) 坤. 박사(博士) 艮. 세마(歲馬) 申. 지덕(枝德) 卯.

연자백(年紫白)		甲戌年	庚戌年	丙戌年	壬戌年	戊戌年
상원 (上元)	일백(一白)	乾		離		震
	육백(六白)	坤		中		艮
	팔백(八白)	巽		兌		坎
	구자(九紫)	中		艮		坤
중원 (中元)	일 백	震		乾		離
	육 백	艮		坤		中
	팔 백	坎		巽		兌
	구 자	坤		中		艮
하원 (下元)	일 백	離		震		乾
	육 백	中		艮		坤
	팔 백	兌		坎		巽
	구 자	艮		坤		中

月紫白	1월	2월	3월	4월	5월	6월	7월	8월	9월	10월	11월	12월
一 白	坎	坤	震	巽	中	乾	兌	艮	離	坎	坤	震
六 白	乾	兌	艮	離	坎	坤	震	巽	中	乾	兌	艮
八 白	艮	離	坎	坤	震	巽	中	乾	兌	艮	離	坎
九 紫	離	坎	坤	震	巽	中	乾	兌	艮	離	坎	艮
飛天馬	坤	坎	離	艮	兌	乾	中	坎	離	艮	兌	乾

삼기팔절 (三奇八節)	甲戌年 乙丙丁	丙戌年 乙丙丁	戊戌年 乙丙丁	庚戌年 乙丙丁	壬戌年 乙丙丁
입 춘	離離坎	艮離坎	兌艮離	兌艮離	乾兌艮
춘 분	巽巽中	震巽中	坤震巽	坤震巽	坎坤震
입 하	中中乾	巽中乾	震巽中	震巽中	坤震巽
하 지	艮艮兌	離艮兌	坎離艮	坎離艮	坤坎離
입 추	坎坎離	坤坎離	震坤坎	震坤坎	巽震坤
추 분	乾乾中	兌乾中	艮兌乾	艮兌乾	離艮兌
입 동	中中巽	乾中巽	兌乾中	兌乾中	艮兌乾
동 지	坤坤震	坎坤震	離坎坤	離坎坤	艮離坎

② 개산입향수방흉신＝태세(太歲) 戌. 세파(歲破) 辰. 겁살(劫煞) 亥. 재살(災煞) 子. 세살(歲煞) 丑. 복병(伏兵) 壬. 대화(大禍) 癸. 좌살(坐煞) 壬 癸. 향살(向煞) 丙 丁.

③ 개산흉신(開山凶神)＝육해(六害) 酉. 사부(死符) 卯. 구퇴(灸退) 酉.

• 연극산가(年剋山家)

갑술년	乾 亥 兌 丁
경술년	震 艮 巳
병술년 무술년 임술년	甲 寅 辰 巽 戌 坎 辛 申 丑 癸 坤 庚 未

④ 입향흉신(立向凶神)＝순산나후(巡山羅喉) 乾. 병부(病符) 酉.

⑤ 수빙흉신(修方凶神)＝천관부(天官符) 巳. 지관부(地官符) 寅. 대살(大煞) 午. 역사(力士) 乾. 세형(歲刑) 未. 황번(黃幡) 戌. 표미(豹尾) 辰. 비렴(飛廉) 子. 상문(喪門) 子. 조객(弔客)・태음(太陰) 申. 백호(白虎) 午. 오귀(五鬼) 午. 대장군(大將軍) 午.

月 煞	1월	2월	3월	4월	5월	6월	월7	8월	9월	10월	11월	12월
飛天官符	艮	兌	乾	中	兌	乾	中	巽	震	坤	坎	離
飛地官符	中	兌	乾	中	巽	震	坤	坎	離	艮	兌	乾
飛 大 煞	離	艮	兌	乾	中	兌	乾	中	巽	震	坤	坎
飛小月建	中	乾	兌	艮	離	坎	坤	震	巽	中	乾	兌
飛大月建	中	巽	震	坤	坎	離	艮	兌	乾	中	巽	震
月 遊 火	乾	兌	艮	離	坎	坤	震	巽	中	乾	兌	艮

★ **해년(亥年)** ① 개산입향수방길신=주서(奏書) 乾. 박사(博士) 巽. 세마(歲馬) 巳. 지덕(枝德) 辰.

연자백(年紫白)		乙亥年	辛亥年	丁亥年	癸亥年	己亥年
상원 (上元)	일백(一白)		兌		坎	巽
	육백(六白)		震		乾	離
	팔백(八白)		中		艮	坤
	구자(九紫)		乾		離	震
중원 (中元)	일백		巽		兌	坎
	육백		離		震	乾
	팔백		坤		中	艮
	구자		震		乾	離
하원 (下元)	일백		坎		巽	兌
	육백		乾		離	震
	팔백		艮		坤	中
	구자		離		震	乾

月紫白	1월	2월	3월	4월	5월	6월	7월	8월	9월	10월	11월	12월
一 白	巽	中	乾	兌	艮	離	坎	坤	震	巽	中	乾
六 白	離	坎	坤	震	巽	中	乾	兌	艮	離	坎	坤
八 白	坤	震	巽	中	乾	兌	艮	離	坎	坤	震	巽
九 紫	震	巽	中	乾	兌	艮	離	坎	坤	震	巽	中
飛天馬	艮	兌	乾	中	坎	離	艮	兌	乾	中	巽	震

삼기팔절 (三奇八節)	乙亥年 乙丙丁	丁亥年 乙丙丁	己亥年 乙丙丁	辛亥年 乙丙丁	癸亥年 乙丙丁
입 춘	艮離坎	兌艮離	兌兌艮	乾兌艮	中乾兌
춘 분	震巽中	艮震巽	坤坤震	坎坤震	離坎坤
입 하	巽中乾	震巽中	震震巽	坤震巽	坎坤震
하 지	離艮兌	坎離艮	坎坎離	坤坎離	震坤離
입 추	坤坎離	震坎坎	震震坤	巽震坤	中巽震
추 분	兌乾中	艮兌乾	艮艮兌	離艮兌	坎離艮
입 동	乾中巽	兌乾中	兌兌乾	艮兌震	離艮兌
동 지	坎坤震	離坎坤	離離坎	艮離坎	兌艮離

② 개산입향수방흉신＝태세(太歲) 亥. 세파(歲破) 巳. 겁살(劫煞) 申. 재살(災煞) 酉. 세살(歲煞) 戌. 복병(伏兵) 庚. 대화(大禍) 辛. 좌살(坐煞) 庚 申. 향살(向煞) 甲 乙.

③ 개산흉신(開山凶神)＝육해(六害) 申. 사부(死符) 辰. 구퇴(灸退) 午.

• 연극산가(年剋山家)

을해년	甲 寅 辰 巽 戌 坎 辛 申 丑 癸 坤 庚 未
신해년	離 壬 丙 乙
정해년 기해년 계해년	震 艮 巳

④ 입향흉신(立向凶神)＝순산나후(巡山羅喉) 壬. 병부(病符) 戌

⑤ 수방흉신(修方凶神)＝천관부(天官符) 寅. 지관부(地官符) 卯. 대살(大煞) 卯. 역사(力士) 艮. 세형(歲刑) 亥. 황번(黃幡) 未. 표미(豹尾) 丑. 비렴(飛廉) 丑. 상문(喪門) 丑. 조객(弔客)・태음(太陰) 酉. 백호(白虎) 未. 오귀(五鬼) 巳. 대장군(大將軍) 酉.

煞＼月	1월	2월	3월	4월	5월	6월	7월	8월	9월	10월	11월	12월
飛天官符	中	兌	乾	中	巽	震	坤	坎	離	艮	兌	乾
飛地官符	乾	中	兌	乾	中	巽	震	坤	坎	離	艮	兌
飛大煞	乾	中	兌	乾	中	巽	震	坤	坎	離	艮	兌
飛小月建	離	坎	坤	震	巽	中	乾	兌	艮	離	坎	坤
飛大月建	坤	坎	離	艮	兌	乾	中	巽	震	坤	坎	離
月遊火	坎	坤	震	巽	中	乾	兌	艮	離	坎	坤	震

2. 월표(月表)

1년에는 열두 달이 있고, 한 달에는 60갑자(甲子)가 있으므로 길흉신살(吉凶神煞)도 그 변화에 따라 사용된다. 결혼 택일과 조장(造葬) 택일과 동파토(動破土) 택일은 대사(大事)이면서도 그 유(類)가 다르므로 가능한 한 해를 바꿔서 사용할 것이다.

대사개기(大事皆忌)는 결혼, 조장, 동파토 등 대사에 모두 꺼리는 날이고, 모든 택일에 가장 흉한 날은 제사불의(諸事不宜)라 하였으며, 주(註)에 기(忌)함은 없고 의(宜)한 것만 있는 것은 대길(大吉)한 날이니 사용하면 좋다.

<월표>

> 1년은 12달이고 한 달에는 60갑자일이 들어갈 수 있으므로 신살(神煞)도 달(月)을 따라 전환해야 한다. 대개 한 달은 30일로 하지만, 그것은 초하룻날에 만나는 삭회(朔會)로 정상적인 주기를 따라 장부(章蔀)를 나누어 놓았을 때 그러하고, 택일법에서는 60갑자를 모두 만날 수 있으므로 60갑자를 모두 처리해 놓아야 하기 때문이다. 그러므로 이곳에는 월이나 일진(日辰)을 따라 배치되는 길흉신살(吉凶神煞)을 분리하여 아래에 배열시켜 놓았으니, 일의 종류에 따라서 펼쳐보기만 하면 일목요연하게 알 수 있도록 월표를 작성하여 놓았다.

<월표 1>

	입춘절 立春節 천도남행 天道南行	맹년孟年 (寅申巳亥)			중년仲年 (子午卯酉)			계년季年 (辰戌丑未)		
正月		白	白	白	赤	碧	黃	綠	紫	黑
		紫	黑	綠	白	白	白	碧	黃	赤
		黃	赤	碧	黑	綠	紫	白	白	白

천덕(天德) 丁. 월덕(月德) 丙. 월공(月空) 壬 =의수조취토(宜修造取土) 천덕합(天德合) 壬. 월덕합(月德合) 辛
우수(雨水) 정월中 태양到 亥宮 위(爲) 正月 장(將) 의용(宜用) 甲丙庚壬時
월건(月建) 寅. 월파(月破) 申. 월염(月厭) 戌. 월형(月刑) 巳. 월해(月害) 巳 겁살 (劫煞) 亥. 재살(災煞) 子. 월살(月煞) 丑. = 기수조취토(忌修造取土)
입춘 전 1일 4절(絶) 후 7일 왕망(往亡) 초 7일 장성(長星) 21일 단성(短星)

甲子海中金義開日 갑자해중금의개일

吉神길신―天恩천은, 母倉모창, 時陽시양, 生氣생기, 益後익후, 青龍청룡

凶神흉신―災煞재살, 天火천화, 四忌사기, 八龍팔룡, 復日부일

宜의―祭祀제사, 入學입학, 沐浴목욕

忌기―冠帶관대, 結婚姻결혼인, 納采問名납채문명, 嫁娶가취, 進人口진인구, 求醫療病구의료병, 經絡경락, 醞釀온양, 開倉庫개창고, 出貨財출화재, 伐木벌목, 畋獵전렵, 取魚취어, 破土파토, 安葬안장, 啓攢계찬

乙丑海中金制閉日 을축해중금제폐일

吉神―天恩, 續世속세, 明堂명당

凶神—月煞월살, 月虛월허, 血支혈지, 天賊천적, 五虛오허, 土符토부, 歸忌귀기, 血忌혈기

諸事不宜제사불의

丙寅鑪中火義建日병인노중화의건일

吉神—月德월덕, 天恩, 月恩월은, 四相사상, 王日왕일, 天倉천창, 不將부장, 要安요안, 五合오합, 鳴吠對명폐대

凶神—月建월건, 小時소시, 土府토부, 往亡왕망, 天刑천형

宜—會親友회친우, 結婚姻, 納采問名, 解除해제, 裁衣재의, 竪柱上梁수주상량, 立券입권, 交易교역, 納財납재, 開倉庫개창고, 出貨財출화재, 牧養목양, 納畜납축, 安葬안장, 啓攢

忌—祭祀, 上册受封상책수봉, 上表章상표장, 出行출행, 上官赴任상관부임, 臨政親民임정친민, 嫁娶, 進人口, 移徙이사, 求醫療病, 築隄防축제방, 修造動土수조동토, 修倉庫수창고, 修置產室수치산실, 開渠穿井개거천정, 安碓磑안확애, 補垣보원, 修飾垣牆수식원장, 平治道塗평치도도, 破屋壞垣파옥괴원, 伐木벌목, 捕捉포착, 畋獵전렵, 取魚, 栽種재종, 破土

丁卯鑪中火義除日정묘노중화의제일

吉神—天德천덕, 天恩, 四相, 官日관일, 吉期길기, 不將, 玉宇옥우, 五合, 鳴吠對

凶神—大時대시, 大敗대패, 咸池함지, 朱雀주작

宜—祭祀, 祈福기복, 求嗣구사, 上册受封, 上表章, 襲爵受封습작수봉, 會親友, 出行, 上官赴任, 臨政親民임정친민, 結婚姻, 納采問名, 嫁娶, 移徙, 解除, 沐浴, 整手足甲정수족갑,

求醫療病, 裁衣, 修造動土, 豎柱上梁, 修倉庫, 立券, 交易, 納財, 開倉庫, 出貨財, 掃舍宇소사우, 栽種재종, 牧養목양, 納畜, 破土, 安葬, 啓攢

忌―剃頭체두, 穿井천정, 畋獵, 取魚

戊辰大林木專滿日무진대림목전만일

吉神―天恩, 守日수일, 天巫천무, 福德복덕, 六儀육의, 金堂금당, 金匱금궤

凶神―厭對염대, 招搖초요, 九空구공, 九坎구감, 九焦구초

宜―祭祀, 祈福, 上册受對, 上表章, 會親友, 裁衣, 經絡,

忌―襲爵受封, 上官赴任, 臨政親民, 結婚姻, 納釆問名, 嫁娶, 進人口, 求醫療病, 修倉庫, 鼓鑄고주, 開市개시, 立券, 交易, 納財, 開倉庫, 出貨財, 補垣塞穴보원새혈, 取魚, 乘船渡水승선도수, 栽種

己巳大林木義平日기사대림목의평일

吉神―相日, 寶光보광

凶神―天罡천강, 死神사신, 月刑월형, 月害월해, 遊禍유화, 五虛오허, 重日중일

宜―平治道塗평치도도

忌―祈福, 求嗣, 上册受封, 上表章, 襲爵受封, 會親友, 冠帶, 出行, 上官赴任, 臨政親民, 結婚姻, 納釆問名, 嫁娶, 進人口, 移徙, 安床안상, 解除, 剃頭, 整手足甲, 求醫療病, 裁衣, 築隄防, 修造動土, 豎柱上梁, 修倉庫, 鼓鑄, 經絡, 醖釀, 開市, 立券, 交易, 納財, 開倉庫, 出貨財, 修置產

室, 開渠穿井, 安碓磑, 補垣塞穴, 修飾垣牆, 破屋壞垣, 栽種, 牧養, 納畜, 破土, 安葬, 啓攢

庚午路傍土伐定日 경오노방토벌정일

吉神―時德, 民日, 三合, 臨日, 天馬, 時陰, 鳴吠

凶神―死氣, 地囊지낭, 白虎백호

宜―祭祀, 祈福, 求嗣, 上册受封, 上表章, 襲爵受封, 會親友, 冠帶, 出行, 上官赴任, 臨政親民, 結婚姻, 納采問名, 嫁娶, 進人口, 移徙, 裁衣, 竪柱上梁, 醞釀, 開市, 立券 交易, 納財, 開倉庫, 出貨財, 牧養, 納畜, 安葬

忌―解除, 求醫療病, 築隄防, 修造動土, 修倉庫, 苫蓋점개, 經絡, 修置産室, 開渠穿井, 安碓磑, 補垣, 修飾垣牆, 平治道塗, 破屋壞垣, 栽種, 破土

辛未路傍土義執日 신미노방토의집일

吉神―月德合, 敬安, 玉堂

凶神―小耗

宜―祭祀, 祈福, 求嗣, 上册受封, 上表章, 襲爵受封, 會親友, 出行, 上官赴任, 臨政親民, 結婚姻, 納采問名, 嫁娶, 移徙, 解除, 裁衣, 修造動土, 竪柱上梁, 修倉庫, 捕捉, 栽種, 牧養, 納畜, 安葬

忌―求醫療病, 醞釀, 畋獵, 取魚

壬申劍鋒金義破日 임신검봉금의파일

吉神―天德合, 月空, 驛馬, 天后, 普護, 解神, 除神, 鳴吠

凶神—月破, 大耗, 五離, 天牢
宜—祭祀, 解除, 沐浴, 求醫療病, 掃舍宇, 破屋壞垣
忌—祈福, 求嗣, 上册受封, 上表章, 襲爵受封, 會親友, 冠帶, 出行, 上官赴任, 臨政親民, 結婚姻, 納采問名, 嫁娶, 進人口, 移徙, 安床, 剃頭, 整手足甲, 裁衣, 築隄防, 修造動土, 豎柱上梁, 修倉庫, 鼓鑄, 經絡, 醞釀, 開市, 立券, 交易, 納財, 開倉庫, 出貨財, 修置産室, 開渠穿井, 安碓磑, 補垣塞穴, 修飾垣牆, 伐木, 畋獵, 取魚, 栽種, 牧養, 納畜, 安葬, 啓攢

癸酉劍鋒金義危日 계유검봉금의위일

吉神—陰德, 福生, 除神제신, 鳴吠
凶神—天吏, 致死, 五虛, 五離, 元武
宜—祭祀, 沐浴, 剃頭, 整手足甲, 掃舍宇, 取魚, 破土, 安葬
忌—祈福, 求嗣, 上册受封, 上表章, 襲爵受封, 會親友, 冠帶, 出行, 上官赴任, 臨政親民, 結婚姻, 納采問名, 嫁娶, 進人口, 移徙, 安床, 解除, 求醫療病, 築隄防, 修造動土, 豎柱上梁, 修倉庫, 開市, 立券, 交易, 納財, 開倉庫, 出貨財, 修置産室, 栽種, 牧養, 納畜

甲戌山頭火制成日 갑술산두화제성일

吉神—陽德, 三合, 天喜, 天醫, 司命
凶神—月厭, 地火, 四擊, 大煞, 復日, 大會
諸事不宜.

乙亥山頭火義收日 을해산두화의수일

吉神—母倉, 天願, 六合, 五富, 聖心,

凶神—河魁, 劫煞, 四窮, 八龍, 重日, 勾陳

宜—祭祀, 祈福, 求嗣, 上冊受封, 上表章, 襲爵受封, 會親友, 出行, 上官赴任, 臨政親民, 結婚姻, 納采問名, 進人口, 移徙, 沐浴, 裁衣, 修造動土, 豎柱上梁, 修倉庫, 經絡, 醞釀, 開市, 立券, 交易, 納財, 開倉庫, 出貨財, 捕捉, 取魚, 牧養, 納畜

忌—嫁娶, 求醫療病, 栽種

丙子澗下水伐開日 병자간하수벌개일

吉神—月德, 母倉, 月恩, 四相, 時陽, 生氣, 不將, 益後, 青龍, 鳴吠對

凶神—災煞, 天火, 觸水龍

宜—祭祀, 祈福, 求嗣, 上冊受封, 上表章, 襲爵受封, 會親友, 入學, 出行, 上官赴任, 臨政親民, 結婚姻, 納采問名, 嫁娶, 移徙, 解除, 沐浴, 裁衣, 修造動土, 豎柱上梁, 修倉庫, 開市, 納財, 開倉庫, 出貨財, 修置產室, 開渠穿井, 安碓磑, 栽種, 牧養, 納畜

忌—求醫療病, 伐木, 畋獵, 取魚, 乘船渡水

丁丑澗下水寶閉日 정축간하수보폐일

吉神—天德, 四相, 不將, 續世, 明堂

凶神—月煞, 月虛, 血支, 天賊, 五虛, 八風, 土符, 歸忌, 血忌

宜—祭祀

忌―祈福, 求嗣, 上册受封, 上表章, 襲爵受封, 會親友, 冠帶, 出行, 上官赴任, 臨政親民, 結婚姻, 納采問名, 嫁娶, 進人口, 移徙, 遠迴, 安床, 解除, 整手足甲, 求醫療病, 療目, 針刺, 裁衣, 築隄防, 修造動土, 豎柱上梁, 修倉庫, 鼓鑄, 經絡, 醞釀, 開市, 立券, 交易, 納財, 開倉庫, 出貨財, 修置產室, 開渠穿井, 安碓磑, 補垣塞穴, 修飾垣牆, 平治道塗, 破屋壞垣, 畋獵, 取魚, 栽種, 牧養, 納畜, 破土, 安葬, 啓攢

戊寅城頭土伐建日 무인성두토벌건일

吉神―天赦, 王日, 天倉, 要安, 五合

凶神―月建, 小時, 土府, 往亡, 天刑

宜―會親友, 結婚姻, 納采問名, 解除, 裁衣, 豎柱上梁, 立券, 交易, 納財, 牧養, 納畜, 安葬

忌―祭祀, 上册受封, 上表章, 出行, 上官赴任, 臨政親民, 嫁娶, 進人口, 移徙, 求醫療病, 築隄防, 修造動土, 修倉庫, 修置產室, 開渠穿井, 安碓磑, 補垣, 修飾垣牆, 平治道塗, 破屋壞垣, 伐木, 捕捉, 畋獵, 取魚, 栽種, 破土.

己卯城頭土伐除日 기묘성두토벌제일

吉神―天恩, 官日, 吉期, 不將, 玉宇, 五合

凶神―大時, 大敗, 咸池, 朱雀

宜―襲爵受封, 會親友, 出行, 上官赴任, 臨政親民, 結婚姻, 嫁娶, 解除, 沐浴, 剃頭, 整手足甲, 求醫療病, 立券, 交易, 掃舍宇

忌―穿井

庚辰白鑞金義滿日 경진백랍금의만일
    吉神―天恩, 守日, 天巫, 福德, 六儀, 金堂, 金匱
    凶神―厭對, 招搖, 九空, 九坎, 九焦
    宜―祭祀, 祈福, 上册受封, 上表章, 會親友, 裁衣
    忌―襲爵受封, 上官赴任, 臨政親民, 結婚姻, 納采問名, 嫁娶, 進人口, 求醫療病, 修倉庫, 鼓鑄, 經絡, 開市, 立券, 交易, 納財, 開倉庫, 出貨財, 補垣塞穴, 取魚, 乘船渡水, 栽種

辛巳白鑞金伐平日 신사백랍금벌평일
    吉神―月德合, 天恩, 相日, 寶光
    凶神―天罡, 死神, 月刑, 月害, 遊禍, 五虛, 重日
    宜―祭祀, 平治道塗
    忌―祈福, 求嗣, 出行, 解除, 剃頭, 整手足甲, 求醫療病, 醞釀, 畋獵, 取魚

壬午楊柳木制定日 임오양류목제정일
    吉神―天德合, 月空, 天恩, 時德, 民日, 三合, 臨日, 天馬, 時陰, 鳴吠
    凶神―死氣, 白虎
    宜―祭祀, 祈福, 求嗣, 上册受封, 上表章, 襲爵受封, 會親友, 冠帶, 出行, 上官赴任, 臨政親民, 結婚姻, 納采問名, 嫁娶, 進人口, 移徙, 解除, 裁衣, 修造動土, 豎柱上梁, 修倉庫, 經絡, 醞釀, 開市, 立券, 交易, 納財, 開倉庫, 出貨財,

安確磑, 栽種, 牧養, 納畜, 破土, 安葬

忌―求醫療病, 苫蓋, 開渠, 畋獵, 取魚

癸未楊柳木伐執日 계미양류목벌집일

吉神―天恩, 敬安, 玉堂

凶神―小耗, 觸水龍

宜―會親友 捕捉

忌―求醫療病, 修倉庫, 開市, 立券, 交易, 納財, 開倉庫, 出貨財, 取魚, 乘船渡水

甲申井泉水伐破日 갑신정천수벌파일

吉神―驛馬, 天后, 普護, 解神, 除神, 鳴吠

凶神―月破, 大耗, 復日, 五離, 天牢

宜―祭祀, 解除, 沐浴, 求醫療病, 掃舍宇, 破屋壞垣

忌―祈福, 求嗣, 上册受封, 上表章, 襲爵受封, 會親友, 冠帶, 出行, 上官赴任, 臨政親民, 結婚姻, 納采問名, 嫁娶, 進人口, 移徙, 安床, 剃頭, 整手足甲. 裁衣, 築隄防, 修造動土, 豎柱上梁, 修倉庫, 鼓鑄, 經絡, 醞釀, 開市. 立券, 交易, 納財, 開倉庫, 出貨財, 修置產室, 開渠穿井, 安確磑, 補垣塞穴, 修飾垣牆, 伐木, 栽種, 牧養, 納畜, 破土, 安葬, 啓攢

乙酉井泉水伐危日 을유정천수벌위일

吉神―陰德, 福生, 除神, 鳴吠

凶神―天吏, 致死, 五虛, 五離, 元武

宜—祭祀, 沐浴, 剃頭, 整手足甲, 掃舍宇, 取魚, 破土, 安葬
忌—祈福, 求嗣, 上册受封, 上表章, 襲爵受封, 會親友, 冠帶, 出行, 上官赴任, 臨政親民, 結婚姻, 納采問名, 嫁娶, 進人口, 移徙, 安床, 解除, 求醫療病, 築隄防, 修造動土, 竪柱上梁, 修倉庫, 開市, 立券, 交易, 納財, 開倉庫, 出貨財, 修置産室, 栽種, 牧養, 納畜

丙戌屋上土寶成日 병술옥상토보성일

吉神—月德, 月恩, 四相, 陽德, 三合, 天喜, 天醫, 司命
凶神—月厭, 地火, 四擊, 大煞
宜—祭祀, 祈福, 求嗣, 上册受封, 上表章, 會親友, 入學, 進人口, 解除, 裁衣, 築隄防, 修造動土, 竪柱上梁, 修倉庫, 經絡, 醞釀, 開市, 立券, 交易, 納財, 開倉庫, 出貨財, 安碓磑, 牧養, 納畜, 安葬
忌—出行, 上官赴任, 臨政親民, 結婚姻, 納采問名, 嫁娶, 移徙, 遠迴, 求醫療病, 畋獵, 取魚, 栽種.

丁亥屋上土伐收日 정해옥상토벌수일

吉神—天德, 母倉, 四相, 六合, 五富, 不將, 聖心
凶神—河魁, 劫煞, 重日, 勾陳
宜—祭祀, 祈福, 求嗣, 上册受封, 上表章, 襲爵受封, 會親友, 出行, 上官赴任, 臨政親民, 結婚姻, 納采問名, 進人口, 移徙, 解除, 沐浴, 裁衣, 修造動土, 竪柱上梁, 修倉庫, 經絡, 醞釀, 開市, 立券, 交易, 納財, 開倉庫, 出貨財, 捕捉, 栽種, 牧養, 納畜

忌—嫁娶, 剃頭, 求醫療病, 畋獵, 取魚

戊子霹靂火制開日 무자벽력화제개일

吉神—母倉, 時陽, 生氣, 益後, 靑龍
凶神—災煞, 天火
宜—祭祀, 入學, 沐浴
忌—冠帶, 結婚姻, 納采問名, 嫁娶, 進人口, 求醫療病, 經絡, 醞釀, 伐木, 畋獵, 取魚, 破土, 安葬, 啓攢

己丑霹靂火專閉日 기축벽력화전폐일

吉神—不將, 續世, 明堂
凶神—月煞, 月虛, 血支, 天賊, 五虛, 土符, 歸忌, 血忌
諸事不宜.

庚寅松柏木制建日 경인송백목제건일

吉神—王日, 天倉, 不將, 要安, 五合, 鳴吠對
凶神—月建, 小時, 土府, 往亡, 天刑
宜—會親友, 裁衣, 立券, 交易, 納財, 納畜
忌—祭祀, 祈福, 求嗣, 上冊受封, 上表章, 出行, 上官赴任, 臨政親民, 結婚姻, 納采問名, 嫁娶, 進人口, 移徙, 解除, 剃頭, 整手足甲, 求醫療病, 築隄防, 修造動土, 竪柱上梁, 修倉庫, 經絡, 開倉庫, 出貨財, 修置產室, 開渠穿井, 安碓磑, 補垣, 修飾垣牆, 平治道塗, 破屋壞垣, 伐木, 捕捉, 畋獵, 取魚, 栽種, 破土, 安葬, 啓攢

辛卯松柏木制除日 신묘송백목제제일

吉神—月德合, 官日, 吉期, 不將, 玉宇, 五合, 鳴吠對

凶神—大時, 大敗, 咸池, 朱雀

宜—祭祀, 祈福, 求嗣, 上冊受封, 上表章, 襲爵受封, 會親友, 出行, 上官赴任, 臨政親民, 結婚姻, 納采問名, 嫁娶, 移徙, 解除, 沐浴, 剃頭, 整手足甲, 求醫療病, 裁衣, 修造動土, 豎柱上梁, 修倉庫, 立券, 交易, 掃舍宇, 栽種, 牧養, 納畜, 破土, 安葬, 啓攢

忌—醞釀, 穿井, 畋獵, 取魚

壬辰長流水伐滿日 임진장류수벌만일

吉神—天德合, 月空, 守日, 天巫, 福德, 六儀, 金堂, 金匱

凶神—厭對, 招搖, 九空, 九坎, 九焦

宜—祭祀, 祈福, 求嗣, 上冊受封, 上表章, 襲爵受封, 會親友, 出行, 上官赴任, 臨政親民, 結婚姻, 納采問名, 嫁娶, 進人口, 移徙, 解除, 求醫療病, 裁衣, 修造動土, 豎柱上梁, 修倉庫, 經絡, 開市, 立券, 交易, 納財, 開倉庫, 出貨財, 牧養, 納畜, 安葬.

忌—鼓鑄, 開渠, 補垣塞穴, 畋獵, 取魚, 乘船渡水, 栽種

癸巳長流水制平日 계사장류수제평일

吉神—相日, 寶光

凶神—天罡, 死神, 月刑, 月害, 遊禍, 五虛, 重日

宜—平治道塗

忌—祈福, 求嗣, 上冊受封, 上表章, 襲爵受封, 會親友, 冠帶,

出行, 上官赴任, 臨政親民, 結婚姻, 納采問名, 嫁娶, 進人口, 移徙, 安床, 解除, 剃頭, 整手足甲, 求醫療病, 裁衣, 築隄防, 修造動土, 竪柱上梁, 修倉庫, 鼓鑄, 經絡, 醞釀, 開市, 立券, 交易, 納財, 開倉庫, 出貨財, 修置産室, 開渠穿井, 安碓磑, 補垣塞穴, 修飾垣牆, 破屋壞垣, 栽種, 牧養, 納畜, 破土, 安葬, 啓攢

甲午砂石金寶定日 갑오사석금보정일

吉神―時德, 民日, 三合, 臨日, 天馬, 時陰, 鳴吠

凶神―死氣, 復日, 白虎

宜―祭祀, 祈福, 求嗣, 上册受封, 上表章, 襲爵受封, 會親友, 冠帶, 出行, 上官赴任, 臨政親民, 結婚姻, 納采問名, 嫁娶, 進人口, 移徙, 裁衣, 修造動土, 竪柱上梁, 修倉庫, 經絡, 醞釀, 開市, 立券, 交易, 納財, 安碓磑, 牧養, 納畜

忌―解除, 求醫療病, 苫蓋, 開倉庫, 出貨財, 修置産室, 栽種, 破土, 安葬, 啓攢

乙未砂石金制執日 을미사석금제집일

吉神―敬安, 玉堂

凶神―小耗, 五墓

宜―捕捉, 取魚

忌―冠帶, 出行, 上官赴任, 臨政親民, 結婚姻, 納采問名, 嫁娶, 進人口, 移徙, 安床, 解除, 求醫療病, 修造動土, 竪柱上梁, 修倉庫, 開市, 立券, 交易, 納財, 開倉庫, 出貨財, 修置産室, 栽種, 牧養, 納畜, 破土, 安葬, 啓攢

丙申山下火制破日 병신산하화제파일

吉神―月德, 月恩, 四相, 驛馬, 天后, 普護, 解神, 除神, 鳴吠,

凶神―月破, 大耗, 五離, 天牢

宜―祭祀, 解除, 沐浴, 求醫療病, 掃舍宇, 破屋壞垣

忌―祈福, 求嗣, 上冊受封, 上表章, 襲爵受封, 會親友, 冠帶, 出行, 上官赴任, 臨政親民, 結婚姻, 納采問名, 嫁娶, 進人口, 移徙, 安床, 剃頭, 整手足甲, 裁衣, 築隄防, 修造動土, 豎柱上梁, 修倉庫, 鼓鑄, 經絡, 醞釀, 開市, 立券, 交易, 納財, 開倉庫, 出貨財, 修置產室, 開渠穿井, 安碓磑, 補垣塞穴, 修飾垣牆, 伐木, 畋獵, 取魚, 栽種, 牧養, 納畜, 破土, 安葬, 啓攢

丁酉山下火制危日 정유산하화제위일

吉神―天德, 四相, 陰德, 福生, 除神, 鳴吠

凶神―天吏, 致死, 五虛, 五離, 元武

宜―祭祀, 祈福, 求嗣, 上冊受封, 上表章, 襲爵受封, 出行, 上官赴任, 臨政親民, 結婚姻, 納采問名, 嫁娶, 移徙, 安床, 解除, 沐浴, 整手足甲, 修造動土, 豎柱上梁, 修倉庫, 納財, 開倉庫, 出貨財, 掃舍宇, 栽種, 牧養, 納畜, 破土, 安葬

忌―會親友, 剃頭, 求醫療病, 畋獵, 取魚

戊戌平地木專成日 무술평지목전성일

吉神―陽德, 三合, 天喜, 天醫, 司命

宜―入學

忌―祈福, 求嗣, 上册受封, 上表章, 襲爵受封, 會親友, 冠帶, 出行, 上官赴任, 臨政親民, 結婚姻, 納采問名, 嫁娶, 進人口, 移徙, 遠迴, 安床, 解除, 剃頭, 整手足甲, 求醫療病, 裁衣, 築隄防, 修造動土, 竪柱上梁, 修倉庫, 鼓鑄, 經絡, 醞釀, 開市, 立券, 交易, 納財, 開倉庫, 出貨財, 修置產室, 開渠穿井, 安碓磑, 補垣塞穴, 修飾垣牆, 平治道塗, 破屋壞垣, 伐木, 栽種, 牧養, 納畜, 破土, 安葬, 啓攢

己亥平地木制收日 기해평지목제수일

吉神―母倉, 六合, 五富, 不將, 聖心

凶神―河魁, 劫煞, 重日, 勾陳,

宜―祭祀, 祈福, 會親友, 結婚姻, 進人口, 沐浴, 經絡, 醞釀, 開市, 立券, 交易, 納財, 開倉庫, 出貨財, 捕捉, 取魚 栽種, 牧養, 納畜

忌―嫁娶, 求醫療病, 破土, 安葬, 啓攢

庚子壁上土寶開日 경자벽상토보개일

吉神―母倉, 時陽, 生氣, 不將, 益後, 青龍, 鳴吠對

凶神―災煞, 天火, 地囊

忌―冠帶, 結婚姻, 納采問名, 進人口, 求醫療病, 築隄防, 修造動土, 修倉庫, 經絡, 醞釀, 修置產室, 開渠穿井, 安碓磑, 補垣, 修飾垣牆, 平治道塗, 破屋壞垣, 伐木, 畋獵, 取魚, 栽種, 破土

辛丑壁上土義閉日 신축벽상토의폐일

吉神―月德合, 不將, 續世, 明堂

凶神―月煞, 月虛, 血支, 天賊, 五虛, 土符, 歸忌, 血忌

宜―祭祀

忌―祈福, 求嗣, 上册受封, 上表章, 襲爵受封, 會親友, 冠帶, 出行, 上官赴任, 臨政親民, 結婚姻, 納采問名, 嫁娶, 進人口, 移徙, 遠迴, 安床, 解除, 剃頭, 整手足甲, 求醫療病, 療目, 針刺, 裁衣, 築隄防, 修造動土, 竪柱上梁, 修倉庫, 鼓鑄, 經絡, 醞釀, 開市, 立券, 交易, 納財, 開倉庫, 出貨財, 修置產室, 開渠穿井, 安碓磑, 補垣塞穴, 修飾垣牆, 平治道塗, 破屋壞垣, 畋獵, 取魚, 栽種, 牧養, 納畜, 破土, 安葬, 啓攢

壬寅金箔金寶建日 임인금박금보건일

吉神―天德合, 月空, 王日, 天倉, 要安, 五合, 鳴吠對

凶神―月建, 小時, 土府, 往亡, 天刑

宜―會親友, 結婚姻, 納采問名, 解除, 裁衣, 竪柱上梁, 立券, 交易, 納財, 牧養, 納畜, 安葬, 啓攢

忌―祭祀, 上册受封, 上表章, 出行, 上官赴任, 臨政親民, 嫁娶, 進人口, 移徙, 求醫療病, 築隄防, 修造動土, 修倉庫, 修置產室, 開渠穿井, 安碓磑, 補垣塞穴, 修飾垣牆, 平治道塗, 破屋壞垣, 伐木, 捕捉, 畋獵, 取魚 栽種, 破土

癸卯金箔金寶除日 계묘금박금보제일

吉神―官日, 吉期, 玉宇, 五合, 鳴吠對

凶神—大時, 大敗, 咸池, 朱雀

宜—襲爵受封, 會親友, 出行, 上官赴任, 臨政親民, 結婚姻, 解除, 沐浴, 剃頭, 整手足甲, 求醫療病, 立券, 交易, 掃舍宇, 破土, 啓攢

忌—穿井

甲辰覆燈火制滿日 갑진복등화제만일

吉神—守日, 天巫, 福德, 六儀, 金堂, 金匱

凶神—厭對, 招搖, 九空, 九坎, 九焦, 復日

宜—祭祀, 祈福, 上冊受封, 上表章, 會親友, 裁衣, 經絡

忌—襲爵受封, 上官赴任, 臨政親民, 結婚姻, 納采問名, 嫁娶, 進人口, 求醫療病, 修倉庫, 鼓鑄, 開市, 立券, 交易, 納財, 開倉庫, 出貨財, 補垣塞穴, 取魚, 乘船渡水, 栽種, 破土, 安葬, 啓攢

乙巳覆燈火寶平日 을사복등화보평일

吉神—相日, 寶光

凶神—天罡, 死神, 月刑, 月害, 遊禍, 五虛, 重日

宜—平治道塗

忌—祈福, 求嗣, 上冊受封, 上表章, 襲爵受封, 會親友, 冠帶, 出行, 上官赴任, 臨政親民, 結婚姻, 納采問名, 嫁娶, 進人口, 移徙, 安床, 解除, 剃頭, 整手足甲, 求醫療病, 裁衣, 築隄防, 修造動土, 豎柱上梁, 修倉庫, 鼓鑄, 經絡, 醞釀, 開市 立券, 交易, 納財, 開倉庫, 出貨財, 修置產室, 開渠穿井, 安碓磑, 補垣塞穴, 修飾垣牆, 破屋壞垣,

栽種, 牧養, 納畜, 破土, 安葬, 啓攢

丙午天河水專定日 병오천하수전정일

吉神—月德, 月恩, 四相, 時德, 民日, 三合, 臨日, 天馬, 時陰, 鳴吠

凶神—死氣, 白虎

宜—祭祀, 祈福, 求嗣, 上册受封, 上表章, 襲爵受封, 會親友, 冠帶, 出行, 上官赴任, 臨政親民, 結婚姻, 納采問名, 嫁娶, 進人口, 移徙, 解除, 裁衣, 修造動土, 竪柱上梁, 修倉庫, 經絡, 醞釀, 開市, 立券, 交易, 納財, 開倉庫, 出貨財, 安確磑, 栽種, 牧養, 納畜, 破土, 安葬

忌—求醫療病, 苫蓋, 畋獵, 取魚

丁未天河水寶執日 정미천하수보집일

吉神—天德, 四相, 敬安, 玉堂

凶神—小耗, 八專

宜—祭祀, 析福, 求嗣, 上册受封, 上表章, 襲爵受封, 會親友, 出行, 上官赴任, 臨政親民, 移徙, 解除, 裁衣, 修造動土, 竪柱上梁, 修倉庫, 納財, 開倉庫, 出貨財, 捕捉, 栽種, 牧養, 納畜, 安葬

忌—結婚姻, 納采問名, 嫁娶, 剃頭, 求醫療病, 畋獵, 取魚

戊申大驛土寶破日 무신대역토보파일

吉神—驛馬, 天后, 普護, 解神, 除神

凶神—月破, 大耗, 五離, 天牢

宜―祭祀, 解除, 沐浴, 求醫療病, 掃舍宇, 破屋壞垣
忌―祈福, 求嗣, 上冊受封, 上表章, 襲爵受封, 會親友, 冠帶, 出行, 上官赴任, 臨政親民, 結婚姻, 納采問名, 嫁娶, 進人口, 移徙, 安床, 剃頭, 整手足甲, 裁衣, 築隄防, 修造動土, 竪柱上梁, 修倉庫, 鼓鑄, 經絡, 醞釀, 開市, 立券, 交易, 納財, 開倉庫, 出貨財, 修置產室, 開渠穿井, 安碓磑, 補垣塞穴, 修飾垣牆, 伐木, 栽種, 牧養, 納畜, 破土, 安葬, 啓攢

己酉大驛土寶危日 기유대역토보위일

吉神―天恩, 陰德, 福生, 除神, 鳴吠
凶神―天吏, 致死, 五虛, 五離, 元武
宜―祭祀, 沐浴, 剃頭, 整手足甲, 掃舍宇, 取魚, 破土, 安葬
忌―祈福, 求嗣, 上冊受封, 上表章, 襲爵受封, 會親友, 冠帶, 出行, 上官赴任, 臨政親民, 結婚姻, 納采問名, 嫁娶, 進人口, 移徙, 安床, 解除, 求醫療病, 築隄防, 修造動土, 竪柱上梁, 修倉庫, 開市, 立券, 交易, 納財, 開倉庫, 出貨財, 修置產室, 栽種, 牧養, 納畜

庚戌釵釧金義成日 경술차천금의성일

吉神―天恩, 陽德, 三合, 天喜, 天醫, 司命
凶神―月厭, 地火, 四擊, 大煞, 陰錯
宜―入學
忌―祈福, 求嗣, 上冊受封, 上表章, 襲爵受封, 會親友, 冠帶, 出行, 上官赴任, 臨政親民, 結婚姻, 納采問名, 嫁

娶, 進人口, 移徙, 遠廻, 安床, 解除, 剃頭, 整手足甲, 求醫療病, 裁衣, 築隄防, 修造動土, 豎柱上梁, 修倉庫, 鼓鑄, 經絡, 醞釀, 開市, 立券, 交易, 納財, 開倉庫, 出貨財, 修置產室, 開渠穿井, 安確磑, 補垣塞穴, 修飾垣牆, 平治道塗, 破屋壞垣, 伐木, 栽種, 牧養, 納畜, 破土, 安葬, 啓攢

辛亥釵釧金寶收日 신해차천금보수일

吉神―月德合, 天恩, 母倉, 六合, 五富, 不將, 聖心

凶神―河魁, 劫煞, 重日, 勾陳

宜―祭祀, 祈福, 求嗣, 上册受封, 上表章, 襲爵受封, 會親友, 出行, 上官赴任, 臨政親民, 結婚姻, 納采問名, 進人口, 移徙, 解除, 沐浴, 裁衣, 修造動土, 豎柱上梁, 修倉庫, 經絡, 開市, 立券, 交易, 納財, 開倉庫, 出貨財, 捕捉, 栽種, 牧養, 納畜

忌―嫁娶, 求醫療病, 醞釀, 畋獵, 取魚

壬子桑柘木專開日 임자상자목전개일

吉神―天德合, 月空, 天恩, 母倉, 時陽, 生氣, 益後, 青龍, 鳴吠對

凶神―災煞, 天火, 四耗

宜―祭祀, 祈福, 求嗣, 上册受封, 上表章, 襲爵受封, 會親友, 入學, 出行, 上官赴任, 臨政親民, 結婚姻, 納采問名, 嫁娶, 移徙, 解除, 沐浴, 裁衣, 修造動土, 豎柱上梁, 修倉庫, 開市, 納財, 修置產室, 安確磑, 栽種, 牧

養, 納畜

忌―求醫療病, 開渠, 伐木, 畋獵, 取魚

癸丑桑柘木伐閉日 계축상자목벌폐일

吉神―天恩, 續世, 明堂

凶神―月煞, 月虛, 血支, 天賊, 五虛, 土符, 歸忌, 血忌, 八專, 觸水龍

諸事不宜.

甲寅大溪水專建日 갑인대계수전건일

吉神―王日, 天倉, 要安, 五合, 鳴吠對

凶神―月建, 小時, 土府, 往亡, 復日, 八專, 天刑, 陽錯

宜―會親友, 裁衣, 立券, 交易, 納財, 納畜

忌―祭祀, 祈福, 求嗣, 上冊受封, 上表章, 出行, 上官赴任, 臨政親民, 結婚姻, 納采問名, 嫁娶, 進人口, 移徙, 解除, 剃頭, 整手足甲, 求醫療病, 築隄防, 修造動土, 豎柱上梁, 修倉庫, 開倉庫, 出貨財, 修置產室, 開渠穿井, 安確磑, 補垣, 修飾垣牆, 平治道塗, 破屋壞垣, 伐木, 捕捉, 畋獵, 取魚, 栽種, 破土, 安葬, 啓攢

乙卯大溪水專除日 을묘대계수전제일

吉神―官日, 吉期, 玉宇, 五合, 鳴吠對

凶神―大時, 大敗, 咸池, 朱雀

宜―襲爵受封, 會親友, 出行, 上官赴任, 臨政親民, 結婚姻, 解除, 沐浴, 剃頭, 整手足甲, 求醫療病, 立券, 交易, 掃

舍宇, 破土, 啓攢

忌―穿井, 栽種

丙辰沙中土寶滿日 병진사중토보만일

吉神―月德, 月恩, 四相, 守日, 天巫, 福德, 六儀, 金堂, 金匱

凶神―厭對, 招搖, 九空, 九坎, 九焦

宜―祭祀, 祈福, 求嗣, 上冊受封, 上表章, 襲爵受封, 會親友, 出行, 上官赴任, 臨政親民, 結婚姻, 納采問名, 嫁娶, 進人口, 移徙, 解除, 求醫療病, 裁衣, 修造動土, 竪柱上梁, 修倉庫, 經洛, 開市, 立券, 交易, 納財, 開倉庫, 出貨財, 牧養, 納畜, 安葬

忌―鼓鑄, 補垣塞穴, 畋獵, 取魚, 乘船渡水, 栽種

丁巳沙中土專平日 정사사중토전평일

吉神―天德, 四相, 相日, 寶光

凶神―天罡, 死神, 月刑, 月害, 遊禍, 五虛, 八風, 重日

宜―祭祀, 平治道塗

忌―祈福, 求嗣, 出行, 解除, 剃頭, 整手足甲, 求醫療病, 畋獵, 取魚

戊午天上火義定日 무오천상화의정일

吉神―時德, 民日, 三合, 臨日, 天馬, 時陰

凶神―死氣, 白虎

宜―祭祀, 祈福, 求嗣, 上冊受封, 上表章, 襲爵受封, 會親友, 冠帶, 出行, 上官赴任, 臨政親民, 結婚姻, 納采問

名, 嫁娶, 進人口, 移徙, 裁衣, 修造動土, 竪柱上梁, 修倉庫, 經絡, 醞釀, 開市, 立券, 交易, 納財, 開倉庫, 出貨財, 安碓磑, 牧養, 納畜

忌―解除, 求醫療病, 苫蓋, 修置産室, 栽種

己未天上火專執日 기미천상화전집일

吉神―敬安, 玉堂

凶神―小耗, 八專

宜―捕捉, 取魚

忌―結婚姻, 納采問名, 嫁娶, 求醫療病, 修倉庫, 開市, 立券, 交易, 納財, 開倉庫, 出貨財

庚申石榴木專破日 경신석류목전파일

吉神―驛馬역마, 天后천후 普護, 解神, 除神, 鳴吠

凶神―月破, 大耗, 四廢, 五離, 八專, 天牢

諸事不宜.

辛酉石榴木專危日 신유석류목전위일

吉神―月德合, 陰德, 福生, 除神, 鳴吠

凶神―天吏, 致死, 四廢, 五虛, 五離, 元武, 三陰

諸事不宜.

壬戌大海水伐成日 임술대해수벌성일

吉神―天德合, 月空, 陽德, 三合, 天喜, 天醫, 司命

凶神―月厭, 地火, 四擊, 大煞

宜―祭祀, 祈福, 求嗣, 上冊受封, 上表章, 會親友, 入學, 進

人口, 解除, 裁衣, 築隄防, 修造動土, 竪柱上梁, 修倉庫, 經絡, 醞釀, 開市, 立券, 交易, 納財, 安碓磑, 牧養, 納畜, 安葬

忌―出行, 上官赴任, 臨政親民, 結婚姻, 納采問名, 嫁娶, 移徙, 遠迴, 求醫療病, 開渠, 畋獵, 取魚, 栽種

癸亥大海水專收日 계해대해수전수일

吉神―母倉, 六合, 五富, 聖心

凶神―河魁, 劫煞, 重日, 勾陳

宜―祭祀, 沐浴

忌―嫁娶, 求醫療病, 破土, 安葬, 啓攢

위의 60간지는 월건이 인(寅)일 때의 것이니, 입춘(立春)에서 우수(雨水) 말까지이다. 그 신살의 길흉을 용사(用事)에 따라 마땅함(宜)과 꺼림(忌)을 표로 만들어 놓았으니 활용할 것이다.

<월표 2>

二月	경칩절 驚蟄節 천도서남행 天道西南行	맹년孟年 (寅申巳亥)			중년仲年 (子午卯酉)			계년季年 (辰戌丑未)		
		紫	黃	赤	白	黑	綠	碧	白	白
		白	白	碧	黃	赤	紫	黑	綠	白
		綠	白	黑	白	碧	白	赤	紫	黃

천덕(天德) 坤. 월덕(月德) 甲. 월공(月空) 庚.
천덕합(天德合) 월덕합(月德合) 己   = 의수조 취토(宜修造取土)

춘분 2월中 태양到 戌宮 위(爲) 2월 장(將) 의용(宜用) 艮巽坤乾時

월건(月建) 卯. 월파(月破) 酉. 월염(月厭) 酉. 월형(月刑) 子. 월해(月害) 辰 겁살(劫煞) 申. 재살(災煞) 酉. 월살(月煞) 戌. = 기수조취토(忌修造取土)

경칩 후 14일 왕망(往亡), 춘분 전 1일 사리(四離)
초 4일 장성(長星), 19일 단성(短星)

甲子海中金義峻日 갑자해중금의준일

吉神—月德, 天恩, 母倉, 陽德양덕, 司命사명

凶神—天罡, 月刑, 大時, 大敗, 咸池함지, 天賊, 四忌사기, 八龍팔룡

宜—祭祀, 沐浴, 捕捉

忌—祈福, 求嗣, 上冊受封, 上表章, 襲爵受封, 會親友, 冠帶, 出行, 上官赴任, 臨政親民, 結婚姻, 納采問名, 嫁娶, 進人口, 移徙, 安床, 解除, 剃頭, 整手足甲, 求醫療病, 裁衣, 築隄防, 修造動土, 竪柱上梁, 修倉庫, 鼓鑄, 經絡, 醞釀, 開市, 立券, 交易, 納財, 開倉庫, 出貨財, 修置産室, 開渠穿井, 安碓磑, 補垣塞穴, 修飾垣牆, 破

屋壞垣, 畋獵, 取魚, 乘船渡水, 栽種, 牧養, 納畜, 破土, 安葬, 啓攢

乙丑海中金制開日 을축해중금제개일

吉神—天恩, 時陽, 生氣, 天倉, 不將, 敬安경안

凶神—五虛, 九空, 九坎, 九焦, 復日, 勾陳구진

宜—祭祀, 祈福, 求嗣, 上册受封, 上表章, 襲爵受封, 會親友, 入學, 出行, 上官赴任, 臨政親民, 嫁娶, 移徙, 解除, 求醫療病, 裁衣, 修造動土, 豎柱上梁, 修置産室, 開渠穿井, 安碓磑, 牧養, 納畜

忌—冠帶, 進人口, 修倉庫, 鼓鑄, 開市, 立券, 交易, 納財, 開倉庫, 出貨財, 補垣塞穴, 伐木, 畋獵, 取魚, 乘船渡水, 栽種, 破土, 安葬, 啓攢

丙寅鑪中火義閉日 병인노중화의폐일

吉神—天恩, 四相, 王日, 五富, 不將, 普護보호, 五合, 青龍, 鳴吠對,

凶神— 遊禍, 血支, 歸忌

宜—裁衣, 築隄防, 修倉庫, 經絡, 醖釀, 立券, 交易, 納財, 補垣塞穴, 栽種, 牧養, 納財, 破土, 啓攢

忌—祭祀, 祈福, 求嗣, 上册受封, 上表章, 襲爵受封, 會親友, 出行, 上官赴任, 臨政親民, 結婚姻, 納采問名, 嫁娶, 進人口, 移徙, 遠迴, 安床, 解除, 求醫療病, 療目, 針刺, 修造動土, 豎柱上梁, 開市, 開倉庫, 出貨財, 修置産室, 開渠穿井

丁卯鑪中火義建日 정묘노중화의건일

吉神—天恩, 月德, 四相, 官日, 六儀육의, 福生복생, 五合, 明堂, 鳴吠對

凶神—月建, 小時, 土府, 厭對, 招搖

宜—祭祀, 祈福, 求嗣, 襲爵受封, 會親友, 出行, 上官赴任, 臨政親民, 結婚姻, 納采問名, 移徙, 解除, 求醫療病, 裁衣, 豎柱上梁, 立券, 交易, 納財, 開倉庫, 出貨財, 牧養, 啓攢

忌—嫁娶, 剃頭, 築隄防, 修造動土, 修倉庫, 修置產室, 開渠穿井, 安確磑, 補垣, 修飾垣牆, 平治道塗, 破屋壞垣, 伐木, 取魚, 乘船渡水, 栽種, 破土

戊辰大林木專除日 무진대림목전제일

吉神—天恩, 守日, 吉期길기

凶神—月害, 天刑

宜—襲爵受封, 出行, 上官赴任, 臨政親民, 解除, 沐浴, 剃頭, 整手足甲, 掃舍宇

忌—祈福, 求嗣, 上冊受封, 上表章, 會親友, 結婚姻, 納采問名, 嫁娶, 進人口, 求醫療病, 修倉庫, 經絡, 醞釀, 開市, 立券, 交易, 納財, 開倉庫, 出貨財, 修置產室, 牧養, 納畜, 破土, 安葬, 啓攢

己巳大林木義滿日 기사대림목의만일

吉神—月德合, 相日, 驛馬, 天后, 天巫천무, 福德, 聖心성심

凶神—五虛, 土符, 大煞대살, 往亡왕망, 重日중일, 朱雀

宜―祭祀, 祈福, 求嗣, 會親友, 結婚姻, 納采問名, 解除, 裁衣, 豎柱上梁, 經絡, 開市, 立券, 交易, 納財, 開倉庫, 出貨財, 牧養, 納畜

忌―上冊受封, 上表章, 出行, 上官赴任, 臨政親民, 嫁娶, 進人口, 移徙, 求醫療病, 築隄防, 修造動土, 修倉庫, 修置產室, 開渠穿井, 安碓磑, 補垣, 修飾垣牆, 平治道塗, 破屋壞垣, 捕捉, 畋獵, 取魚, 栽種, 破土

庚午路傍土伐平日 경오노방토벌평일

吉神―月空, 時德, 民日, 益後익후, 金匱, 鳴吠

凶神―河魁하괴, 死神, 天吏천리, 致死치사

宜―祭祀, 修飾垣牆, 平治道塗

忌―祈福, 求嗣, 上冊受封, 上表章, 襲爵受封, 會親友, 冠帶, 出行, 上官赴任, 臨政親民, 結婚姻, 納采問名, 嫁娶, 進人口, 移徙, 安床, 解除, 求醫療病, 裁衣, 築隄防, 修造動土, 豎柱上梁, 修倉庫, 鼓鑄, 苫蓋, 經絡, 醞釀, 開市, 立券, 交易, 納財, 開倉庫, 出貨財, 修置產室, 開渠穿井, 栽種, 牧養, 納畜, 破土, 安葬, 啓攢

辛未路傍土義定日 신미노방토의정일

吉神―陰德, 三合, 時陰시음, 續世, 寶光

凶神―死氣, 血忌

宜―祭祀, 祈福, 求嗣, 會親友, 冠帶, 結婚姻, 納采問名, 嫁娶, 進人口, 裁衣, 修造動土, 豎柱上梁, 修倉庫, 經絡, 立券, 交易, 納財, 納畜

忌―解除, 求醫療病, 針刺침자, 醞釀, 修置產室, 栽種

壬申劍鋒金義執日 임신검봉금의집일

吉神―天馬, 要安요안, 解神해신, 除神제신, 鳴吠

凶神―劫煞겁살, 小耗소모, 五離오리, 白虎

宜―沐浴, 掃舍宇, 捕捉, 取魚

忌―祈福, 求嗣, 上冊受封, 上表章, 襲爵受封, 會親友, 冠帶, 出行, 上官赴任, 臨政親民, 結婚姻, 納采問名, 嫁娶, 進人口, 移徙, 安床, 解除, 剃頭, 整手足甲, 求醫療病, 裁衣, 築隄防, 修造動土, 竪柱上梁, 修倉庫, 鼓鑄, 經絡, 醞釀, 開市, 立券, 交易, 納財, 開倉庫, 出貨財, 修置產室, 開渠穿井, 安碓磑, 補垣塞穴, 修飾垣牆, 破屋壞垣, 栽種, 牧養, 納畜, 破土, 安葬, 啓攢

癸酉劍鋒金義破日 계유검봉금의파일

吉神―玉宇, 除神, 玉堂, 鳴吠

凶神―月破, 大耗, 災煞, 天火, 月厭, 地火, 五虛, 五離

諸事不宜.

甲戌山頭火制危日 갑술산두화제위일

吉神―月德, 天願천원, 六合, 金堂

凶神―月煞, 月虛, 四擊사격, 天牢천로

宜―祭祀, 祈福, 求嗣, 上冊受封, 上表章, 襲爵受封, 會親友, 出行, 上官赴任, 臨政親民, 結婚姻, 納采問名, 嫁娶, 進人口, 移徙, 安床, 解除, 裁衣, 修造動土, 竪柱上

梁, 修倉庫, 經絡, 醞釀, 開市, 立券, 交易, 納財, 栽種, 牧養, 納畜, 安葬

乙亥山頭火義成日 을해산두화의성일

　吉神―母倉, 三合, 臨日, 天喜천희, 天醫천의, 不將
　凶神―四窮사궁, 八龍, 復日, 重日, 元武원무
　宜―上冊受封, 上表章, 襲爵受封, 會親友, 入學, 出行, 上官赴任, 臨政親民, 移徙, 沐浴, 求醫療病, 裁衣, 築隄防, 修造動土, 竪柱上梁, 經絡, 醞釀, 安確磑, 牧養, 納畜
　忌―結婚姻, 納采問名, 嫁娶, 進人口, 修倉庫, 開市, 立券, 交易, 納財, 開倉庫. 出貨財, 栽種, 破土, 安葬, 啓攢

丙子澗下水伐收日 병자간하수벌수일

　吉神―母倉, 四相, 陽德, 不將, 司命, 鳴吠對
　凶神―天罡, 月刑, 大時, 大敗, 咸池, 天賊, 觸水龍
　諸事不宜.

丁丑澗下水寶開日 정축간하수보개일

　吉神―月恩, 四相, 時陽, 生氣, 天倉, 不將, 敬安
　凶神―五虛, 八風, 九空, 九坎, 九焦, 勾陳
　宜―祭祀, 祈福, 求嗣, 上冊受封, 上表章, 襲爵受封, 會親友, 入學, 出行, 上官赴任, 臨政親民, 結婚姻, 納采問名, 嫁娶, 移徙, 解除, 求醫療病, 裁衣, 修造動土, 竪柱上梁, 修置產室, 開渠穿井, 安確磑, 牧養, 納畜
　忌―冠帶, 進人口, 剃頭, 修倉庫, 鼓鑄, 開市, 立券, 交易,

納財, 開倉庫, 出貨財, 補垣塞穴, 伐木, 畋獵, 取魚, 乘船渡水, 栽種

戊寅城頭土伐閉日 무인성두토벌폐일

吉神—天赦천사, 王日, 五富, 普護, 五合, 靑龍

凶神—遊禍, 血支, 歸忌

宜—裁衣, 築隄防, 修倉庫, 經絡, 醞釀, 立券, 交易, 納財, 補垣塞穴, 栽種, 牧養, 納畜, 安葬

忌—祭祀, 祈福, 求嗣, 移徙, 遠迴, 解除, 求醫療病, 療目, 針刺, 畋獵, 取魚

己卯城頭土伐建日 기묘성두토벌건일

吉神—月德合, 天恩, 官日, 六儀, 福生, 五合, 明堂

凶神—月建, 小時, 土府, 厭對, 招搖, 小會소회

諸事不宜.

庚辰白鑞金義除日 경진백랍금의제일

吉神—月空, 天恩, 守日, 吉期

凶神—月害, 天刑

宜—襲爵受封, 出行, 上官赴任, 臨政親民, 解除, 沐浴, 剃頭, 整手足甲, 掃舍宇

忌—祈福, 求嗣, 上册受封, 上表章, 會親友, 結婚姻, 納采問名, 嫁娶, 進人口, 求醫療病, 修倉庫, 經絡, 醞釀, 開市, 立券, 交易, 納財, 開倉庫, 出貨財, 修置產室, 牧養, 納畜, 破土, 安葬, 啓攢

辛巳白鑞金伐滿日 신사백랍금벌만일

吉神―天恩, 相日, 驛馬, 天后, 天巫, 福德, 聖心

凶神―五虛, 土符, 大煞, 往亡, 重日, 朱雀

宜―祭祀, 祈福, 會親友, 裁衣, 經絡, 開市, 立券, 交易, 納財

忌―上冊受封, 上表章, 襲爵受封, 出行, 上官赴任, 臨政親民 結婚姻, 納采問名, 嫁娶, 進人口, 移徙, 求醫療病, 築隄防, 修造動土, 修倉庫, 醞釀, 開倉庫, 出貨財, 修置産室, 開渠穿井, 安碓磑, 補垣, 修飾垣牆, 平治道塗, 破屋壞垣, 捕捉, 畋獵, 取魚, 栽種, 破土, 安葬, 啓攢

壬午楊柳木制平日 임오양류목제평일

吉神―天恩, 時德, 民日민일, 益後, 金匱, 鳴吠

凶神―河魁, 死神, 天吏, 致死

宜―祭祀, 修飾垣牆, 平治道塗

忌―祈福, 求嗣, 上冊受封, 上表章, 襲爵受封, 會親友, 冠帶, 出行, 上官赴任, 臨政親民, 結婚姻, 納采問名, 嫁娶, 進人口, 移徙, 安床, 解除, 求醫療病, 裁衣, 築隄防, 修造動土, 竪柱上梁, 修倉庫, 鼓鑄, 苫蓋, 經絡, 醞釀, 開市, 立券, 交易, 納財, 開倉庫, 出貨財, 修置産室, 開渠穿井, 栽種, 牧養, 納畜, 破土, 安葬, 啓攢

癸未楊柳木伐定日 계미양류목벌정일

吉神―天恩, 陰德, 三合, 時陰, 續世, 寶光

凶神―死氣, 血忌, 觸水龍촉수룡

宜―祭祀, 祈福, 求嗣, 會親友, 冠帶, 結婚姻, 納采問名, 嫁娶, 進人口, 裁衣, 修造動土, 竪柱上梁, 修倉庫, 經絡, 醞釀, 立券, 交易, 納財, 安碓磑, 納畜

忌―解除, 求醫療病, 針刺, 修置産室, 取魚 乘船渡水, 栽種

甲申井泉水伐執日 갑신정천수벌집일

吉神―月德, 天馬, 要安, 解神, 除神, 鳴吠

凶神―劫煞, 小耗, 五離, 白虎

宜―祭祀, 沐浴, 掃舍宇, 捕捉

忌―安床, 求醫療病, 修倉庫, 開市, 立券, 交易, 納財, 開倉庫, 出貨財, 畋獵, 取魚

乙酉井泉水伐破日 을서정천수벌파일

吉神―玉宇, 除神, 玉堂, 鳴吠

凶神―月破월파, 大耗, 災煞, 天火, 月厭, 地火지화, 五虛, 復日, 五離, 大會대회

諸事不宜.

丙戌屋上土寶危日 병술옥상토보위일

吉神―四相, 六合, 不將, 金堂

凶神―月煞, 月虛, 四擊, 天牢

宜―祭祀, 取魚

忌―上冊受封, 上表章, 求醫療病

丁亥屋上土伐成日 정해옥상토벌성일

吉神—母倉, 月恩, 四相, 三合, 臨日, 天喜, 天醫천의, 不將
凶神—重日, 元武
宜—祭祀, 祈福, 求嗣, 上冊受封, 上表章, 襲爵受封, 會親友, 入學, 出行, 上官赴任, 臨政親民, 結婚姻, 納采問名, 進人口, 移徙, 解除, 裁衣, 築隄防, 修造動土, 竪柱上梁, 修倉庫, 經絡, 醞釀, 納財, 開倉庫, 出貨財, 安碓磑, 栽種, 牧養, 納畜
忌—嫁娶, 剃頭, 破土, 安葬, 啓攢

戊子霹靂火制收日 무자벽력화제수일

吉神—母倉, 陽德, 司命
凶神—天罡, 月刑, 大時, 大敗, 咸池, 天賊
諸事不宜.

己丑霹靂火專開日 기축벽력화전개일

吉神—月德合, 時陽, 生氣, 天倉, 不將, 敬安
凶神—五虛, 九空, 九坎, 九焦, 勾陳
宜—祭祀, 祈福, 求嗣, 上冊受封, 上表章, 襲爵受封, 會親友, 入學, 出行, 上官赴任, 臨政親民, 結婚姻, 納采問名, 嫁娶, 進人口, 移徙, 解除, 求醫療病, 裁衣, 修造動土, 竪柱上梁, 修倉庫, 開市, 納財, 修置產室, 開渠穿井, 安碓磑, 牧養, 納畜
忌—冠帶, 鼓鑄, 補垣塞穴, 伐木, 畋獵, 取魚, 乘船渡水, 栽種

庚寅松柏木制閉日 경인송백목제폐일

吉神―月空, 王日, 五富, 不將, 普護, 五合, 靑龍, 鳴吠對

凶神―遊禍, 血支, 歸忌

宜―裁衣, 築隄防, 醞釀, 立券, 交易, 納財, 補垣塞穴, 栽種, 牧養, 納畜, 破土. 啓攢

忌―祭祀, 祈福, 求嗣, 上冊受封, 上表章, 襲爵受封, 會親友, 出行, 上官赴任, 臨政親民, 結婚姻, 納采問名, 嫁娶, 進人口, 移徙, 遠廻, 安床, 解除, 求醫療病, 療目, 針刺, 修造動土, 竪柱上梁, 經絡, 開市, 開倉庫, 出貨財, 修置產室, 開渠穿井

辛卯松柏本制建日 신묘송백본제건일

吉神―官日, 六儀, 福生, 五合, 明堂, 鳴吠對

凶神―月建, 小時, 土府, 厭對, 招搖

宜―祭祀, 襲爵受封, 會親友, 出行, 上官赴任, 臨政親民, 立券, 交易

忌―祈福, 求嗣, 上冊受封, 上表章 結婚姻, 納采問名, 嫁娶, 解除, 剃頭, 整手足甲, 求醫療病, 築隄防, 修造動土, 竪柱上梁, 修倉庫, 醞釀, 開倉庫, 出貨財, 修置產室, 開渠穿井, 安碓磑, 補垣, 修飾垣牆, 平治道塗, 破屋壞垣, 伐木, 取魚, 乘船渡水, 栽種, 破土, 安葬, 啓攢

壬辰長流水伐除日 임진장류수벌제일

吉神―守日, 吉期

凶神―月害, 天刑

宜―襲爵受封, 出行, 上官赴任, 臨政親民, 解除, 沐浴, 剃
頭, 整手足甲, 掃舍宇
忌―祈福, 求嗣, 上册受封, 上表章, 會親友, 結婚姻, 納采
問名, 嫁娶, 進人口, 求醫療病, 修倉庫, 經絡, 醞釀, 開
市, 立券, 交易, 納財, 開倉庫, 出貨財, 修置產室, 開
渠, 牧養, 納畜, 破土, 安葬, 啓攢

癸巳長流水制滿日 계사장류수제만일

吉神―相日, 驛馬, 天后, 天巫, 福德, 聖心
凶神―五虛, 土符, 大煞, 往亡, 重日, 朱雀
宜―祭祀, 祈福, 會親友, 裁衣, 經絡, 開市, 立券, 交易, 納財
忌―上册受封, 上表章, 襲爵受封, 出行, 上官赴任, 臨政親
民, 結婚姻, 納采問名, 嫁娶, 進人口, 移徙, 求醫療病,
築隄防, 修造動土, 修倉庫, 開倉庫, 出貨財, 修置產室,
開渠穿井, 安碓磑, 補垣, 修飾垣牆, 平治道塗, 破屋壞
垣 捕捉, 畋獵, 取魚, 栽種, 破土, 安葬, 啓攢

甲午砂石金寶平日 갑오사석금보평일

吉神―月德, 時德, 民日, 益後, 金匱, 鳴吠
凶神―河魁, 死神, 天吏, 致死
宜―祭祀, 修飾垣牆, 平治道塗
忌―求醫療病, 苫蓋, 開倉庫, 出貨財, 畋獵, 取魚

乙未砂石金制定日 을미사석금제정일

吉神―陰德, 三合, 時陰, 續世, 寶光
凶神―死氣, 五墓오묘, 地囊, 血忌, 復日

宜―祭祀, 祈福, 求嗣, 會親友, 裁衣, 經絡, 醞釀, 納財

忌―冠帶, 出行, 上官赴任, 臨政親民, 結婚姻, 納采問名, 嫁娶, 進人口, 移徙, 安床, 解除, 求醫療病, 針刺, 築隄防, 修造動土, 竪柱上梁, 修倉庫, 開市, 立券, 交易, 修置產室, 開渠穿井, 安碓磑, 補垣, 修飾垣牆, 平治道塗, 破屋壞垣, 栽種, 牧養, 納畜, 破土, 安葬, 啓攢

丙申山下火制執日 병신산하화제집일

吉神―四相, 天馬, 要安, 解神, 除神, 鳴吠

凶神―劫煞, 小耗, 五離, 白虎

宜―祭祀, 沐浴, 掃舍宇, 捕捉, 取魚

忌―祈福, 求嗣, 上冊受封, 上表章, 襲爵受封, 會親友, 冠帶, 出行, 上官赴任, 臨政親民, 結婚姻, 納采問名, 嫁娶, 進人口, 移徙, 安床, 解除, 剃頭, 整手足甲, 求醫療病, 裁衣, 築隄防, 修造動土, 竪柱上梁, 修倉庫, 鼓鑄, 經絡, 醞釀, 開市, 立券, 交易, 納財, 開倉庫, 出貨財, 修置產室, 開渠穿井, 安碓磑, 補垣塞穴, 修飾垣牆, 破屋壞垣, 栽種, 牧養, 納畜, 破土, 安葬, 啓攢

丁酉山下火制破日 정유산하화제파일

吉神―月恩, 四相, 玉宇, 除神, 玉堂, 鳴吠

凶神―月破, 大耗, 災煞, 天火, 月厭, 地火, 五虛, 五離

諸事不宜.

戊戌平地木專危日 무술평지목전위일

吉神―六合, 金堂

凶神—月煞, 月虛, 四擊, 天牢

宜—取魚

忌—祈福, 求嗣, 上冊受封, 上表章, 襲爵受封, 出行, 上官赴任, 臨政親民, 解除, 剃頭, 整手足甲, 求醫療病, 裁衣, 築隄防, 修造動土, 豎柱上梁, 修倉庫, 鼓鑄, 修置產室, 開渠穿井, 安確磑, 補垣塞穴, 修飾垣牆, 破屋壞垣, 栽種, 牧養

己亥平地木制成日 기해평지목제성일

吉神—月德合, 母倉, 三合, 臨日, 天喜, 天醫, 不將

凶神—重日, 元武

宜—祭祀, 祈福, 求嗣, 上冊受封, 上表章, 襲爵受封, 會親友, 入學, 出行, 上官赴任, 臨政親民, 結婚姻, 納采問名, 進人口, 移徙, 解除, 沐浴, 求醫療病, 裁衣, 築隄防, 修造動土, 豎柱上梁, 修倉庫, 經絡, 醞釀, 開市, 立券, 交易, 納財, 安確磑, 栽種, 牧養, 納畜

忌—嫁娶, 畋獵, 取魚

庚子壁上土寶收日 경자벽상토보수일

吉神—月空, 母倉, 陽德, 不將, 司命, 鳴吠對

凶神—天罡, 月刑, 大時, 大敗, 咸池, 天賊

諸事不宜.

辛丑壁上土義開日 신축벽상토의개일

吉神—時陽, 生氣, 天倉, 敬安

凶神—五虛, 九空, 九坎, 九焦, 勾陳

宜―祭祀, 祈福, 求嗣, 上冊受封, 上表章, 襲爵受封, 會親友, 入學, 出行, 上官赴任, 臨政親民, 移徙, 解除, 求醫療病, 裁衣, 修造動土, 豎柱上梁, 修置産室, 開渠穿井, 安碓磑, 牧養, 納畜

忌―冠帶, 進人口, 修倉庫, 鼓鑄, 醞釀, 開市, 立券, 交易, 納財, 開倉庫, 出貨財, 補垣塞穴, 伐木, 畋獵, 取魚, 乘船渡水, 栽種

壬寅金箔金寶閉日 임인금박금보폐일

吉神―王日, 五富, 普護, 五合, 靑龍, 鳴吠對

凶神―遊禍, 血支, 歸忌

宜―裁衣, 築隄防, 經絡, 醞釀, 立券, 交易, 納財, 補垣塞穴, 栽種, 牧養, 納畜. 破土, 啓攢

忌 祭祀, 祈福, 求嗣, 上冊受封, 上表章, 襲爵受封, 會親友, 出行, 上官赴任, 臨政親民, 結婚姻, 納采問名, 嫁娶, 進人口, 移徙, 遠迴, 安床, 解除, 求醫療病, 療目, 針刺, 修造動土, 豎柱上梁, 開市, 開倉庫, 出貨財, 修置産室, 開渠穿井

癸卯金箔金寶建日 계묘금박금보건일

吉神―官日, 六儀, 福生, 五合, 明堂, 鳴吠對

凶神―月建, 小時, 土府, 厭對, 招搖

宜―祭祀, 襲爵受封, 會親友, 出行, 上官赴任, 臨政親民, 立券, 交易

忌―祈福, 求嗣, 上冊受對, 上表章, 結婚姻, 納采問名, 嫁娶, 解除, 剃頭, 整手足甲, 求醫療病, 築隄防, 修造動

土, 豎柱上梁, 修倉庫, 開倉庫, 出貨財, 修置產室, 開渠穿井, 安碓磑, 補垣, 修飾垣牆, 平治道塗, 破屋壞垣, 伐木, 取魚, 乘船渡水, 栽種, 破土, 安葬, 啓攢

甲辰覆燈火制除日 갑진복등화제제일

吉神—月德, 守日, 吉期

凶神—月害, 天刑

宜—祭祀, 祈福, 求嗣, 上册受封, 上表章, 襲爵受封, 會親友, 出行, 上官赴任, 臨政親民, 結婚姻, 納采問名, 嫁娶, 移徙, 解除, 沐浴, 剃頭, 整手足甲, 裁衣, 修造動土, 豎柱上梁, 修倉庫, 掃舍宇, 栽種, 牧養, 納畜, 安葬

忌—求醫療病, 開倉庫, 出貨財, 畋獵, 取魚

乙巳覆燈火寶滿日 을사복등화보만일

吉神—相日, 驛馬, 天后, 天巫, 福德, 聖心

凶神—五虛, 土符, 大煞, 往亡, 復日, 重日, 朱雀

宜—祭祀, 祈福, 會親友, 裁衣, 經絡, 開市, 立券, 交易, 納財

忌—上册受封, 上表章, 襲爵受封, 出行, 上官赴任, 臨政親民, 結婚姻, 納采問名, 嫁娶, 進人口, 移徙, 求醫療病, 築隄防, 修造動土, 修倉庫, 開倉庫, 出貨財, 修置產室, 開渠穿井, 安碓磑, 補垣, 修飾垣牆, 平治道塗, 破屋壞垣, 捕捉, 畋獵, 取魚, 栽種, 破土, 安葬, 啓攢

丙午天河水專平日 병오천하수전평일

吉神—四相, 時德, 民日, 益後, 金匱, 鳴吠

凶神―河魁, 死神, 天吏, 致死

宜―祭祀, 修飾垣牆, 平治道塗

忌―祈福, 求嗣, 上册受封, 上表章, 襲爵受封, 會親友, 冠帶, 出行, 上官赴任, 臨政親民, 結婚姻, 納采問名, 嫁娶, 進人口, 移徙, 安床, 解除, 求醫療病, 裁衣, 築隄防, 修造動土, 竪柱上梁, 修倉庫, 鼓鑄, 苫蓋, 經絡, 醞釀, 開市, 立券, 交易, 納財, 開倉庫, 出貨財, 修置產室, 開渠穿井, 栽種, 牧養, 納畜, 破土, 安葬, 啓攢

丁未天河水寶定日 정미천하수보정일

吉神―月恩, 四相, 陰德, 三合, 時陰, 續世, 寶光

凶神―死氣, 血忌, 八專

宜―祭祀, 祈福, 求嗣, 襲爵受封, 會親友, 冠帶, 出行, 上官赴任, 臨政親民, 進人口, 移徙, 裁衣, 修造動土, 竪柱上梁, 修倉庫, 經絡, 醞釀, 立券, 交易, 納財, 開倉庫, 出貨財, 安碓磑, 牧養, 納畜

忌―結婚姻, 納采問名, 嫁娶, 解除, 剃頭, 求醫療病, 針刺, 修置產室, 栽種

戊申大驛土寶執日 무신대역토보집일

吉神―天馬, 要安, 解神, 除神

凶神―劫煞, 小耗, 五離, 白虎

宜―沐浴, 掃舍宇, 捕捉, 取魚

忌―祈福, 求嗣, 上册受封, 上表章, 襲爵受封, 會親友, 冠帶, 出行, 上官赴任, 臨政親民. 結婚姻, 納采問名, 嫁娶, 進人口, 移徙, 安床, 解除, 剃頭, 整手足甲, 求醫療

病, 裁衣, 築隄防, 修造動土, 豎柱上梁, 修倉庫, 鼓鑄, 經絡, 醞釀, 開市, 立券, 交易, 納財, 開倉庫, 出貨財, 修置産室, 開渠穿井, 安確磑, 補垣塞穴, 修飾垣牆, 破屋壞垣, 栽種, 牧養, 納畜, 破土, 安葬, 啓攢

己酉大驛土寶破日 기유대역토보파일

吉神—月德合, 天恩, 玉宇, 除神, 玉堂, 鳴吠

凶神—月破, 大煞, 災煞, 天火, 月厭, 地火, 五虛, 五離, 陰道衝陽 음도충양

諸事不宜.

庚戌釵釧金義危日 경술차천금의위일

吉神—月空, 天恩, 六合, 不將, 金堂

凶神—月煞, 月虛, 四擊, 天牢

宜—取魚

忌—祈福, 求嗣, 襲爵受封, 出行, 上官赴任, 臨政親民, 解除, 剃頭, 整手足甲, 求醫療病, 裁衣, 築隄防, 修造動土, 豎柱上梁, 修倉庫, 鼓鑄, 經絡, 修置産室, 開渠穿井, 安確磑, 補垣塞穴, 修飾垣牆, 破屋壞垣, 栽種, 牧養

辛亥釵釧金寶成日 신해차천금보성일

吉神—天恩, 母倉, 三合, 臨日, 天喜, 天醫

凶神—重日, 元武

宜—上冊受封, 上表章, 襲爵受封, 會親友, 入學, 出行, 上官赴任, 臨政親民, 結婚姻, 納采問名, 進人口, 移徙, 沐浴, 求醫療病, 裁衣, 築隄防, 修造動土, 豎柱上梁,

修倉庫, 經絡, 開市, 立券, 交易, 納財, 安碓磑, 栽種, 牧養, 納畜

忌—嫁娶, 醞釀, 破土, 安葬, 啓攢

壬子桑柘木專收日 임자상자목전수일

吉神—天恩, 母倉, 陽德, 司命, 鳴吠對

凶神—天罡, 月刑, 大時, 大敗, 咸池, 天賊, 四耗

諸事不宜.

癸丑桑柘木伐開日 계축상자목벌개일

吉神—天恩, 時陽, 生氣, 天倉, 敬安

凶神—五虛, 九空, 九坎, 九焦, 地囊, 八專, 觸水龍, 勾陳

宜—祭祀, 祈福, 求嗣, 上册受封, 上表章, 襲爵受封, 會親友, 入學, 出行, 上官赴任, 臨政親民, 移徙, 解除, 求醫療病, 裁衣, 豎柱上梁, 牧養, 納畜

忌—冠帶, 結婚姻, 納采問名, 嫁娶, 進人口, 築隄防, 修造動土, 修倉庫, 鼓鑄, 開市, 立券, 交易, 納財, 開倉庫, 出貨財, 修置產室, 開渠穿井, 安碓磑, 補垣塞穴, 修飾垣牆, 平治道塗, 破屋壞垣, 伐木, 畋獵, 取魚, 乘船渡水, 栽種, 破土

甲寅大溪水專閉日 갑인대계수전폐일

吉神—月德, 王日, 五富, 普護, 五合, 靑龍, 鳴吠對

凶神—遊禍, 血支, 歸忌, 八專

宜—裁衣, 築隄防, 修倉庫, 經絡, 醞釀, 立券, 交易, 納財, 補垣塞穴, 栽種, 牧養, 納畜, 破土, 安葬, 啓攢

忌―祭祀, 祈福, 求嗣, 結婚姻, 納采問名, 嫁娶, 移徙, 遠迴, 解除, 求醫療病, 療目, 針刺, 畋獵, 取魚

乙卯大溪水專建日 을묘대계수전건일

吉神―官日, 六儀, 福生, 五合, 明堂, 鳴吠對

凶神―月建, 小時, 土府, 厭對, 招搖, 復日, 陽錯양착

宜―祭祀, 襲爵受封, 會親友, 出行, 上官赴任, 臨政親民, 裁衣, 立券, 交易

忌―祈福, 求嗣, 上冊受封, 上表章, 結婚姻, 納采問名, 嫁娶, 解除, 剃頭, 整手足甲, 求醫療病, 築隄防, 修造動土, 豎柱上梁, 修倉庫, 開倉庫, 出貨財, 修置產室, 開渠穿井, 安碓磑, 補垣, 修飾垣牆, 平治道塗, 破屋壞垣, 伐木, 取魚, 乘船渡水, 栽種, 破土, 安葬, 啓攢

丙辰沙中土寶除日 병진사중토보제일

吉神―四相, 守日, 吉期

凶神―月害, 天刑

宜―祭祀, 襲爵受封, 出行, 上官赴任, 臨政親民, 移徙, 解除, 沐浴, 剃頭, 整手足甲, 裁衣, 修造動土, 豎柱上梁, 掃舍宇, 栽種

忌―祈福, 求嗣, 上冊受封, 上表章, 會親友, 結婚姻, 納采問名, 嫁娶, 進人口, 求醫療病, 修倉庫, 經絡, 醞釀, 開市, 立券, 交易, 納財, 開倉庫, 出貨財, 修置產室, 牧養, 納畜, 破土, 安葬, 啓攢

丁巳沙中土專滿日 정사사중토전만일

    吉神—月恩, 四相, 相日, 驛馬, 天后, 天巫, 福德, 聖心

    凶神—五虛, 八風, 土符, 大煞, 往亡, 重日, 朱雀

    宜—祭祀, 祈福, 求嗣, 會親友, 結婚姻, 納采問名, 解除, 裁衣, 豎柱上梁, 經絡, 開市, 立券, 交易, 納財, 牧養

    忌—上冊受封, 上表章, 出行, 上官赴任, 臨政親民, 嫁娶, 進人口, 移徙, 剃頭, 求醫療病, 築隄防, 修造動土, 修倉庫, 開倉庫, 出貨財, 修置產室, 開渠穿井, 安碓磑, 補垣, 修飾垣牆, 平治道塗, 破屋壞垣, 捕捉, 畋獵, 取魚, 乘船渡水, 栽種, 破土, 安葬, 啓攢

戊午天上火義平日 무오천상화의평일

    吉神—時德, 民日, 益後, 金匱

    凶神—河魁, 死神, 天吏, 致死

    宜—祭祀, 修飾垣牆, 平治道塗

    忌—祈福, 求嗣, 上冊受封, 上表章, 襲爵受封, 會親友, 冠帶, 出行, 上官赴任, 臨政親民, 結婚姻, 納采問名, 嫁娶, 進人口, 移徙, 安床, 解除, 求醫療病, 裁衣, 築隄防, 修造動土, 豎柱上梁, 修倉庫, 鼓鑄, 苫蓋, 經絡, 醞釀, 開市, 立券, 交易, 納財, 開倉庫, 出貨財, 修置產室, 開渠穿井, 栽種, 牧養, 納畜, 破土, 安葬, 啓攢

己未天上火專定日 기미천상화전정일

    吉神—月德合, 陰德, 三合, 時陰, 續世, 寶光

    凶神—死氣, 血忌, 八專팔전

宜―祭祀, 祈福, 求嗣, 上冊受封, 上表章, 襲爵受封, 會親友, 冠帶, 出行, 上官赴任, 臨政親民, 進人口, 移徙, 解除, 裁衣, 修造動土, 豎柱上梁, 修倉庫, 經絡, 醞釀, 立券, 交易, 納財, 安碓磑, 栽種, 牧養, 納畜, 安葬

忌―結婚姻, 納采問名, 嫁娶, 求醫療病, 針刺, 畋獵, 取魚

庚申石榴木專執日 경신석류목전집일

吉神―月空, 天馬, 要安, 解神, 除神, 鳴吠

凶神―劫煞, 小耗, 四廢, 五離, 八專, 白虎

宜―沐浴, 掃舍宇, 捕捉, 取魚

忌―祈福, 求嗣, 上冊受封, 上表章, 襲爵受封, 會親友, 冠帶, 出行, 上官赴任, 臨政親民, 結婚姻, 納采問名, 嫁娶, 進人口, 移徙, 安床, 解除, 剃頭, 整手足甲, 求醫療病, 裁衣, 築隄防, 修造動土, 豎柱上梁, 修倉庫, 鼓鑄, 經絡, 醞釀, 開市, 立券, 交易, 納財, 開倉庫, 出貨財, 修置產室, 開渠穿井, 安碓磑, 補垣塞穴, 修飾垣牆, 破屋壞垣, 栽種, 牧養, 納畜, 破土, 安葬, 啓攢

辛酉石榴木專破日 신유석류목전파일

吉神―玉宇, 除神, 玉堂, 鳴吠

凶神―月破, 大耗, 災煞, 天火, 月厭, 地火, 四廢, 五虛, 五離, 陰錯음착

諸事不宜.

壬戌大海水伐危日 임술대해수벌위일

吉神―六合, 金堂

凶神―月煞, 月虛, 四擊, 天牢

宜―取魚

忌―祈福, 求嗣, 上册受封, 上表章, 襲爵受封, 出行, 上官赴任, 臨政親民, 解除. 剃頭, 整手足甲, 求醫療病, 裁衣, 築隄防, 修造動土, 竪柱上梁, 修倉庫, 鼓鑄, 修置産室, 開渠穿井, 安碓磑, 補垣塞穴, 修飾垣牆, 破屋壞垣, 栽種, 牧養

癸亥大海水專成日 계해대해수전성일

吉神―母倉, 三合, 臨日, 天喜, 天醫

凶神―重日, 元武

宜―沐浴

忌―嫁娶, 破土, 安葬, 啓攢

이상의 60간지는 월건이 묘(卯)일 때의 것이니, 경칩(驚蟄)에서 춘분(春分) 말까지이다. 그 신살의 길흉을 용사(用事)에 따라 마땅함(宜)과 꺼림(忌)을 표로 만들어 놓았으니 활용할 것이다.

〈월표 3〉

三月	청명절 清明節 천도북행 天道北行	맹년孟年 (寅申巳亥)		중년仲年 (子午卯酉)		계년季年 (辰戌丑未)	
		白 綠 白		黃 白 碧		黑 赤 紫	
		赤 紫 黑		綠 白 白		白 碧 黃	
		碧 黃 白		紫 黑 赤		白 白 綠	

천덕(天德) 壬. 월덕(月德) 壬. 월공(月空) 丙. 천덕합(天德合) 丁. 월덕합(月德合) 丁 =의수조 취토(宜修造取土)
곡우(穀雨) 3월中 태양도 酉宮 위(爲) 3월 장(將) 의용(宜用) 癸乙丁辛時
월건(月建) 辰. 월파(月破) 戌. 월염(月厭) 申. 월형(月刑) 辰. 월해(月害) 卯 겁살 (劫煞) 巳. 재살(災煞) 午. 월살(月煞) 未 = 기수조 취토(忌修造取土)
청명(淸明) 후 21일 왕망(往亡) 토왕용사(土王用事) 후 기(忌) 수조취토 巳午日 첨(添) 모창(母倉) 초 1일 장성(長星) 16일 단성(短星)

甲子海中金義成日 갑자해중금의성일

吉神―天恩, 母倉, 三合, 天喜, 天醫, 天倉, 不將, 聖心

凶神―四忌, 八龍, 地囊, 歸忌, 天牢

宜―祭祀, 祈福, 襲爵受封, 會親友, 入學, 出行, 上官赴任, 臨政親民, 進人口, 沐浴, 求醫療病, 裁衣, 竪柱上梁, 經絡, 醞釀, 開市, 立券, 交易, 納財, 牧養, 納畜

忌―結婚姻, 納采問名, 嫁娶, 移徙, 遠迴, 築隄防, 修造動土, 修倉庫, 開倉庫, 出貨財, 修置産室, 開渠穿井, 安碓磑, 補垣, 修飾垣牆, 平治道塗, 破屋壞垣, 栽種, 破土, 安葬

乙丑海中金制收日 을축해중금제수일

吉神―天恩, 不將, 益後

凶神―河魁, 五虛 元武

宜―祭祀, 進人口, 納財, 捕捉, 取魚, 納畜

忌―祈福, 求嗣, 上冊受封, 上表章, 襲爵受封, 會親友, 冠帶, 出行, 上官赴任, 臨政親民, 結婚姻, 納采問名, 嫁娶, 移徙, 安床, 解除, 求醫療病, 裁衣, 築隄防, 修造動土, 豎柱上梁, 修倉庫, 鼓鑄, 經絡, 醞釀, 開市, 立券, 交易, 開倉庫, 出貨財, 修置產室, 開渠穿井, 栽種, 破土, 安葬, 啓攢

丙寅鑢中火義開日 병인노중화의개일

吉神―月空, 天恩, 四相, 陽德, 王日, 驛馬, 天后, 時陽, 生氣, 六儀, 續世, 五合, 司命, 鳴吠對

凶神―厭對, 招搖, 血忌

宜―上冊受封, 上表章, 襲爵受封, 會親友, 入學, 出行, 上官赴任, 臨政親民, 結婚姻, 納采問名, 移徙, 解除, 求醫療病, 裁衣, 修造動土, 豎柱上梁, 開市, 立券, 交易, 納財, 開倉庫, 出貨財, 修置產室, 開渠穿井, 安碓磑, 栽種, 牧養

忌―祭祀, 嫁娶, 針刺, 伐木, 畋獵, 取魚, 乘船渡水

丁卯鑢中火義閉日 정묘노중화의폐일

吉神―天德合, 月德合, 天恩, 四相, 官日, 要安, 五合, 鳴吠對

凶神—月害, 天吏, 致死, 血支, 勾陳

宜—祭祀, 裁衣, 補垣塞穴

忌—剃頭, 求醫療病, 療目, 針刺, 穿井, 畋獵, 取魚

戊辰大林木專建日 무진대림목전건일

吉神—天恩, 守日, 玉宇, 靑龍

凶神—月建, 小時, 土府, 月刑, 五墓, 復日, 小會, 單陰단음

諸事不宜.

己巳大林木義除日 기사대림목의제일

吉神—陰德, 相日, 吉期, 五富, 金堂, 明堂

凶神—劫煞, 五虛, 重日

宜—沐浴, 掃舍宇

忌—祈福, 求嗣, 上冊受封, 上表章, 會親友, 冠帶, 出行, 結婚姻, 納采問名, 嫁娶, 進人口, 移徙, 安床, 求醫療病, 裁衣, 築隄防, 修造動土, 竪柱上梁, 修倉庫, 鼓鑄, 修置産室, 開渠穿井, 安碓磑, 補垣塞穴, 修飾垣牆, 破屋壞垣, 破土, 安葬, 啓攢

庚午路傍上伐滿日 경오노방상벌만일

吉神—月恩, 時德, 民日, 天巫, 福德, 鳴吠

凶神—災煞, 天火, 大煞, 天刑천형

宜—祭祀

忌—祈福, 求嗣, 上册受封, 上表章, 襲爵受封, 會親友, 冠帶, 出行, 上官赴任, 臨政親民, 結婚姻, 納采問名, 嫁

娶, 進人口, 移徙, 安床, 解除, 剃頭, 整手足甲, 求醫療病, 裁衣, 築隄防, 修造動土, 豎柱上梁, 修倉庫, 鼓鑄, 苫蓋, 經絡, 醞釀, 開市, 立券, 交易, 納財, 開倉庫, 出貨財, 修置產室, 開渠穿井, 安碓磑, 補垣塞穴, 修飾垣牆, 破屋壞垣, 栽種, 牧養, 納畜, 破土, 安葬, 啓攢

辛未路傍土義平日 신미노방토의평일

凶神―天罡, 死神, 月煞, 月虛, 朱雀

諸事不宜.

壬申劍鋒金義定日 임신검봉금의정일

吉神―天德, 月德, 三合, 臨日, 時陰, 敬安, 除神, 金匱, 鳴吠

凶神―月厭, 地火, 死氣, 往亡, 五離, 孤辰고진

宜―祭祀, 沐浴, 掃舍宇

忌―上册受封, 上表章, 出行, 上官赴任, 臨政親民, 結婚姻, 納采問名, 嫁娶, 進人口, 移徙, 遠迴, 安床, 求醫療病, 開渠, 伐木, 捕捉, 畋獵, 取魚, 栽種

癸酉劍鋒金義執日 계유검봉금의집일

吉神―六合, 普護, 除神, 寶光, 鳴吠

凶神―大時, 大敗, 咸池, 小耗, 五虛, 土符, 五離

宜―祭祀, 祈福, 結婚姻, 嫁娶, 進人口, 解除, 沐浴, 剃頭, 整手足甲, 求醫療病, 經絡, 醞釀, 掃舍宇, 捕捉, 取魚, 納畜, 安葬

忌―會親友, 築隄防, 修造動土, 修倉庫, 開市, 立券, 交易,

納財, 開倉庫, 出貨財, 修置産室, 開渠穿井, 安碓磑, 補垣, 修飾垣牆, 平治道塗, 破屋壞垣, 栽種, 破土

甲戌山頭火制破日 갑술산두화제파일

吉神—天馬, 不將, 福生, 解神

凶神—月破, 大耗, 四擊, 九空, 九坎, 九焦, 白虎

宜—祭祀, 解除, 沐浴, 求醫療病, 破屋壞垣

忌—祈福, 求嗣, 上册受封, 上表章, 襲爵受封, 會親友, 冠帶, 出行, 上官赴任, 臨政親民, 結婚姻, 納采問名, 嫁娶, 進人口, 移徙, 安床, 剃頭, 整手足甲, 裁衣, 築隄防, 修造動土, 竪柱上梁, 修倉庫, 鼓鑄, 經絡, 醞釀, 開市, 立券. 交易, 納財, 開倉庫, 出貨財, 修置産室, 開渠穿井, 安碓磑, 補垣塞穴, 修飾垣牆, 伐木, 取魚, 乘船渡水, 栽種, 牧養, 納畜, 破土, 安葬, 啓攢

乙亥山頭火義危日 을해산두화의위일

吉神—母倉, 不將, 玉堂

凶神—遊禍, 天賊, 四窮, 八龍, 重日

宜—安床, 沐浴, 取魚, 牧養, 納畜

忌—祈福, 求嗣, 出行, 結婚姻, 納采問名, 嫁娶, 進人口, 解除, 求醫療病, 修倉庫, 開市, 立券, 交易, 納財, 開倉庫, 出貨財, 栽種, 破土, 安葬, 啓攢

丙子澗下水伐成日 병자간하수벌성일

吉神—月空, 母倉, 四相, 三合, 天喜, 天醫, 天倉, 不將, 聖

心, 鳴吠對

凶神―歸忌, 觸水龍, 天牢

宜―祭祀, 祈福, 求嗣, 上表章, 襲爵受封, 會親友, 入學, 出行, 上官赴任, 臨政親民, 結婚姻, 納采問名, 嫁娶, 進人口, 解除, 沐浴, 求醫療病, 裁衣, 築隄防, 修造動土, 豎柱上梁, 修倉庫, 經絡, 醞釀, 開市, 立券, 交易, 納財, 開倉庫, 出貨財, 安碓磑, 栽種, 牧養, 納畜, 破土, 啓攢

忌―移徙, 遠迴원회, 取魚, 乘船渡水

丁丑澗下水寶收日 정축간하수보수일

吉神―天德合, 月德合, 四相, 不將, 益後

凶神―河魁, 五虛, 八風팔풍, 元武

宜―祭祀, 祈福, 求嗣, 上册受封, 上表章, 襲爵受封, 會親友, 出行, 上官赴任, 臨政親民, 結婚姻, 納采問名, 嫁娶, 進人口, 移徙, 解除, 裁衣, 修造動土, 豎柱上梁, 修倉庫, 納財, 開倉庫, 出貨財, 捕捉, 栽種, 牧養, 納畜, 安葬

忌―冠帶, 剃頭, 求醫療病, 畋獵, 取魚

戊寅城頭土伐開日 무인성두토벌개일

吉神―天赦, 陽德, 王日, 驛馬, 天后, 時陽, 生氣, 六儀, 續世, 五合, 司命

凶神―厭對, 招搖, 血忌, 復日

宜―上册受封, 上表章, 襲爵受封, 會親友, 入學, 出行, 上

官赴任, 臨政親民, 結婚姻, 納采問名, 嫁娶, 移徙, 解除, 求醫療病, 裁衣, 修造動土, 竪柱上梁, 修倉庫, 開市, 立券, 交易, 修置産室, 開渠穿井, 安確磑, 栽種, 牧養, 納畜

忌—祭祀, 針刺, 伐木, 畋獵, 取魚

己卯城頭土伐閉日 기묘성두토벌폐일

吉神—天恩, 官日, 要安, 五合

凶神—月害, 天吏, 致死, 血友, 勾陳

宜—補垣塞穴

忌—祈福, 求嗣, 上册受封, 上表章, 襲爵受封, 會親友, 冠帶, 出行, 上官赴任, 臨政親民, 結婚姻, 納采問名, 嫁娶, 進人口, 移徙, 安床, 解除, 求醫療病, 療目, 針刺, 築隄防, 修造動土, 竪柱上梁, 修倉庫, 經絡, 醞釀, 開市, 立券, 交易, 納財, 開倉庫, 出貨財, 修置産室, 開渠穿井, 栽種, 牧養, 納畜, 破土, 安葬, 啓攢

庚辰白鑞金義建日 경진백랍금의건일

吉神—天恩, 月恩, 守日, 玉宇, 靑龍

凶神—月建, 小時, 土府, 月刑, 陰位 음위

諸事不宜.

辛巳白鑞金伐除日 신사백랍금벌제일

吉神—天恩, 陰德, 相日, 吉期, 五富, 金堂, 明堂

凶神—劫煞, 五虛, 重日

宜―沐浴, 掃舍字
忌―祈福, 求嗣, 上冊受封, 上表章, 冠帶, 出行, 結婚姻, 納采問名, 嫁娶, 進人口, 移徙, 安床, 求醫療病, 裁衣, 築隄防, 修造動土, 竪柱上梁, 修倉庫, 鼓鑄, 醞釀, 修置産室, 開渠穿井, 安碓磑, 補垣塞穴, 修飾垣牆, 破屋壞垣, 破土, 安葬, 啓攢

壬午楊柳木制滿日 임오양류목제만일

吉神―天德, 月德, 天恩, 時德, 民日, 天巫, 福德, 鳴吠
凶神―災煞, 天火, 地囊, 大煞, 天刑
宜―祭祀, 祈福, 求嗣, 上冊受封, 上表章, 襲爵受封, 會親友, 出行, 上官赴任, 臨政親民, 結婚姻, 納采問名, 嫁娶, 進人口, 移徙, 解除, 裁衣, 竪柱上梁, 經絡, 開市, 立券, 交易, 納財, 開倉庫, 出貨財, 牧養, 納畜, 安葬
忌―求醫療病, 築隄防, 修造動土, 修倉庫, 苫蓋, 修置産室, 開渠穿井, 安碓磑, 補垣, 修飾垣牆, 平治道塗, 破屋壞垣, 畋獵, 取魚, 栽種, 破土

癸未楊柳木伐平日 계미양류목벌평일

吉神―天恩
凶神―天罡, 死神, 月煞, 月虛, 觸水龍, 朱雀
諸事不宜.

甲申井泉水伐定日 갑신정천수벌정일

吉神―三合, 臨日, 時陰, 敬安, 除神, 金匱, 鳴吠

凶神―月厭, 地火, 死氣, 往亡, 五離, 行狠행한
宜―沐浴, 掃舍宇
忌―祈福, 求嗣, 上册受封, 上表章, 襲爵受封, 會親友, 冠
帶, 出行, 上官赴任, 臨政親民, 結婚姻, 納采問名, 嫁
娶, 進人口, 移徙, 遠迴, 安床, 解除, 剃頭, 整手足甲,
求醫療病, 裁衣, 築隄防, 修造動土, 竪柱上梁, 修倉庫,
鼓鑄, 經絡, 醞釀, 開市, 立券, 交易, 納財, 開倉庫, 出
貨財, 修置産室, 開渠穿井. 安碓磑, 補垣塞穴, 修飾垣
牆, 平治道塗, 破屋壞垣, 伐木, 捕捉, 畋獵, 取魚, 栽
種, 牧養, 納畜, 破土, 安葬, 啓攢

乙酉井泉水伐執日 을유정천수벌집일

吉神―天願, 六合, 不將, 普護, 除神, 寶光, 鳴吠
凶神―大時, 大敗, 咸池, 小耗, 五虛, 土符, 五離
宜―祭祀, 祈福, 求嗣, 上册受封, 上表章, 襲爵受封, 出行,
上官赴任, 臨政親民, 結婚姻, 納采問名, 嫁娶, 進人口,
移徙, 解除, 沐浴, 剃頭, 整手足甲, 求醫療病, 裁衣, 竪
柱上梁, 經絡, 醞釀, 開市, 立券, 交易, 納財, 掃舍宇,
捕捉, 取魚, 牧養, 納畜, 安葬
忌―會親友, 築隄防, 修造動土, 修倉庫, 修置産室, 開渠穿
井, 安碓磑, 補垣, 修飾垣牆, 平治道塗, 破屋壞垣, 栽
種, 破土

丙戌屋上土寶破日 병술옥상토보파일

吉神―月空, 四相, 天馬, 不將, 福生, 解神

凶神―月破, 大耗, 四擊, 九空, 九坎, 九焦, 白虎

宜―祭祀, 解除, 沐浴, 求醫療病, 破屋壞垣

忌―祈福, 求嗣, 上册受封, 上表章, 襲爵受封, 會親友, 冠帶, 出行, 上官赴任, 臨政親民, 結婚姻, 納采問名, 嫁娶, 進人口, 移徙, 安床, 剃頭, 整手足甲, 裁衣, 築隄防, 修造動土, 豎柱上梁, 修倉庫, 鼓鑄, 經絡, 醞釀, 開市, 立券, 交易, 納財, 開倉庫, 出貨財, 修置產室, 開渠穿井, 安碓磑, 補垣塞穴, 修飾垣牆, 伐木, 取魚, 乘船渡水, 栽種, 牧養, 納畜, 破土, 安葬, 啓攢

丁亥屋上土伐危日 정해옥상토벌위일

吉神―天德合, 月德合, 母倉, 四相, 不將, 玉堂

凶神―遊禍, 天賊, 重日

宜―祭祀, 上册受封, 上表章, 襲爵受封, 會親友, 上官赴任, 臨政親民, 結婚姻, 納采問名, 移徙, 安床, 沐浴, 裁衣, 修造動土, 豎柱上梁, 納財, 栽種, 牧養, 納畜

忌―祈福, 求嗣, 出行, 嫁娶, 解除, 剃頭, 求醫療病, 修倉庫, 開倉庫, 出貨財, 畋獵, 取魚

戊子霹靂火制成日 무자벽력화제성일

吉神―母倉, 三合, 天喜, 天醫, 天倉, 聖心

凶神―歸忌, 復日, 天牢

宜―祭祀, 祈福, 襲爵受封, 會親友, 入學, 出行, 上官赴任, 臨政親民, 結婚姻, 納采問名, 嫁娶, 進人口, 沐浴, 求醫療病, 裁衣, 築隄防, 修造動土, 豎柱上梁, 修倉庫,

經絡, 醞釀, 開市, 立券, 交易, 納財, 安確磴, 栽種, 牧養, 納畜

忌―移徙, 遠迴, 破土, 安葬, 啓攢

己丑霹靂火專收日 기축벽력화전수일

吉神―不將, 益後

凶神―河魁, 五虛, 元武

宜―祭祀, 進人口, 納財, 捕捉, 取魚, 納畜

忌―祈福, 求嗣, 上册受封, 上表章, 襲爵受封, 會親友, 冠帶, 出行, 上官赴任, 臨政親民, 結婚姻, 納采問名, 嫁娶, 移徙, 安床, 解除, 求醫療病, 裁衣, 築隄防, 修造動土, 竪柱上梁, 修倉庫, 鼓鑄, 經絡, 醞釀, 開市, 立券, 交易, 開倉庫, 出貨財, 修置產室, 開渠穿井, 破土, 安葬, 啓攢

庚寅松柏木制開日 경인송백목제개일

吉神―月恩, 陽德, 王日, 驛馬, 天后, 時陽, 生氣, 六儀, 續世, 五合, 司命, 鳴吠對

凶神―厭對, 招搖, 血忌

宜―上册受封, 上表章, 襲爵受封, 會親友, 入學, 出行, 上官赴任, 臨政親民, 結婚姻, 納采問名, 移徙, 解除, 求醫療病, 裁衣, 修造動土, 竪柱上梁, 開市, 立券, 交易, 納財, 開倉庫, 出貨財, 修置產室, 開渠穿井, 安確磴, 栽種, 牧養

忌―祭祀, 嫁娶, 針刺, 經絡, 伐木, 畋獵, 取魚, 乘船渡水

辛卯松柏木制閉日 신묘송백목제폐일

吉神―官日, 要安, 五合, 鳴吠對

凶神―月害, 天吏, 致死, 血支, 勾陳

宜―補垣塞穴

忌―祈福, 求嗣, 上册受封, 上表章, 襲爵受封, 會親友, 冠帶, 出行, 上官赴任, 臨政親民, 結婚姻, 納采問名, 嫁娶, 進人口, 移徙, 安床, 解除, 求醫療病, 療目, 針刺, 築隄防, 修造動土, 竪柱上梁, 修倉庫, 經絡, 醞釀, 開市, 立券, 交易, 納財, 開倉庫, 出貨財, 修置產室, 開渠穿井, 栽種, 牧養, 納畜, 破土, 安葬, 啓攢

壬辰長流水伐建日 임진장류수벌건일

吉神―天德, 月德, 守日, 玉宇, 靑龍

凶神―月建, 小時, 土府, 月刑

宜―祭祀

忌―求醫療病, 築隄防, 修造動土, 修倉庫, 修置產室, 開渠穿井, 安碓磑, 補垣, 修飾垣牆, 平治道塗, 破屋壞垣, 伐木, 畋獵, 取魚, 栽種, 破土

癸巳長流水制除日 계사장류수제제일

吉神―陰德, 相日, 吉期, 五富, 金堂, 明堂

凶神―劫煞, 五虛, 重日

宜―沐浴, 掃舍宇

忌―祈福, 求嗣, 上册受封, 上表章, 會親友, 冠帶, 出行, 結婚姻, 納采問名, 嫁娶, 進人口, 移徙, 安床, 求醫療病,

裁衣, 築隄防, 修造動土, 竪柱上梁, 修倉庫, 鼓鑄, 修置產室, 開渠穿井, 安碓磑, 補垣塞穴, 修飾垣牆, 破屋壞垣, 破土, 安葬, 啓攢

甲午砂石金寶滿日 갑오사석금보만일

吉神―時德, 民日, 天巫, 福德, 鳴吠

凶神―災煞, 天火, 大煞, 天刑

宜―祭祀

忌―祈福, 求嗣, 上冊受封, 上表章, 襲爵受封, 會親友, 冠帶, 出行, 上官赴任, 臨政親民 結婚姻, 納采問名, 嫁娶, 進人口, 移徙, 安床, 解除, 剃頭, 整手足甲, 求醫療病, 裁衣, 築隄防, 修造動土, 竪柱上梁, 修倉庫, 鼓鑄, 苫蓋, 經絡, 醞釀, 開市, 立券, 交易, 納財, 開倉庫, 出貨財, 修置產室, 開渠穿井, 安碓磑, 補垣塞穴, 修飾垣牆, 破屋壞垣, 栽種, 牧養, 納畜, 破土, 安葬, 啓攢

乙未砂石金制平日 을미사석금제평일

凶神―天罡, 死神, 月煞, 月虛, 朱雀

諸事不宜.

丙申山下火制定日 병신산하화제정일

吉神―月空, 四相, 三合, 臨日, 時陰, 敬安, 除神, 金匱, 鳴吠

凶神―月厭, 地火, 死氣, 往亡, 五離, 了戾

宜―祭祀, 沐浴, 掃舍宇

忌―祈福, 求嗣, 上册受封, 上表章, 襲爵受封, 會親友, 冠帶, 出行, 上官赴任, 臨政親民, 結婚姻, 納采問名, 嫁娶, 進人口, 移徙, 遠迴, 安床, 解除, 剃頭, 整手足甲, 求醫療病, 裁衣, 築隄防, 修造動土, 豎柱上梁, 修倉庫, 鼓鑄, 經絡, 醖釀, 開市, 立券, 交易, 納財, 開倉庫, 出貨財, 修置產室, 開渠穿井. 安碓磑, 補垣塞穴, 修飾垣牆, 平治道塗, 破屋壞垣, 伐木, 捕捉, 畋獵, 取魚, 栽種, 牧養, 納畜, 破土, 安葬, 啓攢

丁酉山下火制執日 정유산하화제집일

吉神―天德合, 月德合, 四相, 六合, 不將, 普護, 除神, 寶光, 鳴吠

凶神―大時, 大敗, 咸池, 小耗, 五虛, 土符, 五離

宜―祭祀, 祈福, 求嗣, 上册受封, 上表章, 襲爵受封, 出行, 上官赴任, 臨政親民. 結婚姻, 納采問名, 嫁娶, 進人口, 移徙, 解除, 沐浴, 整手足甲, 求醫療病, 裁衣, 豎柱上梁, 經絡, 醖釀, 立券, 交易, 納財, 開倉庫, 出貨財, 掃舍宇. 捕捉, 牧養, 納畜, 安葬

忌―會親友, 剃頭, 築隄防, 修造動土, 修倉庫, 修置產室, 開渠穿井, 安碓磑, 補垣, 修飾垣牆, 平治道塗, 破屋壞垣, 畋獵, 取魚, 栽種, 破土

戊戌平地木專破日 무술평지목전파일

吉神―天馬, 福生, 解神해신

凶神―月破, 大耗, 四擊, 九空, 九坎, 九焦, 復日, 白虎

宜—祭祀, 解除, 沐浴, 求醫療病, 破屋壞垣
忌—祈福, 求嗣, 上冊受封, 上表章, 襲爵受封, 會親友, 冠帶, 出行, 上官赴任, 臨政親民, 結婚姻, 納采問名, 嫁娶, 進人口, 移徙, 安床, 剃頭, 整手足甲, 裁衣, 築隄防, 修造動土, 竪柱上梁, 修倉庫, 鼓鑄, 經絡, 醞釀, 開市, 立券, 交易, 納財, 開倉庫, 出貨財, 修置產室, 開渠穿井, 安碓磑, 補垣塞穴, 修飾垣牆, 伐木, 取魚, 乘船渡水, 栽種, 牧養, 納畜, 破土, 安葬, 啓攢

己亥平地木制危日 기해평지목제위일

吉神—母倉, 不將, 玉堂
凶神—遊禍, 天賊, 重日
宜—安床, 沐浴, 納財, 取魚, 栽種, 牧養, 納畜
忌—祈福, 求嗣, 出行, 嫁娶, 解除, 求醫療病, 修倉庫, 開倉庫, 出貨財, 破土, 安葬, 啓攢

庚子壁上土寶成日 경자벽상토보성일

吉神—母倉, 月恩, 三合, 天喜, 天醫, 九倉구창, 聖心, 鳴吠對
凶神—歸忌, 天牢
宜—祭祀, 祈福, 求嗣, 襲爵受封, 會親友, 入學, 出行, 上官赴任, 臨政親民, 結婚姻, 納采問名, 嫁娶, 進人口, 解除, 沐浴, 求醫療病, 裁衣, 築隄防, 修造動土, 竪柱上梁, 修倉庫, 醞釀, 開市, 立券, 交易, 納財, 開倉庫, 出貨財, 安碓磑, 栽種, 牧養, 納畜, 破土, 啓攢

忌—移徙, 遠迴, 經絡

辛丑壁上土義收日 신축벽상토의수일

吉神—益後

凶神—河魁, 五虛, 元武

宜—祭祀, 進人口, 納財, 捕捉, 取魚, 納畜

忌—祈福, 求嗣, 上册受封, 上表章, 襲爵受封, 會親友, 冠帶, 出行, 上官赴任, 臨政親民, 結婚姻, 納采問名, 嫁娶, 移徙, 安床, 解除, 求醫療病, 裁衣, 築隄防, 修造動土, 豎柱上梁, 修倉庫, 鼓鑄, 經絡, 醞釀, 開市, 立券, 交易, 開倉庫, 出貨財, 修置產室, 開渠穿井, 破土, 安葬, 啓攢

壬寅金箔金寶開日 임인금박금보개일

吉神—天德, 月德, 陽德, 王日, 驛馬, 天后, 時陽, 生氣, 六儀, 續世, 五合, 司命, 鳴吠對

凶神—厭對, 招搖, 血忌

宜—上册受封, 上表章, 襲爵受封, 會親友, 入學, 出行, 上官赴任, 臨政親民, 結婚姻, 納采問名, 嫁娶, 移徙, 解除, 求醫療病, 裁衣, 修造動土, 豎柱上梁, 修倉庫, 開市, 立券, 交易, 修置產室, 安碓磑, 栽種 牧養, 納畜

忌—祭祀, 針刺, 開渠, 伐木, 畋獵, 取魚

癸卯金箔金寶閉日 계묘금박금보폐일

吉神—官日, 要安, 五合, 鳴吠對

凶神—月害, 天吏, 致死, 血支, 勾陳

宜—補垣塞穴

忌—祈福, 求嗣, 上冊受封, 上表章, 襲爵受封, 會親友, 冠帶, 出行, 上官赴任, 臨政親民, 結婚姻, 納采問名, 嫁娶, 進人口, 移徙, 安床, 解除, 求醫療病, 療目, 針刺, 築隄防, 修造動土, 豎柱上梁, 修倉庫, 經絡, 醞釀, 開市, 立券, 交易, 納財, 開倉庫, 出貨財, 修置產室, 開渠穿井, 栽種, 牧養, 納畜, 破土, 安葬, 啓攢

甲辰覆燈火制建日 갑진복등화제건일

吉神—守日, 玉宇, 青龍

凶神—月建, 小時, 土府, 月刑, 陽錯

忌—祈福, 求嗣, 上冊受封, 上表章, 襲爵受封, 會親友, 冠帶, 出行, 上官赴任, 臨政親民, 結婚姻, 納采問名, 嫁娶, 進人口, 移徙, 安床, 解除, 剃頭, 整手足甲, 求醫療病, 裁衣, 築隄防, 修造動土, 豎柱上梁, 修倉庫, 鼓鑄, 經絡, 醞釀, 開市, 立券, 交易, 納財, 開倉庫, 出貨財, 修置產室, 開渠穿井, 安碓磑, 補垣塞穴, 修飾垣牆, 平治道塗, 破屋壞垣, 伐木, 栽種, 牧養, 納畜, 破土, 安葬, 啓攢

乙巳覆燈火寶除日 을사복등화보제일

吉神—陰德, 相日, 吉期, 五富, 金堂, 明堂

凶神—劫煞, 五虛, 重日

宜—沐浴, 掃舍宇

忌―祈福, 求嗣, 上冊受封, 上表章, 會親友, 冠帶, 出行, 結婚姻, 納采問名, 嫁娶, 進人口, 移徙, 安床, 求醫療病, 裁衣, 築隄防, 修造動土, 豎柱上梁, 修倉庫, 鼓鑄, 修置産室, 開渠穿井, 安碓磑, 補垣塞穴, 修飾垣牆, 破屋壞垣, 栽種, 破土, 安葬, 啓攢

丙午天河水專滿日 병오천하수전만일

吉神―月空, 四相, 時德, 民日, 天巫, 福德, 鳴吠
凶神―災煞, 天火, 大煞, 天刑
宜―祭祀
忌―祈福, 求嗣, 上冊受封, 上表章, 襲爵受封, 會親友, 冠帶, 出行, 上官赴任, 臨政親民, 結婚姻, 納采問名, 嫁娶, 進人口, 移徙, 安床, 解除, 剃頭, 整手足甲, 求醫療病, 裁衣, 築隄防, 修造動土, 豎柱上梁, 修倉庫, 鼓鑄, 苫蓋, 經絡, 醞釀, 開市, 立券, 交易, 納財, 開倉庫, 出貨財, 修置産室, 開渠穿井, 安碓磑, 補垣塞穴, 修飾垣牆, 破屋壞垣, 栽種, 牧養, 納畜, 破土, 安葬, 啓攢

丁未天河水寶平日 정미천하수보평일

吉神―天德合, 月德合, 四相
凶神―天罡, 死神, 月煞, 月虛, 八專, 朱雀
宜―祭祀, 平治道塗
忌―祈福, 求嗣, 上冊受封, 上表章, 襲爵受封, 會親友, 冠帶, 出行, 上官赴任, 臨政親民, 結婚姻, 納采問名, 嫁娶, 進人口, 移徙, 安床, 解除, 剃頭, 整手足甲, 求醫療

病, 裁衣, 築隄防, 修造動土, 竪柱上梁, 修倉庫, 鼓鑄, 經絡, 醞釀, 開市, 立券, 交易, 納財, 開倉庫, 出貨財, 修置産室, 開渠穿井, 安碓磑, 補垣塞穴, 修飾垣牆, 破屋壞垣, 畋獵, 取魚, 栽種, 牧養, 納畜, 破土, 安葬, 啓攢

戊申大驛土寶定日 무신대역토보정일

吉神―三合, 臨日, 時陰, 敬安, 除神, 金匱

凶神―月厭, 地火, 死氣, 往亡, 復日, 五離, 孤辰

宜―沐浴, 掃舍宇

忌―祈福, 求嗣, 上册受封, 上表章, 襲爵受封, 會親友, 冠帶, 出行, 上官赴任, 臨政親民, 結婚姻, 納采問名, 嫁娶, 進人口, 移徙, 遠迴, 安床, 解除, 剃頭, 整手足甲, 求醫療病, 裁衣, 築隄防, 修造動土, 竪柱上梁, 修倉庫, 鼓鑄, 經絡, 醞釀, 開市, 立券, 交易, 納財, 開倉庫, 出貨財, 修置産室, 開渠穿井. 安碓磑, 補垣塞穴, 修飾垣牆, 平治道塗, 破屋壞垣, 伐木, 捕捉, 畋獵, 取魚, 栽種, 牧養, 納畜, 破土, 安葬, 啓攢

己酉大驛土寶執日 기유대역토보집일

吉神―天恩, 六合, 不將, 普護, 除神, 寶光, 鳴吠

凶神―大時, 大敗, 咸池, 小耗, 五虚, 土符, 五離

宜―祭祀, 祈福, 結婚姻, 嫁娶, 進人口, 解除, 沐浴, 剃頭, 整手足甲, 求醫療病, 經絡, 醞釀, 掃舍宇, 捕捉, 取魚, 納畜, 安葬

忌―會親友, 築隄防, 修造動土, 修倉庫, 開市, 立券, 交易,
　　納財, 開倉庫, 出貨財, 修置產室, 開渠穿井, 安碓磑,
　　補垣, 修飾垣牆, 平治道塗, 破屋壞垣, 栽種, 破土

庚戌釵釧金義破日 경술차천금의파일

吉神―天恩, 月恩, 天馬, 福生, 解神
凶神―月破, 大耗, 四擊, 九空, 九坎, 九焦, 白虎
宜―祭祀, 解除, 沐浴, 求醫療病, 破屋壞垣
忌―祈福, 求嗣, 上册受封, 上表章, 襲爵受封, 會親友, 冠
　　帶, 出行, 上官赴任, 臨政親民, 結婚姻, 納采問名, 嫁
　　娶, 進人口, 移徙, 安床, 剃頭, 整手足甲, 裁衣, 築隄
　　防, 修造動土, 豎柱上梁, 修倉庫, 鼓鑄, 經絡, 醞釀, 開
　　市, 立券, 交易, 納財, 開倉庫, 出貨財, 修置產室, 開渠
　　穿井, 安碓磑, 補垣塞穴, 修飾垣牆, 伐木, 取魚, 乘船
　　渡水, 栽種, 牧養, 納畜, 破土, 安葬, 啓攢

辛亥釵釧金寶危日 신해차천금보위일

吉神―天恩, 母倉, 玉堂
凶神―遊禍, 天賊, 重日
宜―會親友, 安床, 沐浴, 納財, 取魚, 栽種, 牧養, 納畜
忌―祈福, 求嗣, 出行, 嫁娶, 解除, 求醫療病, 修倉庫, 醞
　　釀, 開倉庫, 出貨財, 破土, 安葬, 啓攢

壬子桑柘木專成日 임자상자목전성일

吉神―天德, 月德, 天恩, 母倉, 三合, 天喜, 天醫, 天倉, 聖

心, 鳴吠對

凶神—四耗, 歸忌, 天牢

宜—祭祀, 祈福, 求嗣, 上冊受封, 上表章, 襲爵受封, 會親友, 入學, 出行, 上官赴任, 臨政親民, 結婚姻, 納采問名, 嫁娶, 進人口, 解除, 沐浴, 求醫療病, 裁衣, 築隄防, 修造動土, 豎柱上梁, 修倉庫, 經絡, 醞釀, 開市, 立券, 交易, 納財, 安碓磑, 栽種, 牧養, 納畜, 破土, 安葬, 啓攢

忌—移徙, 遠迴, 開渠, 畋獵, 取魚

癸丑桑柘木伐收日 계축상자목벌수일

吉神—天恩, 益後

凶神—河魁, 五虛, 八專, 觸水龍, 元武

宜—祭祀, 進人口, 納財, 捕捉, 納畜

忌—祈福, 求嗣, 上冊受封, 上表章, 襲爵受封, 會親友, 冠帶, 出行, 上官赴任, 臨政親民, 結婚姻, 納采問名, 嫁娶, 進人口, 移徙, 安床, 解除, 求醫療病, 裁衣, 築隄防, 修造動土, 豎柱上梁, 修倉庫, 鼓鑄, 經絡, 醞釀, 開市, 立券, 交易, 納財, 開倉庫, 出貨財, 修置產室, 開渠穿井, 取魚, 乘船渡水, 破土, 安葬, 啓攢

甲寅大溪水專開日 갑인대계수전개일

吉神—陽德, 王日, 驛馬, 天后, 時陽, 生氣, 六儀, 續世, 五合, 司命, 鳴吠對

凶神—厭對, 招搖, 血忌, 八專

宜―上册受封, 上表章, 襲爵受封, 會親友, 入學, 出行, 上官赴任, 臨政親民, 移徙, 解除, 求醫療病, 裁衣, 修造動土, 豎柱上梁, 開市, 立券, 交易, 修置產室, 開渠穿井, 安碓磑, 栽種, 牧養

忌―祭祀, 結婚姻, 納采問名, 嫁娶, 針刺, 開倉庫, 出貨財, 伐木, 畋獵, 取魚, 乘船渡水

乙卯大溪水專閉日 을묘대계수전폐일

吉神―官日, 要安, 五合, 鳴吠對

凶神―月害, 天吏, 致死, 血支, 勾陳

宜―補垣塞穴

忌―祈福, 求嗣, 上策受封, 上表章, 襲爵受封, 會親友, 冠帶, 出行, 上官赴任, 臨政親民, 結婚姻, 納采問名, 嫁娶, 進人口, 移徙, 安床, 解除, 求醫療病, 療目, 針刺, 築隄防, 修造動土, 豎柱上梁, 修倉庫, 經絡, 醞釀, 開市, 立券, 交易, 納財, 開倉庫, 出貨財, 修置產室, 開渠穿井, 栽種, 牧養, 納畜, 破土, 安葬, 啓攢

丙辰沙中土寶建日 병진사중토보건일

吉神―月空, 四相, 守日, 玉宇, 青龍

凶神―月建, 小時, 土府, 月刑

宜―祭祀

忌―祈福, 求嗣, 上策受封, 上表章, 襲爵受封, 會親友, 冠帶, 出行, 上官赴任, 臨政親民, 結婚姻, 納采問名, 嫁娶, 進人口, 移徙, 安床, 解除, 剃頭, 整手足甲, 求醫療

病, 裁衣, 築隄防, 修造動土, 豎柱上梁, 修倉庫, 鼓鑄, 經絡, 醞釀, 開市, 立券, 交易, 納財, 開倉庫, 出貨財, 修置産室, 開渠穿井, 安碓磑, 補垣塞穴, 修飾垣牆, 平治道塗, 破屋壞垣, 伐木, 栽種, 牧養, 納畜, 破土, 安葬, 啓攢

丁巳沙中土專除日 정사사중토전제일

吉神―天德合, 月德合, 四相, 陰德, 相日, 吉期, 五富, 金堂, 明堂

凶神―劫煞, 五虛, 八風, 重日

宜―祭祀, 祈福, 求嗣, 上册受封, 上表章, 襲爵受封, 會親友, 上官赴任, 臨政親民, 結婚姻, 納采問名, 嫁娶, 移徙, 解除, 沐浴, 整手足甲, 裁衣, 修造動土, 豎柱上梁, 修倉庫, 經絡, 醞釀, 開市, 立券, 交易, 納財, 開倉庫, 出貨財, 掃舍宇, 栽種, 牧養, 納畜

忌―出行, 剃頭, 求醫療病, 畋獵, 取魚

戊午天上火義滿日 무오천상화의만일

吉神―時德, 民日, 天巫, 福德

凶神―災煞, 天火, 大煞, 復日, 天刑

宜―祭祀

忌―祈福, 求嗣, 上策受封, 上表章, 襲爵受封, 會親友, 冠帶, 出行, 上官赴任, 臨政親民, 結婚姻, 納采問名, 嫁娶, 進人口, 移徙, 安床, 解除, 剃頭, 整手足甲, 求醫療病, 裁衣, 築隄防, 修造動土, 豎柱上梁, 修倉庫, 鼓鑄,

苫蓋, 經絡, 醞釀, 開市, 立券, 交易, 納財, 開倉庫, 出貨財, 修置產室, 開渠穿井, 安碓磑, 補垣塞穴, 修飾垣牆, 破屋壞垣, 栽種, 牧養, 納畜, 破土, 安葬, 啓攢

己未天上火專平日 기미천상화전평일

凶神―天罡, 死神, 月煞, 月虛, 八專, 朱雀

諸事不宜.

庚申石榴木專定日 경신석류목전정일

吉神―月恩, 三合, 臨日, 時陰, 敬安, 除神, 金匱, 鳴吠

凶神―月厭, 地火, 死氣, 四廢사폐, 往亡, 五離, 八專, 孤辰, 陰錯

宜―祭祀, 沐浴, 掃舍宇

忌―祈福, 求嗣, 上册受封, 上表章, 襲爵受封, 會親友, 冠帶, 出行, 上官赴任, 臨政親民, 結婚姻, 納采問名, 嫁娶, 進人口, 移徙, 遠迴, 安床, 解除, 剃頭. 整手足甲, 求醫療病, 裁衣, 築隄防, 修造動土, 竪柱上梁, 修倉庫, 鼓鑄, 經絡, 醞釀, 開市, 立券, 交易, 納財, 開倉庫, 出貨財, 修置產室, 開渠穿井. 安碓磑, 補垣塞穴, 修飾垣牆, 平治道塗, 破屋壞垣, 伐木, 捕捉, 畋獵, 取魚, 栽種, 牧養, 納畜, 破土, 安葬, 啓攢

辛酉石榴木專執日 신유석류목전집일

吉神―六合, 普護, 除神, 寶光, 鳴吠

凶神―大時, 大敗, 咸池, 小耗, 四廢, 五虛, 土符, 五離

宜―祭祀, 沐浴, 剃頭, 整手足甲, 掃舍宇, 捕捉
忌―祈福, 求嗣, 上册受封, 上表章, 襲爵受封, 會親友, 冠帶, 出行, 上官赴任, 臨政親民, 結婚姻, 納采問名, 嫁娶, 進人口, 移徙, 安床, 解除, 求醫療病, 裁衣, 築隄防, 修造動土, 竪柱上梁, 修倉庫, 鼓鑄, 經絡, 醞釀, 開市, 立券, 交易, 納財, 開倉庫, 出貨財, 修置產室, 開渠穿井, 安碓磑, 補垣塞穴, 修飾垣牆, 平治道塗, 破屋壞垣, 取魚, 乘船渡水, 栽種, 牧養, 納畜, 破土, 安葬, 啓攢

壬戌大海水伐破日 임술대해수벌파일

吉神―天德, 月德, 天馬, 福生, 解神
凶神―月破, 大耗, 四擊, 九空, 九坎, 九焦, 白虎
宜―祭祀, 解除, 沐浴, 求醫療病, 破屋壞垣
忌―祈福, 求嗣, 上册受封, 上表章, 襲爵受封, 會親友, 冠帶, 出行, 上官赴任, 臨政親民, 結婚姻, 納采問名, 嫁娶, 進人口, 移徙, 安床, 剃頭, 整手足甲, 裁衣, 築隄防, 修造動土, 竪柱上梁, 修倉庫, 鼓鑄, 經絡, 醞釀, 開市, 立券, 交易, 納財, 開倉庫, 出貨財, 修置產室, 開渠穿井, 安碓磑, 補垣塞穴, 修飾垣牆, 伐木, 畋獵, 取魚, 乘船渡水, 栽種, 牧養, 納畜, 破土, 安葬, 啓攢

癸亥大海水專危日 계해대해수전위일

吉神―母倉, 玉堂
凶神―遊禍, 天賊, 重日

宜―沐浴
忌―祈福, 求嗣, 出行, 嫁娶, 解除, 求醫療病, 修倉庫, 開倉庫, 出貨財, 破土, 安葬, 啓攢

이상의 60간지는 월건이 진(辰)일 때의 것이니 청명(淸明)에서 곡우(穀雨) 말까지이다. 그 신살의 길흉을 용사(用事)에 따라 마땅함(宜)과 꺼림(忌)을 표로 만들어 놓았으니 활용할 것이다.

〈월표 4〉

四月	입하절 立夏節 천도서행 天道西行	맹년孟年 (寅申巳亥)			중년仲年 (子午卯酉)			계년季年 (辰戌丑未)		
		赤	碧	黃	綠	紫	黑	白	白	白
		白	白	白	碧	黃	赤	紫	黃	綠
		黑	綠	紫	白	白	白	黃	赤	碧

천덕(天德) 辛. 월덕(月德) 庚. 월공(月空) 甲. 천덕합(天德合) 丙. 월덕합(月德合) 乙 =의수조 취토(宜修造取土)
소만(小滿) 4월中 태양到 申宮 위(爲) 4월 장(將) 의용(宜用) 甲丙庚壬時
월건(月建) 巳. 월파(月破) 亥. 월염(月厭) 未. 월형(月刑) 申. 월해(月害) 寅 겁살 (劫煞) 寅. 재살(災煞) 卯. 월살(月煞) 辰. = 기수조 취토(忌修造取土)
입하(立夏) 전 1일 사절(四絶) 후 8일 왕망(住亡) 초 9일 장성(長星). 25일 단성(短星)

甲子海中金義危日 갑자해중금의위일

 吉神—月空, 天恩, 天馬, 不將

 凶神—天吏, 致死, 五虛, 白虎

 宜—會親友, 沐浴

 忌—祈福, 求嗣, 上册受封, 上表章, 襲爵受封, 冠帶, 出行,
   上官赴任, 臨政親民, 結婚姻, 納采問名, 嫁娶, 進人口,
   移徙, 安床, 解除, 求醫療病, 築隄防, 修造動土, 竪柱
   上梁, 修倉庫, 開市, 立券, 交易, 納財, 開倉庫, 出貨
   財, 修置產室, 栽種, 牧養, 納畜

乙丑海中金制成日 을축해중금제성일

 吉神—月德合, 天恩, 三合, 臨日, 天喜, 天醫, 六儀, 玉堂

凶神—厭對, 招搖, 四擊, 歸忌
宜—祭祀, 祈福, 求嗣, 上冊受封, 上表章, 襲爵受封, 會親友, 入學, 出行, 上官赴任, 臨政親民, 結婚姻, 納采問名, 嫁娶, 進人口, 解除, 求醫療病, 裁衣, 築隄防, 修造動土, 豎柱上梁, 修倉庫, 經絡, 醞釀, 開市, 立券, 交易, 納財, 安碓磑, 牧養, 納畜, 安葬
忌—冠帶, 移徙, 遠迴, 畋獵, 取魚, 栽種

丙寅鑪中火義收日 병인노중화의수일

吉神—天德合, 天恩, 母倉, 敬安, 五合, 鳴吠對
凶神—天罡, 劫煞, 月害, 土符, 復日, 天牢
宜—上冊受封, 上表章, 襲爵受封, 會親友, 出行, 上官赴任, 臨政親民, 結婚姻, 納采問名, 嫁娶, 進人口, 移徙, 解除, 裁衣, 豎柱上梁, 立券, 交易, 納財, 捕捉, 牧養, 納畜
忌—祭祀, 求醫療病, 築隄防, 修造動土, 修倉庫, 修置產室, 開渠穿井, 安碓磑, 補垣, 修飾垣牆, 平治道塗, 破屋壞垣, 畋獵, 取魚, 栽種, 破土

丁卯鑪中火義開日 정묘노중화의개일

吉神—天恩, 母倉, 陰德, 時陽, 生氣, 普護, 五合, 鳴吠對
凶神—災煞, 天火, 元武
宜—祭祀, 入學
忌—剃頭, 求醫療病, 經絡, 醞釀, 穿井, 伐木, 畋獵, 取魚

戊辰大林木專閉日 무진대림목전폐일

　　吉神—天恩, 四相, 時德, 陽德, 福生, 司命
　　凶神—月煞, 月虛, 血支, 五虛, 絶陰절음
　　諸事不宜.

己巳大林木義建日 기사대림목의건일

　　吉神—月恩, 四相, 王日
　　凶神—月建, 小時, 土府, 重日, 勾陳, 小會, 純陽순양, 陽錯
　　諸事不宜.

庚午路傍土伐除日 경오노방토벌제일

　　吉神—月德, 官日, 吉期, 聖心, 靑龍, 鳴吠
　　凶神—大時, 大敗, 咸池
　　宜—祭祀, 祈福, 求嗣, 上册受封, 上表章, 襲爵受封, 會親友, 出行, 上官赴任, 臨政親民, 結婚姻, 納采問名, 嫁娶, 移徙, 解除, 沐浴, 剃頭, 整手足甲, 求醫療病, 裁衣, 修造動土, 豎柱上梁, 修倉庫, 掃舍宇, 栽種, 牧養, 納畜, 破土, 安葬
　　忌—苫蓋, 經絡, 畋獵, 取魚

辛未路傍土義滿日 신미노방토의만일

　　吉神—天德, 守日, 天巫, 福德, 益後, 明堂
　　凶神—月厭, 地火, 九空, 九坎, 九焦, 大煞, 孤辰
　　宜—祭祀
　　忌—冠帶, 出行, 上官赴任, 臨政親民, 結婚姻, 納采問名,

嫁娶, 移徙, 遠迴, 求醫療病, 鼓鑄, 醞釀, 補垣塞穴, 伐木, 畋獵, 取魚, 乘船渡水, 栽種

壬申劍鋒金義平日 임신검봉금의평일

吉神—相日, 六合, 五富, 續世, 除神, 鳴吠
凶神—河魁, 死神, 月刑, 遊禍, 五虛, 血忌, 五離, 天刑
宜—祭祀, 沐浴, 掃舍宇, 平治道塗
忌—祈福, 求嗣, 上冊受封, 上表章, 出行, 安床, 解除, 求醫療病, 針刺, 裁衣, 築隄防, 修造動土, 豎柱上梁, 修倉庫, 鼓鑄, 修置產室, 開渠穿井, 安碓磑, 補垣塞穴, 破屋壞垣

癸酉劍鋒金義定日 계유검봉금의정일

吉神—民日, 三合, 時陰시음, 要安, 除神, 鳴吠
凶神—死氣, 五離, 朱雀
宜—襲爵受封, 冠帶, 出行, 上官赴任, 臨政親民, 結婚姻, 納采問名, 嫁娶, 進人口, 移徙, 沐浴, 剃頭, 整手足甲, 裁衣, 修造動土, 豎柱上梁, 修倉庫, 經絡, 醞釀, 開市, 立券, 交易, 納財, 安碓磑, 掃舍宇, 牧養, 納畜, 破土, 安葬
忌—會親友, 解除, 求醫療病, 修置產室, 栽種

甲戌山頭火制執日 갑술산두화제집일

吉神—月空, 不將, 玉宇, 解神, 金匱
凶神—小耗, 天賊

宜—上表章, 嫁娶, 解除, 沐浴, 剃頭, 整手足甲, 求醫療病, 捕捉

忌—出行, 修倉庫, 開市, 立券, 交易, 納財, 開倉庫, 出貨財

乙亥山頭火義破日 을해산두화의파일

吉神—月德合, 驛馬, 天后, 天倉, 不將, 金堂, 寶光

凶神—月破, 大耗, 往亡, 重日

宜—祭祀, 解除, 沐浴, 破屋壞垣

忌—祈福, 求嗣, 上冊受封, 上表章, 襲爵受封, 會親友, 冠帶, 出行, 上官赴任, 臨政親民, 結婚姻, 納采問名, 嫁娶, 進人口, 移徙, 安床, 剃頭, 整手足甲, 求醫療病, 裁衣, 築隄防, 修造動土, 竪柱上梁, 修倉庫, 鼓鑄, 經絡, 醞醸, 開市, 立券, 交易, 納財, 開倉庫, 出貨財, 修置産室, 開渠穿井, 安碓磑, 補垣塞穴, 修飾垣牆, 伐木, 捕捉, 畋獵, 取魚, 栽種, 牧養, 納畜, 破土, 安葬. 啓攢

丙子澗下水伐危日 병자간하수벌위일

吉神—天德合, 天馬, 不將, 鳴吠對

凶神—天吏, 致死, 四忌, 七鳥, 五虛, 復日, 觸水龍, 白虎

宜—祭祀, 祈福, 求嗣, 上冊受封, 上表章, 襲爵受封, 會親友, 出行, 上官赴任, 臨政親民, 移徙, 安床, 解除, 沐浴, 裁衣, 修造動土, 竪柱上梁, 修倉庫, 栽種, 牧養, 納畜

忌—結婚姻, 納采問名, 嫁娶, 求醫療病, 畋獵, 取魚, 乘船渡水, 安葬

丁丑澗下水寶成日 정축간하수보성일

吉神—三合, 臨日, 天喜, 天醫, 六儀, 玉堂

凶神—厭對, 招搖, 四擊, 歸忌

宜—上冊受封, 上表章, 襲爵受封, 會親友, 入學, 出行, 上官赴任, 臨政親民, 結婚姻, 納采問名, 進人口, 求醫療病, 裁衣, 築隄防, 修造動土, 豎柱上梁, 修倉庫, 經絡, 醞釀, 開市, 立券, 交易, 納財, 納畜

忌—冠帶, 嫁娶, 移徙, 遠迴, 剃頭, 取魚, 乘船渡水

戊寅城頭土伐收日 무인성두토벌수일

吉神—母倉, 四相, 敬安, 五合

凶神—天罡, 劫煞, 月害, 土符, 天牢

宜—捕捉

忌—祭祀, 祈福, 求嗣, 上冊受封, 上表章, 襲爵受封, 會親友, 冠帶, 出行, 上官赴任, 臨政親民, 結婚姻, 納采問名, 嫁娶, 進人口, 移徙, 安床, 解除, 剃頭, 整手足甲, 求醫療病, 裁衣, 築隄防, 修造動土, 豎柱上梁, 修倉庫, 鼓鑄, 經絡, 醞釀, 開市, 立券, 交易, 納財, 開倉庫, 出貨財, 修置產室, 開渠穿井, 安碓磑, 補垣塞穴, 修飾垣牆, 平治道塗, 破屋壞垣, 栽種, 牧養, 納畜, 破土, 安葬, 啓攢

己卯城頭土伐開日 기묘성두토벌개일

吉神—天恩, 母倉, 月恩, 四相, 陰德, 時陽, 生氣, 普護, 五合

凶神—災煞, 天火, 地囊, 元武
宜—祭祀, 入學
忌—求醫療病, 築隄防, 修造動土, 修倉庫, 修置產室, 開渠穿井, 安碓磑, 補垣, 修飾垣牆, 平治道塗, 破屋壞垣, 伐木, 畋獵, 取魚, 栽種, 破土, 安葬, 啓攢

庚辰白鑞金義閉日 경진백랍금의폐일

吉神—月德, 天恩, 時德, 陽德, 福生, 司命
凶神—月煞, 月虛, 血支, 五虛
宜—祭祀
忌—祈福, 求嗣, 上冊受封, 上表章, 襲爵受封, 會親友, 冠帶, 出行, 上官赴任, 臨政親民, 結婚姻, 納采問名, 嫁娶, 進人口, 移徙, 安床, 解除, 剃頭, 整手足甲, 求醫療病, 療目, 針刺, 裁衣, 築隄防, 修造動土, 豎柱上梁, 修倉庫, 鼓鑄, 經絡, 醞釀, 開市, 立券, 交易, 納財, 開倉庫, 出貨財, 修置產室, 開渠穿井, 安碓磑, 補垣塞穴, 修飾垣牆, 破屋壞垣, 畋獵, 取魚, 栽種, 牧養, 納畜, 破土, 安葬, 啓攢

辛巳白鑞金伐建日 신사백랍금벌건일

吉神—天德, 天恩, 王日
凶神—月建, 小時, 土府, 重日, 勾陳
宜—祭祀, 祈福, 求嗣, 上冊受封, 上表章, 襲爵受封, 會親友, 上官赴任, 臨政親民, 結婚姻, 納采問名, 嫁娶, 移徙, 解除, 求醫療病, 裁衣, 豎柱上梁, 牧養, 納畜

忌—出行, 築隄防, 修造動土, 修倉庫, 醞釀, 修置産室, 開
　　渠穿井, 安碓磑, 補垣, 修飾垣牆, 平治道塗, 破屋壞垣,
　　伐木, 畋獵, 取魚, 栽種, 破土

壬午楊柳木制除日 임오양류목제제일

吉神—天恩, 官日, 吉期, 聖心, 青龍, 鳴吠
凶神—大時, 大敗, 咸池
宜—祭祀, 祈福, 襲爵受封, 會親友, 出行, 上官赴任, 臨政
　　親民, 解除, 沐浴, 剃頭, 整手足甲, 求醫療病, 掃舍宇,
　　破土, 安葬
忌—苫蓋, 開渠

癸未陽柳木伐滿日 계미양류목벌만일

吉神—天恩, 守日, 天巫, 福德, 益後, 明堂
凶神—月厭, 地火, 九空, 九坎, 九焦, 大煞, 觸水龍, 孤辰
宜—祭祀
忌—祈福, 求嗣, 上冊受封, 上表章, 襲爵受封, 會親友, 冠
　　帶, 出行, 上官赴任, 臨政親民, 結婚姻, 納采問名, 嫁
　　娶, 進人口, 移徙, 遠迴, 安床, 解除, 剃頭, 整手足甲,
　　求醫療病, 裁衣, 築隄防, 修造動土, 豎柱上梁, 修倉庫,
　　鼓鑄, 經絡, 醞釀, 開市, 立券, 交易, 納財, 開倉庫, 出
　　貨財, 修置産室, 開渠穿井. 安碓磑, 補垣塞穴, 修飾垣
　　牆, 平治道塗, 破屋壞垣, 伐木, 取魚, 乘船渡水, 栽種,
　　牧養, 納畜, 破土, 安葬, 啓攢

甲申井泉水伐平日 갑신정천수벌평일

吉神―月空, 相日, 六合, 五富, 不將, 續世, 除神, 鳴吠

凶神―河魁, 死神, 月刑, 遊禍, 五虛, 八風, 血忌, 五離, 天刑

宜―祭祀, 沐浴, 掃舍宇, 平治道塗

忌―祈福, 求嗣, 出行, 安床, 解除, 求醫療病, 針刺, 裁衣, 築隄防, 修造動土, 豎柱上梁, 修倉庫, 鼓鑄, 開倉庫, 出貨財, 修置產室, 開渠穿井, 安碓磑, 補垣塞穴, 破屋壞垣, 取魚, 乘船渡水

乙酉井泉水伐定日 을유정천수벌정일

吉神―月德合, 民日, 三合, 時陰, 不將, 要安, 除神, 鳴吠

凶神―死氣, 五離, 朱雀

宜―祭祀, 祈福, 求嗣, 上冊受封, 上表章, 襲爵受封, 冠帶, 出行, 上官赴任, 臨政親民, 結婚姻, 納采問名, 嫁娶, 進人口, 移徙, 解除, 沐浴, 剃頭, 整手足甲, 裁衣, 修造動土, 豎柱上梁, 修倉庫, 經絡, 醞釀, 開市, 立券, 交易, 納財, 安碓磑, 掃舍宇, 牧養, 納畜, 破土, 安葬

忌―會親友, 求醫療病, 畋獵, 取魚, 栽種

丙戌屋上土寶執日 병술옥상토보집일

吉神―天德合, 不將, 玉宇, 解神, 金匱

凶神―小耗, 天賊, 五墓, 復日

宜―祭祀, 祈福, 求嗣, 上冊受封, 上表章, 襲爵受封, 會親友, 沐浴, 剃頭, 整手足甲, 裁衣, 捕捉

忌―冠帶, 出行, 上官赴任, 臨政親民, 結婚姻, 納采問名, 嫁娶, 進人口, 移徙, 安床, 解除, 求醫療病, 修造動土, 竪柱上梁, 修倉庫, 開市, 立券, 交易, 開倉庫, 出貨財, 修置産室, 畋獵, 取魚, 栽種, 牧養, 納畜, 破土, 安葬, 啓攢

丁亥屋上土伐破日 정해옥상토벌파일

吉神―驛馬, 天后, 天倉, 不將, 金堂, 寶光

凶神―月破, 大耗, 四窮사궁, 七鳥칠조, 往亡, 重日

宜―沐浴, 破屋壞垣

忌―祈福, 求嗣, 上册受封, 上表章, 襲爵受封, 會親友, 冠帶, 出行, 上官赴任, 臨政親民, 結婚姻, 納采問名, 嫁娶, 進人口, 移徙, 安床, 剃頭, 整手足甲, 求醫療病, 裁衣, 築隄防, 修造動土, 竪柱上梁, 修倉庫, 鼓鑄, 經絡, 醞釀, 開市, 立券, 交易, 納財, 開倉庫, 出貨財, 修置産室, 開渠穿井, 安碓磑, 捕垣塞穴, 修飾垣牆, 伐木, 捕捉, 畋獵, 取魚, 栽種, 牧養, 納畜, 破土, 安葬. 啓攢

戊子霹靂火制危日 무자벽력화제위일

吉神―四相, 天馬, 不將

凶神―天吏, 致死, 五虛, 白虎

宜―祭祀, 會親友, 沐浴, 裁衣

忌―祈福, 求嗣, 上册受封, 上表章, 襲爵受封, 冠帶, 出行, 上官赴任, 臨政親民, 結婚姻, 納采問名, 嫁娶, 進人口, 移徙, 安床, 解除, 求醫療病, 築隄防, 修造動土, 竪柱上梁, 修倉庫, 開市, 立券, 交易, 納財, 開倉庫, 出貨

財, 修置産室, 栽種, 牧養, 納畜

己丑霹靂火專成日 기축벽력화전성일

吉神―月恩, 四相, 三合, 臨日, 天喜, 天醫, 六儀, 玉堂

凶神―厭對, 招搖, 四擊, 歸忌

宜―祭祀, 祈福, 求嗣, 上冊受封, 上表章, 襲爵受封, 會親友, 入學, 出行, 上官赴任, 臨政親民, 結婚姻, 納采問名, 進人口, 解除, 求醫療病, 裁衣, 築隄防, 修造動土, 豎柱上梁, 修倉庫, 經絡, 醞釀, 開市, 立券, 交易, 納財, 開倉庫, 出貨財, 安碓磑, 栽種, 牧養, 納畜

忌―冠帶, 嫁娶, 移徙, 遠迴, 取魚, 乘船渡水

庚寅松柏木制收日 경인송백목제수일

吉神―月德, 母倉, 敬安, 五合, 鳴吠對

凶神―天罡, 劫煞, 月害, 土符, 天牢

宜―上冊受封, 上表章, 襲爵受封, 會親友, 出行, 上官赴任, 臨政親民, 結婚姻, 納采問名, 嫁娶, 進人口, 移徙, 解除, 裁衣, 豎柱上梁, 立券, 交易, 納財, 捕捉, 牧養, 納畜, 安葬, 啓攢

忌―祭祀, 求醫療病, 築隄防, 修造動土, 修倉庫, 經絡, 修置産室, 開渠穿井, 安碓磑, 補垣, 修飾垣牆, 平治道塗, 破屋壞垣, 畋獵, 取魚, 栽種, 破土

辛卯松柏木制開日 신묘송백목제개일

吉神―天德, 母倉, 陰德, 時陽, 生氣, 普護, 五合, 鳴吠對

凶神―災煞, 天火, 元武
宜―祭祀, 祈福, 求嗣, 上冊受封, 上表章, 襲爵受封, 會親友, 入學, 出行, 上官赴任, 臨政親民, 結婚姻, 納采問名, 嫁娶, 移徙, 解除, 裁衣, 修造動土, 豎柱上梁, 修倉庫, 開市, 立券, 交易, 納財, 修置產室, 安碓磴, 栽種, 牧養, 納畜
忌―求醫療病, 醞釀, 豎柱上梁, 伐木, 畋獵, 取魚

壬辰長流水伐閉日 임진장류수벌폐일

吉神―時德, 陽德, 福生, 司命
凶神―月煞, 月虛, 血支, 五虛
諸事不宜.

癸巳長流水制建日 계사장류수제건일

吉神―王日
凶神―月建, 小時, 土府, 重日, 勾陳
宜―襲爵受封, 會親友, 上官赴任, 臨政親民, 裁衣
忌―祈福, 求嗣, 上冊受封, 上表章, 出行, 結婚姻, 納采問名, 解除, 剃頭, 整手足甲, 求醫療病, 築隄防, 修造動土, 豎柱上梁, 修倉庫, 開倉庫, 出貨財, 修置產室, 開渠穿井, 安碓磴, 補垣, 修飾垣牆, 平治道塗, 破屋壞垣, 伐木, 栽種, 破土, 安葬, 啓攢

甲午砂石金寶除日 갑오사석금보제일

吉神―月空, 天赦, 官日, 吉期, 聖心, 靑龍, 鳴吠

凶神—大時, 大敗, 咸池
宜—祭祀, 祈福, 求嗣, 上册受封, 上表章, 襲爵受封, 會親友, 出行, 上官赴任, 臨政親民, 結婚姻, 納采問名, 嫁娶, 移徙, 解除, 沐浴, 剃頭, 整手足甲, 求醫療病, 裁衣, 修造動土, 竪柱上梁, 掃舍宇, 栽種, 牧養, 納畜, 破土, 安葬
忌—苫蓋, 開倉庫, 出貨財, 畋獵, 取魚

乙未砂石金制滿日 을미사석금제만일

吉神—月德合, 守日, 天巫, 福德, 益後, 明堂
凶神—月厭, 地火, 九空, 九坎, 九焦, 大煞, 行狠
宜—祭祀
忌—冠帶, 出行, 上官赴任, 臨政親民, 結婚姻, 納采問名, 嫁娶, 移徙, 遠迴, 求醫療病, 鼓鑄, 補垣塞穴, 伐木, 畋獵, 取魚, 乘船渡水, 栽種

丙申山下火制平日 병신산하화제평일

吉神—天德合, 天願, 相日, 六合, 五富, 不將, 續世, 除神, 鳴吠
凶神—河魁, 死神, 月刑, 遊禍, 五虛, 血忌, 復日, 五離, 天刑
宜—祭祀, 上册受封, 上表章, 襲爵受封, 會親友, 出行, 上官赴任, 臨政親民, 結婚姻, 納采問名, 嫁娶, 進人口, 移徙, 沐浴, 剃頭, 整手足甲, 裁衣, 修造動土, 竪柱上梁, 修倉庫, 經絡, 醞釀, 開市, 立券, 交易, 納財, 開倉

庫, 出貨財, 掃舍宇, 修飾垣牆, 平治道塗, 栽種, 牧養, 納畜

丁酉山下火制定日 정유산하화제정일
吉神―民日, 三合, 時陰, 不將, 要安, 除神, 鳴吠
凶神―死氣, 五離, 朱雀
宜―襲爵受封, 冠帶, 出行, 上官赴任, 臨政親民, 結婚姻, 納采問名, 嫁娶, 進人口, 移徙, 沐浴, 整手足甲, 裁衣, 修造動土, 竪柱上梁, 修倉庫, 經絡, 醞釀, 開市, 立券, 交易, 納財, 安碓磑, 掃舍宇, 牧養, 納畜, 破土, 安葬
忌―會親友, 解除, 剃頭, 求醫療病, 修置産室, 栽種

戊戌平地木專執日 무술평지목전집일
吉神―四相, 不將, 玉宇, 解神, 金匱
凶神―小耗, 天賊
宜―祭祀, 祈福, 求嗣, 上表章, 襲爵受封, 會親友, 上官赴任, 臨政親民, 結婚姻. 納采問名, 嫁娶, 移徙, 解除, 沐浴, 剃頭, 整手足甲, 求醫療病, 裁衣, 修造動土, 竪柱上梁, 捕捉, 栽種, 牧養
忌―出行, 修倉庫, 開市, 立券, 交易, 納財, 開倉庫, 出貨財

己亥平地木制破日 기해평지목제파일
吉神―月恩, 四相, 驛馬, 天后, 天倉, 金堂, 寶光
凶神―月破, 大耗, 往亡, 重日
宜―祭祀, 解除, 沐浴, 破屋壞垣

忌―祈福, 求嗣, 上册受封, 上表章, 襲爵受封, 會親友, 冠帶, 出行, 上官赴任, 臨政親民, 結婚姻, 納采問名, 嫁娶, 進人口, 移徙, 安床, 剃頭, 整手足甲, 求醫療病, 裁衣, 築隄防, 修造動土, 竪柱上梁, 修倉庫, 鼓鑄, 經絡, 醞釀, 開市, 立券, 交易, 納財, 開倉庫, 出貨財, 修置産室, 開渠穿井, 安碓磑, 補垣塞穴, 修飾垣牆, 伐木, 捕捉, 畋獵, 取魚, 栽種, 牧養, 納畜, 破土, 安葬, 啓攢

庚子壁上土寶危日 경자벽상토보위일

吉神―月德, 天馬, 鳴吠對

凶神―天吏, 致死, 五虛, 白虎

宜―祭祀, 祈福, 求嗣, 上册受封, 上表章, 襲爵受封, 會親友, 出行, 上官赴任, 臨政親民, 結婚姻, 納采問名, 嫁娶, 移徙, 安床, 解除, 沐浴, 裁衣, 修造動土, 竪柱上梁, 修倉庫, 栽種, 牧養, 納畜, 破土, 安葬, 啓攢

忌―求醫療病, 經絡, 畋獵, 取魚

辛丑壁上土義成日 신축벽상토의성일

吉神―天德, 三合, 臨日, 天喜, 天醫, 六儀, 玉堂

凶神―厭對, 招搖, 四擊, 歸忌

宜―祭祀, 祈福, 求嗣, 上册受封, 上表章, 襲爵受封, 會親友, 入學, 出行, 上官赴任, 臨政親民, 結婚姻, 納采問名, 嫁娶, 進人口, 解除, 求醫療病, 裁衣, 築隄防, 修造動土, 竪柱上梁, 修倉庫, 經絡, 開市, 立券, 交易, 納財, 安碓磑, 栽種, 牧養, 納畜, 安葬

忌―冠帶, 移徙, 遠迴, 醞釀, 畋獵, 取魚

壬寅金箔金寶收日 임인금박금보수일

　　吉神―母倉, 敬安, 五合, 鳴吠對
　　凶神―天罡, 劫煞, 月害, 土符, 天牢
　　宜―捕捉
　　忌―祭祀, 祈福, 求嗣, 上冊受封, 上表章, 襲爵受封, 會親
　　　　友, 冠帶, 出行, 上官赴任, 臨政親民, 結婚姻, 納采問
　　　　名, 嫁娶, 進人口, 移徙, 安床, 解除, 剃頭. 整手足甲,
　　　　求醫療病, 裁衣, 築隄防, 修造動土, 竪柱上梁, 修倉庫,
　　　　鼓鑄, 經絡, 醞釀, 開市, 立券, 交易, 納財, 開倉庫, 出
　　　　貨財, 修置產室, 開渠穿井, 安碓磑, 補垣塞穴, 修飾垣
　　　　牆, 平治道塗, 破屋壞垣, 栽種, 牧養, 納畜, 破土, 安
　　　　葬, 啓攢

癸卯金箔金寶開日 계묘금박금보개일

　　吉神―母倉, 陰德, 時陽, 生氣, 普護, 五合, 鳴吠對
　　凶神―災煞, 天火, 元武
　　宜―祭祀, 入學
　　忌―求醫療病, 經絡, 醞釀, 穿井, 伐木, 畋獵, 取魚

甲辰覆燈火制閉日　갑진복등화제폐일

　　吉神―月空, 時德, 陽德, 福生, 司命
　　凶神―月煞, 月虛, 血支, 五虛, 八風
　　諸事不宜.

乙巳覆燈火寶建日 을사복등화보건일

吉神—月德合, 王日

凶神—月建, 小時, 土府, 重日, 勾陳

宜—祭祀, 祈福, 求嗣, 上册受封, 上表章, 襲爵受封, 會親友, 上官赴任, 臨政親民, 結婚姻, 納采問名, 嫁娶, 移徙, 解除, 求醫療病, 裁衣, 豎檢上梁, 牧養, 納畜

忌—出行, 築隄防, 修造動土, 修倉庫, 修置產室, 開渠穿井, 安碓磑, 補垣, 修飾垣牆, 平治道塗, 破屋壞垣, 伐木, 畋獵, 取魚, 栽種, 破土

丙午天河水專除日 병오천하수전제일

吉神—天德合, 官日, 吉期, 聖心, 青龍, 鳴吠

凶神—大時, 大敗, 咸池, 復日, 歲薄

宜—祭祀, 沐浴, 掃舍宇

忌—祈福, 求嗣, 上册受封, 上表章, 襲爵受封, 冠帶, 出行, 上官赴任, 臨政親民, 結婚姻, 納采問名, 嫁娶, 進人口, 移徙, 安床, 解除, 求醫療病, 築隄防, 修造動土, 豎柱上梁, 修倉庫, 苫蓋, 開市, 立券, 交易, 納財, 開倉庫, 出貨財, 修置產室, 畋獵, 取魚, 乘船渡水, 栽種, 牧養, 納畜, 破土, 安葬, 啓攢

丁未天河水寶滿日 정미천하수보만일

吉神—守日, 天巫, 福德, 益後, 明堂

凶神—月厭, 地火, 九空, 九坎, 九焦, 大煞, 八專, 了戾요려, 陰錯

宜―祭祀,
忌―祈福, 求嗣, 上册受封, 上表章, 襲爵受封, 會親友, 冠帶, 出行, 上官赴任, 臨政親民, 結婚姻, 納采問名, 嫁娶, 進人口, 移徙, 遠廻, 安床, 解除, 剃頭, 整手足甲, 求醫療病, 裁衣, 築隄防, 修造動土, 竪柱上梁, 修倉庫, 鼓鑄, 經絡, 醞釀, 開市, 立券, 交易, 納財, 開倉庫, 出貨財, 修置產室, 開渠穿井, 安碓磑, 補垣塞穴, 修飾垣牆, 平治道塗, 破屋壞垣, 伐木, 取魚, 乘船渡水, 栽種, 牧養, 納畜, 破土, 安葬, 啓攢

戊申大驛土寶平日 무신대역토보평일

吉神―四相, 相日, 六合, 五富, 不將, 續世, 除神
凶神―河魁, 死神, 月刑, 遊禍, 五虛, 血忌, 五離, 天刑
宜―祭祀, 沐浴, 掃舍宇, 平治道塗
忌―祈福, 求嗣, 上册受封, 上表章, 安床, 求醫療病, 針刺

己酉大驛土寶定日 기유대역토보정일

吉神―天恩, 月恩, 四相, 民日, 三合, 時陰, 要安, 除神, 鳴吠
凶神―死氣, 地囊, 五離, 朱雀
宜―祭祀, 祈福, 求嗣, 襲爵受封, 冠帶, 出行, 上官赴任, 臨政親民, 結婚姻, 納采問名, 嫁娶, 進人口, 移徙, 沐浴, 剃頭, 整手足甲, 裁衣, 竪柱上梁, 經絡, 醞釀, 開市, 立券, 交易, 納財, 開倉庫, 出貨財, 掃舍宇, 牧養, 納畜, 安葬
忌―會親友, 解除, 求醫療病, 築隄防, 修造動土, 修倉庫, 修置產室, 開渠穿井, 安碓磑, 補垣, 修飾垣牆, 平治道塗, 破屋壞垣, 栽種, 破土

庚戌釵釧金義執日 경술차천금의집일

　吉神—月德, 天恩, 玉宇, 解神, 金匱

　凶神—小耗, 天賊

　宜—祭祀, 祈福, 求嗣, 上冊受封, 上表章, 襲爵受封, 會親
　　　友, 上官越任, 臨政親民, 結婚姻, 納采問名, 嫁娶, 移
　　　徙, 解除, 沐浴, 剃頭, 整手足甲, 求醫療病, 裁衣, 修造
　　　動土, 豎柱上梁, 捕捉, 栽種, 牧養, 納畜, 安葬

　忌—出行, 修倉庫, 經絡, 開倉庫, 出貨財, 畋獵, 取魚

辛亥釵釧金寶破日 신해차천금보파일

　吉神—天德, 天恩, 驛馬, 天后, 天倉, 金堂, 寶光

　凶神—月破, 大耗, 往亡, 重日

　宜—祭祀, 解除, 沐浴, 破屋壞垣

　忌—祈福, 求嗣, 上冊受封, 上表章, 襲爵受封, 會親友, 冠
　　　帶, 出行, 上官赴任, 臨政親民, 結婚姻, 納采問名, 嫁
　　　娶, 進人口, 移徙, 安床, 剃頭, 整手足甲, 求醫療病, 裁
　　　衣, 築隄防, 修造動土, 豎柱上梁, 修倉庫, 鼓鑄, 經絡,
　　　醞釀, 開市, 立券, 交易, 納財, 開倉庫, 出貨財, 修置產
　　　室, 開渠穿井, 安碓磑, 補垣塞穴, 修飾垣牆, 伐木, 捕
　　　捉, 畋獵, 取魚, 栽種, 牧養, 納畜, 破土, 安葬, 啓攢

壬子桑柘木專危日 임자상자수전위일

　吉神—天恩, 天馬, 鳴吠對

　凶神—天吏, 致死, 四廢, 五虛, 白虎

　宜—沐浴

忌―祈福, 求詞, 上冊受封, 上表章, 襲爵受封, 會親友, 冠帶, 出行, 上官赴任, 臨政親民, 結婚姻, 納采問名, 嫁娶, 進人口, 移徙, 安床, 解除, 求醫療病, 裁衣, 築隄防, 修造動土, 豎柱上梁, 修倉庫, 鼓鑄, 經絡, 醞釀, 開市, 立券. 交易, 納財, 開倉庫, 出貨財, 修置產室, 開渠穿井, 安碓磑, 補垣塞穴, 修飾垣牆, 栽種, 牧養, 納畜, 破土, 安葬, 啓攢

癸丑桑柘木伐成日 계축상자목벌성일

吉神―天恩, 三合, 臨日, 天喜, 天醫, 六儀, 玉堂

凶神―厭對, 招搖, 四擊, 歸忌, 八專, 觸水龍

宜―上冊受封, 上表章, 襲爵受封, 會親友, 入學, 出行, 上官赴任, 臨政親民, 進人口, 求醫療病, 裁衣, 築隄防, 修造動土, 豎柱上梁, 修倉庫, 經絡, 醞釀, 開市, 立券, 交易, 納財, 安碓磑, 納畜

忌―冠帶, 結婚姻, 納采問名, 嫁娶, 移徙, 遠迴, 取魚, 乘船渡水

甲寅大溪水專收日 갑인대계수전수일

吉神―月空, 母倉, 敬安, 五合, 鳴吠對

凶神―天罡, 劫煞, 月害, 土符, 八專, 天牢

宜―捕捉

忌―祭祀, 祈福, 求嗣, 上冊受封, 上表章, 襲爵受封, 會親友, 冠帶, 出行, 上官赴任, 臨政親民, 結婚姻, 納采問名, 嫁娶, 進人口, 移徙, 安床, 解除, 剃頭, 整手足甲, 求醫療病, 裁衣, 築隄防, 修造動土, 豎柱上梁, 修倉庫, 鼓鑄, 經絡,

醞釀, 開市, 立券, 交易, 納財, 開倉庫, 出貨財, 修置產室, 開渠穿井, 安碓磑, 補垣塞穴, 修飾垣牆, 平治道塗, 破屋壞垣, 栽種, 牧養, 納畜, 破土, 安葬, 啓攢

乙卯大溪水專開日 을묘대계수전개일

吉神―月德合, 母倉, 陰德, 時陽, 生氣, 普護, 五合, 鳴吠對

凶神―災煞, 天火, 四耗, 元武

宜―祭祀, 祈福, 求嗣, 上册受封, 上表章, 襲爵受封, 會親友, 入學, 出行, 上官赴任, 臨政親民, 結婚姻, 納采問名, 嫁娶, 移徙, 解除, 裁衣, 修造動土, 竪柱上梁, 修倉庫, 開市, 立券, 交易, 納財, 修置產室, 安碓磑, 牧養, 納畜

忌―求醫療病, 穿井, 伐木, 畋獵, 取魚, 栽種

丙辰沙中土寶閉日 병진사중토보폐일

吉神―天德合, 時德, 陽德, 福生, 司命

凶神―月黨, 月虛, 血支, 五虛, 復日

宜―祭祀

忌―祈福, 求嗣, 上册受封, 上表章, 襲爵受封, 會親友, 冠帶, 出行, 上官赴任, 臨政親民, 結婚姻, 納采問名, 嫁娶, 進人口, 移徙, 安床, 解除, 剃頭, 整手足甲, 求醫療病, 療目, 針刺, 裁衣, 築隄防, 修造動土, 竪柱上梁, 修倉庫, 鼓鑄, 經絡, 醞釀, 開市, 立券, 交易, 納財, 開倉庫, 出貨財, 修置產室, 開渠穿井, 安碓磑, 補垣塞穴, 修飾垣牆, 破屋壞垣, 畋獵, 取魚, 栽種, 牧養, 納畜, 破土, 安葬, 啓攢

丁巳沙中土專建日 정사사중토전건일

吉神―王日

凶神―月建, 小時, 土府, 重日, 勾陳, 陽錯

宜―襲爵受封, 會親友, 上官赴任, 臨政親民, 裁衣

忌―祈福, 求嗣, 上冊受封, 上表章, 出行, 結婚姻, 納采問名, 解除, 剃頭, 整手足甲, 求醫療病, 築隄防, 修造動土, 竪柱上梁, 修倉庫, 開倉庫, 出貨財, 修置産室, 開渠穿井, 安碓磑, 補垣, 修飾垣牆, 平治道塗, 破屋壞垣, 伐木, 栽種, 破土, 安葬, 啓攢

戊午天上火義除日 무오천상화의제일

吉神―四相, 官日, 吉期, 聖心, 青龍

凶神―大時, 大敗, 咸池, 歲薄 세박

宜―祭祀, 沐浴, 掃舍宇

忌―祈福, 求嗣, 上冊受封, 上表章, 襲爵受封, 冠帶, 出行, 上官赴任, 臨政親民, 結婚姻, 納采問名, 嫁娶, 進人口, 移徙, 安床, 解除, 求醫療病, 裁衣, 築隄防, 修造動土, 竪柱上梁, 修倉庫, 苫蓋, 開市, 立券, 交易, 納財, 開倉庫. 出貨財, 修置産室, 取魚, 乘船渡水, 栽種, 牧養, 納畜

己未天上火專滿日 기미천상화전만일

吉神―月恩, 四相, 守日, 天巫, 福德, 益後, 明堂

凶神―月厭, 地火, 九空, 九坎, 九焦, 大煞, 八專, 孤辰, 陰錯

宜―祭祀

忌―祈福, 求嗣, 上冊受封, 上表章, 襲爵受封, 會親友, 冠

帶, 出行, 上官赴任, 臨政親民, 結婚姻, 納采問名, 嫁娶, 進人口, 移徙, 遠迴, 安床, 解除, 剃頭, 整手足甲, 求醫療病, 裁衣, 築隄防, 修造動土, 豎柱上梁, 修倉庫, 鼓鑄, 經絡, 醞釀, 開市, 立券, 交易, 納財, 開倉庫, 出貨財, 修置產室, 開渠穿井, 安碓磑, 補垣塞穴, 修飾垣牆, 平治道塗, 破屋壞垣, 伐木, 取魚, 乘船渡水, 栽種, 牧養, 納畜, 破土, 安葬, 啓攢

庚申石榴木專平日 경신석류목전평일

吉神—月德, 相日, 六合, 五富, 續世, 除神, 鳴吠

凶神—河魁, 死神, 月刑, 遊禍, 五虛, 血忌, 五離, 八專, 天刑

宜—祭祀, 上册受封, 上表章, 襲爵受封, 會親友, 出行, 上官赴任, 臨政親民, 進人口, 移徙, 沐浴, 剃頭, 整手足甲, 裁衣, 修造動土, 豎柱上梁, 修倉庫, 醞釀, 開市, 立券, 交易, 納財, 開倉庫, 出貨財, 掃舍宇, 修飾垣牆, 平治道塗, 栽種, 牧養, 納畜, 破土, 安葬

忌—祈福, 求嗣, 結婚姻, 納采問名, 嫁娶, 安床, 解除, 求醫療病, 針刺, 經絡, 畋獵, 取魚

辛酉石榴木專定日 신유석류목전정일

吉神—天德, 民日, 三合, 時陰, 要安, 除神, 鳴吠

凶神—死氣, 五離, 朱雀

宜—祭祀, 祈福, 求嗣, 上册受封, 上表章, 襲爵受封, 冠帶, 出行, 上官赴任, 臨政親民, 結婚姻, 納采問名, 嫁娶, 進人口, 移徙, 解除, 沐浴, 剃頭, 整手足甲, 裁衣, 修造動土, 豎柱上梁, 修倉庫, 經絡, 開市, 立券, 交易, 納

財, 安碓磑, 掃舍宇, 栽種, 牧養, 納畜, 破土, 安葬
　　忌―會親民, 求醫療病, 醞釀, 畋獵, 取魚

壬戌大海水伐執日 임술대해수벌집일
　　吉神―玉宇, 解神, 金匱
　　凶神―小耗, 天賊
　　宜―上表章, 解除, 沐浴, 剃頭, 整手足甲, 求醫療病, 捕捉
　　忌―出行, 修倉庫, 開市, 立券, 交易, 納財, 開倉庫, 出貨
　　　　財, 開渠

癸亥大海水專破日 계해대해수전파일
　　吉神―驛馬, 天后, 天倉, 金堂, 寶光
　　凶神―月破, 大耗, 四廢, 往亡, 重日, 陰陽交破
　　諸事不宜.

　　이상의 60간지는 월건이 묘(卯)일 때의 것이니, 경칩(驚蟄)에서 춘분(春分) 말까지다. 그 신살의 길흉을 용사(用事)에 따라 마땅함(宜)과 꺼림(忌)을 표로 만들어 놓았으니 활용할 것이다.

〈월표 5〉

五月 망종절芒種節 천도서북행天道西北行	맹년孟年 (寅申巳亥)			중년仲年 (子午卯酉)			계년季年 (辰戌丑未)		
	白	黑	綠	碧	白	白	紫	黃	赤
	黃	赤	紫	黑	綠	白	白	白	碧
	白	碧	白	赤	紫	黃	綠	白	黑

천덕(天德) 乾. 월덕(月德) 丙. 월공(月空) 壬. =의수조 취토(宜修造取土) 천덕합(天德合) 辛. 월덕합(月德合) 乙
하지(夏至) 5월中 태양到 未宮 위(爲) 5월 장(將) 의용(宜用) 艮巽坤乾時
월건(月建) 午. 월파(月破) 子. 월염(月厭) 午. 월형(月刑) 午. 월해(月害) 丑 겁살(劫煞) 亥. 재살(災煞) 子. 월살(月煞) 丑. = 기수조 취토(忌修造取土)
망종(芒種) 후 16일 왕망(往亡), 하지 전 1일 사리(四離) 15일 장성(長星). 25일 단성(短星)

甲子海中金義破日 갑자해중금의파일

　　吉神—天恩, 六儀, 解神, 金匱

　　凶神—月破, 大耗, 災煞, 天火, 厭對, 招搖, 五虛

　　諸事不宜.

乙丑海中金制危日 을축해중금제위일

　　吉神—天恩, 陰德, 聖心, 寶光

　　凶神—月煞, 月虛, 月害, 四擊

　　宜—祭祀

　　忌—祈福, 求嗣, 上册受封, 上表章, 襲爵受封, 會親友, 冠帶, 出行, 上官赴任, 臨政親民, 結婚姻, 納采問名, 嫁娶, 進人口, 移徙, 安床, 解除, 剃頭, 整手足甲, 求醫療

病, 裁衣, 築隄防, 修造動土, 竪柱上梁, 修倉庫, 鼓鑄, 經絡, 醞釀, 開市, 立券, 交易, 納財, 開倉庫, 出貨財, 修置產室, 開渠穿井, 安碓磑, 補垣塞穴, 修飾垣牆, 破屋壞垣, 栽種, 牧養, 納畜, 破土, 安葬, 啓攢

丙寅鑪中火義成日 병인로중화의성일

吉神—月德, 天恩, 母倉, 三合, 天馬, 天喜, 天醫, 益後, 五合, 鳴吠對

凶神—大煞, 歸忌, 白虎

宜—上册受封, 上表章, 襲爵受封, 會親友, 入學, 出行, 上官赴任, 臨政親民, 結婚姻, 納采問名, 嫁娶, 進人口, 解除, 求醫療病, 裁衣, 築隄防, 修造動土, 竪柱上梁, 修倉庫, 經絡, 醞釀, 開市, 立券, 交易, 納財, 安碓磑, 栽種, 牧養, 納畜, 破土, 安葬, 啓攢

忌—祭祀, 移徙, 遠迴, 畋獵, 取魚

丁卯鑪中火義收日 정묘노중화의수일

吉神—天恩, 母倉, 續世, 五合, 玉堂, 鳴吠對

凶神—河魁, 大時, 大敗, 咸池, 九坎, 九焦, 血忌, 往亡, 復日

宜—祭祀

忌—祈福, 求嗣, 上册受封, 上表章, 襲爵受封, 會親友, 冠帶, 出行, 上官赴任, 臨政親民, 結婚姻, 納采問名, 嫁娶, 進人口, 移徙, 安床, 解除, 剃頭, 求醫療病, 針刺, 裁衣, 築隄防, 修造動土, 竪柱上梁, 修倉庫, 鼓鑄, 經絡, 醞釀. 開市, 立券, 交易, 納財, 開倉庫, 出貨財, 修

置産室, 開渠穿井, 補垣塞穴, 捕捉, 畋獵, 取魚, 乘船渡水, 栽種, 牧養, 納畜, 破土, 安葬, 啓攢

戊辰大林木專開日 무진대림목전개일

吉神—天恩, 月恩, 四相, 時德, 時陽, 生氣, 要安

凶神—五虛, 九空, 天窂

宜—祭祀, 祈福, 求嗣, 上册受封, 上表章, 襲爵受封, 會親友, 入學, 出行, 上官赴任, 臨政親民, 結婚姻, 納采問名, 移徙, 解除, 求醫療病, 裁衣, 修造動土, 豎柱上梁, 修置産室, 開渠穿井, 安碓磑, 栽種, 牧養

忌—進人口, 修倉庫, 開市, 立券, 交易, 納財, 開倉庫, 出貨財, 伐木, 畋獵, 取魚

己巳大林木義閉日 기사대림목의폐일

吉神—四相, 王日, 玉宇

凶神—遊禍, 血支, 重日, 元武

宜—祭祀, 裁衣, 築隄防, 納財, 補垣塞穴, 栽種, 牧養

忌—祈福, 求嗣, 上册受封, 上表章, 襲爵受封, 會親友, 出行, 上官赴任, 臨政親民, 結婚姻, 納采問名, 嫁娶, 進人口, 移徙, 安床, 解除, 求醫療病, 療目, 針刺, 修造動土, 豎柱上梁, 開市, 開倉庫, 出貨財, 修置産室, 開渠穿井, 破土, 安葬, 啓攢

庚午路傍土伐建日 경오노방토벌건일

吉神—陽德, 官日, 金堂, 司命, 鳴吠

凶神—月建, 小時, 土府, 月刑, 月厭, 地火, 土符
諸事不宜.

辛未路傍土義除日 신미노방토의제일

吉神—月德合, 守日, 吉期, 六合

凶神—勾陳

宜—祭祀, 祈福, 求嗣, 上冊受封, 上表章, 襲爵受封, 會親友, 出行, 上官赴任, 臨政親民, 結婚姻, 納采問名, 嫁娶, 進人口, 移徙, 解除, 沐浴, 剃頭, 整手足甲, 裁衣, 修造動土, 竪柱上梁, 修倉庫, 經絡, 立券, 交易, 納財, 掃舍宇, 栽種, 牧養, 納畜, 安葬

忌—求醫療病, 醞釀, 畋獵, 取魚

壬申劍鋒金義滿日 임신검봉금의만일

吉神—月空, 相日, 驛馬, 天后, 天巫, 福德, 除神, 靑龍, 鳴吠

凶神—五虛, 五離

宜—祭祀, 祈福, 上冊受封, 上表章, 出行, 進人口, 移徙, 解除, 沐浴, 剃頭, 整手足甲, 裁衣, 經絡, 開市, 納財, 補垣塞穴, 掃舍宇, 破土, 安葬

忌—襲爵受封, 會親友, 上官赴任, 臨政親民, 結婚姻, 納采問名, 安床, 求醫療病, 修倉庫, 立券, 交易, 開倉庫, 出貨財, 開渠

癸酉劍鋒金義平日 계유검봉금의평일

吉神—民日, 不將, 敬安, 除神, 明堂, 鳴吠

凶神―天罡, 死神, 天吏, 致死, 天賊, 五離

宜―沐浴, 剃頭, 整手足甲, 掃舍宇, 修飾垣牆, 平治道塗

忌―祈福, 求嗣, 上冊受封, 上表章, 襲爵受封, 會親友, 冠帶, 出行, 上官赴任, 臨政親民, 結婚姻, 納采問名, 嫁娶, 進人口, 移徙, 安床, 解除, 求醫療病, 裁衣, 築隄防, 修造動土, 竪柱上梁, 修倉庫, 鼓鑄, 經絡, 醞釀, 開市, 立券, 交易, 納財, 開倉庫, 出貨財, 修置産室, 開渠穿井, 栽種, 牧養, 納畜, 破土, 安葬, 啓攢

甲戌山頭火制定日 갑술산두화제정일

吉神―三合, 臨日, 時陰, 天倉, 不將, 普護

凶神―死氣, 天刑

宜―祭祀, 祈福, 上冊受封, 上表章, 會親友, 冠帶, 上官赴任, 臨政親民, 結婚姻. 納采問名, 嫁娶, 進人口, 裁衣, 修造動土, 竪柱上梁, 修倉庫, 經絡, 醞釀, 立券, 交易, 納財, 安確磑, 納畜

忌―解除, 求醫療病, 開倉庫, 出貨財, 修置産室, 栽種

乙亥山頭火義執日 을해산두화의집일

吉神―五富, 不將, 福生

凶神―劫煞, 小耗, 重日, 朱雀

宜―祭祀, 沐浴, 捕捉

忌―祈福, 求嗣, 上冊受封, 上表章, 襲爵受封, 會親友, 冠帶, 出行, 上官赴任, 臨政親民, 結婚姻, 納采問名, 嫁娶, 進人口, 移徙, 安床, 解除, 剃頭, 整手足甲, 求醫療

病, 裁衣, 築隄防, 修造動土, 竪柱上梁, 修倉庫, 鼓鑄,
經絡, 醞釀, 開市, 立券, 交易, 納財, 開倉庫, 出貨財,
修置産室, 開渠穿井, 安碓磑, 補垣塞穴, 修飾垣牆, 破
屋壞垣, 栽種, 牧養, 納畜, 破土, 安葬, 啓攢

丙子澗下水伐破日 병자간하수벌파일

吉神—月德, 六儀, 解神, 金匱, 鳴吠對

凶神—月破, 大耗, 災煞, 天火, 厭對, 招搖, 四忌, 七鳥, 五
虛, 觸水龍

宜—祭祀, 沐浴

忌—祈福, 求嗣, 上册受封, 上表章, 襲爵受封, 會親友, 冠
帶, 出行, 上官赴任, 臨政親民, 結婚姻, 納采問名, 嫁
娶, 進人口, 移徙, 安床, 解除, 剃頭, 整手足甲, 求醫療
病, 裁衣, 築隄防, 修造動土, 竪柱上梁, 修倉庫, 鼓鑄,
苫蓋, 經絡, 醞釀, 開市, 立券, 交易, 納財, 開倉庫, 出
貨財, 修置産室, 開渠穿井, 安碓磑, 補垣塞穴, 修飾垣
牆, 破屋壞垣, 伐木, 畋獵, 取魚, 乘船渡永, 栽種, 牧
養, 納畜, 破土, 安葬, 啓攢

丁丑澗下水寶危日 정축간하수보위일

吉神—陰德, 聖心, 寶光

凶神—月煞, 月虛, 月害, 四擊, 復日

宜—祭祀

忌—祈福, 求嗣, 上册受封, 上表章, 襲爵受封, 會親友, 冠
帶, 出行, 上官赴任, 臨政親民, 結婚姻, 納采問名, 嫁

娶, 進人口, 移徙, 安床, 解除, 剃頭, 整手足甲, 求醫療
病, 裁衣, 築隄防, 修造動土, 竪柱上梁, 修倉庫, 鼓鑄,
經絡, 醞釀, 開市, 立券, 交易, 納財, 開倉庫, 出貨財,
修置產室, 開渠穿井, 安碓磑, 補垣塞穴, 修飾垣牆, 破
屋壞垣, 栽種, 牧養, 納畜, 破土, 安葬, 啓攢

戊寅城頭土伐成日 무인성두토벌성일

吉神―母倉, 月恩, 四相, 三合, 天馬, 天喜, 天醫, 益後, 五合
凶神―大煞, 歸忌, 白虎
宜―襲爵受封, 會親友, 入學, 出行, 上官赴任, 臨政親民,
結婚姻, 納采問名, 嫁娶, 進人口, 解除, 求醫療病, 裁
衣, 築隄防, 修造動土, 竪柱上梁, 修倉庫, 經絡, 醞釀,
開市, 立券, 交易, 納財, 開倉庫, 出貨財, 安碓磑, 栽
種, 牧養, 納畜
忌―祭祀, 移徙, 遠迴

己卯城頭土伐收日 기묘성두토벌수일

吉神―天恩, 母倉, 四相, 續世, 五合, 玉堂
凶神―河魁, 大時, 大敗, 咸池, 九坎, 九焦, 血忌, 往亡
宜―祭祀
忌―祈福, 求嗣, 上册受封, 上表章, 襲爵受封, 會親友, 冠
帶, 出行, 上官赴任, 臨政親民, 結婚姻, 納采問名, 嫁
娶, 進人口, 移徙, 安床, 解除, 求醫療病, 針刺, 裁衣,
築隄防, 修造動土, 竪柱上梁, 修倉庫, 鼓鑄, 經絡, 醞
釀, 開市, 立券, 交易, 納財, 開倉庫, 出貨財, 修置產

室, 開渠穿井, 補垣塞穴, 捕捉. 畋獵, 取魚, 乘船渡水, 栽種, 牧養, 納畜, 破土, 安葬, 啓攢

庚辰白鑞金義開日 경진백랍금의개일

吉神—天恩, 時德, 時陽, 生氣, 要安

凶神—五虛, 九空, 天牢

宜—祭祀, 祈福, 求嗣, 上册受封, 上表章, 襲爵受封, 會親友, 入學, 出行, 上官赴任, 臨政親民, 結婚姻, 納采問名, 移徙, 解除, 求醫療病, 裁衣, 修造動土, 豎柱上梁, 修置產室, 開渠穿井, 安碓磑, 栽種, 牧養

忌—進人口, 修倉庫, 經絡, 開市, 立券, 交易, 納財, 開倉庫, 出貨財, 伐木, 畋獵, 取魚

辛巳白鑞金伐閉日 신사백랍금벌폐일

吉神—月德合, 天恩, 王日, 玉宇

凶神—遊禍, 血支, 重日, 元武

宜—祭祀, 裁衣, 築隄防, 修倉庫, 補垣塞穴, 栽種, 牧養, 納畜

忌—祈福, 求嗣, 出行, 解除, 求醫療病, 療目, 針刺, 醞釀, 畋獵, 取魚

壬午楊柳木制建日 임오양류목제건일

吉神—月空, 天恩, 陽德, 官日, 金堂, 司命, 鳴吠

凶神—月建, 小時, 土府, 月刑, 月厭, 地火, 土符

諸事不宜.

癸未楊柳木伐除日 계미양류목벌제일

吉神—天恩, 守日, 吉期, 六合, 不將

凶神—觸水龍, 勾陳

宜—襲爵受封, 會親友, 出行, 上官赴任, 臨政親民, 結婚姻, 嫁娶, 進人口, 解除. 沐浴, 剃頭, 整手足甲, 經絡, 醞釀, 立券, 交易, 納財, 掃舍宇, 納畜, 安葬

忌—求醫療病, 取魚, 乘船渡水

甲申井泉水伐滿日 갑신정천수벌만일

吉神—相日, 驛馬, 天后, 天巫, 福德, 不將, 除神, 靑龍, 鳴吠

凶神—五虛, 八風, 五離

宜—祭祀, 祈福, 上冊受封, 上表章, 出行, 嫁娶, 進人口, 移徙, 解除, 沐浴, 剃頭, 整手足甲, 裁衣, 經絡, 開市, 納財, 補垣塞穴, 掃舍宇, 破土, 安葬

忌—襲爵受封, 會親友, 上官赴任, 臨政親民, 結婚姻, 納采問名, 安床, 求醫療病, 修倉庫, 立券, 交易, 開倉庫, 出貨財, 取魚, 乘船渡水

乙酉井泉水伐平日 을유정천수벌평일

吉神—民日, 不將, 敬安, 除神, 明堂, 鳴吠

凶神—天罡, 死神, 天吏, 致死, 天賊, 五離

宜—沐浴, 剃頭, 整手足甲, 掃舍宇, 修飾垣牆, 平治道塗

忌—祈福, 求嗣, 上冊受封, 上表章, 襲爵受封, 會親友, 冠帶, 出行, 上官赴任, 臨政親民, 結婚姻, 納采問名, 嫁娶, 進人口, 移徙, 安床, 解除, 求醫療病, 裁衣, 築隄

防, 修造動土, 竪柱上梁, 修倉庫, 鼓鑄, 經絡, 醞釀, 開
市, 立券, 交易, 納財, 開倉庫, 出貨財, 修置産室, 開渠
穿井, 栽種, 牧養, 納畜, 破土, 安葬, 啓攢

丙戌屋上土寶定日 병술옥상토보정일

  吉神—月德, 三合, 臨日, 時陰, 天倉, 不將, 普護

  凶神—死氣, 五墓, 天刑

  宜—祭祀, 祈福, 求嗣, 上册受封, 上表章, 襲爵受封, 會親
友, 冠帶, 出行, 上官赴任, 臨政親民, 結婚姻, 納采問
名, 嫁娶, 進人口, 移徙, 解除, 裁衣, 修造動土, 竪柱上
梁, 修倉庫, 經絡, 醞釀, 立券, 交易, 納財, 安碓磑, 栽
種, 牧養, 納畜, 安葬

  忌—求醫療病, 畋獵, 取魚

丁亥屋上土伐執日 정해옥상토벌집일

  吉神—五富, 福生

  凶神—劫煞, 小耗, 四窮, 七鳥, 復日, 重日, 朱雀

  宜—祭祀, 沐浴, 捕捉

  忌—祈福, 求嗣, 上册受封, 上表章, 襲爵受封, 會親友, 冠
帶, 出行, 上官赴任, 臨政親民, 結婚姻, 納采問名, 嫁
娶, 進人口, 移徙, 安床, 解除, 剃頭, 整手足甲, 求醫療
病, 裁衣, 築隄防, 修造動土, 竪柱上梁, 修倉庫, 鼓鑄,
經絡, 醞釀, 開市, 立券, 交易, 納財, 開倉庫, 出貨財,
修置産室, 開渠穿井, 安碓磑, 補垣塞穴, 修飾垣牆, 破
屋壞垣, 栽種, 牧養, 納畜, 破土, 安葬, 啓攢

戊子霹靂火制破日 무자벽력화제파일

　　吉神—月恩, 四相, 六儀, 解神, 金匱
　　凶神—月破, 大耗, 災煞, 天火, 厭對, 招搖, 五虛
　　諸事不宜.

己丑霹靂火專危日 기축벽력화전위일

　　吉神—四相, 陰德, 聖心, 寶光
　　凶神—月煞, 月虛, 月害, 四擊
　　宜—祭祀
　　忌—祈福, 求嗣, 上册受封, 上表章, 襲爵受封, 會親友, 冠帶, 出行, 上官赴任, 臨政親民, 結婚姻, 納采問名, 嫁娶, 進人口, 移徙, 安床, 解除, 剃頭, 整手足甲, 求醫療病, 裁衣, 築隄防, 修造動土, 竪柱上梁, 修倉庫, 鼓鑄, 經絡, 醞釀, 開市, 立券, 交易, 納財, 開倉庫, 出貨財, 修置産室, 開渠穿井, 安碓磑, 補垣塞穴, 修飾垣牆, 破屋壞垣, 栽種, 牧養, 納畜, 破土, 安葬, 啓攢

庚寅松柏木制成日 경인송백목제성일

　　吉神—母倉, 三合, 天馬, 天喜, 天醫, 益後, 五合, 鳴吠對
　　凶神—大煞, 歸忌, 白虎
　　宜—襲爵受封, 會親友, 入學, 出行, 上官赴任, 臨政親民, 結婚姻, 納采問名, 嫁娶, 進人口, 求醫療病, 裁衣, 築隄防, 修造動土, 竪柱上梁, 修倉庫, 醞釀, 開市, 立券, 交易, 納財, 安碓磑, 栽種, 牧養, 納畜, 破土, 啓攢
　　忌—祭祀, 移徙, 遠迴, 經絡

辛卯松柏木制收日 신묘송백목제수일

吉神―月德合, 母倉, 續世, 五合, 玉堂, 鳴吠對

凶神―河魁, 大時, 大敗, 咸池, 九坎, 九焦, 血忌, 往亡

宜―祭祀

忌―上册受封, 上表章, 出行, 上官赴任, 臨政親民, 嫁娶, 進人口, 移徙, 求醫療病, 針刺, 鼓鑄, 醞釀, 穿井, 補垣塞穴, 捕捉, 畋獵, 取魚, 乘船渡水, 栽種

壬辰長流水伐開日 임진장류수벌개일

吉神―月空, 時德, 時陽, 生氣, 要安

凶神―五虛, 九空, 天牢

宜―祭祀, 祈福, 求嗣, 上册受封, 上表章, 襲爵受封, 會親友, 入學, 出行, 上官赴任, 臨政親民, 結婚姻, 納采問名, 移徙, 解除, 求醫療病, 裁衣, 修造動土, 竪柱上梁, 修置産室, 安確磑, 栽種, 牧養

忌―進人口, 修倉庫, 開市, 立券, 交易, 納財, 開倉庫, 出貨財, 開渠, 伐木, 畋獵, 取魚

癸巳長流水制閉日 계사장류수제폐일

吉神―王日, 玉宇

凶神―遊禍, 血支, 重日, 元武

宜―裁衣, 築隄防, 補垣塞穴

忌―祈福, 求嗣, 上册受封, 上表章, 襲爵受封, 會親友, 出行, 上官赴任, 臨政親民, 結婚姻, 納采問名, 嫁娶, 進人口, 移徙, 安床, 解除, 求醫療病, 療目, 針刺, 修造動

土, 竪柱上梁, 開市, 開倉庫, 出貨財, 修置産室, 開渠穿井, 破土, 安葬, 啓攢

甲午砂石金寶建日 갑오사석금보건일

吉神―天赦, 陽德, 官日, 金堂, 司命, 鳴吠

凶神―月建, 小時, 土府, 月刑, 月厭, 地火, 土符

宜―祭祀

忌―祈福, 求嗣, 上册受封, 上表章, 襲爵受封, 會親友, 冠帶, 出行, 上官赴任, 臨政親民, 結婚姻, 納采問名, 嫁娶, 進人口, 移徙, 遠迴, 安床, 解除, 剃頭. 整手足甲, 求醫療病, 裁衣, 築隄防, 修造動土, 竪柱上梁, 修倉庫, 鼓鑄, 苫蓋, 經絡, 醞釀, 開市, 立券, 交易, 納財, 開倉庫, 出貨財, 修置産室, 開渠穿井, 安碓磑, 補垣塞穴, 修飾垣牆, 平治道塗, 破屋壞垣, 伐木, 畋獵, 取魚, 栽種, 牧養, 納畜, 破土, 安葬, 啓攢

乙未砂石金制除日 을미사석금제제일

吉神―守日, 吉期, 六合, 不將

凶神―勾陳

宜―襲爵受封, 會親友, 出行, 上官赴任, 臨政親民, 結婚姻, 嫁娶, 進人口, 解除, 沐浴, 剃頭, 整手足甲, 經絡, 醞釀, 立券, 交易, 納財, 掃舍宇, 納畜, 安葬

忌―求醫療病, 栽種

丙申山下火制滿日 병신산하화제만일

吉神―月德, 相日, 驛馬, 天后, 天巫, 福德, 不將, 除神, 青

龍, 鳴吠

凶神—五虛, 五離

宜—祭祀, 祈福, 求嗣, 上冊受封, 上表章, 襲爵受封, 會親友, 出行, 上官赴任, 臨政親民, 結婚姻, 納采問名, 嫁娶, 進人口, 移徙, 解除, 沐浴, 剃頭, 整手足甲, 求醫療病, 裁衣, 修造動土, 竪柱上梁, 修倉庫, 經絡, 開市, 立券, 交易, 納財, 開倉庫, 出貨財, 補垣塞穴, 掃舍宇, 栽種, 牧養, 納畜, 破土, 安葬

忌—安床, 畋獵, 取魚

丁酉山下火制平日 정유산하화제평일

吉神—民日, 敬安, 除神, 明堂, 鳴吠

凶神—天罡, 死神, 天吏, 致死, 天賊, 復日, 五離

宜—沐浴, 整手足甲, 掃舍宇, 修飾垣牆, 平治道塗

忌—祈福, 求嗣, 上冊受封, 上表章, 襲爵受封, 會親友, 冠帶, 出行, 上官赴任, 臨政親民, 結婚姻, 納采問名, 嫁娶, 進人口, 移徙, 安床, 解除, 剃頭, 求醫療病, 裁衣, 築隄防, 修造動土, 竪柱上梁, 修倉庫, 鼓鑄, 經絡, 醞釀, 開市, 立券, 交易, 納財, 開倉庫, 出貨財, 修置產室, 開渠穿井, 栽種, 牧養, 納畜, 破土, 安葬, 啓攢

戊戌平地木專定日 무술평지목전정일

吉神—月恩, 四相, 三合, 臨日, 時陰, 天倉, 不將, 普護

凶神—死氣, 天刑

宜—祭祀, 祈福, 求嗣, 上冊受封, 上表章, 襲爵受封, 會親

友, 冠帶, 出行, 上官赴任, 臨政親民, 結婚姻, 納采問名, 嫁娶, 進人口, 移徙, 裁衣, 修造動土, 竪柱上梁, 修倉庫, 經絡, 醞釀, 立券, 交易, 納財, 開倉庫, 出貨財, 安碓磑. 牧養, 納畜

忌―解除, 求醫療病, 修置產室, 栽種

己亥平地木制執日 기해평지목제집일

吉神―四相, 五富, 福生

凶神―劫煞, 小耗, 重日, 朱雀

宜―祭祀, 沐浴, 捕捉

忌―祈福, 求嗣, 上冊受封, 上表章, 襲爵受封, 會親友, 冠帶, 出行, 上官赴任, 臨政親民, 結婚姻, 納采問名, 嫁娶, 進人口, 移徙, 安床, 解除, 剃頭, 整手足甲, 求醫療病, 裁衣, 築隄防, 修造動土, 竪柱上梁, 修倉庫, 鼓鑄, 經絡, 醞釀, 開市, 立券, 交易, 納財, 開倉庫, 出貨財, 修置產室, 開渠穿井, 安碓磑, 補垣塞穴, 修飾垣牆, 破屋壞垣, 栽種, 牧養, 納畜, 破土, 安葬, 啓攢

庚子壁上土寶破日 경자벽상토보파일

吉神―六儀, 解神, 金匱, 鳴吠對

凶神―月破, 大耗, 災煞, 天火, 厭對, 招搖, 五虛

諸事不宜.

辛丑壁上土義危日 신축벽상토의위일

吉神―月德合, 陰德, 聖心, 寶光

凶神—月煞, 月虛, 月害, 四擊

宜—祭祀

忌—冠帶, 求醫療病, 醞釀, 畋獵, 取魚

壬寅金箔金寶成日 임인금박금보성일

吉神—月空, 母倉, 三合, 天馬, 天喜, 天醫, 益後, 五合, 鳴吠對

凶神—大煞, 歸忌, 白虎

宜—上表章, 襲爵受封, 會親友, 入學, 出行, 上官赴任, 臨政親民, 結婚姻, 納采問名, 嫁娶, 進人口, 求醫療病, 裁衣, 築隄防, 修造動土, 豎柱上梁, 修倉庫, 經絡, 醞釀, 開市, 立券, 交易, 納財, 安確磑, 栽種, 牧養, 納畜, 破土, 啓攢

忌—祭祀, 移徙, 遠迴, 開渠

癸卯金箔金寶收日 계묘금박금보수일

吉神—母倉, 續世, 五合, 玉堂, 鳴吠對

凶神—河魁, 大時, 大敗, 咸池, 九坎, 九焦, 血忌, 往亡

宜—祭祀

忌—祈福, 求嗣, 上冊受封, 上表章, 襲爵受封, 會親友, 冠帶, 出行, 上官赴任, 臨政親民, 結婚姻, 納采問名, 嫁娶, 進人口, 移徙, 安床, 解除, 求醫療病, 針刺, 裁衣, 築隄防, 修造動土, 豎柱上梁, 修倉庫, 鼓鑄, 經絡, 醞釀, 開市. 立券, 交易, 納財, 開倉庫, 出貨財, 修置産室, 開渠穿井, 補垣塞穴, 捕捉. 畋獵, 取魚, 乘船渡水,

栽種, 牧養, 納畜, 破土, 安葬, 啓攢

甲辰覆燈火制開日 갑진복등화제개일
吉神—時德, 時陽, 生氣, 要安
凶神—五虛, 八風, 九空, 地囊, 天牢
宜—祭祀, 祈福, 求嗣, 上册受封, 上表章, 襲爵受封, 會親友, 入學, 出行, 上官赴任, 臨政親民, 結婚姻, 納采問名, 移徙, 解除, 求醫療病, 裁衣, 竪柱上梁. 牧養
忌—進人口, 築隄防, 修造動土, 修倉庫, 開市, 立券, 交易, 納財, 開倉庫, 出貨財, 修置産室, 開渠穿井, 安確磑, 補垣, 修飾垣牆, 平治道塗, 破屋壞垣, 伐木, 畋獵, 取魚, 乘船渡水, 栽種, 破土

乙巳覆燈火寶閉日 을사복등화보폐일
吉神—王日, 玉宇
凶神—遊禍, 血支, 重日, 元武
宜—裁衣, 築隄防, 補垣塞穴
忌—祈福, 求嗣, 上册受封, 上表章, 襲爵受封, 會親友, 出行, 上官赴任, 臨政親民, 結婚姻, 納采問名, 嫁娶, 進人口, 移徙, 安床, 解除, 求醫療病, 療目, 針刺, 修造動土, 竪柱上梁, 開市, 開倉庫, 出貨財, 修置産室, 開渠穿井, 栽種, 破土, 安葬, 啓攢

丙午天河水專建日 병오천하수전건일
吉神—月德, 陽德, 官日, 金堂, 司命, 鳴吠

凶神—月建, 小時, 土府, 月刑, 月厭, 地火, 土符, 大會, 陰陽俱錯

諸事不宜.

丁未河水寶除日 정미하수보제일

吉神—天願, 守日, 吉期, 六合

凶神—復日, 八專, 勾陳

宜—祭祀, 祈福, 求嗣, 上冊受封, 上表章, 襲爵受封, 會親友, 出行, 上官赴任, 臨政親民, 結婚姻, 納采問名, 嫁娶, 進人口, 移徙, 解除, 沐浴, 整手足甲, 裁衣, 修造動土, 竪柱上梁, 修倉庫, 經絡, 醞釀, 開市, 立券, 交易, 納財, 掃舍宇, 栽種, 牧養, 納畜

忌—剃頭, 求醫療病

戊申大驛土寶滿日 무신대역토보만일

吉神—月恩, 四相, 相日, 驛馬, 天后, 天巫, 福德, 不將, 除神, 靑龍

凶神—五虛, 五離

宜—祭祀, 祈福, 求嗣, 上冊受封, 上表章, 襲爵受封, 出行, 上官赴任, 臨政親民. 嫁娶, 進人口, 移徙, 解除, 沐浴, 剃頭, 整手足甲, 求醫療病, 裁衣, 修造動土, 竪柱上梁, 經絡, 開市, 納財, 補垣塞穴, 掃舍宇, 栽種, 牧養

忌—會親友, 結婚姻, 納采問名, 安床, 修倉庫, 立券, 交易, 開倉庫, 出貨財

己酉大驛土寶平日 기유대역토보평일

吉神―天恩, 四相, 民日, 敬安, 除神, 明堂, 鳴吠

凶神―天罡, 死神, 天吏, 致死, 天賊, 五離

宜―祭祀, 沐浴, 剃頭, 整手足甲, 掃舍宇, 修飾垣牆, 平治道塗

忌―祈福, 求嗣, 上册受封, 上表章, 襲爵受封, 會親友, 冠帶, 出行, 上官赴任, 臨政親民, 結婚姻, 納采問名, 嫁娶, 進人口, 移徙, 安床, 解除, 求醫療病, 裁衣, 築隄防, 修造動土, 竪柱上梁, 修倉庫, 鼓鑄, 經絡, 醞釀, 開市, 立券, 交易, 納財, 開倉庫, 出貨財, 修置產室, 開渠穿井, 栽種, 牧養, 納畜, 破土, 安葬, 啓攢

庚戌釵釧金義定日 경술차천금의정일

吉神―天恩, 三合, 臨日, 時陰, 天倉, 普護

凶神―死氣, 天刑

宜―祭祀, 祈福, 上册受封, 上表章, 會親友, 冠帶, 上官赴任, 臨政親民, 結婚姻. 納采問名, 嫁娶, 進人口, 裁衣, 修造動土, 竪柱上梁, 修倉庫, 醞釀, 立券, 交易, 納財, 安確磑, 納畜

忌―解除, 求醫療病, 經絡, 修置產室, 栽種

辛亥釵釧金寶執日 신해차천금보집일

吉神―月德合, 天恩, 五富, 福生

凶神―劫煞, 小耗, 重日, 朱雀

宜―祭祀, 沐浴, 捕捉

忌―嫁娶, 求醫療病, 修倉庫, 醞釀, 開市, 立券, 交易, 納財, 開倉庫, 出貨財, 畋獵, 取魚

壬子桑柘木專破日 임자상자목전파일

吉神―月空, 天恩, 六儀, 解神, 金匱, 鳴吠對

凶神―月破, 大耗, 災煞, 天火, 厭對, 招搖, 四廢, 五虛, 陰陽擊衝

諸事不宜.

癸丑桑柘木伐危日 계축상자목벌위일

吉神―天恩, 陰德, 聖心, 寶光

凶神―月煞, 月虛, 月害, 四擊, 八專, 觸水龍

宜―祭祀

忌―祈福, 求嗣, 上冊受封, 上表章, 襲爵受封, 會親友, 冠帶, 出行, 上官赴任, 臨政親民, 結婚姻, 納采問名, 嫁娶, 進人口, 移徙, 安床, 解除, 剃頭, 整手足甲, 求醫療病, 裁衣, 築隄防, 修造動土, 豎柱上梁, 修倉庫, 鼓鑄, 經絡, 醞釀, 開市, 立券, 交易, 納財, 開倉庫, 出貨財, 修置產室, 開渠穿井, 安確磑, 補垣塞穴, 修飾垣牆, 破屋壞垣, 取魚, 乘船渡水, 栽種, 牧養, 納畜, 破土, 安葬, 啓攢

甲寅大溪水專成日 갑인대계수전성일

吉神―母倉, 三合, 天馬, 天喜, 天醫, 益後, 五合, 鳴吠對

凶神―大煞, 歸忌, 八專, 白虎

宜―襲爵受封, 會親友, 入學, 出行, 上官赴任, 臨政親民,

進人口, 求醫療病, 裁衣, 築隄防, 修造動土, 豎柱上梁, 修倉庫, 經絡, 醞釀, 開市, 立券, 交易, 納財, 安碓磑, 栽種, 牧養, 納畜, 破土, 啓攢

忌―祭祀, 結婚姻, 納采問名, 嫁娶, 移徙, 遠廻, 開倉庫, 出貨財

乙卯大溪水專收日 을묘대계수전수일

吉神―母倉, 續世, 五合, 玉堂, 鳴吠對

凶神―河魁, 大時, 大敗, 咸池, 四耗, 九坎, 九焦, 血忌, 往亡

宜―祭祀

忌―祈福, 求嗣, 上冊受封, 上表章, 襲爵受封, 會親友, 冠帶, 出行, 上官赴任, 臨政親民, 結婚姻, 納采問名, 嫁娶, 進人口, 移徙, 安床, 解除, 求醫療病, 針刺, 裁衣, 築隄防, 修造動土, 豎柱上梁, 修倉庫, 鼓鑄, 經絡, 醞釀, 開市, 立券, 交易, 納財, 開倉庫, 出貨財, 修置產室, 開渠穿井, 補垣塞穴, 捕捉, 畋獵, 取魚, 乘船渡水, 栽種, 牧養, 納畜, 破土, 安葬, 啓攢

丙辰沙中土寶開日 병진사중토보개일

吉神―月德, 時德, 時陽, 生氣, 要安

凶神―五虛, 九空, 天牢

宜―祭祀, 祈福, 求嗣, 上冊受封, 上表章, 襲爵受封, 會親友, 入學, 出行, 上官赴任, 臨政親民, 結婚姻, 納采問名, 嫁娶, 移徙, 解除, 求醫療病, 裁衣, 修造動土, 豎柱上梁, 修倉庫, 開市, 納財, 開倉庫, 出貨財, 修置產室,

開渠穿井, 安碓磑, 栽種, 牧養, 納畜

忌―伐木, 畋獵, 取魚

丁巳沙中土專閉日 정사사중토전폐일

吉神―王日, 玉宇

凶神―遊禍, 血支, 復日, 重日, 元武

宜―裁衣, 築隄防, 補垣塞穴

忌―祈福, 求嗣, 上册受封, 上表章, 襲爵受封, 會親友, 出行, 上官赴任, 臨政親民, 結婚姻, 納采問名, 嫁娶, 進人口, 移徙, 安床, 解除, 剃頭, 求醫療病, 療目, 針刺, 修造動土, 竪柱上梁, 開市, 開倉庫, 出貨財, 修置產室, 開渠穿井, 破土, 安葬, 啓攢

戊午天上火義建日 무오천상화의건일

吉神―月恩, 四相, 陽德, 官日, 金堂, 司命

凶神―月建, 小時, 土府, 月刑, 月厭, 地火, 土符, 小會

諸事不宜.

己未天上火專除日 기미천상화전제일

吉神―四相, 守日, 吉期, 六合

凶神―八專, 勾陳

宜―祭祀, 祈福, 求嗣, 襲爵受封, 會親友, 出行, 上官赴任, 臨政親民, 進人口, 移徙, 解除, 沐浴, 剃頭, 整手足甲, 裁衣, 修造動土, 竪柱上梁, 修倉庫, 經絡, 醞釀, 立券, 交易, 納財, 開倉庫, 出貨財, 掃舍宇, 栽種, 牧養, 納

畜, 安葬

忌―結婚姻, 納采問名, 嫁娶, 求醫療病

庚申石榴木專滿日 경신석류목전만일

吉神―相日, 驛馬, 天后, 天巫, 福德, 除神, 青龍, 鳴吠

凶神―五虛, 五離, 八專

宜―祭祀, 祈福, 上册受封, 上表章, 出行, 進人口, 移徙, 解除, 沐浴, 剃頭, 整手足甲, 裁衣, 開市, 納財, 補垣塞穴, 掃舍宇, 破土, 安葬

忌―襲爵受封, 會親友, 上官赴任, 臨政親民, 結婚姻, 納采問名, 嫁娶, 安床, 求醫療病, 修倉庫, 經絡, 立券, 交易, 開倉庫, 出貨財

辛酉石榴木專平日 신유석류목전평일

吉神―月德合, 民日, 敬安, 除神, 明堂, 鳴吠

凶神―天罡, 死神, 天吏, 致死, 天賊, 五離

宜―祭祀, 沐浴, 剃頭, 整手足甲, 掃舍宇, 修飾垣牆, 平治道塗

忌―會親友, 出行, 求醫療病, 修倉庫, 醞釀, 開倉庫, 出貨財, 畋獵, 取魚

壬戌大海水伐定日 임술대해수벌정일

吉神―月空, 三合, 臨日, 時陰, 天倉, 普護

凶神―死氣, 地囊, 天刑

宜―祭祀, 祈福, 上册受封, 上表章, 會親友, 冠帶, 上官赴

任, 臨政親民, 結婚姻. 納采問名, 嫁娶, 進人口, 裁衣, 豎柱上梁, 經絡, 醞釀, 立券, 交易, 納財, 納畜

忌―解除, 求醫療病, 築隄防, 修造動土, 修倉庫, 修置産室, 開渠穿井, 安碓磑, 補垣, 修飾垣牆, 平治道塗, 破屋壞垣, 栽種, 破土

癸亥大海水專執日 계해대해수전집일

吉神―五富, 不將, 福生

凶神―劫煞, 小耗, 四廢, 重日, 朱雀

宜―祭祀, 沐浴

忌―祈福, 求嗣, 上冊受封, 上表章, 襲爵受封, 會親友, 冠帶, 出行, 上官赴任, 臨政親民, 結婚姻, 納采問名, 嫁娶, 進人口, 移徙, 安床, 解除, 剃頭, 整手足甲, 求醫療病, 裁衣, 築隄防, 修造動土, 豎柱上梁, 修倉庫, 鼓鑄, 經絡, 醞釀, 開市, 立券, 交易, 納財, 開倉庫, 出貨財, 修置産室, 開渠穿井, 安碓磑, 補垣塞穴, 修飾垣牆, 破屋壞垣, 栽種, 牧養, 納畜, 破土, 安葬, 啓攢

이상의 60간지는 월건이 오(午)일 때의 것이니, 망종(芒種)에서 하지(夏至) 말까지이다. 그 신살의 길흉을 용사(用事)에 따라 마땅함(宜)과 꺼림(忌)을 표로 만들어 놓았으니 활용할 것이다.

＜월표 6＞

六月	소서절 小暑節 천도동행 天道東行	맹년孟年 (寅申巳亥)			중년仲年 (子午卯酉)			계년季年 (辰戌丑未)		
		黃	白	碧	黑	赤	紫	白	綠	白
		綠	白	白	白	碧	黃	赤	紫	黑
		紫	黑	赤	白	白	綠	碧	黃	白

천덕(天德) 甲. 월덕(月德) 甲. 월공(月空) 壬. 천덕합(天德合) 己. 월덕합(月德合) 己. = 의수조 취토(宜修造取土)
대서(大暑) 6월中 태양도 午宮 위(爲) 6월 장(將) 의용(宜用) 艮巽坤乾時
월건(月建) 未. 월파(月破) 丑. 월염(月厭) 巳. 월형(月刑) 丑. 월해(月害) 子 겁살 (劫煞) 申. 재살(災煞) 酉. 월살(月煞) 戌. = 기수조 취토(忌修造取土)
소서(小暑) 후 24일 왕망(往亡), 토왕용사 후 기(忌) 수조동토 巳午日 첨(添) 모창(母倉) 초 10일 장성(長星). 20일 단성(短星)

甲子海中金義執日 갑자해중금의집일

吉神—天德, 月德, 天恩, 金堂, 解神

凶神—月害, 大時, 大敗, 咸池, 小耗, 五虛, 九坎, 九焦, 歸忌, 天刑

宜—祭祀, 折福, 求嗣, 上册受封, 上表章, 襲爵受封, 會親友, 出行, 上官赴任, 臨政親民, 結婚姻, 納采問名, 嫁娶, 解除, 沐浴, 剃頭, 整手足甲, 裁衣, 修造動土, 竪柱上梁, 修倉庫, 捕捉, 牧養, 納畜, 安葬

忌—移徙, 遠迴, 求醫療病, 鼓鑄, 開倉庫, 出貨財, 補垣塞六, 畋獵, 取魚, 乘船渡水, 栽種

乙丑海中金制破日 을축해중금제파일

吉神―天恩
凶神―月破, 大耗, 月刑, 四擊, 九空, 朱雀
諸事不宜.

丙寅鑪中火義危日 병인노중화의위일

吉神―天恩, 母倉, 五富, 五合, 金匱, 鳴吠對
凶神―遊禍
宜―會親友, 結婚姻, 安床, 經絡, 醞釀, 開市, 立券, 交易,
　　納財, 開倉庫, 出貨財, 栽種, 牧養, 納畜, 破土, 啓攢
忌―祭祀, 祈福, 求嗣, 解除, 求醫療病

丁卯鑪中火義成日 정묘노중화의성일

吉神―大恩, 母倉, 三合, 臨日, 天喜, 天醫, 敬安, 五合, 寶
　　光, 鳴吠對
凶神―大煞
宜―上册受封, 上表章, 襲爵受封, 會親友, 入學, 出行, 上
　　官赴任, 臨政親民, 結婚姻, 納采問名, 嫁娶, 進人口,
　　移徙, 求醫療病, 裁衣, 築隄防, 修造動土, 豎柱上梁,
　　修倉庫, 經絡, 醞釀, 開市, 立券, 交易, 納財, 安碓磑,
　　栽種, 牧養, 納畜, 破土, 啓攢
忌―剃頭, 穿井

戊辰大林木專收日 무진대림목전수일

吉神―天恩, 四相, 時德, 天馬, 普護

凶神—天罡, 五虛, 五墓, 白虎

宜—祭祀, 納財, 捕捉

忌—祈福, 求嗣, 上冊受封, 上表章, 襲爵受封, 會親友, 冠帶, 出行, 上官赴任, 臨政親民, 結婚姻, 納采問名, 嫁娶, 進人口, 移徙, 安床, 解除, 求醫療病, 裁衣, 築隄防, 修造動土, 豎柱上梁, 修倉庫, 鼓鑄, 經絡, 醞釀, 開市, 立券, 交易, 開倉庫, 出貨財, 修置產室, 開渠穿井, 栽種, 牧養, 納畜, 破土, 安葬, 啓攢

己巳大林木義開日 기사대림목의개일

吉神—天德合, 月德合, 四相, 王日, 驛馬, 天后, 時陽, 生氣, 福生, 玉堂

凶神—月厭, 地火, 復日, 重日, 陰錯

宜—祭祀, 入學

忌—祈福, 求嗣, 上冊受封, 上表章, 襲爵受封, 會親友, 冠帶, 出行, 上官赴任, 臨政親民, 結婚姻, 納采問名, 嫁娶, 進人口, 移徙, 遠迴, 安床, 解除, 剃頭, 整手足甲, 求醫療病, 裁衣, 築隄防, 修造動土, 豎柱上梁, 修倉庫, 鼓鑄, 經絡, 醞釀, 開市, 立券, 交易, 納財, 開倉庫, 出貨財, 修置產室, 開渠穿井, 安碓磑, 補垣塞穴, 修飾垣牆, 平治道塗, 破屋壞垣, 伐木, 畋獵, 取魚, 栽種, 牧養, 納畜, 破土, 安葬, 啓攢

庚午路傍土伐閉日 경오노방토벌폐일

吉神—月空, 官日, 六合, 鳴吠

凶神—天吏, 致死, 血支, 往亡, 天牢

宜—醞釀, 補垣塞穴, 破土, 安葬

忌—祈福, 求嗣, 上册受封, 上表章, 襲爵受封, 會親友, 冠帶, 出行, 上官赴任, 臨政親民, 結婚姻, 納采問名, 嫁娶, 進人口, 移徙, 安床, 解除, 求醫療病, 療目, 針刺, 築隄防, 修造動土, 豎柱上梁, 修倉庫, 苫蓋, 經絡, 開市, 立券, 交易, 納財, 開倉庫, 出貨財, 修置産室, 開渠穿井, 捕捉, 畋獵, 取魚, 栽種, 牧養, 納畜

辛未路傍土伐閉日 신미노방토벌폐일

吉神—月恩, 守日, 聖心

凶神—月建, 小時, 土府, 元武

宜—祭祀, 祈福, 求嗣, 襲爵受封, 會親友, 出行, 上官赴任, 臨政親民, 結婚姻, 納采問名, 移徙, 解除, 裁衣, 豎柱上梁, 納財, 開倉庫, 出貨財, 牧養

忌—求醫療病, 築隄防, 修造動土, 修倉庫, 醞釀, 修置産室, 開渠穿井, 安碓磑, 補垣, 修飾垣牆, 平治道塗, 破屋壞垣, 伐木, 栽種, 破土

壬申劍鋒金義除日 임신검봉금의제일

吉神—陽德, 相日, 吉期, 不將, 益後, 除神, 司命, 鳴吠

凶神—劫煞, 天賊, 五虛, 五離

宜—祭祀, 沐浴, 掃舍宇

忌—上册受封, 上表章, 會親友, 冠帶, 出行, 結婚姻, 納采問名, 進人口, 移徙, 安床, 求醫療病, 裁衣, 築隄防, 修

造動土, 豎柱上梁, 修倉庫, 鼓鑄, 經絡, 醞釀, 開市, 立券, 交易, 納財, 開倉庫, 出貨財, 修置產室, 開渠穿井, 安確磑, 補垣塞穴, 修飾垣牆, 破屋壞垣, 栽種, 牧養, 納畜

癸酉劍鋒金義滿日 계유검봉금의만일

吉神—民日, 天巫, 福德, 天倉, 不將, 續世, 除神, 鳴吠

凶神—災煞, 天火, 血忌, 五離, 勾陳

宜—祭祀, 沐浴, 掃舍宇

忌—祈福, 求嗣, 上册受封, 上表章, 襲爵受封, 會親友, 冠帶, 出行, 上官赴任, 臨政親民, 結婚姻, 納采問名, 嫁娶, 進人口, 移徙, 安床, 解除, 剃頭, 整手足甲, 求醫療病, 針刺, 裁衣, 築隄防, 修造動土, 豎柱上梁, 修倉庫, 鼓鑄, 苫蓋, 經絡, 醞釀, 開市, 立券, 交易, 納財, 開倉庫, 出貨財, 修置產室, 開渠穿井, 安確磑, 補垣塞穴, 修飾垣牆, 破屋壞垣, 栽種, 牧養, 納畜, 破土, 安葬, 啓攢

甲戌山頭火制平日 갑술산두화제평일

吉神—天德, 月德, 不將, 要安, 青龍

凶神—河魁, 死神, 月煞, 月虛, 土符

宜—祭祀

忌—祈福, 求嗣, 上册受封, 上表章, 襲爵受封, 會親友, 冠帶, 出行, 上官赴任, 臨政親民, 結婚姻, 納采問名, 嫁娶, 進人口, 移徙, 安床, 解除, 剃頭, 整手足甲 求醫療

病, 裁衣, 築隄防, 修造動土, 竪柱上梁, 修倉庫, 鼓鑄, 經絡, 醞釀, 開市, 立券, 交易, 納財, 開倉庫, 出貨財, 修置産室, 開渠穿井, 安碓磑, 補垣塞穴, 修飾垣牆, 平治道塗, 破屋壞垣, 畋獵, 取魚 栽種, 牧養, 納畜, 破土, 安葬, 啓攢

乙亥山頭火義定日 을해산두화의정일

吉神—陰德, 三合, 時陰, 六儀, 玉宇, 明堂

凶神—厭對, 招搖, 死氣, 重日

宜—會親友, 冠帶, 臨政親民, 結婚姻, 納采問名, 進人口, 沐浴, 裁衣, 修造動土. 竪柱上梁, 修倉庫, 經絡, 醞釀, 立券, 交易, 納財, 安碓磑, 牧養, 納畜

忌—嫁娶, 解除, 求醫療病, 修置産室, 取魚, 乘船渡水, 栽種, 破土, 安葬, 啓攢

丙子澗下水伐執日 병자간하수벌집일

吉神—金堂, 解神, 鳴吠對

凶神—月害, 大時, 大敗, 咸池, 小耗, 四忌, 七鳥, 五虛, 九坎, 九焦, 歸忌, 觸水龍, 天刑

宜—沐浴, 剃頭, 整手足甲, 捕捉

忌—祈福, 求嗣, 上册受封, 上表章, 襲爵受封, 會親友, 冠帶, 出行, 上官赴任, 臨政親民, 結婚姻, 納采問名, 嫁娶, 進人口, 移徙, 遠迴, 安床, 解除, 求醫療病, 築隄防, 修造動土, 竪柱上梁, 修倉庫, 鼓鑄, 經絡, 醞釀, 開市, 立券, 交易, 納財, 開倉庫, 出貨財, 修置産室, 補垣

塞穴, 取魚, 乘船渡水, 栽種, 牧養, 納畜, 破土, 安葬, 啓攢

丁丑澗下水寶破日 정축간하수보파일

凶神—月破, 大耗, 月刑, 四擊, 九空, 朱雀

諸事不宜.

戊寅城頭土伐危日 무인성두토벌위일

吉神—母倉, 四相, 五富, 五合, 金匱

凶神—遊禍

宜—襲爵受封, 會親友, 出行, 上官赴任, 臨政親民, 結婚姻, 納采問名, 移徙, 安床, 裁衣, 修造動土, 豎柱上梁, 修倉庫, 經絡, 醞釀, 開市, 立券, 交易, 納財, 開倉庫, 出貨財, 栽種, 牧養, 納畜

忌—祭祀, 祈福, 求嗣, 解除, 求醫療病

己卯城頭土伐成日 기묘성두토벌성일

吉神—天德合, 月德合, 天恩, 母倉, 四相, 三合, 臨日, 天喜, 天醫, 敬安, 五合, 寶光

凶神—大煞, 復日

宜—祭祀, 祈福, 求嗣, 上冊受封, 上表章, 襲爵受封, 會親友, 入學, 出行, 上官赴任, 臨政親民, 結婚姻, 納采問名, 嫁娶, 進人口, 移徙, 解除, 求醫療病, 裁衣, 築隄防, 修造動土, 豎柱上梁, 修倉庫, 經絡, 醞釀, 開市, 立券, 交易, 納財, 開倉庫, 出貨財, 安碓磑, 栽種, 牧養,

納畜
忌—穿井, 畋獵, 取魚

庚辰白鑞金義收日 경진백랍금의수일
　吉神—月空, 天恩, 時德, 天馬, 普護
　凶神—天罡, 五虛, 白虎
　宜—祭祀, 進人口, 納財, 捕捉, 栽種, 牧養, 納畜
　忌—祈福, 求嗣, 上册受封, 上表章, 襲爵受封, 會親友, 冠
　　　帶, 出行, 上官赴任, 臨政親民, 結婚姻, 納采問名, 嫁
　　　娶, 移徙, 安床, 解除, 求醫療病, 裁衣, 築隄防, 修造動
　　　土, 竪柱上梁, 修倉庫, 鼓鑄, 經絡, 醞釀, 開市, 立券,
　　　交易, 開倉庫, 出貨財, 修置產室, 開渠穿井, 破土, 安
　　　葬, 啓攢

辛巳白鑞金伐開日 신사백랍금벌개일
　吉神—天恩, 月恩, 王日, 驛馬, 天后, 時陽, 生氣, 福生, 玉堂
　凶神—月厭, 地火, 重日
　宜—祭祀, 入學
　忌—祈福, 求嗣, 上册受封, 上表章, 襲爵受封, 會親友, 冠
　　　帶, 出行, 上官赴任, 臨政親民, 結婚姻, 納采問名, 嫁
　　　娶, 進人口, 移徙, 遠迴, 安床, 解除, 剃頭, 整手足甲,
　　　求醫療病, 裁衣, 築隄防, 修造動土, 竪柱上梁, 修倉庫,
　　　鼓鑄, 經絡, 醞釀, 開市, 立券, 交易, 納財, 開倉庫, 出
　　　貨財, 修置產室, 開渠穿井, 安確磑, 補垣塞穴, 修飾垣
　　　牆, 平治道塗, 破屋壞垣, 伐木, 畋獵, 取魚, 栽種, 牧

養, 納畜, 破土, 安葬, 啓攢

壬午楊柳木制閉日 임오양류목제폐일

吉神—天恩, 官日, 六合, 不將, 鳴吠

凶神—天吏, 致死, 血支, 往亡, 天牢

宜—經絡, 醞醸, 補垣塞穴, 破土, 安葬

忌—祈福, 求嗣, 上册受封, 上表章, 襲爵受封, 會親友, 冠帶, 出行, 上官赴任, 臨政親民, 結婚姻, 納采問名, 嫁娶, 進人口, 移徙, 安床, 解除, 求醫療病, 療目, 針刺, 築隄防, 修造動土, 竪柱上梁, 修倉庫, 苫蓋, 開市, 立券, 交易. 納財, 開倉庫, 出貨財, 修置産室, 開渠穿井, 捕捉, 畋獵, 取魚, 栽種, 牧養, 納畜

癸未楊柳木伐建日 계미양류목벌건일

吉神—天恩, 守日, 不將, 聖心

凶神—月建, 小時, 土府, 觸水龍, 元武

宜—祭祀, 襲爵受封, 會親友, 出行, 上官赴任, 臨政親民, 嫁娶

忌—祈福, 求嗣, 上册受封, 上表章, 結婚姻, 納采問名, 解除, 剃頭, 整手足甲, 求醫療病, 築隄防, 修造動土, 竪柱上梁, 修倉庫, 開倉庫, 出貨財, 修置産室, 開渠穿井, 安碓磑, 補垣, 修飾垣牆, 平治道塗, 破屋壞垣, 伐木, 取魚, 乘船渡水, 栽種, 破土, 安葬, 啓攢

甲申井泉水伐除日 갑신정천수벌제일

吉神—天德, 月德, 陽德, 相日, 吉期, 不將, 益後, 除神, 司

命, 鳴吠

凶神—劫煞, 天賊, 五虛, 八風, 五離

宜—祭祀, 祈福, 求嗣, 上册受封, 上表章, 襲爵受封, 會親友, 上官赴任, 臨政親民, 結婚姻, 納采問名, 嫁娶, 移徙, 解除, 沐浴, 剃頭, 整手足甲, 裁衣, 修造動土, 竪柱上梁, 掃舍宇, 栽種, 牧養, 納畜, 破土, 安葬

忌—出行, 安床, 求醫療病, 修倉庫, 開倉庫, 出貨財, 畋獵, 取魚

乙酉井泉水伐滿日을유정천수벌만일

吉神—民日, 天巫, 福德, 天倉, 不將, 續世, 除神, 鳴吠

凶神—災煞, 天火, 血忌, 五離, 勾陳

宜—祭祀, 沐浴, 掃舍宇

忌—祈福, 求嗣, 上册受封, 上表章, 襲爵受封, 會親友, 冠帶, 出行, 上官赴任, 臨政親民, 結婚姻, 納采問名, 嫁娶, 進人口, 移徙, 安床, 解除, 剃頭, 整手足甲, 求醫療病, 針刺, 裁衣, 築隄防, 修造動土, 竪柱上梁, 修倉庫, 鼓鑄, 苫蓋, 經絡, 醞釀, 開市, 立券, 交易, 納財, 開倉庫, 出貨財, 修置產室, 開渠穿井, 安碓磑, 補垣塞穴, 修飾垣牆, 破屋壞垣, 栽種, 牧養, 納畜, 破土, 安葬, 啓攢

丙戌屋上土寶平日병술옥상토보평일

吉神—要安, 靑龍

凶神—河魁, 死神, 月煞, 月虛, 土符, 地囊

諸事不宜.

丁亥屋上土伐定日 정해옥상토벌정일

吉神—陰德, 三合, 時陰, 六儀, 玉宇, 明堂
凶神—厭對, 招搖, 死氣, 四窮, 七鳥, 重日
宜—會親友, 冠帶, 臨政親民, 沐浴, 裁衣, 修造動土, 竪柱上梁, 經絡, 醞釀, 安碓磑, 牧養, 納畜
忌—結婚姻, 納采問名, 嫁娶, 進人口, 解除, 剃頭, 求醫療病, 修倉庫, 開市, 立券, 交易, 納財, 開倉庫, 出貨財, 修置産室, 取魚, 乘船渡水, 栽種, 破土, 安葬, 啓攢

戊子霹靂火制執日 무자벽력화제집일

吉神—四相, 金堂, 解神
凶神—月害, 大時, 大敗, 咸池, 小耗, 五虛, 九坎, 九焦, 歸忌, 天刑
宜—祭祀, 沐浴, 剃頭, 整手足甲, 裁衣, 捕捉
忌—祈福, 求嗣, 上册受封, 上表章, 襲爵受封, 會親友, 冠帶, 出行, 上官赴任, 臨政親民, 結婚姻, 納采問名, 嫁娶, 進人口, 移徙, 遠迴, 安床, 解除, 求醫療病, 築隄防, 修造動土, 竪柱上梁, 修倉庫, 鼓鑄, 經絡, 醞釀, 開市, 立券, 交易, 納財, 開倉庫, 出貨財, 修置産室, 補垣塞穴, 取魚, 乘船渡水, 栽種, 牧養, 納畜, 破土, 安葬, 啓攢

己丑霹靂火專破日 기축벽력화전파일

吉神—天德合, 月德合, 四相

凶神―月破, 大耗, 月刑, 四擊, 九空, 復日, 朱雀

宜―祭祀

忌―祈福, 求嗣, 上冊受封, 上表章, 襲爵受封, 會親友, 冠帶, 出行, 上官赴任, 臨政親民, 結婚姻, 納采問名, 嫁娶, 進人口, 移徙, 安床, 解除, 剃頭, 整手足甲, 求醫療病, 裁衣, 築隄防, 修造動土, 竪柱上梁, 修倉庫, 鼓鑄, 經絡, 醞釀, 開市, 立券, 交易, 納財, 開倉庫, 出貨財, 修置産室, 開渠穿井, 安碓磑, 補垣塞穴, 修飾垣牆, 破屋壞垣, 伐木, 畋獵, 取魚, 栽種, 牧養, 納畜, 破土, 安葬, 啓攢

庚寅松柏木制危日 경인송백목제위일

吉神―月空, 母倉, 五富, 五合, 金匱, 鳴吠對

凶神―遊禍

宜―上表章, 會親友, 結婚姻, 安床, 醞釀, 開市, 立券, 交易, 納財, 開倉庫, 出貨財, 栽種, 牧養, 納畜, 破土, 啓攢

忌―祭祀, 祈福, 求嗣, 解除, 求醫療病, 經絡

辛卯松柏木制成日 신묘송백목제성일

吉神―母倉, 月恩, 三合, 臨日, 天喜, 天醫, 敬安, 五合, 寶光, 鳴吠對

凶神―大煞

宜―祭祀, 祈福, 求嗣, 上冊受封, 上表章, 襲爵受封, 會親友, 入學, 出行, 上官赴任, 臨政親民, 結婚姻, 納采問

名, 嫁娶, 進人口, 移徙, 解除, 求醫療病, 裁衣, 築隄防, 修造動土, 竪柱上梁, 修倉庫, 經絡, 開市, 立券, 交易, 納財, 開倉庫, 出貨財, 安碓磑, 栽種, 牧養, 納畜, 破土, 啓攢

忌―醞釀, 穿井

壬辰長流水伐收日 임진장류수벌수일

吉神―時德, 天馬, 普護

凶神―天罡, 五虛, 白虎

宜―祭祀, 進人口, 納財, 捕捉, 栽種, 牧養, 納畜

忌―祈福, 求嗣, 上册受封, 上表章, 襲爵受封, 會親友, 冠帶, 出行, 上官赴任, 臨政親民, 結婚姻, 納采問名, 嫁娶, 移徙, 安床, 解除, 求醫療病, 裁衣, 築隄防, 修造動土, 竪柱上梁, 修倉庫, 鼓鑄, 經絡, 醞釀, 開市, 立券, 交易, 開倉庫, 出貨財, 修置産室, 開渠穿井, 破土, 安葬, 啓攢

癸巳長流水制開日 계사장류수제개일

吉神―王日, 驛馬, 天后, 時陽, 生氣, 福生, 玉堂

凶神―月厭, 地火, 重日

宜―祭祀, 入學

忌―祈福, 求嗣, 上册受封, 上表章, 襲爵受封, 會親友, 冠帶, 出行, 上官赴任, 臨政親民, 結婚姻, 納采問名, 嫁娶, 進人口, 移徙, 遠迴, 安床, 解除, 剃頭, 整手足甲, 求醫療病, 裁衣, 築隄防, 修造動土, 竪柱上梁, 修倉庫,

鼓鑄, 經絡, 醞釀, 開市, 立券, 交易, 納財, 開倉庫, 出貨財, 修置産室, 開渠穿井, 安碓磑, 補垣塞穴, 修飾垣牆, 平治道塗, 破屋壞垣, 伐木, 畋獵, 取魚, 栽種, 牧養, 納畜, 破土, 安葬, 啓攢

甲午砂石金寶閉日 갑오사석금보폐일

吉神―天德, 月德, 天赦, 官日, 六合, 不將, 鳴吠

凶神―天吏, 致死, 血支, 往亡, 天窂

宜―祭祀, 裁衣, 經絡, 醞釀, 補垣塞穴, 破土, 安葬

乙未砂石金制建日 을미사석금제건일

吉神―守日, 不將, 聖心

凶神―月建, 小時, 土府, 元武

宜―祭祀, 襲爵受封, 出行, 上官赴任, 臨政親民, 嫁娶

忌―祈福, 求嗣, 上册受封, 上表章, 結婚姻, 納采問名, 解除, 剃頭, 整手足甲, 求醫療病, 築隄防, 修造動土, 豎柱上梁, 修倉庫, 開倉庫, 出貨財, 修置産室, 開渠穿井, 安碓磑, 補垣, 修飾垣牆, 平治道塗, 破屋壞垣, 伐木, 栽種, 破土, 安葬, 啓攢

丙申山下火制除日 병신산하화제제일

吉神―陽德, 相日, 吉期, 益後, 除神, 司命, 鳴吠

凶神―劫煞, 天賊, 五虛, 五離

宜―祭祀, 沐浴, 掃舍宇

忌―上册受封, 上表章, 會親友, 冠帶, 出行, 結婚姻, 納采

問名, 嫁娶, 進人口, 移徙, 安床, 求醫療病, 裁衣, 築隄
防, 修造動土, 豎柱上梁, 修倉庫, 鼓鑄, 經絡, 醞釀, 開
市, 立券, 交易, 納財, 開倉庫, 出貨財, 修置產室, 開渠
穿井, 安碓磑, 補垣塞穴, 修飾垣牆, 破屋壞垣, 栽種,
牧養, 納畜

丁酉山下火制滿日 정유산하화제만일

吉神—民日, 天巫, 福德, 天倉, 續世, 除神, 鳴吠
凶神—災煞, 天火, 血忌, 五離, 勾陳
宜—祭祀, 沐浴, 掃舍宇
忌—祈福, 求嗣, 上册受封, 上表章, 襲爵受封, 會親友, 冠帶,
出行, 上官赴任, 臨政親民, 結婚姻, 納采問名, 嫁娶, 進
人口, 移徙, 安床, 解除, 剃頭, 整手足甲, 求醫療病, 針
刺, 裁衣, 築隄防, 修造動土, 豎柱上梁, 修倉庫, 鼓鑄,
苫蓋, 經絡, 醞釀, 開市, 立券, 交易, 納財, 開倉庫, 出
貨財, 修置產室, 開渠穿井, 安碓磑, 補垣塞穴, 修飾垣
牆, 破屋壞垣, 栽種, 牧養, 納畜, 破土, 安葬, 啓攢

戊戌平地木專平日 무술평지목전평일

吉神—四相, 不將, 要安, 青龍
凶神—河魁, 死神, 月煞, 月虛, 土符
諸事不宜.

己亥平地木制定日 기해평지목제정일

吉神—天德合, 月德合, 四相, 陰德, 三合, 時陰, 六儀, 玉

宇, 明堂

凶神—厭對, 招搖, 死氣, 復日, 重日

宜—祭祀, 祈福, 求嗣, 上册受封, 上表章, 襲爵受封, 會親友, 冠帶, 出行, 上官赴任, 臨政親民, 結婚姻, 納采問名, 進人口, 移徙, 解除, 沐浴, 裁衣, 修造動土, 豎柱上梁, 修倉庫, 經絡, 醞釀, 立券, 交易, 納財, 開倉庫, 出貨財, 安碓磑, 栽種, 牧養, 納畜

忌—嫁娶, 求醫療病, 畋獵, 取魚

庚子壁上土寶執日 경자벽상토보집일

吉神—月空, 金堂, 解神, 鳴吠對

凶神—月害, 大時, 大敗, 咸池, 小耗, 五虛, 九坎, 九焦, 歸忌, 天刑

宜—沐浴, 剃頭, 整手足甲, 捕捉

忌—祈福, 求嗣, 上册受封, 上表章, 襲爵受封, 會親友, 冠帶, 出行, 上官赴任, 臨政親民, 結婚姻, 納采問名, 嫁娶, 進人口, 移徙, 遠迴, 安床, 解除, 求醫療病, 築隄防, 修造動土, 豎柱上梁, 修倉庫, 鼓鑄, 經絡, 醞釀, 開市, 立券, 交易, 納財, 開倉庫, 出貨財, 修置產室, 補垣塞穴, 取魚, 乘船渡水, 栽種, 牧養, 納畜, 破土, 安葬, 啓攢

辛丑壁上土義破日 신축벽상토의파일

吉神—月德

凶神—月破, 大耗, 月刑, 四擊, 九空, 朱雀

諸事不宜.

壬寅金箔金寶危日 임인금박금보위일

吉神―母倉, 五富, 五合, 金匱, 鳴吠對

凶神―遊禍

宜―會親友, 結婚姻, 安床, 經絡, 醞釀, 開市, 立券, 交易, 納財, 開倉庫, 出貨財, 栽種, 牧養, 納畜, 破土, 啓攢,

忌―祭祀, 祈福, 求嗣, 解除, 求醫療病, 開渠

癸卯金箔金寶成日 계묘금박금보성일

吉神―母倉, 三合, 臨日, 天喜, 天醫, 敬安, 五合, 寶光, 鳴吠對

凶神―大煞

宜―上册受封, 上表章, 襲爵受封, 會親友, 入學, 出行, 上官赴任, 臨政親民, 結婚姻, 納采問名, 嫁娶, 進人口, 移徙, 求醫療病, 裁衣, 築隄防, 修造動土, 豎柱上梁, 修倉庫, 經絡, 醞釀, 開市, 立券, 交易, 納財, 安碓磑, 栽種, 牧養, 納畜, 破土, 啓攢

忌―穿井

甲辰覆燈火制收日 갑진복등화제수일

吉神―天德, 月德, 時德, 天馬, 普護

凶神―天罡, 五虛, 八風, 白虎

宜―祭祀, 祈福, 求嗣, 上册受封, 上表章, 襲爵受封, 會親友, 出行, 上官赴任, 臨政親民, 結婚姻, 納采問名, 嫁娶, 進人口, 移徙, 解除, 裁衣, 修造動土, 豎柱上梁, 修倉庫, 納財, 捕捉, 栽種, 牧養, 納畜, 安葬

忌―求醫療病, 開倉庫, 出貨財, 畋獵, 取魚

乙巳覆燒火寶開日 을사복소화보개일

吉神―王日, 驛馬, 天后, 時陽, 生氣, 福生, 玉堂

凶神―月厭, 地火, 重日

宜―祭祀, 入學

忌―祈福, 求嗣, 上冊受封, 上表章, 襲爵受封, 會親友, 冠帶, 出行, 上官赴任, 臨政親民, 結婚姻, 納采問名, 嫁娶, 進人口, 移徙, 遠迴, 安床, 解除, 剃頭, 整手足甲, 求醫療病, 裁衣, 築隄防, 修造動土, 豎柱上梁, 修倉庫, 鼓鑄, 經絡, 醞釀, 開市, 立券, 交易, 納財, 開倉庫, 出貨財, 修置產室, 開渠穿井, 安碓磑, 補垣塞穴, 修飾垣牆, 平治道塗, 破屋壞垣, 伐木, 畋獵, 取魚, 栽種, 牧養, 納畜, 破土, 安葬, 啓攢

丙午天河水專閉日 병오천하수전폐일

吉神―官日, 六合, 鳴吠

凶神―天吏, 致死, 血支, 往亡, 天窂, 逐陣

忌―祈福, 求嗣, 上冊受封, 上表章, 襲爵受封, 會親友, 冠帶, 出行, 上官赴任, 臨政親民, 結婚姻, 納采問名, 嫁娶, 進人口, 移徙, 安床, 解除, 求醫療病, 療目, 針刺, 築隄防, 修造動土, 豎柱上梁, 修倉庫, 苫蓋, 開市, 立券, 交易, 納財, 開倉庫, 出貨財, 修置產室, 開渠穿井, 捕捉, 畋獵, 取魚, 栽種, 牧養, 納畜

丁未天河水寶建日 정미천하수보건일

吉神―守日, 聖心

凶神―月建, 小時, 土府, 八專, 元武, 陽錯

宜―祭祀, 襲爵受封, 出行, 上官赴任, 臨政親民

忌―祈福, 求嗣, 上册受封, 上表章, 結婚姻, 納采問名, 嫁娶, 解除, 剃頭, 整手足甲, 求醫療病, 築隄防, 修造動土, 豎柱上梁, 修倉庫, 開倉庫, 出貨財, 修置產室, 開渠穿井, 安碓磑, 補垣, 修飾垣牆, 平治道塗, 破屋壞垣, 伐木, 栽種, 破土, 安葬, 啓攢

戊申大驛土寶除日 무신대역토보제일

吉神―四相, 陽德, 相日, 吉期, 不將, 益後, 除神, 司命

凶神―劫煞, 天賊, 五虛, 五離

宜―祭祀, 沐浴, 掃舍宇

忌―上册受封, 上表章, 會親友, 出行, 結婚姻, 納采問名, 安床, 求醫療病, 修倉庫, 立券, 交易, 納財, 開倉庫, 出貨財, 破土, 安葬, 啓攢

己酉大驛土寶滿日 기유대역토보만일

吉神―天德合, 月德合, 天恩, 四相, 民日, 天巫, 福德, 天倉, 續世, 除神, 鳴吠

凶神―災煞, 天火, 血忌, 復日, 五離, 勾陳

宜―祭祀, 祈福, 求嗣, 上册受封, 上表章, 襲爵受封, 出行, 上官赴任, 臨政親民. 結婚姻, 納采問名, 嫁娶, 進人口, 移徙, 解除, 沐浴, 剃頭, 整手足甲, 裁衣, 修造動土, 豎

柱上梁, 修倉庫, 經絡, 開市, 立券, 交易, 納財, 開倉
　　　庫, 出貨財, 補垣塞穴, 掃舍宇, 栽種, 牧養, 納畜
　　忌―會親友, 求醫療病, 針刺, 畋獵, 取魚

庚戌釵釧金義平日 경술차천금의평일

　　吉神―月空, 天恩, 要安, 靑龍
　　凶神―河魁, 死神, 月煞, 月虛, 土符
　　諸事不宜.

辛亥釵釧金寶定日　신해차천금보정일

　　吉神―天恩, 月恩, 陰德, 三合, 時陰, 六儀, 玉宇, 明堂
　　凶神―厭對, 招搖, 死氣, 重日
　　宜―祭祀, 祈福, 求嗣, 襲爵受封, 會親友, 冠帶, 出行, 上官
　　　赴任, 臨政親民, 結婚姻, 納采問名, 進人口, 移徙, 沐
　　　浴, 裁衣, 修造動土, 豎柱上梁, 修倉庫, 經絡, 立券, 交
　　　易, 納財, 開倉庫, 出貨財, 安碓磑, 牧養, 納畜
　　忌―嫁娶, 解除, 求醫療病, 醞釀, 修置產室, 取魚, 乘船渡水,
　　　栽種, 破土, 安葬. 啓攢

壬子桑柘木專執日 임자상자목전집일

　　吉神―天恩, 金堂, 解神, 鳴吠對
　　凶神―月害, 大時, 大敗, 咸池, 小耗, 四廢, 五虛, 九坎, 九
　　　焦, 歸忌, 天刑
　　宜―沐浴, 剃頭, 整手足甲, 浦捉
　　忌―祈福, 求嗣, 上册受封, 上表章, 襲爵受封, 會親友, 冠

帶, 出行, 上官赴任, 臨政親民, 結婚姻, 納采問名, 嫁娶, 進人口, 移徙, 遠迴, 安床, 解除, 求醫療病, 裁衣, 築隄防, 修造動土, 竪柱上梁, 修倉庫, 鼓鑄, 經絡, 醞釀, 開市, 立券, 交易, 納財, 開倉庫, 出貨財, 修置産室, 開渠穿井, 安碓磑, 補垣塞穴, 修飾垣牆, 取魚, 乘船渡水, 栽種, 牧養, 納畜, 破土, 安葬, 啓攢

癸丑桑柘木伐破日 계축상자목벌파일

吉神―天恩
凶神―月破, 大耗, 月刑, 四擊, 九空, 八專, 觸水龍, 朱雀, 陽破陰衝 양파음충
諸事不宜.

甲寅大溪水專危日 갑인대계수전위일

吉神―天德, 月德, 母倉, 五富, 金匱, 五合, 鳴吠對
凶神―遊禍, 八專
宜―上册受封, 上表章, 襲爵受封, 會親友, 出行, 上官赴任, 臨政親民, 移徙, 安床, 裁衣, 修造動土, 竪柱上梁, 修倉庫, 經絡, 醞釀, 開市, 立券, 交易, 納財, 栽種, 牧養, 納畜, 破土, 安葬, 啓攢
忌―祭祀, 祈福, 求嗣, 結婚姻, 納采問名, 嫁娶, 解除, 求醫療病, 開倉庫, 出貨財, 畋獵, 取魚

乙卯大溪水專成日 을묘대계수전성일

吉神―母倉, 三合, 臨日, 天喜, 天醫, 敬安, 五合, 寶光, 鳴

吠對

凶神―四耗, 大煞

宜―上册受封, 上表章, 襲爵受封, 會親友, 入學, 出行, 上官赴任, 結婚姻, 納采問名, 嫁娶, 進人口, 移徙, 求醫療病, 裁衣, 築隄防, 修造動土, 竪柱上梁, 修倉庫, 經絡, 醞釀, 開市, 立券, 交易, 納財, 安碓磑, 牧養, 破土, 啓攢

忌―穿井, 栽種

丙辰沙中土寶收日 병진사중토보수일

吉神―時德, 天馬, 普護

凶神―天罡, 五虛, 地囊, 白虎

宜―祭祀, 進人口, 納財, 捕捉, 牧養, 納畜

忌―祈福, 求嗣, 上册受封, 上表章, 襲爵受封, 會親友, 冠帶, 出行, 上官赴任, 臨政親民, 結婚姻, 納采問名, 嫁娶, 移徙, 安床, 解除, 求醫療病, 裁衣, 築隄防, 修造動土, 竪柱上梁, 修倉庫, 鼓鑄, 經絡, 醞釀, 開市, 立券, 交易, 開倉庫, 出貨財, 修置産室, 開渠穿井, 安碓磑, 補垣, 修飾垣牆, 平治道塗, 破屋壞垣, 栽種, 破土, 安葬, 啓攢

丁巳沙中土專開日 정사사중토전개일

吉神―王日, 驛馬, 天后, 時陽, 生氣, 福生, 玉堂

凶神―月厭, 地火, 重日, 大會, 陰錯

諸事不宜.

戊午天上火義閉日 무오천상화의폐일

    吉神―天願, 四相, 官日, 六合, 不將

    凶神―天吏, 致死, 血支, 往亡, 天牢, 逐陣

    宜―祭祀

    忌―祈福, 求嗣, 上冊受封, 上表章, 襲爵受封, 會親友, 冠帶, 出行, 上官赴任, 臨政親民, 結婚姻, 納采問名, 嫁娶, 進人口, 移徙, 安床, 解除, 求醫療病, 療目, 針刺, 築隄防, 修造動土, 竪柱上梁, 修倉庫, 苫蓋, 開市, 立券, 交易, 納財, 開倉庫, 出貨財, 修置産室, 開渠穿井, 浦捉, 畋獵, 取魚, 栽種, 牧養, 納畜

己未天上火專建日 기미천상화전건일

    吉神―天德合, 月德合, 四相, 守日, 聖心

    凶神―月建, 小時, 土府, 復日, 八專, 元武, 陽錯

    宜―祭祀, 襲爵受封, 會親友, 出行, 上官赴任, 臨政親民, 移徙, 裁衣, 納財, 牧養, 納畜

    忌―祈福, 求嗣, 上冊受封, 上表章, 結婚姻, 納采問名, 嫁娶, 解除, 剃頭, 整手足甲, 求醫療病, 築隄防, 修造動土, 竪柱上梁, 修倉庫, 開倉庫, 出貨財, 修置産室, 開渠穿井, 安碓磑, 補垣, 修飾垣牆, 平治道塗, 破屋壞垣, 伐木, 畋獵, 取魚, 栽種, 破土, 安葬, 啓攢

庚申石榴木專除日 경신석류목전제일

    吉神―月空, 陽德, 相日, 吉期, 益後, 除神, 司命, 鳴吠

    凶神―劫煞, 天賊, 五虛, 五離, 八專

宜―祭祀, 沐浴, 掃舍宇

忌―上册受封, 上表章, 會親友, 冠帶, 出行, 結婚姻, 納采問名, 嫁娶, 進人口, 移徙, 安床, 求醫療病, 裁衣, 築隄防, 修造動土, 豎柱上梁, 修倉庫, 鼓鑄, 經絡, 醞釀, 開市, 立券, 交易, 納財, 開倉庫, 出貨財, 修置産室, 開渠穿井, 安碓磑, 補垣塞穴, 修飾垣牆, 破屋壞垣, 栽種, 牧養, 納畜

辛酉石榴木專滿日 신유석류목전만일

吉神―月恩, 民日, 天巫, 福德, 天倉, 續世, 除神, 鳴吠

凶神―災煞, 天火, 血忌, 五離, 勾陳

宜―祭祀, 沐浴, 掃舍宇

忌―祈福, 求嗣, 上册受封, 上表章, 襲爵受封, 會親友, 冠帶, 出行, 上官赴任, 臨政親民, 結婚姻, 納采問名, 嫁娶, 進人口, 移徙, 安床, 解除, 剃頭, 整手足甲, 求醫療病, 針刺, 裁衣, 築隄防, 修造動土, 豎柱上梁, 修倉庫, 鼓鑄, 苫蓋, 經絡, 醞釀, 開市, 立券, 交易, 納財, 開倉庫, 出貨財, 修置産室, 開渠穿井, 安碓磑, 補垣塞穴, 修飾垣牆, 破屋壞垣, 栽種, 牧養, 納畜, 破土, 安葬, 啓攢

壬戌大海水伐平日 임술대해수벌평일

吉神―不將, 要安, 靑龍

凶神―河魁, 死神, 月煞, 月虛, 土符

諸事不宜.

癸亥大海水專定日 계해대해수전정일

吉神―陰德, 三合, 時陰, 六儀, 玉宇, 明堂

凶神―厭對, 招搖, 死氣, 四廢, 重日

宜―沐浴

忌―祈福, 求嗣, 上冊受封, 上表章, 襲爵受封, 會親友, 冠帶, 出行, 上官赴任, 臨政親民, 結婚姻, 納采問名, 嫁娶, 進人口, 移徙, 安床, 解除, 求醫療病, 裁衣, 築隄防, 修造動土, 竪柱上梁, 修倉庫, 鼓鑄, 經絡, 醞釀, 開市, 立券, 交易, 納財, 開倉庫, 出貨財, 修置産室, 開渠穿井, 安確磑, 補垣塞穴, 修飾垣牆, 取魚, 乘船渡水, 栽種, 牧養, 納畜, 破土, 安葬, 啓攢

이상의 60간지는 월건이 미(未)일 때의 것이니, 소서(小暑)에서 대서(大暑) 말까지이다. 그 신살의 길흉을 용사(用事)에 따라 마땅함(宜)과 꺼림(忌)을 표로 만들어 놓았으니 활용할 것이다.

<월표 7>

七月	입추절 立秋節 천도북행 天道北行	맹년孟年 (寅申巳亥)			중년仲年 (子午卯酉)			계년季年 (辰戌丑未)		
		綠	紫	黑	白	白	白	赤	碧	黃
		碧	黃	赤	紫	黑	綠	白	白	白
		白	白	白	黃	赤	碧	黑	綠	紫

천덕(天德) 癸. 월덕(月德) 壬. 월공(月空) 丙
천덕합(天德合) 戊. 월덕합(月德合) 丁   =의수조 취토(宜修造取土)

처서(處暑) 7월中 태양到 巳宮 위(爲) 7月 장(將) 의용(宜用) 甲丙庚壬時

월건(月建) 申. 월파(月破) 辰. 월염(月厭) 辰. 월형(月刑) 寅. 월해(月害) 亥 겁살
(劫煞) 巳. 재살(災煞) 午. 월살(月煞) 未 = 기 수조취토(忌修造取土)

입추(立秋) 전 1일 사절(四絶), 후 9일 왕망(往亡)
초 8일 장성(長星). 22일 단성(短星)

甲子海中金義定日 갑자해중금의정일

吉神—天恩, 時德, 民日, 三合, 臨日, 時陰, 福生, 靑龍

凶神—死氣

宜—祭祀, 祈福, 求嗣, 上冊受封, 上表章, 襲爵受封, 會親友, 冠帶, 出行, 上官赴任, 臨政親民, 結婚姻, 納采問名, 嫁娶, 進人口, 移徙, 沐浴, 裁衣, 修造動土, 豎柱上梁, 修倉庫, 經絡, 醞釀, 開市, 立券, 交易, 納財, 安碓磑, 牧養, 納畜

忌—解除, 求醫療病, 開倉庫, 出貨財, 修置産室, 栽種

乙丑海中金制執日 을축해중금제집일

吉神—天恩, 母倉, 明堂

凶神―小耗, 歸忌

宜―會親友, 捕捉, 牧養, 納畜

忌―冠帶, 移徙, 遠迴, 修倉庫, 開市, 立券, 交易, 納財, 開倉庫, 出貨財, 栽種

丙寅鑪中火義破日 병인노중화의파일

吉神―月空, 天恩, 驛馬, 天后, 聖心, 解神, 五合, 鳴吠對

凶神―月破, 大耗, 月刑, 天刑

諸事不宜.

丁卯鑪中火義危日 정묘노중화의위일

吉神―月德合, 天恩, 益後, 五合, 鳴吠對

凶神―天吏, 致死, 五虛, 土符, 朱雀

宜―祭祀, 祈福, 求嗣, 上冊受封, 上表章, 襲爵受封, 會親友, 出行, 上官赴任, 臨政親民, 結婚姻, 納采問名, 嫁娶, 移徙, 安床, 解除, 裁衣, 豎柱上梁, 立券, 交易, 牧養, 納畜, 安葬, 啓攢

忌―剃頭, 求醫療病, 築隄防, 修造動土, 修倉庫, 修置產室, 開渠穿井, 安碓磑, 補垣, 修飾垣牆, 平治道塗, 破屋壞垣, 畋獵, 取魚, 栽種, 破土

戊辰大林木專成日 무진대림목전성일

吉神―天德合, 天恩, 母倉, 三合, 天喜, 天醫, 續世, 金匱

凶神―月厭, 地火, 四擊, 大煞, 血忌

宜―祭祀, 祈福, 求嗣, 上冊受封, 上表章, 會親友, 入學, 進

人口, 解除, 裁衣, 築隄防, 修造動土, 竪柱上梁, 修倉庫, 經絡, 醞釀, 開市, 立券, 交易, 納財. 安碓磑, 牧養, 納畜, 安葬

忌―出行, 上官赴任, 臨政親民, 結婚姻, 納采問名, 嫁娶, 移徙, 遠迴, 求醫療病. 針刺, 畋獵, 取魚, 栽種

己巳大林木義收日 기사대림목의수일

吉神―天願, 六合, 五富, 要安, 寶光

凶神―河魁, 劫煞, 重日

宜―祭祀, 祈福, 求嗣, 上冊受封, 上表章, 襲爵受封, 會親友, 上官赴任, 臨政親民, 結婚姻, 納采問名, 嫁娶, 進人口, 移徙, 裁衣, 修造動土, 竪柱上梁, 修倉庫, 經絡, 醞釀, 開市, 立券, 交易, 納財, 開倉庫, 出貨財, 捕捉, 栽種, 牧養, 納畜

忌―出行, 求醫療病

庚午路傍土伐開日 경오노방토벌개일

吉神―天馬, 時陽, 生氣, 玉宇, 鳴吠

凶神―災煞, 天火, 復日, 白虎

宜―祭祀, 入學

忌―冠帶, 結婚姻, 納采問名, 嫁娶, 進人口, 求醫療病, 苫蓋, 經絡, 醞釀, 伐木, 畋獵, 取魚, 破土, 安葬, 啓攢

辛未路傍土義閉日 신미노방토의폐일

吉神―母倉, 金堂, 玉堂

凶神―月煞, 月虛, 血支, 天賊, 五虛
諸事不宜.

壬申劍鋒金義建日 임신검봉금의건일

吉神―月德, 月恩, 四相, 王日, 天倉, 不將, 除神, 鳴吠
凶神―月建, 小時, 土府, 五離, 天牢
宜―祭祀, 祈福, 求嗣, 上冊受封, 上表章, 襲爵受封, 會親友, 出行, 上官赴任, 臨政親民, 結婚姻, 納采問名, 嫁娶, 進人口, 移徙, 解除, 沐浴, 剃頭, 整手足甲, 求醫療病, 裁衣, 豎柱上梁, 納財, 開倉庫, 出貨財, 掃舍宇, 牧養, 納畜, 安葬
忌―安床, 築隄防, 修造動土, 修倉庫, 修置產室, 開渠穿井, 安碓磑, 補垣, 修飾垣牆, 平治道塗, 破屋壞垣, 伐木, 畋獵, 取魚, 栽種, 破土

癸酉劍鋒金義除日 계유검봉금의제일

吉神―天德, 四相, 陰德, 官日, 吉期, 不將, 除神, 鳴吠
凶神―大時, 大敗, 咸池, 九坎, 九焦, 往亡, 五離, 元武
宜―祭祀, 祈福, 求嗣, 結婚姻, 納采問名, 解除, 沐浴, 剃頭, 整手足甲, 裁衣, 修造動土, 豎柱上梁, 修倉庫, 納財, 開倉庫, 出貨財, 掃舍宇, 牧養, 納畜, 破土, 安葬
忌―上冊受封, 上表章, 會親友, 出行, 上官赴任, 臨政親民, 嫁娶, 進人口, 移徙. 求醫療病, 鼓鑄, 補垣塞穴, 捕捉, 畋獵, 取魚, 乘船渡水, 栽種

甲戌山頭火制滿日 갑술산두화제만일

吉神―母倉, 陽德, 守日, 天巫, 福德, 六儀, 敬安, 司命

凶神―厭對, 招搖, 天狗천구, 九空

宜―上册受封, 上表章, 會親友, 裁衣, 經絡, 補垣塞穴, 栽種, 牧養, 納畜

忌―祭祀, 襲爵受封, 上官赴任, 臨政親民, 結婚姻, 納采問名, 嫁娶, 進人口, 求醫療病, 修倉庫, 開市, 立券, 交易, 納財, 開倉庫, 出貨財, 取魚, 乘船渡水

乙亥山頭火義平日 을해산두화의평일

吉神―相日, 普護

凶神―天罡, 死神, 月害, 遊禍, 五虛, 重日, 勾陳

宜―祭祀, 沐浴, 修飾垣牆, 平治道塗

忌―祈福, 求嗣, 上册受封, 上表章, 襲爵受封, 會親友, 冠帶, 出行, 上官赴任, 臨政親民, 結婚姻, 納采問名, 嫁娶, 進人口, 移徙, 安床, 解除, 求醫療病, 裁衣, 築隄防, 修造動土, 豎柱上梁, 修倉庫, 鼓鑄, 經絡, 醞釀, 開市, 立券. 交易, 納財, 開倉庫, 出貨財, 修置產室, 開渠穿井, 栽種, 牧養, 納畜, 破土, 安葬, 啓攢

丙子澗下水伐定日 병자간하수벌정일

吉神―月空, 時德, 民日, 三合, 臨日, 時陰, 福生, 靑龍, 鳴吠對

凶神―死氣, 觸水龍

宜―祭祀, 祈福, 求嗣, 上册受封, 上表章, 襲爵受封, 會親

友, 冠帶, 出行, 上官赴任, 臨政親民, 結婚姻, 納采問
名, 嫁娶, 進人口, 移徙, 沐浴, 裁衣, 修造動土, 豎柱上
梁, 修倉庫, 經絡, 醞釀, 開市, 立券, 交易, 納財, 開倉
庫, 出貨財, 安碓磑, 牧養, 納畜, 破土, 啓攢

忌―解除, 求醫療病, 修置產室, 取魚, 乘船渡水, 栽種

丁丑澗下水寶執日 정축간하수보집일

吉神―月德合, 母倉, 明堂

凶神―小耗, 歸忌

宜―祭祀, 祈福, 求嗣, 上册受封, 上表章, 襲爵受封, 會親
友, 出行, 上官赴任, 臨政親民, 結婚姻, 納采問名, 嫁
娶, 解除, 求醫療病, 裁衣, 修造動土, 豎柱上梁, 修倉
庫, 納財, 捕捉, 栽種, 牧養, 納畜, 安葬

忌―冠帶, 移徙, 遠迴, 剃頭, 畋獵, 取魚

戊寅城頭土伐破日 무인성두토벌파일

吉神―天德合, 驛馬, 天后, 聖心, 解神, 五合

凶神―月破, 大耗, 月刑, 天刑

宜―沐浴

忌―祭祀, 祈福, 求嗣, 上册受封, 上表章, 襲爵受封, 會親
友, 冠帶, 出行, 上官赴任, 臨政親民, 結婚姻, 納采問
名, 嫁娶, 進人口, 移徙, 安床, 解除, 剃頭. 整手足甲,
求醫療病, 裁衣, 築隄防, 修造動土, 豎柱上梁, 修倉庫,
鼓鑄, 經絡, 醞釀, 開市, 立券, 交易, 納財, 開倉庫, 出
貨財, 修置產室, 開渠穿井, 安碓磑, 補垣塞穴, 修飾垣

牆, 破屋壞垣, 伐木, 畋獵, 取魚, 栽種, 牧養, 納畜, 破土, 安葬, 啓攢

己卯城頭土伐危日 기묘성두토벌위일

吉神—天恩, 益後, 五合

凶神—天吏, 致死, 五虛, 土符, 朱雀

宜—祭祀, 會親友

忌—祈福, 求嗣, 上冊受封, 上表章, 襲爵受封, 冠帶, 出行, 上官赴任, 臨政親民. 結婚姻, 納采問名, 嫁娶, 進人口, 移徙, 安床, 解除, 求醫療病, 築隄防, 修造動土, 豎柱上梁, 修倉庫, 開市, 立券, 交易, 納財, 開倉庫, 出貨財, 修置產室, 開渠穿井, 安碓磑, 補垣, 修飾垣牆, 平治道塗, 破屋壞垣, 栽種, 牧養, 納畜, 破土

庚辰白鑞金義成日 경진백랍금의성일

吉神—天恩, 母倉, 三合, 天喜, 天醫, 續世, 金匱

凶神—月厭, 地火, 四擊, 大煞, 血忌, 復日, 大會

諸事不宜.

辛巳白鑞金伐收日 신사백랍금벌수일

吉神—天恩, 六合, 五富, 要安, 寶光

凶神—河魁, 劫煞, 重日

宜—會親友, 結婚姻, 嫁娶, 進人口, 經絡, 開市, 立券, 交易, 納財, 開倉庫, 出貨財, 捕捉, 栽種, 牧養, 納畜

忌—出行, 求醫療病, 醞釀

壬午楊柳木制開日 임오양류목제개일

吉神―月德, 天恩, 月恩, 四相, 天馬, 時陽, 生氣, 不將, 玉宇, 鳴吠

凶神―災煞, 天火, 白虎

宜―祭祀, 祈福, 求嗣, 上冊受封, 上表章, 襲爵受封, 會親友, 入學, 出行, 上官赴任, 臨政親民, 結婚姻, 納采問名, 嫁娶, 移徙, 解除, 裁衣, 修造動土, 竪柱上梁, 修倉庫, 開市, 納財, 開倉庫, 出貨財, 修置產室, 安碓磑, 栽種, 牧養, 納畜

忌―求醫療病, 苫蓋, 開渠, 伐木, 畋獵, 取魚

癸未楊柳木伐閉日 계미양류목벌폐일

吉神―天德, 天恩, 母倉, 四相, 不將, 金堂, 玉堂

凶神―月煞, 月虛, 血支, 天賊, 五虛, 觸水龍

宜―祭祀

忌―祈福, 求嗣, 上冊受封, 上表章, 襲爵受封, 會親友, 冠帶, 出行, 上官赴任, 臨政親民, 結婚姻, 納采問名, 嫁娶, 進人口, 移徙, 安床, 解除, 剃頭, 整手足甲, 求醫療病, 療目, 針刺, 裁衣, 築隄防, 修造動土, 竪柱上梁, 修倉庫, 鼓鑄, 經絡, 醞釀, 開市, 立券, 交易, 納財, 開倉庫, 出貨財, 修置產室, 開渠穿井, 安碓磑, 補垣塞穴, 修飾垣牆, 破屋壞垣, 畋獵, 取魚, 乘船渡水, 栽種, 牧養, 納畜, 破土, 安葬, 啓攢

甲申井泉水伐建日 갑신정천수벌건일

吉神―王日, 天倉, 不將, 除神, 鳴吠

凶神―月建, 小時, 土府, 五離, 天牢

宜―襲爵受封, 出行, 上官赴任, 臨政親民, 嫁娶, 進人口, 沐浴, 裁衣, 納財, 掃舍宇, 納畜

忌―祈福, 求嗣, 上册受封, 上表章, 會親友, 結婚姻, 納采問名, 安床, 解除, 剃頭, 整手足甲, 求醫療病, 築隄防, 修造動土, 竪柱上梁, 修倉庫, 立券, 交易, 開倉庫, 出貨財, 修置産室, 開渠穿井, 安碓磑, 補垣, 修飾垣牆, 平治道塗, 破屋壞垣, 伐木, 栽種, 破土, 安葬, 啓攢

乙酉井泉水伐除日 을유정천수벌제일

吉神―陰德, 官日, 吉期, 不將, 除神, 鳴吠

凶神―大時, 大敗, 咸池, 九坎, 九焦, 往亡, 五離, 元武

宜―解除, 沐浴, 剃頭, 整手足甲, 掃舍宇, 破土, 安葬

忌―上册受封, 上表章, 會親友, 出行, 上官赴任, 臨政親民, 結婚姻, 納采問名, 嫁娶, 進人口, 移徙, 求醫療病, 鼓鑄, 立券, 交易, 補垣塞穴, 捕捉, 畋獵, 取魚, 乘船渡水, 栽種

丙戌屋上土寶滿日 병술옥상토보만일

吉神―月空, 母倉, 陽德, 守日, 天巫, 福德, 六儀, 敬安, 司命

凶神―厭對, 招搖, 天狗, 九空

宜―上册受封, 上表章, 會親友, 裁衣, 經絡, 補垣塞穴, 栽種, 牧養, 納畜

忌―祭祀, 襲爵受封, 上官赴任, 臨政親民, 結婚姻, 納采問

名, 嫁娶, 進人口, 求醫療病, 修倉庫, 開市, 立券, 交易, 納財, 開倉庫, 出貨財, 取魚, 乘船渡水

丁亥屋上土伐平日 정해옥상토벌평일

吉神—月德合, 相日, 普護

凶神—天罡, 死神, 月害, 遊禍, 五虛, 八風, 地囊, 重日, 勾陳

宜—祭祀, 上冊受封, 上表章, 襲爵受封, 會親友, 出行, 上官赴任, 臨政親民, 結婚姻, 納采問名, 移徙, 沐浴, 裁衣, 竪柱上梁, 牧養, 納畜

忌—祈福, 求嗣, 嫁娶, 解除, 剃頭, 求醫療病, 築隄防, 修造動土, 修倉庫, 修置產室, 開渠穿井, 安碓磑, 補垣, 修飾垣牆, 平治道塗, 破屋壞垣, 畋獵, 取魚, 栽種, 破土

戊子霹靂火制定日 무자벽력화제정일

吉神—天德合, 時德, 民日, 三合, 臨日, 時陰, 福生, 青龍

凶神—死氣

宜—祭祀, 祈福, 求嗣, 上冊受封, 上表章, 襲爵受封, 會親友, 冠帶, 出行, 上官赴任, 臨政親民, 結婚姻, 納采問名, 嫁娶, 進人口, 移徙, 解除, 沐浴, 裁衣, 修造動土, 竪柱上梁, 修倉庫, 經絡, 醞釀, 開市, 立券, 交易, 納財, 開倉庫, 出貨財, 安碓磑, 栽種, 牧養, 納畜, 安葬

忌—求醫療病, 畋獵, 取魚

己丑霹靂火專執日 기축벽력화전집일

吉神—母倉, 明堂

凶神―小耗, 歸忌

宜―捕捉, 栽種, 牧養, 納畜

忌―冠帶, 移徙, 遠迴, 修倉庫, 開市, 立券, 交易, 納財, 開倉庫, 出貨財

庚寅松柏木制破日 경인송백목제파일

吉神―驛馬, 天后, 聖心, 解神, 五合, 鳴吠對

凶神―月破, 大耗, 月刑, 復日, 天刑

諸事不宜.

辛卯松柏木制危日 신묘송백목제위일

吉神―益後, 五合, 鳴吠對

凶神―天吏, 致死, 五虛, 土符, 朱雀

宜―祭祀, 會親友, 啓攢

忌―祈福, 求嗣, 上冊受封, 上表章, 襲爵受封, 冠帶, 出行, 上官赴任, 臨政親民, 結婚姻, 納采問名, 嫁娶, 進人口, 移徙, 安床, 解除, 求醫療病, 築隄防, 修造動土, 豎柱上梁, 修倉庫, 醞釀, 開市, 立券, 交易, 納財, 開倉庫, 出貨財, 修置產室, 開渠穿井, 安碓磑, 補垣, 修飾垣牆, 平治道塗, 破屋壞垣, 栽種, 牧養, 納畜, 破土

壬辰長流水伐成日 임진장류수벌성일

吉神―月德, 母倉, 月恩, 四相, 三合, 天喜, 天醫, 續世, 金匱

凶神―月厭, 地火, 四擊, 大煞, 血忌

宜―祭祀, 祈福, 求嗣, 上冊受封, 上表章, 會親友, 入學, 進人口, 解除, 裁衣, 築隄防, 修造動土, 竪柱上梁, 修倉庫, 經絡, 醞釀, 開市, 立券, 交易, 納財, 開倉庫, 出貨財, 安碓磑, 牧養, 納畜, 安葬

忌―出行, 上官赴任, 臨政親民, 結婚姻, 納采問名, 嫁娶, 移徙, 遠廻, 求醫療病, 針刺, 開渠, 畋獵, 取魚, 栽種

癸巳長流水制收日 계사장류수제수일

吉神―天德, 四相, 六合, 五富, 不將, 要安, 寶光

凶神―河魁, 劫煞, 重日

宜―祭祀, 祈福, 求嗣, 上冊受封, 上表章, 襲爵受封, 會親友, 上官赴任, 臨政親民, 結婚姻, 納采問名, 嫁娶, 進人口, 移徙, 解除, 裁衣, 修造動土, 竪柱上梁, 修倉庫, 經絡, 醞釀, 開市, 立券, 交易, 納財, 開倉庫, 出貨財, 捕捉, 栽種, 牧養, 納畜

忌―出行, 求醫療病, 畋獵, 取魚

甲午砂石金寶開日 갑오사석금보개일

吉神―天馬, 時陽, 生氣, 不將, 玉宇, 鳴吠

凶神―災煞, 天火, 白虎

宜―祭祀, 入學

忌―冠帶, 結婚姻, 納采問名, 進人口, 安床, 求醫療病, 苫蓋, 經絡, 醞釀, 開倉庫, 出貨財, 伐木, 畋獵, 取魚

乙未砂石金制閉日 을미사석금제폐일

吉神―母倉, 不將, 金堂, 玉堂

凶神―月煞, 月虛, 血支, 天賊, 五虛

諸事不宜.

丙申山下火制建日 병신산하화제건일

吉神―月空, 王日, 天倉, 除神, 鳴吠

凶神―月建, 小時, 土府, 五離, 天牢

宜―襲爵受封, 出行, 上官赴任, 臨政親民, 進人口, 沐浴, 裁衣, 納財, 掃舍宇, 納畜

忌―祈福, 求嗣, 上冊受封, 上表章, 會親友, 結婚姻, 納采問名, 安床, 解除, 剃頭, 整手足甲, 求醫療病, 築隄防, 修造動土, 竪柱上梁, 修倉庫, 立券, 交易, 開倉庫, 出貨財, 修置產室, 開渠穿井, 安碓磑, 補垣, 修飾垣牆, 平治道塗, 破屋壞垣, 伐木, 栽種, 破土, 安葬, 啓攢

丁酉山下火制除日 정유산하화제제일

吉神―月德合, 陰德, 官日, 吉期, 除神, 鳴吠

凶神―大時, 大敗, 咸池, 九坎, 九焦, 往亡, 五離, 元武

宜―祭祀, 祈福, 求嗣, 結婚姻, 納采問名, 解除, 沐浴, 整手足甲, 裁衣, 修造動土, 竪柱上梁, 修倉庫, 掃舍宇, 牧養, 納畜, 破土, 安葬

忌―上冊受封, 上表章, 會親友, 出行, 上官赴任, 臨政親民, 嫁娶, 進人口, 移徙, 剃頭, 求醫療病, 鼓鑄, 補垣塞穴, 捕捉, 畋獵, 取魚, 乘船渡水, 栽種

戊戌平地木專滿日 무술평지목전만일

吉神―天德合, 母倉, 陽德, 守日, 天巫, 福德, 六儀, 敬安,

司命

凶神―厭對, 招搖, 天狗, 九空

宜―上冊受封, 上表章, 襲爵受封, 會親友, 出行, 上官赴任, 臨政親民, 結婚姻, 納采問名, 嫁娶, 進人口, 移徙, 解除, 求醫療病, 裁衣, 修造動土, 竪柱上梁. 修倉庫, 經絡, 開市, 立券, 交易, 納財, 開倉庫, 出貨財, 補垣塞穴, 栽種, 牧養, 納畜, 安葬

忌―祭祀, 畋獵, 取魚

己亥平地木制平日 기해평지목제평일

吉神―相日, 普護

凶神―天罡, 死神, 月害, 遊禍, 五虛, 重日, 勾陳

宜―祭祀, 沐浴, 修飾垣牆, 平治道塗

忌―祈福, 求嗣, 上冊受封, 上表章, 襲爵受封, 會親友, 冠帶, 出行, 上官赴任, 臨政親民, 結婚姻, 納采問名, 嫁娶, 進人口, 移徙, 安床, 解除, 求醫療病, 裁衣, 築隄防, 修造動土, 竪柱上梁, 修倉庫, 鼓鑄, 經絡, 醞釀, 開市, 立券, 交易, 納財, 開倉庫, 出貨財, 修置産室, 開渠穿井, 栽種, 牧養, 納畜, 破土, 安葬, 啓攢

庚子壁上土寶定日 경자벽상토보정일

吉神―天德, 民日, 三合, 臨日, 時陰, 福生, 靑龍, 鳴吠對

凶神―死氣, 四忌, 九虎, 復日

宜―祭祀, 祈福, 求嗣, 上冊受封, 上表章, 襲爵受封, 會親友, 冠帶, 出行, 上官赴任, 臨政親民, 進人口, 移徙, 沐

浴, 裁衣, 修造動土, 豎柱上梁, 修倉庫, 醞釀, 開市, 立
券, 交易, 納財, 開倉庫, 出貨財, 安碓磑, 牧養, 納畜

忌―結婚姻, 納采問名, 嫁娶, 解除, 求醫療病, 經絡, 修置
產室, 栽種, 破土, 安葬, 啓攢

辛丑壁上土義執日 신축벽상토의집일

吉神―母倉, 明堂

凶神―小耗, 五墓, 歸忌

宜―捕捉

忌―冠帶, 出行, 上官赴任, 臨政親民, 結婚姻, 納采問名,
嫁娶, 進人口, 移徙, 遠迴, 安床, 解除, 求醫療病, 修造
動土, 豎柱上梁, 修倉庫, 醞釀, 開市, 立券, 交易, 納
財, 開倉庫, 出貨財, 修置產室, 栽種, 牧養, 納畜, 破
土, 安葬, 啓攢

壬寅金箔金寶破日 임인금박금보파일

吉神―月德, 月恩, 四相, 驛馬, 天后, 聖心, 解神, 五合, 鳴
吠對

凶神―月破, 大耗, 月刑, 天刑

宜―沐浴

忌―祭祀, 祈福, 求嗣, 上册受封, 上表章, 襲爵受封, 會親
友, 冠帶, 出行, 上官赴任, 臨政親民, 結婚姻, 納采問
名, 嫁娶, 進人口, 移徙, 安床, 解除, 剃頭, 整手足甲,
求醫療病, 裁衣, 築隄防, 修造動土, 豎柱上梁, 修倉庫,
鼓鑄, 經絡, 醞釀, 開市, 立券, 交易, 納財, 開倉庫, 出

貨財, 修置產室, 開渠穿井, 安碓磑, 補垣塞穴, 修飾垣牆, 破屋壞垣, 伐木, 畋獵, 取魚, 栽種, 牧養, 納畜, 破土, 安葬, 啓攢

癸卯金箔金寶危日 계묘금박금보위일

吉神―天德, 四相, 益後, 五合, 鳴吠對

凶神―天吏, 致死, 五虛, 土符, 朱雀

宜―祭祀, 祈福, 求嗣, 上冊受封, 上表章, 襲爵受封, 會親友, 出行, 上官赴任, 臨政親民, 結婚姻, 納采問名, 嫁娶, 移徙, 安床, 解除, 裁衣, 豎柱上梁, 立券, 交易, 納財, 開倉庫, 出貨財, 牧養, 納畜, 安葬, 啓攢

忌―求醫療病, 築隄防, 修造動土, 修倉庫, 修置產室, 開渠穿井, 安碓磑, 補垣, 修飾垣牆, 平治道塗, 破屋壞垣, 畋獵, 取魚, 栽種, 破土

甲辰覆燈火制成日 갑진복등화제성일

吉神―母倉, 三合, 天喜, 天醫, 續世, 金匱

凶神―月厭, 地火, 四擊, 大煞, 血忌, 陰錯

宜―祭祀, 入學

忌―祈福, 求嗣, 上冊受封, 上表章, 襲爵受封, 會親友, 冠帶, 出行, 上官赴任, 臨政親民, 結婚姻, 納采問名, 嫁娶, 進人口, 移徙, 遠迴, 安床, 解除, 剃頭, 整手足甲, 求醫療病, 針刺, 裁衣, 築隄防, 修造動土, 豎柱上梁, 修倉庫, 鼓鑄, 經絡, 醞釀, 開市, 立券, 交易, 納財, 開倉庫, 出貨財, 修置產室, 開渠穿井, 安碓磑, 補垣塞穴,

修飾垣牆, 平治道塗, 破屋壞垣, 伐木, 栽種, 牧養, 納畜, 破土, 安葬, 啓攢

乙巳覆燈火寶收日 을사복등화보수일

吉神―六合, 五富, 不將, 要安, 寶光

凶神―河魁, 劫煞, 重日

宜―會親友, 結婚姻, 嫁娶, 進人口, 經絡, 醞釀, 開市, 立券, 交易, 納財, 開倉庫, 出貨財, 捕捉, 牧養, 納畜

忌―出行, 求醫療病, 栽種

丙午天河水專開日 병오천하수전개일

吉神―月空, 天馬, 時陽, 生氣, 玉宇, 鳴吠

凶神―災煞, 天火, 白虎

宜―祭祀, 入學

忌―冠帶, 結婚姻, 納采問名, 嫁娶, 進人口, 求醫療病, 苫蓋, 經絡, 醞釀, 伐木, 畋獵, 取魚

丁未天河水寶閉日 정미천하수보폐일

吉神―月德合, 母倉, 金堂, 玉堂

凶神―月煞, 月虛, 血支, 天賊, 五虛, 八風, 八專

宜―祭祀

忌―祈福, 求嗣, 上冊受封, 上表章, 襲爵受封, 會親友, 冠帶, 出行, 上官赴任, 臨政親民, 結婚姻, 納采問名, 嫁娶, 進人口, 移徙, 安床, 解除, 剃頭, 整手足甲, 求醫療病, 療目, 針刺, 裁衣, 築隄防, 修造動土, 竪柱上梁, 修

倉庫, 鼓鑄, 經絡, 醞釀, 開市, 立券, 交易, 納財, 開倉庫, 出貨財, 修置産室, 開渠穿井, 安碓磑, 補垣塞穴, 修飾垣牆, 破屋壞垣, 畋獵, 取魚, 乘船渡水, 栽種, 牧養, 納畜, 破土, 安葬, 啓攢

戊申大驛土寶建日 무신대역토보건일

吉神—天德合, 天赦, 王日, 天倉, 不將, 除神

凶神—月建, 小時, 土府, 五離, 天牢

宜—祭祀, 祈福, 求嗣, 上册受封, 上表章, 襲爵受封, 會親友, 出行, 上官赴任, 臨政親民, 結婚姻, 納采問名, 嫁娶, 進人口, 移徙, 解除, 沐浴, 剃頭, 整手足甲, 求醫療病, 裁衣, 竪柱上梁, 納財, 掃舍宇, 牧養, 納畜, 安葬

己酉大驛土寶除日 기유대역토보제일

吉神—天恩, 陰德, 官日, 吉期, 除神, 鳴吠

凶神—大時, 大敗, 咸池, 九坎, 九焦, 往亡, 五離, 元武

宜—解除, 沐浴, 剃頭, 整手足甲, 掃舍宇, 破土, 安葬

忌—上册受封, 上表章, 會親友, 出行, 上官赴任, 臨政親民, 結婚姻, 納采問名, 嫁娶, 進人口, 移徙, 求醫療病, 鼓鑄, 立券, 交易, 補垣塞穴, 捕捉, 畋獵, 取魚, 乘船渡水, 栽種

庚戌釵釧金義滿日 경술차천금의만일

吉神—天恩, 母倉, 陽德, 守日, 天巫, 福德, 六儀, 敬安, 司命

凶神—厭對, 招搖, 天狗, 九空, 復日

宜—上冊受封, 上表章, 會親友, 裁衣, 補垣塞穴, 栽種, 牧
養, 納畜

忌—祭祀, 襲爵受封, 上官赴任, 臨政親民, 結婚姻, 納采問
名, 嫁娶, 進人口, 求醫療病, 修倉庫, 經絡, 開市, 立
劵, 交易, 納財, 開倉庫, 出貨財, 取魚, 乘船渡水, 破
土, 安葬, 啓攢

辛亥釵釧金寶平日 신해차천금보평일

吉神—天恩, 相日, 普護

凶神—天罡, 死神, 月害, 遊禍, 四窮, 九虎, 五虛, 重日, 勾
陳

宜—祭祀, 沐浴, 修飾垣牆, 平治道塗

忌—祈福, 求嗣, 上冊受封, 上表章, 襲爵受封, 會親友, 冠
帶, 出行, 上官赴任, 臨政親民, 結婚姻, 納采問名, 嫁
娶, 進人口, 移徙, 安床, 解除, 求醫療病, 裁衣, 築隄
防, 修造動土, 竪柱上梁, 修倉庫, 鼓鑄, 經絡, 醞釀, 開
市, 立劵, 交易, 納財, 開倉庫, 出貨財, 修置產室, 開渠
穿井, 栽種, 牧養, 納畜, 破土, 安葬, 啓攢

壬子桑柘木專定日 임자상자목전정일

吉神—月德, 天恩, 月恩, 四相, 時德, 民日, 三合, 臨日, 時
陰, 福生, 靑龍, 鳴吠對

凶神—死氣

宜—祭祀, 祈福, 求嗣, 上冊受封, 上表章, 襲爵受封, 會親
友, 冠帶, 出行, 上官赴任, 臨政親民, 結婚姻, 納采問

名, 嫁娶, 進人口, 移徙, 解除, 沐浴, 裁衣, 修造動土, 竪柱上梁, 修倉庫, 經絡, 醞釀, 開市, 立券, 交易, 納財, 開倉庫, 出貨財, 安碓磑, 栽種, 牧養, 納畜, 破土, 安葬, 啓攢

忌─求醫療病, 開渠, 畋獵, 取魚

癸丑桑柘木伐執日 계축상자목벌집일

吉神─天德, 天恩, 母倉, 四相, 明堂

凶神─小耗, 歸忌, 八專, 觸水龍

宜─祭祀, 祈福, 求嗣, 上册受封, 上表章, 襲爵受封, 會親友, 出行, 上官赴任, 臨政親民, 解除, 求醫療病, 裁衣, 修造動土, 竪柱上梁, 修倉庫, 納財, 開倉庫, 出貨財, 捕捉, 栽種, 牧養, 納畜, 安葬

忌─冠帶, 結婚姻, 納采問名, 嫁娶, 移徙, 遠迴, 畋獵, 取魚, 乘船渡水

甲寅大溪水專破日 갑인대계수전파일

吉神─驛馬, 天后, 聖心, 解神, 五合, 鳴吠對

凶神─月破, 大耗, 月刑, 四廢, 八專, 天刑

諸事不宜.

乙卯大溪水專危日 을묘대계수전위일

吉神─益後, 五合, 鳴吠對

凶神─天吏, 致死, 四廢, 五虛, 土符, 朱雀, 三陰

諸事不宜.

丙辰沙中土寶成日 병진사중토보성일

吉神―月空, 母倉, 三合, 天喜, 天醫, 續世, 金匱

凶神―月厭, 地火, 四擊, 大煞, 血忌

宜―祭祀, 入學

忌―祈福, 求嗣, 上冊受封, 上表章, 襲爵受封, 會親友, 冠帶, 出行, 上官赴任, 臨政親民, 結婚姻, 納采問名, 嫁娶, 進人口, 移徙, 遠迴, 安床, 解除, 剃頭, 整手足甲, 求醫療病, 針刺, 裁衣, 築隄防, 修造動土, 竪柱上梁, 修倉庫, 鼓鑄, 經絡, 醞釀, 開市, 立券, 交易, 納財, 開倉庫, 出貨財, 修置產室, 開渠穿井, 安碓磑, 補垣塞穴, 修飾垣牆, 平治道塗, 破屋壞垣, 伐木, 栽種, 牧養, 納畜, 破土, 安葬, 啓攢

丁巳沙中土專收日 정사사중토선수일

吉神―月德合, 六合, 五富, 要安, 寶光

凶神―河魁, 劫煞, 地囊, 重日

宜―祭祀, 祈福, 求嗣, 上冊受封, 上表章, 襲爵受封, 會親友, 上官赴任, 臨政親民, 結婚姻, 納采問名, 嫁娶, 進人口, 移徙, 解除, 裁衣, 竪柱上梁, 經絡, 醞釀, 開市, 立券, 交易, 納財, 開倉庫, 出貨財, 捕捉, 牧養, 納畜

忌―出行, 剃頭, 求醫療病, 築隄防, 修造動土, 修倉庫, 修置產室, 開渠穿井, 安碓磑, 補垣, 修飾垣牆, 平治道塗, 破屋壞垣, 畋獵, 取魚, 栽種, 破土

戊午天上火義開日 무오천상화의개일

吉神―天德合, 天馬, 時陽, 生氣, 不將, 玉宇

凶神—災煞, 天火, 四耗, 白虎
宜—祭祀, 祈福, 求嗣, 上册受封, 上表章, 襲爵受封, 會親友, 入學, 出行, 上官赴任, 臨政親民, 結婚姻, 納采問名, 嫁娶, 移徙, 解除, 裁衣, 修造動土, 竪柱上梁, 修倉庫, 開市, 修置產室, 開渠穿井, 安碓磑, 栽種, 牧養, 納畜
忌—求醫療病, 苫蓋, 伐木, 畋獵, 取魚

己未天上火專閉日 기미천상화전폐일

吉神—母倉, 金堂, 玉堂
凶神—月煞, 月虛, 血支, 天賊, 五虛, 八專
諸事不宜.

庚申石榴木專建日 경신석류목전건일

吉神—王日, 天倉, 除神, 鳴吠
凶神—月建, 小時, 土府, 復日, 五離, 八專, 天窂, 陽錯
宜—襲爵受封, 出行, 上官赴任, 臨政親民, 進人口, 沐浴, 裁衣, 納財, 掃舍宇, 納畜
忌—祈福, 求嗣, 上册受封, 上表章, 會親友, 結婚姻, 納采問名, 嫁娶, 安床, 解除, 剃頭, 整手足甲, 求醫療病, 築隄防, 修造動土, 竪柱上梁, 修倉庫, 經絡, 立券, 交易, 開倉庫, 出貨財, 修置產室, 開渠穿井, 安碓磑, 補垣, 修飾垣牆, 平治道塗, 破屋壞垣, 伐木, 栽種, 破土, 安葬, 啓攢

辛酉石榴木專除日 신유석류목전제일

吉神—陰德, 官日, 吉期, 除神, 鳴吠

凶神―大時, 大敗, 咸池, 九坎, 九焦, 往亡, 五離, 元武
宜―解除, 沐浴, 剃頭, 整手足甲, 掃舍宇, 破土, 安葬
忌―上冊受封, 上表章, 會親友, 出行, 上官赴任, 臨政親民, 結婚姻, 納采問名, 嫁娶, 進人口, 移徙, 求醫療病, 鼓鑄, 醞釀, 立券, 交易, 補垣塞穴, 捕捉, 畋獵, 取魚, 乘船渡水, 栽種

壬戌大海水伐滿日 임술대해수벌만일

吉神―月德, 母倉, 月恩, 四相, 陽德, 守日, 天巫, 福德, 六儀, 敬安, 司命
凶神―厭對, 招搖, 天狗, 九空
宜―上冊受封, 上表章, 襲爵受封, 會親友, 出行, 上官赴任, 臨政親民, 結婚姻, 納采問名, 嫁娶, 進人口, 移徙, 解除, 求醫療病, 裁衣, 修造動土, 竪柱上梁, 修倉庫, 經絡, 開市, 立券, 交易, 納財, 開倉庫, 出貨財, 補垣塞穴, 栽種
忌―祭祀, 開渠, 畋獵, 取魚

癸亥大海水專平日 계해대해수전평일

吉神―天德, 四相, 相日, 普護
凶神―天罡, 死神, 月害, 遊禍, 五虛, 重日, 勾陳
宜―祭祀, 沐浴, 修飾垣牆, 平治道塗
忌―祈福, 求嗣, 嫁娶, 解除, 求醫療病, 畋獵, 取魚

이상의 60간지는 월건이 신(申)일 때의 것이니, 입추(立秋)에서 처서(處暑) 말까지이다. 그 신살의 길흉을 용사(用事)에 따라 마땅함(宜)과 꺼림(忌)을 표로 만들어 놓았으니 활용할 것이다.

<월표 8>

八月	백로절 白露節 천도동북행 天道東北行	맹년孟年 (寅申巳亥)			중년仲年 (子午卯酉)			계년季年 (辰戌丑未)		
		碧	白	白	紫	黃	赤	白	黑	綠
		黑	綠	白	白	白	碧	黃	赤	紫
		赤	紫	黃	綠	白	黑	白	碧	白

천덕(天德) 艮. 월덕(月德) 庚. 월공(月空) 甲   =의수조 취토(宜修造取土)
월덕합(月德合) 乙

추분 8월中 태양到 辰宮 위(爲) 8월 장(將) 의용(宜用) 艮巽坤乾時

월건(月建) 酉. 월파(月破) 卯. 월염(月厭) 卯. 월형(月刑) 酉. 월해(月害) 戌, 겁살(劫煞) 寅. 재살(災煞) 卯. 월살(月煞) 辰. = 기 수조취토(忌修造取土)

백로 후 18일 왕망(往亡) 추분 전 1일 사리(四離)
초 2일 초 5일 장성(長星). 18일 19일 단성(短星)

甲子海中金義平日 갑자해중금의평일

吉神―月空, 天恩, 時德, 陽德, 民日, 玉宇, 司命

凶神―河魁, 死神, 天吏, 致死, 往亡

宜―祭祀, 沐浴, 修飾垣牆, 平治道塗

忌―祈福, 求嗣, 上册受封, 上表章, 襲爵受封, 會親友, 冠帶, 出行, 上官赴任, 臨政親民, 結婚姻, 納采問名, 嫁娶, 進人口, 移徙, 安床, 解除, 求醫療病, 裁衣, 築隄防, 修造動土, 竪柱上梁, 修倉庫, 鼓鑄, 經絡, 醞釀, 開市, 立券, 交易, 納財, 開倉庫, 出貨財, 修置產室, 開渠穿井, 捕捉, 畋獵, 取魚, 栽種, 牧養, 納畜, 破土, 安葬, 啓攢

乙丑海中金制定日 을축해중금제정일

吉神―月德合, 天恩, 母倉, 三合, 時陰, 金堂

凶神―死氣, 勾陳

宜―祭祀, 祈福, 求嗣, 上冊受封, 上表章, 襲爵受封, 會親友, 出行, 上官赴任, 臨政親民, 結婚姻, 納采問名, 嫁娶, 進人口, 移徙, 解除, 裁衣, 修造動土, 豎柱上梁, 修倉庫, 經絡, 醞釀, 立券, 交易, 納財, 安碓磑, 牧養, 納畜, 安葬

忌―冠帶, 求醫療病, 畋獵, 取魚, 栽種

丙寅鑪中火義執日 병인노중화의집일

吉神―天恩, 解神, 五合, 青龍, 鳴吠對

凶神―劫煞, 小耗, 地囊, 歸忌

宜―沐浴, 捕捉

忌―祭祀, 祈福, 求嗣, 上冊受封, 上表章, 襲爵受封, 會親友, 冠帶, 出行, 上官赴任, 臨政親民, 結婚姻, 納采問名, 嫁娶, 進人口, 移徙, 遠迴, 安床, 解除. 剃頭, 整手足甲, 求醫療病, 裁衣, 築隄防, 修造動土, 豎柱上梁, 修倉庫, 鼓鑄, 經絡, 醞釀, 開市, 立券, 交易, 納財, 開倉庫, 出貨財, 修置產室, 開渠穿井, 安碓磑, 補垣塞穴, 修飾垣牆, 平治道塗, 破屋壞垣, 栽種, 牧養, 納畜, 破土, 安葬, 啓攢

丁卯鑪中火義破日 정묘노중화의파일

吉神―天恩, 五合, 明堂, 鳴吠對

凶神—月破, 大耗, 災煞, 天火, 月厭, 地火, 五虛
諸事不宜.

戊辰大林木專危日 무진대림목전위일

吉神—天恩, 母倉, 六合, 不將, 敬安

凶神—月煞, 月虛, 四擊, 天刑

忌—祈福, 求嗣, 上冊受封, 上表章, 襲爵受封, 出行, 上官赴任, 臨政親民, 解除, 剃頭, 整手足甲, 求醫療病, 裁衣, 築隄防, 修造動土, 豎柱上梁, 修倉庫, 鼓鑄, 修置産室, 開渠穿井, 安確磑, 補垣塞穴, 修飾垣牆, 破屋壞垣

己巳大林木專成日 기사대림목전성일

吉神—三合, 臨日, 天喜, 天醫, 普護

凶神—重日, 朱雀

宜—祭祀, 祈福, 上冊受封, 上表章, 襲爵受封, 會親友, 入學, 上官赴任, 臨政親民, 結婚姻, 納采問名, 嫁娶, 進人口, 移徙, 求醫療病, 裁衣, 築隄防, 修造動土, 豎柱上梁, 修倉庫, 經絡, 醞釀, 開市, 立券, 交易, 納財, 安確磑, 栽種, 牧養, 納畜

忌—出行, 破土, 安葬, 啓攢

庚午路傍土伐收日 경오노방토벌수일

吉神—月德, 福生, 金匱, 鳴吠

凶神—天罡, 大時, 大敗, 咸池, 天賊, 九坎, 九焦

宜―祭祀, 捕捉

忌―出行, 求醫療病, 修倉庫, 鼓鑄, 苫蓋, 經絡, 開倉庫, 出貨財, 補垣塞穴, 畋獵, 取魚, 乘船渡水, 栽種

辛未路傍土義開日 신미노방토의개일

吉神―母倉, 陰德, 時陽, 生氣, 天倉, 不將, 寶光

凶神―五虛, 九空, 土符, 復日

宜―祭祀, 祈福, 求嗣, 上冊受封, 上表章, 襲爵受封, 會親友, 入學, 出行, 上官赴任, 臨政親民, 嫁娶, 移徙, 解除, 裁衣, 竪柱上梁, 牧養, 納畜

忌―進人口, 求醫療病, 築隄防, 修造動土, 修倉庫, 醞釀, 開市, 立券, 交易, 納財, 開倉庫, 出貨財, 修置産室, 開渠穿井, 安碓磑, 補垣, 修飾垣牆, 平治道塗, 破屋壞垣, 伐木, 畋獵, 取魚, 栽種, 破土, 安葬, 啓攢

壬申劍鋒金義閉日 임신검봉금의폐일

吉神―四相, 王日, 天馬, 五富, 不將, 聖心, 除神, 鳴吠

凶神―遊禍, 血支, 五離, 白虎

宜―祭祀, 沐浴, 剃頭, 整手足甲, 裁衣, 築隄防, 經絡, 醞釀, 納財, 補垣塞穴, 掃舍宇, 栽種, 牧養, 納畜, 破土, 安葬

忌―祈福, 求嗣, 上冊受封, 上表章, 襲爵受封, 會親友, 出行, 上官赴任, 臨政親民, 結婚姻, 納采問名, 嫁娶, 進人口, 移徙, 安床, 解除, 求醫療病, 療目, 針刺, 修造動土, 竪柱上梁, 開市, 立券, 交易, 開倉庫, 出貨財, 修置

產室, 開渠穿井

癸酉劍鋒金義建日 계유검봉금의건일

吉神—月恩, 四相, 官日, 六儀, 益後, 除神, 玉堂, 鳴吠

凶神—月建, 小時, 土府, 月刑, 厭對, 招搖, 五離

宜—祭祀, 沐浴, 掃舍宇

忌—祈福, 求嗣, 上冊受封, 上表章, 襲爵受封, 會親友, 冠帶, 出行, 上官赴任, 臨政親民, 結婚姻, 納采問名, 嫁娶, 進人口, 移徙, 安床, 解除, 剃頭, 整手足甲, 求醫療病, 裁衣, 築隄防, 修造動土, 豎柱上梁, 修倉庫, 鼓鑄, 經絡, 醞釀, 開市, 立券, 交易, 納財, 開倉庫, 出貨財, 修置產室, 開渠穿井, 安碓磑, 補垣塞穴, 修飾垣牆, 平治道塗, 破屋壞垣, 伐木, 取魚, 乘船渡水, 栽種, 牧養, 納畜, 破土, 安葬, 啓攢

甲戌山頭火制除日 갑술산두화제제일

吉神—月空, 母倉, 守日, 吉期, 續世

凶神—月害, 血忌, 天牢

宜—祭祀, 襲爵受封, 出行, 上官赴任, 臨政親民, 解除, 沐浴, 剃頭, 整手足甲, 掃舍宇, 栽種

忌—祈福, 求嗣, 上冊受封, 上表章, 會親友, 結婚姻, 納采問名, 嫁娶, 進人口, 求醫療病, 針刺, 修倉庫, 經絡, 醞釀, 開市, 立券, 交易, 納財, 開倉庫, 出貨財, 修置產室, 牧養, 納畜, 破土, 安葬, 啓攢

乙亥山頭火義滿日 을해산두화의만일

吉神—月德合, 相日, 驛馬, 天后, 天巫, 福德, 要安

凶神—五虛, 大煞, 重日, 元武

宜—祭祀, 祈福, 求嗣, 上册受封, 上表章, 襲爵受封, 會親友, 出行, 上官赴任, 臨政親民, 結婚姻, 納采問名, 進人口, 移徙, 解除, 沐浴, 求醫療病, 裁衣, 修造動土, 豎柱上梁, 修倉庫, 經絡, 開市, 立券, 交易, 納財, 開倉庫, 出貨財, 補垣塞穴, 牧養, 納畜

忌—嫁娶, 畋獵, 取魚, 栽種

丙子澗下水伐平日 병자간하수벌평일

吉神—時德, 陽德, 民日, 玉宇, 司命, 鳴吠對

凶神—河魁, 死神, 天吏, 致死, 往亡, 觸水龍

宜—祭祀, 沐浴, 修飾垣牆, 平治道塗

忌—祈福, 求嗣, 上册受封, 上表章, 襲爵受封, 會親友, 冠帶, 出行, 上官赴任, 臨政親民, 結婚姻, 納采問名, 嫁娶, 進人口, 移徙, 安床, 解除, 求醫療病, 裁衣, 築隄防, 修造動土, 豎柱上梁, 修倉庫, 鼓鑄, 經絡, 醞釀, 開市, 立券, 交易, 納財, 開倉庫, 出貨財, 修置產室, 開渠穿井, 捕捉, 畋獵, 取魚, 乘船渡水, 栽種, 牧養, 納畜, 破土, 安葬, 啓攢

丁丑澗下水寶定日 정축간하수보정일

吉神—母倉, 三合, 時陰, 金堂

凶神—死氣, 勾陳

宜―會親友, 結婚姻, 納采問名, 嫁娶, 進人口, 裁衣, 修造
動土, 竪柱上梁, 修倉庫, 經絡, 醞釀, 立券, 交易, 納
財, 安碓磑, 牧養, 納畜
忌―冠帶, 解除, 剃頭, 求醫療病, 修置産室, 栽種

戊寅城頭土伐執日 무인성두토벌집일

吉神―解神, 五合, 靑龍

凶神―劫煞, 小耗, 歸忌

宜―沐浴, 捕捉

忌―祭祀, 祈福, 求嗣, 上冊受封, 上表章, 襲爵受封, 會親
友, 冠帶, 出行, 上官赴任, 臨政親民, 結婚姻, 納采問
名, 嫁娶, 進人口, 移徙, 遠迴, 安床, 解除. 剃頭, 整手
足甲, 求醫療病, 裁衣, 築隄防, 修造動土, 竪柱上梁,
修倉庫, 鼓鑄, 經絡, 醞釀, 開市, 立券, 交易, 納財, 開
倉庫, 出貨財, 修置産室, 開渠穿井, 安碓磑, 補垣塞穴,
修飾垣牆, 破屋壞垣, 栽種, 牧養, 納畜, 破土, 安葬, 啓
攢

己卯城頭土伐破日 기묘성두토벌파일

吉神―天恩, 五合, 明堂

凶神―月破, 大耗, 災煞, 天火, 月厭, 地火, 五虛, 陰道衝陽
諸事不宜.

庚辰白鑞金義危日 경진백랍금의위일

吉神―月德, 天恩, 母倉, 天願, 六合, 敬安

凶神―月煞, 月虛, 四擊, 天刑
宜―祭祀, 祈福, 求嗣, 上冊受封, 上表章, 襲爵受封, 會親友, 出行, 上官赴任, 臨政親民, 結婚姻, 納采問名, 嫁娶, 進人口, 移徙, 安床, 解除, 裁衣, 修造動土, 竪柱上梁, 修倉庫, 醞釀, 開市, 立券, 交易, 納財, 栽種, 牧養, 納畜. 安葬

辛巳白鑞金伐成日 신사백랍금벌성일

吉神―天恩, 三合, 臨日, 天喜, 天醫, 不將, 普護
凶神―復日, 重日, 朱雀
宜―祭祀, 祈福, 上冊受封, 上表章, 襲爵受封, 會親友, 入學, 上官赴任, 臨政親民, 結婚姻, 納采問名, 嫁娶, 進人口, 移徙, 求醫療病, 裁衣, 築隄防, 修造動土, 竪柱上梁, 修倉庫, 經絡, 開市, 立券, 交易, 納財, 安碓磑, 栽種, 牧養, 納畜
忌―出行, 醞釀, 破土, 安葬, 啓攢

壬午楊柳木制收日 임오양류목제수일

吉神―天恩, 四相, 不將, 福生, 金匱, 鳴吠
凶神―天罡, 大時, 大敗, 咸池, 天賊, 九坎, 九焦
宜―祭祀, 捕捉
忌―祈福, 求嗣, 上冊受封, 上表章, 襲爵受封, 會親友, 冠帶, 出行, 上官赴任, 臨政親民, 結婚姻, 納采問名, 嫁娶, 進人口, 移徙, 安床, 解除, 求醫療病, 裁衣, 築隄防, 修造動土, 竪柱上梁, 修倉庫, 鼓鑄, 苫蓋, 經絡, 醞

釀, 開市, 立券, 交易, 納財, 開倉庫, 出貨財, 修置產室, 開渠穿井, 補垣塞穴, 取魚. 乘船渡水, 栽種, 牧養, 納畜, 破土, 安葬, 啓攢

癸未楊柳木伐開日 계미양류목벌개일

吉神—天恩, 母倉, 月恩, 四相, 陰德, 時陽, 生氣, 天倉, 不將, 寶光

凶神—五虛, 九空, 土符, 觸水龍

宜—祭祀, 祈福, 求嗣, 上册受封, 上表章, 襲爵受封, 會親友, 入學, 出行, 上官赴任, 臨政親民, 結婚姻, 納采問名, 嫁娶, 移徙, 解除, 裁衣, 豎柱上梁, 牧養, 納畜

忌—進人口, 求醫療病, 築隄防, 修造動土, 修倉庫, 開市, 立券, 交易, 納財, 開倉庫, 出貨財, 修置產室, 開渠穿井, 安碓磑, 補垣, 修飾垣牆, 平治道塗, 破屋壞垣, 伐木, 畋獵, 取魚, 乘船渡水, 栽種, 破土

甲申井泉水伐閉日 갑신정천수벌폐일

吉神—月空, 王日, 天馬, 五富, 不將, 聖心, 除神, 鳴吠對

凶神—遊禍, 血支, 五離, 白虎

宜—祭祀, 沐浴, 剃頭, 整手足甲, 裁衣, 築隄防, 經絡, 醞釀, 納財, 補垣塞穴, 掃舍宇, 栽種, 牧養, 納畜, 破土, 安葬

忌—祈福, 求嗣, 上册受封, 上表章, 襲爵受封, 會親友, 出行, 上官赴任, 臨政親民, 結婚姻, 納采問名, 嫁娶, 進人口, 移徙, 安床, 解除, 求醫療病, 療目, 針刺, 修造動

土, 豎柱上梁, 開市, 立券, 交易, 開倉庫, 出貨財, 修置産室, 開渠穿井

乙酉井泉水伐建日 을유정천수벌건일

吉神—月德合, 官日, 六儀, 益後, 除神, 玉堂, 鳴吠

凶神—月建, 小時, 土府, 月刑, 厭對, 招搖, 五離

宜—祭祀, 沐浴, 掃舍宇

忌—會親友, 求醫療病, 築隄防, 修造動土, 修倉庫, 修置産室, 開渠穿井, 安碓磑, 補垣, 修飾垣牆, 平治道塗, 破屋壞垣, 伐木, 畋獵, 取魚, 栽種, 破土

丙戌屋上土寶除日 병술옥상토보제일

吉神—母倉, 守日, 吉期, 續世

凶神—月害, 血忌, 天牢

宜—祭祀, 襲爵受封, 出行, 上官赴任, 臨政親民, 解除, 沐浴, 剃頭, 整手足甲, 掃舍宇, 栽種

忌—祈福, 求嗣, 上册受封, 上表章, 會親友, 結婚姻, 納采問名, 嫁娶, 進人口, 求醫療病, 針刺, 修倉庫, 經絡, 醞釀, 開市, 立券, 交易, 納財, 開倉庫, 出貨財, 修置産室, 牧養, 納畜, 破土, 安葬, 啓攢

丁亥屋上土伐滿日 정해옥상토벌만일

吉神—相日, 驛馬, 天后, 天巫, 福德, 要安

凶神—五虛, 八風, 大煞, 重日, 元武

宜—祭祀, 祈福, 上册受封, 上表章, 會親友, 出行, 進人口,

移徙, 沐浴, 裁衣, 經絡, 開市, 立券, 交易, 納財, 補垣塞穴

忌―襲爵受封, 上官赴任, 臨政親民, 結婚姻, 納采問名, 嫁娶, 剃頭, 求醫療病, 修倉庫, 開倉庫, 出貨財, 取魚, 乘船渡水, 破土, 安葬, 啓攢

戊子霹靂火制平日 무자벽력화제평일

吉神―時德, 陽德, 民日, 玉宇, 司命

凶神―河魁, 死神, 天吏, 致死, 往亡

宜―祭祀, 沐浴, 修飾垣牆, 平治道塗

忌―祈福, 求嗣, 上册受封, 上表章, 襲爵受封, 會親友, 冠帶, 出行, 上官赴任, 臨政親民, 結婚姻, 納采問名, 嫁娶, 進人口, 移徙, 安床, 解除, 求醫療病, 裁衣, 築隄防, 修造動土, 竪柱上梁, 修倉庫, 鼓鑄, 經絡, 醞釀, 開市, 立券, 交易, 納財, 開倉庫, 出貨財, 修置產室, 開渠穿井, 捕捉, 畋獵, 取魚, 栽種, 牧養, 納畜, 破土, 安葬, 啓攢

己丑霹靂火專定日 기축벽력화전정일

吉神―母倉, 三合, 時陰, 金堂

凶神―死氣, 勾陳

宜―會親友, 結婚姻, 納采問名, 嫁娶, 進人口, 裁衣, 修造動土, 竪柱上梁, 修倉庫, 經絡, 醞釀, 立券, 交易, 納財, 安碓磑, 牧養, 納畜

忌―冠帶, 解除, 求醫療病, 修置產室, 栽種

庚寅松柏木制執日 경인송백목제집일

吉神—月德, 解神, 五合, 靑龍, 鳴吠對

凶神—劫煞, 小耗, 歸忌

宜—沐浴, 捕捉

忌—祭祀, 移徙, 遠迴, 求醫療病, 修倉庫, 經絡, 開市, 立券, 交易, 納財, 開倉庫, 出貨財, 畋獵, 取魚

辛卯松柏木制破日 신묘송백목제파일

吉神—五合, 明堂, 鳴吠對

凶神—月破, 大耗, 災煞, 天火, 月厭, 地火, 五虛, 復日, 大會

諸事不宜.

壬辰長流水伐危日 임진장류수벌위일

吉神—母倉, 四相, 六合, 不將, 要安

凶神—月煞, 月虛, 四擊, 天刑

宜—祭祀

忌—上册受封, 上表章, 求醫療病, 開渠

癸巳長流水制成日 계사장류수제성일

吉神—月恩, 四相, 三合, 臨日, 天喜, 天醫, 不將, 普護

凶神—重日, 朱雀

宜—祭祀, 祈福, 求嗣, 上册受封, 上表章, 襲爵受封, 會親友, 入學, 上官赴任, 臨政親民, 結婚姻, 納采問名, 嫁娶, 進人口, 移徙, 解除, 求醫療病, 裁衣, 築隄防, 修造

動土, 豎柱上梁, 修倉庫, 經絡, 醞釀, 開市, 立券, 交易, 納財, 開倉庫, 出貨財, 安碓磑, 栽種, 牧養, 納畜

忌―出行, 破土, 安葬, 啓攢

甲午砂石金寶收日 갑오사석금보수일

吉神―月空, 不將, 福生, 金匱, 鳴吠

凶神―天罡, 大時, 大敗, 咸池, 天賊, 九坎, 九焦

宜―祭祀, 捕捉

忌―祈福, 求嗣, 上册受封, 上表章, 襲爵受封, 會親友, 冠帶, 出行, 上官赴任, 臨政親民, 結婚姻, 納采問名, 嫁娶, 進人口, 移徙, 安床, 解除, 求醫療病, 裁衣, 築隄防, 修造動土, 豎柱上梁, 修倉庫, 鼓鑄, 苫蓋, 經絡, 醞釀, 開市, 立券, 交易, 納財, 開倉庫, 出貨財, 修置產室, 開渠穿井, 補垣塞穴, 取魚, 乘船渡水, 栽種, 牧養, 納畜, 破土, 安葬, 啓攢

乙未砂石金制開日 을미사석금제개일

吉神―月德合, 母倉, 陰德, 時陽, 生氣, 天倉, 寶光

凶神―五虛, 九空, 土符

宜―祭祀, 祈福, 求嗣, 上册受封, 上表章, 襲爵受封, 會親友, 入學, 出行, 上官赴任, 臨政親民, 結婚姻, 納采問名, 嫁娶, 進人口, 移徙, 解除, 裁衣, 豎柱上梁, 開市, 納財, 牧養, 納畜

忌―求醫療病, 築隄防, 修造動土, 修倉庫, 修置產室, 開渠穿井, 安碓磑, 補垣, 修飾垣牆, 平治道塗, 破屋壞垣,

伐木, 畋獵, 取魚, 栽種, 破土

丙申山下火制閉日 병신산하화제폐일

吉神—王日, 天馬, 五富, 聖心, 除神, 鳴吠

凶神—遊禍, 血支, 地囊, 五離, 白虎

宜—祭祀, 沐浴, 剃頭, 整手足甲, 裁衣, 經絡, 醞釀, 納財, 掃舍宇, 牧養, 納畜. 安葬

忌—祈福, 求嗣, 上册受封, 上表章, 襲爵受封, 會親友, 出行, 上官赴任, 臨政親民, 結婚姻, 納采問名, 嫁娶, 進人口, 移徙, 安床, 解除, 求醫療病, 療目, 針刺, 築隄防, 修造動土, 竪柱上梁, 修倉庫, 開市, 立券, 交易, 開倉庫, 出貨財, 修置産室, 開渠穿井, 安碓磑, 補垣, 修飾垣牆, 平治道塗, 破屋壞垣, 栽種, 破土

丁酉山下火制建日 정유산하화제건일

吉神—官日, 六儀, 益後, 除神, 玉堂, 鳴吠

凶神—月建, 小時, 土府, 月刑, 厭對, 招搖, 五離

宜—祭祀, 沐浴, 掃舍宇

忌—祈福, 求嗣, 上册受封, 上表章, 襲爵受封, 會親友, 冠帶, 出行, 上官赴任, 臨政親民, 結婚姻, 納采問名, 嫁娶, 進人口, 移徙, 安床, 解除, 剃頭, 整手足甲, 求醫療病, 裁衣, 築隄防, 修造動土, 竪柱上梁, 修倉庫, 鼓鑄, 經絡, 醞釀, 開市, 立券, 交易, 納財, 開倉庫, 出貨財, 修置産室, 開渠穿井, 安碓磑, 補垣塞穴, 修飾垣牆, 平治道塗, 破屋壞垣, 伐木, 取魚, 乘船渡水, 栽種, 牧養,

納畜, 破土, 安葬, 啓攢

戊戌平地木專除日 무술평지목전제일

吉神―母倉, 守日, 吉期, 續世

凶神―月害, 血忌, 天牢

宜―祭祀, 襲爵受封, 出行, 上官赴任, 臨政親民, 解除, 沐浴, 剃頭, 整手足甲, 掃舍宇, 栽種

忌―祈福, 求嗣, 上冊受封, 上表章, 會親友, 結婚姻, 納采問名, 嫁娶, 進人口, 求醫療病, 針刺, 修倉庫, 經絡, 醞釀, 開市, 立券, 交易, 納財, 開倉庫, 出貨財, 修置產室, 牧養, 納畜, 破土, 安葬, 啓攢

己亥平地木制滿日 기해평지목제만일

吉神―相日, 驛馬, 天后, 天巫, 福德, 要安

凶神―五虛, 大煞, 重日, 元武

宜―祭祀, 祈福, 上冊受封, 上表章, 會親友, 出行, 進人口, 沐浴, 裁衣, 經絡, 開市, 立券, 交易, 納財, 補垣塞穴

忌―襲爵受封, 上官赴任, 臨政親民, 結婚姻, 納采問名, 嫁娶, 求醫療病, 修倉庫, 開倉庫, 出貨財, 破土, 安葬, 啓攢

庚子壁上土寶平日 경자벽상토보평일

吉神―月德, 時德, 陽德, 民日, 玉宇, 司命, 鳴吠對

凶神―河魁, 死神, 天吏, 致死, 四忌, 九虎, 往亡

宜―祭祀, 沐浴, 修飾垣牆, 平治道塗

忌―上冊受封, 上表章, 出行, 上官赴任, 臨政親民, 結婚姻, 納采問名, 嫁娶, 進人口, 移徙, 求醫療病, 經絡, 捕捉, 畋獵, 取魚, 安葬

辛丑壁上土義定日 신축벽상토의정일

吉神―母倉, 三合, 時陰, 金堂
凶神―死氣, 五墓, 信日, 勾陳
宜―會親友, 裁衣, 修倉庫, 經絡, 納財, 安碓磑
忌―冠帶, 出行, 上官赴任, 臨政親民, 結婚姻, 納采問名, 嫁娶, 進人口, 移徙, 安床, 解除, 求醫療病, 修造動土, 竪柱上梁, 醞釀, 開市, 立券, 交易, 修置産室, 栽種, 牧養, 納畜, 破土, 安葬, 啓攢

壬寅金箔金寶執日 임인금박금보집일

吉神―四相, 解神, 五合, 靑龍, 鳴吠對
凶神―劫煞, 小耗, 歸忌
宜―沐浴, 捕捉
忌―祭祀, 祈福, 求嗣, 上冊受封, 上表章, 襲爵受封, 會親友, 冠帶, 出行, 上官赴任, 臨政親民, 結婚姻, 納采問名, 嫁娶, 進人口, 移徙, 遠迴, 安床, 解除, 剃頭, 整手足甲, 求醫療病, 裁衣, 築隄防, 修造動土, 竪柱上梁, 修倉庫, 鼓鑄, 經絡, 醞釀, 開市, 立券, 交易, 納財, 開倉庫, 出貨財, 修置産室, 開渠穿井, 安碓磑, 補垣塞穴, 修飾垣牆, 破屋壞垣, 栽種, 牧養, 納畜, 破土, 安葬, 啓攢

癸卯金箔金寶破日 계묘금박금보파일

吉神―月恩, 四相, 五合, 明堂, 鳴吠對

凶神―月破, 大耗, 災煞, 天火, 月厭, 地火, 五虛

諸事不宜.

甲辰覆燈火制危日 갑진복등화제위일

吉神―月空, 母倉, 六合, 不將, 敬安

凶神―月煞, 月虛, 四擊, 天刑

忌―祈福, 求嗣, 襲爵受封, 出行, 上官赴任, 臨政親民, 解除, 剃頭, 整手足甲, 求醫療病, 裁衣, 築隄防, 修造動土, 竪柱上梁, 修倉庫, 鼓鑄, 修置産室, 開渠穿井, 安碓磑, 補垣塞穴, 修飾垣牆, 破屋壞垣

乙巳覆燈火寶成日 을사복등화보성일

吉神―月德合, 三合, 臨日, 天喜, 天醫, 普護

凶神―重日, 朱雀

宜―祭祀, 祈福, 求嗣, 上冊受封, 上表章, 襲爵受封, 會親友, 入學, 上官赴任, 臨政親民, 結婚姻, 納采問名, 嫁娶, 進人口, 移徙, 解除, 求醫療病, 裁衣, 築隄防, 修造動土, 竪柱上梁, 修倉庫, 經絡, 醞釀, 開市, 立券, 交易, 納財, 安碓磑, 牧養, 納畜

忌―出行, 畋獵, 取魚, 栽種

丙午天河水專收日 병오천하수전수일

吉神―福生, 金匱, 鳴吠

凶神―天罡, 大時, 大敗, 咸池, 天賊, 九坎, 九焦

宜―祭祀, 捕捉

忌―祈福, 求嗣, 上冊受封, 上表章, 襲爵受封, 會親友, 冠帶, 出行, 上官赴任, 臨政親民, 結婚姻, 納采問名, 嫁娶, 進人口, 移徙, 安床, 解除, 求醫療病, 裁衣, 築隄防, 修造動土, 豎柱上梁, 修倉庫, 鼓鑄, 苫蓋, 經絡, 醞釀, 開市, 立券, 交易, 納財, 開倉庫, 出貨財, 修置產室, 開渠穿井, 補垣塞穴, 取魚, 乘船渡水, 栽種, 牧養, 納畜, 破土, 安葬, 啓攢

丁未天河水寶開日 정미천하수보개일

吉神―母倉, 陰德, 時陽, 生氣, 天倉, 寶光

凶神―五虛, 八風, 九空, 土符, 八專

宜―祭祀, 祈福, 求嗣, 上冊受封, 上表章, 襲爵受封, 會親友, 入學, 出行, 上官赴任, 臨政親民, 移徙, 解除, 裁衣, 豎柱上梁, 牧養, 納畜

忌―結婚姻, 納采問名, 嫁娶, 進人口, 剃頭, 求醫療病, 築隄防, 修造動土, 修倉庫, 開市, 立券, 交易, 納財, 開倉庫, 出貨財, 修置產室, 開渠穿井, 安碓磑, 補垣, 修飾垣牆, 平治道塗, 破屋壞垣, 伐木, 畋獵, 取魚, 乘船渡水, 栽種. 破土

戊申大驛土寶閉日 무신대역토보폐일

吉神―天赦, 王日, 天馬, 五富, 不將, 聖心, 除神

凶神―遊禍, 血支, 五離, 白虎

宜―祭祀, 沐浴, 剃頭, 整手足甲, 裁衣, 築隄防, 修倉庫, 經
　　絡, 醞釀, 立券, 交易, 納財, 補垣塞穴, 掃舍宇, 栽種,
　　牧養, 納畜, 安葬
忌―祈福, 求嗣, 安床, 解除, 求醫療病, 療目, 針刺, 畋獵,
　　取魚

己酉大驛土寶建日 기유대역토보건일

吉神―天恩, 官日, 六儀, 益後, 除神, 玉堂, 鳴吠
凶神―月建, 小時, 土府, 月刑, 厭對, 招搖, 五離, 小會
諸事不宜.

庚戌釵釧金義除日 경술차천금의제일

吉神―月德, 天恩, 母倉, 守日, 吉期, 續世
凶神―月害, 血忌, 天牢
宜―祭祀, 祈福, 求嗣, 上册受封, 上表章, 襲爵受封, 會親
　　友, 出行, 上官赴任, 臨政親民, 結婚姻, 納采問名, 嫁
　　娶, 移徙, 解除, 沐浴, 剃頭, 整手足甲, 裁衣, 修造動
　　土, 竪柱上梁, 修倉庫, 納財, 掃舍宇, 栽種, 牧養, 納
　　畜, 安葬
忌―求醫療病, 針刺, 經絡, 畋獵, 取魚

辛亥釵釧金寶滿日 신해차천금보만일

吉神―天恩, 相日, 驛馬, 天后, 天巫, 福德, 要安
凶神―四窮, 九虎, 五虛, 大煞, 復日, 重日, 元武
宜―祭祀, 祈福, 上册受封, 上表章, 會親友, 出行, 移徙, 沐

浴, 裁衣, 經絡, 補垣塞穴

忌―襲爵受封, 上官赴任, 臨政親民, 結婚姻, 納采問名, 嫁娶, 進人口, 求醫療病, 修倉庫, 醞釀, 開市, 立券, 交易, 納財, 開倉庫, 出貨財, 破土, 安葬, 啓攢

壬子桑柘木專平日 임자상자목전평일

吉神―天恩, 四相, 時德, 陽德, 民日, 玉宇, 司命, 鳴吠對

凶神―河魁, 死神, 天吏, 致死, 往亡

宜―祭祀, 沐浴, 修飾垣牆, 平治道塗

忌―祈福, 求嗣, 上册受封, 上表章, 襲爵受封, 會親友, 冠帶, 出行, 上官赴任, 臨政親民, 結婚姻, 納采問名, 嫁娶, 進人口, 移徙, 安床, 解除, 求醫療病, 裁衣, 築隄防, 修造動土, 竪柱上梁, 修倉庫, 鼓鑄, 經絡, 醞釀, 開市, 立券, 交易, 納財, 開倉庫, 出貨財, 修置產室, 開渠穿井, 捕捉, 畋獵, 取魚, 栽種, 牧養, 納畜, 破土, 安葬, 啓攢

癸丑桑柘木伐定日 계축상자목벌정일

吉神―天恩, 母倉, 月恩, 四相, 三合, 時陰, 金堂

凶神―死氣, 八專, 觸水龍, 勾陳

宜―祭祀, 祈福, 求嗣, 襲爵受封, 會親友, 出行, 上官赴任, 臨政親民, 進人口, 移徙, 裁衣, 修造動土, 竪柱上梁, 修倉庫, 經絡, 醞釀, 立券, 交易, 納財, 開倉庫, 出貨財, 安碓磑, 牧養, 納畜

忌―冠帶, 結婚姻, 納采問名, 嫁娶, 解除, 求醫療病, 修置

產室, 取魚, 乘船渡水, 栽種

甲寅大溪水專執日 갑인대계수전집일
吉神—月空, 解神, 五合, 靑龍, 鳴吠對
凶神—劫煞, 小耗, 四廢, 歸忌, 八專
宜—沐浴, 捕捉
忌—祭祀, 祈福, 求嗣, 上册受封, 上表章, 襲爵受封, 會親友, 冠帶, 出行, 上官赴任, 臨政親民, 結婚姻, 納采問名, 嫁娶, 進人口, 移徙, 遠廻, 安床, 解除. 剃頭, 整手足甲, 求醫療病, 裁衣, 築隄防, 修造動土, 竪柱上梁, 修倉庫, 鼓鑄, 經絡, 醞釀, 開市, 立券, 交易, 納財, 開倉庫, 出貨財, 修置產室, 開渠穿井, 安碓磑, 補垣塞穴, 修飾垣牆, 破屋壞垣, 栽種, 牧養, 納畜, 破土, 安葬, 啓攢

乙卯大溪水專破日 을묘대계수전파일
吉神—月德合, 五合, 明堂, 鳴吠對
凶神—月破, 大耗, 災煞, 天火, 月厭, 地火, 四廢, 五虛, 陰錯
諸事不宜.

丙辰沙中土寶危日 병진사중토보위일
吉神—母倉, 六吉, 敬安
凶神—月煞, 月虛, 四擊, 天刑
忌—祈福, 求嗣, 上册受封, 上表章, 襲爵受封, 出行, 上官

赴任, 臨政親民, 解除. 剃頭, 整手足甲, 求醫療病, 裁衣, 築隄防, 修造動土, 竪柱上梁, 修倉庫, 鼓鑄, 修置產室, 開渠穿井, 安碓磑, 補垣塞穴, 修飾垣牆, 破屋壞垣

丁巳沙中土專成日 정사사중토전성일

吉神―三合, 臨日, 天喜, 天醫, 普護

凶神―重日, 朱雀

宜―祭祀, 祈福, 上冊受封, 上表章, 襲爵受封, 會親友, 入學, 上官赴任, 臨政親民, 結婚姻, 納采問名, 嫁娶, 進人口, 移徙, 求醫療病, 裁衣, 築隄防, 修造動土, 竪柱上梁, 修倉庫, 經絡, 醞釀, 開市, 立券, 交易, 納財, 安碓磑, 栽種, 牧養, 納畜

忌―出行, 剃頭, 破土, 安葬, 啓攢

戊午天上火義收日 무오천상화의수일

吉神―不將, 福生, 金匱

凶神―天罡, 大時, 大敗, 咸池, 天賊, 四耗, 九坎, 九焦

宜―祭祀, 捕捉

忌―祈福, 求嗣, 上冊受封, 上表章, 襲爵受封, 會親友, 冠帶, 出行, 上官赴任, 臨政親民, 結婚姻, 納采問名, 嫁娶, 進人口, 移徙, 安床, 解除, 求醫療病, 裁衣, 築隄防, 修造動土, 竪柱上梁, 修倉庫, 鼓鑄, 苫蓋, 經絡, 醞釀, 開市, 立券, 交易, 納財, 開倉庫, 出貨財, 修置產室, 開渠穿井, 補垣塞穴, 取魚, 乘船渡水, 栽種, 牧養,

納畜, 破土, 安葬, 啓攢

己未天上火專開日 기미천상화전개일
吉神―母倉, 陰德, 時陽, 生氣, 天倉, 寶光
凶神―五虛, 九空, 土符, 八專
宜―祭祀, 祈福, 求嗣, 上冊受封, 上表章, 襲爵受封, 會親友, 入學, 出行, 上官赴任, 臨政親民, 移徙, 解除, 裁衣, 竪柱上梁, 牧養, 納畜
忌―結婚姻, 納采問名, 嫁娶, 進人口, 求醫療病, 築隄防, 修造動土, 修倉庫, 開市, 立券, 交易, 納財, 開倉庫, 出貨財, 修置産室, 開渠穿井, 安碓磑, 補垣, 修飾垣牆, 平治道塗, 破屋壞垣, 伐木, 畋獵, 取魚, 栽種, 破土

庚申石榴木專閉日 경신석류목전폐일
吉神―月德, 王日, 天馬, 五富, 聖心, 除神, 鳴吠
凶神―遊禍, 血支, 五離, 八專, 白虎
宜―祭祀, 沐浴, 剃頭, 整手足甲, 裁衣, 築隄防, 修倉庫, 醞釀, 立券, 交易, 納財, 補垣塞穴, 掃舍宇, 栽種, 牧養, 納畜, 破土, 安葬
忌―祈福, 求嗣, 結婚姻, 納采問名, 嫁娶, 安床, 解除, 求醫療病, 療目, 針刺, 經絡, 畋獵, 取魚

辛酉石榴木專建日 신유석류목전건일
吉神―官日, 六儀, 益後, 除神, 玉堂, 鳴吠
凶神―月建, 小時, 土府, 月刑, 厭對, 招搖, 復日, 五離, 陽

錯

宜―祭祀, 沐浴, 掃舍宇

忌―祈福, 求嗣, 上冊受封, 上表章, 襲爵受封, 會親友, 冠帶, 出行, 上官赴任, 臨政親民, 結婚姻, 納采問名, 嫁娶, 進人口, 移徙, 安床, 解除, 剃頭, 整手足甲, 求醫療病, 裁衣, 築隄防, 修造動土, 豎柱上梁, 修倉庫, 鼓鑄, 經絡, 醞釀, 開市, 立券, 交易, 納財, 開倉庫, 出貨財, 修置產室, 開渠穿井, 安碓磑, 補垣塞穴, 修飾垣牆, 平治道塗, 破屋壞垣, 伐木, 取魚, 乘船渡水, 栽種, 牧養, 納畜, 破土, 安葬, 啓攢

壬戌大海水伐除日 임술대해수벌제일

吉神―母倉, 四相, 守日, 吉期, 續世

凶神―月害, 血忌, 天牢

宜―祭祀, 襲爵受封, 出行, 上官赴任, 臨政親民, 移徙, 解除, 沐浴, 剃頭, 整手足甲, 裁衣, 修造動土, 豎柱上梁, 掃舍宇, 栽種

忌―祈福, 求嗣, 上冊受封, 上表章, 會親友, 結婚姻, 納采問名, 嫁娶, 進人口, 求醫療病, 針刺, 修倉庫, 經絡, 醞釀, 開市, 立券, 交易, 納財, 開倉庫, 出貨財, 修置產室, 開渠, 牧養, 納畜, 破土, 安葬, 啓攢

癸亥大海水專滿日 계해대해수전만일

吉神―月恩, 四相, 相日, 驛馬, 天后, 天巫, 福德, 要安

凶神―五虛, 大煞, 重日, 元武

宜―祭祀, 解除, 沐浴
忌―嫁娶, 修倉庫, 開倉庫, 出貨財, 破土, 安葬, 啓攢

이상의 60간지는 월건이 유(酉)일 때의 것이니, 백로(白露)에서 추분(秋分) 말까지이다. 그 신살의 길흉을 용사(用事)에 따라 마땅함(宜)과 꺼림(忌)을 표로 만들어 놓았으니 활용할 것이다.

<월표 9>

九月	한로절 寒露節 천도남행 天道南行	맹년孟年 (寅申巳亥)			중년仲年 (子午卯酉)			계년季年 (辰戌丑未)		
		黑	赤	紫	白	綠	白	黃	白	碧
		白	碧	黃	赤	紫	黑	綠	白	白
		白	白	綠	碧	黃	白	紫	黑	赤

천덕(天德) 丙 월덕(月德) 丙. 월공(月空) 壬 =의수조 취토(宜修造取土) 천덕합 辛 월덕합(月德合) 乙
상강(霜降) 9월中 태양到 卯宮 위(爲) 9월 장(將) 의용(宜用) 癸乙丁辛時
월건(月建) 戌. 월파(月破) 辰. 월염(月厭) 寅. 월형(月刑) 未. 월해(月害) 酉. 겁살 (劫煞) 亥. 재살(災煞) 子. 월살(月煞) 丑. = 기 수조취토(忌修造取土)
한로(寒露) 후 27일 왕망(往亡), 토왕용사 후 기(忌) 수조취토 巳午日 첨(添) 모창(母倉), 초 3 초 4일 장성(長星). 16일 17일 단성(短星)

甲子海中金義滿日 갑자해중금의만일

吉神—天恩, 時德, 民日, 天符, 福德, 普護

凶神—災煞, 天火, 大煞, 歸忌, 天牢

宜—祭祀, 沐浴

忌—祈福, 求嗣, 上册受封, 上表章, 襲爵受封, 會親友, 冠帶, 出行, 上官赴任, 臨政親民, 結婚姻, 納采問名, 嫁娶, 進人口, 移徙, 遠迴, 安床, 解除, 剃頭, 整手足甲, 求醫療病, 裁衣, 築隄防, 修造動土, 竪柱上梁, 修倉庫, 鼓鑄, 苫蓋, 經絡, 醞釀, 開市, 立券, 交易, 納財, 開倉庫, 出貨財, 修置產室, 開渠穿井, 安碓磑, 補垣塞穴, 修飾垣牆, 破屋壞垣, 栽種, 牧養, 納畜, 破土, 安葬, 啓攢

乙丑海中金制平日 을축해중금제평일

吉神—天恩, 母倉, 福生
凶神—天罡, 死神, 月煞, 月虛, 元武
諸事不宜.

丙寅鑪中火義定日 병인노중화의정일

吉神—天德, 月德, 天恩, 陽德, 三合, 臨日, 時陰, 五合, 司命, 鳴吠對
凶神—月厭, 地火, 死氣, 九坎, 九焦, 孤辰
忌—祭祀, 出行, 上官赴任, 臨政親民, 結婚姻, 納采問名, 嫁娶, 移徙, 遠迴, 求醫療病, 鼓鑄, 補垣塞穴, 伐木, 畋獵, 取魚, 乘船渡水, 栽種

丁卯鑪中火義執日 정묘노중화의집일

吉神—天恩, 六合, 聖心, 五合, 鳴吠對
凶神—大時, 大敗, 咸池, 小耗, 五虛, 勾陳
宜—祭祀, 祈福, 會親友, 結婚姻, 嫁娶, 進人口, 經絡, 醞釀, 捕捉, 畋獵, 納畜. 破土, 安葬, 啓攢
忌—剃頭, 修倉庫, 開市, 立券, 交易, 納財, 開倉庫, 出貨財, 穿井

戊辰大林木專破日 무진대림목전파일

吉神—天恩, 母倉, 不將, 益後, 解神, 青龍
凶神—月破, 大耗, 四擊, 五墓, 九空, 往亡, 復日
宜—祭祀, 沐浴, 破屋壞垣

忌—祈福, 求嗣, 上册受封, 上表章, 襲爵受封, 會親友, 冠帶, 出行, 上官赴任, 臨政親民, 結婚姻, 納采問名, 嫁娶, 進人口, 移徙, 安床, 解除, 剃頭, 整手足甲, 求醫療病, 裁衣, 築隄防, 修造動土, 豎柱上梁, 修倉庫, 鼓鑄, 經絡, 醞釀, 開市, 立券, 交易, 納財, 開倉庫, 出貨財, 修置産室, 開渠穿井, 安碓磑, 補垣塞穴, 修飾垣牆, 伐木, 捕捉, 畋獵, 取魚, 栽種, 牧養, 納畜, 破土, 安葬, 啓攢

己巳大林木義危日 기사대림목의위일

吉神—陰德, 續世, 明堂

凶神—遊禍, 天賊, 血忌, 重日

宜—祭祀, 安床, 畋獵

忌—祈福, 求嗣, 出行, 解除, 求醫療病, 針刺, 修倉庫, 開倉庫, 出貨財, 破土, 安葬, 啓攢

庚午路傍土伐成日 경오노방토벌성일

吉神—月恩, 三合, 天喜, 天醫, 天倉, 不將, 要安, 鳴吠

凶神—天刑

宜—祭祀, 祈福, 求嗣, 襲爵受封, 會親友, 入學, 出行, 上官赴任, 臨政親民, 結婚姻, 納采問名, 嫁娶, 進人口, 移徙, 解除, 求醫療病, 裁衣, 築隄防, 修造動土, 豎柱上梁, 修倉庫, 醞釀, 開市, 立券, 交易, 納財, 開倉庫, 出貨財, 安碓磑, 栽種, 牧養, 納畜, 破土, 安葬

忌—苫蓋, 經絡

辛未路傍土義收日 신미노방토의수일

吉神—天德合, 月德合, 母倉, 不將, 玉宇

凶神—河魁, 月刑, 五虛, 地囊, 朱雀

宜—祭祀, 捕捉

忌—求醫療病, 築隄防, 修造動土, 修倉庫, 醞釀, 修置產室, 開渠穿井, 安碓磑, 補垣, 修飾垣牆, 平治道塗, 破屋壞垣, 畋獵, 取魚, 栽種, 破土

壬申劍鋒金義開日 임신검봉금의개일

吉神—月空, 四相, 王日, 驛馬, 天后, 時陽, 生氣, 六儀, 金堂, 除神, 金匱, 鳴吠

凶神—厭對, 招搖, 五離

宜—祭祀, 祈福, 求嗣, 上冊受封, 上表章, 襲爵受封, 入學, 出行, 上官赴任, 臨政親民, 移徙, 解除, 沐浴, 剃頭, 整手足甲, 求醫療病, 裁衣, 修造動土, 竪柱上梁, 開市, 納財, 開倉庫, 出貨財, 修置產室, 安碓磑, 掃舍宇, 栽種, 牧養

忌—會親友, 結婚姻, 納采問名, 嫁娶, 安床, 立券, 交易, 開渠, 伐木, 畋獵, 取魚, 乘船渡水

癸酉劍鋒金義閉日 계유검봉금의폐일

吉神—四相, 官日, 除神, 寶光, 鳴吠

忌—祈福, 求嗣, 上冊受封, 上表章, 襲爵受封, 會親友, 冠帶, 出行, 上官赴任, 臨政親民, 結婚姻, 納采問名, 嫁娶, 進人口, 移徙, 安床, 解除, 求醫療病, 療目, 針刺,

築隄防, 修造動土, 豎柱上梁, 修倉庫, 經絡, 醞釀, 開市, 立券, 交易, 納財, 開倉庫, 出貨財, 修置產室, 開渠穿井, 栽種, 牧養, 納畜, 破土, 安葬, 啓攢

甲戌山頭火制建日 갑술산두화제건일

吉神―母倉, 守日, 天馬
凶神―月建, 小時, 土府, 白虎, 陰位
諸事不宜.

乙亥山頭火義制日 을해산두화의제일

吉神―相日, 吉期, 五富, 敬安, 玉堂
凶神―劫煞, 五虛, 土符, 重日
宜―沐浴, 掃舍宇
忌―祈福, 求嗣, 上册受封, 上表章, 會親友, 冠帶, 結婚姻, 納采問名, 嫁娶, 進人口, 移徙, 安床, 求醫療病, 裁衣, 築隄防, 修造動土, 豎柱上梁, 修倉庫, 鼓鑄, 開倉庫, 出貨財, 修置產室, 開渠穿井, 安確磑, 補垣塞穴, 修飾垣牆, 平治道塗, 破屋壞垣, 栽種, 破土, 安葬, 啓攢

丙子澗下水伐滿日 병자간하수벌만일

吉神―天德, 月德, 時德, 民日, 天巫, 福德, 普護, 鳴吠對
凶神―災煞, 天火, 大煞, 歸忌, 觸水龍, 天牢
宜―祭祀, 祈福, 求嗣, 上册受封, 上表章, 襲爵受封, 會親友, 出行, 上官赴任, 臨政親民, 結婚姻, 納采問名, 嫁娶, 進人口, 解除, 沐浴, 裁衣, 修造動土, 豎柱上梁, 修

倉庫, 經絡, 開市, 立券, 交易, 納財, 開倉庫, 出貨財,
　　補垣塞穴, 栽種, 牧養, 納畜, 破土, 安葬, 啓攢
　忌―移徙, 遠迴, 求醫療病, 畋獵, 取魚, 乘船渡水

丁丑澗下水寶平日 정축간하수보평일

　吉神―母倉, 福生
　凶神―天罡, 死神, 月煞, 月虛, 元武
　諸事不宜.

戊寅城頭土伐定日 무인성두토벌정일

　吉神―陽德, 三合, 臨日, 時陰, 五合, 司命
　凶神―月厭, 地火, 死氣, 九坎, 九焦, 復日, 孤辰
　忌―祭祀, 祈福, 求嗣, 上冊受封, 上表章, 襲爵受封, 會親
　　友, 冠帶, 出行, 上官赴任, 臨政親民, 結婚姻, 納采問
　　名, 嫁娶, 進人口, 移徙, 遠迴, 安床, 解除, 剃頭, 整手
　　足甲, 求醫療病, 裁衣, 築隄防, 修造動土, 豎柱上梁,
　　修倉庫, 鼓鑄, 經絡, 醞釀, 開市, 立券, 交易, 納財, 開
　　倉庫, 出貨財, 修置産室, 開渠穿井, 安碓磑, 補垣塞穴,
　　修飾垣牆, 平治道塗, 破屋壞垣, 伐木, 取魚, 乘船渡水,
　　栽種, 牧養, 納畜, 破土, 安葬, 啓攢

己卯城頭土伐執日 기묘성두토벌집일

　吉神―天恩, 六合, 聖心, 五合
　凶神―大時, 大敗, 咸池, 小耗, 五虛, 勾陳
　宜―祭祀, 祈福, 會親友, 結婚姻, 嫁娶, 進人口, 經絡, 醞

釀, 捕捉, 畋獵, 納畜, 安葬

忌—修倉庫, 開市, 立券, 交易, 納財, 開倉庫, 出貨財, 穿井

庚辰白鑞金義破日 경진백랍금의파일

吉神—天恩, 母倉, 月恩, 不將, 益後, 解神, 靑龍

凶神—月破, 大耗, 四擊, 九空, 往亡

宜—祭祀, 解除, 沐浴, 破屋壞垣

忌—祈福, 求嗣, 上册受封, 上表章, 襲爵受封, 會親友, 冠帶, 出行, 上官赴任, 臨政親民, 結婚姻, 納采問名, 嫁娶, 進人口, 移徙, 安床, 剃頭, 整手足甲, 求醫療病, 裁衣, 築隄防, 修造動土, 豎柱上梁, 修倉庫, 鼓鑄, 經絡, 醞釀, 開市, 立券, 交易, 納財, 開倉庫, 出貨財, 修置産室, 開渠穿井, 安碓磑, 補垣塞穴, 修飾垣牆, 伐木, 捕捉, 畋獵, 取魚, 栽種, 牧養, 納畜, 破土, 安葬, 啓攢

辛巳白鑞金伐危日 신사백랍금벌위일

吉神—天德合, 月德合, 天恩, 陰德, 不將, 續世, 明堂

凶神—遊禍, 天賊, 血忌, 重日

宜—祈福, 求嗣, 出行, 解除, 求醫療病, 針刺, 修倉庫, 醞釀, 開倉庫, 出貨財, 畋獵, 取魚

壬午楊柳木制成日 임오양류목제성일

吉神—月空, 天恩, 四相, 三合, 天喜, 天醫, 天倉, 不將, 要安, 鳴吠

凶神—天刑

宜―祭祀, 祈福, 求嗣, 上表章, 襲爵受封 會親友, 入學, 出行, 上官赴任, 臨政親民, 結婚姻, 納采問名, 嫁娶, 進人口, 移徙, 解除, 求醫療病, 裁衣 築隄防, 修造動土, 竪柱上梁, 修倉庫, 經絡, 醞釀, 開市, 立券, 交易, 納財, 開倉庫, 出貨財, 安確磑, 栽種, 牧養, 納畜, 破土, 安葬

忌―苫蓋, 開渠

癸未楊柳木伐收日 계미양류목벌수일

吉神―天恩, 母倉, 四相, 不將, 玉宇

凶神―河魁, 月刑, 五虛, 觸水龍, 朱雀

宜―祭祀, 捕捉, 畋獵

忌―祈福, 求嗣, 上册受封, 上表章, 襲爵受封, 會親友, 冠帶, 出行, 上官赴任, 臨政親民, 結婚姻, 納采問名, 嫁娶, 進人口, 移徙, 安床, 解除, 剃頭, 整手足甲, 求醫療病, 裁衣, 築隄防, 修造動土, 竪柱上梁, 修倉庫, 鼓鑄, 經絡, 醞釀, 開市, 立券, 交易, 納財, 開倉庫, 出貨財, 修置產室, 開渠穿井, 安確磑, 補垣塞穴, 修飾垣牆, 破屋壞垣, 取魚, 乘船渡水, 栽種, 牧養, 納畜, 破土, 安葬, 啓攢

甲申井泉水伐開日 갑신정천수벌개일

吉神―王日, 驛馬, 天后, 時陽, 生氣, 六儀, 金堂, 除神, 金匱, 鳴吠

凶神―厭對, 招搖, 五離

宜―祭祀, 祈福, 求嗣, 上册受封, 上表章, 襲爵受封, 入學,
　　出行, 上官赴任, 臨政親民, 移徙, 解除, 沐浴, 剃頭, 整
　　手足甲, 求醫療病, 裁衣, 修造動土, 豎柱上梁, 開市,
　　修置產室, 開渠穿井, 安碓磑, 掃舍宇, 栽種, 牧養
忌―會親友, 結婚姻, 納采問名, 嫁娶, 安床, 立券, 交易, 開
　　倉庫, 出貨財, 伐木, 畋獵, 取魚, 乘船渡水

乙酉井泉水伐閉日 을유정천수벌폐일

吉神―官日, 除神, 寶光, 鳴吠
凶神―月害, 天吏, 致死, 血支, 五離
宜―沐浴, 剃頭, 整手足甲, 補垣塞穴, 掃舍宇
忌―祈福, 求嗣, 上册受封, 上表章, 襲爵受封, 會親友, 冠
　　帶, 出行, 上官赴任, 臨政親民, 結婚姻, 納采問名, 嫁
　　娶, 進人口, 移徙, 安床, 解除, 求醫療病, 療目, 針刺,
　　築隄防, 修造動土, 豎柱上梁, 修倉庫, 經絡, 醞釀, 開
　　市, 立券, 交易, 納財, 開倉庫, 出貨財, 修置產室, 開渠
　　穿井, 栽種, 牧養, 納畜, 破土, 安葬, 啓攢

丙戌屋上土寶建日 병술옥상토보건일

吉神―天德, 月德, 母倉, 守日, 天馬
凶神―月建, 小時, 土府, 白虎
宜―祭祀, 祈福, 求嗣, 上册受封, 上表章, 襲爵受封, 會親
　　友, 出行, 上官赴任, 臨政親民, 結婚姻, 納采問名, 嫁
　　娶, 進人口, 移徙, 解除, 求醫療病, 裁衣, 豎柱上梁, 納
　　財, 牧養, 納畜, 安葬

忌—築隄防, 修造動土, 修倉庫, 修置產室, 開渠穿井, 安碓磑, 補垣, 修飾垣牆, 平治道塗, 破屋壞垣, 伐木, 畋獵, 取魚, 栽種, 破土

丁亥屋上土伐除日 정해옥상토벌제일

吉神—相日, 吉期, 五富, 敬安, 玉堂
凶神—劫煞, 五虛, 八風, 土符, 重日
宜—沐浴, 掃舍宇
忌—祈福, 求嗣, 上冊受封, 上表章, 會親友, 冠帶, 結婚姻, 納釆問名, 嫁娶, 進人口, 移徙, 安床, 剃頭, 求醫療病, 裁衣, 築隄防, 修造動土, 豎柱上梁, 修倉庫, 鼓鑄, 開倉庫, 出貨財, 修置產室, 開渠穿井, 安碓磑, 補垣塞穴, 修飾垣牆, 平治道塗, 破屋壞垣, 取魚, 乘船渡水, 栽種, 破土, 安葬, 啓攢

戊子霹靂火制滿日 무자벽력화제만일

吉神—時德, 民日, 天巫, 福德, 普護
凶神—災煞, 天火, 大煞, 歸忌, 復日, 天牢
宜—祭祀, 沐浴
忌—祈福, 求嗣, 上冊受封, 上表章, 襲爵受封, 會親友, 冠帶, 出行, 上官赴任, 臨政親民, 結婚姻, 納釆問名, 嫁娶, 進人口, 移徙, 遠迴, 安床, 解除, 剃頭, 整手足甲, 求醫療病, 裁衣, 築隄防, 修造動土, 豎柱上梁, 修倉庫, 鼓鑄, 苫蓋, 經絡, 醞釀, 開市, 立券, 交易, 納財, 開倉庫, 出貨財, 修置產室, 開渠穿井, 安碓磑, 補垣塞穴,

修飾垣牆, 破屋壞垣, 栽種, 牧養, 納畜, 破土, 安葬, 啓攢

己丑霹靂火專平日 기축벽력화전평일

吉神―母倉, 福生
凶神―天罡, 死神, 月煞, 月虛, 元武
諸事不宜.

庚寅松柏木制定日 경인송백목제정일

吉神―月恩, 陽德, 三合, 臨日, 時陰, 五合, 司命, 鳴吠對
凶神―月厭, 地火, 死氣, 九坎, 九焦, 行狠
忌―祭祀, 祈福, 求嗣, 上册受封, 上表章, 襲爵受封, 會親友, 冠帶, 出行, 上官赴任, 臨政親民, 結婚姻, 納采問名, 嫁娶, 進人口, 移徙, 遠迴, 安床, 解除, 剃頭, 整手足甲, 求醫療病, 裁衣, 築隄防, 修造動土, 豎柱上梁, 修倉庫, 鼓鑄, 經絡, 醞醸, 開市, 立券, 交易, 納財, 開倉庫, 出貨財, 修置產室, 開渠穿井, 安碓磑, 補垣塞穴, 修飾垣牆, 平治道塗, 破屋壞垣, 伐木, 取魚, 乘船渡水, 栽種, 牧養, 納畜, 破土, 安葬, 啓攢

辛卯松柏木制執日 신묘송백목제집일

吉神―天德合, 月德合, 天願, 六合, 不將, 聖心, 五合, 鳴吠對
凶神―大時, 大敗, 咸池, 小耗, 五虛, 勾陳
宜―祭祀, 祈福, 求嗣, 上册受封, 上表章, 襲爵受封, 會親

友, 出行, 上官赴任, 臨政親民, 結婚姻, 納采問名, 嫁娶, 進人口, 移徙, 解除, 求醫療病, 裁衣, 修造動土, 竪柱上梁, 修倉庫, 經絡, 開市, 立券, 交易, 納財, 捕捉, 栽種, 牧養, 納畜, 破土, 安葬, 啓攢

壬辰長流水伐破日 임진장류수벌파일

吉神—月空, 母倉, 四相, 不將, 益後, 解神, 靑龍

凶神—月破, 大耗, 四擊, 九空, 往亡

宜—祭祀, 解除, 沐浴, 破屋壞垣

忌—祈福, 求嗣, 上册受封, 上表章, 襲爵受封, 會親友, 冠帶, 出行, 上官赴任, 臨政親民, 結婚姻, 納采問名, 嫁娶, 進人口, 移徙, 安床, 剃頭, 整手足甲, 求醫療病, 裁衣, 築隄防, 修造動土, 竪柱上梁, 修倉庫, 鼓鑄, 經絡, 醞釀, 開市, 立券, 交易, 納財, 開倉庫, 出貨財, 修置產室, 開渠穿井, 安確磑, 補垣塞穴, 修飾垣牆, 伐木, 捕捉, 畋獵, 取魚, 栽種, 牧養, 納畜, 破土, 安葬, 啓攢

癸巳長流水制危日 계사장류수제위일

吉神—四相, 陰德, 不將, 續世, 明堂

凶神—遊禍, 天賊, 血忌, 重日

宜—祭祀, 襲爵受封, 會親友, 上官赴任, 臨政親民, 結婚姻, 納采問名, 嫁娶, 移徙, 安床 裁衣, 修造動土, 竪柱上梁, 納財, 畋獵, 栽種, 牧養

忌—祈福, 求嗣, 出行, 解除, 求醫療病, 針刺, 修倉庫, 開倉庫, 出貨財, 破土, 安葬, 啓攢

甲午砂石金寶成日 갑오사석금보성일

　　吉神—三合, 天喜, 天醫, 天倉, 要安, 鳴吠

　　凶神—天刑

　　宜—襲爵受封, 會親友, 入學, 出行, 上官赴任, 臨政親民, 結婚姻, 納采問名, 嫁娶, 進人口, 移徙, 求醫療病, 裁衣, 築隄防, 修造動土, 竪柱上梁, 修倉庫, 經絡, 醞釀, 開市, 立券, 交易, 納財, 安碓磑, 納畜, 破土, 安葬

　　忌—苫蓋, 開倉庫, 出貨財

乙未砂石金制收日 을미사석금제수일

　　吉神—母倉, 玉宇

　　凶神—河魁, 月刑, 五虛, 朱雀

　　宜—捕捉, 畋獵

　　忌—祈福, 求嗣, 上册受封, 上表章, 襲爵受封, 會親友, 冠帶, 出行, 上官赴任, 臨政親民, 結婚姻, 納采問名, 嫁娶, 進人口, 移徙, 安床, 解除, 剃頭, 整手足甲, 求醫療病, 裁衣, 築隄防, 修造動土, 竪柱上梁, 修倉庫, 鼓鑄, 經絡, 醞釀, 開市, 立券, 交易, 納財, 開倉庫, 出貨財, 修置産室, 開渠穿井, 安碓磑, 補垣塞穴, 修飾垣牆, 破屋壞垣, 栽種, 牧養, 納畜, 破土, 安葬, 啓攢

丙申山下火制開日 병신산하화제개일

　　吉神—天德, 月德, 王日, 驛馬, 天后, 時陽, 生氣, 六儀, 金堂, 除神, 金匱, 鳴吠

　　凶神—厭對, 招搖, 五離

宜―祭祀, 祈福, 求嗣, 上册受封, 上表章, 襲爵受封, 會親友, 入學, 出行, 上官赴任, 臨政親民, 結婚姻, 納采問名, 嫁娶, 移徙, 解除, 沐浴, 剃頭, 整手足甲, 求醫療病, 裁衣, 修造動土, 竪柱上梁, 修倉庫, 開市, 修置産室, 開渠穿井, 安碓磑, 掃舍宇, 栽種, 牧養, 納畜

忌―安床, 伐木, 畋獵, 取魚

丁酉山下火制閉日 정유산하화제폐일

吉神―官日, 除神, 寶光, 鳴吠

凶神―月害, 天吏, 致死, 血支, 五離

宜―沐浴, 整手足甲, 補垣塞穴, 掃舍宇

忌―祈福, 求嗣, 上册受封, 上表章, 襲爵受封, 會親友, 冠帶, 出行, 上官赴任, 臨政親民, 結婚姻, 納采問名, 嫁娶, 進人口, 移徙, 安床, 解除, 剃頭, 求醫療病, 療目, 針刺, 築隄防, 修造動土, 竪柱上梁, 修倉庫, 經絡, 醞釀, 開市, 立券, 交易, 納財, 開倉庫, 出貨財, 修置産室, 開渠穿井, 栽種, 牧養, 納畜, 破土, 安葬, 啓攢

戊戌平地木專建日 무술평지목전건일

吉神―母倉, 吉期, 五富, 敬安, 玉堂

凶神―月建, 小時, 土府, 復日, 白虎, 小會, 孤陽

諸事不宜.

己亥平地木制除日 기해평지목제제일

吉神―相日, 吉期, 五富, 敬安, 玉堂

凶神―劫煞, 五虛, 土符, 重日

宜―沐浴, 掃舍宇

忌―祈福, 求嗣, 上冊受封, 上表章, 會親友, 冠帶, 結婚姻, 納采問名, 嫁娶, 進人口, 移徙, 安床, 求醫療病, 裁衣, 築隄防, 修造動土, 豎柱上梁, 修倉庫, 鼓鑄, 開倉庫, 出貨財, 修置産室, 開渠穿井, 安碓磑, 補垣塞穴, 修飾垣牆, 平治道塗, 破屋壞垣, 栽種, 破土, 安葬, 啓攢

庚子壁上土寶滿日 경자벽상토보만일

吉神―月德, 時德, 民日, 天巫, 福德, 普護, 鳴吠對

凶神―災煞, 天火, 四忌, 白虎, 大煞, 歸忌, 天牢

宜―祭祀, 沐浴

忌―祈福, 求嗣, 上冊受封, 上表章, 襲爵受封, 會親友, 冠帶, 出行, 上官赴任, 臨政親民, 結婚姻, 納采問名, 嫁娶, 進人口, 移徙, 安床, 解除, 剃頭, 整手足甲, 求醫療病, 裁衣, 築隄防, 修造動土, 豎柱上梁, 修倉庫, 鼓鑄, 經絡, 醞釀, 開市, 立券, 交易, 納財, 開倉庫, 出貨財, 修置産室, 開渠穿井, 安碓磑, 補垣塞穴, 修飾垣牆, 平治道塗, 破屋壞垣, 畋獵, 取魚, 栽種, 牧養, 納畜, 破土, 安葬, 啓攢

壬寅金箔金寶定日 임인금박금보정일

吉神―月空, 四相, 陽德, 三合, 臨日, 時陰, 五合, 司命, 鳴吠對

凶神―月厭, 地火, 死氣, 九坎, 九焦, 了戾

忌―祭祀, 祈福, 求嗣, 上冊受封, 上表章, 襲爵受封, 會親
友, 冠帶, 出行, 上官赴任, 臨政親民, 結婚姻, 納采問
名, 嫁娶, 進人口, 移徙, 遠迴, 安床, 解除, 剃頭, 整手
足甲, 求醫療病, 裁衣, 築隄防, 修造動土, 竪柱上梁,
修倉庫, 鼓鑄, 經絡, 醞釀, 開市, 立券, 交易, 納財, 開
倉庫, 出貨財, 修置產室, 開渠穿井, 安碓磑, 補垣塞穴,
修飾垣牆, 平治道塗, 破屋壞垣, 伐木, 取魚, 乘船渡水,
栽種, 牧養, 納畜, 破土, 安葬, 啓攢

癸卯金箔金寶執日 계묘금박금보집일

吉神―四相, 六合, 不將, 聖心, 五合, 鳴吠對
凶神―大時, 大敗, 咸池, 小耗, 五虛, 勾陳
宜―祭祀, 祈福, 求嗣, 襲爵受封, 會親友, 出行, 上官赴任,
臨政親民, 結婚姻, 納采問名, 嫁娶, 進人口, 移徙, 解
除, 求醫療病, 裁衣, 修造動土, 竪柱上梁, 經絡, 醞釀,
捕捉, 畋獵, 栽種, 牧養, 納畜, 破土, 安葬, 啓攢
忌―修倉庫, 開市, 立券, 交易, 納財, 開倉庫, 出貨財, 穿井

甲辰覆燈火制破日 갑진복등화제파일

吉神―母倉, 益後, 解神, 靑龍
凶神―月破, 大耗, 四擊, 九空, 往亡
宜―祭祀, 解除, 沐浴, 破屋壞垣
忌―祈福, 求嗣, 上冊受封, 上表章, 襲爵受封, 會親友, 冠
帶, 出行, 上官赴任, 臨政親民, 結婚姻, 納采問名, 嫁
娶, 進人口, 移徙, 安床, 剃頭, 整手足甲, 求醫療病, 裁

衣, 築隄防, 修造動土, 竪柱上梁, 修倉庫, 鼓鑄, 經絡, 醞釀, 開市, 立券, 交易, 納財, 開倉庫, 出貨財, 修置産室, 開渠穿井, 安碓磑, 補垣塞穴, 修飾垣牆, 伐木, 取魚, 栽種, 牧養, 納畜, 破土, 安葬, 啓攢

乙巳覆燈火寶危日 을사복등화보위일

吉神—陰德, 續世, 明堂

凶神—遊禍, 天賊, 血忌, 重日

宜—祭祀, 安床, 畋獵

忌—祈福, 求嗣, 出行, 解除, 求醫療病, 針刺, 修倉庫, 開倉庫, 出貨財, 栽種, 破土, 安葬, 啓攢

丙午天河水專成日 병오천하수전성일

吉神—天德, 月德, 三合, 天喜, 天倉, 要安, 鳴吠

凶神—天刑

宜—祭祀, 祈福, 求嗣, 上冊受封, 上表章, 襲爵受封, 會親友, 入學, 出行, 上官赴任, 臨政親民, 結婚姻, 納采問名, 嫁娶, 進人口, 移徙, 解除, 求醫療病, 裁衣, 築隄防, 修造動土, 竪柱上梁, 修倉庫, 經絡, 醞釀, 開市, 立券, 交易, 納財, 安碓磑, 栽種, 牧養, 納畜, 破土, 安葬

忌—苫蓋, 畋獵, 取魚

丁未天河水寶收日 정미천하수보수일

吉神—母倉, 玉宇

凶神—河魁, 月刑, 五虛, 八風괄풍, 八專, 朱雀

宜―捕捉, 畋獵

忌―祈福, 求嗣, 上册受封, 上表章, 襲爵受封, 會親友, 冠帶, 出行, 上官赴任, 臨政親民, 結婚姻, 納采問名, 嫁娶, 進人口, 移徙, 安床, 解除, 剃頭, 整手足甲, 求醫療病, 裁衣, 築隄防, 修造動土, 豎柱上梁, 修倉庫, 鼓鑄, 經絡, 醞釀, 開市, 立券, 交易, 納財, 開倉庫, 出貨財, 修置產室, 開渠穿井, 安碓磑, 補垣塞穴, 修飾垣牆, 破屋壞垣, 取魚, 乘船渡水, 栽種, 牧養, 納畜, 破土, 安葬, 啓攢

戊申大驛土普開日 무신대역토보개일

吉神―天赦, 王日, 驛馬, 天后, 時陽, 生氣, 六儀, 金堂, 除神, 金匱

凶神―厭對, 招搖, 復日, 五離

宜―祭祀, 祈福, 求嗣, 上册受封, 上表章, 襲爵受封, 會親友, 入學, 出行, 上官赴任, 臨政親民, 結婚姻, 納采問名, 嫁娶, 移徙, 解除, 沐浴, 剃頭, 整手足甲, 求醫療病, 裁衣, 修造動土, 豎柱上梁, 修倉庫, 開市, 修置產室, 開渠穿井, 安碓磑, 掃舍宇, 栽種, 牧養, 納畜

忌―安床, 伐木, 畋獵, 取魚

己酉大驛土寶閉日 기유대역토보폐일

吉神―天恩, 官日, 除神, 寶光, 鳴吠

凶神―月害, 天吏, 致死, 血支, 五離

宜―沐浴, 剃頭, 整手足甲, 補垣塞穴, 掃舍宇

忌―祈福, 求嗣, 上冊受封, 上表章, 襲爵受封, 會親友, 冠帶, 出行, 上官赴任, 臨政親民, 結婚姻, 納采問名, 嫁娶, 進人口, 移徙, 安床, 解除, 求醫療病, 療目, 針刺, 築隄防, 修造動土, 豎柱上梁, 修倉庫, 經絡, 醞釀, 開市, 立券, 交易, 納財, 開倉庫, 出貨財, 修置產室, 開渠穿井, 栽種, 牧養, 納畜, 破土, 安葬, 啓攢

庚戌釵釧金義建日 경술차천금의건일

吉神―天恩, 母倉, 月恩, 守日, 天馬
凶神―月建, 小時, 土府, 白虎, 陽錯
宜―祭祀, 襲爵受封, 會親友, 出行, 上官赴任, 臨政親民, 移徙, 裁衣, 納財, 牧養, 納畜
忌―祈福, 求嗣, 上冊受封, 上表章, 結婚姻, 納采問名, 解除, 剃頭, 整手足甲, 求醫療病, 築隄防, 修造動土, 豎柱上梁, 修倉庫, 經絡, 開倉庫, 出貨財, 修置產室, 開渠穿井, 安碓磑, 補垣, 修飾垣牆, 平治道塗, 破屋壞垣, 伐木, 栽種, 破土, 安葬, 啓攢

辛亥釵釧金寶除日 신해차천금보제일

吉神―天德合, 月德合, 天恩, 相日, 吉期, 五富, 敬安, 玉堂
凶神―劫煞, 四窮사궁, 九尾구미, 五虛, 土符, 重日
宜―祭祀, 祈福, 求嗣, 上冊受封, 上表章, 襲爵受封, 會親友, 出行, 上官赴任, 臨政親民, 移徙, 解除, 沐浴, 剃頭, 整手足甲, 裁衣, 豎柱上梁, 經絡, 掃舍宇, 牧養, 納畜

忌―結婚姻, 納采問名, 嫁娶, 進人口, 求醫療病, 築隄防, 修造動土, 修倉庫, 醞釀, 開市, 立券, 交易, 納財, 開倉庫, 出貨財, 修置產室, 開渠穿井, 安碓磑, 補垣塞穴, 修飾垣牆, 平治道塗, 破屋壞垣, 畋獵, 取魚, 栽種, 破土, 安葬

壬子桑柘木專滿日 임자상자목전만일

吉神―月空, 天恩, 四相, 時德, 民日, 天巫, 福德, 普護, 鳴吠對

凶神―災煞, 天火, 大煞, 歸忌, 天牢

宜―祭祀, 沐浴

忌―祈福, 求嗣, 上冊受封, 上表章, 襲爵受封, 會親友, 冠帶, 出行, 上官赴任, 臨政親民, 結婚姻, 納采問名, 嫁娶, 進人口, 移徙, 遠迴, 安床, 解除, 剃頭, 整手足甲, 求醫療病, 裁衣, 築隄防, 修造動土, 豎柱上梁, 修倉庫, 鼓鑄, 苫蓋, 經絡, 醞釀, 開市, 立券, 交易, 納財, 開倉庫, 出貨財, 修置產室, 開渠穿井, 安碓磑, 補垣塞穴, 修飾垣牆, 破屋壞垣, 栽種, 牧養, 納畜, 破土, 安葬, 啓攢

癸丑桑柘木伐平日 계축상자목벌평일

吉神―天恩, 母倉, 四相, 福生

凶神―天罡, 死神, 月煞, 月虛, 八專, 觸水龍, 元武

諸事不宜.

甲寅大溪水專定日 갑인대계수전정일

吉神―陽德, 三合, 臨日, 時陰, 五合, 司命, 鳴吠對

凶神―月厭, 地火, 死氣, 四廢사폐, 九坎, 九焦, 八專, 孤辰, 陰錯

忌―祭祀, 祈福, 求嗣, 上冊受封, 上表章, 襲爵受封, 會親友, 冠帶, 出行, 上官赴任, 臨政親民, 結婚姻, 納采問名, 嫁娶, 進人口, 移徙, 遠迴, 安床, 解除, 剃頭, 整手足甲, 求醫療病, 裁衣, 築隄防, 修造動土, 竪柱上梁, 修倉庫, 鼓鑄, 經絡, 醞釀, 開市, 立券, 交易, 納財, 開倉庫, 出貨財, 修置產室, 開渠穿井, 安確磑, 補垣塞穴, 修飾垣牆, 平治道塗, 破屋壞垣, 伐木, 取魚, 乘船渡水, 栽種, 牧養, 納畜, 破土, 安葬, 啓攢

乙卯大溪水專執日 을묘대계수전집일

吉神―六合, 聖心, 五合, 鳴吠對

凶神―大時, 大敗, 咸池, 小耗, 四廢, 五虛, 勾陳

宜―祭祀,, 捕捉, 畋獵

忌―祈福, 求嗣, 上冊受封, 上表章, 襲爵受封, 會親友, 冠帶, 出行, 上官赴任, 臨政親民, 結婚姻, 納采問名, 嫁娶, 進人口, 移徙, 安床, 剃頭, 整手足甲, 求醫療病, 裁衣, 築隄防, 修造動土, 竪柱上梁, 修倉庫, 鼓鑄, 經絡, 醞釀, 開市, 立券, 交易, 納財, 開倉庫, 出貨財, 修置產室, 開渠穿井, 安確磑, 補垣塞穴, 修飾垣牆, 伐木, 捕捉, 畋獵, 取魚, 栽種, 牧養, 納畜, 破土, 安葬, 啓攢

丁巳沙中土專危日 정사사중토전위일

吉神―陰德, 續世, 明堂

凶神―遊禍, 天賊, 血忌, 重日

宜―祭祀, 安床, 畋獵

忌―祈福, 求嗣, 出行, 解除, 剃頭, 求醫療病, 針刺, 修倉庫, 開倉庫, 出貨財, 破土, 安葬, 啓攢

戊午天上火義成日 무오천상화의성일

吉神―三合, 天喜, 天醫, 天倉, 不將, 要安

凶神―四耗, 復日, 天刑

宜―襲爵受封, 會親友, 入學, 出行, 上官赴任, 臨政親民, 結婚姻, 納采問名, 嫁娶, 進人口, 移徙, 求醫療病, 裁衣, 築隄防, 修造動土, 竪柱上梁, 修倉庫, 經絡, 醞釀, 開市, 立券, 交易, 納財, 安碓磑, 納畜

忌―苫蓋, 破土, 安葬, 啓攢

己未天上火專收日 기미천상화전수일

吉神―母倉, 玉宇

凶神―河魁, 月刑, 五虛, 八專, 朱雀

宜―捕捉, 畋獵

忌―祈福, 求嗣, 上冊受封, 上表章, 襲爵受封, 會親友, 冠帶, 出行, 上官赴任, 臨政親民, 結婚姻, 納采問名, 嫁娶, 進人口, 移徙, 安床, 解除, 剃頭, 整手足甲, 求醫療病, 裁衣, 築隄防, 修造動土, 竪柱上梁, 修倉庫, 鼓鑄, 經絡, 醞釀, 開市, 立券, 交易, 納財, 開倉庫, 出貨財,

修置産室, 開渠穿井, 安碓磑, 補垣塞穴, 修飾垣牆, 破屋壞垣, 栽種, 牧養, 納畜, 破土, 安葬, 啓攢

庚申石榴木專開日 경신석류목전개일

吉神—月德, 王日, 驛馬, 天后, 時陽, 生氣, 六儀, 金堂, 除神, 金匱, 鳴吠

凶神—厭對, 招搖, 五離, 八專

宜—祭祀, 祈福, 求嗣, 上册受封, 上表章, 襲爵受封, 入學, 出行, 上官赴任, 臨政親民, 移徙, 解除, 沐浴, 剃頭, 整手足甲, 求醫療病, 裁衣, 修造動土, 竪柱上梁, 開市, 開倉庫, 出貨財, 修置産室, 開渠穿井, 安碓磑, 掃舍宇, 栽種, 牧養

忌—會親友, 結婚姻, 納采問名, 嫁娶, 安床, 經絡, 立券, 交易, 伐木, 畋獵, 取魚, 乘船渡水

辛酉石榴木專閉日 신유석류목전폐일

吉神—天德合, 月德合, 官日, 除神, 寶光, 鳴吠

凶神—月害, 天吏, 致死, 血支, 五離

宜—祭祀, 沐浴, 剃頭, 整手足甲, 裁衣, 補垣塞穴, 掃舍宇

忌—會親友, 求醫療病, 療目, 針刺, 醞釀, 畋獵, 取魚

壬戌大海水伐建日 임술대해수벌건일

吉神—月空, 母倉, 四相, 守日, 天馬

凶神—月建, 小時, 土府, 白虎

宜—祭祀, 祈福, 求嗣, 上表章, 襲爵受封, 會親友, 出行, 上

官赴任, 臨政親民, 結婚姻, 納采問名, 移徙, 解除, 求醫療病, 裁衣, 竪柱上梁, 納財, 開倉庫, 出貨財, 牧養, 納畜

忌—築隄防, 修造動土, 修倉庫, 修置產室, 開渠穿井, 安碓磑, 補垣, 修飾垣牆, 平治道塗, 破屋壞垣, 伐木, 栽種, 破土

癸亥大海水專除日 계해대해수전제일

吉神—四相, 相日, 吉期, 五富, 敬安, 玉堂

凶神—劫煞, 五虛, 土符, 重日

宜—祭祀, 沐浴, 掃舍宇

忌—上册受封, 上表章, 嫁娶, 求醫療病, 築隄防, 修造動土, 修倉庫, 開倉庫, 出貨財, 修置產室, 開渠穿井, 安碓磑, 補垣, 修飾垣牆, 平治道塗, 破屋壞垣, 栽種, 破土, 安葬, 啓攢

이상의 60간지는 월건이 술(戌)일 때의 것이니, 한로(寒露)에서 상강(霜降) 말까지이다. 그 신살의 길흉을 용사(用事)에 따라 마땅함(宜)과 꺼림(忌)을 표로 만들어 놓았으니 활용할 것이다.

⟨월표 10⟩

十月	입동절 立冬節 천도동행 天道東行	맹년孟年 (寅申巳亥)			중년仲年 (子午卯酉)			계년季年 (辰戌丑未)		
		白	白	白	赤	碧	黃	綠	紫	黑
		紫	黑	綠	白	白	白	碧	黃	赤
		黃	赤	碧	黑	綠	紫	白	白	白

천덕(天德) 乙. 월덕(月德) 甲. 월공(月空) 庚
천덕합 庚 월덕합(月德合) 己   =의수조 취토(宜修造取土)

소설(小雪) 10월中 태양到 寅宮 위(爲) 10월 장(將) 의용(宜用) 甲丙庚壬時

월건(月建) 亥. 월파(月破) 巳. 월염(月厭) 丑. 월형(月刑) 亥. 월해(月害) 申. 겁살
(劫煞) 申. 재살(災煞) 酉. 월살(月煞) 戌. = 기(忌) 수조취토

입동 전 1일 사절(四絶) 후 10일 왕망(往亡)
초 1일 장성(長星). 14일 단성(短星)

甲子海中金義除日 갑자해중금의제일

吉神―月德, 天恩, 天赦, 四相, 官日, 天馬, 吉期, 要安

凶神―大時, 大敗, 咸池, 白虎

宜―祭祀, 祈福, 求嗣, 上册受封, 上表章, 襲爵受封, 會親友, 出行, 上官赴任, 臨政親民, 結婚姻, 納采問名, 嫁娶, 移徙, 解除, 沐浴, 剃頭, 整手足甲, 求醫療病, 裁衣, 修造動土, 竪柱上梁, 修倉庫, 納財, 掃舍宇, 栽種, 牧養, 納畜, 安葬

乙丑海中金制滿日 을축해중금제만일

吉神―天德, 天恩, 月恩, 四相, 守日, 天巫, 福德, 玉宇, 玉

堂

凶神—月厭, 地火, 九空, 大煞, 歸忌, 孤辰

宜—祭祀

忌—冠帶, 出行, 上官赴任, 臨政親民, 結婚姻, 納采問名, 嫁娶, 移徙, 遠迴, 求醫療病, 伐木, 畋獵, 取魚, 栽種

丙寅鑪中火義平日 병인노중화의평일

吉神—天恩, 時德, 相日, 六合, 五富, 金堂, 五合, 鳴吠對

凶神—河魁, 死神, 遊禍, 五虛, 天牢

宜—襲爵受封, 會親友, 出行, 上官赴任, 臨政親民, 結婚姻, 納采問名, 嫁娶, 進人口, 移徙, 裁衣, 築隄防, 修造動土, 豎柱上梁, 修倉庫, 經絡, 醞釀, 開市, 立券, 交易, 納財, 開倉庫, 出貨財, 修飾垣牆, 平治道塗, 栽種, 牧養, 納畜, 破土, 安葬, 啓攢

忌—祭祀, 祈福, 求嗣, 解除, 求醫療病

丁卯鑪中火義定日 정묘노중화의정일

吉神—天恩, 陰德, 民日, 三合, 時陰, 五合, 鳴吠對

凶神—死氣, 元武

宜—襲爵受封, 會親友, 冠帶, 出行, 上官赴任, 臨政親民, 結婚姻, 納采問名, 嫁娶, 進人口, 移徙, 裁衣, 修造動土, 豎柱上梁, 修倉庫, 經絡, 醞釀, 開市, 立券, 交易, 納財, 安碓磑, 牧養, 納畜, 破土, 啓攢

忌—解除, 剃頭, 求醫療病, 修置產室, 穿井, 栽種

戊辰大林木專執日 무진대림목전집일

吉神—天恩, 陽德, 解神, 司命

凶神—小耗, 天賊, 土符

宜—上表章, 會親友, 解除, 沐浴, 剃頭, 整手足甲, 求醫療病, 捕捉, 畋獵

忌—出行, 築隄防, 修造動土, 修倉庫, 開市, 立券, 交易, 納財, 開倉庫, 出貨財, 修置產室, 開渠穿井, 安碓磑, 補垣, 修飾垣牆, 平治道塗, 破屋壞垣, 栽種, 破土

己巳大林木義破日 기사대림목의파일

吉神—月德合,, 驛馬, 天后, 天倉, 不將, 敬安

凶神—月破, 大耗, 重日, 勾陳

宜—祭祀, 解除, 求醫療病, 破屋壞垣

忌—祈福, 求嗣, 上冊受封, 上表章, 襲爵受封, 會親友, 冠帶, 出行, 上官赴任, 臨政親民, 結婚姻, 納采問名, 嫁娶, 進人口, 移徙, 安床, 剃頭, 整手足甲, 裁衣, 築隄防, 修造動土, 豎柱上梁, 修倉庫, 鼓鑄, 經絡, 醞釀, 開市, 立券, 交易, 納財, 開倉庫, 出貨財, 修置產室, 開渠穿井, 安碓磑, 補垣塞穴, 修飾垣牆, 伐木, 畋獵, 取魚, 栽種, 牧養, 納畜, 破土, 安葬, 啓攢

庚午路傍土伐危日 경오노방토벌위일

吉神—月德合, 月空, 不將, 普護,, 青龍, 鳴吠

凶神—天吏, 致死, 五虛

宜—祭祀, 祈福, 求嗣, 上冊受封, 上表章, 襲爵受封, 會親

友, 出行, 上官赴任, 臨政親民, 結婚姻, 納采問名, 嫁
　　娶, 移徙, 安床, 解除, 裁衣, 修造動土, 竪柱上梁, 修倉
　　庫, 伐木, 栽種, 牧養, 納畜, 破土, 安葬
　忌―求醫療病, 苫蓋, 經絡, 畋獵, 取魚

辛未路傍土義成日 신미노방토의성일

　吉神―三合, 臨日, 天喜, 天醫, 六儀, 福生, 明堂
　凶神―厭對, 招搖, 四擊, 往亡
　宜―祭祀, 祈福, 會親友, 入學, 結婚姻, 納采問名, 裁衣, 築
　　隄防, 修造動土, 竪柱上梁, 修倉庫, 經絡, 開市, 立券,
　　交易, 納財, 安確磑, 納畜
　忌―上冊受封, 上表章, 出行, 上官赴任, 臨政親民, 嫁娶,
　　進人口, 移徙, 求醫療病, 醞釀, 捕捉, 畋獵, 取魚, 乘船
　　渡水

壬申劍鋒金義收日 임신검봉금의수일

　吉神―母倉, 除神, 鳴吠
　凶神―天罡, 劫煞, 月害, 復日, 五離, 天刑
　宜―沐浴, 掃舍宇, 伐木, 捕捉, 畋獵
　忌―祈福, 求嗣, 上冊受封, 上表章, 襲爵受封, 會親友, 冠
　　帶, 出行, 上官赴任, 臨政親民, 結婚姻, 納采問名, 嫁
　　娶, 進人口, 移徙, 安床, 解除, 剃頭, 整手足甲, 求醫療
　　病, 裁衣, 築隄防, 修造動土, 竪柱上梁, 修倉庫, 鼓鑄,
　　經絡, 醞釀, 開市, 立券, 交易, 納財, 開倉庫, 出貨財,
　　修置產室, 開渠穿井, 安確磑, 補垣塞穴, 修飾垣牆, 破

屋壞垣, 栽種, 牧養, 納畜, 破土, 安葬, 啓攢

癸酉劍鋒金義開日 계유검봉금의개일

吉神―母倉, 時陽, 生氣, 聖心, 除神, 鳴吠

凶神―災煞, 天火, 五離, 朱雀

宜―祭祀, 入學, 沐浴, 掃舍宇

忌―會親友, 冠帶, 結婚姻, 納采問名, 嫁娶, 進人口, 求醫療病, 經絡, 醞釀, 立券, 交易, 伐木, 畋獵, 取魚

甲戌山頭火制閉日 갑술산두화제폐일

吉神―月德, 四相, 益後, 金匱

凶神―月煞, 月虛, 血支, 五虛, 八風

宜―祭祀

忌―祈福, 求嗣, 上冊受封, 上表章, 襲爵受封, 會親友, 冠帶, 出行, 上官赴任, 臨政親民, 結婚姻, 納采問名, 嫁娶, 進人口, 移徙, 安床, 解除, 剃頭, 整手足甲, 求醫療病, 療目, 針刺, 裁衣, 築隄防, 修造動土, 竪柱上梁, 修倉庫, 鼓鑄, 經絡, 醞釀, 開市, 立券, 交易, 納財, 開倉庫, 出貨財, 修置產室, 開渠穿井, 安碓磑, 補垣塞穴, 修飾垣牆, 破屋壞垣, 畋獵, 取魚, 乘船渡水, 栽種, 牧養, 納畜, 破土, 安葬, 啓攢

乙亥山頭火義建日 을해산두화의건일

吉神―天德, 月恩, 四相, 王日, 續世, 寶光

凶神―月建, 小時, 土府, 月刑, 九坎, 九焦, 血支, 重日

宜―祭祀, 沐浴
忌―冠帶, 嫁娶, 求醫療病, 針刺, 築隄防, 修造動土, 修倉庫, 鼓鑄, 修置産室, 開渠穿井, 安碓磑, 補垣塞穴, 修飾垣牆, 平治道塗, 破屋壞垣, 伐木, 畋獵, 取魚, 乘船渡水, 栽種, 破土

丙子澗下水伐除日 병자간하수벌제일

吉神―官日, 天馬, 吉期, 要安, 鳴吠對
凶神―大時, 大敗, 咸池, 觸水龍, 白虎
宜―襲爵受封, 出行, 上官赴任, 臨政親民, 移徙, 解除, 沐浴, 剃頭, 整手足甲, 求醫療病, 掃舍宇, 破土, 啓攢
忌―取魚, 乘船渡水

丁丑澗下水寶滿日 정축간하수보만일

吉神―守日, 天巫, 福德, 玉宇, 玉堂
凶神―月厭, 地火, 九空, 大煞, 歸忌, 孤辰
宜―祭祀
忌―祈福, 求嗣, 上册受封, 上表章, 襲爵受封, 會親友, 冠帶, 出行, 上官赴任, 臨政親民, 結婚姻, 納采問名, 嫁娶, 進人口, 移徙, 遠迴, 安床, 解除, 剃頭, 整手足甲, 求醫療病, 裁衣, 築隄防, 修造動土, 豎柱上梁, 修倉庫, 鼓鑄, 經絡, 醞釀, 開市, 立券, 交易, 納財, 開倉庫, 出貨財, 修置産室, 開渠穿井, 安碓磑, 補垣塞穴, 修飾垣牆, 平治道塗, 破屋壞垣, 伐木, 畋獵, 牧養, 納畜, 破土, 安葬, 啓攢

戊寅城頭土伐平日 무인성두토벌평일

吉神—時德, 相日, 六合, 五富, 金堂, 五合

凶神—河魁, 死神, 遊禍, 五虛, 地囊, 天牢

宜—襲爵受封, 會親友, 出行, 上官赴任, 臨政親民, 結婚姻, 納采問名, 嫁娶, 進人口, 移徙, 裁衣, 豎柱上梁, 經絡, 醞釀, 開市, 立券, 交易, 納財, 開倉庫, 出貨財, 牧養, 納畜, 安葬

忌—祭祀, 祈福, 求嗣, 解除, 求醫療病, 築隄防, 修造動土, 修倉庫, 修置產室, 開渠穿井, 安碓磑, 補垣, 修飾垣牆, 平治道塗, 破屋壞垣, 栽種, 破土

己卯城頭土伐定日 기묘성두토벌정일

吉神—月德合, 天恩, 陰德, 民日, 三合, 時陰, 不將, 五合

凶神—死氣, 元武

宜—祭祀, 祈福, 求嗣, 上册受封, 上表章, 襲爵受封, 會親友, 冠帶, 出行, 上官赴任, 臨政親民, 結婚姻, 納采問名, 嫁娶, 進人口, 移徙, 解除, 裁衣, 修造動土, 豎柱上梁, 修倉庫, 經絡, 醞釀, 開市, 立券, 交易, 納財, 安碓磑, 栽種, 牧養, 納畜, 安葬

忌—求醫療病, 穿井, 畋獵, 取魚

庚辰白鑞金義執日 경진백랍금의집일

吉神—月德合, 月空, 天恩, 陽德, 不將, 解神, 司命

凶神—小耗, 天賊, 土符

宜—祭祀, 祈福, 求嗣, 上册受封, 上表章, 襲爵受封, 會親

友, 上官赴任, 臨政親民, 結婚姻, 納采問名, 嫁娶, 移
徙, 解除, 沐浴, 剃頭, 整手足甲, 求醫療病, 裁衣, 修造
動土, 竪柱上梁, 捕捉, 牧養, 納畜, 安葬

忌—出行, 築隄防, 修造動土, 修倉庫, 經絡, 開倉庫, 出貨
財, 修置産室, 開渠穿井, 安碓磑, 補垣, 修飾垣牆, 平
治道塗, 破屋壞垣, 畋獵, 取魚, 栽種, 破土

辛巳白鑞金伐破日 신사백랍금벌파일

吉神—天恩, 驛馬, 天后, 天倉, 不將, 敬安

凶神—月破, 大耗, 重日, 勾陳

宜—求醫療病, 破屋壞垣

忌—祈福, 求嗣, 上冊受封, 上表章, 襲爵受封, 會親友, 冠
帶, 出行, 上官赴任, 臨政親民, 結婚姻, 納采問名, 嫁
娶, 進人口, 移徙, 安床, 剃頭, 整手足甲, 裁衣, 築隄
防, 修造動土, 竪柱上梁, 修倉庫, 鼓鑄, 經絡, 醞釀, 開
市, 立券, 交易, 納財, 開倉庫, 出貨財, 修置産室, 開渠
穿井, 安碓磑, 補垣塞穴, 修飾垣牆, 伐木, 栽種, 牧養,
納畜, 破土, 安葬, 啓攢

壬午楊柳木制危日 임오양류목제위일

吉神—天恩, 不將, 普護, 青龍, 鳴吠

凶神—天吏, 致死, 五虛, 復日

宜—祭祀, 會親友, 裁衣, 伐木, 畋獵

忌—祈福, 求嗣, 上冊受封, 上表章, 襲爵受封, 冠帶, 出行,
上官赴任, 臨政親民, 結婚姻, 納采問名, 嫁娶, 進人口,

移徙, 安床, 解除, 求醫療病, 築隄防, 修造動土, 竪柱上梁, 修倉庫, 苫蓋, 開市, 立券, 交易, 納財, 開倉庫, 出貨財, 修置産室, 開渠穿井, 栽種, 牧養, 納畜, 破土, 安葬, 啓攢

癸未楊柳木伐成日 계미양류목벌성일

吉神—天恩, 三合, 臨日, 天喜, 天醫, 六儀, 福生, 明堂

凶神—厭對, 招搖, 四擊, 往亡, 觸水龍

宜—祭祀, 祈福, 會親友, 入學, 結婚姻, 納采問名, 裁衣, 築隄防, 修造動土, 竪柱上梁, 修倉庫, 經絡, 醞釀, 開市, 立券, 交易, 納財, 安碓磑, 納畜

忌—上冊受封, 上表章, 出行, 上官赴任, 臨政親民, 嫁娶, 進人口, 移徙, 求醫療病, 捕捉, 畋獵, 取魚, 乘船渡水

甲申井泉水伐收日 갑신정천수벌수일

吉神—月德, 母倉, 四相, 除神, 鳴吠

凶神—天罡, 劫煞, 月害, 五離, 天刑

宜—祭祀, 祈福, 求嗣, 上冊受封, 上表章, 襲爵受封, 會親友, 出行, 上官赴任, 臨政親民, 結婚姻, 納采問名, 嫁娶, 進人口, 移徙, 解除, 沐浴, 剃頭, 整手足甲, 裁衣, 修造動土, 竪柱上梁, 修倉庫, 納財, 掃舍宇, 伐木, 捕捉, 栽種, 牧養, 納畜, 破土, 安葬

忌—安床, 求醫療病, 開倉庫, 出貨財, 畋獵, 取魚

乙酉井泉水伐開日 을유정천수벌개일

吉神—天德, 母倉, 月恩, 四相, 時陽, 生氣, 聖心, 除神, 鳴

吠

凶神—災煞, 天火, 五離, 朱雀

宜—祭祀, 祈福, 求嗣, 上冊受封, 上表章, 襲爵受封, 入學, 出行, 上官赴任, 臨政親民, 結婚姻, 納采問名, 嫁娶, 移徙, 解除, 沐浴, 剃頭, 整手足甲, 裁衣, 修造動土, 豎柱上梁, 修倉庫, 開市, 納財, 開倉庫, 出貨財, 修置產室, 開渠穿井, 安碓磑, 掃舍宇, 牧養, 納畜

忌—會親友, 求醫療病, 伐木, 畋獵, 取魚, 栽種

丙戌屋上土寶閉日 병술옥상토보폐일

吉神—益後, 金匱

凶神—月煞, 月虛, 血支, 五虛

諸事不宜.

丁亥屋上土伐建日 정해옥상토벌건일

吉神—王日, 續世, 寶光

凶神—月建, 小時, 土府, 月刑, 九坎, 九焦, 血忌, 重日

宜—祭祀, 沐浴

忌—祈福, 求嗣, 上冊受封, 上表章, 襲爵受封, 會親友, 冠帶, 出行, 上官赴任, 臨政親民, 結婚姻, 納采問名, 嫁娶, 進人口, 移徙, 安床, 解除, 剃頭, 整手足甲, 求醫療病, 針刺, 裁衣, 築隄防, 修造動土, 豎柱上梁, 修倉庫, 鼓鑄, 經絡, 醞釀, 開市, 立券, 交易, 納財, 開倉庫, 出貨財, 修置產室, 開渠穿井, 安碓磑, 補垣塞穴, 修飾垣牆, 平治道塗, 破屋壞垣, 伐木, 取魚, 乘船渡水, 栽種,

牧養, 納畜, 破土, 安葬, 啓攢

戊子霹靂火制除日 무자벽력화제제일

吉神―官日, 天馬, 吉期, 要安

凶神―大時, 大敗, 咸池, 白虎, 歲薄

宜―沐浴, 掃舍宇

忌―祈福, 求嗣, 上冊受封, 上表章, 襲爵受封, 冠帶, 出行, 上官赴任, 臨政親民, 結婚姻, 納采問名, 嫁娶, 進人口, 移徙, 安床, 解除, 求醫療病, 築隄防, 修造動土, 豎柱上梁, 修倉庫, 開市, 立券, 交易, 納財, 開倉庫, 出貨財, 修置產室, 取魚, 乘船渡水, 栽種, 牧養, 納畜

己丑霹靂火專滿日 기축벽력화전만일

吉神―月德合, 守日, 天巫, 福德, 玉宇, 玉堂

凶神―月厭, 地火, 九空, 大煞, 歸忌, 孤辰

宜―祭祀

忌―冠帶, 出行, 上官赴任, 臨政親民, 結婚姻, 納采問名, 嫁娶, 移徙, 遠迴, 求醫療病, 伐木, 畋獵, 取魚, 栽種

庚寅松柏木制平日 경인송백목제평일

吉神―天德合, 月空, 時德, 相日, 六合, 五富, 不將, 金堂, 五合, 鳴吠對

凶神―河魁, 死神, 遊禍, 五虛, 天牢

宜―上冊受封, 上表章, 襲爵受封, 會親友, 出行, 上官赴任, 臨政親民, 結婚姻, 納采問名, 嫁娶, 進人口, 移徙, 栽

衣, 修造動土, 豎柱上梁, 修倉庫, 醞釀, 開市, 立券, 交
　　易, 納財, 開倉庫, 出貨財, 修飾垣牆, 平治道塗, 栽種,
　　牧養, 納畜, 破土, 安葬, 啓攢
　忌―祭祀, 祈福, 求嗣, 解除, 求醫療病, 經絡, 畋獵, 取魚

辛卯松柏木制定日 신묘송백목제정일

　吉神―陰德, 民日, 三合, 時陰, 不將, 五合, 鳴吠對
　凶神―死氣, 元武
　宜―襲爵受封, 會親友, 冠帶, 出行, 上官赴任, 臨政親民,
　　結婚姻, 納采問名, 嫁娶, 進人口, 移徙, 裁衣, 修造動
　　土, 豎柱上梁, 修倉庫, 經絡, 開市, 立券, 交易, 納財,
　　安碓磑, 牧養, 納畜, 破土, 啓攢
　忌―解除, 求醫療病, 醞釀, 修置產室, 穿井, 栽種

壬辰長流水伐執日 임진장류수벌집일

　吉神―陽德, 不將, 解神, 司命
　凶神―小耗, 天賊, 五墓, 土符, 復日
　宜―上表章, 沐浴, 剃頭, 整手足甲, 裁衣, 捕捉, 畋獵
　忌―冠帶, 出行, 上官赴任, 臨政親民, 結婚姻, 納采問名,
　　嫁娶, 進人口, 移徙, 安床, 解除, 求醫療病, 築隄防, 修
　　造動土, 豎柱上梁, 修倉庫, 開市, 立券, 交易, 納財, 開
　　倉庫, 出貨財, 修置產室, 開渠穿井, 安碓磑, 補垣, 修
　　飾垣牆, 平治道塗, 破屋壞垣, 栽種, 牧養, 納畜, 破土,
　　安葬, 啓攢

癸巳長流水制破日 계사장류수제파일

吉神—驛馬, 天后, 天倉, 不將, 敬安

凶神—月破, 大耗, 重日, 勾陳

宜—求醫療病, 破屋壞垣

忌—祈福, 求嗣, 上册受封, 上表章, 襲爵受封, 會親友, 冠帶, 出行, 上官赴任, 臨政親民, 結婚姻, 納采問名, 嫁娶, 進人口, 移徙, 安床, 剃頭, 整手足甲, 裁衣, 築隄防, 修造動土, 豎柱上梁, 修倉庫, 鼓鑄, 經絡, 醞釀, 開市, 立券, 交易, 納財, 開倉庫, 出貨財, 修置產室, 開渠穿井, 安碓磑, 補垣塞穴, 修飾垣牆, 伐木, 栽種, 牧養, 納畜, 破土, 安葬, 啓攢

甲午砂石金寶危日 갑오사석금보위일

吉神—月德, 四相, 普護, 靑龍, 鳴吠

凶神—天吏, 致死, 五虛

宜—祭祀, 祈福, 求嗣, 會親友, 入學, 結婚姻, 納采問名, 解除, 裁衣, 築隄防, 修造動土, 豎柱上梁, 修倉庫, 經絡, 醞釀, 開市, 立券, 交易, 納財, 開倉庫, 出貨財, 安碓磑, 牧養, 納畜, 安葬

忌—上册受封, 上表章, 出行, 上官赴任, 臨政親民, 嫁娶, 進人口, 移徙, 求醫療病, 捕捉, 畋獵, 取魚, 栽種

丙申山下火制收日 병신산하화제수일

吉神—母倉, 除神, 鳴吠

凶神—天罡, 劫煞, 月害, 五離, 天刑

宜―沐浴, 掃舍宇, 伐木, 捕捉, 畋獵
忌―祈福, 求嗣, 上册受封, 上表章, 襲爵受封, 會親友, 冠帶, 出行, 上官赴任, 臨政親民, 結婚姻, 納采問名, 嫁娶, 進人口, 移徙, 安床, 解除, 剃頭, 整手足甲, 求醫療病, 裁衣, 築隄防, 修造動土, 竪柱上梁, 修倉庫, 鼓鑄, 經絡, 醞釀, 開市, 立券, 交易, 納財, 開倉庫, 出貨財, 修置産室, 開渠穿井, 安碓磑, 補垣塞穴, 修飾垣牆, 破屋壞垣, 栽種, 牧養, 納畜, 破土, 安葬, 啓攢

丁酉山下火制開日 정유산하화제개일

吉神―母倉, 時陽, 生氣, 聖心, 除神, 鳴吠
凶神―災煞, 天火, 五離, 朱雀
宜―祭祀, 入學, 沐浴, 掃舍宇
忌―忌會親友, 冠帶, 結婚姻, 納采問名, 嫁娶, 進人口, 剃頭, 求醫療病, 經絡, 醞釀, 立券, 交易, 伐木, 畋獵, 取魚

戊戌平地木專閉日 무술평지목전폐일

吉神―益後, 金匱
凶神―月煞, 月虛, 血支, 五虛, 絶陽
諸事不宜.

己亥平地木制建日 기해평지목제건일

吉神―月德合, 王日, 續世, 寶光
凶神―月建, 小時, 土府, 月刑, 九坎, 九焦, 血忌, 重日, 小

會, 純陰

諸事不宜.

庚子壁上土寶除日 경자벽상토보제일

吉神―天德合, 月空, 官日, 天馬, 吉期, 要安, 鳴吠對

凶神―大時, 大敗, 咸池, 白虎

宜―祭祀, 祈福, 求嗣, 上册受封, 上表章, 襲爵受封, 會親友, 出行, 上官赴任, 臨政親民, 結婚姻, 納采問名, 嫁娶, 移徙, 解除, 沐浴, 剃頭, 整手足甲, 求醫療病, 裁衣, 修造動土, 豎柱上梁, 修倉庫, 掃舍宇, 栽種, 牧養, 納畜, 破土, 安葬, 啓攢

忌―經絡, 畋獵, 取魚

辛丑壁上土義滿日 신축벽상토의만일

吉神―守日, 天巫, 福德, 玉宇, 玉堂

凶神―月厭, 地火, 九空, 大煞, 歸忌, 行狠

宜―祭祀

忌―祈福, 求嗣, 上册受封, 上表章, 襲爵受封, 會親友, 冠帶, 出行, 上官赴任, 臨政親民, 結婚姻, 納采問名, 嫁娶, 進人口, 移徙, 遠迴, 安床, 解除, 剃頭, 整手足甲, 求醫療病, 裁衣, 築隄防, 修造動土, 豎柱上梁, 修倉庫, 鼓鑄, 經絡, 醞釀, 開市, 立券, 交易, 納財, 開倉庫, 出貨財, 修置產室, 開渠穿井, 安碓磑, 補垣塞穴, 修飾垣牆, 平治道塗, 破屋壞垣, 伐木, 栽種, 牧養, 納畜, 破土, 安葬, 啓攢

壬寅金箔金寶平日 임인금박금보평일

吉神—天願, 時德, 相日, 六合, 五富, 不將, 金堂, 五合, 鳴吠對

凶神—河魁, 死神, 遊禍, 五虛, 復日, 天牢

宜—上册受封, 上表章, 襲爵受封, 會親友, 出行, 上官赴任, 臨政親民, 結婚姻, 納采問名, 嫁娶, 進人口, 移徙, 裁衣, 修造動土, 竪柱上梁, 修倉庫, 經絡, 醞釀, 開市, 立券, 交易, 納財, 開倉庫, 出貨財, 修飾垣牆, 平治道塗, 栽種, 牧養, 納畜

忌—祭祀, 祈福, 求嗣, 解除, 求醫療病, 開渠

癸卯金箔金寶定日 계묘금박금보정일

吉神—陰德, 民日, 三合, 時陰, 不將, 五合, 鳴吠對

凶神—死氣, 元武

宜—襲爵受封, 會親友, 冠帶, 出行, 上官赴任, 臨政親民, 結婚姻, 納采問名, 嫁娶, 進人口, 移徙, 裁衣, 修造動土, 竪柱上梁, 修倉庫, 經絡, 醞釀, 開市, 立券, 交易, 納財, 安碓磑, 牧養, 納畜, 破土, 啓攢

忌—解除, 求醫療病, 修置產室, 穿井, 栽種

甲辰覆燈火制執日 갑진복등화제집일

吉神—月德, 四相, 陽德, 解神, 司命

凶神—小耗, 天賊, 土符

宜—祭祀, 祈福, 求嗣, 上册受封, 上表章, 襲爵受封, 會親友, 上官赴任, 臨政親民, 結婚姻, 納采問名, 嫁娶, 移

徙, 解除, 沐浴, 剃頭, 整手足甲, 求醫療病, 裁衣, 豎柱
上梁, 納財, 捕捉,, 牧養, 納畜, 安葬

忌―出行, 築隄防, 修造動土, 修倉庫, 開倉庫, 出貨財, 修
置產室, 開渠穿井, 安碓磑, 補垣, 修飾垣牆, 平治道塗,
破屋壞垣, 畋獵, 取魚, 栽種, 破土

乙巳覆燈火寶破日 을사복등화보파일

吉神―天德, 月恩, 四相, 驛馬, 天后, 天倉, 敬安
凶神―月破, 大耗, 重日, 勾陳
宜―祭祀, 解除, 求醫療病, 破屋壞垣
忌―祈福, 求嗣, 上册受封, 上表章, 襲爵受封, 會親友, 冠
帶, 出行, 上官赴任, 臨政親民, 結婚姻, 納采問名, 嫁
娶, 進人口, 移徙, 安床, 剃頭, 整手足甲, 裁衣, 築隄
防, 修造動土, 豎柱上梁, 修倉庫, 鼓鑄, 經絡, 醞釀, 開
市, 立券, 交易, 納財, 開倉庫, 出貨財, 修置產室, 開渠
穿井, 安碓磑, 補垣塞穴, 修飾垣牆, 伐木, 畋獵, 取魚,
栽種, 牧養, 納畜, 破土, 安葬, 啓攢

丙午天河水專危日 병오천하수전위일

吉神―普護, 靑龍, 鳴吠
凶神―天吏, 致死, 四廢, 五虛
宜―祭祀, 伐木, 畋獵
忌―祈福, 求嗣, 上册受封, 上表章, 襲爵受封, 會親友, 冠
帶, 出行, 上官赴任, 臨政親民, 結婚姻, 納采問名, 嫁
娶, 進人口, 移徙, 安床, 解除, 求醫療病, 裁衣, 築隄

防, 修造動土, 竪柱上梁, 修倉庫, 鼓鑄, 苫蓋, 經絡, 醞
釀, 開市, 立券, 交易, 納財, 開倉庫, 出貨財, 修置産
室, 開渠穿井, 安碓磑, 補垣塞穴, 修飾垣牆, 栽種, 牧
養, 納畜, 破土, 安葬, 啓攢

丁未天河水寶成日 정미천하수보성일

吉神—三合, 臨日, 天喜, 天醫, 六儀, 福生, 明堂

凶神—厭對, 招搖, 四擊, 往亡, 八專

宜—祭祀, 祈福, 會親友, 入學, 裁衣, 築隄防, 修造動土, 竪
柱上梁, 修倉庫, 經絡, 醞釀, 開市, 立券, 交易, 納財,
安碓磑, 納畜

忌—上册受封, 上表章, 出行, 上官赴任, 臨政親民, 結婚姻,
納采問名, 嫁娶, 進人口, 移徙, 剃頭, 求醫療病, 捕捉,
畋獵, 取魚, 乘船渡水

戊申大驛土寶收日 무신대역토보수일

吉神—母倉, 除神

凶神—天罡, 劫煞, 月害, 地囊, 五離, 天刑

宜—沐浴, 掃舍宇, 伐木, 捕捉, 畋獵

忌—祈福, 求嗣, 上册受封, 上表章, 襲爵受封, 會親友, 冠
帶, 出行, 上官赴任, 臨政親民, 結婚姻, 納采問名, 嫁
娶, 進人口, 移徙, 安床, 解除, 剃頭, 整手足甲, 求醫療
病, 裁衣, 築隄防, 修造動土, 竪柱上梁, 修倉庫, 鼓鑄,
經絡, 醞釀, 開市, 立券, 交易, 納財, 開倉庫, 出貨財,
修置産室, 開渠穿井, 安碓磑, 補垣塞穴, 修飾垣牆, 平

治道塗, 破屋壞垣, 栽種, 牧養, 納畜, 破土, 安葬, 啓攢

己酉大驛土寶開日 기유대역토보개일

吉神―月德合, 天恩, 母倉, 時陽, 生氣, 聖心, 除神, 鳴吠

凶神―災煞, 天火, 五離, 朱雀

宜―祭祀, 祈福, 求嗣, 上册受封, 上表章, 襲爵受封, 入學, 出行, 上官赴任, 臨政親民, 結婚姻, 納采問名, 嫁娶, 移徙, 解除, 沐浴, 剃頭, 整手足甲, 裁衣, 修造動土, 竪柱上梁, 修倉庫, 開市, 納財, 修置産室, 開渠穿井, 安碓磑, 掃舍宇, 栽種, 牧養, 納畜

忌―會親友, 求醫療病, 伐木, 畋獵, 取魚

庚戌釵釧金義閉日 경술차천금의폐일

吉神―天德合, 月空, 天恩, 益後, 金匱

凶神―月煞, 月虛, 血支, 五虛

宜―祭祀

忌―祈福, 求嗣, 上册受封, 上表章, 襲爵受封, 會親友, 冠帶, 出行, 上官赴任, 臨政親民, 結婚姻, 納采問名, 嫁娶, 進人口, 移徙, 安床, 解除, 剃頭, 整手足甲, 求醫療病, 療目, 針刺, 裁衣, 築隄防, 修造動土, 竪柱上梁, 修倉庫, 鼓鑄, 經絡, 醞釀, 開市, 立券, 交易, 納財, 開倉庫, 出貨財, 修置産室, 開渠穿井, 安碓磑, 補垣塞穴, 修飾垣牆, 破屋壞垣, 畋獵, 取魚, 栽種, 牧養, 納畜, 破土, 安葬, 啓攢

辛亥釵釧金寶建日 신해차천금보건일

吉神―天恩, 王日, 續世, 寶光

凶神―月建, 小時, 土府, 月刑, 九坎, 九焦, 血忌, 重日

宜―祭祀, 沐浴

忌―祈福, 求嗣, 上册受封, 上表章, 襲爵受封, 會親友, 冠帶, 出行, 上官赴任, 臨政親民, 結婚姻, 納采問名, 嫁娶, 進人口, 移徙, 安床, 解除, 剃頭, 整手足甲, 求醫療病, 療目, 針刺, 裁衣, 築隄防, 修造動土, 竪柱上梁, 修倉庫, 鼓鑄, 經絡, 醞釀, 開市, 立券, 交易, 納財, 開倉庫, 出貨財, 修置產室, 開渠穿井, 安碓磑, 補垣塞穴, 修飾垣牆, 平治道塗, 破屋壞垣, 伐木, 取魚, 乘船渡水, 栽種, 牧養, 納畜, 破土, 安葬, 啓攢

壬子桑柘木專除日 임자상자목전제일

吉神―天恩, 官日, 天馬, 吉期, 要安, 鳴吠對

凶神―大時, 大敗, 咸池, 四忌, 六蛇육사, 復日, 白虎, 歲薄세박

宜―沐浴, 掃舍宇

忌―祈福, 求嗣, 上册受封, 上表章, 襲爵受封, 冠帶, 出行, 上官赴任, 臨政親民, 結婚姻, 納采問名, 嫁娶, 進人口, 移徙, 安床, 解除, 求醫療病, 築隄防, 修造動土, 竪柱上梁, 修倉庫, 開市, 立券, 交易, 納財, 開倉庫, 出貨財, 修置產室, 開渠, 取魚, 乘船渡水, 栽種, 牧養, 納畜, 破土, 安葬, 啓攢

癸丑桑柘木伐滿日 계축상자목벌만일

吉神—天恩, 守日, 天巫, 福德, 玉宇, 玉堂

凶神—月厭, 地火, 九空, 大煞, 歸忌, 八專, 觸水龍, 了戾, 陰錯

宜—祭祀

忌—祈福, 求嗣, 上冊受封, 上表章, 襲爵受封, 會親友, 冠帶, 出行, 上官赴任, 臨政親民, 結婚姻, 納采問名, 嫁娶, 進人口, 移徙, 遠廻, 安床, 解除, 剃頭, 整手足甲, 求醫療病, 裁衣, 築隄防, 修造動土, 竪柱上梁, 修倉庫, 鼓鑄, 經絡, 醞釀, 開市, 立券, 交易, 納財, 開倉庫, 出貨財, 修置產室, 開渠穿井, 安碓磑, 補垣塞穴, 修飾垣牆, 平治道塗, 破屋壞垣, 伐木, 取魚, 乘船渡水, 栽種, 牧養, 納畜, 破土, 安葬, 啓攢

甲寅大溪水專平日 갑인대계수전평일

吉神—月德, 四相, 時德, 相日, 六合, 五富, 金堂, 五合, 鳴吠對

凶神—河魁, 死神, 遊禍, 五虛, 八風, 八專, 天牢

宜—上冊受封, 上表章, 襲爵受封, 會親友, 出行, 上官赴任, 臨政親民, 進人口, 移徙, 裁衣, 修造動土, 竪柱上梁, 修倉庫, 經絡, 醞釀, 開市, 立券, 交易, 納財, 修飾垣牆, 平治道塗, 栽種, 牧養, 納畜, 破土, 安葬, 啓攢

忌—祭祀, 祈福, 求嗣, 結婚姻, 納采問名, 嫁娶, 解除, 求醫療病, 開倉庫, 出貨財, 畋獵, 取魚

乙卯大溪水專定日 을묘대계수전정일

吉神—天德, 月恩, 四相, 陰德, 民日, 三合, 時陰, 五合, 鳴吠對

凶神—死氣, 元武

宜—祭祀, 祈福, 求嗣, 上册受封, 上表章, 襲爵受封, 會親友, 冠帶, 出行, 上官赴任, 臨政親民, 結婚姻, 納采問名, 嫁娶, 進人口, 移徙, 解除, 裁衣, 修造動土, 竪柱上梁, 修倉庫, 經絡, 醞釀, 開市, 立券, 交易, 納財, 開倉庫, 出貨財, 安碓磑, 牧養, 納畜, 破土, 安葬, 啓攢

忌—求醫療病, 穿井, 畋獵, 取魚, 栽種

丙辰沙中土寶執日 병진사중토보집일

吉神—陽德, 解神, 司命

凶神—小耗, 天賊, 土符

宜—上表章, 解除, 沐浴, 剃頭, 整手足甲, 求醫療病, 捕捉, 畋獵

忌—出行, 築隄防, 修造動土, 修倉庫, 開市, 立券, 交易, 納財, 開倉庫, 出貨財, 修置產室, 開渠穿井, 安碓磑, 補垣, 修飾垣牆, 平治道塗, 破屋壞垣, 栽種, 破土

丁巳沙中土專破日 정사사중토전파일

吉神—驛馬, 天后, 天倉, 敬安

凶神—月破, 大耗, 四廢, 重日, 勾陳, 陰陽交破

諸事不宜.

戊午天上火義危日 무오천상화의위일

吉神―普護, 靑龍

凶神―天吏, 致死, 五虛

宜―祭祀, 伐木, 畋獵

忌―祈福, 求嗣, 上册受封, 上表章, 襲爵受封, 冠帶, 出行, 上官赴任, 臨政親民, 結婚姻, 納采問名, 嫁娶, 進人口, 移徙, 安床, 解除, 求醫療病, 築隄防, 修造動土, 豎柱上梁, 修倉庫, 苫蓋, 開市, 立券, 交易, 納財, 開倉庫, 出貨財, 修置産室, 栽種, 牧養, 納畜

己未天上火專成日 기미천상화전성일

吉神―月德合, 三合, 臨日, 天喜, 天醫, 六儀, 福生, 明堂

凶神―厭對, 招搖, 四擊, 往亡, 八專

宜―祭祀, 祈福, 求嗣, 會親友, 入學, 解除, 裁衣, 築隄防, 修造動土, 豎柱上梁, 修倉庫, 經絡, 醞釀, 開市, 立券, 交易, 納財, 安碓磑, 栽種, 牧養, 納畜, 安葬

忌―上册受封, 上表章, 出行, 上官赴任, 臨政親民, 結婚姻, 納采問名, 嫁娶, 進人口, 移徙, 求醫療病, 捕捉, 畋獵, 取魚

庚申石榴木專收日 경신석류목전수일

吉神―天德合, 月空, 母倉, 除神, 鳴吠

凶神―天罡, 劫煞, 月害, 五離, 八專, 天刑

宜―祭祀, 祈福, 求嗣, 上册受封, 上表章, 襲爵受封, 會親友, 出行, 上官赴任, 臨政親民, 進人口, 移徙, 解除, 沐

浴, 剃頭, 整手足甲, 裁衣, 修造動土, 竪柱上梁, 修倉庫, 納財, 掃舍宇, 伐木, 捕捉, 栽種, 牧養, 納畜, 破土, 安葬

忌―結婚姻, 納采問名, 嫁娶, 安床, 求醫療病, 經絡, 畋獵, 取魚

辛酉石榴木專開日 신유석류목전개일

吉神―母倉, 時陽, 生氣, 聖心, 陰神, 鳴吠

凶神―災煞, 天火, 四耗, 五離, 朱雀

宜―祭祀, 入學, 沐浴, 掃舍宇

忌―會親友, 冠帶, 結婚姻, 納采問名, 嫁娶, 進人口, 求醫療病, 修倉庫, 經絡, 醞釀, 開市, 立券, 交易, 納財, 開倉庫, 出貨財, 伐木, 畋獵, 取魚

壬戌大海水伐閉日 임술대해수벌폐일

吉神―益後, 金匱

凶神―月煞, 月虛, 血支, 五虛, 復日

諸事不宜.

癸亥大海水專建日 계해대해수전건일

吉神―王日, 續世, 寶光

凶神―月建, 小時, 土府, 月刑, 四窮, 六蛇, 九坎, 九焦, 血忌, 重日, 陽錯

宜―祭祀, 沐浴

忌―祈福, 求嗣, 上册受封, 上表章, 襲爵受封, 會親友, 冠

帶, 出行, 上官赴任, 臨政親民, 結婚姻, 納采問名, 嫁娶, 進人口, 移徙, 安床, 解除, 剃頭, 整手足甲, 求醫療病, 針刺, 裁衣, 築隄防, 修造動土, 竪柱上梁, 修倉庫, 鼓鑄, 經絡, 醞釀, 開市, 立券, 交易, 納財, 開倉庫, 出貨財, 修置產室, 開渠穿井, 安碓磑, 補垣塞穴, 修飾垣牆, 平治道塗, 破屋壞垣, 伐木, 取魚, 乘船渡水, 栽種, 牧養, 納畜, 破土, 安葬, 啓攢

이상의 60간지는 월건이 해(亥)일 때의 것이니, 입동(立冬)에서 소설(小雪) 말까지이다. 그 신살의 길흉을 용사(用事)에 따라 마땅함(宜)과 꺼림(忌)을 표로 만들어 놓았으니 활용할 것이다.

<월표 11>

十一月	대설절 大雪節 천도동남행 天道東南行	맹년孟年 (寅申巳亥)			중년仲年 (子午卯酉)			계년季年 (辰戌丑未)		
		紫	黃	赤	白	黑	綠	碧	白	白
		白	白	碧	黃	赤	紫	黑	綠	白
		綠	白	黑	白	碧	白	赤	紫	黃

천덕(天德) 巽 월덕(月德) 壬 월공(月空) 丙 월덕합(月德合) 丁	=의(宜) 수조취토

동지 11월中 태양到 丑宮 위(爲) 11월 장(將) 의용(宜用) 艮巽坤乾時
월건(月建) 子. 월파(月破) 午. 월염(月厭) 子. 월형(月刑) 卯. 월해(月害) 未. 겁살(劫煞) 巳. 재살(災煞) 午. 월살(月煞) 未 = 기(忌) 수조취토
대설 후 20일 왕망(往亡), 동지 전 1일 사리(四離) 12일 장성(長星). 22일 단성(短星)

甲子海中金義建日 갑자해중금의건일

吉神—天恩, 天赦, 月恩, 四相, 官日, 敬安, 金匱

凶神—月建, 小時, 土府, 月厭, 地火

宜—祭祀, 沐浴

忌—祈福, 求嗣, 上冊受封, 上表章, 襲爵受封, 會親友, 冠帶, 出行, 上官赴任, 臨政親民, 結婚姻, 納采問名, 嫁娶, 進人口, 移徙, 遠迴, 安床, 解除, 剃頭, 整手足甲, 求醫療病, 裁衣, 築隄防, 修造動土, 竪柱上梁, 修倉庫, 鼓鑄, 經絡, 醞釀, 開市, 立券, 交易, 納財, 開倉庫, 出貨財, 修置產室, 開渠穿井, 安碓磑, 補垣塞穴, 修飾垣牆, 平治道塗, 破屋壞垣, 伐木, 畋獵, 取魚, 栽種, 牧養, 納畜, 破土, 安葬, 啓攢

乙丑海中金制除日 을축해중금제제일

吉神―天恩, 四相, 陰德, 守日, 吉期, 六合, 普護, 寶光

宜―祭祀, 祈福, 求嗣, 襲爵受封, 會親友, 出行, 上官赴任, 臨政親民, 結婚姻, 納采問名, 嫁娶, 進人口, 移徙, 解除, 沐浴, 剃頭, 整手足甲, 求醫療病, 裁衣, 修造動土, 豎柱上梁, 修倉庫, 經絡, 醞釀, 立券, 交易, 納財, 開倉庫, 出貨財, 掃舍宇, 牧養, 納畜, 安葬

忌―冠帶, 栽種

丙寅鑪中火義滿日 병인노중화의만일

吉神―月空, 天恩, 時德, 相日, 驛馬, 天后, 天馬, 天巫, 福德, 福生, 五合, 鳴吠對

凶神―五虛, 歸忌, 白虎

宜―上册受封, 上表章, 會親友, 出行, 進人口, 解除, 裁衣, 修造動土, 豎柱上梁, 經絡, 開市, 立券, 交易, 納財, 補垣塞穴, 栽種, 牧養, 破土, 啓攢

忌―祭祀, 襲爵受封, 上官赴任, 臨政親民, 結婚姻, 納采問名, 移徙, 遠迴, 求醫療病, 修倉庫, 開倉庫, 出貨財

丁卯鑪中火義平日 정묘노중화의평일

吉神―月德合, 天恩, 民日, 不將, 五合, 玉堂, 鳴吠對

凶神―天罡, 死神, 月刑, 天吏, 致死, 天賊

宜―祭祀, 平治道塗

忌―祈福, 求嗣, 上册受封, 上表章, 襲爵受封, 會親友, 冠帶, 出行, 上官赴任, 臨政親民, 結婚姻, 納采問名, 嫁

娶, 進人口, 移徙, 安床, 解除, 剃頭, 整手足甲, 求醫療
病, 裁衣, 築隄防, 修造動土, 竪柱上梁, 修倉庫, 鼓鑄,
經絡, 醞釀, 開市, 立券, 交易, 納財, 開倉庫, 出貨財,
修置産室, 開渠穿井, 安碓磑, 補垣塞穴, 修飾垣牆, 破
屋壞垣, 畋獵, 取魚, 栽種, 牧養, 納畜, 破土, 安葬, 啓
攢

戊辰大林木專定日 무진대림목전정일

吉神―天恩, 三合, 臨日, 時陰, 天倉, 聖心

凶神―死氣, 天牢

宜―祭祀, 祈福, 上冊受封, 上表章, 會親友, 冠帶, 上官赴
任, 臨政親民, 結婚姻, 納釆問名, 嫁娶, 進人口, 裁衣,
修造動土, 竪柱上梁, 修倉庫, 經絡, 醞釀, 立券, 交易,
納財, 安碓磑, 納畜

忌―解除, 求醫療病, 修置産室, 栽種

己巳大林木義執日 기사대림목의집일

吉神―五富, 不將, 益後

凶神―劫煞, 小耗, 重日, 元武

宜―祭祀, 捕捉, 畋獵

忌―祈福, 求嗣, 上冊受封, 上表章, 襲爵受封, 會親友, 冠
帶, 出行, 上官赴任, 臨政親民, 結婚姻, 納釆問名, 嫁
娶, 進人口, 移徙, 安床, 解除, 剃頭, 整手足甲, 求醫療
病, 裁衣, 築隄防, 修造動土, 竪柱上梁, 修倉庫, 鼓鑄,
經絡, 醞釀, 開市, 立券, 交易, 納財, 開倉庫, 出貨財,

修置産室, 開渠穿井, 安碓磴, 補垣塞穴, 修飾垣牆, 破屋壞垣, 栽種, 牧養, 納畜, 破土, 安葬, 啓攢

庚午路傍土伐破日 경오노방토벌파일

吉神—陽德, 六儀, 續世, 解神, 司命, 鳴吠
凶神—月破, 大耗, 災煞, 天火, 厭對, 招搖, 五虛, 血忌
諸事不宜.

辛未路傍土義危日 신미노방토의위일

吉神—要安
凶神—月煞, 月虛, 月害, 四擊, 勾陳
宜—伐木, 畋獵
忌—祈福, 求嗣, 上冊受封, 上表章, 襲爵受封, 會親友, 冠帶, 出行, 上官赴任, 臨政親民, 結婚姻, 納采問名, 嫁娶, 進人口, 移徙, 安床, 解除, 剃頭, 整手足甲, 求醫療病, 裁衣, 築隄防, 修造動土, 豎柱上梁, 修倉庫, 鼓鑄, 經絡, 醞釀, 開市, 立券, 交易, 納財, 開倉庫, 出貨財, 修置産室, 開渠穿井, 安碓磴, 補垣塞穴, 修飾垣牆, 破屋壞垣, 栽種, 牧養, 納畜, 破土, 安葬, 啓攢

壬申劍鋒金義成日 임신검봉금의성일

吉神—月德, 母倉, 三合, 天喜, 天醫, 玉宇, 除神, 青龍, 鳴吠
凶神—九坎, 九焦, 土符, 大煞, 五離
宜—祭祀, 祈福, 求嗣, 上冊受封, 上表章, 襲爵受封, 會親

友, 入學, 出行, 上官赴任, 臨政親民, 結婚姻, 納采問名, 嫁娶, 進人口, 移徙, 解除, 沐浴, 剃頭, 整手足甲, 求醫療病, 裁衣, 竪柱上梁, 經絡, 醞釀, 開市, 立券, 交易, 納財, 掃舍宇, 伐木, 牧養, 納畜, 安葬

忌―安床, 築隄防, 修造動土, 修倉庫, 鼓鑄, 修置產室, 開渠穿井, 安確磑, 補垣塞穴, 修飾垣牆, 平治道塗, 破屋壞垣, 畋獵, 取魚, 乘船渡水, 栽種, 破土

癸酉劍鋒金義收日 계유검봉금의수일

吉神―母倉, 金堂, 除神, 明堂, 鳴吠

凶神―河魁, 大時, 大敗, 咸池, 復日, 五離

宜―沐浴, 剃頭, 整手足甲, 掃舍宇, 捕捉, 畋獵

忌―祈福, 求嗣, 上冊受封, 上表章, 襲爵受封, 會親友, 冠帶, 出行, 上官赴任, 臨政親民, 結婚姻, 納采問名, 嫁娶, 進人口, 移徙, 安床, 解除, 求醫療病, 裁衣, 築隄防, 修造動土, 竪柱上梁, 修倉庫, 鼓鑄, 經絡, 醞釀, 開市, 立券, 交易, 納財, 開倉庫, 出貨財, 修置產室, 開渠穿井, 取魚, 乘船渡水, 栽種, 牧養, 納畜, 破土, 安葬, 啓攢

甲戌山頭火制開日 갑술산두화제개일

吉神―月恩, 四相, 時陽, 生氣

凶神―五虛, 八風, 九空, 往亡, 天刑

宜―祭祀, 祈福, 求嗣, 會親友, 入學, 結婚姻, 納采問名, 解除, 裁衣, 修造動土, 竪柱上梁, 修置產室, 開渠穿井,

安確磑, 栽種, 牧養

忌―上册受封, 上表章, 出行, 上官赴任, 臨政親民, 嫁娶, 進人口, 移徙, 求醫療病, 修倉庫, 開市, 立券, 交易, 納財, 開倉庫, 出貨財, 伐木, 捕捉, 畋獵, 取魚, 乘船渡水

乙亥山頭火義閉日 을해산두화의폐일

吉神―四相, 王日

凶神―遊禍, 血支, 重日, 朱雀

宜―祭祀, 沐浴, 裁衣, 築隄防, 納財, 補垣塞穴, 牧養

忌―祈福, 求嗣, 上册受封, 上表章, 襲爵受封, 會親友, 出行, 上官赴任, 臨政親民, 結婚姻, 納采問名, 嫁娶, 進人口, 移徙, 安床, 解除, 求醫療病, 療目, 針刺, 修造動土, 竪柱上梁, 開市, 開倉庫, 出貨財, 修置産室, 開渠穿井, 栽種, 破土, 安葬, 啓攢

丙子澗下水伐建日 병자간하수벌건일

吉神―月空, 官日, 敬安, 金匱, 鳴吠對

凶神―月建, 小時, 土府, 月厭, 地火, 觸水龍

諸事不宜.

丁丑澗下水寶除日 정축간하수보제일

吉神―月德合, 陰德, 守日, 吉期, 六合, 不將, 普護, 寶光

宜―祭祀, 祈福, 求嗣, 上册受封, 上表章, 襲爵受封, 會親友, 出行, 上官赴任, 臨政親民, 結婚姻, 納采問名, 嫁娶, 進人口, 移徙, 解除, 沐浴, 整手足甲, 求醫療病, 裁

衣, 修造動土, 竪柱上梁, 修倉庫, 經絡, 醞釀, 立券, 交
易, 納財, 掃舍宇, 栽種, 牧養, 納畜, 安葬

忌―冠帶, 剃頭, 畋獵, 取魚

戊寅城頭土伐滿日 무인성두토벌만일

吉神―時德, 相日, 驛馬, 天后, 天馬, 天巫, 福德, 福生, 五
合

凶神―五虛, 歸忌, 白虎

宜―上冊受封, 上表章, 會親友, 出行, 進人口, 解除, 裁衣,
修造動土, 竪柱上梁, 經絡, 開市, 立券, 交易, 納財, 補
垣塞穴, 栽種, 牧養

忌―祭祀, 襲爵受封, 上官赴任, 臨政親民, 結婚姻, 納采問
名, 移徙, 遠迴, 求醫療病, 修倉庫, 開倉庫, 出貨財

己卯城頭土伐平日 기묘성두토벌평일

吉神―天恩, 民日, 不將, 五合, 玉堂

凶神―天罡, 死神, 月刑, 天吏, 致死, 天賊

諸事不宜.

庚辰白鑞金義定日 경진백랍금의정일

吉神―天恩, 三合, 臨日, 時陰, 天倉, 不將, 聖心

凶神―死氣, 天牢

宜―祭祀, 祈福, 上冊受封, 上表章, 會親友, 冠帶, 上官赴
任, 臨政親民, 結婚姻, 納采問名, 嫁娶, 進人口, 裁衣,
修造動土, 竪柱上梁, 修倉庫, 醞釀, 立券, 交易, 納財,

　　　　安確磑, 納畜
　　忌―解除, 求醫療病, 經絡, 修置產室, 栽種

辛巳白鑞金伐執日 신사백랍금벌집일
　　吉神―天恩, 五富, 不將, 益後
　　凶神―劫煞, 小耗, 重日, 元武
　　宜―祭祀, 捕捉, 畋獵
　　忌―祈福, 求嗣, 上冊受封, 上表章, 襲爵受封, 會親友, 冠
　　　　帶, 出行, 上官赴任, 臨政親民, 結婚姻, 納采問名, 嫁
　　　　娶, 進人口, 移徙, 安床, 解除, 剃頭, 整手足甲, 求醫療
　　　　病, 裁衣, 築隄防, 修造動土, 豎柱上梁, 修倉庫, 鼓鑄,
　　　　經絡, 醞釀, 開市, 立券, 交易, 納財, 開倉庫, 出貨財,
　　　　修置產室, 開渠穿井, 安確磑, 補垣塞穴, 修飾垣牆, 破
　　　　屋壞垣, 栽種, 牧養, 納畜, 破土, 安葬, 啓攢

壬午楊柳木制破日 임오양류목제파일
　　吉神―月德, 天恩, 陽德, 六儀, 續世, 解神, 司命, 鳴吠
　　凶神―月破, 大耗, 災煞, 天火, 厭對, 招搖, 五虛, 血忌
　　宜―祭祀, 沐浴
　　忌―祈福, 求嗣, 上冊受封, 上表章, 襲爵受封, 會親友, 冠
　　　　帶, 出行, 上官赴任, 臨政親民, 結婚姻, 納采問名, 嫁
　　　　娶, 進人口, 移徙, 安床, 解除, 剃頭, 整手足甲, 求醫療
　　　　病, 針刺, 裁衣, 築隄防, 修造動土, 豎柱上梁, 修倉庫,
　　　　鼓鑄, 苫蓋, 經絡, 醞釀, 開市, 立券, 交易, 納財, 開倉
　　　　庫, 出貨財, 修置產室, 開渠穿井, 安確磑, 補垣塞穴,

修飾垣牆, 破屋壞垣, 伐木, 畋獵, 取魚, 栽種, 牧養, 納畜, 破土, 安葬, 啓攢

癸未楊柳木伐危日 계미양류목벌위일

吉神―天恩, 要安

凶神―月煞, 月虛, 月害, 四擊, 復日, 觸水龍, 勾陳

宜―伐木, 畋獵

忌―祈福, 求嗣, 上冊受封, 上表章, 襲爵受封, 會親友, 冠帶, 出行, 上官赴任, 臨政親民, 結婚姻, 納采問名, 嫁娶, 進人口, 移徙, 安床, 解除, 剃頭, 整手足甲, 求醫療病, 裁衣, 築隄防, 修造動土, 豎柱上梁, 修倉庫, 鼓鑄, 經絡, 醞釀, 開市, 立券, 交易, 納財, 開倉庫, 出貨財, 修置産室, 開渠穿井, 安碓磑, 補垣塞穴, 修飾垣牆, 破屋壞垣, 取魚, 乘船渡水, 栽種, 牧養, 納畜, 破土, 安葬, 啓攢

甲申井泉水伐成日 갑신정천수벌성일

吉神―母倉, 月恩, 四相, 三合, 天喜, 天醫, 玉宇, 除神, 靑龍, 鳴吠

凶神―九坎, 九焦, 土符, 大煞, 五離

宜―祭祀, 祈福, 求嗣, 襲爵受封, 會親友, 入學, 出行, 上官赴任, 臨政親民, 結婚姻, 納采問名, 嫁娶, 進人口, 移徙, 解除, 沐浴, 剃頭, 整手足甲, 求醫療病, 裁衣, 豎柱上梁, 經絡, 醞釀, 開市, 立券, 交易, 納財, 掃舍宇, 伐木, 牧養, 納畜, 安葬

忌―安床, 築隄防, 修造動土, 修倉庫, 鼓鑄, 開倉庫, 出貨財, 修置産室, 開渠穿井, 安碓磑, 補垣塞穴, 修飾垣牆, 平治道塗, 破屋壞垣, 取魚, 乘船渡水, 栽種, 破土

乙酉井泉水伐收日 을유정천수벌수일

吉神―母倉, 四相, 金堂, 除神, 明堂, 鳴吠

凶神―河魁, 大時, 大敗, 咸池, 五離

宜―祭祀, 沐浴, 剃頭, 整手足甲, 掃舍宇, 捕捉, 畋獵

忌―祈福, 求嗣, 上册受封, 上表章, 襲爵受封, 會親友, 冠帶, 出行, 上官赴任, 臨政親民, 結婚姻, 納采問名, 嫁娶, 進人口, 移徙, 安床, 解除, 求醫療病, 裁衣, 築隄防, 修造動土, 豎柱上梁, 修倉庫, 鼓鑄, 經絡, 醞釀, 開市, 立券, 交易, 納財, 開倉庫, 出貨財, 修置産室, 開渠穿井, 取魚, 乘船渡水, 栽種, 牧養, 納畜, 破土, 安葬, 啓攢

丙戌屋上土寶開日 병술옥상토보개일

吉神―月空, 時陽, 生氣

凶神―五虛, 九空, 往亡, 天刑

宜―祭祀, 祈福, 求嗣, 會親友, 入學, 解除, 裁衣, 修造動土, 豎柱上梁, 修置産室, 開渠穿井, 安碓磑, 栽種, 牧養

忌―上册受封, 上表章, 出行, 上官赴任, 臨政親民, 嫁娶, 進人口, 移徙, 求醫療病, 修倉庫, 開市, 立券, 交易, 納財, 開倉庫, 出貨財, 伐木, 捕捉, 畋獵, 取魚

丁亥屋上土伐閉日 정해옥상토벌폐일

吉神―月德合, 王日

凶神―遊禍, 血支, 重日, 朱雀

宜―祭祀, 沐浴, 裁衣 築隄防, 修倉庫, 補垣塞穴, 栽種, 牧養, 納畜

忌―祈福, 求嗣, 嫁娶, 解除, 剃頭, 求醫療病, 療目, 針刺, 畋獵, 取魚

戊子霹靂火制建日 무자벽력화제건일

吉神―官日, 敬安, 金匱

凶神―月建, 小耗, 土府, 月厭, 地火, 小會

諸事不宜.

己丑霹靂火專除日 기축벽력화전제일

吉神―陰德, 守日, 吉期, 六合, 不將, 普護, 寶光

宜―祭祀, 祈福, 襲爵受封, 會親友, 出行, 上官赴任, 臨政親民, 結婚姻, 嫁娶, 進人口, 解除, 沐浴, 剃頭, 整手足甲, 求醫療病, 經絡, 醞釀, 立券, 交易, 納財, 掃舍宇, 納畜, 安葬

忌―冠帶

庚寅松柏木制滿日 경인송백목제만일

吉神―時德, 相日, 驛馬, 天后, 天馬, 天巫, 福德, 不將, 福生, 五合, 鳴吠對

凶神―五虛, 歸忌, 白虎

宜—上册受封, 上表章, 會親友, 出行, 嫁娶, 進人口, 解除, 裁衣, 修造動土, 豎柱上梁, 開市, 立券, 交易, 納財, 補垣塞穴, 栽種, 牧養, 破土, 啓攢

忌—祭祀, 襲爵受封, 上官赴任, 臨政親民, 結婚姻, 納采問名, 移徙, 遠迴, 求醫療病, 修倉庫, 經絡, 開倉庫, 出貨財

辛卯松柏木制平日 신묘송백목제평일

吉神—民日, 不將, 五合, 玉堂, 鳴吠對
凶神—天罡, 死神, 月刑, 天吏, 致死, 天賊, 地囊
諸事不宜.

壬辰長流水伐定日 임진장류수벌정일

吉神—月德, 三合, 臨日, 時陰, 天倉, 不將, 聖心
凶神—死氣, 五墓, 天牢

宜—祭祀, 祈福, 求嗣, 上册受封, 上表章, 襲爵受封, 會親友, 冠帶, 出行, 上官赴任, 臨政親民, 結婚姻, 納采問名, 嫁娶, 進人口, 移徙, 解除, 裁衣, 修造動土, 豎柱上梁, 修倉庫, 經絡, 醞釀, 立券, 交易, 納財, 安確磑, 栽種, 牧養, 納畜, 安葬

忌—求醫療病, 開渠, 畋獵, 取魚

癸巳長流水制執日 계사장류수제집일

吉神—五富, 益後
凶神—劫煞, 小耗, 復日, 重日, 元武

宜―祭祀, 捕捉, 畋獵
忌―祈福, 求嗣, 上册受封, 上表章, 襲爵受封, 會親友, 冠帶, 出行, 上官赴任, 臨政親民, 結婚姻, 納采問名, 嫁娶, 進人口, 移徙, 安床, 解除, 剃頭, 整手足甲, 求醫療病, 裁衣, 築隄防, 修造動土, 竪柱上梁, 修倉庫, 鼓鑄, 經絡, 醞釀, 開市, 立券, 交易, 納財, 開倉庫, 出貨財, 修置産室, 開渠穿井, 安碓磑, 補垣塞穴, 修飾垣牆, 破屋壞垣, 栽種, 牧養, 納畜, 破土, 安葬, 啓攢

甲午砂石金寶破日 갑오사석금보파일

吉神―月恩, 四相, 陽德, 六儀, 續世, 解神, 司命, 鳴吠
凶神―月破, 大耗, 災煞, 天火, 厭對, 招搖, 五虛, 血忌
諸事不宜.

乙未砂石金制危日 을미사석금제위일

吉神―四相, 要安
凶神―月煞, 月虛, 月害, 四擊, 勾陳
宜―祭祀, 伐木, 畋獵
忌―祈福, 求嗣, 上册受封, 上表章, 襲爵受封, 會親友, 冠帶, 出行, 上官赴任, 臨政親民, 結婚姻, 納采問名, 嫁娶, 進人口, 移徙, 安床, 解除, 剃頭, 整手足甲, 求醫療病, 裁衣, 築隄防, 修造動土, 竪柱上梁, 修倉庫, 鼓鑄, 經絡, 醞釀, 開市, 立券, 交易, 納財, 開倉庫, 出貨財, 修置産室, 開渠穿井, 安碓磑, 補垣塞穴, 修飾垣牆, 破屋壞垣, 栽種, 牧養, 納畜, 破土, 安葬, 啓攢

丙申山下火制成日 병신산하화제성일

　　吉神―月空, 母倉, 三合, 天喜, 天醫, 玉宇, 除神, 青龍, 鳴吠

　　凶神―九坎, 九焦, 土符, 大煞, 五離

　　宜―上表章, 襲爵受封, 會親友, 入學, 出行, 上官赴任, 臨政親民, 結婚姻, 納采問名, 嫁娶, 進人口, 移徙, 解除, 沐浴, 剃頭, 整手足甲, 求醫療病, 裁衣, 竪柱上梁, 經絡, 醞釀, 開市, 立券, 交易, 納財, 掃舍宇, 伐木, 牧養, 納畜, 安葬

　　忌―安床, 築隄防, 修造動土, 修倉庫, 鼓鑄, 修置產室, 開渠穿井, 安碓磑, 補垣塞穴, 修飾垣牆, 平治道塗, 破屋壞垣, 取魚, 乘船渡水, 栽種, 破土

丁酉山下火制收日 정유산하화제수일

　　吉神―月德合, 母倉, 金堂, 除神, 明堂, 鳴吠

　　凶神―河魁, 大時, 大敗, 咸池, 五離

　　宜―祭祀, 沐浴, 整手足甲, 掃舍宇, 捕捉

　　忌―會親友, 剃頭, 求醫療病, 畋獵, 取魚

戊戌平地木專開日 무술평지목전개일

　　吉神―時陽, 生氣

　　凶神―五虛, 九空, 往亡, 天刑

　　宜―祭祀, 祈福, 求嗣, 會親友, 入學, 解除, 裁衣, 修造動土, 竪柱上梁, 修置產室, 開渠穿井, 安碓磑, 栽種, 牧養

忌―上册受封, 上表章, 出行, 上官赴任, 臨政親民, 結婚姻, 嫁娶, 進人口, 移徙, 求醫療病, 修倉庫, 開市, 立券, 交易, 納財, 開倉庫, 出貨財, 伐木, 捕捉, 畋獵, 取魚

己亥平地木制閉日 기해평지목제폐일

吉神―王日

凶神―遊禍, 血支, 重日, 朱雀

宜―沐浴, 裁衣, 築隄防, 補垣塞穴

忌―祈福, 求嗣, 上册受封, 上表章, 襲爵受封, 會親友, 出行, 上官赴任, 臨政親民, 結婚姻, 納采問名, 嫁娶, 進人口, 移徙, 安床, 解除, 求醫療病, 療目, 針刺, 修造動土, 竪柱上梁, 開市, 開倉庫, 出貨財, 修置産室, 開渠穿井, 破土, 安葬, 啓攢

庚子壁上土寶建日 경자벽상토보건일

吉神―官日, 敬安, 金匱, 鳴吠對

凶神―月建, 小時, 土符, 月厭, 地火

諸事不宜.

辛丑壁上土義除日 신축벽상토의제일

吉神―陰德, 守日, 吉期, 六合, 不將, 普護, 寶光

宜―祭祀, 祈福, 襲爵受封, 會親友, 出行, 上官赴任, 臨政親民, 結婚姻, 嫁娶, 進人口, 解除, 沐浴, 剃頭, 整手足甲, 求醫療病, 經絡, 立券, 交易, 納財, 掃舍宇, 納畜, 安葬

忌―冠帶, 醞釀

壬寅金箔金寶滿日 임인금박금보만일
吉神―月德, 時德, 相日, 驛馬, 天后, 天馬, 天巫, 福德, 不
　　將, 福生, 五合, 鳴吠對
凶神―五虛, 歸忌, 白虎
宜―上册受封, 上表章, 襲爵受封, 會親友, 出行, 上官赴任,
　　臨政親民, 結婚姻, 納采問名, 嫁娶, 進人口, 解除, 求
　　醫療病, 裁衣, 修造動土, 竪柱上梁, 修倉庫, 經絡, 開
　　市, 立券, 交易, 納財, 開倉庫, 出貨財, 補垣塞穴, 栽
　　種, 牧養, 納畜, 破土, 安葬, 啓攢
忌―祭祀, 移徙, 遠迴, 開渠, 畋獵, 取魚

癸卯金箔金寶平日 계묘금박금보평일
吉神―民日, 五合, 玉堂, 鳴吠對
凶神―天罡, 死神, 月刑, 天吏, 致死, 天賊, 復日
諸事不宜.

甲辰覆燈火制定日 갑진복등화제정일
吉神―月恩, 四相, 三合, 臨日, 時陰, 天倉, 聖心
凶神―死氣, 天牢
宜―祭祀, 祈福, 求嗣, 上册受封, 上表章, 襲爵受封, 會親
　　友, 冠帶, 出行, 上官赴任, 臨政親民, 結婚姻, 納采問
　　名, 嫁娶, 進人口, 移徙, 裁衣, 修造動土, 竪柱上梁, 修
　　倉庫, 經絡, 醞釀, 立券, 交易, 納財, 安碓磑, 牧養, 納

畜

忌―解除, 求醫療病, 開倉庫, 出貨財, 修置產室, 栽種

乙巳覆燈火寶執日 을사복등화보집일

吉神―四相, 五富, 益後

凶神―劫煞, 小耗, 重日, 元武

宜―祭祀, 捕捉, 畋獵

忌―祈福, 求嗣, 上冊受封, 上表章, 襲爵受封, 會親友, 冠帶, 出行, 上官赴任, 臨政親民, 結婚姻, 納采問名, 嫁娶, 進人口, 移徙, 安床, 解除, 剃頭, 整手足甲, 求醫療病, 裁衣, 築隄防, 修造動土, 豎柱上梁, 修倉庫, 鼓鑄, 經絡, 醞釀, 開市, 立券, 交易, 納財, 開倉庫, 出貨財, 修置產室, 開渠穿井, 安碓磑, 補垣塞穴, 修飾垣牆, 破屋壞垣, 栽種, 牧養, 納畜, 破土, 安葬, 啓攢

丙午天河水專破日 병오천하수전파일

吉神―月空, 陽德, 六儀, 續世, 解神, 司命, 鳴吠

凶神―月破, 大耗, 災煞, 天火, 厭對, 招搖, 四廢, 五虛, 血忌, 陰陽擊衝 음양격충

諸事不宜.

丁未天河水寶危日 정미천하수보위일

吉神―月德合, 要安

凶神―月煞, 月虛, 月害, 四擊, 八專, 勾陳

宜―祭祀, 伐木

忌―結婚姻, 納采問名, 嫁娶, 剃頭, 求醫療病, 畋獵, 取魚

戊申大驛土寶成日 무신대역토보성일

吉神―母倉, 三合, 天喜, 天醫, 玉宇, 除神, 青龍

凶神―九坎, 九焦, 土符, 大煞, 五離

宜―襲爵受封, 會親友, 入學, 出行, 上官赴任, 臨政親民, 結婚姻, 納采問名, 嫁娶, 進人口, 移徙, 解除, 沐浴, 剃頭, 整手足甲, 求醫療病, 裁衣, 竪柱上梁, 經絡, 醞釀, 開市, 立券, 交易, 納財, 掃舍宇, 伐木, 牧養, 納畜

忌―安床, 築隄防, 修造動土, 修倉庫, 鼓鑄, 修置產室, 開渠穿井, 安碓磑, 補垣塞穴, 修飾垣牆, 平治道塗, 破屋壞垣, 取魚, 乘船渡水, 栽種, 破土

己酉大驛土寶收日 기유대역토보수일

吉神―天恩, 母倉, 金堂, 除神, 明堂, 鳴吠

凶神―河魁, 大時, 大敗, 咸池, 五離

宜―沐浴, 剃頭, 整手足甲, 掃舍宇, 捕捉, 畋獵

忌―祈福, 求嗣, 上册受封, 上表章, 襲爵受封, 會親友, 冠帶, 出行, 上官赴任, 臨政親民, 結婚姻, 納采問名, 嫁娶, 進人口, 移徙, 安床, 解除, 求醫療病, 裁衣, 築隄防, 修造動土, 竪柱上梁, 修倉庫, 鼓鑄, 經絡, 醞釀, 開市, 立券, 交易, 納財, 開倉庫, 出貨財, 修置產室, 開渠穿井, 取魚, 乘船渡水, 栽種, 牧養, 納畜, 破土, 安葬, 啓攢

庚戌釵釧金義開日 경술차천금의개일

　　吉神—天恩, 時陽, 生氣

　　凶神—五虛, 九空, 往亡, 天刑

　　宜—祭祀, 祈福, 求嗣, 會親友, 入學, 解除, 裁衣, 修造動土, 豎柱上梁, 修置産室, 開渠穿井, 安碓磑, 栽種, 牧養

　　忌—上冊受封, 上表章, 出行, 上官赴任, 臨政親民, 嫁娶, 進人口, 移徙, 求醫療病, 修倉庫, 經絡, 開市, 立券, 交易, 納財, 開倉庫, 出貨財, 伐木, 捕捉, 畋獵, 取魚

辛亥釵釧金寶閉日 신해차천금보폐일

　　吉神—天恩, 王日

　　凶神—遊禍, 血支, 重日, 朱雀

　　宜—沐浴, 裁衣, 築隄防, 補垣塞穴

　　忌—祈福, 求嗣, 上冊受封, 上表章, 襲爵受封, 會親友, 出行, 上官赴任, 臨政親民, 結婚姻, 納采問名, 嫁娶, 進人口, 移徙, 安床, 解除, 求醫療病, 療目, 針刺, 修造動土, 豎柱上梁, 醞釀, 開市, 開倉庫, 出貨財, 修置産室, 開渠穿井, 破土, 安葬, 啓攢

壬子桑柘木專建日 임자상자목전건일

　　吉神—月德, 天恩, 官日, 敬安, 金匱, 鳴吠對

　　凶神—月建, 小時, 土府, 月厭, 地火, 四忌, 六蛇, 大會, 陰陽俱錯

　　諸事不宜.

癸丑桑柘木伐除日 계축상자목벌제일

　　吉神―天恩, 天願, 陰德, 守日, 吉期, 六合, 普護, 寶光
　　凶神―復日, 八專, 觸水龍
　　宜―祭祀, 祈福, 求嗣, 上冊受封, 上表章, 襲爵受封, 會親友, 出行, 上官赴任, 臨政親民, 結婚姻, 納采問名, 嫁娶, 進人口, 移徙, 解除, 沐浴, 剃頭, 整手足甲, 求醫療病, 裁衣, 修造動土, 竪柱上梁, 修倉庫, 經絡, 醞釀, 開市, 立券, 交易, 納財, 掃舍宇, 栽種, 牧養, 納畜
　　忌―冠帶, 取魚, 乘船渡水

甲寅大溪水專滿日 갑인대계수전만일

　　吉神―月恩, 四相, 時德, 相日, 驛馬, 天后, 天馬, 天巫, 福德, 福生, 五合, 鳴吠對
　　凶神―五虛, 八風, 歸忌, 八專, 白虎
　　宜―上冊受封, 上表章, 襲爵受封, 會親友, 出行, 上官赴任, 臨政親民, 進人口, 解除, 求醫療病, 裁衣, 修造動土, 竪柱上梁, 經絡, 開市, 立券, 交易, 納財, 補垣塞穴, 栽種, 牧養, 破土, 啓攢
　　忌―祭祀, 結婚姻, 納采問名, 嫁娶, 移徙, 遠迴, 修倉庫, 開倉庫, 出貨財, 取魚, 乘船渡水

乙酉大溪水專平日 을유대계수전평일

　　吉神―四相, 民日, 五合, 玉堂, 鳴吠對
　　凶神―天罡, 死神, 月刑, 天吏, 致死, 天賊
　　諸事不宜.

丙辰沙中土寶定日 병진사중토보정일

吉神—月空, 三合, 臨日, 時陰, 天倉, 聖心

凶神—死氣, 天牢

宜—祭祀, 祈福, 上冊受封, 上表章, 會親友, 冠帶, 上官赴任, 臨政親民, 結婚姻, 納采問名, 嫁娶, 進人口, 裁衣, 修造動土, 豎柱上梁, 修倉庫, 經絡, 醞釀, 立券, 交易, 納財, 安碓磑, 納畜

忌—解除, 求醫療病, 修置産室, 栽種

丁巳沙中土專執日 정사사중토전집일

吉神—月德合, 五富, 不將, 益後

凶神—劫煞, 小耗, 四廢, 重日, 元武

宜—祭祀, 捕捉

忌—祈福, 求嗣, 上冊受封, 上表章, 襲爵受封, 會親友, 冠帶, 出行, 上官赴任, 臨政親民, 結婚姻, 納采問名, 嫁娶, 進人口, 移徙, 安床, 解除, 剃頭, 求醫療病, 裁衣, 築隄防, 修造動土, 豎柱上梁, 修倉庫, 鼓鑄, 經絡, 醞釀, 開市, 立券, 交易, 納財, 開倉庫, 出貨財, 修置産室, 開渠穿井, 安碓磑, 補垣塞穴, 修飾垣牆, 破屋壞垣, 畋獵, 取魚, 栽種, 牧養, 納畜, 破土, 安葬, 啓攢

戊午天上火義破日 무오천상화의파일

吉神—陽德, 六儀, 續世, 解神, 司命

凶神—月破, 大耗, 災煞, 天火, 厭對, 招搖, 五虛, 血忌

諸事不宜.

己未天上火專危日 기미천상화전위일

吉神—要安

凶神—月煞, 月虛, 月害, 四擊, 八專, 勾陳

宜—伐木, 畋獵

忌—祈福, 求嗣, 上册受封, 上表章, 襲爵受封, 會親友, 冠帶, 出行, 上官赴任, 臨政親民, 結婚姻, 納采問名, 嫁娶, 進人口, 移徙, 安床, 解除, 剃頭, 整手足甲, 求醫療病, 裁衣, 築隄防, 修造動土, 竪柱上梁, 修倉庫, 鼓鑄, 經絡, 醞釀, 開市, 立券, 交易, 納財, 開倉庫, 出貨財, 修置產室, 開渠穿井, 安碓磑, 補垣塞穴, 修飾垣牆, 破屋壞垣, 栽種, 牧養, 納畜, 破土, 安葬, 啓攢

庚申石榴木專成日 경신석류목전성일

吉神—母倉, 三合, 天喜, 天醫, 玉宇, 除神, 青龍, 鳴吠

凶神—九坎, 九焦, 土符, 大煞, 五離, 八專

宜—襲爵受封, 會親友, 入學, 出行, 上官赴任, 臨政親民, 進人口, 移徙, 解除, 沐浴, 剃頭, 整手足甲, 求醫療病, 裁衣, 竪柱上梁, 醞釀, 開市, 立券, 交易, 納財, 掃舍宇, 伐木, 牧養, 納畜, 安葬

忌—結婚姻, 納采問名, 嫁娶, 安床, 築隄防, 修造動土, 修倉庫, 鼓鑄, 經絡, 修置產室, 開渠穿井, 安碓磑, 補垣塞穴, 修飾垣牆, 平治道塗, 破屋壞垣, 取魚, 乘船渡水, 栽種, 破土

辛酉石榴木專收日 신유석류목전수일

吉神—母倉, 金堂, 除神, 明堂, 鳴吠

凶神―河魁, 大時, 大敗, 咸池, 四耗, 地囊, 五離
宜―沐浴, 剃頭, 整手足甲, 掃舍宇, 捕捉, 畋獵
忌―祈福, 求嗣, 上册受封, 上表章, 襲爵受封, 會親友, 冠帶, 出行, 上官赴任, 臨政親民, 結婚姻, 納采問名, 嫁娶, 進人口, 移徙, 安床, 解除, 求醫療病, 裁衣, 築隄防, 修造動土, 竪柱上梁, 修倉庫, 鼓鑄, 經絡, 醞釀, 開市, 立券, 交易, 納財, 開倉庫, 出貨財, 修置產室, 開渠穿井, 安碓磑, 補垣, 修飾垣牆, 平治道塗, 破屋壞垣, 取魚, 乘船渡水, 栽種, 牧養, 納畜, 破土, 安葬, 啓攢

壬戌大海水伐開日 임술대해수벌개일

吉神―月德, 時陽, 生氣

凶神―五虛, 九空, 往亡, 天刑

宜―祭祀, 祈福, 求嗣, 會親友, 入學, 結婚姻, 納采問名, 解除, 裁衣, 修造動土, 竪柱上梁, 修倉庫, 開市, 修置產室, 安碓磑, 栽種, 牧養, 納畜

忌―上册受封, 上表章, 出行, 上官赴任, 臨政親民, 嫁娶, 進人口, 移徙, 求醫療病, 開渠, 伐木, 捕捉, 畋獵, 取魚

癸亥大海水專閉日 계해대해수전폐일

吉神―王日

凶神―遊禍, 血支, 四窮, 六蛇육사, 復日, 重日, 朱雀

宜―沐浴

忌―祈福, 求嗣, 上册受封, 上表章, 襲爵受封, 會親友, 出行, 上官赴任, 臨政親民, 結婚姻, 納采問名, 嫁娶, 進

入口, 移徙, 安床, 解除, 求醫療病, 療目, 針刺, 修造動土, 竪柱上梁, 修倉庫, 開市, 立券, 交易, 納財, 開倉庫, 出貨財, 修置産室, 開渠穿井, 破土, 安葬, 啓攢

이상의 60간지는 월건이 자(子)일 때의 것이니, 대설(大雪)에서 동지(冬至) 말까지이다. 그 신살의 길흉을 용사(用事)에 따라 마땅함(宜)과 꺼림(忌)을 표로 만들어 놓았으니 활용할 것이다.

<월표 12>

十二月	소한절 小寒節 천도서행 天道西行	맹년孟年 (寅申巳亥)			중년仲年 (子午卯酉)			계년季年 (辰戌丑未)		
		白 赤 碧	綠 紫 黃	白 黑 白	黃 綠 紫	白 白 黑	碧 白 赤	黑 白 白	赤 碧 白	紫 黃 綠

천덕(天德) 庚 월덕(月德) 庚. 월공(月空) 甲 천덕합(天德合) 乙 월덕합(月德合) 乙	=의(宜) 수조취토

대한 12월中 태양到 子宮 위(爲) 12월 장(將) 의용(宜用) 癸乙丁辛時

월건(月建) 丑. 월파(月破) 未. 월염(月厭) 亥. 월형(月刑) 戌. 월해(月害) 午. 겁살(劫煞) 寅. 재살(災煞) 卯. 월살(月煞) 辰 = 기(忌) 수조취토

소한 후 30일 왕망(往亡), 토왕용사 후 기(忌) 수조동토
巳午日 첨(添) 모창(母倉), 초 9일 장성(長星). 25일 단성(短星)

甲子海中金義閉日 갑자해중금의폐일

吉神—月空, 天恩, 天赦, 天順, 四相, 官日, 六合, 續世

凶神—天吏, 致死, 血支, 土符, 歸忌, 血忌, 天刑

宜—祭祀, 沐浴, 裁衣, 經絡, 醞釀, 安葬

乙丑海中金制建日 을축해중금제건일

吉神—天德合, 月德合, 天恩, 四相, 守日, 要安

凶神—月建, 小時, 土府, 往亡, 朱雀

宜—祭祀, 祈福, 求嗣, 會親友, 結婚姻, 納采問名, 解除, 裁衣, 竪柱上梁, 納財, 開倉庫, 出貨財, 牧養, 納畜, 安葬

忌—上冊受封, 上表章, 冠帶, 出行, 上官赴任, 臨政親民, 嫁娶, 進人口, 移徙, 求醫療病, 築隄防, 修造動土, 修

倉庫, 修置産室, 開渠穿井, 安碓磑, 補垣, 修飾垣牆, 平治道塗, 破屋壞垣, 伐木, 捕捉, 畋獵, 取魚, 栽種, 破土

丙寅鑪中火義除日 병인노중화의제일

吉神―天恩, 月德, 相日, 吉期, 不將, 玉宇, 五合, 金匱, 鳴吠對

凶神―劫煞, 天賊, 五虛

宜―沐浴, 掃舍宇

忌―祭祀, 上册受封, 上表章, 出行, 求醫療病, 修倉庫, 開倉庫, 出貨財

丁卯鑪中火義滿日 정묘노중화의만일

吉神―天恩, 民日, 天巫, 福德, 天倉, 不將, 金匱, 五合, 寶光, 鳴吠對

凶神―災煞, 天火

宜―祭祀

忌―祈福, 求嗣, 上册受封, 上表章, 襲爵受封, 會親友, 冠帶, 出行, 上官赴任, 臨政親民, 結婚姻, 納采問名, 嫁娶, 進人口, 移徙, 安床, 解除, 剃頭, 整手足甲, 求醫療病, 裁衣, 築隄防, 修造動土, 竪柱上梁, 修倉庫, 鼓鑄, 苫蓋, 經絡, 醞釀, 開市, 立券, 交易, 納財, 開倉庫, 出貨財, 修置產室, 開渠穿井, 安碓磑, 補垣塞穴, 修飾垣牆, 破屋壞垣, 栽種, 牧養, 納畜, 破土, 安葬, 啓攢

戊辰大林木專平日 무진대림목전평일
　　吉神―天恩, 天馬
　　凶神―河魁, 死神, 月煞, 月虛, 五墓, 白虎
　　諸事不宜.

己巳大林木義定日 기사대림목의정일
　　吉神―三合, 時陰, 六儀, 玉堂
　　凶神―厭對, 招搖, 死氣, 九坎, 九焦, 復日, 重日
　　宜―會親友, 冠帶, 臨政親民, 結婚姻, 納采問名, 進人口,
　　　　裁衣, 修造動土, 竪柱上梁, 修倉庫, 經絡, 醞釀, 立券,
　　　　交易, 納財, 安確磑, 牧養, 納畜
　　忌―出行, 嫁娶, 解除, 求醫療病, 鼓鑄, 修置產室, 補垣塞
　　　　穴, 取魚, 乘船渡水, 栽種, 破土, 安葬, 啓攢

庚午路傍土伐執日 경오노방토벌집일
　　吉神―天德, 月德, 敬安, 解神, 鳴吠
　　凶神―月害, 大時, 大敗, 咸池, 小耗, 五虛, 天牢
　　宜―祭祀, 祈福, 求嗣, 上冊受封, 上表章, 襲爵受封, 會親
　　　　友, 出行, 上官赴任, 臨政親民, 結婚姻, 納采問名, 嫁
　　　　娶, 移徙, 解除, 沐浴, 剃頭, 整手足甲, 裁衣, 修造動
　　　　土, 竪柱上梁, 修倉庫, 伐木, 捕捉, 栽種, 牧養, 納畜,
　　　　破土, 安葬
　　忌―求醫療病, 苫蓋, 經絡, 畋獵, 取魚

辛未路傍土義破日 신미노방토의파일
　　吉神―月恩, 普護

凶神―月破, 大耗, 四擊, 九空, 元武
宜―祭祀, 解除, 破屋壞垣
忌―祈福, 求嗣, 上冊受封, 上表章, 襲爵受封, 會親友, 冠帶, 出行, 上官赴任, 臨政親民, 結婚姻, 納采問名, 嫁娶, 進人口, 移徙, 安床, 剃頭, 整手足甲, 求醫療病, 裁衣, 築隄防, 修造動土, 豎柱上梁, 修倉庫, 鼓鑄, 經絡, 醞釀, 開市, 立券, 交易, 納財, 開倉庫, 出貨財, 修置產室, 開渠穿井, 安碓磑, 補垣塞穴, 修飾垣牆, 伐木, 栽種, 牧養, 納畜, 破土, 安葬, 啓攢

壬申劍鋒金義危日 임신검봉금의위일

吉神―母倉, 陽德, 五富, 福生, 除神, 司命, 鳴吠
凶神―遊禍, 五離
宜―祭祀, 沐浴, 剃頭, 整手足甲, 經絡, 醞釀, 開市, 納財, 開倉庫, 出貨財, 掃舍宇, 伐木, 畋獵, 栽種, 牧養, 納畜, 破土, 安葬
忌―祈福, 求嗣, 會親友, 結婚姻, 納采問名, 安床, 解除, 求醫療病, 立券, 交易, 開渠

癸酉劍鋒金義成日 계유검봉금의성일

吉神―母倉, 三合, 臨日, 天喜, 天醫, 除神, 鳴吠
凶神―地囊, 大煞, 五離, 勾陳
宜―上冊受封, 上表章, 襲爵受封, 入學, 出行, 上官赴任, 臨政親民, 結婚姻, 納采問名, 嫁娶, 進人口, 移徙, 解除, 沐浴, 剃頭, 整手足甲, 求醫療病, 裁衣, 豎柱上梁,

經絡, 醞釀, 開市, 立券, 交易, 納財, 掃舍宇, 牧養, 納畜, 安葬

忌―會親友, 築隄防, 修造動土, 修倉庫, 修置產室, 開渠穿井, 安碓磑, 補垣, 修飾垣牆, 平治道塗, 破屋壞垣, 栽種, 破土

甲戌山頭火制收日 갑술산두화제수일

吉神―月空, 四相, 聖心, 靑龍

凶神―天罡, 月刑, 五虛, 八風

宜―祭祀, 捕捉, 畋獵

忌―祈福, 求嗣, 上册受封, 上表章, 襲爵受封, 會親友, 冠帶, 出行, 上官赴任, 臨政親民, 結婚姻, 納采問名, 嫁娶, 進人口, 移徙, 安床, 解除, 剃頭, 整手足甲, 求醫療病, 裁衣, 築隄防, 修造動土, 竪柱上梁, 修倉庫, 鼓鑄, 經絡, 醞釀, 開市, 立券, 交易, 納財, 開倉庫, 出貨財, 修置產室, 開渠穿井, 安碓磑, 補垣塞穴, 修飾垣牆, 破屋壞垣, 取魚, 乘船渡水, 栽種, 牧養, 納畜, 破土, 安葬, 啓攢

乙亥山頭火義開日 을해산두화의개일

吉神―天德合, 月德合, 四相, 陰德, 王日, 驛馬, 天后, 時陽, 生氣, 益後, 明堂

凶神―月厭, 地火, 重日

宜―祭祀, 祈福, 求嗣, 上册受封, 上表章, 會親友, 入學, 解除, 沐浴, 裁衣, 修造動土, 竪柱上梁, 修倉庫, 開市, 納財, 開倉庫, 出貨財, 修置產室, 開渠穿井, 安碓磑, 牧

養, 納畜

忌―出行, 上官赴任, 臨政親民, 結婚姻, 納采問名, 嫁娶,
移徙, 遠迴, 求醫療病, 伐木, 畋獵, 取魚, 栽種

丙子澗下水伐閉日 병자간하수벌폐일

吉神―官日, 六合, 不將, 續世, 鳴吠對

凶神―天吏, 致死, 血支, 土符, 歸忌, 血忌, 觸水龍, 天刑

宜―祭祀, 沐浴, 經絡, 醞釀, 安葬, 啓攢

忌―祈福, 求嗣, 上册受封, 上表章, 襲爵受封, 會親友, 冠
帶, 出行, 上官赴任, 臨政親民, 結婚姻, 納采問名, 嫁
娶, 進人口, 移徙, 遠迴, 安床, 解除, 求醫療病, 療目,
針刺, 築隄防, 修造動土, 竪柱上梁, 修倉庫, 開市, 立
券, 交易, 納財, 開倉庫, 出貨財, 修置產室, 開渠穿井,
安碓磑, 補垣, 修飾垣牆, 平治道塗, 破屋壞垣, 取魚,
乘船渡水, 栽種, 牧養, 納畜, 破土

丁丑澗下水寶建日 정축간하수보건일

吉神―守日, 不將, 要安

凶神―月建, 小時, 土府, 往亡, 朱雀

忌―祈福, 求嗣, 上册受封, 上表章, 冠帶, 出行, 上官赴任,
臨政親民, 結婚姻, 納采問名, 嫁娶, 進人口, 移徙, 解
除, 剃頭, 整手足甲, 求醫療病, 築隄防, 修造動土, 竪
柱上梁, 修倉庫, 開倉庫, 出貨財, 修置產室, 開渠穿井,
安碓磑, 補垣, 修飾垣牆, 平治道塗, 破屋壞垣, 伐木,
捕捉, 畋獵, 取魚, 栽種, 破土, 安葬, 啓攢

戊寅城頭土伐除日 무인성두토벌제일

　　吉神―時德, 相日, 吉期, 玉堂, 五合, 金匱
　　凶神―劫煞, 天賊, 五虛
　　宜―沐浴, 掃舍宇
　　忌―祭祀, 上册受封, 上表章, 出行, 求醫療病, 修倉庫, 開
　　　　倉庫, 出貨財, 破土, 安葬, 啓攢

己卯城頭土伐滿日 기묘성두토벌만일

　　吉神―天恩, 民日, 天巫, 福德, 天倉, 不將, 金堂, 五合, 寶光
　　凶神―災煞, 天火, 復日
　　宜―祭祀
　　忌―祈福, 求嗣, 上册受封, 上表章, 襲爵受封, 會親友, 冠
　　　　帶, 出行, 上官赴任, 臨政親民, 結婚姻, 納采問名, 嫁
　　　　娶, 進人口, 移徙, 安床, 解除, 剃頭, 整手足甲, 求醫療
　　　　病, 裁衣, 築隄防, 修造動土, 豎柱上梁, 修倉庫, 鼓鑄,
　　　　苫蓋, 經絡, 醞釀, 開市, 立券, 交易, 納財, 開倉庫, 出
　　　　貨財, 修置產室, 開渠穿井, 安碓磑, 補垣塞穴, 修飾垣
　　　　牆, 破屋壞垣, 栽種, 牧養, 納畜, 破土, 安葬, 啓攢

庚辰白鑞金義平日 경진백랍금의평일

　　吉神―天德, 月德, 天恩, 天馬, 不將
　　凶神―河魁, 死神, 月煞, 月虛, 白虎
　　宜―祭祀, 平治道塗
　　忌―祈福, 求嗣, 上册受封, 上表章, 襲爵受封, 會親友, 冠帶,
　　　　出行, 上官赴任, 臨政親民, 結婚姻, 納采問名, 嫁娶, 進
　　　　人口, 移徙, 安床, 解除, 剃頭, 整手足甲, 求醫療病, 裁

衣, 築隄防, 修造動土, 竪柱上梁, 修倉庫, 鼓鑄, 經絡, 醞釀, 開市, 立券, 交易, 納財, 開倉庫, 出貨財, 修置產室, 開渠穿井, 安確磑, 補垣塞穴, 修飾垣牆, 破屋壞垣, 畋獵, 取魚, 栽種, 牧養, 納畜, 破土, 安葬, 啓攢

辛巳白鑞金伐定日 신사백랍금벌정일

吉神―天恩, 月恩, 三合, 時陰, 六儀, 玉堂

凶神―厭對, 招搖, 死氣, 九坎, 九焦, 重日

宜―祭祀, 祈福, 求嗣, 襲爵受封, 會親友, 冠帶, 上官赴任, 臨政親民, 結婚姻, 納采問名, 進人口, 移徙, 裁衣, 修造動土, 竪柱上梁, 修倉庫, 經絡, 立券, 交易, 納財, 開倉庫, 出貨財, 安確磑, 牧養, 納畜

忌―出行, 嫁娶, 解除, 求醫療病, 鼓鑄, 醞釀, 修置產室, 補垣塞穴, 取魚, 乘船渡水, 栽種, 破土, 安葬, 啓攢

壬午楊柳木制執日 임오양류목제집일

吉神―天恩, 敬安, 解神, 鳴吠

凶神―月害, 大時, 大敗, 咸池, 小耗, 五虛, 天牢

宜―沐浴, 剃頭, 整手足甲, 伐木, 捕捉, 畋獵

忌―祈福, 求嗣, 上册受封, 上表章, 襲爵受封, 會親友, 冠帶, 出行, 上官赴任, 臨政親民, 結婚姻, 納采問名, 嫁娶, 進人口, 移徙, 安床, 解除, 求醫療病, 築隄防, 修造動土, 竪柱上梁, 修倉庫, 苫蓋, 經絡, 醞釀, 開市, 立券, 交易, 納財, 開倉庫, 出貨財, 修置產室, 開渠, 取魚, 乘船渡水, 栽種, 牧養, 納畜, 破土, 安葬, 啓攢

癸未楊柳木伐破日 계미양류목벌파일

吉神—天恩, 普護

凶神—月破, 大耗, 四擊, 九空, 觸水龍, 元武

宜—祭祀, 破屋壞垣

忌—祈福, 求嗣, 上册受封, 上表章, 襲爵受封, 會親友, 冠帶, 出行, 上官赴任, 臨政親民, 結婚姻, 納采問名, 嫁娶, 進人口, 移徙, 安床, 剃頭, 整手足甲, 求醫療病, 裁衣, 築隄防, 修造動土, 竪柱上梁, 修倉庫, 鼓鑄, 經絡, 醞釀, 開市, 立券, 交易, 納財, 開倉庫, 出貨財, 修置産室, 開渠穿井, 安碓磑, 補垣塞穴, 修飾垣牆, 伐木, 取魚, 乘船渡水, 栽種, 牧養, 納畜, 破土, 安葬, 啓攢

甲申井泉水伐危日 갑신정천수벌위일

吉神—月空, 母倉, 四相, 陽德, 五富, 福生, 除神, 司命, 鳴吠

凶神—遊禍, 五離

宜—祭祀, 上表章, 襲爵受封, 出行, 上官赴任, 臨政親民, 移徙, 沐浴, 剃頭, 整手足甲, 裁衣. 修造動土, 竪柱上梁, 修倉庫, 經絡, 醞釀, 開市, 納財, 掃舍宇, 伐木, 畋獵,, 栽種, 牧養, 納畜, 破土, 安葬

忌—祈福, 求嗣, 會親友, 結婚姻, 納采問名, 安床, 解除, 求醫療病, 立券, 交易, 開倉庫, 出貨財

乙酉井泉水伐成日 을유정천수벌성일

吉神—天德合, 月德合, 母倉, 四相, 三合, 臨日, 天喜, 天醫, 除神, 鳴吠

凶神—大煞, 五離, 勾陳

宜—祭祀, 祈福, 求嗣, 上冊受封, 上表章, 襲爵受封, 入學, 出行, 上官赴任, 臨政親民, 結婚姻, 納采問名, 嫁娶, 進人口, 移徙, 解除, 沐浴, 剃頭, 整手足甲, 求醫療病, 裁衣, 築隄防, 修造動土, 豎柱上梁, 修倉庫, 經絡, 醞釀, 開市, 立券, 交易, 納財, 開倉庫, 出貨財, 安碓磑, 掃舍宇, 牧養, 納畜, 破土, 安葬

忌—會親友, 畋獵, 取魚, 栽種

丙戌屋上土伐收日 병술옥상토벌수일

吉神—聖心, 靑龍

凶神—天罡, 月刑, 五虛

宜—祭祀, 捕捉, 畋獵

忌—祈福, 求嗣, 上冊受封, 上表章, 襲爵受封, 會親友, 冠帶, 出行, 上官赴任, 臨政親民, 結婚姻, 納采問名, 嫁娶, 進人口, 移徙, 安床, 解除, 剃頭, 整手足甲, 求醫療病, 裁衣, 築隄防, 修造動土, 豎柱上梁, 修倉庫, 鼓鑄, 經絡, 醞釀, 開市, 立券, 交易, 納財, 開倉庫, 出貨財, 修置產室, 開渠穿井, 安碓磑, 補垣塞穴, 修飾垣牆, 破屋壞垣, 栽種, 牧養, 納畜, 破土, 安葬, 啓攢

丁亥屋上土伐開日 정해옥상토벌개일

吉神—陰德, 王日, 驛馬, 天后, 時陽, 生氣, 益後, 明堂

凶神—月厭, 地火, 重日

宜—祭祀, 入學, 沐浴

忌—祈福, 求嗣, 上冊受封, 上表章, 襲爵受封, 會親友, 冠帶, 出行, 上官赴任, 臨政親民, 結婚姻, 納采問名, 嫁

娶, 進人口, 移徙, 遠迴, 安床, 解除, 剃頭, 整手足甲, 求醫療病, 裁衣, 築隄防, 修造動土, 竪柱上梁, 修倉庫, 鼓鑄, 經絡, 醞醸, 開市, 立券, 交易, 納財, 開倉庫, 出貨財, 修置産室, 開渠穿井, 安碓磑, 補垣塞穴, 修飾垣牆, 平治道塗, 破屋壞垣, 伐木, 畋獵, 取魚, 栽種, 牧養, 納畜, 破土, 安葬, 啓攢

戊子霹靂火制閉日 무자벽력화제폐일

吉神―官日, 六合, 續世
凶神―天吏, 致死, 血支, 土符, 歸忌, 血忌, 天刑, 逐陣
宜―祭祀, 沐浴
忌―祈福, 求嗣, 上册受封, 上表章, 襲爵受封, 會親友, 冠帶, 出行, 上官赴任, 臨政親民, 結婚姻, 納釆問名, 嫁娶, 進人口, 移徙, 遠迴, 解除, 安床, 求醫療病, 療目, 針刺, 築隄防, 修造動土, 竪柱上梁, 修倉庫, 開市, 立券, 交易, 納財, 開倉庫, 出貨財, 修置産室, 開渠穿井, 安碓磑, 補垣, 修飾垣牆, 平治道塗, 破屋壞垣, 栽種, 牧養, 納畜, 破土

己丑霹靂火專健日 기축벽력화전건일

吉神―守日, 不將, 要安
凶神―月建, 小時, 土府, 往亡, 復日, 朱雀
宜―裁衣
忌―祈福, 求嗣, 上册受封, 上表章, 襲爵受封, 會親友, 冠帶, 出行, 上官赴任, 臨政親民, 結婚姻, 納釆問名, 嫁娶, 進人口, 移徙, 解除, 剃頭, 整手足甲, 求醫療病, 築

隄防, 修造動土, 竪柱上梁, 修倉庫, 開倉庫, 出貨財, 修置產室, 開渠穿井, 安碓磑, 補垣, 修飾垣牆, 平治道塗, 破屋壞垣, 伐木, 捕捉, 畋獵, 取魚, 栽種, 破土, 安葬, 啓攢

庚寅松柏木制除日 경인송백목제제일

吉神—天德, 月德, 時德, 相日, 吉期, 不將, 玉宇, 五合, 金匱, 鳴吠對

凶神—劫煞, 天賊, 五虛

宜—上册受封, 上表章, 襲爵受封, 會親友, 上官赴任, 臨政親民, 結婚姻, 納采問名, 嫁娶, 移徙, 解除, 沐浴, 剃頭, 整手足甲, 裁衣, 修造動土, 竪柱上梁, 立券, 交易, 納財, 掃舍宇, 栽種, 牧養, 納畜, 破土, 安葬, 啓攢

忌—祭祀, 出行, 求醫療病, 修倉庫, 經絡, 開倉庫, 出貨財, 畋獵, 取魚

辛卯松柏木制滿日 신묘송백목제만일

吉神—月恩, 民日, 天巫, 福德, 天倉, 不將, 金堂, 五合, 寶光, 鳴吠對

凶神—災煞, 天火

宜—祭祀

忌—祈福, 求嗣, 上册受封, 上表章, 襲爵受封, 會親友, 冠帶, 出行, 上官赴任, 臨政親民, 結婚姻, 納采問名, 嫁娶, 進人口, 移徙, 安床, 解除, 剃頭, 整手足甲, 求醫療病, 裁衣, 築隄防, 修造動土, 竪柱上梁, 修倉庫, 鼓鑄, 苫蓋, 經絡, 醞釀, 開市, 立券, 交易, 納財, 開倉庫, 出

貨財, 修置産室, 開渠穿井, 安碓磑, 補垣塞穴, 修飾垣
　　　牆, 破屋壞垣, 栽種, 牧養, 納畜, 破土, 安葬, 啓攢

壬辰長流水伐平日 임진장류수벌평일

　　吉神―天馬
　　凶神―河魁, 死神, 月煞, 月虛, 白虎
　　諸事不宜.

癸巳長流水制定日 계사장류수제정일

　　吉神―三合, 陰德, 六儀, 玉堂
　　凶神―厭對, 招搖, 死氣, 九坎, 九焦, 重日
　　宜―會親友, 冠帶, 臨政親民, 結婚姻, 納采問名, 進人口,
　　　　裁衣, 修造動土, 竪柱上梁, 修倉庫, 經絡, 醞釀, 立券,
　　　　交易, 納財, 安碓磑, 牧養, 納畜
　　忌―出行, 嫁娶, 解除, 求醫療病, 鼓鑄, 修置産室, 補垣塞
　　　　穴, 取魚, 乘船渡水, 栽種, 破土, 安葬, 啓攢

甲午砂石金寶執日 갑오사석금보집일

　　吉神―月空, 四相, 敬安, 解神, 鳴吠
　　凶神―月害, 大時, 大敗, 咸池, 小耗, 五虛, 天牢
　　宜―祭祀, 沐浴, 剃頭, 整手足甲, 裁衣, 伐木, 捕捉, 畋獵
　　忌―祈福, 求嗣, 上冊受封, 上表章, 襲爵受封, 會親友, 冠
　　　　帶, 出行, 上官赴任, 臨政親民, 結婚姻, 納采問名, 嫁
　　　　娶, 進人口, 移徙, 安床, 剃頭, 整手足甲, 求醫療病, 裁
　　　　衣, 築隄防, 修造動土, 竪柱上梁, 修倉庫, 鼓鑄, 經絡,
　　　　醞釀, 開市, 立券, 交易, 納財, 開倉庫, 出貨財, 修置産

室, 開渠穿井, 安碓磑, 補垣塞穴, 修飾垣牆, 伐木, 畋獵, 取魚, 栽種, 牧養, 納畜, 破土, 安葬, 啓攢

乙未砂石金制破日 을미사석금제파일

吉神―天德合, 月德合, 四相, 普護

凶神―破, 大耗, 四擊, 九空, 元武

宜―祭祀, 解除, 破屋, 槐院

忌―祈福, 求嗣, 上冊受封, 上表章, 襲爵受封, 會親友, 冠帶, 出行, 上官赴任, 臨政親民, 結婚姻, 納采問名, 嫁娶, 進人口, 移住, 安床, 剃頭, 整手足甲, 求醫療病, 裁衣, 築堤防, 修造動土, 竪柱上樑, 修倉庫, 鼓鑄, 經絡, 醞釀, 開市, 立券, 交易, 納財, 開倉庫, 出貨財, 修置產室, 開渠穿井, 安碓磑(안대애), 補垣塞穴, 修飾垣墻, 伐木, 畋獵, 取魚, 栽種, 牧養, 納畜, 破土, 安葬, 啓攢,

丙申山下火制危日 병신산하화제위일

吉神―母倉, 陽德, 五富, 福生, 除神, 司命, 鳴吠

凶神―遊禍, 五離

宜―祭祀, 沐浴, 剃頭, 整手足甲, 經絡, 醞釀, 開市, 納財, 開倉庫, 出貨財, 掃舍宇, 伐木, 畋獵, 栽種, 牧養, 納畜, 破土, 安葬

忌―祈福, 求嗣, 會親友, 結婚姻, 納采問名, 安床, 解除, 求醫療病, 立券, 交易

丁酉山下火制成日 정유산하화제성일

吉神―母倉, 三合, 臨日, 天喜, 天醫, 除神, 鳴吠

凶神—大煞, 五離, 勾陳
宜—上冊受封, 上表章, 襲爵受封, 入學, 出行, 上官赴任, 臨政親民, 結婚姻, 納采問名, 嫁娶, 進人口, 移徙, 解除, 沐浴, 整手足甲, 求醫療病, 裁衣, 築隄防, 修造動土, 豎柱上梁, 修倉庫, 經絡, 醞釀, 開市, 立券, 交易, 納財, 安碓磑, 掃舍宇, 栽種, 牧養, 納畜, 破土, 安葬
忌—會親友, 剃頭

戊戌平地木專收日 무술평지목전수일

吉神—聖心, 靑龍
凶神—天罡, 月刑, 五虛
宜—祭祀, 捕捉, 畋獵
忌—祈福, 求嗣, 上冊受封, 上表章, 襲爵受封, 會親友, 冠帶, 出行, 上官赴任, 臨政親民, 結婚姻, 納采問名, 嫁娶, 進人口, 移徙, 安床, 解除, 剃頭, 整手足甲, 求醫療病, 裁衣, 築隄防, 修造動土, 豎柱上梁, 修倉庫, 鼓鑄, 經絡, 醞釀, 開市, 立券, 交易, 納財, 開倉庫, 出貨財, 修置產室, 開渠穿井, 安碓磑, 補垣塞穴, 修飾垣牆, 破屋壞垣, 栽種, 牧養, 納畜, 破土, 安葬, 啓攢

己亥平地木制開日 기해평지목제개일

吉神—陰德, 王日, 驛馬, 天后, 時陽, 生氣, 益後, 明堂
凶神—月厭, 地火, 復日, 重日
宜—祭祀, 入學, 沐浴
忌—祈福, 求嗣, 上冊受封, 上表章, 襲爵受封, 會親友, 冠

帶, 出行, 上官赴任, 臨政親民, 結婚姻, 納采問名, 嫁娶, 進人口, 移徙, 遠廻, 安床, 解除, 剃頭, 整手足甲, 求醫療病, 裁衣, 築隄防, 修造動土, 竪柱上梁, 修倉庫, 鼓鑄, 經絡, 醞釀, 開市, 立券, 交易, 納財, 開倉庫, 出貨財, 修置產室, 開渠穿井, 安碓磑, 補垣塞穴, 修飾垣牆, 平治道塗, 破屋壞垣, 伐木, 畋獵, 取魚, 栽種, 牧養, 納畜, 破土, 安葬, 啓攢

庚子壁上土寶閉日 경자벽상토보폐일

吉神—天德, 月德, 官日, 六合, 不將, 續世, 鳴吠對

凶神—天吏, 致死, 血支, 土符, 歸忌, 血忌, 天刑

宜—祭祀, 沐浴, 裁衣, 醞釀, 安葬, 啓攢

忌—移徙, 遠廻, 求醫療病, 療目, 針刺, 築隄防, 修造動土, 修倉庫, 經絡, 修置產室, 開渠穿井, 安碓磑, 補垣, 修飾垣牆, 平治道塗, 破屋壞垣, 畋獵, 取魚, 栽種, 破土

辛丑壁上土義建日 신축벽상토의건일

吉神—月恩, 守日, 不將, 要安

凶神—月建, 小時, 土府, 往亡, 朱雀

宜—祭祀, 祈福, 求嗣, 會親友, 結婚姻, 納采問名, 解除, 裁衣, 竪柱上梁, 納財, 開倉庫, 出貨財, 牧養

忌—上册受封, 上表章, 冠帶, 出行, 上官赴任, 臨政親民, 嫁娶, 進人口, 移徙, 求醫療病, 築隄防, 修造動土, 修倉庫, 醞釀, 修置產室, 開渠穿井, 安碓磑, 補垣, 修飾垣牆, 平治道塗, 破屋壞垣, 伐木, 捕捉, 畋獵, 取魚, 栽

種, 破土

壬寅金箔金寶除日 임인금박금보제일
吉神—時德, 相日, 吉期, 玉宇, 五合, 金匱, 鳴吠對
凶神—劫煞, 天賊, 五虛
宜—沐浴, 掃舍宇
忌—祭祀, 上冊受封, 上表章, 出行, 求醫療病, 修倉庫, 開倉庫, 出貨財, 開渠穿井

癸卯金箔金寶滿日 계묘금박금보만일
吉神—民日, 天巫, 福德, 天倉, 金堂, 五合, 寶光, 鳴吠對
凶神—災煞, 天火
宜—祭祀
忌—祈福, 求嗣, 上冊受封, 上表章, 襲爵受封, 會親友, 冠帶, 出行, 上官赴任, 臨政親民, 結婚姻, 納采問名, 嫁娶, 進人口, 移徙, 安床, 解除, 剃頭, 整手足甲, 求醫療病, 裁衣, 築隄防, 修造動土, 豎柱上梁, 修倉庫, 鼓鑄, 苫蓋, 經絡, 醞釀, 開市, 立券, 交易, 納財, 開倉庫, 出貨財, 修置產室, 開渠穿井, 安碓磑, 補垣塞穴, 修飾垣牆, 破屋壞垣, 栽種, 牧養, 納畜, 破土, 安葬, 啓攢

甲辰覆燈火制平日 갑진복등화제평일
吉神—月空, 四相, 天馬
凶神—河魁, 致死, 月煞, 月虛, 白虎
諸事不宜.

乙巳覆燈火寶定日 을사복등화보정일

吉神―天德合, 月德合, 四相, 三合, 時陰, 六儀, 玉堂

凶神―厭對, 招搖, 死氣, 九坎, 九焦, 重日

宜―祭祀, 祈福, 求嗣, 上册受封, 上表章, 襲爵受封, 會親友, 冠帶, 上官赴任, 臨政親民, 結婚姻, 納采問名, 嫁娶, 進人口, 移徙, 解除, 裁衣, 修造動土, 竪柱上梁, 修倉庫, 經絡, 醞釀, 立券, 交易, 納財, 開倉庫, 出貨財, 安碓磑, 牧養, 納畜

忌―出行, 求醫療病, 鼓鑄, 補垣塞穴, 畋獵, 取魚, 乘船渡水, 栽種

丙午天河水專執日 병오천하수전집일

吉神―敬安, 解神, 鳴吠

凶神―月害, 大時, 大敗, 咸池, 小耗, 四廢, 五虛, 天牢

宜―沐浴, 剃頭, 整手足甲, 伐木, 捕捉, 畋獵

忌―祈福, 求嗣, 上册受封, 上表章, 襲爵受封, 會親友, 冠帶, 出行, 上官赴任, 臨政親民, 結婚姻, 納采問名, 嫁娶, 進人口, 移徙, 安床, 解除, 求醫療病, 裁衣, 築隄防, 修造動土, 竪柱上梁, 修倉庫, 鼓鑄, 苫蓋, 經絡, 醞釀, 開市, 立券, 交易, 納財, 開倉庫, 出貨財, 修置產室, 開渠穿井, 安碓磑, 補垣塞穴, 修飾垣牆, 取魚, 乘船渡水, 栽種, 牧養, 納畜, 破土, 安葬, 啓攢

丁未天河水寶破日 정미천하수보파일

吉神―普護

凶神―月破, 大耗, 四擊, 九空, 八專, 元武, 陽破陰衝
諸事不宜.

戊申大驛土寶危日 무신대역토보위일
吉神―母倉, 陽德, 五富, 福生, 除神, 司命
凶神―遊禍, 五離
宜―祭祀, 沐浴, 剃頭, 整手足甲, 經絡, 醞釀, 開市, 納財,
　　開倉庫, 出貨財, 掃舍宇, 伐木, 畋獵, 栽種, 牧養, 納畜
忌―祈福, 求嗣, 會親友, 結婚姻, 納采問名, 安床, 解除, 求
　　醫療病, 立券, 交易

己酉大驛土寶成日 기유대역토보성일
吉神―天恩, 母倉, 三合, 臨日, 天喜, 天醫, 除神, 鳴吠
凶神―大煞, 復日, 五離, 勾陳
宜―上冊受封, 上表章, 襲爵受封, 入學, 出行, 上官赴任,
　　臨政親民, 結婚姻, 納采問名, 嫁娶, 進人口, 移徙, 解
　　除, 沐浴, 剃頭, 整手足甲, 求醫療病, 裁衣, 築隄防, 修
　　造動土, 竪柱上梁, 修倉庫, 經絡, 醞釀, 開市, 立券, 交
　　易, 納財, 安確磑, 掃舍宇, 栽種, 牧養, 納畜
忌―會親友, 破土, 安葬, 啓攢

庚戌釵釧金義收日 경술차천금의수일
吉神―天德, 月德, 天恩, 聖心, 靑龍
凶神―天罡, 月刑, 五虛
宜―祭祀, 捕捉

忌—求醫療病, 經絡, 畋獵, 取魚

辛亥釵釧金寶開日 신해차천금보개일

吉神—天恩, 月恩, 陰德, 王日, 驛馬, 天后, 時陽, 生氣, 益後, 明堂

凶神—月厭, 地火, 重日

宜—祭祀, 入學, 沐浴

忌—祈福, 求嗣, 上冊受封, 上表章, 襲爵受封, 會親友, 冠帶, 出行, 上官赴任, 臨政親民, 結婚姻, 納采問名, 嫁娶, 進人口, 移徙, 遠迴, 安床, 解除, 剃頭, 整手足甲, 求醫療病, 裁衣, 築隄防, 修造動土, 豎柱上梁, 修倉庫, 鼓鑄, 經絡, 醞釀, 開市, 立券, 交易, 納財, 開倉庫, 出貨財, 修置產室, 開渠穿井, 安確磑, 補垣塞穴, 修飾垣牆, 平治道塗, 破屋壞垣, 伐木, 畋獵, 取魚, 栽種, 牧養, 納畜, 破土, 安葬, 啓攢

壬子桑柘木專閉日 임자상자목전폐일

吉神—天恩, 官日, 六合, 續世

凶神—天吏, 致死, 血支, 四忌, 六蛇, 土符, 歸忌, 血忌, 天刑, 逐陣

宜—祭祀, 沐浴

忌—祈福, 求嗣, 上冊受封, 上表章, 襲爵受封, 會親友, 冠帶, 出行, 上官赴任, 臨政親民, 結婚姻, 納采問名, 嫁娶, 進人口, 移徙, 遠迴, 安床, 解除, 求醫療病, 療目, 針刺, 築隄防, 修造動土, 豎柱上梁, 修倉庫, 開市, 立

券, 交易, 納財, 開倉庫, 出貨財, 修置產室, 開渠穿井, 安碓磑, 補垣, 修飾垣牆, 平治道塗, 破屋壞垣, 栽種, 牧養, 納畜, 破土, 安葬, 啓攢

癸丑桑柘木伐建日 계축상자목벌건일

吉神―天恩, 守日, 要安
凶神―月建, 小時, 土府, 往亡, 八專, 觸水龍, 朱雀, 陽錯
宜―會親友
忌―祈福, 求嗣, 上册受封, 上表章, 冠帶, 出行, 上官赴任, 臨政親民, 結婚姻, 納采問名, 嫁娶, 進人口, 移徙, 解除, 剃頭, 整手足甲, 求醫療病, 築隄防, 修造動土, 豎柱上梁, 修倉庫, 開倉庫, 出貨財, 修置產室, 開渠穿井, 安碓磑, 補垣, 修飾垣牆, 平治道塗, 破屋壞垣, 伐木, 捕捉, 畋獵, 取魚, 乘船渡水, 栽種, 破土, 安葬, 啓攢

甲寅大溪水專除日 갑인대계수전제일

吉神―月空, 四相, 時德, 相日, 吉期, 玉宇, 五合, 金匱, 鳴吠對
凶神―劫煞, 天賊, 五虛, 八風, 八專,
宜―沐浴, 掃舍宇
忌―祭祀, 出行, 結婚姻, 納采問名, 嫁娶, 求醫療病, 修倉庫, 開倉庫, 出貨財, 取魚, 乘船渡水

乙卯大溪水專滿日 을묘대계수전만일

吉神―天德合, 月德合, 四相, 民日, 天巫, 福德, 天倉, 金

堂, 五合, 寶光, 鳴吠對

凶神—災煞, 天火, 地囊

宜—祭祀, 祈福, 求嗣, 上冊受封, 上表章, 襲爵受封, 會親友, 出行, 上官赴任, 臨政親民, 結婚姻, 納采問名, 嫁娶, 進人口, 移徙, 解除, 裁衣, 豎柱上梁, 經絡, 開市, 立券, 交易, 納財, 開倉庫, 出貨財, 牧養, 納畜, 安葬, 啓攢

忌—求醫療病, 築隄防, 修造動土, 修倉庫, 修置產室, 開渠穿井, 安碓磑, 補垣, 修飾垣牆, 平治道塗, 破屋壞垣, 畋獵, 取魚, 栽種, 破土

丙辰沙中土寶平日 병진사중토보평일

吉神—天馬, 不將

凶神—河魁, 死神, 月煞, 月虛, 白虎

諸事不宜.

丁巳沙中土專定日 정사사중토전정일

吉神—三合, 時陰, 六儀, 玉堂

凶神—厭對, 招搖, 死氣, 四廢, 九坎, 九焦, 重日

忌—祈福, 求嗣, 上冊受封, 上表章, 襲爵受封, 會親友, 冠帶, 出行, 上官赴任, 臨政親民, 結婚姻, 納采問名, 嫁娶, 進人口, 移徙, 安床, 解除, 剃頭, 求醫療病, 裁衣, 築隄防, 修造動土, 豎柱上梁, 修倉庫, 鼓鑄, 經絡, 醞釀, 開市, 立券, 交易, 納財, 開倉庫, 出貨財, 修置產室, 開渠穿井, 安碓磑, 補垣塞穴, 修飾垣牆, 取魚, 乘

船渡水, 栽種, 牧養, 納畜, 破土, 安葬, 啓攢

戊午天上火義執日 무오천상화의집일

吉神―敬安, 解神
凶神―月害, 大時, 大敗, 咸池, 小耗, 五虛, 天牢
宜―沐浴, 剃頭, 整手足甲, 伐木, 捕捉, 畋獵
忌―祈福, 求嗣, 上冊受封, 上表章, 襲爵受封, 會親友, 冠帶, 出行, 上官赴任, 臨政親民, 結婚姻, 納采問名, 嫁娶, 進人口, 移徙, 安床, 解除, 求醫療病, 築隄防, 修造動土, 竪柱上梁, 修倉庫, 苫蓋, 經絡, 醞釀, 開市, 立券, 交易, 納財, 開倉庫, 出貨財, 修置產室, 取魚, 乘船渡水, 栽種, 牧養, 納畜, 破土, 安葬, 啓攢

己未天上火專破日 기미천상화전파일

吉神―普護
凶神―月破, 大耗, 四擊, 九空, 復日, 八專, 元武
宜―祭祀, 破屋壞垣
忌―祈福, 求嗣, 上冊受封, 上表章, 襲爵受封, 會親友, 冠帶, 出行, 上官赴任, 臨政親民, 結婚姻, 納采問名, 嫁娶, 進人口, 移徙, 安床, 剃頭, 整手足甲, 求醫療病, 裁衣, 築隄防, 修造動土, 竪柱上梁, 修倉庫, 鼓鑄, 經絡, 醞釀, 開市, 立券, 交易, 納財, 開倉庫, 出貨財, 修置產室, 開渠穿井, 安確磑, 補垣塞穴, 修飾垣牆, 伐木, 栽種, 牧養, 納畜, 破土, 安葬, 啓攢

庚申石榴木專危日 경신석류목전위일

吉神―天德, 月德, 母倉, 陽德, 五富, 福生, 除神, 司命, 鳴吠

凶神―遊禍, 五離, 八專

宜―祭祀, 上冊受封, 上表章, 襲爵受封, 會親友, 出行, 上官赴任, 臨政親民, 移徙, 沐浴, 剃頭, 整手足甲, 裁衣, 修造動土, 竪柱上梁, 修倉庫, 醞釀, 開市, 立券, 交易, 納財, 開倉庫, 出貨財, 掃舍宇, 伐木, 栽種, 牧養, 納畜, 破土, 安葬

忌―祈福, 求嗣, 結婚姻, 納采問名, 嫁娶, 安床, 解除, 求醫療病, 經絡, 畋獵, 取魚

辛酉石榴木專成日 신유석류목전성일

吉神―母倉, 月恩, 三合, 臨日, 天喜, 天醫, 除神, 鳴吠

凶神―四耗, 大煞, 五離, 勾陳

宜―祭祀, 祈福, 求嗣, 上冊受封, 上表章, 襲爵受封, 入學, 出行, 上官赴任, 臨政親民, 結婚姻, 納采問名, 嫁娶, 進人口, 移徙, 解除, 沐浴, 剃頭, 整手足甲, 求醫療病, 裁衣, 築隄防, 修造動土, 竪柱上梁, 修倉庫, 經絡, 開市, 立券, 交易, 納財, 開倉庫, 出貨財, 安碓磑, 掃舍宇, 栽種, 牧養, 納畜, 破土, 安葬

忌―會親友, 醞釀

壬戌大海水伐收日 임술대해수벌수일

吉神―聖心, 青龍

凶神—天罡, 月刑, 五虛
宜—祭祀, 捕捉, 畋獵
忌—祈福, 求嗣, 上册受封, 上表章, 襲爵受封, 會親友, 冠帶, 出行, 上官赴任, 臨政親民, 結婚姻, 納采問名, 嫁娶, 進人口, 移徙, 安床, 解除, 剃頭, 整手足甲, 求醫療病, 裁衣, 築隄防, 修造動土, 豎柱上梁, 修倉庫, 鼓鑄, 經絡, 醞釀, 開市, 立券, 交易, 納財, 開倉庫, 出貨財, 修置産室, 開渠穿井, 安碓磑, 補垣塞穴, 修飾垣牆, 破屋壞垣, 栽種, 牧養, 納畜, 破土, 安葬, 啓攢

癸亥大海水專開日 계해대해수전개일

吉神—陰德, 王日, 驛馬, 天后, 時陽, 生氣, 益後, 明堂
凶神—月厭, 地火, 四窮, 六蛇, 重日, 大會, 陰錯
諸事不宜.

　이상의 60간지는 월건이 축(丑)일 때의 것이니, 소한(小寒)에서 대한(大寒) 말까지이다. 그 신살의 길흉을 용사(用事)에 따라 마땅함(宜)과 꺼림(忌)을 표로 만들어 놓았으니 활용할 것이다.

　* 월표에 대한 일진의 신살(神煞) 해설을 참고하기 바란다.

일진(日辰)의 신살(神煞) 해설

길신(吉神)

- 경안(敬安)—공경받는 길신이니 친목하고, 사교·인사 등에 좋은 살이다.

일진日辰	子	丑	寅	卯	辰	巳	午	未	申	酉	戌	亥
경안敬安	子	午	未	丑	申	寅	酉	卯	戌	辰	亥	巳

- 관일(官日)—춘(卯日), 하(午日), 추(酉日), 동(子日). 승진신고·수상(授賞)·부임·친민(親民)에 좋은 날이다.
- 금궤(金匱)—황도흑도(黃道黑道)에서 다섯 번째에 해당하는 길신이다. 월(月)에서 일진으로 보는 것인데, 다음과 같은 순서이다.

  1. 청룡(青龍)황도   2. 명당(明堂)황도   3. 천형(天刑)흑도
  4. 주작(朱雀)흑도   5. 금궤(金匱)황도   6. 보광(寶光)황도
  7. 백호(白虎)흑도   8. 옥당(玉堂)황도   9. 천로(天牢)흑도
  10. 원무(元武)흑도 11. 사명(司命)황도 12. 구진(勾陳)흑도

길	청룡 명당 금궤 옥당 보광 사명은 황도이니 흥작이나 제반 업무에 길하다
흉	천형 주작 백호 천로 원무 구진은 흑도이니 흥공, 동토, 이사, 결혼, 원행 등에 흉하다

• 황도흑도표

	청룡	명당	천형	주작	금궤	보광	백호	옥당	천로	원무	사명	구진
정,7월	子	丑	寅	卯	辰	巳	午	未	申	酉	戌	亥
2, 7월	寅	卯	辰	巳	午	未	申	酉	戌	亥	子	丑
3, 9월	辰	巳	午	未	申	酉	戌	亥	子	丑	寅	卯
4, 10월	午	未	申	酉	戌	亥	子	丑	寅	卯	辰	巳
5, 11월	申	酉	戌	亥	子	丑	寅	卯	辰	巳	午	未
6, 12월	戌	亥	子	丑	寅	卯	辰	巳	午	未	申	酉

• 금당(金堂)―궁궐 축조수리, 건축, 가옥수리 등에 길한 날.

	子	丑	寅	卯	辰	巳	午	未	申	酉	戌	亥
금당	酉	卯	辰	戌	巳	亥	午	子	未	丑	申	寅

• 보호(普護)―음덕의 신으로 세사, 구의료병(求醫療病)에 길하다.

	子	丑	寅	卯	辰	巳	午	未	申	酉	戌	亥
보호	丑	未	申	寅	酉	卯	戌	辰	亥	巳	子	午

• 명폐(鳴吠)―묘지일을 하면 망인의 영혼이 편안하고 자손이 부귀강령한다고 한다. 이는 갑병경임(甲丙庚壬) 네 천간에 오신(午申)이 배속된 것인데, 무토(戊土)는 뺐으며, 을정기신계(乙丁己辛癸) 다섯 천간에 유(酉)자를 배속하고 미토(未土)는 쓰지 않는 것이니 뺀다.

　　명폐일＝庚午・壬午・甲午・丙午・壬申・甲申・丙申・庚申・癸酉・乙酉・丁酉・己酉・辛酉 등 13일이 된다.

　　명폐대일＝癸卯・己卯・丁卯・辛卯・壬寅・甲寅・丙寅・庚

寅·庚子·壬子·丙子 등 11일.

모창(母倉)—오행의 생지(生地)로서 어미가 되므로 길신이 된다. 종자를 뿌리고 육축양육에 길하다.

	子	丑	寅	卯	辰	巳	午	未	申	酉	戌	亥
모창	申酉	巳午申酉	亥子	亥子	亥子申酉	寅卯	寅卯	寅卯巳午	辰戌丑未	辰戌丑未	辰戌丑未巳午	申酉

민일(民日)—이는 왕일(王日), 관일(官日), 수일(守日), 상일(相日), 민일(民日) 등과 함께 부임·승진·친민·수상 등에 좋은 날이다.

	子	丑	寅	卯	辰	巳	午	未	申	酉	戌	亥
日辰	冬秋	冬守	春冬	春冬	春	夏春	夏春	夏	秋夏	秋夏	秋	秋冬
民日	官民	守	王相	官民	守	王相	官民	守	王相	官民	守	王相

왕일=春寅, 夏巳, 秋申, 冬亥이니 요즈음의 官日과 바뀐 것이다.
관일=春卯, 夏午, 秋酉, 冬子이니 요즈음의 旺日과 바뀐 것이다.
상일=春巳, 夏申, 秋亥, 冬寅이다.
민일=春午, 夏酉, 秋子, 冬卯이다.
수일=春酉, 夏子, 秋卯, 冬午이다.

• 복덕(福德)—이는 남녀의 본명(本命)으로 생기복덕(生氣福德)을 알아보는 것인데, 일상생기(一上生氣), 이중천의(二中天醫), 삼하절체(三下絶體), 사중유혼(四中遊魂), 오상화해(五上禍害), 육중복덕(六中福德), 칠하절명(七下絶命), 팔중귀혼(八中歸魂)의 순으로 짚어 자기의 길흉을 알아보는 것이다. 생기, 천의, 복덕은 길하고, 화해와 절명은 흉하며, 그 밖에 절

체, 유혼, 귀혼은 평범하다고 한다. 찾는 법은 남자는 이궁(離宮)에서 1세를 일으켜 시계 방향인 곤궁(坤宮)으로 진행하는데 첫 번째의 곤궁은 건너뛰어 태궁(兌宮)이 2세가 된다. 처음만 건너뛰고 8세 이후로는 건너지 않고 계속 짚어 나가 자기 나이에 해당하는 궁을 찾아 길흉을 알아본다. 여명(女命)은 감궁(坎宮)에서 1세가 되고 시계 반대방향으로 진행하는데, 첫 번째 만나는 간궁(艮宮)은 건너뛰니 감궁으로 8세가 되며 그 이후는 건너뛰지 않고 계속 자기 나이까지 진행한다.

- 복생(福生)―월건(月建)으로 복이 되는 날이니, 기복(祈福), 구사(求嗣), 제사 등에 좋은 날이다.
- 옥우(玉宇)

	子	丑	寅	卯	辰	巳	午	未	申	酉	戌	亥	비 고
복생	寅	申	酉	卯	戌	辰	亥	巳	子	午	丑	未	복생과 옥우는 삼대 자리가 된다
옥우	申	寅	卯	酉	辰	戌	巳	亥	午	子	未	丑	

- 사상(四相)―사시(四時)의 왕상(旺相)일이니 경영, 건축, 양육, 진재(進財), 이사에 좋은 날인데, 경신(庚申)일만을 취하지 않는다. 경신(庚辛)이 왕하면 숙살이기 때문이다.

	겨 울		봄		여 름		무(無)		가 을	
四相日	甲	乙	丙	丁	戊	己	庚	辛	壬	癸

- 삼합(三合)―삼합국(三合局)을 말하니, 해묘미(亥卯未) 목(木)국, 사유축(巳酉丑) 금(金)국, 신자진(申子辰) 수(水)국이 그것이다.
- 부장(不將 : 陰陽不將吉日)―봄과 겨울(春冬)은 기일(己日)이 길

하고, 가을과 여름(秋夏)은 무일(戊日)이 길일이 된다는 것이다.

정월	辛亥	辛丑	辛卯	庚子	庚寅	己亥	己丑	己卯	丁亥	丁丑	丁卯	丙子	丙寅
2월	庚戌	庚子	庚寅	己亥	己丑	丁亥	丁丑	丙戌	丙子	丙寅	己亥	己丑	
3월	己酉	己亥	己丑	丁酉	丁亥	丁丑	丙戌	丙子	乙酉	乙亥	乙丑	甲戌	甲子
4월	丁酉	丁亥	丙申	丙子	丙戌	乙酉	乙亥	甲申	甲戌	甲子	戊申	戊戌	戊子
5월	丙申	丙戌	乙未	乙酉	乙亥	甲申	甲戌	戊申	戊戌	癸未	癸酉	癸亥	
6월	乙未	乙酉	甲午	甲申	甲戌	戊午	戊申	戊戌	癸未	癸酉	壬午	壬申	壬戌
7월	乙巳	乙酉	甲午	甲申	甲戌	戊午	戊申	戊戌	癸巳	癸未	癸酉	壬午	壬申
8월	甲辰	甲午	甲申	戊辰	戊午	戊申	癸巳	癸未	壬辰	壬午	壬申	辛巳	辛未
9월	戊辰	戊午	癸卯	癸巳	癸未	壬辰	壬午	辛卯	辛巳	辛未	庚辰	庚午	
10월	癸卯	癸巳	壬寅	壬辰	壬午	辛卯	辛巳	庚寅	庚辰	庚午	己卯	己巳	
11월	壬寅	壬辰	辛丑	辛卯	辛巳	庚寅	庚辰	己丑	己卯	己巳	丁丑	丁卯	丁巳
12월	辛丑	辛卯	庚子	庚辰	庚寅	己丑	己卯	丁丑	丁卯	丁巳	丙子	丙寅	丙辰

- 성심(聖心)―월중의 복신이다. 백사의 경영, 은혜를 베푸는 일, 상부 관청에 청원 등에 길하다.

	子	丑	寅	卯	辰	巳	午	未	申	酉	戌	亥
성심	辰	戌	亥	巳	子	午	丑	未	寅	申	卯	酉

- 속세(續世)―혈기(血忌)일이라고도 한다. 월가의 선신이다. 혼인, 제사, 친목, 양자 들이는 데 길하다.

	子	丑	寅	卯	辰	巳	午	未	申	酉	戌	亥
속세	午	子	丑	未	寅	申	卯	酉	辰	戌	巳	亥

시덕(時德)―사시(四時)의 천덕(天德)인데, 나를 생하는 자를 취한

것이다. 축하하고 축하 잔치에 길하다.

	봄	여름	가을	겨울
시덕	午	辰	子	寅

• 시음(時陰)·시양(時陽)

	子	丑	寅	卯	辰	巳	午	未	申	酉	戌	亥	비 고
시양	戌	亥	子	丑	寅	卯	辰	巳	午	未	申	酉	월중의 양신이니 혼인 연회 등에 길하다.
시음	辰	巳	午	未	申	酉	戌	亥	子	丑	寅	卯	월중의 음신이니 회합, 계책, 모사, 전략에 길하다.

• 양덕(陽德)―월중의 덕신(德神)이니, 교역(交易) 개척, 혼인에 길하다. 양덕·음덕이 있다.

	子	丑	寅	卯	辰	巳	午	未	申	酉	戌	亥
	丑	亥	酉	未	巳	卯	丑	亥	酉	未	巳	卯
양덕	四乾	五乾	上乾	初乾	二乾	三乾	四乾	五乾	上乾	初乾	上乾	三乾

	子	丑	寅	卯	辰	巳	午	未	申	酉	戌	亥
	丑	亥	酉	未	巳	卯	丑	亥	酉	未	巳	卯
음덕	四坤	五坤	上坤	初坤	二坤	三坤	四坤	五坤	上坤	初坤	二坤	三坤

이상 양음덕은 건곤괘의 육효 납갑이니 묘유(卯酉)일은 월문(月門)이므로 건은 묘에서 일으키고, 곤은 유(酉)에서 일으키니 묘(卯)는 신(申)에 이르러 만물을 생하고 유(酉)는 인(寅)에 이르러 만물을 이룬다는 데서 연유하여 길신이 된 것이다.

• 역마(驛馬)―해묘미(亥卯未) 일월은 마거사(馬居巳), 인오술(寅午戌)은 마거신(馬居申), 사유축(巳酉丑)은 마거해(馬居亥),

신자진(申子辰)은 마거인(馬居寅)이 그것이다. 백사에 길하나 원행, 부임, 이사에 특히 길하다.

• 오부(五富)—흥조사나 경영사에 길하다.

	子	丑	寅	卯	辰	巳	午	未	申	酉	戌	亥
오부	巳	申	亥	寅	巳	申	亥	寅	巳	申	亥	寅

• 오합(五合)—갑기합토(甲己合土), 을경합금(乙庚合金), 병신합수(丙辛合水), 정임목(丁壬木), 무계합수(戊癸合水) 등을 말하니, 수조, 경영, 기공(起工), 상관(上官), 혼인, 출문(出門), 알현 등에 길하다.

• 요안(要安)—월의 길신. 이 날에 집을 짓고, 성이나 담을 쌓는 데 좋다.

	子	丑	寅	卯	辰	巳	午	未	申	酉	戌	亥
요안	未	丑	寅	申	卯	酉	辰	戌	巳	亥	午	子

• 월공(月空)—삼합을 충(冲)하는 자의 천간이다. 천공(天空)이라고도 하는데, 천덕(天德)이 충하는 자이므로 단지 상서나 진언에만 길하다.

	子	丑	寅	卯	辰	巳	午	未	申	酉	戌	亥
월공	丙	甲	壬	庚	丙	甲	壬	庚	丙	甲	壬	庚

• 월덕(月德)·월덕합(月德合)—월의 덕신이니, 오대 길신 중의 하나이다. 수리, 경영, 향을 다스리는 데 길하고 상부 관청의 임무라든가 연회 등 백사에 길하다. 土에는 덕이 없다.

	子	丑	寅	卯	辰	巳	午	未	申	酉	戌	亥
월덕	壬	庚	丙	甲	壬	庚	丙	甲	壬	庚	丙	甲
월덕합	丁	乙	辛	己	丁	乙	辛	己	丁	乙	辛	己

위 월덕과 월덕합에서 무(戊)와 경(庚)을 쓰지 않는 것이니, 무(戊)는 사(巳) 중에 있는데, 금(金)의 모(母)가 되고 계(癸)는 축(丑) 중에 있는데, 금의 묘(墓)가 되는데, 합하여 화(火)가 되며 유금(酉金)은 왕위(旺位)에 있으니 삼합이라도 경신금(庚辛金)이 임할 수 없는 곳이다. 또 사유축금(巳酉丑金)은 형(刑)이 되기도 하고 삼살(三煞)이기도 하고 또는 파쇄(破碎)라 하기도 하고, 홍사(紅絲)살이 되기도 하기 때문이다.

• 월은(月恩)―지지(地支)가 나를 생하는 천간이다. 영조(營造), 혼인, 이사, 상임(上任), 진재에 길하다.

	子	丑	寅	卯	辰	巳	午	未	申	酉	戌	亥
월은	甲	申	丙	丁	庚	己	戊	辛	壬	癸	庚	乙

• 육의(六儀)・육길(六吉)

	子	丑	寅	卯	辰	巳	午	未	申	酉	戌	亥	비 고
육의	午	巳	辰	卯	寅	丑	子	亥	戌	酉	申	未	길신이니 생재, 입양, 식목, 결혼, 납례에 길하다. 육길이라고도 하며 염대(厭對)이기도 하다.

• 육합(六合)―日・月 합의 숙신(宿辰)이다. 연회, 손님접대, 교역, 개점 등에 길하다.

	子	丑	寅	卯	辰	巳	午	未	申	酉	戌	亥
육합	丑	子	亥	戌	酉	申	未	午	巳	辰	卯	寅

- 음덕(陰德)—월의 음덕신이다. 음덕을 베풀고 은혜를 행하고, 원한을 푸는 일에 길하다.

	子	丑	寅	卯	辰	巳	午	未	申	酉	戌	亥
음덕	丑	亥	酉	未	巳	卯	丑	亥	酉	未	巳	卯
卦爻	四坤	五坤	上坤	初坤	二坤	三坤	四坤	五坤	上坤	初坤	二坤	三坤

이는 곤괘 육효의 납갑이다.

- 익후(益後)—남녀의 만남, 약혼, 혼인에 길하다.

	子	丑	寅	卯	辰	巳	午	未	申	酉	戌	亥
익후	巳	亥	子	午	丑	未	寅	申	卯	酉	辰	戌

- 임일(臨日)—옛날 관리를 말하는데, 백성을 상대로 소송을 꺼린다.

	子	丑	寅	卯	辰	巳	午	未	申	酉	戌	亥
임일	辰	酉	午	亥	申	丑	戌	卯	子	巳	寅	未

- 천덕(天德)·천덕합(天德合)—5대 길신 중의 하나인데, 천도(天道)라고도 한다. 하늘의 원양순리(元陽順理)의 방위이므로 대길하다는 것이다.

	子	丑	寅	卯	辰	巳	午	未	申	酉	戌	亥
천덕	巽	庚	丁	坤	壬	辛	乾	甲	癸	艮	丙	乙
천덕합	坤	乙	壬	巽	丁	丙	艮	己	戊	乾	辛	庚

① 이는 사맹월(四孟月)인 인신사해(寅申巳亥)월은 음간이 덕이 되고, 진술축미(辰戌丑未)월은 사계(四季)월이니 양간(陽干)이 덕이며 사중(四仲)월인 자오묘유(子午卯酉)월은 사유

(四維)괘가 덕이 된다. ② 사유괘는 한 괘에 한 개의 지지(地支)가 있으므로 그 지지로 대신한다. ③ 천덕에는 무기(戊己)가 없는데, 천기(天氣)는 土와는 친할 수 없으므로 지지의 진술축미(辰戌丑未)에서는 취하지 않기 때문이다. ④ 경영, 건축, 시은(施恩), 제사, 기복(祈福)에 다 길하다.

- 천마(天馬)—역마 참조.
- 천무(天巫)—월중의 복덕신이다. 제사, 기구, 복원, 수리 등에 길하다.

	子	丑	寅	卯	辰	巳	午	未	申	酉	戌	亥
천무	寅	卯	辰	巳	午	未	申	酉	戌	亥	子	丑

- 천사(天赦)—춘무인(春戊寅), 하갑오(夏甲午), 추무신(秋戊申), 동갑자(冬甲子)이니, 도가(道家)에서는 「甲일과 戊일은 기도에 마땅하다」하였다.

	子	丑	寅	卯	辰	巳	午	未	申	酉	戌	亥
천사	甲子	甲子	戊寅	戊寅	戊寅	甲午	甲午	甲午	戊申	戊申	戊申	甲子

- 천원(天願)—결혼, 진재, 친우연회에 길한 날이다.

	子	丑	寅	卯	辰	巳	午	未	申	酉	戌	亥
천원	癸丑	甲子	乙亥	甲戌	乙酉	丙申	丁未	戊午	己巳	庚辰	辛卯	壬寅

- 천은(天恩)—아래로 은혜를 베푸는 길신이다. 하늘에는 사금신(四禁神: 子午卯酉)이 있는데, 그 중 하나는 항상 열어 놓는다고 한다. 子는 원무(元武), 午는 명당, 卯는 일문(日門), 酉

는 월문(月門)이라 한다. ① 甲子일, 乙丑일, 丙寅일, 丁卯일, 戊辰일. ② 己卯일, 庚辰일, 辛巳일, 壬午일, 癸未일. ③ 己酉일, 庚戌일, 辛亥일, 癸丑일 등 15일이다.

- 천의(天醫)—사망으로부터 다시 생활시킨다는 길신이니 요병(療病)에 길하다. 천희(天喜)와 동궁이다.

	子	丑	寅	卯	辰	巳	午	未	申	酉	戌	亥
천의	申	酉	戌	亥	子	丑	寅	卯	辰	巳	午	未

- 천창(天倉)—하늘의 창고이다. 창고 수리, 납재(納財), 재백(財帛)을 드리는 데 길하다.

	子	丑	寅	卯	辰	巳	午	未	申	酉	戌	亥
천창	辰	卯	寅	丑	子	亥	戌	酉	申	未	午	巳

- 천후(天后)—월중의 복신(福神)인데, 구의료병(求醫療病), 기복 등에 길하다.

	子	丑	寅	卯	辰	巳	午	未	申	酉	戌	亥
천후	寅	亥	申	巳	寅	亥	申	巳	寅	亥	申	巳

- 천희(天喜)—행운이 많은 길신이다. 수복하기 위한 일에 길하다.

	子	丑	寅	卯	辰	巳	午	未	申	酉	戌	亥
천희	申	酉	戌	亥	子	丑	寅	卯	辰	巳	午	未

- 해신(解神)—백살(百煞)을 제압한다고 한다.

	正	二	三	四	五	六	七	八	九	十	十一	十二
해신	申	申	戌	戌	子	子	寅	寅	辰	辰	午	午

흉신(凶神)

- 겁살(劫煞)—101쪽 참조.
- 고양(孤陽)—결혼, 이사 등에 불리하다. 9월 중의 무술(戊戌)일을 말한다.
- 고진(孤辰)—3월의 戊申, 庚申, 壬申. 4월의 己未, 辛未, 癸未. 9월의 甲寅, 丙寅, 戊寅. 10월의 乙丑, 丁丑, 己丑이니 이는 일진으로 보는 것이고, 아래는 궁합과 택일에 사용한다.
- 과숙(寡宿)—과부 홀아비가 된다는 살이니, 결혼에 크게 꺼린다. 이는 두 가지 모두 있을 때 치열하다.

	子	丑	寅	卯	辰	巳	午	未	申	酉	戌	亥
고진	寅	寅	巳	巳	巳	申	申	申	亥	亥	亥	寅
과숙	戌	戌	丑	丑	丑	辰	辰	辰	未	未	未	戌

- 구감(九坎)—승선, 도하, 건축, 주물에 꺼린다.
- 구초(九焦)—구감과 구초는 동일한 기신(忌神)이다.

	子	丑	寅	卯	辰	巳	午	未	申	酉	戌	亥
구감	申	巳	辰	丑	戌	未	卯	子	酉	午	寅	亥
구초	申	巳	辰	丑	戌	未	卯	子	酉	午	寅	亥

- 구공(九空)—이사, 결혼에 꺼린다.

	正	二	三	四	五	六	七	八	九	十	十一	十二
구공	辰	丑	戌	未	辰	丑	戌	未	辰	丑	戌	未

- 구호(九虎)—봄은 甲子乙亥일을 팔룡(八龍)이라하고,

여름은 丙子丁亥일을 칠조(七鳥)라 하고,
가을은 庚子辛亥일을 구호(九虎)라 하고,
겨울은 壬子癸亥일을 육사(六蛇)라 한다.
이는 四時의 왕간(旺干)에다 亥子支를 배속시킨 것인데, 동방목(東方木)을 靑龍이라 하고 8로 성수(成數)시킨다 하여 팔룡이라 하였다. 다른 것도 이와 같다.

- 귀기(歸忌)―이사, 혼인, 개업, 착공 등에 불길하다.

	正	二	三	四	五	六	七	八	九	十	十一	十二
귀기	丑	寅	子	丑	寅	子	丑	寅	子	丑	寅	子

- 대모(大耗)―丑未, 子午, 寅辛, 卯酉, 巳亥 등 육충(六沖)을 말하니 대흉한 살이므로 백사에 불리하다.
- 대살(大煞)―수리, 건축, 흥공사(興工事)를 꺼린다.

	子	丑	寅	卯	辰	巳	午	未	申	酉	戌	亥
대살	子	酉	午	卯	子	酉	午	卯	子	酉	午	卯

- 대시(大時)·대패(大敗)―둘 다 같은 의미로, 장군의 상을 말하니, 출군, 공력, 축건, 회친에 꺼린다.

	正	二	三	四	五	六	七	八	九	十	十一	十二
대시	卯	子	酉	午	卯	子	酉	午	卯	子	酉	午
대패	卯	子	酉	午	卯	子	酉	午	卯	子	酉	午

- 대회(大會)·소회(小會)―월중에 길신으로 대소 연회에 길하다.

음양대회(陰陽大會)일 = 매월 15일 이후만을 사용한다.

1월 甲戌	= 癸亥, 甲子, 乙丑, 丙寅, 丁卯, 戊辰, 己巳, 庚午, 辛未, 壬申, 癸酉
7월 庚辰	= 甲戌, 乙亥, 丙子, 丁丑, 戊寅, 己卯
2월 乙酉	= 庚辰, 辛巳, 壬午, 癸未, 甲申
8월 辛卯	= 乙酉, 丙戌, 丁亥, 戊子, 己丑, 庚寅
5월 丙午	= 辛卯, 壬辰, 癸巳, 甲午, 乙未, 丙申, 丁酉, 戊戌, 己亥, 庚子, 辛丑, 壬寅, 癸卯, 甲辰, 乙巳
11월 壬子	= 丙午, 丁未, 戊申, 己酉, 庚戌, 辛亥
6월 丁巳	= 壬子, 癸丑, 甲寅, 乙卯, 丙辰
12월 癸亥	= 丁巳, 戊午, 己未, 庚申, 辛酉, 壬戌, 癸亥

음양소회(陰陽小會)일 = 대소간에 8회뿐이다.

2월	= 己酉, 丙午, 丁未, 戊申
3월	= 丙辰, 癸亥, 甲子, 乙丑, 丙寅, 丁卯
4월	= 己巳, 戊辰
5월	= 戊午, 丁巳
8월	= 己卯, 甲戌, 乙亥, 丙子, 丁丑, 戊寅
9월	= 戊戌, 辛卯, 壬辰, 癸巳, 甲午, 乙未, 丙申, 丁酉
10월	= 己亥, 戊戌
11월	= 戊子, 己酉, 丙戌, 丁亥

- 부일(復日)―장사(葬事)에 대흉하다.
- 사기(死氣)―무기지신(無氣之神)이니 정벌, 구의료병(求醫療病)에 꺼리고, 그 방위로 산실(産室)을 두는 것도 해롭다 시음관부(時陰官符)와 동궁이다.

	子	丑	寅	卯	辰	巳	午	未	申	酉	戌	亥
사기	辰	巳	午	未	申	酉	戌	亥	子	丑	寅	卯

- 사궁(四窮)・사기(四忌)・사모(四耗)・사폐(四廢)—출행, 부임, 개업에 불리하다. 팔룡, 칠조, 구호, 육사와 동궁이다.

봄				여름				가을				겨울			
사폐	사기	사궁	사모	사폐	사기	사궁	사모	사폐	사기	사궁	사모	사폐	사기	사궁	사모
庚辛申酉	甲子	乙亥	壬子	壬癸子亥	丙子	丁亥	乙卯	庚乙寅卯	庚子	辛亥	戊午	丙丁午巳	壬子	癸亥	辛酉
八 龍				七 鳥				九 虎				六 蛇			

- 삼음(三陰)—정월의 신유(辛酉)일, 7월의 을묘(乙卯)일.
- 세박(歲薄)

	正	二	三	四	五	六	七	八	九	十	十一	十二
세박				丙午 戊午						壬子 戊子		

- 소모(小耗)・대모(大耗)—이 두 살(煞)은 대흉살이므로 모든 일을 다 꺼림.

	子	丑	寅	卯	辰	巳	午	未	申	酉	戌	亥
소모	巳	午	未	申	酉	戌	亥	子	丑	寅	卯	辰
대모	午	未	申	酉	戌	亥	子	丑	寅	卯	辰	巳

- 소시(小時)—월건과 같은 날을 말하니, 결혼, 회친, 창고 개방에 꺼리는 날이다. 이는 토부(土府)와 건(建), 병복(兵福)과 같은 날이다.
- 순양(純陽)—4월의 기사(己巳)일(건괘는 4월괘이니 육효가 모두 양인데, 巳월 순양이 배속되기 때문이다).
- 순음(純陰)—10월의 기해(己亥)일(곤괘는 10월 괘이니 육효가

모두 음이기 때문에 양기는 전무하고 음기 亥가 배속된다).

• 양착(陽錯)・음착(陰錯)

	正	二	三	四	五	六	七	八	九	十	十一	十二
양착	甲寅	乙卯	甲辰	丁巳己巳	·	丁未己未	庚申	辛酉	庚戌	癸亥	·	癸丑
음착	庚戌	辛酉	庚申	丁未己亥	·	丁巳己巳	甲辰	乙卯	甲寅	癸丑	·	癸亥

• 양파음충(陽破陰衝)―6월의 계축(癸丑)일, 12월의 정미(丁未)일.
• 염대(厭對)―혼인, 약혼식, 회친에 꺼린다.

	正	二	三	四	五	六	七	八	九	十	十一	十二
염대	辰	卯	寅	丑	子	亥	戌	酉	申	未	午	巳

• 오리(五離)―갑신(甲申), 을유(乙酉)일은 모두 오리이다.
• 오묘(五墓)―4계절의 묘고(墓庫)이니 영조(營造), 축조, 출행, 가취에 꺼린다.

	子	丑	寅	卯	辰	巳	午	未	申	酉	戌	亥
오묘	壬辰	戊辰	乙未	乙未	戊辰	丙戌	丙戌	戊辰	辛丑	辛丑	戊辰	壬辰

• 오허(五虛)―4계절의 절진(絶辰)이니 이익을 도모하는 일에 나쁘다.

	봄	여름	가을	겨울
오허	巳酉丑	申子辰	亥卯未	寅午戌

- 왕망(往亡)—이주·원행·가취·요병·상임·심관(尋官)에 꺼린다. 이는 가되 돌아올 의사가 없는 것이다.

	正	二	三	四	五	六	七	八	九	十	十一	十二
왕망	寅	巳	申	亥	卯	午	酉	子	辰	未	戌	丑

- 요려(了戾)—3월의 병신(丙申)일, 4월의 정미(丁未)일, 9월의 임인(壬寅)일, 10월의 계축(癸丑)일인데, 회친 교역에 꺼린다.
- 월건(月建)—소월건(小月建):소아살이라고도 한다.(134쪽 참조)

소월건	正	二	三	四	五	六	七	八	九	十	十一	十二
양년		戌	庚	丑	丙	壬	未	甲	辰		戌	庚
	中	乾	兌	艮	離	坎	坤	辰	巽	中	乾	兌
		亥	辛	寅	丁	癸	申	乙	巳		亥	辛
음년	丙	壬	未	甲	辰		戌	庚	丑	丙	壬	未
	離	坎	坤	辰	巽	中	乾	兌	艮	離	坎	坤
	丁	癸	申	乙	巳		亥	辛	寅	丁	癸	申

대월건(大月建):동토, 수리에 꺼린다.(134쪽 참조)

대월건	正	二	三	四	五	六	七	八	九	十	十一	十二
子午卯酉	丑	庚	戌		辰	甲	未	壬	丙	丑	庚	戌
	艮	兌	乾	中	巽	震	坤	坎	離	艮	兌	乾
	寅	辛	亥		巳	乙	申	癸	丁	寅	辛	亥
辰戌丑未		辰	甲	未	壬	丙	丑	庚	戌		辰	甲
	中	巽	震	坤	坎	離	艮	兌	乾	中	巽	震
		巳	乙	申	癸	丁	寅	辛	亥		巳	乙
寅申巳亥	未	壬	丙	丑	庚	戌		辰	甲	未	壬	丙
	坤	坎	離	艮	兌	乾	中	巽	震	坤	坎	離
	申	癸	丁	寅	辛	亥		巳	乙	申	未	丁

- 유화(遊禍)—월중의 악신(惡神)이므로 복약(服藥), 제사에 꺼린다.

	子	丑	寅	卯	辰	巳	午	未	申	酉	戌	亥
유화	亥	申	巳	寅	亥	申	巳	寅	亥	申	巳	寅

- 월허(月虛)—월살(月煞)이기도 하다. 월내(月內)의 허묘지신이니 천이, 납재(納財), 결혼에 꺼린다.

	正	二	三	四	五	六	七	八	九	十	十一	十二
월허	丑	子	亥	戌	酉	申	未	午	巳	辰	卯	亥

- 월형(月刑)

	正	二	三	四	五	六	七	八	九	十	十一	十二
월형	巳	子	辰	申	午	丑	寅	酉	未	亥	卯	申

- 월유화(月遊火)—수리에 꺼린다.

월 년	正	二	三	四	五	六	七	八	九	十	十一	十二
子丑년	艮	離	坎	坤	震	巽	中	乾	兌	艮	離	坎
寅년	震	巽	中	乾	兌	艮	離	坎	坤	震	巽	中
卯辰년	巽	中	乾	兌	艮	離	坎	坤	震	巽	中	乾
巳년	離	坎	坤	震	巽	中	乾	兌	艮	離	坎	坤
午未년	坤	震	巽	中	乾	兌	艮	離	坎	坤	震	巽
申년	兌	艮	離	坎	坤	震	巽	中	乾	兌	艮	離
酉戌년	乾	兌	艮	離	坎	坤	震	巽	中	乾	兌	艮
亥년	坎	坤	震	巽	中	乾	兌	艮	離	坎	坤	震

- 육사(六蛇)—팔룡(八龍)·칠조(七鳥)·구호(九虎)·육사(六蛇)는 모두 같은 의미인데, 혼인, 가취, 신행에 불길하다고 되어 있다. 이는 봄은 甲子 乙亥를 팔룡. 여름은 丙子 丁亥를 칠조. 가을은 庚子 辛亥를 구호. 겨울은 壬子 癸亥를 육사라 하나 계절에 따라 이름만 다르다(앞의 九虎를 참고할 것).
- 음도충양(陰道衝陽)—2월 己卯일, 8월 己酉일 등.
- 음양격충(陰陽擊衝)—5월의 壬子일, 11월의 丙午일.
- 음양교파(陰陽交破)—4월의 癸亥일, 10월의 丁巳일 등.
- 음양구착(陰陽俱錯)—5월의 丙午일, 11월의 壬子일 등.
- 음위(陰位)—3월의 庚辰일, 9월의 甲戌일 등.
- 음착(陰錯)—혼조사, 가취, 출행, 교역, 모임에 불리하다.

	正	二	三	四	五	六	七	八	九	十	十一	十二
음착	庚戌	辛酉	庚申	丁未 己未	·	丁巳 己巳	甲辰	乙卯	甲寅	癸丑	·	癸亥

- 중일(重日)—巳亥일은 모두 중일인데, 이 일이 거듭된다는 뜻이다.
- 지낭(地囊)

	正	二	三	四	五	六	七	八	九	十	十一	十二
지낭	辛未 辛酉	乙酉 乙未	庚子 庚午	癸未 癸丑	甲子 甲寅	奇妙 己丑	戊辰 戊午	癸未 癸巳	丙寅 丙申	丁卯 丁酉	戊辰 戊子	庚戌 庚子

- 지화(地火)

	子	丑	寅	卯	辰	巳	午	未	申	酉	戌	亥
지화	子	亥	戌	酉	申	未	午	巳	辰	卯	寅	丑

• 천강(天罡)・하괴(河魁)—천강은 북두칠성의 자루이고, 하괴는 바가지인데, 월내(月內)의 흉신이다.

	子	丑	寅	卯	辰	巳	午	未	申	酉	戌	亥
천강	辰	卯	寅	丑	子	亥	戌	酉	申	未	午	巳
하괴	戌	酉	申	未	午	巳	辰	卯	寅	丑	子	亥

• 천구(天狗)—이는 복덕, 천무와 동궁인데, 월중의 흉신이다. 도표와 같이 분류하기도 한다.

①

	子	丑	寅	卯	辰	巳	午	未	申	酉	戌	亥
천구	寅	卯	辰	巳	午	未	申	酉	戌	亥	子	丑

②

	春	夏	秋	冬	
천구두	酉	午	卯	子	
천구미	卯	子	酉	午	남편을 극함. 염대살의 正位임
천구구	申	巳	寅	亥	산행길에 꺼림. 章光正位임.
천구복	午	卯	子	酉	당년에 戊子 天喜의 정위임

	春	夏	秋	冬	
천구배	子	酉	卯	午	3년후에 유자 홍염살의 정위임
천구족	戌	未	辰	丑	6년 후 생자 육합의 정위임.
천구후족	辰	丑	戌	未	9년 후에 생자 월해와 정위임.
천구방	卯	午	酉	子	동월의 건절살 (建轉煞)임.

③ 술일(戌日)이 만일(滿日)과 만나도 천구이다.

• 천리(天吏)—원행, 소송, 부임에 꺼린다.

	正	二	三	四	五	六	七	八	九	十	十一	十二
천리	酉	午	卯	子	酉	午	卯	子	酉	午	卯	子

- 천적(天賊)—원행에 꺼린다.

	子	丑	寅	卯	辰	巳	午	未	申	酉	戌	亥
천적	卯	寅	丑	子	亥	戌	酉	申	未	午	巳	辰

- 천화(天火)—월중의 흉신인데 집을 덮는 것. 기공, 축조, 회친 등에 흉하다. 재살(災煞), 천옥(天獄)이기도 하다.

	子	丑	寅	卯	辰	巳	午	未	申	酉	戌	亥
천화	午	卯	子	酉	午	卯	子	酉	午	卯	子	酉

- 초요(招搖)—염대(厭對)와 같은 것으로, 가취, 승선도수(乘船渡水)에 꺼린다.

	子	丑	寅	卯	辰	巳	午	未	申	酉	戌	亥
초요	午	巳	辰	卯	寅	丑	子	亥	戌	酉	申	未

- 촉수룡(觸水龍)—승선, 도수(渡水), 도강에 꺼린다. 뒤의 팔풍(八風)과 같은 의미이다. 丙子, 계미, 계축, 3일인데, 사시(四時)에 관계없이 해신이므로 꺼린다.

- 축진(逐陣)—6월에 丙午 戊午일 등 이상 2일

- 치사(致死)—천리와 치사는 같은 것으로, 부임과 원행, 소송에 불리하다.

	正	二	三	四	五	六	七	八	九	十	十一	十二
천리	酉	午	卯	子	酉	午	卯	子	酉	午	卯	子
치사	酉	午	卯	子	酉	午	卯	子	酉	午	卯	子

- 칠조(七鳥)―팔룡(八龍) 봄 甲子 乙亥일, 칠조 여름 丙子 丁亥일, 육사(六蛇) 壬子 癸亥일. 혼인, 가취에 꺼린다. 앞 구호, 육사 참조.
- 토부(土府)―월건과 같은 날인데, 중부(中府) 중궁이니 토살(土煞)이다. 토부(土符)는 수장(收藏)한다는 의미의 악살(惡煞)이다. 파토(破土), 천정(穿井), 축장(築墻)에 꺼린다.

	子	丑	寅	卯	辰	巳	午	未	申	酉	戌	亥
土府	子	丑	寅	卯	辰	巳	午	未	申	酉	戌	亥
土符	申	子	丑	巳	酉	寅	午	戌	卯	未	亥	辰

- 팔룡(八龍)―혼인, 신행에 꺼리는 날인데, 봄 甲子 乙亥일 팔룡. 여름 丙子 丁亥일 칠조. 가을 庚子 辛亥 구호. 겨울 壬子 癸亥일 육사(六蛇).
- 팔전(八專)―甲寅, 丁未, 己未, 庚申, 癸丑일 등 5일.
- 팔풍(八風)―승선(乘船), 도하(渡河)에 꺼린다.

	봄	여름	가을	겨울
팔풍	丁丑 丁巳	甲辰 甲申	丁未 丁亥	甲戌 甲寅

- 함지(咸池)―혼인에 꺼린다.

	子	丑	寅	卯	辰	巳	午	未	申	酉	戌	亥
함지	酉	午	卯	子	酉	午	卯	子	酉	午	卯	子

- 행한(行狠)―甲申 乙未 庚寅 辛丑일 등 4일인데 흉신이다.

	正	二	三	四	五	六	七	八	九	十	十一	十二
행한	·	·	甲申	乙未	·	·	·	·	·	庚寅	辛丑	·

- 혈기(血忌)—속세와 같은 길신인데, 결혼, 친목, 제사, 양자 들이는 데 길한 날이다.

	子	丑	寅	卯	辰	巳	午	未	申	酉	戌	亥
혈기	午	子	丑	未	寅	申	卯	酉	辰	戌	巳	亥

- 혈지(血支)—침뜸이나 수술에 꺼린다. 출혈한다는 뜻이다.

	子	丑	寅	卯	辰	巳	午	未	申	酉	戌	亥
혈지	亥	子	丑	寅	卯	辰	巳	午	未	申	酉	戌

3. 일표(日表)

길시(吉時) 조견표(이는 혼인과 장사에 모두 길한 時이다)

甲子日	子丑吉時 婚則巳申可用	甲午日	卯時吉 婚則未時可用
乙丑日	寅卯申吉 婚則巳可用	乙未日	寅卯申戌亥吉 婚則午未可用
丙寅日	子丑未吉 婚則酉戌可用	丙申日	子丑未戌吉 婚則申可用
丁卯日	午未時吉	丁酉日	子午未吉
戊辰日	巳申酉吉 婚則未可用	戊戌日	申時吉 婚則巳可用
己巳日	辰午未吉	己亥日	午未戌吉
庚午日	卯申酉吉 婚則未可用	庚子日	丑申酉吉 婚則巳可用
辛未日	寅卯申吉 婚則午可用	辛丑日	寅卯亥吉 婚則午申可用
壬申日	子丑辰巳未吉	壬寅日	子丑未戌吉 婚則午或可用
癸酉日	寅午時吉 婚則未可用	癸卯日	寅卯午吉 婚則巳未時可用
甲戌日	寅巳亥吉 婚則未申可用	甲辰日	巳亥時吉 婚則未申可用
乙亥日	丑辰戌吉 婚則午未可用	乙巳日	丑辰戌吉 婚則午未申可用
丙子日	子丑時吉 婚則巳申可用	丙午日	申酉時吉 婚則午未可用
丁丑日	巳亥時吉 婚則午申可用	丁未日	巳申戌亥吉 婚則午未可用
戊寅日	辰未時吉	戊申日	辰巳未吉
己卯日	寅卯午未吉	己酉日	子午未時吉
庚辰日	寅巳亥吉 婚則申可用	庚戌日	巳申亥時吉 婚則未可用
辛巳日	丑午未戌吉	辛亥日	丑午未戌吉
壬午日	卯時吉 婚則巳未申可用	壬子日	子丑酉時吉 婚則巳未可用
癸未日	寅卯巳吉 婚則午可用	癸丑日	巳申時吉
甲申日	子丑辰巳吉 婚則未可用	甲寅日	辰未戌吉 婚則酉可用
乙酉日	子寅時吉 婚則巳午未可用	乙卯日	寅卯時吉 婚則巳午未可用
丙戌日	寅申亥吉 婚則巳午可用	丙辰日	寅申酉亥吉 婚則巳未可用
丁亥日	丑辰時吉 婚則午未可用	丁巳日	辰午未戌吉
戊子日	申酉時吉 婚則巳可用	戊午日	卯申酉吉 婚則未可用
己丑日	寅卯巳吉 婚則申可用	己未日	寅卯巳戌吉 婚則午未申可用
庚寅日	丑辰時吉 婚則未酉可用	庚申日	辰巳時吉 婚則未申可用
辛卯日	寅卯時吉 婚則午未可用	辛酉日	寅午未吉
壬辰日	巳酉亥吉 婚則未申可用	壬戌日	巳亥時吉 婚則未可用
癸巳日	辰時吉 婚則巳午可用	癸亥日	辰午時吉 婚則未申可用

• 甲子日

甲子時	吉	日建 金匱
	凶	
乙丑時	吉	天乙 貴人 日合 寶光
	凶	
丙寅時	吉	喜神 福星 貴人 日馬
	凶	白虎
丁卯時	吉	玉堂
	凶	日刑
戊辰時	吉	
	凶	天牢천로
己巳時	吉	
	凶	元武
庚午時	吉	司命
	凶	日破 五不遇
辛未時	吉	天乙貴人 勾陳구진
	凶	日害
壬申時	吉	靑龍
	凶	路空
癸酉時	吉	天官貴人 明堂
	凶	路空
甲戌時	吉	
	凶	天刑 旬空
乙亥時	吉	
	凶	朱雀 旬空

• 乙丑日

丙子時	吉	乙貴 合
	凶	天刑
丁丑時	吉	星貴 建
	凶	朱雀
戊寅時	吉	金匱
	凶	
己卯時	吉	綠 寶光
	凶	
庚辰時	吉	
	凶	白虎
辛巳時	吉	玉堂
	凶	五不遇
壬午時	吉	
	凶	路空 害 天牢천로
癸未時	吉	
	凶	路空 破 元武
甲申時	吉	乙貴 官貴 司命
	凶	
乙酉時	吉	
	凶	勾陳
丙戌時	吉	喜神 靑龍
	凶	刑 旬空
丁亥時	吉	星貴 馬 明堂
	凶	旬空

• 丙寅日

戊子時	吉	官貴 星貴 靑龍
	凶	
己丑時	吉	明堂
	凶	
庚寅時	吉	建
	凶	天刑
辛卯時	吉	
	凶	朱雀
壬辰時	吉	金匱
	凶	五不遇 路空
癸巳時	吉	祿 寶光
	凶	路空 害 刑
甲午時	吉	
	凶	白虎
乙未時	吉	玉堂
	凶	
丙申時	吉	喜神 馬
	凶	破 天牢 천로
丁酉時	吉	乙貴
	凶	元武
戊戌時	吉	星貴 司命
	凶	旬空
己亥時	吉	乙貴 合
	凶	勾陳 旬空

• 丁卯日

庚子時	吉	司命
	凶	刑
辛丑時	吉	
	凶	勾陳
壬寅時	吉	靑龍
	凶	路空
癸卯時	吉	建 明堂
	凶	五不遇 路空
甲辰時	吉	
	凶	害 天刑
乙巳時	吉	馬
	凶	朱雀
丙午時	吉	祿 喜神 金匱
	凶	
丁未時	吉	寶光
	凶	
戊申時	吉	
	凶	白虎
己酉時	吉	乙貴 星貴 玉堂
	凶	破
庚戌時	吉	合
	凶	天牢 旬空
辛亥時	吉	乙貴 官貴
	凶	元武 旬空

• 戊辰日

壬子時	吉	
	凶	路空 天牢
癸丑時	吉	乙貴
	凶	路空 元武
甲寅時	吉	馬 司命
	凶	五不遇
乙卯時	吉	官貴
	凶	害 勾陳
丙辰時	吉	喜神 建 青龍
	凶	刑
丁巳時	吉	祿 明堂
	凶	
戊午時	吉	
	凶	天刑
己未時	吉	乙貴
	凶	朱雀
庚申時	吉	星貴 金匱
	凶	
辛酉時	吉	合 寶光
	凶	
壬戌時	吉	
	凶	破 白虎 路空 旬空
癸亥時	吉	玉堂
	凶	路空 旬空

• 己巳日

甲子時	吉	乙貴
	凶	白虎
乙丑時	吉	玉堂
	凶	五不遇
丙寅時	吉	喜神 官貴
	凶	害 天牢
丁卯時	吉	
	凶	元武
戊辰時	吉	司命
	凶	
己巳時	吉	建
	凶	勾陳
庚午時	吉	祿 青龍
	凶	
辛未時	吉	星貴 明堂
	凶	
壬申時	吉	乙貴 合
	凶	路空 刑 天刑
癸酉時	吉	
	凶	路空 朱雀
甲戌時	吉	金匱
	凶	旬空
乙亥時	吉	馬 寶光
	凶	五不遇 破 旬空

• 庚午日

丙子時	吉	金匱
	凶	五不遇 破
丁丑時	吉	乙貴 寶光
	凶	害
戊寅時	吉	馬
	凶	白虎
己卯時	吉	玉堂
	凶	
庚辰時	吉	
	凶	天牢
辛巳時	吉	
	凶	元武
壬午時	吉	官貴 星貴 建 司命
	凶	路空 刑
癸未時	吉	乙貴 合
	凶	路空 勾陳
甲申時	吉	祿 馬 靑龍
	凶	
乙酉時	吉	明堂
	凶	
丙戌時	吉	喜神
	凶	五不遇 天刑 旬空
丁亥時	吉	
	凶	朱雀 旬空

• 辛未日

戊子時	吉	
	凶	害 天刑
己丑時	吉	
	凶	破 刑 朱雀
庚寅時	吉	乙貴 金匱
	凶	
辛卯時	吉	寶光
	凶	
壬辰時	吉	
	凶	路空 白虎
癸巳時	吉	官貴 星貴 馬 玉堂
	凶	路空
甲午時	吉	乙貴 合
	凶	天牢
乙未時	吉	建
	凶	元武
丙申時	吉	喜神 司命
	凶	
丁酉時	吉	祿
	凶	五不遇 勾陳
戊戌時	吉	靑龍
	凶	旬空
己亥時	吉	明堂
	凶	旬空

628 제2부 실용 신살

• 壬申日

庚子時	吉	靑龍
	凶	
辛丑時	吉	官貴 明堂
	凶	
壬寅時	吉	馬
	凶	破 刑 路空 天刑
癸卯時	吉	乙貴 朱雀
	凶	路空
甲辰時	吉	星貴 金匱
	凶	
乙巳時	吉	乙貴 合 寶光
	凶	
丙午時	吉	喜神
	凶	白虎
丁未時	吉	官貴 玉堂
	凶	
戊申時	吉	建
	凶	五不遇 天牢
己酉時	吉	
	凶	元武
庚戌時	吉	司命
	凶	旬空
辛亥時	吉	祿
	凶	害 勾陳 旬空

• 癸酉日

壬子時	吉	祿 司命
	凶	路空
癸丑時	吉	
	凶	路空 勾陳
甲寅時	吉	靑龍
	凶	
乙卯時	吉	乙貴 星貴 明堂
	凶	破
丙辰時	吉	合 喜神 官貴
	凶	天刑
丁巳時	吉	乙貴
	凶	朱雀
戊午時	吉	金匱
	凶	
己未時	吉	寶光
	凶	五不遇
庚申時	吉	
	凶	白虎
辛酉時	吉	建 玉堂
	凶	刑
壬戌時	吉	官貴
	凶	害 路空 天牢 旬空
癸亥時	吉	馬
	凶	路空 元武 旬空

• 甲戌日

甲子時	吉	
	凶	天牢
乙丑時	吉	乙貴
	凶	元武
丙寅時	吉	祿 喜神 星貴 司命
	凶	
丁卯時	吉	合
	凶	勾陳
戊辰時	吉	靑龍
	凶	破
己巳時	吉	明堂
	凶	
庚午時	吉	
	凶	五不遇 天刑
辛未時	吉	乙貴
	凶	刑 朱雀
壬申時	吉	馬 金匱
	凶	路空 旬空
癸酉時	吉	官貴 寶光
	凶	害 路空 旬空
甲戌時	吉	建
	凶	白虎
乙亥時	吉	玉堂
	凶	

• 乙亥日

丙子時	吉	乙貴
	凶	白虎
丁丑時	吉	星貴 玉堂
	凶	
戊寅時	吉	合
	凶	天牢
己卯時	吉	祿
	凶	元武
庚辰時	吉	司命
	凶	
辛巳時	吉	馬
	凶	破 五不遇 勾陳
壬午時	吉	靑龍
	凶	路空
癸未時	吉	明堂
	凶	路空
甲申時	吉	乙貴 官貴
	凶	喜 天刑 旬空
乙酉時	吉	
	凶	朱雀 旬空
丙戌時	吉	喜神 金匱
	凶	
丁亥時	吉	建 星貴 寶光
	凶	刑

• 丙子日

戊子時	吉	建 官貴 星貴 金匱
	凶	
己丑時	吉	合 寶光
	凶	
庚寅時	吉	馬
	凶	白虎
辛卯時	吉	玉堂
	凶	刑
壬辰時	吉	
	凶	五不遇 路空 天牢
癸巳時	吉	祿
	凶	路空 元武
甲午時	吉	司命
	凶	破
乙未時	吉	
	凶	害 勾陳
丙申時	吉	喜神 青龍
	凶	旬空
丁酉時	吉	乙貴 明堂
	凶	旬空
戊戌時	吉	星貴
	凶	天刑
己亥時	吉	乙貴
	凶	朱雀

• 丁丑日

庚子時	吉	合
	凶	天刑
辛丑時	吉	建
	凶	朱雀
壬寅時	吉	金匱
	凶	路空
癸卯時	吉	寶光
	凶	五不遇 路空
甲辰時	吉	
	凶	白虎
乙巳時	吉	玉堂
	凶	
丙午時	吉	祿 喜神
	凶	害 天牢
丁未時	吉	
	凶	破 元武
戊申時	吉	司命
	凶	旬空
己酉時	吉	乙貴 星貴
	凶	勾陳 旬空
庚戌時	吉	青龍
	凶	刑
辛亥時	吉	馬 乙貴 官貴 明堂
	凶	

• 戊寅日

壬子時	吉	青龍
	凶	路空
癸丑時	吉	乙貴 明堂
	凶	路空
甲寅時	吉	建
	凶	五不遇 天刑
乙卯時	吉	官貴
	凶	朱雀
丙辰時	吉	喜神 金匱
	凶	
丁巳時	吉	祿 寶光
	凶	害 刑
戊午時	吉	
	凶	白虎
己未時	吉	乙貴 玉堂
	凶	
庚申時	吉	馬 星貴
	凶	破 天牢 旬空
辛酉時	吉	
	凶	元武 旬空
壬戌時	吉	司命
	凶	路空
癸亥時	吉	合
	凶	路空 勾陳

• 己卯日

甲子時	吉	乙貴
	凶	刑
乙丑時	吉	
	凶	五不遇 勾陳
丙寅時	吉	喜神 官貴 青龍
	凶	
丁卯時	吉	建 明堂
	凶	
戊辰時	吉	
	凶	害 天刑
己巳時	吉	馬
	凶	朱雀
庚午時	吉	祿 金匱
	凶	
辛未時	吉	星貴 寶光
	凶	
壬申時	吉	乙貴
	凶	路空 旬空 白虎
癸酉時	吉	玉堂
	凶	破 路空 旬空
甲戌時	吉	台
	凶	天牢
乙亥時	吉	
	凶	五不遇 元武

• 庚辰日

丙子時	吉	
	凶	五不遇 天牢
丁丑時	吉	乙貴
	凶	元武
戊寅時	吉	馬 司命
	凶	
己卯時	吉	
	凶	害 勾陳
庚辰時	吉	建 青龍
	凶	刑
辛巳時	吉	明堂
	凶	
壬午時	吉	官貴 星貴
	凶	路空 天刑
癸未時	吉	乙貴
	凶	路空 朱雀
甲申時	吉	祿 金匱
	凶	旬空
乙酉時	吉	合 寶光
	凶	旬空
丙戌時	吉	喜神
	凶	破 五不遇 白虎
丁亥時	吉	玉堂
	凶	

• 辛巳日

戊子時	吉	
	凶	白虎
己丑時	吉	玉堂
	凶	
庚寅時	吉	乙貴
	凶	害 天牢
辛卯時	吉	
	凶	元武
壬辰時	吉	司命
	凶	路空
癸巳時	吉	建 官貴 星貴
	凶	路空 勾陳
甲午時	吉	乙貴 青龍
	凶	
乙未時	吉	明堂
	凶	
丙申時	吉	合 喜神
	凶	刑 天刑 旬空
丁酉時	吉	祿
	凶	五不遇 朱雀 旬空
戊戌時	吉	金匱
	凶	
己亥時	吉	馬 寶光
	凶	破

• 壬午日

庚子時	吉	金匱
	凶	破
辛丑時	吉	官貴 寶光
	凶	害
壬寅時	吉	
	凶	路空 白虎
癸卯時	吉	乙貴 玉堂
	凶	路空
甲辰時	吉	星貴
	凶	天牢
乙巳時	吉	乙貴
	凶	元武
丙午時	吉	建 喜神 司命
	凶	刑
丁未時	吉	合 官貴
	凶	勾陳
戊申時	吉	馬 青龍
	凶	五不遇 旬空
己酉時	吉	明堂
	凶	旬空
庚戌時	吉	
	凶	天刑
辛亥時	吉	祿
	凶	朱雀

• 癸未日

壬子時	吉	祿
	凶	害 路空 天刑
癸丑時	吉	
	凶	破 刑 路空 朱雀
甲寅時	吉	金匱
	凶	
乙卯時	吉	乙貴 星貴 寶光
	凶	
丙辰時	吉	喜神 官貴
	凶	白虎
丁巳時	吉	馬 乙貴 玉堂
	凶	
戊午時	吉	合
	凶	天牢
己未時	吉	建
	凶	五不遇 元武
庚申時	吉	司命
	凶	司空
辛酉時	吉	
	凶	勾陳 旬空
壬戌時	吉	官貴 青龍
	凶	路空
癸亥時	吉	明堂
	凶	路空

• 甲申日

甲子時	吉	靑龍
	凶	
乙丑時	吉	乙貴 明堂
	凶	
丙寅時	吉	祿馬 喜神 星貴
	凶	破 刑 天刑
丁卯時	吉	
	凶	朱雀
戊辰時	吉	金匱
	凶	
己巳時	吉	合 寶光
	凶	
庚午時	吉	
	凶	五不遇 白虎 旬空
辛未時	吉	乙貴 玉堂
	凶	旬空
壬申時	吉	建
	凶	路空 天牢
癸酉時	吉	官貴
	凶	路空 元武
甲戌時	吉	司命
	凶	
乙亥時	吉	
	凶	害 勾陳

• 乙酉日

丙子時	吉	乙貴 司命
	凶	
丁丑時	吉	星貴
	凶	勾陳
戊寅時	吉	靑龍
	凶	
己卯時	吉	祿 明堂
	凶	破
庚辰時	吉	合
	凶	天刑
辛巳時	吉	
	凶	五不遇 朱雀
壬午時	吉	金匱
	凶	路空 旬空
癸未時	吉	寶光
	凶	路空 旬空
甲申時	吉	乙貴 官貴
	凶	白虎
乙酉時	吉	建 玉堂
	凶	刑
丙戌時	吉	喜神
	凶	害 天牢
丁亥時	吉	馬 星貴
	凶	元武

• 丙戌日

戊子時	吉	官貴 星貴
	凶	天牢
己丑時	吉	
	凶	元武
庚寅時	吉	司命
	凶	
辛卯時	吉	合
	凶	勾陳
壬辰時	吉	青龍
	凶	破 五不遇 路空
癸巳時	吉	祿 明堂
	凶	路空
甲午時	吉	
	凶	天刑 旬空
乙未時	吉	
	凶	刑 朱雀 旬空
丙申時	吉	喜神 馬 金匱
	凶	
丁酉時	吉	乙貴 寶光
	凶	害
戊戌時	吉	建 星貴
	凶	白虎
己亥時	吉	乙貴 玉堂
	凶	

• 丁亥日

庚子時	吉	
	凶	白虎
辛丑時	吉	玉堂
	凶	
壬寅時	吉	合
	凶	路空 天牢
癸卯時	吉	
	凶	五不遇 路空 元武
甲辰時	吉	司命
	凶	
乙巳時	吉	馬
	凶	破 勾陳
丙午時	吉	喜神 祿 青龍
	凶	旬空
丁未時	吉	明堂
	凶	旬空
戊申時	吉	
	凶	害 天刑
己酉時	吉	乙貴 星貴
	凶	朱雀
庚戌時	吉	金匱
	凶	
辛亥時	吉	建 乙貴 官貴 寶光
	凶	刑

• 戊子日

壬子時	吉	建 金匱
	凶	路空
癸丑時	吉	合 乙貴 寶光
	凶	路空
甲寅時	吉	馬
	凶	五不遇 白虎
乙卯時	吉	官貴 玉堂
	凶	刑
丙辰時	吉	喜神
	凶	天牢
丁巳時	吉	祿
	凶	元武
戊午時	吉	司命
	凶	破 旬空
己未時	吉	乙貴
	凶	害 勾陳 旬空
庚申時	吉	星貴 青龍
	凶	
辛酉時	吉	明堂
	凶	
壬戌時	吉	
	凶	路空 天刑
癸亥時	吉	
	凶	路空 朱雀

• 己丑日

甲子時	吉	合 乙貴
	凶	天刑
乙丑時	吉	建
	凶	五不遇 朱雀
丙寅時	吉	喜神 官貴 金匱
	凶	
丁卯時	吉	寶光
	凶	
戊辰時	吉	
	凶	白虎
己巳時	吉	玉堂
	凶	
庚午時	吉	祿
	凶	害 天牢 旬空
辛未時	吉	星貴
	凶	破 元武 旬空
壬申時	吉	乙貴 司命
	凶	路空
癸酉時	吉	
	凶	路空 勾陳
甲戌時	吉	青龍
	凶	刑
乙亥時	吉	馬 明堂
	凶	五不遇

• 庚寅日

丙子時	吉	靑龍
	凶	五不遇
丁丑時	吉	乙貴 明堂
	凶	
戊寅時	吉	建
	凶	天刑
己卯時	吉	
	凶	朱雀
庚辰時	吉	金匱
	凶	
辛巳時	吉	寶光
	凶	害 刑
壬午時	吉	官貴 星貴
	凶	白虎 路空 旬空
癸未時	吉	乙貴 玉堂
	凶	路空 旬空
甲申時	吉	祿 馬
	凶	破 天牢
乙酉時	吉	
	凶	元武
丙戌時	吉	喜神 司命
	凶	五不遇
丁亥時	吉	合
	凶	勾陳

• 辛卯日

戊子時	吉	司命
	凶	刑
己丑時	吉	
	凶	勾陳
庚寅時	吉	乙貴 靑龍
	凶	
辛卯時	吉	建 明堂
	凶	
壬辰時	吉	
	凶	害 路空 天刑
癸巳時	吉	馬 官貴 星貴
	凶	路空 朱雀
甲午時	吉	乙貴 金匱
	凶	旬空
乙未時	吉	寶光
	凶	旬空
丙申時	吉	喜神
	凶	白虎
丁酉時	吉	祿 玉堂
	凶	破 五不遇
戊戌時	吉	合
	凶	天牢
己亥時	吉	
	凶	元武

• 壬辰日

庚子時	吉	
	凶	天牢
辛丑時	吉	官貴
	凶	元武
壬寅時	吉	馬 司命
	凶	路空
癸卯時	吉	乙貴
	凶	害 路空 勾陳
甲辰時	吉	建 星貴 青龍
	凶	刑
乙巳時	吉	乙貴 明堂
	凶	
丙午時	吉	喜神
	凶	天刑 旬空
丁未時	吉	官貴
	凶	朱雀 旬空
戊申時	吉	金匱
	凶	五不遇
己酉時	吉	合 寶光
	凶	
庚戌時	吉	
	凶	破 白虎
辛亥時	吉	祿 玉堂
	凶	

• 癸巳日

壬子時	吉	祿
	凶	路空 白虎
癸丑時	吉	玉堂
	凶	路空
甲寅時	吉	
	凶	害 天牢
乙卯時	吉	乙貴 星貴
	凶	元武
丙辰時	吉	喜神 官貴 司命
	凶	
丁巳時	吉	建 乙貴
	凶	勾陳
戊午時	吉	青龍
	凶	旬空
己未時	吉	明堂
	凶	五不遇 旬空
庚申時	吉	合
	凶	刑 天刑
辛酉時	吉	
	凶	朱雀
壬戌時	吉	官貴 金匱
	凶	路空
癸亥時	吉	馬 寶光
	凶	破 路空

• 甲午日

	吉	金匱
甲子時	凶	破
乙丑時	吉	乙貴 寶光
	凶	害
丙寅時	吉	祿 喜神 星貴
	凶	白虎
丁卯時	吉	玉堂
	凶	
戊辰時	吉	
	凶	天牢 旬空
己巳時	吉	
	凶	元武 旬空
庚午時	吉	建 司命
	凶	刑 五不遇
辛未時	吉	合 乙貴
	凶	勾陳
壬申時	吉	馬 青龍
	凶	路空
癸酉時	吉	官貴 明堂
	凶	路空
甲戌時	吉	
	凶	天刑
乙亥時	吉	
	凶	朱雀

• 乙未日

	吉	乙貴
丙子時	凶	害 天刑
丁丑時	吉	星貴
	凶	破 刑 朱雀
戊寅時	吉	金匱
	凶	
己卯時	吉	祿 寶光
	凶	
庚辰時	吉	
	凶	白虎 旬空
辛巳時	吉	馬 玉堂
	凶	五不遇 旬空
壬午時	吉	合
	凶	路空 天牢
癸未時	吉	建
	凶	路空 元武
甲申時	吉	乙貴 官貴 司命
	凶	
乙酉時	吉	
	凶	勾陳
丙戌時	吉	喜神 青龍
	凶	
丁亥時	吉	星貴 青龍
	凶	

• 丙申日

戊子時	吉	官貴 星貴 青龍
	凶	
己丑時	吉	明堂
	凶	
庚寅時	吉	馬
	凶	破 刑 天刑
辛卯時	吉	
	凶	朱雀
壬辰時	吉	金匱
	凶	五不遇 路空 旬空
癸巳時	吉	祿 合 寶光
	凶	路空 旬空
甲午時	吉	
	凶	白虎
乙未時	吉	玉堂
	凶	
丙申時	吉	建 喜神
	凶	天牢
丁酉時	吉	乙貴
	凶	元武
戊戌時	吉	星貴 司命
	凶	
己亥時	吉	乙貴
	凶	害 勾陳

• 丁酉日

庚子時	吉	司命
	凶	
辛丑時	吉	
	凶	勾陳
壬寅時	吉	青龍
	凶	路空
癸卯時	吉	明堂 貴 玉堂
	凶	破 五不遇 路空
甲辰時	吉	合
	凶	天刑 旬空
乙巳時	吉	
	凶	朱雀 旬空
丙午時	吉	喜神 祿 金匱
	凶	
丁未時	吉	寶光
	凶	
戊申時	吉	
	凶	白虎
己酉時	吉	建 乙貴 星貴 旬空
	凶	刑
庚戌時	吉	
	凶	害 天牢
辛亥時	吉	馬 乙貴 官貴
	凶	元武

· 戊戌日

壬子時	吉	
	凶	路空 天牢
癸丑時	吉	乙貴
	凶	路空 元武
甲寅時	吉	司命
	凶	五不遇
乙卯時	吉	合 官貴
	凶	勾陳
丙辰時	吉	喜神 青龍
	凶	破 旬空
丁巳時	吉	祿 明堂
	凶	旬空
戊午時	吉	
	凶	天刑
己未時	吉	乙貴
	凶	刑 朱雀
庚申時	吉	馬 星貴 金匱
	凶	
辛酉時	吉	寶光
	凶	害
壬戌時	吉	建
	凶	路空 白虎
癸亥時	吉	玉堂
	凶	路空

· 己亥日

甲子時	吉	乙貴
	凶	白虎
乙丑時	吉	玉堂
	凶	五不遇
丙寅時	吉	喜神 合 官貴
	凶	天牢
丁卯時	吉	
	凶	元武
戊辰時	吉	司命
	凶	旬空
己巳時	吉	馬
	凶	破 勾陳 旬空
庚午時	吉	祿 青龍
	凶	
辛未時	吉	星貴 明堂
	凶	
壬申時	吉	乙貴
	凶	害 路空 天刑
癸酉時	吉	
	凶	路空 朱雀
甲戌時	吉	金匱
	凶	
乙亥時	吉	建 寶光
	凶	刑 五不遇

• 庚子日

丙子時	吉	建 金匱
	凶	五不遇
丁丑時	吉	合 乙貴 寶光
	凶	
戊寅時	吉	馬
	凶	白虎
己卯時	吉	玉堂
	凶	刑
庚辰時	吉	
	凶	天牢 旬空
辛巳時	吉	
	凶	元武 旬空
壬午時	吉	官貴 星貴 司命
	凶	破 路空
癸未時	吉	乙貴
	凶	害 路空 勾陳
甲申時	吉	祿 青龍
	凶	
乙酉時	吉	明堂
	凶	
丙戌時	吉	喜神
	凶	五不遇 天刑
丁亥時	吉	
	凶	朱雀

• 辛丑日

戊子時	吉	合
	凶	天刑
己丑時	吉	建
	凶	朱雀
庚寅時	吉	乙貴 金匱
	凶	
辛卯時	吉	寶光
	凶	
壬辰時	吉	
	凶	路空 旬空 白虎
癸巳時	吉	官貴 星貴 玉堂
	凶	路空 旬空
甲午時	吉	乙貴
	凶	害 天牢
乙未時	吉	
	凶	破 元武
丙申時	吉	喜神 司命
	凶	
丁酉時	吉	祿
	凶	五不遇 勾陳
戊戌時	吉	青龍
	凶	刑
己亥時	吉	馬 明堂
	凶	

• 壬寅日

庚子時	吉	靑龍
	凶	
辛丑時	吉	官貴 明堂
	凶	
壬寅時	吉	建
	凶	路空 天刑
癸卯時	吉	乙貴
	凶	路空 朱雀
甲辰時	吉	星貴 金匱
	凶	旬空
乙巳時	吉	乙貴 寶光
	凶	害 刑 旬空
丙午時	吉	喜神
	凶	白虎
丁未時	吉	官貴 玉堂
	凶	
戊申時	吉	馬
	凶	破 五不遇 天牢
己酉時	吉	
	凶	元武
庚戌時	吉	司命
	凶	
辛亥時	吉	祿 合
	凶	勾陳

• 癸卯日

壬子時	吉	祿 司命
	凶	刑 路空
癸丑時	吉	
	凶	路空 勾陳
甲寅時	吉	靑龍
	凶	
乙卯時	吉	建 乙貴 星貴 明堂
	凶	
丙辰時	吉	喜神 官貴
	凶	害 刑 旬空
丁巳時	吉	馬 乙貴
	凶	朱雀 旬空
戊午時	吉	金匱
	凶	
己未時	吉	寶光
	凶	五不遇
庚申時	吉	
	凶	白虎
辛酉時	吉	玉堂
	凶	破
壬戌時	吉	合 官貴
	凶	路空 天牢
癸亥時	吉	
	凶	路空 元武

• 甲辰日

甲子時	吉	
	凶	天牢
乙丑時	吉	乙貴
	凶	元武
丙寅時	吉	祿 馬 星貴 司命 喜神
	凶	旬空
丁卯時	吉	
	凶	害 勾陳 旬空
戊辰時	吉	建 青龍
	凶	刑
己巳時	吉	明堂
	凶	
庚午時	吉	
	凶	五不遇 天刑
辛未時	吉	乙貴
	凶	朱雀
壬申時	吉	金匱
	凶	路空
癸酉時	吉	合 官貴 寶光
	凶	路空
甲戌時	吉	
	凶	破 白虎
乙亥時	吉	玉堂
	凶	

• 乙巳日

丙子時	吉	乙貴
	凶	白虎
丁丑時	吉	星貴 玉堂
	凶	
戊寅時	吉	
	凶	害 天牢 旬空
己卯時	吉	祿
	凶	元武 旬空
庚辰時	吉	司命
	凶	
辛巳時	吉	建
	凶	五不遇 勾陳
壬午時	吉	青龍
	凶	路空
癸未時	吉	明堂
	凶	路空
甲申時	吉	合 乙貴 官貴
	凶	刑 天刑
乙酉時	吉	
	凶	朱雀
丙戌時	吉	喜神 金匱
	凶	
丁亥時	吉	馬 星貴 寶光
	凶	破

• 丙午日

戊子時	吉	官貴 星貴 金匱
	凶	破
己丑時	吉	寶光
	凶	害
庚寅時	吉	
	凶	白虎 旬空
辛卯時	吉	玉堂
	凶	旬空
壬辰時	吉	
	凶	五不遇 路空 天牢
癸巳時	吉	祿
	凶	路空 元武
甲午時	吉	建 司命
	凶	刑
乙未時	吉	合
	凶	勾陳
丙申時	吉	喜神 馬 青龍
	凶	
丁酉時	吉	乙貴 明堂
	凶	
戊戌時	吉	星貴
	凶	天刑
己亥時	吉	乙貴
	凶	朱雀

• 丁未日

庚子時	吉	
	凶	害 天刑
辛丑時	吉	
	凶	破 刑 朱雀
壬寅時	吉	金匱
	凶	路空 旬空
癸卯時	吉	寶光
	凶	五不遇 路空 旬空
甲辰時	吉	
	凶	白虎
乙巳時	吉	馬 玉堂
	凶	
丙午時	吉	祿 合 喜神
	凶	天牢
丁未時	吉	建
	凶	元武
戊申時	吉	司命
	凶	
己酉時	吉	乙貴 星貴
	凶	勾陳
庚戌時	吉	青龍
	凶	
辛亥時	吉	乙貴 官貴 明堂
	凶	

• 戊申日

壬子時	吉	靑龍
	凶	路空
癸丑時	吉	乙貴 明堂
	凶	路空
甲寅時	吉	馬
	凶	破 刑 五不遇 天刑 旬空
乙卯時	吉	官貴
	凶	朱雀 旬空
丙辰時	吉	喜神 金匱
	凶	
丁巳時	吉	祿 合 寶光
	凶	
戊午時	吉	
	凶	白虎
己未時	吉	乙貴 玉堂
	凶	
庚申時	吉	建 星貴
	凶	天牢
辛酉時	吉	
	凶	元武
壬戌時	吉	司命
	凶	路空
癸亥時	吉	
	凶	害 路空 勾陳

• 己酉日

甲子時	吉	乙貴 司命
	凶	
乙丑時	吉	
	凶	五不遇 勾陳
丙寅時	吉	喜神 官貴 靑龍
	凶	旬空
丁卯時	吉	明堂
	凶	破 旬空
戊辰時	吉	合
	凶	天刑
己巳時	吉	
	凶	朱雀
庚午時	吉	祿 金匱
	凶	
辛未時	吉	星貴 寶光
	凶	
壬申時	吉	乙貴
	凶	路空 白虎
癸酉時	吉	建 玉堂
	凶	刑 路空
甲戌時	吉	
	凶	害 天牢
乙亥時	吉	馬
	凶	五不遇 元武

• 庚戌日

丙子時	吉	
	凶	五不遇 天牢
丁丑時	吉	乙貴
	凶	元武
戊寅時	吉	司命
	凶	旬空
己卯時	吉	合
	凶	勾陳 旬空
庚辰時	吉	青龍
	凶	破
辛巳時	吉	明堂
	凶	
壬午時	吉	官貴 星貴
	凶	路空 天刑
癸未時	吉	乙貴
	凶	刑 路空 朱雀
甲申時	吉	祿 馬 金匱
	凶	
乙酉時	吉	寶光
	凶	害
丙戌時	吉	喜神 建
	凶	五不遇 白虎
丁亥時	吉	玉堂
	凶	

• 辛亥日

戊子時	吉	
	凶	白虎
己丑時	吉	玉堂
	凶	
庚寅時	吉	合 乙貴
	凶	天牢 旬空
辛卯時	吉	
	凶	元武 旬空
壬辰時	吉	司命
	凶	路空
癸巳時	吉	馬 官貴 星貴
	凶	破 路空 勾陳
甲午時	吉	乙貴 青龍
	凶	
乙未時	吉	明堂
	凶	
丙申時	吉	喜神
	凶	害 天刑
丁酉時	吉	祿
	凶	五不遇 朱雀
戊戌時	吉	金匱
	凶	
己亥時	吉	建 寶光
	凶	刑

• 壬子日

庚子時	吉	建 金匱
	凶	
辛丑時	吉	合 官貴 寶光
	凶	
壬寅時	吉	馬
	凶	白虎 路空 旬空
癸卯時	吉	乙貴
	凶	刑 路空 旬空
甲辰時	吉	星貴
	凶	天牢
乙巳時	吉	乙貴
	凶	元武
丙午時	吉	喜神 司命
	凶	破
丁未時	吉	官貴
	凶	害 勾陳
戊申時	吉	青龍
	凶	五不遇
己酉時	吉	明堂
	凶	
庚戌時	吉	
	凶	天刑
辛亥時	吉	祿
	凶	朱雀

• 癸丑日

壬子時	吉	祿 合
	凶	路空 天刑
癸丑時	吉	建
	凶	路空 朱雀
甲寅時	吉	金匱
	凶	旬空
乙卯時	吉	乙貴 星貴 寶光
	凶	旬空
丙辰時	吉	喜神 官貴
	凶	白虎
丁巳時	吉	乙貴 玉堂
	凶	
戊午時	吉	
	凶	害 天牢
己未時	吉	
	凶	破 五不遇 元武
庚申時	吉	司命
	凶	
辛酉時	吉	
	凶	勾陳
壬戌時	吉	官貴 青龍
	凶	刑 路空
癸亥時	吉	馬 明堂
	凶	路空

• 甲寅日

甲子時	吉	靑龍
	凶	旬空
乙丑時	吉	乙貴 明堂
	凶	旬空
丙寅時	吉	建 祿 喜神 星貴
	凶	天刑
丁卯時	吉	
	凶	朱雀
戊辰時	吉	金匱
	凶	
己巳時	吉	寶光
	凶	害 刑
庚午時	吉	
	凶	五不遇 白虎
辛未時	吉	乙貴 玉堂
	凶	
壬申時	吉	馬
	凶	破 路空 天牢
癸酉時	吉	官貴
	凶	路空 元武
甲戌時	吉	司命
	凶	
乙亥時	吉	合
	凶	勾陳

• 乙卯日

丙子時	吉	乙貴 司命
	凶	刑 旬空
丁丑時	吉	星貴
	凶	勾陳 旬空
戊寅時	吉	靑龍
	凶	
己卯時	吉	祿 建 明堂
	凶	
庚辰時	吉	
	凶	害 天刑
辛巳時	吉	馬
	凶	五不遇 朱雀
壬午時	吉	金匱
	凶	路空
癸未時	吉	寶光
	凶	路空
甲申時	吉	乙貴 官貴
	凶	白虎
乙酉時	吉	玉堂
	凶	破
丙戌時	吉	合 喜神
	凶	天牢
丁亥時	吉	星貴
	凶	元武

• 丙辰日

戊子時	吉	官貴 星貴
	凶	天牢 旬空
己丑時	吉	
	凶	元武 旬空
庚寅時	吉	馬 司命
	凶	
辛卯時	吉	
	凶	害 勾陳
壬辰時	吉	建 青龍
	凶	刑 五不遇 路空
癸巳時	吉	祿 明堂
	凶	路空
甲午時	吉	
	凶	天刑
乙未時	吉	
	凶	朱雀
丙申時	吉	喜神 金匱
	凶	
丁酉時	吉	合 乙貴 寶光
	凶	·
戊戌時	吉	星貴
	凶	破 白虎
己亥時	吉	乙貴 玉堂
	凶	

• 丁巳日

庚子時	吉	
	凶	白虎 旬空
辛丑時	吉	玉堂
	凶	旬空
壬寅時	吉	
	凶	害 路空 天牢
癸卯時	吉	
	凶	五不遇 路空 元武
甲辰時	吉	司命
	凶	
乙巳時	吉	建
	凶	勾陳
丙午時	吉	祿 喜神 青龍
	凶	
丁未時	吉	明堂
	凶	
戊申時	吉	合
	凶	刑 天刑
己酉時	吉	乙貴 星貴
	凶	朱雀
庚戌時	吉	金匱
	凶	
辛亥時	吉	馬 乙貴 官貴 寶光
	凶	破

• 戊午日

壬子時	吉	金匱
	凶	破 路空 旬空
癸丑時	吉	乙貴 寶光
	凶	害 路空 旬空
甲寅時	吉	
	凶	五不遇 白虎
乙卯時	吉	官貴 玉堂
	凶	
丙辰時	吉	喜神
	凶	天牢
丁巳時	吉	祿
	凶	元武
戊午時	吉	建 司命
	凶	刑
己未時	吉	合 乙貴
	凶	勾陳
庚申時	吉	馬 星貴 青龍
	凶	
辛酉時	吉	明堂
	凶	
壬戌時	吉	
	凶	路空 天刑
癸亥時	吉	
	凶	路空 朱雀

• 己未日

甲子時	吉	乙貴
	凶	害 天刑 旬空
乙丑時	吉	
	凶	破 刑 五不遇 朱雀 旬空
丙寅時	吉	喜神 官貴 金匱
	凶	
丁卯時	吉	寶光
	凶	
戊辰時	吉	
	凶	白虎
己巳時	吉	馬 玉堂
	凶	
庚午時	吉	祿 合
	凶	天牢
辛未時	吉	建 星貴
	凶	元武
壬申時	吉	乙貴 司命
	凶	路空
癸酉時	吉	
	凶	路空 勾陳
甲戌時	吉	青龍
	凶	
乙亥時	吉	明堂
	凶	五不遇

• 庚申日

丙子時	吉	靑龍
	凶	五不遇 旬空
丁丑時	吉	乙貴 明堂
	凶	旬空
戊寅時	吉	馬
	凶	破 刑 天刑
己卯時	吉	
	凶	朱雀
庚辰時	吉	金匱
	凶	
辛巳時	吉	合 寶光
	凶	
壬午時	吉	官貴 星貴
	凶	路空 白虎
癸未時	吉	乙貴 玉堂
	凶	路空
甲申時	吉	祿 建
	凶	天牢
乙酉時	吉	
	凶	元武
丙戌時	吉	喜神 司命
	凶	五不遇
丁亥時	吉	
	凶	害 勾陳

• 辛酉日

戊子時	吉	司命
	凶	旬空
己丑時	吉	
	凶	勾陳 旬空
庚寅時	吉	乙貴 靑龍
	凶	
辛卯時	吉	明堂
	凶	破
壬辰時	吉	合
	凶	路空 天刑
癸巳時	吉	官貴 星貴
	凶	路空 朱雀
甲午時	吉	乙貴 金匱
	凶	
乙未時	吉	寶光
	凶	
丙申時	吉	喜神
	凶	白虎
丁酉時	吉	祿 建 玉堂
	凶	刑 五不遇
戊戌時	吉	
	凶	害 天牢
己亥時	吉	馬
	凶	元武

• 壬戌日

庚子時	吉	
	凶	天牢 旬空
辛丑時	吉	官貴
	凶	元武 旬空
壬寅時	吉	司命
	凶	路空
癸卯時	吉	合 乙貴
	凶	路空 勾陳
甲辰時	吉	星貴 靑龍
	凶	破
乙巳時	吉	乙貴 明堂
	凶	
丙午時	吉	喜神
	凶	天刑
丁未時	吉	官貴
	凶	刑 朱雀
戊申時	吉	馬 金匱
	凶	五不遇
己酉時	吉	寶光
	凶	害
庚戌時	吉	建
	凶	白虎
辛亥時	吉	祿 玉堂
	凶	

• 癸亥日

壬子時	吉	祿
	凶	白虎 路空 旬空
癸丑時	吉	玉堂
	凶	路空 旬空
甲寅時	吉	合
	凶	天牢
乙卯時	吉	乙貴 星貴
	凶	元武
丙辰時	吉	喜神 官貴 司命
	凶	
丁巳時	吉	馬 乙貴
	凶	破 勾陳
戊午時	吉	靑龍
	凶	
己未時	吉	明堂
	凶	五不遇
庚申時	吉	
	凶	害 天刑
辛酉時	吉	
	凶	朱雀
壬戌時	吉	官貴 金匱
	凶	路空
癸亥時	吉	建 寶光
	凶	刑 路空

4. 연월일시 총신살(總神煞)

연신세간기(年神歲干起) 예(例)

세간歲干	甲	乙	丙	丁	戊	己	庚	辛	壬	癸
세덕歲德	甲	庚	丙	壬	戊	甲	庚	丙	壬	戊
세덕합	己	乙	辛	丁	癸	己	乙	辛	丁	癸
세록歲綠	寅	卯	巳	午	巳	午	申	酉	亥	子
양귀陽貴	未	申	酉	亥	丑	子	丑	寅	卯	巳
음귀陰貴	丑	子	亥	酉	未	申	未	午	巳	卯
금金	午未	辰	寅卯 午未	寅卯	申酉	午未	辰	寅卯 午未	寅卯	申酉
신神	申酉	巳	子丑	戌亥	子丑	申酉	巳	子丑	戌亥	子丑

연신응세방순행(年神應歲方順行) 기례(起例)

세지歲支	子	丑	寅	卯	辰	巳	午	未	申	酉	戌	亥
주서奏書	乾	乾	艮	艮	艮	巽	巽	巽	坤	坤	坤	乾
박사博士	巽	巽	坤	坤	坤	乾	乾	乾	艮	艮	艮	巽
역사力士	艮	艮	巽	巽	巽	坤	坤	坤	乾	乾	乾	艮
잠실蠶室	坤	坤	乾	乾	乾	艮	艮	艮	巽	巽	巽	坤
잠관蠶官	未	未	戌	戌	戌	丑	丑	丑	辰	辰	辰	未
잠명蠶命	申	申	亥	亥	亥	寅	寅	寅	巳	巳	巳	申
대장군	酉	酉	子	子	子	卯	卯	卯	午	午	午	酉

연신응세지순행(年神應歲支順行) 기례(起例)

세지歲支	子	丑	寅	卯	辰	巳	午	未	申	酉	戌	亥
태세太歲	子	丑	寅	卯	辰	巳	午	未	申	酉	戌	亥
태양太陽	丑	寅	卯	辰	巳	午	未	申	酉	戌	亥	子
상문喪門	寅	卯	辰	巳	午	未	申	酉	戌	亥	子	丑
태음太陰	卯	辰	巳	午	未	申	酉	戌	亥	子	丑	寅
관부畜官	辰	巳	午	未	申	酉	戌	亥	子	丑	寅	卯
소모死符	巳	午	未	申	酉	戌	亥	子	丑	寅	卯	辰
세파大耗	午	未	申	酉	戌	亥	子	丑	寅	卯	辰	巳
용덕龍德	未	申	酉	戌	亥	子	丑	寅	卯	辰	巳	午
백호白虎	申	酉	戌	亥	子	丑	寅	卯	辰	巳	午	未
복덕福德	酉	戌	亥	子	丑	寅	卯	辰	巳	午	未	申
조객人陰	戌	亥	子	丑	寅	卯	辰	巳	午	未	申	酉
병부病符	亥	子	丑	寅	卯	辰	巳	午	未	申	酉	戌
순산나후巡山羅㬋	癸	艮	甲	乙	巽	丙	丁	坤	庚	辛	乾	壬

연신세취(年神歲取) 「납갑괘(納甲卦)」 기례(起例)

세간 歲干	甲	乙	丙	丁	戊	己	庚	辛	壬	癸
파패오귀破敗五鬼	巽	艮	坤	震	離	坎	兌	乾	巽	艮
음부태세陰符太歲	艮	兌	坎	乾	坤	艮	兌	坎	乾	坤
	巽	乾	坤	離	震	巽	乾	坤	離	震
부천공망浮天空亡	離	坎	巽	震	坤	乾	兌	艮	乾	坤
	壬	癸	辛	庚	乙	甲	丁	丙	甲	乙

연신응년지퇴행(年神應年支退行) 기례(起例)

세지歲支	子	丑	寅	卯	辰	巳	午	未	申	酉	戌	亥
신후神后	子	亥	戌	酉	申	未	午	巳	辰	卯	寅	丑
공조功曹	寅	丑	子	亥	戌	酉	申	未	午	巳	辰	卯
천강天罡	辰	卯	寅	丑	子	亥	戌	酉	申	未	午	巳
승광勝光	午	巳	辰	卯	寅	丑	子	亥	戌	酉	申	未
전송傳送	申	未	午	巳	辰	卯	寅	丑	子	亥	戌	酉
하괴河魁	戌	酉	申	未	午	巳	辰	卯	寅	丑	子	亥
육해六害	未	午	巳	辰	卯	寅	丑	子	亥	戌	酉	申
오귀五鬼	辰	卯	寅	丑	子	亥	戌	酉	申	未	午	巳

연신세지삼합(年神歲支三合) 기례(起例)(1)

세지歲支	子	丑	寅	卯	辰	巳	午	未	申	酉	戌	亥
세마歲馬	寅	亥	申	巳	寅	亥	申	巳	寅	亥	申	巳
세형歲刑	卯	戌	巳	子	辰	申	丑	午	寅	酉	未	亥
삼합전방 三合前方	艮寅 甲卯 乙辰	乾亥 壬子 癸丑	坤申 庚酉 辛戌	巽巳 丙午 丁未	艮寅 甲卯 乙辰	乾亥 壬子 癸丑	坤申 庚酉 辛戌	巽巳 丙午 丁未	艮寅 甲卯 乙辰	乾亥 壬子 癸丑	坤申 庚酉 辛戌	巽巳 丙午 丁未
삼합후방 三合後方	坤申 庚酉 辛戌	巽巳 丙午 丁未	艮寅 甲卯 乙辰	乾亥 壬子 癸丑	坤申 庚酉 辛戌	巽巳 丙午 丁未	艮寅 甲卯 乙辰	乾亥 壬子 癸丑	坤申 庚酉 辛戌	巽巳 丙午 丁未	艮寅 甲卯 乙辰	乾亥 壬子 癸丑

연신세지삼합기례(年神歲支三合起例) (2)

세지歲支	子	丑	寅	卯	辰	巳	午	未	申	酉	戌	亥
복병伏兵	丙	甲	壬	庚	丙	甲	壬	庚	丙	甲	壬	庚
대화大禍	丁	乙	癸	辛	丁	乙	癸	辛	丁	乙	癸	辛
겁살劫煞	巳	寅	亥	申	巳	寅	亥	申	巳	寅	亥	申
세살歲煞	未	辰	丑	戌	未	辰	丑	戌	未	辰	丑	戌
좌살坐煞	丙丁	甲乙	壬癸	庚辛	丙丁	甲乙	壬癸	庚辛	丙丁	甲乙	壬癸	庚辛
향살向煞	壬癸	庚辛	丙丁	甲乙	壬癸	庚辛	丙丁	甲乙	壬癸	庚辛	丙丁	甲乙
천관부天官符	亥	申	巳	寅	亥	申	巳	寅	亥	申	巳	寅
대살大煞	子	酉	午	卯	子	酉	午	卯	子	酉	午	卯
황번黃幡	辰	丑	戌	未	辰	丑	戌	未	辰	丑	戌	未
표미豹尾	戌	未	辰	丑	戌	未	辰	丑	戌	未	辰	丑
구퇴灸退	卯	子	酉	午	卯	子	酉	午	卯	子	酉	午

연신세지취납갑괘기례(年神歲支取納甲卦起例)

세지歲支	子	丑	寅	卯	辰	巳	午	未	申	酉	戌	亥
탐랑貪狼	震庚亥未	艮丙	艮丙	乾甲	兌丁巳丑	兌丁巳丑	巽辛	坤乙	坤乙	離壬寅戌	坎癸申辰	坎癸申辰
거문巨門	兌丁巳丑	巽辛	巽辛	離壬寅戌	震庚亥未	乾甲	乾甲	坎癸申辰	坎癸申辰	乾甲	坤乙	坤乙
무곡武曲	巽辛	兌丁巳丑	兌丁巳丑	坤乙	艮丙	艮丙	震庚亥未	乾甲	乾甲	坎癸申辰	離壬寅戌	離壬寅戌
문곡文曲	坤乙	離壬寅戌	離壬寅戌	巽辛	坎癸申辰	坎癸申辰	乾甲	震庚亥未	震庚亥未	艮丙	兌丁巳丑	兌丁巳丑
독화獨火	艮	震	震	坎	巽	巽	兌	離	離	坤	乾	乾

연신응세지순행(年神應歲支順行) 일방기례(一方起例)

세지歲支	子	丑	寅	卯	辰	巳	午	未	申	酉	戌	亥
비렴飛廉	申	酉	戌	巳	午	未	寅	卯	辰	亥	子	丑

월신세간기례(월신세간기례)

〈양귀인(陽貴人)〉

年月	正	2	3	4	5	6	7	8	9	10	11	12
甲	坎	離	艮	兌	乾	中	坎	離	艮	兌	乾	中
乙	坤	坎	離	艮	兌	乾	中	坎	離	艮	兌	乾
丙	震	坤	坎	離	艮	兌	乾	中	坎	艮	艮	兌
丁	中	巽	震	坤	坎	離	艮	兌	乾	中	坎	離
戊庚	兌	乾	中	巽	震	坤	坎	離	艮	兌	乾	中
己	乾	中	巽	震	坤	坎	離	艮	兌	乾	中	坎
辛	中	坎	離	艮	兌	乾	中	巽	震	坤	坎	離
壬	乾	中	坎	離	艮	兌	乾	中	巽	震	坤	坎
癸	艮	兌	乾	中	坎	離	艮	兌	乾	中	巽	震

〈음귀인(陰貴人)〉

年月	正	2	3	4	5	6	7	8	9	10	11	12
甲	兌	乾	中	巽	震	坤	坎	離	艮	兌	乾	中
乙	乾	中	巽	震	坤	坎	離	艮	兌	乾	中	坎
丙	中	巽	震	坤	坎	離	艮	兌	乾	中	坎	離
丁	震	坤	坎	離	艮	兌	乾	中	坎	離	艮	兌
戊庚	坎	離	艮	兌	乾	中	坎	離	艮	兌	乾	中
己	坤	坎	離	艮	兌	乾	中	坎	離	艮	兌	乾
辛	離	艮	兌	乾	中	坎	離	艮	兌	乾	中	巽
壬	艮	兌	乾	中	坎	離	艮	兌	乾	中	巽	震
癸	乾	中	坎	離	艮	兌	乾	中	巽	震	坤	坎

월신응월건삼합기례(月神應月建三合起例)

月	正	2	3	4	5	6	7	8	9	10	11	12
천도天道	南	西南	北	西	西北	東	북	東北	南	東	東南	西
천덕天德	丁	坤	壬	辛	乾	甲	癸	艮	丙	乙	巽	庚
월덕月德	丙	甲	壬	庚	丙	甲	壬	庚	丙	甲	壬	庚
천덕합天德合	壬		丁	丙		己	戊		辛	庚		乙
월덕합月德合	辛	己	丁	乙	辛	己	丁	乙	辛	己	丁	乙
월공月空	壬	庚	丙	甲	壬	庚	丙	甲	壬	庚	丙	甲
삼합三合	午戌	未亥	子申	丑酉	寅戌	卯亥	子辰	丑巳	寅午	卯未	辰申	巳酉
오부五富	亥	寅	巳	申	亥	寅	巳	申	亥	寅	巳	申

월신응월건삼합기례(2)

月	正	2	3	4	5	6	7	8	9	10	11	12
임일臨日	午	亥	申	丑	戌	卯	子	巳	寅	未	辰	酉
天后(驛馬)	申	巳	寅	亥	申	巳	寅	亥	申	巳	寅	亥
겁살劫煞	亥	申	巳	寅	亥	申	巳	寅	亥	申	巳	寅
재살災煞	子	酉	午	卯	子	酉	午	卯	子	酉	午	卯
월살月煞	丑	戌	未	辰	丑	戌	未	辰	丑	戌	未	辰
大時(咸池)	卯	子	酉	午	卯	子	酉	午	卯	子	酉	午
유화遊禍	巳	寅	亥	申	巳	寅	亥	申	巳	寅	亥	申
천리天吏	酉	午	卯	子	酉	午	卯	子	酉	午	卯	子
구공九空	辰	丑	戌	未	辰	丑	戌	未	辰	丑	戌	未
월형月刑	巳	子	辰	申	午	丑	寅	酉	未	亥	卯	戌

월신응사계서기례(月神應四季序起例)

	춘	하	추	동
천사天赦	戊 寅	甲 午	戊 申	甲 子
모창母倉	亥 子 土王後巳午	寅 卯 土王後巳午	辰戌丑未 土王後巳午	辛 酉 土王後巳午
사상四相	丙 丁	戊 己	壬 癸	甲 乙
시응時應	午	辰	子	寅
사격四擊	戌	丑	辰	未
사기四忌	甲 子	丙 子	庚 子	壬 子
사궁四窮	乙 亥	丁 亥	辛 亥	癸 亥
사모四耗	壬 子	乙 卯	戊 午	辛 酉
사폐四廢	庚申辛酉	壬子癸亥	甲寅乙卯	丙午丁巳
오허五虛	巳 酉 丑	申 子 辰	亥 卯 未	寅 午 戌
팔풍八風	丁丑丁巳	甲辰甲申	丁未丁亥	甲戌甲寅

월신(月神) 「황도흑도(黃道黑道)」

월	1월	2월	3월	4월	5월	6월	7월	8월	9월	10월	11월	12월
청룡길青龍吉	子	寅	辰	午	申	戌	子	寅	辰	午	申	戌
명당길明堂吉	丑	卯	巳	未	酉	亥	丑	卯	巳	未	酉	亥
천형흉天刑凶	寅	辰	午	申	戌	子	寅	辰	午	申	戌	子
주작흉朱雀凶	卯	巳	未	酉	亥	丑	卯	巳	未	酉	亥	丑
금궤길金匱吉	辰	午	申	戌	子	寅	辰	午	申	戌	子	寅
천덕길天德吉	巳	未	酉	亥	丑	卯	巳	未	酉	亥	丑	卯
백호흉白虎凶	午	申	戌	子	寅	辰	午	申	戌	子	寅	辰
옥당길玉堂吉	未	酉	亥	丑	卯	巳	未	酉	亥	丑	卯	巳
천뢰흉天牢凶	申	戌	子	寅	辰	午	申	戌	子	寅	辰	午
원무흉元武凶	酉	亥	丑	卯	巳	未	酉	亥	丑	卯	巳	未
사명길司命吉	戌	子	寅	辰	午	申	戌	子	寅	辰	午	申
구진흉勾陳凶	亥	丑	卯	巳	未	酉	亥	丑	卯	巳	未	酉

일신(日神)

천은天恩	甲子 乙丑	丙寅 丁卯	戊辰 己卯	庚辰 辛巳	壬午 癸未	己酉 庚戌	辛亥 壬子	癸丑	
오합五合	寅	卯							
오리五離	申	酉							
명폐鳴吠	甲午 甲申	乙酉	丙午 丙申	丁酉	己酉	庚申	辛酉	壬申	癸酉
명폐대鳴吠對	甲寅	乙卯	丙子 丙寅	丁卯	庚子	辛卯	壬子 壬寅	癸卯	
전일專日	甲寅	乙卯	丙午	丁巳	戊辰 戊戌	己丑 己未	庚申	辛酉	壬子	癸亥
벌일伐日	庚子	丙子	戊寅	己卯	辛巳	癸丑 癸未	甲申	乙酉	丁亥	壬辰 壬戌
팔전八專	甲寅	丁未	己未	敬信	癸丑				
무록無祿	甲辰	乙巳	丙申	丁亥	戊戌	己丑	庚辰	辛巳	壬申	癸亥
중일重日	巳	亥							

시신응일간기례(時神應日干起例)

일간日干	甲	乙	丙	丁	戊	己	庚	辛	壬	癸
일록日祿	寅	卯	巳	午	巳	午	申	酉	亥	子
天乙貴人	未丑	申子	酉亥	亥酉	丑未	子申	丑未	寅午	卯巳	巳卯
희신喜神	寅	戌	申	午	辰	寅	戌	申	午	辰
天官貴人	酉	申	子	亥	卯	寅	午	巳	丑未	辰戌
福星貴人	寅	丑亥	子戌	酉	申	未	午	巳	辰	卯
五不遇時	午	巳	辰	卯	寅	丑亥	子戌	酉	申	未
노공路空	申酉	午未	辰巳	寅卯	子丑戌亥	申酉	午未	辰巳	寅卯	子丑戌亥

시신구추(時神九醜)

日節	우수	춘분	곡우	소만	하지	대서	처서	추분	상강	소설	동지	대한
戊子	子	亥	戌	酉	申	未	午	巳	辰	卯	寅	丑
戊午	午	巳	辰	卯	寅	丑	子	亥	戌	酉	申	未
壬子	子	亥	戌	酉	申	未	午	巳	辰	卯	寅	丑
壬午	午	巳	辰	卯	寅	丑	子	亥	戌	酉	申	未
乙卯	酉	申	未	午	巳	辰	卯	寅	丑	子	亥	戌
己卯	酉	申	未	午	巳	辰	卯	寅	丑	子	亥	戌
辛卯	酉	申	未	午	巳	辰	卯	寅	丑	子	亥	戌
乙酉	卯	寅	丑	子	亥	戌	酉	申	未	午	巳	辰
己酉	卯	寅	丑	子	亥	戌	酉	申	未	午	巳	辰
辛酉	卯	寅	丑	子	亥	戌	酉	申	未	午	巳	辰

제5장 만년도(萬年圖)

664 제2부 실용 신살

좌\년	甲子	乙丑	丙寅	丁卯	戊辰	己巳	庚午	辛未	壬申	癸酉
子坐	年剋	灸退	三殺 陰符	小利	年剋	灸退	三殺 歲破	陰符 年剋	地官	灸退
癸坐	年剋 向煞	浮天	坐煞	大利	年剋 向煞	大利	坐煞	傍陰 年剋	向煞	大利
丑坐	年剋	傍陰	三殺	小利	年剋	大利	三殺 傍陰	年剋 歲破	小利	地官
艮坐	陰符	年剋	年剋	大利	大利	年剋 陰符	大利	大利	大利	小利
寅坐	年剋	三殺	小利	天官 傍陰	年剋	三殺	大利	年剋	傍陰 歲破	三殺
甲坐	年剋	坐煞 傍陰	大利	向煞 傍陰	年剋	坐煞	大利	年剋 向煞	浮天 傍陰	坐煞
卯坐	灸退	三殺 年剋	年剋	小利	灸退 陰符	年剋 三殺	小利	小利	灸退	三殺 歲破 陰符
乙坐	大利	坐煞	大利	年剋 向煞	傍陰	坐煞	大利	向煞	大利	坐煞 浮天 傍陰
辰坐	年剋 地官	三殺	傍陰	小利	年剋	三殺	小利	年剋 傍陰	小利	三殺
巽坐	年剋 陰符	大利	大利	大利	年剋	陰符	大利	年剋	小利	大利
巳坐	三殺	年剋 傍陰 地官	年剋 天官	大利	三殺	年剋	傍陰 天官	大利	三殺	大利
丙坐	坐煞 傍陰	大利	向煞	年剋	坐煞	傍陰	向煞	浮天	坐煞	大利
午坐	三殺 歲破	小利	地官	灸退 年剋 陰符	三殺	小利	大利	灸退	三殺 陰符	小利
丁坐	坐煞	傍陰	向煞	大利	坐煞	大利	年剋 傍陰 向煞 浮天	大利	坐煞	年剋
未坐	三殺 年剋	歲破	小利	地官	年剋 三殺 傍陰	小利	大利	年剋	三殺	傍陰
坤坐	大利	大利	陰符	大利	年剋 陰符 浮天	大利	大利	年剋 陰符	大利	陰符
申坐	年剋	天官	傍陰 歲破	三殺	年剋 地官	天官	小利	年剋 三殺 傍陰	大利	天官
庚坐	年剋	向煞	大利	浮天 坐煞	年剋 傍陰	向煞	小利	年剋	大利	向煞 傍陰
酉坐	小利	陰符	灸退	三殺 歲破	小利	地官	灸退 年剋 陰符	三殺	小利 冬至 後 不利	年剋
辛坐	年剋 傍陰	向煞	浮天	坐煞	年剋	向煞 傍陰	大利	年剋 坐煞	大利	向煞
戌坐	年剋	小利	大利	三殺 傍陰	年剋 歲破	小利	地官	年剋 三煞	傍陰	大利
乾坐	小利	陰符	大利	陰符	大利	浮天	年剋 陰符	小利	陰符	年剋
亥坐	天官	大利	三殺	小利	傍陰 天官	歲破	年剋 三殺	地官	天官	年剋 傍陰
壬坐	浮天 向煞	傍陰	坐煞	年剋	向煞	大利	坐煞 傍陰	大利	向煞	大利

제5장 만년도(萬年圖) 665

좌\년	甲戌	乙亥	丙子	丁丑	戊寅	己卯	庚辰	辛巳	壬午	癸未
子坐	三殺	年剋	陰符	灸退 年剋	三殺	小利	小利	灸退 陰符	三殺 歲破	年剋
癸坐	坐煞	浮天 年剋	坐煞 傍陰	年剋	坐煞	大利	向煞	傍陰	坐煞	年剋
丑坐	三殺	年剋 傍陰	小利	年剋	三殺	小利	傍陰	小利	三殺	年剋 歲破
艮坐	陰符	小利	大利	大利	大利	陰符	年剋	大利	大利	小利
寅坐	地官	天官 年剋	小利	三殺 年剋 傍陰	小利	天官	大利	三殺	傍陰	天官 年剋
甲坐	大利	向煞 年剋	大利	坐煞 年剋 傍陰	大利	向煞	大利	坐煞	浮天 傍陰	向煞 年剋
卯坐	小利	地官	灸退	三殺	陰符	大利	灸退 年剋	三殺	小利	陰符
乙坐	大利	向煞	大利	坐煞	年剋 傍陰	向煞	大利	坐煞 年剋	大利	向煞 浮天 傍陰
辰坐	歲破	年剋	傍陰 地官	三殺 年剋	大利	大利	小利	三殺 傍陰	小利	年剋
巽坐	陰符	年剋	大利	年剋	大利	陰符	大利	大利	小利	年剋
巳坐	天官	傍陰 歲破	三殺	地官	天官	大利	三煞 年剋 傍陰	大利	天官	大利
丙坐	傍陰 向煞	大利	坐煞	大利	向煞 年剋	傍陰	坐煞	年剋 浮天	向煞	大利
午坐	小利	灸退	三殺 歲破	陰符	地官 年剋	灸退	三殺	年剋	陰符	灸退
丁坐	年剋 向煞	傍陰	坐煞 年剋	大利	向煞	大利 동지 후 불리	浮天 坐煞	大利	向煞 年剋	大利
未坐	小利	年剋	三殺	年剋 歲破	傍陰	地官	三殺	大利	大利	傍陰 年剋
坤坐	大利	年剋	陰符	年剋	浮天 陰符	大利	大利	陰符	大利	年剋 陰符
申坐	小利	三殺 年剋	傍陰	天官 年剋	歲破	三殺	地官	傍陰 天官	大利	三殺 年剋
庚坐	大利	年剋 坐煞	大利	年剋 向煞 浮天	傍陰	坐煞	大利	向煞	小利	坐煞 年剋
酉坐	灸退 年剋	三殺 陰符	年剋	大利	灸退	三殺 歲破	陰符	地官	灸退 年剋	三殺
辛坐	傍陰	坐煞 年剋	浮天	向煞 年剋	小利	坐煞 傍陰	大利	向煞	大利	坐煞 年剋
戌坐	小利	年剋 三煞	大利	年剋 傍陰	大利	三殺	歲破	小利	傍陰 地官	三殺 年剋
乾坐	年剋	陰符	年剋	陰符	大利	浮天	陰符	小利	年剋 陰符	大利
亥坐	三煞 年剋	大利	年剋 天官	小利	三殺 傍陰	小利 동지 후 불리	天官	歲破	三殺 年剋	傍陰 地官
壬坐	坐煞 浮天	傍陰	向煞	大利	年剋 坐煞	大利	向煞 傍陰	年剋	坐煞	大利

坐＼年	甲申	乙酉	丙戌	丁亥	戊子	己丑	庚寅	辛卯	壬辰	癸巳
子坐	地官	灸退	三煞 陰符 年剋	大利	小利	灸退	三煞	陰符	年剋	灸退
癸坐	向煞	浮天	坐煞 傍陰 年剋	大利	向煞	大利	坐煞	傍陰	向煞 年剋	大利
丑坐	小利	傍陰 地官	三煞 年剋	大利	大利	大利	三煞 傍陰	小利	年剋	小利
艮坐	陰符	小利	大利	年剋	大利	陰符	大利	大利	大利	年剋
寅坐	歲破	三煞	地官 年剋	傍陰 天官	小利	三煞	大利	天官	傍陰 年剋	三煞
甲坐	大利	坐煞	年剋	向煞 傍陰	大利	坐煞	大利	向煞	浮天 年剋 傍陰	坐煞
卯坐	灸退	三煞 歲破	小利	年剋 地官	灸退 陰符	三煞	小利	小利	灸退	三煞 陰符 年剋
乙坐	年剋	坐煞	大利	向煞	傍陰	坐煞	年剋	向煞	大利	坐煞 浮天 傍陰
辰坐	大利	三煞	傍陰 歲破 年剋	小利	地官	三煞	小利	傍陰	年剋	三煞
巽坐	陰符	大利	年剋	大利	大利	陰符	大利	大利	年剋	大利
巳座	三煞	傍陰	天官	年剋 歲破	三煞	地官	傍陰 天官	大利	三煞	年剋
丙坐	坐煞 傍陰 年剋	大利	向煞	大利	坐煞	傍陰	向煞 年剋	浮天	坐煞	大利
午坐	三煞 年剋	小利	小利	灸退 陰符	三煞 歲破	小利	年剋 地官	灸退	三煞 陰符	大利
丁坐	坐煞	傍陰	向煞	大利	坐煞	年剋	向煞 傍陰 浮天	大利 동지 후 不利	坐煞	大利
未坐	三煞	小利	年剋	小利	三煞 傍陰	歲破	小利	地官	三煞 年剋	傍陰
坤坐	大利	大利	陰符 年剋	大利	浮天 陰符	大利	大利	陰符	年剋	陰符
申坐	大利	天官	傍陰 年剋	三煞	小利	天官	歲破	三煞 傍陰	地官 年剋	天官
庚坐	大利	向煞	年剋 坐煞 浮天	傍陰	向煞	大利	坐煞	年剋	向煞 傍陰	
酉坐	小利	陰符	灸退	三煞	小利 동지 후 不利	年剋	灸退 陰符	三煞 歲破	小利	地官
辛坐	傍陰	向煞	浮天 年剋	坐煞	大利	向煞 傍陰	小利	坐煞	年剋	向煞
戌坐	小利	大利	年剋	三煞 傍陰	大利	小利	大利	三煞	傍陰 歲破 年剋	小利
乾坐	大利	陰符	大利	陰符	小利 동지 후 不利	浮天 年剋	陰符	小利 동지 후 不利	小利	小利
亥坐	天官	大利 동지 후 不利	三煞	小利	傍陰 天官	年剋	三煞	小利 동지 후 不利	天官	傍陰 歲破
壬坐	向煞 浮天 年剋	傍陰	坐煞	大利	向煞	大利	坐煞 年剋 傍陰	大利	向煞 傍陰	大利

제5장 만년도(萬年圖) 667

坐\年	甲午	乙未	丙申	丁酉	戊戌	己亥	庚子	辛丑	壬寅	癸卯
子坐	三煞 歲破 年剋	小利	陰符 地官	灸退	三煞 年剋	小利	大利	灸退 陰符 年剋	三煞	小利
癸坐	坐煞 年剋	浮天	向煞 傍陰	大利	坐煞 年剋	大利	向煞	傍陰 年剋	坐煞	大利
丑坐	三煞 年剋	傍陰 歲破	小利	地官	三煞 年剋	大利	傍陰	年剋	三煞	小利
艮坐	陰符	年剋	年剋	大利	大利	陰符 年剋	大利	大利	大利	小利
寅坐	年剋	天官	歲破	三煞 傍陰	地官 年剋	天官	大利	三煞 年剋	傍陰	天官
甲坐	年剋	向煞 傍陰	大利	坐煞 傍陰	年剋	向煞	傍陰	坐煞 年剋	浮天 傍陰	向煞
卯坐	小利	年剋	灸退 年剋	三煞 歲破	陰符	地官 年剋	灸退	三煞	小利	陰符
乙坐	大利	向煞	傍陰	坐煞 年剋	大利	向煞	大利	坐煞 傍陰	大利	向煞 浮天 傍陰
辰坐	年剋	小利	傍陰	三煞	年剋 歲破	小利	地官	三煞 傍陰 年剋	小利	大利
巽坐	陰符 年剋	大利	大利	大利	年剋	陰符	大利	年剋	小利	大利
巳坐	天官	傍陰 年剋	三煞 年剋	大利	天官	年剋 歲破	三煞 傍陰	地官	天官	大利
丙坐	向煞 傍陰	大利	坐煞	年剋	向煞	傍陰	坐煞	浮天	向煞	大利
午坐	小利	灸退	三煞	陰符 年剋	小利	灸退	三煞 歲破	小利	陰符 地官	灸退
丁坐	向煞	傍陰	坐煞	小利	向煞	大利	坐煞 浮天 傍陰 年剋	大利	向煞	年剋
未坐	年剋	小利	三煞	小利	傍陰 年剋	小利	三煞	年剋 陰符	小利	傍陰 地官
坤坐	年剋	大利	陰符	大利	年剋 浮天 陰符	大利	小利	年剋 陰符	大利	陰符
申坐	年剋	三煞	傍陰	天官	年剋	三煞	小利	傍陰 天官 年剋	歲破	三煞
庚坐	年剋	坐煞	大利	向煞 浮天	傍陰 年剋	坐煞	大利	向煞 年剋	大利	坐煞 傍陰
酉坐	灸退	三煞 灸退	小利	小利	灸退	三煞	陰符 年剋	大利	灸退	三煞 歲破 年剋
辛坐	傍陰 年剋	坐煞	浮天	向煞	年剋	坐煞 傍陰	大利	向煞 年剋	大利	坐煞 傍陰
戌坐	地官 年剋	三煞	大利	傍陰	三煞	大利	大利	年剋	傍陰	三煞
乾坐	小利	陰符	大利	小利	小利	浮天	陰符 年剋	小利	陰符	年剋
亥坐	三煞	地官	天官	小利	三煞 傍陰	大利	天官 年剋	大利	三煞	傍陰 年剋
壬坐	坐煞 浮天	傍陰	向煞	年剋 傍陰	坐煞	大利	年剋 向煞 傍陰	大利	坐煞 傍陰	大利

坐＼年	甲辰	乙巳	丙午	丁未	戊申	己酉	庚戌	辛亥	壬子	癸丑
子坐	小利	灸退 年剋	三煞 歲破 陰符	年剋	地官	灸退	三煞	陰符	小利	年剋 灸退
癸坐	向煞	浮天 年剋	坐煞 傍陰	年剋	向煞	大利	坐煞	傍陰	向煞	年剋
丑坐	小利	傍陰 年剋	三煞	年剋 歲破	小利	地官	三煞 傍陰	小利	大利	年剋
艮坐	陰符	小利	大利	大利	大利	陰符	年剋	大利	大利	大利
寅坐	大利	三煞 年剋	小利	傍陰 年剋 天官	歲破	三煞	地官	天官	傍陰	三煞 年剋
甲坐	大利	坐煞 年剋	大利	向煞 年剋 傍陰	大利	坐煞	大利	向煞	浮天 傍陰	坐煞 年剋
卯坐	灸退	三煞	小利	小利	灸退 傍陰	三煞 歲破	年剋	地官	灸退	三煞 陰符
乙坐	大利	坐煞	大利	向煞	年剋 傍陰	坐煞	大利	向煞 年剋	大利	坐煞 浮天 傍陰
辰坐	大利	三煞 年剋	傍陰	年剋	大利	三煞	歲破	傍陰	地官	三煞 年剋
巽坐	陰符	年剋	大利	年剋	大利	陰符	大利	大利	小利	年剋
巳坐	三煞	傍陰	天官	大利	三煞	大利	傍陰 天官 年剋	歲破	三煞	地官
丙坐	坐煞 傍陰	大利	向煞	大利	坐煞 年剋	傍陰	向煞	年剋 浮天	坐煞	大利
午坐	三煞	大利	小利	灸退 陰符	三煞 年剋	小利	大利	灸退 年剋	三煞 歲破 陰符	小利
丁坐	坐煞 年剋	傍陰	向煞 年剋	大利	坐煞	小利 동지 후 不利	向煞 傍陰 浮天	大利	坐煞 年剋	大利
未坐	三煞	年剋	大利	年剋	三煞 傍陰	小利	小利	三煞	傍陰 歲破 年剋	
坤坐	大利	年剋	陰符	年剋	浮天 陰符	大利	大利	陰符	小利	年剋 陰符
申坐	地官	天官 年剋	傍陰	三煞 年剋	小利	天官	小利	三煞 傍陰	大利	天官 年剋
庚坐	大利	向煞 年剋	小利	坐煞 年剋 浮天	傍陰	向煞	大利	坐煞	大利	天官 年剋
酉坐	年剋	陰符 地官	灸退 年剋	三煞	小利	小利 동지 후 不利	灸退 陰符	三煞	年剋	小利
辛坐	傍陰	三煞 年剋	浮天	坐煞 年剋	大利	向煞 傍陰	大利	大利	大利	向煞 年剋
戌坐	歲破	年剋	地官	三煞 年剋 傍陰	大利	小利	大利	三煞	傍陰	年剋
乾坐	年剋	陰符	年剋	陰符	大利	浮天	陰符	小利	年剋 陰符	小利
亥坐	天官 年剋	歲破	三煞 年剋	地官	傍陰 天官	大利 동지 후 不利	三煞	大利	天官 年剋	傍陰
壬坐	向煞 浮天	傍陰	坐煞	大利	向煞 年剋	大利	坐煞 傍陰	年剋	向煞	大利

제5장 만년도(萬年圖) 669

坐＼年	甲寅	乙卯	丙辰	丁巳	戊午	己未	庚申	辛酉	壬戌	癸亥
子坐	三煞	小利	陰符 年剋	灸退	三煞 歲破	小利	地官	灸退 陰符	三煞 年剋	小利
癸坐	坐煞	浮天	向煞 傍陰 年剋	大利	坐煞	大利	向煞	傍陰	坐煞 年剋	大利
丑坐	三煞	傍陰	年剋	大利	三煞	歲破	傍陰	地官	三煞 年剋	小利
艮坐	陰符	小利	大利	年剋	大利	陰符	大利	大利	大利	年剋
寅坐	大利	天官	年剋	三煞 傍陰	小利	天官	歲破	三煞	傍陰 地官 年剋	天官
甲坐	大利	向煞	年剋	坐煞 傍陰	大利	向煞	大利	坐煞	浮天 年剋 傍陰	向煞
卯坐	小利	大利	灸退	三煞 年剋	陰符	大利	灸退	三煞 歲破	小利	陰符 地官 年剋
乙坐	年剋	向煞	傍陰	坐煞	傍陰	向煞	年剋	坐煞	大利	向煞 浮天 傍陰
辰坐	大利	小利	傍陰 年剋	三煞	大利	小利	小利	三煞 傍陰	年剋 歲破	小利
巽坐	陰符	大利	年剋	大利	大利	陰符	大利	大利	年剋	大利
巳坐	天官	傍陰	三煞	年剋	天官	大利	三煞 傍陰	大利	天官	年剋 歲破
丙坐	向煞 傍陰 年剋	大利	坐煞	大利	向煞	傍陰	坐煞 年剋	浮天	向煞	大利
午坐	地官 年剋	灸退	三煞	陰符	小利	灸退	三煞 年剋	小利	陰符	灸退
丁坐	向煞	傍陰	坐煞	大利	向煞	年剋	坐煞 傍陰 浮天	小利 동지후 不利	向煞	大利
未坐	小利	地官	三煞 年剋	小利	傍陰	小利	三煞	小利	年剋	傍陰
坤坐	大利	大利	陰符 年剋	大利	浮天 陰符	大利	大利	陰符	年剋	陰符
申坐	歲破	三煞	傍陰 年剋 地官	天官	小利	三煞	小利	傍陰 天官	年剋	三煞
庚坐	大利	坐煞	年剋	向煞 浮天	傍陰	坐煞	大利	向煞	年剋	三煞
酉坐	灸退	三煞 歲破 陰符	小利	地官	灸退	三煞 年剋	陰符	小利 동지후 不利	灸退	三煞
辛坐	傍陰	坐煞	浮天 年剋	向煞	大利	坐煞 傍陰	大利	向煞	年剋	坐煞
戌坐	小利	三煞	年剋 歲破	傍陰	地官	三煞	大利	小利	傍陰 年剋	三煞
乾坐	大利	陰符	大利	陰符	小利 동지후 不利	年剋 浮天	陰符	小利 동지후 不利	陰符	大利
亥坐	三煞	小利 동지후 不利	天官	歲破	三煞 傍陰	地官 年剋	天官	大利 동지후 不利	三煞	傍陰
壬坐	坐煞 年剋 浮天	傍陰	向煞	大利	坐煞	大利	向煞 年剋 傍陰	大利	坐煞	大利

☆

초판 발행일 / 2004년 11월 30일

개정판 1쇄 발행일 / 20014년 10월 15일

☆

지은이 / 취산(翠山) 김동규

펴낸이 / 金東求

펴낸데 / 明文堂 (창립 1923년 10월 1일)

서울특별시 종로구 안국동 17-8

우체국 010579-01-000682

☎ (영업) 733-3039, 734-4798

　　(편집) 733-4748

　　FAX. 734-9209

e-mail : mmdbook1@hanmail.net

등록 1977. 11. 19. 제 1-148호

☆

ISBN 89-7270-762-7　　14150

　　　89-7270-056-8 (세트)

☆

낙장이나 파본은 구입하신 서점에서 교환해 드립니다.

☆

값 30,000 원